红军长征记

原始记录

刘统 整理注释

生活·讀書·新知 三联书店

Copyright © 2019 by SDX Joint Publishing Company.
All Rights Reserved.

本作品版权由生活·读书·新知三联书店所有。
未经许可，不得翻印。

图书在版编目（CIP）数据

红军长征记：原始记录／刘统整理注释．—北京：
生活·读书·新知三联书店，2019.6　（2025.5 重印）
ISBN 978-7-108-06472-1

Ⅰ.①红…　Ⅱ.①刘…　Ⅲ.①中国工农红军长征–史料
Ⅳ.① K264.406

中国版本图书馆 CIP 数据核字（2019）第 030313 号

责任编辑	张　龙
装帧设计	蔡立国
责任印制	卢　岳

出版发行　生活·讀書·新知 三联书店
　　　　　（北京市东城区美术馆东街 22 号 100010）
网　　址　www.sdxjpc.com
经　　销　新华书店
印　　刷　河北松源印刷有限公司
版　　次　2019 年 6 月北京第 1 版
　　　　　2025 年 5 月北京第 13 次印刷
开　　本　635 毫米 × 965 毫米　1/16　印张 48
字　　数　598 千字　图 28 幅
印　　数　70,001-75,000 册
定　　价　86.00 元
（印装查询：01064002715；邮购查询：01084010542）

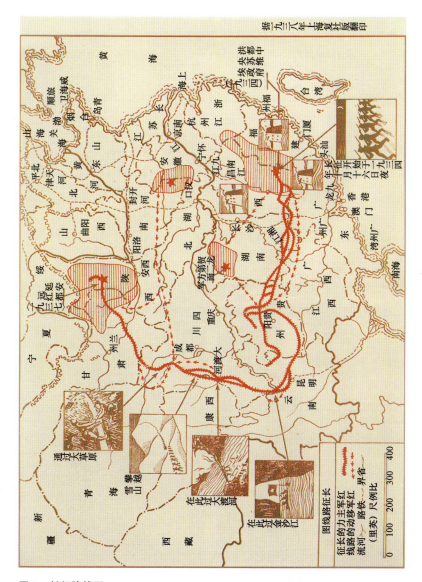

图1 长征路线图

图 2 《二万五千里》誊清稿本原样

图 3、4 《红军长征记》书影

图 5 林伯渠同志：夜行军中的老英雄（黄镇画）　　图 6 贵州苗家女（黄镇画）

图 7 过湘江（黄镇画）

图8 遵义大捷(黄镇画)

图9 川滇边干人之家(黄镇画)

图 10　贵州、四川的干人儿：背盐人（黄镇画）

图 11　彝族向导（黄镇画）

图 12　红军彝族游击队（黄镇画）

图 13　安顺场（黄镇画）

图 14　泸定桥（黄镇画）

图 15 炮铜岗之夜（黄镇画）

图 17 下雪山的喜悦（黄镇画）

图 16 翻夹金山（黄镇画）

图 18 在藏族的村寨里（黄镇画）

图 19 三种锅（黄镇画）

图 20 牦牛（黄镇画）

图 21 草叶代烟(黄镇画)

图 22 磨青稞(黄镇画)

图 23 烤饼(黄镇画)

图 24 背干粮过草地(黄镇画)

图 25 草地夜宿（黄镇画）

图 26 到了岷县哈达铺（黄镇画）

图 27 草地行军（黄镇画）

图 28 董振堂同志（黄镇画）

目 次

前言：集体创作的英雄史诗 …………………… 刘 统　1

关于红军长征和遵义会议情况的报告 ………… 陈 云　1
随军西行见闻录 ………………………………… 廉 臣　30
英勇的西征 ……………………………………… 施 平　72
红军二万五千里西引记 ………………………… 幽 谷　95
雪山草地行军记 ………………………………… 杨定华　109
从甘肃到陕西
　　——抗日人民红军北上长征的最后阶段 … 杨定华　145

出发前 …………………………………………… 必 武　184
出发的前夜 ……………………………………… 彭加伦　187
暂别了！江西苏区的兄弟 ……………………… 富 春　190
珍重 ……………………………………………… 定 一　192
离开老家的一天 ………………………………… 小 朋　194
别 ………………………………………………… 彭加伦　198
突围的第一仗 …………………………………… 谭 政　200
第六个夜晚 ……………………………………… 艾 平　202
追 ………………………………………………… 彭加伦　206
胜利后的一幕 …………………………………… 加 伦　208
夜行军 …………………………………………… 富 春　212
夜行军的一幕 …………………………………… 小 朋　215
聂都游击队的记述 ……………………………… 张云逸　219

1

泥菩萨 ……………………………………	小　朋	230
大王山上行路难 ………………………	加　伦	235
占领古陂圩 ……………………………	艾　平	239
"没有到敌人呀！" ……………………	斯　顿	242
彭军团长炮攻大来圩 …………………	艾　平	244
占领宜章城 ……………………………	斯　顿	247
"干事去！" ……………………………	加　伦	249
粤汉路旁 ………………………………	小　朋	251
由临武至道州 …………………………	耿　飚	254
休矣飞机！ ……………………………	艾　平	262
从两河口到马蹄街 ……………………	艾　平	265
烧死了两匹马 …………………………	艾　平	269
道州城的一瞥 …………………………	加　伦	273
苗人的神话 ……………………………	彭加伦	277
紧急渡湘水 ……………………………	李雪山	280
在重围中 ………………………………	莫文骅	282
最后的一道封锁线 ……………………	谭　政	288
广西瑶民 ………………………………	郭滴人	291
老山界 …………………………………	定　一	294
放火者 …………………………………	陈　明	299
经贵州苗山 ……………………………	谢扶民	304
手榴弹打坍了一营敌人 ………………	艾　平	308
渡乌江 …………………………………	刘亚楼	310
红四师强渡乌江的故事 ………………	艾　平	320
瓮安之役 ………………………………	张山震	323
遵义日记 ………………………………	何涤宙	327

我失联络	李月波	334
向赤水前进	谭　政	341
病员的话	加　伦	345
娄山关前后	雪　枫	347
第二次占领遵义城	艾　平	360
遵义追击	舒　同	369
一天——再占遵义城	莫　休	372
由桐梓到遵义	黄克功	383
扩大红军	翰　文	388
小茅屋——贵州西北边境的贫民生活写真	曙　霞	393
残酷的轰炸	小　朋	395
茅台酒	熊伯涛	400
倒流水四个连控制敌人三个师	陈士榘	404
南渡乌江	萧　华	407
夺取定番城	陈士榘	409
五颗子弹消灭了一连敌人	艾　平	414
看谁先到	艾　平	417
北盘江	邓　华	420
抢渡北盘江的前后	艾　平	423
禁忌的一天	童小朋	432
长征中九军团支队的断片	王首道	436
一个团与一个师谁胜	艾　平	441
"五一"的前后	莫文骅	444
由金沙江到大渡河——一页日记	莫　休	452
从金沙江到大渡河	一　氓	475
渡金沙江	曙　霞	499

鲁车渡寻船	艾 平	504
火焰山	艾 平	507
一个人带一根绳——由冕宁到大渡河	曾 三	510
从西昌坝子到安顺场	文 彬	513
十七个	加 伦	527
泸沽到大渡河	刘 忠	530
"倮倮"投军	艾 平	532
老娘也要戳你一杆子	艾 平	535
一个忠实的革命"倮倮"	廖智高	537
铁丝沟战斗	邓 华	540
真是"蛮子"	谢觉哉	542
飞夺泸定桥	加 伦	545
强渡大渡河泸定桥的经过	罗华生	551
抱桐岗的一夜	觉 哉	554
回占宝兴	黄 镇	556
大雨滂沱中——两河口的欢迎会	莫 休	557
卓克基土司宫	觉 哉	562
芦花运粮	舒 同	564
打鼓的生活	莫文骅	568
还不算空手	周士梯	572
吃冰琪林	周士梯	575
瓦布梁子	拓 夫	577
波罗子	童小朋	582
波罗子	王辉球	586
隔河相望	艾 平	589
松潘的西北	莫 休	592

绝食的一天	何涤宙	608
从毛儿盖到班佑	必 武	610
通过草地	曙 霞	613
草地行军六天缩影	谢扶民	619
番民生活鳞片	觉 哉	623
俘虏兵的一束话	周士梯	625
突破天险的腊子口	杨成武	630
榜罗镇	定 一	637
过单家集	翰 文	641
吴起镇打骑兵	莫 休	644
到了亲家	谢扶民	649
长征中走在最后头的一个师	周碧泉	650
长征前的红五军团	黄 镇	653
艰苦奋斗的五军团	李雪山	656
铁屁股	张际春	658
长征中卫生教育和医疗工作	李 治	660
长征中的女英雄	必 武	667
长征中的医院	徐特立	669

长征歌		674
工农解放歌	红军歌曲	676
胜利反攻歌	红军歌曲	677
红军入川歌	定一、戈丽	678
打骑兵歌	定一、黄镇	679
两大主力会合歌	定 一	680
再占遵义歌	莫 休	681

凯旋歌	莫　休	682
渡金沙江胜利歌	彭加伦	683
战斗鼓动曲	加　伦	684
提高红军纪律歌	加　伦	685
到陕北去	加　伦	686
乌江战斗中的英雄		687
安顺场战斗的英雄		688
长征大事记	陆定一	689
红军第一军团长征中经过地点及里程一览表		718
红军第一军团长征中经过名山著水关隘封锁线表		727
红军第一军团长征中所经之民族区域表		732

前言：集体创作的英雄史诗

刘 统

红军长征作为中国革命的英雄史诗，在中国家喻户晓。但是红军长征的历史是怎样形成的，并非人所共知。当年开始长征的时候，谁都没想到会走两万五千里。陈云被中共中央派往共产国际报告时，讲的是"西征"。给长征命名的是毛泽东，他在1935年12月的报告中说："讲到长征，请问有什么意义呢？我们说，长征是历史纪录上的第一次，长征是宣言书，长征是宣传队，长征是播种机。自从盘古开天地，三皇五帝到于今，历史上曾经有过我们这样的长征吗？十二个月光阴中间，天上每日几十架飞机侦察轰炸，地下几十万大军围追堵截，路上遇着了说不尽的艰难险阻，我们却开动了每人的两只脚，长驱二万余里，纵横十一个省。请问历史上曾有过我们这样的长征吗？没有，从来没有的。长征又是宣言书。它向全世界宣告，红军是英雄好汉，帝国主义者和他们的走狗蒋介石等辈则是完全无用的。"从此，"长征"一词被载入史册。

长征的故事是怎样流传的？过去一直认为美国作家斯诺1937年写的《红星照耀中国》（亦称《西行漫记》），是向全世界介绍红军长征的第一本著作。斯诺依据的资料来源于何处？就是我们要向读者介绍的《红军长征记》。

一

《红军长征记》，又名《二万五千里》，是毛泽东1936年组织编写的一部长征回忆录汇编。1935年10月，红一方面军到达陕北后，物资匮乏，困难重重，面对国民党军的经济和军事封锁，红军的生存极为艰难。毛泽东当时希望通过向国内外各界募捐，缓解陕北的困难。1936年8月，美国记者斯诺在宋庆龄和中共地下党组织安排下秘密进入陕北红区采访，毛泽东认为这是向全世界宣传红军的好机会。8月5日，毛泽东与杨尚昆联名给参加过长征的同志发出为《长征记》征稿事的信："现因进行国际宣传，及在国内国外进行大规模的募捐运动，需要出版《长征记》，所以特发起集体创作。各人就自己所经历的战斗、行军、地方及部队工作，择其精彩有趣的写上若干片断。文字只求清通达意，不求钻研深奥。写上一段即是为红军作了募捐宣传，为红军扩大了国际影响。"

同时，毛泽东又给各部队首长发电报说："现有极好机会，在全国和外国举行扩大红军影响的宣传，募捐抗日经费，必须出版关于长征的记载。为此，特发起编制一部集体作品。望各首长并动员与组织师团干部，就自己在长征中所经历的战斗、民情风俗、奇闻轶事，写成许多片断，于9月5日以前汇交总政治部。事关重要，切莫忽视。"

在毛泽东的号召下，大家纷纷开始撰写回忆录。童小鹏在8月6日的日记中写道："杨（尚昆）主任、陆（定一）部长又来要我们写长征的记载，据说是写一本《长征记》。用集体创作的办法来征集大家——长征英雄们的稿件，编成后由那洋人带出去印售。并云利用去募捐，购买飞机送我们，这真使我们高兴极了。"大家创作的积极性很高，张爱萍写了18篇，童小鹏写了7篇。李一氓在巡视部队的旅途中，抓紧空余时间一路走一路写，完成了3万字的《从金沙江到大渡河》。

红军总政治部成立了编辑委员会，由总政治部宣传部部长徐梦秋主编，丁玲、徐特立、成仿吾等人分头编辑。徐梦秋写的"关于编辑的经过"说："到了月中旬，有望的氛围传来了，开始接到来稿。这之后稿子便是从各方面涌来，这使我们骄傲，我们有无数的文艺战线上的'无名英雄'！到了10月底收到的稿子有200篇以上，以字数计，约50万言，写稿者有三分之一是素来从事文化工作的，其余是'桓桓武夫'和从红角星墙报上学会写字作文的战士。"

"我们怎样来采录整理和编次这些稿子呢？我们决定以下几个方针：一、同一内容的稿子，则依其简单或丰富以及文字技术的工拙，来决定取舍。二、虽是同样的内容，散在两篇以上稿子里，但因其还有不同的内容，也不因其有些雷同而割爱。三、有些来稿，只是独有的内容，不管文字通与不通也不得不采用。四、有些来稿虽然是独有的内容，但寥寥百数十字，而内容又过于简单平常，那也只好割爱了。五、来稿中除一些笔误和特别不妥的句子给予改正外，其余绝不滥加修改，以存其真。六、编次的方法，是按着时间和空间。此外关于统计等等，是依着命令报告各种日记和报纸汇集的。"

刚到红区不久的女作家丁玲全身心地投入《长征记》的编辑工作，被稿件的内容深深感动。她写道："新的奇迹似的事态，跟我又发生了，这便是记长征的《二万五千里》。从东南西北几百里、一千里之外，甚至从远到沙漠的三边，一些用蜡光洋纸写的，红红绿绿的稿子，坐在驴子背上浏览塞北风光、饱尝灰土，翻过无数大沟，皱了的、模糊了字的，都伸开四肢，躺到编辑者的桌上。"

红军长征记：原始记录

经过加工修订，编委会选定110篇，30多万字，装订成上、下两册，并誊写了几部。《红军长征记》的征稿是在陕北的瓦窑堡，编辑工作在保安县，1937年2月底在延安编完，这是由长征亲历者写成的原始记录。斯诺在陕北采访过程中，除了与毛泽东等中共领导人进行长时间的谈话，还获得了中共提供给他的许多资料。斯诺说，他1936年10月离开陕北时，"带着一打日记和笔记本，30卷照片，还有好几磅重的红军杂志、报纸和文件"。这里就有《红军长征记》的部分原稿。

《红星照耀中国》英文本1937年在英国出版，中译本《西行漫记》于1938年在上海出版。然而在此之前，红军长征的故事就已经在国民党统治区流传开来。1937年7月，上海出版的《逸经》杂志第33、34期合刊上，发表了一篇署名"幽谷"的文章《红军二万五千里西引记》，全面介绍了红一方面军长征的情况。其中许多生动的情节直接引用了《红军长征记》。如讲述红军经过贵州茅台品尝茅台酒的一段，引自熊伯涛的《茅台酒》；讲述红军在草地断粮的情形，引自舒同的《芦花运粮》。文后附录了《红军第一军团西引中经过地点及里程一览表》，与《红军长征记》后面的附表完全一致。多年之后我们才知道，"幽谷"是化名"王牧师"安排斯诺进入陕北红区的中共地下党员董健吾。他在红区活动时也得到了部分《红军长征记》的原稿，据此改编成文章，交《逸经》杂志社社长简又文（别号"大华烈士"）发表。《西引记》在上海引起了轰动，半个月后，叶圣陶主编的大型综合性刊物《月报》转载了这篇文章。11月，上海光明书局出版了黄峰编《第八路军行军记》；12月，上海大众出版社出版了赵文华编《二万五千里长征记》；同月，复兴出版社出版了大华著《二万五千里长征记》，都是在《西引记》的基础上加工改编的。随着斯诺的著作译本出版，红军长征的故事广为流传，深入人心。

然而，《红军长征记》却迟迟未能出版，经历了一个曲折的过程。

编辑工作完成之后，因国共合作局面的形成、抗日形势的发展和编辑人员离开等原因，《红军长征记》延迟到1942年11月才在延安排版印刷。八路军总政治部宣传部在"出版的话"中指出："《红军长征记》一书（原名《二万五千里》），从1937年2月22日编好直到现在，已经五年半以上了，期间因编辑的同志离开延安，而伟大的抗日战争又使我们忙于其他的工作，无暇校正，以致久未付印，这是始终使我们放不下心的一件憾事。现在趁印刷厂工作较空的机会，把它印出来，为的是供给一些同志作研究我军历史的参考，以及保存这珍贵的历史资料（近来借阅的同志很多，原稿只有一本，深恐损毁或遗失）。本书的写作，系1936年，编成于1937年2月，当许多作者在回忆这些历史事实时，仍处于国内战争的前线，因此，在写作时所用的语句，在今天看来自然有些不妥。这次付印，目的在供作参考及保存史料，故仍依本来面目，一字未改。希接到本书的同志，须妥为保存，不得转让他人，不准再行翻印。"这个延安的内部版包括文章100篇，诗歌10首，战斗英雄名录2份，附表3份。由于当年印数很少，加上战争年代的动荡等原因，国内现在已极为罕见。美国哈佛大学燕京图书馆2002年发现了一部朱德签名赠给美国作家埃德加·斯诺的延安1942年版《红军长征记》，弥足珍贵。

解放战争时期，各解放区零星出版了一些选本。如1947年9月冀中新华书店出版的陆定一等著《长征的回忆》、山东新华书店出版的《红军长征故事》、1948年10月东北书店出版的萧华等著《长征故事》，都选录了《红军长征记》中的文章，但篇幅很少，只是作为传统教育的读本，远没有体现《红军长征记》的全貌。

1954年，中共中央宣传部编的内部刊物《党史资料》第1—3期重新发表了《中国工农红军第一方面军长征记》。"重印序言"说："本书原名《红军长征记》，是工农红军第一方面军的同志们经过长征到达陕北后集体写成的。1936年春由第一方面军政治部发起征稿，1937年编成，1942年由总政治部在延安出版，作为党内参考资料。因为当时条件困难，印书用的是草做的纸，不易阅读，也不易保存；印数也很少，现在所存无几。为了保存史料，决定作为党内参考资料，重新印行。重印之前，将错字校正，尽可能加了些补注和附注，文字上略作修改，并删去了很少几篇。但凡是有些史料价值的，统统谨慎地保存下来了。"重新发表的《红军长征记》，内容包括文章95篇，诗歌10首，战斗英雄名录2份，附表4份。因为《党史资料》是内部刊物，所以读者很有限。

1955年，人民出版社编辑出版了《中国工农红军第一方面军长征记》。这是一个选本，包含《红军长征记》的回忆录51篇，诗1首，附表3份和4篇综述文章。编者有感于《红军长征记》反映的是红一方面军的情况，没有包含二、四方面军的长征，在书中又附加了缪楚黄的《中国工农红军长征概述》，将长征经过做了一个全面的描述。

二

五十年代出版的两个版本中，发表了四篇综述文章。这是中共领导人在国外发表的介绍长征的文章，时间要早于《红军长征记》。《党史资料》版增收了署名"施平"的文章《英勇的西征》。这是根据1935年10月陈云在共产国际执行委员会书记处会议上的报告整理的，发表于1936年春《共产国际》杂志（中文版）第1、2期合刊上。"施平"是陈云化名"史平"的谐音。该文是对长征的一个总结，但因为陈云在四川泸定受中央委托去苏联向共产国际汇报，没有参加长征后半程，文章对雪山草地和到陕北的情况反映不够充分。

1955年版《中国工农红军第一方面军长征记》收录了化名"廉

臣"的《随军西行见闻录》。这篇两万多字的长文1936年3月发表于中国共产党主办的巴黎《全民月刊》，当年莫斯科中文出版社出版了《随军西行见闻录》的单行本。1938年，《随军西行见闻录》更名为《随军西征记》后在国内由生活书店出版，后被多家报刊转载。为了方便在白区流传，作者假托一个被红军俘虏的军医，以第三者身份客观、详细地介绍了红军长征的经过。与幽谷的文章不同的是，作者没有借用《红军长征记》，完全是用亲身经历写出来的。许多情节写得比幽谷更生动详细。

《见闻录》以长征中的重大行动如翻越老山界、突破乌江、二进遵义、四渡赤水、强渡大渡河的经过为主线，详细记述了红军指战员的机智英勇，并穿插了一些趣闻。如到云南曲靖，红军截获龙云的一辆车。车上有云南白药、火腿等物资，还有龙云送给中央军的云南地图。红军缴获这些东西，大喜过望，都说："刘备入川时有张松献地图，此番红军入川，则有龙云献地图。"

作者视角独特，文字生动，辅以一些细节描写和感受描述。比如毛泽东、朱德的形象："这些名闻全国的赤色要人，我初以为凶暴异常，岂知一见之后，大出意外。毛泽东似乎一介书生，常衣灰布学生装，暇时手执唐诗，极善词令。我为之诊病时，招待极谦。朱德则一望而知为武人，年将五十，身衣灰布军装，虽患疟疾，但仍力疾办公，状甚忙碌。我入室为之诊病时，（他）仍在执笔批阅军报，见到我，方搁笔，人亦和气，且言谈间毫无傲慢。这两个赤军领袖人物实与我未见时之想象，完全不同。"

谈到红军生活，《见闻录》说："赤军军官之日常生活真是与兵士同甘苦。上至总司令下至兵士，饭食一律平等。赤军军官所穿之衣服与兵士相同，故朱德有'火夫头'之称。不知者不识谁为军长，谁为师长。""赤军领袖自毛泽东、朱德起，从无一人有小老婆者。赤军军官既不赌博,又不抽大烟。赤军军官未闻有贪污及克扣军需者。""我觉得毛泽东、朱德非但是人才,而且为不可多得之天才。因为没有如此才干者,不能做成这样大的事业。"

最后,作者以感想的方式,向白区人民宣传了国民党"继续内战与'剿共',非但不能救国,而且适足以误国","如果停止自杀,而共同杀敌,则不仅日本不足惧,我中华民族亦将从此复兴矣"。

1955年版还收录了署名杨定华的《雪山草地行军记》和《从甘肃到陕西》两篇文章,杨定华在1936年6月写的《雪山草地行军记》前言中说:"最近读到巴黎《救国时报》,和读了廉臣先生的《随军西行见闻录》之后,忽然想起海外言禁或不如国内之严,因先就我记忆最深的雪山草地行军一段事情写了下来作为投稿,其余要是我有时间而巴黎《救国时报》又有篇幅的话,我也可以再写。"模仿廉臣,作者佯称自己是被红军俘虏的国民党军无线电机务员,后在红军中做无线电机务工作。目的是为了躲过国民党当局的耳目,便于文章能在国内广泛流传。两篇文章1937年连载于中国共产党主办的巴黎《救国时报》。

廉臣和杨定华的文章发表后,反响很大。《救国时报》编辑部征得廉臣和杨定华的同意,决定将《随军西行见闻录》《雪山草地行军记》和《由甘肃到陕西》三文合集为《长征记》一书出版。《救国时报》对该书做了热情的推荐和高度的评价:"本书虽为笔记体裁,然举凡红军西征时沿途之军事形势,以及山川地形、风物人情、民族习惯、红军之组织与策划、红军克服困难之精神与方法、红军作战经过、红军西征之政治意义,读者皆可于本书中见其大概。中国人民抗日红军为我中华民族之伟大力量,早为中外所共认,故本书不独可作为文艺作品读,且实为珍贵之史料与检阅民族力量之宝鉴。"为了支持出版,廉臣和杨定华于1937年7月31日的《救国时报》第114期上发表捐赠文章版权启事。为此,《救国时报》发表《本报鸣谢启事》称:"两先生不吝珠玉，允许将其大作由本报刊印，同人业已深感荣幸。乃复蒙念及本报经费困难，自愿牺牲稿费，高风厚谊，更深感佩。同人除已专函鸣谢外，合登报端，以彰义举。"

廉臣和杨定华是谁？1955年版的《红军长征记》没有介绍。从文章可以看出，他们应该是熟悉中央高层情况的干部。从他俩所写的长征回忆文章中可以看出，他们对长征中党和红军的高层领导人毛泽东、朱德、周恩来、刘伯承、叶剑英、彭德怀、林彪、林伯渠、徐特立、董必武、谢觉哉等都很熟悉，对红军在长征中的重要战略行动都有确切的记载。杨定华的文章中写朱德在藏区收粮食挑麦子，毛泽东在六盘山和战士们吃带泥土的煮土豆，都是贴近的亲身经历。文章对红军部队的特点、军民关系、民族政策都有深刻的论述。从这些可以看出，他俩不是红军中的一般干部。

直到八十年代，经过陈云确认，《随军西行见闻录》是他在1935年8月，于上海等待去苏联的期间写的。[1]1983年11月人民出版社出版的《陈云文选》，尚未收录。《红旗》杂志1985年第1期发表了由中央文献研究室整理注释的《随军西行见闻录》，后来收入1995年的《陈云文选》第二版。

2006年中央文献出版社出版《亲历长征》，我还没有考证出杨定华的身份。后来查到《邓发纪念文集》，说邓发受中央委派，化名杨鼎华于1936年4月离开陕北瓦窑堡去苏联。12月2日，王明、陈云致电中共中央："邓发同志昨日已到此地。"1937年9月，邓发从苏联回到新疆。[2]杨鼎华与杨定华同音，邓发参加了红军长征全程，1935年9月红一方面军整编为陕甘支队，邓发任第三纵队政治委员，这与《由甘肃到陕西》中作者自称"我从来行军都是随着第三纵队走的"契合。可以认定：杨定华是邓发的笔名。

最重要的文献是最后被发现的。《党的文献》2001年第4期发表

---

[1]《陈云年谱》上卷，中央文献出版社2000年版，第189页。
[2] 黄达勋：《对邓发若干任职的补述》，《邓发纪念文集》，中共党史出版社2002年版，第213页。

了陈云《关于红军长征和遵义会议情况的报告》。这是陈云1935年10月15日在共产国际执行委员会会议上做的报告。报告原稿找不到了，是根据俄文记录翻译的。陈云生前没有看到这个文件，是中共中央文献研究室1996年通过俄罗斯远东研究所的协助，在共产国际档案中发现的。原记录稿标题为《共产国际执行委员会书记处会议史平同志的报告》，这是陈云代表中共中央做的正式报告，陈潭秋、潘汉年做了补充发言。中共驻共产国际代表团王明、康生列席了会议。陈云在报告中特别强调了遵义会议"撤换了靠铅笔指挥的战略家（指李德），推选毛泽东同志担任领导"，对长征的前半程中央的决策、战斗情况和沿途见闻做了详细介绍，并回答了国际负责人的提问。会后，中共代表团将陈云报告的主要内容整理，以《英勇的西征》为标题发表在《共产国际》杂志"中国革命问题专号"上，署名施平。这篇文章是《报告》的摘要，主要突出红军长征的战斗和行动，对党内斗争和需要保密的问题做了删减。鉴于陈云报告的重要意义，2005年收入《陈云文集》第一卷。一位领导人的文集，三版两次增补重大文章，是很罕见的。

这样，与《红军长征记》同时产生的五篇全面介绍长征的文章，我们考证了发表的背景和作者情况。这也是长征的原始记录。从权威性、系统性来说，比《红军长征记》中的单篇文章，显得更为重要。把这几篇综述文章放在前面，和后面的百篇短文显得珠联璧合、相得益彰。

三

我们为什么要重新整理出版这部《红军长征记》？它的价值何在？

第一，它是长征最原始的记录。研究历史的人都有这样的感受：

最原始的记录往往最接近历史事实。《长征记》的写作时间是在红一方面军长征刚结束不久,作者都是亲历者,又大多是年轻人,对刚过去的事记忆犹新。而且他们在写作时,思想上没有受到条条框框的限制,都是内心真实的反映,真实性是《长征记》最宝贵的特征。以后的记载往往走向两个方向:一是必须反映为政治服务的意识形态,例如,长征的过程是以毛泽东为首的正确路线与"左"倾机会主义、逃跑主义进行错综复杂斗争的过程,这个主线就使长征内容受到很多限制;二是为尊者讳,只宣扬胜利而掩盖曲折困难,使历史偏离了本来面目。

《长征记》中保留了许多真实的情节。当初撤离江西苏区时,是没有明确方向的。董必武在《出发前》中说:"我们向陕甘前进,还是到川西后才决定的,假使在出发前就知道要走二万五千里的程途,要经过十三个月的时间,要通过无人迹无粮食的地区,如此等类,当时不知将作何感想。"长征前期的战斗场面,被亲历者描绘得栩栩如生。红军在通过敌人封锁线时,遭到前后夹击和围追堵截,形势十分危急。张爱萍的《从两河口到马蹄街》描述红三军团4师行军中边走边精简行李,"宣传队的小鬼看到把他们演戏的道具——土豪穿的缎子长衫、小姐穿的旗袍都丢了,痛心得要哭出来。其实上级命令连多余的文件、书籍都烧了,怎么可能留下这些东西呢!"夜晚休息时,部队又遭到敌人袭击,费了很大力气才夺回阵地,掩护大队突围。李雪三的《紧急渡湘水》,描写了红军突破敌人第三道封锁线的壮烈场面:"天色苍茫,黑幕笼罩着大地,高高低低的大路,13师紧急向着湘水前进了。'不掉队!''不落伍!'一口气跑了90余里,天还未亮,已经到达湘水河边。湘水悠悠流着,秋风凉气袭人,但是阶级的战友们,不管水凉流急,大家毫不犹豫,把鞋袜脱去,'扑通'跳到水里。河水冰凉刺骨,太阳东升了,映着湘水通红,隔江的敌人哪里能追得上呢!"莫文骅的《在重围中》记述了渡湘江那段惊心动魄的战斗,头上有飞机轰炸,后面有追兵,红军队伍被打乱,自己的马也险些丢失。然而红军凭着顽强的精神,强渡湘江,摆脱了敌人。童小鹏的《残酷的轰炸》记述红军在四渡赤水行军中遭受敌机轰炸的悲惨场面:"走到被轰炸的地方,真是使人目不忍看,耳不忍闻,炸伤的同志是在辗转反侧的叫痛,是在可怜的哭啼,是在要求同志们对他的帮助。他们手足断裂了,头脸破烂了,身体炸伤了,他们的鲜血仍在不断地流,然而在同志们安慰时,仍表现他们为革命的决心,不因其负伤而稍减其坚决的志气,相反地更加痛恨我们的阶级敌人。"刘亚楼的《渡乌江》,叙述渡乌江时勇敢机智的英雄事迹,极为细腻感人。八勇士跃入江中,泅水强渡。两次强渡失败后,机智的毛连长带着战士在江边潜伏一夜。第二天红军在炮火掩护下强渡,这次三个筏子飞速到对岸,奇兵突降,飞扑守敌,吓得敌人惊慌逃窜。接着又写敌人援兵赶到,双方在乌江边上激战以及最后胜利的一幕。作品结构紧凑,情景交融。不是亲临现场的指挥员,绝对写不出如此激动人心的场面。彭加伦的《飞夺泸定桥》,描绘红军攀着铁索向对岸攻击,高喊"要桥不要枪",对岸敌军从未见过这样不怕死的对手,心理崩溃,纵火逃命。这些真实的记录说明,长征绝不是轻松的漫游,而是生与死的搏斗,是用鲜血和泪水、汗水交织的战斗历程。感受这些叙述,才会使后人对长征有一个真实的认识。

　　第二,历史是人创造的,长征是中国共产党领导下的红军创造的英雄史诗。《红军长征记》的每一篇回忆都体现出红军的革命英雄主义气概和与艰苦的自然环境做斗争的豪迈精神。在艰苦的岁月里,正是互相关心、互相帮助的优良作风,使这支队伍完成了二万五千里长征的壮举。我们注意到:红军经过的雪山草地,今天是风景如画的旅游胜地。如松潘、米亚罗、若尔盖。但是在《长征记》中,我们没有看到风光秀丽的描述,都是红军在饥饿、寒冷中求生的记述。舒同的

《芦花运粮》描述红一军团2师直属队克服种种困难，运送粮食救济冻饿交加、危在旦夕的6团指战员。当他们及时将粮食运到时，6团的同志们激动万分。周士第的《吃冰琪林》讲述红军干部们在海拔5000米的打鼓雪山顶上，用冰雪加糖精自制"冰琪林"，谈笑作乐，表现红军不畏艰难的革命乐观主义精神。莫休的《松潘的西北》记述红军过草地时，大家相继绝粮。罗荣桓、贾拓夫把自己最后的麦粉贡献出来，煮面汤让大家分享。而莫休宁肯在泥泞的草地中步行，也要在马背上驮一捆柴，宿营时依靠点燃的小火堆，与大家一起度过那潮湿寒冷的黑夜。这些回忆录中没有什么豪言壮语，一切都显得那么自然，那么平常，在苦难中显示出灵魂的纯洁和升华。将伟大融入平凡，无疑是红军精神最突出的体现。

第三，《红军长征记》的价值体现在各个方面。红军经过的许多地方是人迹罕至的荒凉地带。沿途的地理、气候、民俗、生活、交通、村镇等多种情况，是红军首次记录的。这使我们大开眼界，不仅了解红军长征中的战斗行军，而且了解到许多过去没有文字记载，鲜为人知的情况。童小鹏《禁忌的一天》讲述红军在广西边界地区翻越高山时体验"瘴气"的经历，破除了千年来的迷信。冯文彬的《从西昌坝子到安顺场》生动记录了凉山彝族生活的情况，以及刘伯承总参谋长与小叶丹结拜兄弟的民族团结场面。李一氓的《从金沙江到大渡河》在记录巧渡金沙江和会理战斗的同时，忙里偷闲，考察川西的县城、民风、文化，还根据清人笔记将石达开史事做了一番实地对照和考证，文笔流畅而富有学者风范，既有革命意义，也有学术研究价值。谢觉哉的《卓克基土司宫》，生动描述了藏族宫寨的建筑特色，惊奇在荒凉地区能建起这样坚实壮观的碉楼。藏族土司的佛堂里虔诚地供奉着金碧辉煌的菩萨，在书房中却摆着汉文的《三国演义》，既有藏族传统宗教信仰，也反映出汉族文化传播的情况。由于红军的经过和谢觉哉的记述，土司宫现在作为国家重点文物保护单位，吸引着来自各地的旅游者。

尤其值得重视的是红军长征的《里程表》，其中多数地名都是首次记录，当年的地图上并无记载。今天经过考证才知道，有些地名并不准确，是行军时向当地人询问，听口音记录的。如翻越六盘山时经过一个叫"布置要岘"的地方，准确的地名是"堡子崾崄"。一些藏区地名如"打鼓""芦花"等，都是藏语音转，与汉文的字意无关。如同地理发现一样，正是因为红军走过，这些偏远地区才被记载下来，为后人的研究提供了佐证。

第四，从文学角度看，《红军长征记》无疑是一部优秀的军事文学作品集。读过《史记》的人都喜欢司马迁笔下的人物，《项羽本纪》中"破釜沉舟""鸿门宴""霸王别姬"等生动情节，成为千古传颂的故事。《红军长征记》的作者以朴实的文笔，如实反映了红军战斗、行军、生活的各个方面。如果作家要编写长征题材的文学或影视作品，这些回忆录无疑是最有价值、最真实的素材。

四

《红军长征记》有上述的优点和价值，也不可避免地带有历史的局限性。主要表现在：

第一，作者们多数是基层指挥员和干部，他们的文章是记录自己的亲身经历。而对高层的政治斗争很少涉及。现在的长征著作，无不围绕两大事件——遵义会议和与张国焘的斗争而展开，在书中占据大量篇幅。而《红军长征记》中基本没有反映这两件事。如陆定一的《榜罗镇》讲述毛泽东给整编后的红军陕甘支队干部做报告，讲述北上的意义，也没有提到张国焘分裂红军的事情。这是不是一个缺陷呢？

我们应当历史唯物主义地看待这些问题。为了保证部队的正常行动，高层的意见分歧和路线斗争都是绝对保密的。例如遵义会议，毛泽东就提出先解决军事问题，以后再解决政治路线问题的纲领性意见，目的是为了保持红军的团结和战斗力。俄界中央政治局扩大会议通过了与张国焘路线做斗争的决议，但只传达到中央委员。这说明广大红军指战员当时是不了解中央路线斗争的，即使知道一点，为了维护红军的团结，也不会写到对外宣传的《红军长征记》中。这正是红军中党性的表现，也是当时的实际情况。所以，1954年《党史资料》中加了很多补注，例如在谭政的《向赤水前进》中加了一大段遵义会议情况的补注；在谢觉哉的《抱桐岗的一夜》中加了一段党中央与张国焘分裂活动斗争的补注。并在《序言》中说："加补注的原因是，长征中有不少重要事件，没有文章记述，成为空白，用补注来尽可能加以补足，以便读者知道这些重要事件。"今天这些重要事件已经众所周知，没有必要再重复了。

第二，《红军长征记》的征稿截止到1936年10月。当时二、四方面军正在北上与一方面军会师的途中。所以《红军长征记》反映的只是一方面军的内容，不足以涵盖长征的全过程。所以1954年《党史资料》再版时，将书名改为《中国工农红军第一方面军长征记》，做了一个界定。但是，红一方面军走的路程最长，经过的地区最多，他们的行动成为长征的主体，也是大家公认的事实。关于二、四方面军的长征，现在已经有大量史料和回忆录出版，足以弥补原来的缺憾。但是后来的回忆文章和综述文章，虽然在全局的宏观把握和论点上都有优长，但是从记载的原始性和细节的生动性来看，都没有超过《红军长征记》。这就是我们今天还如此重视《红军长征记》的原因。

第三，《红军长征记》既然是30年代的作品，也就不可避免地带有那个时代的痕迹。例如，封建的大汉族主义对少数民族是充满敌意和蔑视的。红军在通过凉山彝族区时，因为对其缺乏了解，也沿用了当地汉人对他们的称呼——"倮倮"。事实证明，红军是历史上第一个以平等、友好态度对待少数民族的队伍，在顺利通过彝族区时不仅与当地彝族群众结下了深厚友谊，还招募了一批彝族青年当红军。这体现了长征是"宣传队""播种机"的作用。为了尊重历史，我们对文章没有删改，相信读者完全能够理解，不会产生歧义。

五

长征中红军创作的音乐、美术作品，也是原创性的艺术佳作。《长征记》中收录了12首红军歌曲，这些只是长征中创作的红军歌曲的一部分。其中陆定一、贾拓夫合写的《长征歌》是一首长诗，但是没有谱曲，1942年版注："《孟姜女哭长城》调。"如有研究音乐史者，可以对照民歌旋律演唱。

1935年6月红一、四方面军在川西北会师时，陆定一新编了《两大主力会合歌》，显示了红军会师的喜悦和欢乐。歌曲非常雄壮有力：

> 两大主力军邛崃山脉胜利会合了，
> 欢迎红四方面军，百战百胜英勇弟兄。
> 团结中国革命运动中心的力量，
> 嗨！
> 团结中国革命运动中心的力量，
> 坚决争取大胜利。

> 万余里长征经历八省险阻与山河，
> 铁的意志血的牺牲，换得伟大的会合。
> 为着奠定中国革命巩固的基础，
> 嗨！
> 为着奠定中国革命伟大的基础，
> 高举红旗向前进！

1964年北京演出的大型音乐舞蹈史诗《东方红》中，这首歌曲被改编为《三大主力红军会师歌》，成为人们熟悉的红色经典作品。两河口会师时的原始歌词都被人遗忘了。我们现在恢复历史原貌，可供研究。

还有几首歌曲是根据原有旋律填词而成的。例如《渡金沙江胜利歌》和《打骑兵歌》都是根据江西苏区红军歌曲《粉碎敌人的乌龟壳》填词改编的，而其旋律又来自沈心工的民歌《竹马》。《再占遵义歌》是根据苏联红军歌曲《送行》的旋律填词改编的。明了这些传承关系，对研究长征时期的革命文艺是有帮助的。

长征中的美术作品，要特别介绍黄镇的《长征画集》。黄镇年轻时就读于上海美术专科学校和上海新华艺术学校。长征中任中央军委直属纵队政治部宣传科长。长征中许多难忘的场面、动人的事迹、英雄的壮举，都激起了他的灵感。他一路走，一路画，画了大概四五百张。但是这些珍贵的作品在战争年代大部分丢失了，其中的25张被拍成了照片。1938年，时任八路军115师343旅政治委员的萧华托人将照片带到上海，送到了阿英手里。阿英（1900—1977），原名钱杏邨，1926年入党，1927年到上海从事革命文艺活动，与蒋光慈等发起组织"太阳社"。抗日战争期间，在上海从事救亡文艺活动，曾任《救亡日报》编委、《文献》杂志主编。阿英见到这些照片后非常激动，决定尽快把这些漫画编印出来，公开出版。

红军长征记：原始记录

1938年10月5日出版的《大美画报》第2卷第1期，首先发表《西行漫画》，阿英撰写的"题记"全文如下：

"当我从一位参加了二万五千里长征同志的手里，接到这一束生活漫画，而逐一看过的时候，我内心的喜悦和激动，真是任何样的语言文字，都不足以形容。

"虽只足二十五点的漫画，却充分的表白了中华民族性的伟大、坚实，以及作为民族自己的艺术在斗争与苦难之中在开始生长。

"我以为，在中国漫画里之有这一束作品出现，是如俄国诗坛之生长了普希金。俄国是有了普希金才有自己民族的文学，中国也是有了这神话似的二万五千里长征的生活纪录画片，才有了自己的漫画。

"在中国过往的漫画中，请问有谁发现了这样朴质的内容？又有谁发现了这样韧性的战斗？刻苦、耐劳，为民族的解放，愉快地忍受着一切。这是怎样的一种惊天地动鬼神的意志！

"现实地在绘画中把这种意志发现出来，如苏联文学之有《铁流》《毁灭》，是从这一束漫画开始。

"其次，中国既有漫画，虽不乏优秀之作，但真能发现民族的优越性、生长性，不掺杂任何病态的渣滓，内容形式，都百分之百发现其为'中国的'，如这一束漫画，前此是还不曾有过。

"因此，这一束生活漫画，它不仅将伴着二万五千里的伟大的行程存在，也将使中国的漫画界，受到新的刺激，而走向一个新的阶段。在漫画界，也得成为一座划时代的纪念碑、分水岭。"

《大美画报》由美商背景的《大美晚报》创办，于1938年5月1日创刊，总编辑是赵家璧。当时上海是"孤岛"，国民党势力难以控制。美国《生活》杂志在1937年6月就刊登了毛泽东、朱德等红军领袖的照片和史沫特莱的采访文章。因此，《大美画报》也刊登了大量反映抗战救亡活动的新闻照片。首次发表的《西行漫画》是25幅作品中的 7 幅。

　　1938 年 10 月 15 日，阿英主持的"风雨书屋"出版的《西行漫画》单行本，铜版纸精印，印数 2000 册。这个版本相当珍贵，几十年都没有重印过。1958 年再版的时候，阿英请萧华为重印本写序，才知道是初版的误记。至于画的作者，萧华也记不清了。1961 年，阿英找到了从国外当大使回来的黄镇。黄镇回忆："当我翻开《长征画集》的第一页，画上的形象使我激动不已。记得在长征途中，一位年已五十开外的老同志，戴着深度的近视眼镜，不管白天或黑夜，左手提着马灯，右手执着手杖，老当益壮地走在红军队伍之中。这就是林伯渠同志。他和徐特立、董必武、谢觉哉同志都是德高望重的老人，以半百的年纪，参加了长征的壮举。往事历历在目，一切犹如昨日。这幅画唤起了我的记忆，一页页翻下去，好像又走上了艰苦的二万五千里的行程。从此，这本画集算找到了它的作者。"

　　《长征画集》勾起了黄镇联翩的回想："长征二万五千里，我画了整整一路，大概也有四五百张，现在留下来的就是这二十四张。它能和今天的读者见面，经历了曲折的过程，颇有一些传奇色彩。记得当时我背的是一个布书包，雨打即湿，日晒即干，夜晚行军、露营，也沾满了露水。我的画也随着书包时湿时干，因而画面模糊，纸张折皱，难以保存。那时，王幼平同志身上背着一个皮包，看上去洋里洋气，比我的布包好得多，让我十分向往。有一天，他奉命调到上干队学习，分别的时候，我说：'你这个皮包送给我吧，好装我的画。'"

　　"王幼平同志慷慨相赠，从此，我的身上便背起了一个皮包。我把到处搜集的画纸、画笔都放在皮包里，画的画也好保存了。那时铅笔很难找到，墨也得来不易，我们就把锅灰刮下来，烟筒里的灰捅下来做成墨。这种墨宣传队员们都会做，用来写标语、写会标、画画。我身上总不定还要存几支笔，铅笔、毛笔都有，用来画速写，画漫画。

这些笔,有的是从小商那里买来的,有的是从地主老财家拿的,也有是战友送的。每到一处,我总忘不了寻找笔墨。我画画的纸也是五花八门,是些红红绿绿、大大小小不等的杂色纸。这些纸有的是同志们的赠与,有的是从打土豪中得来,有的从敌军中缴获,还有老百姓祭神祭祖的黄表纸、写春联的大红纸。仅这些纸张,若存留至今,对长征也是很好的纪念。

"我画画,是生活的纪实,是情感的表达,从来未曾想过辑集出版。在长征艰苦的行程中,许多难忘的场面、动人的事迹、英雄的壮举,我仅仅作了一点勾画,留下一点笔迹墨痕。在漫漫途程中,看到什么就画什么,是真实生活的速写。林伯渠老人的马灯一直在长征路上闪亮,我画下了这位革命老英雄的形象。红军经过川滇边界的时候,一家干人(穷人)走进了我的画面,那十五六岁女孩赤身裸体的悲惨景象,那一双父老眼泪滚滚的哀伤感情,深深触动了我,于是,我画下了永远忘不掉的事实;我亲临了飞夺泸定桥的场面,大渡河的汹涌、十三根铁索的险峻和二十二名勇士身上燃起的烈火,使我不能不留下历史的画面;还有青藏高原上深山老林的夜宿也是很难忘记的。那种砭人肌骨的寒冷、战士们深夜的谈话、古老森林里不可琢磨的声音,都使我要画下这种气氛;还有草地宿营的篝火、行军的行列,都会自动走到我的笔下来。"

《长征画集》作为最原始的形象记录,我们也收录在这本书中。看看黄镇的回忆,是不是与《长征记》一样的生动感人?

六

这次重新整理出版《红军长征记》,比 2006 年版的《亲历长征》又有哪些补充呢?

历史仿佛经历了一个轮回。50年代的版本是一再精简，而现在的工作是尽可能地恢复历史原貌。

1942年延安版《红军长征记》，曾被我们认为是最完整的版本。1954年，中宣部党史资料室将此书更名为《中国工农红军第一方面军长征记》，在内部发行的《党史资料》上分三期发表。这一版最重要的变化，是删除了何涤宙的《遵义日记》、李月波的《我失联络》、莫休的《一天——再占遵义城》等5篇，并对李一氓、莫休等人的文章进行了较大的修改。

在人们的认知印象中，长征的红军战士每天冒着枪林弹雨，食不果腹，吃草根、啃树皮。何涤宙的《遵义日记》如实记录他在遵义的十天小资生活。遵义是红军长征占领的第一个城市。干部团（红军大学）的几个红军干部进入遵义城后，经常去饭店吃饭，店主因生意太好招架不过来，炒辣子鸡的质量越做越差。作者把打土豪获得的一件皮袍送去裁缝店改作皮衣，被贪小利的裁缝偷工减料，生了一肚子气。干部团去学校进行革命宣传，红军干部和遵义学生打篮球比赛，跳舞联欢，让遵义的学生感觉红军都是"大知识分子"。对决定红军和革命前途命运转折的遵义会议，何涤宙的文章一字没写。其实这是符合历史事实的，作为红军的中下层干部，当时并不知道中央上层的分歧和斗争。

何涤宙（1908—1942），原名何兆昌，浙江临海人，早年入黄埔四期学习，后任国民党第52师工兵营长。1933年5月，在中央苏区第四次反"围剿"作战中被红军俘虏，留用在红军大学当教员。洋顾问李德称他为"一个年轻的工兵少校"。长征时，何跟随干部团行军，一路上为部队架桥。红军过乌江时，工兵连在何涤宙的指挥下，经过一个昼夜的奋战，终于把一座浮桥架了起来，为主力红军通过乌江天险立了一大功。在《长征记》中，李一氓、周士第的文章中都提到了何涤宙。到陕北后，1936年成立红军大学，何任教务部主任。但是1937年国共合作后，何涤宙提出要到武汉看病，离开延安一去不返。后来从临海县的档案中得知，何涤宙又加入国民党军队，任暂编第2师参谋长，1942年去世。

何涤宙的经历未免让人叹息。本来已经到了红军中，又在长征中立下功勋，为何又离开革命队伍呢？再加上何的文章中表现出一种小资情调，与其他工农干部写的文章风格明显不同。也许是因为这些原因，后来的《长征记》中删去了他的文章。2006年版恢复他的《遵义日记》，引起了很多人的关注。有人称赞他的文章从另一侧面反映了长征中红军干部生动活泼的情感，读来非常真实。

李月波的《我失联络》原为1942年版收录，后被删去。这篇文章反映了掉队的红军战士以坚强意志，经历了生死考验，终于追赶上部队，情节曲折。在长征中掉队是难免的事，许多人因此被国民党和地主武装杀害。我们不应回避这些事实，应当从作者的文章中感受长征的艰难。

2006年版《亲历长征》根据1942年版《长征记》，恢复了何涤宙的《遵义日记》和《绝食的一天》，莫休的《一天——再占遵义城》，李月波的《我失联络》。根据中央档案馆保存的打印稿恢复了谢扶民的《经贵州苗山》《草地行军六天缩影》，黄克功的《从桐梓到遵义》，共7篇文章。

2006年9月，上海人民出版社影印出版了《二万五千里》手抄本。这是一个重大发现。根据整理出版者的介绍，我们知道了这个版本的来历。

当年中共中央准备将《长征记》送往上海出版。斯诺离开陕北时，《长征记》的征稿尚未完成。1937年2月，征稿完成后，由徐梦秋等人组成的编辑部将稿件修订誊清，形成定稿，据说当时誊清了五部。但是1942年《长征记》在延安印刷时，编者说延安只保存了一份原稿。上海这部誊清稿，是由党内交通员从延安带到上海，交给上海地下党负责人冯雪峰的。"七七事变"后，中国形势发生重大变化，国共实现第二次合作，冯雪峰奉命回延安，临走时将《长征记》的誊清稿交给党外朋友谢澹如保管。

谢澹如（1904—1962），上海富家子弟，党外进步人士。1929年先后在老西门、静安寺开书店，专售左翼进步书籍，并以书店作为"左联"的秘密联络点。1931年顾顺章叛变，上海中央机关瘫痪，谢澹如受冯雪峰之托，掩护瞿秋白、杨之华夫妇住到他家避难。瞿秋白夫妇以租房的名义在谢家住了大半年，并由谢安排与鲁迅会面。谢澹如的义举，赢得了共产党的信任。方志敏烈士的手稿辗转送到鲁迅手中，鲁迅转交给冯雪峰。冯雪峰临走时，将方志敏手稿和《长征记》誊清本都交给谢澹如保管，谢不辱使命，一直将这些珍贵文稿保存到中华人民共和国成立后。1962年谢澹如去世，家属将《长征记》誊清稿交给上海鲁迅纪念馆保存。这部珍贵的手抄本，终于在2006年影印出版。

誊抄稿中，我们又发现了几篇1942年版中未收录的文章。有陆定一的《珍重》、谭政的《突围的第一仗》、彭加伦的《出发的前夜》《胜利后的一幕》、张际春的《铁屁股》共5篇文章。这些文章的收录，使《长征记》更为完整和充实。

这部誊抄稿的价值在于，它比1942年的版本更原始、更真实。我们注意到，1942年版对1937年誊清稿，已经做了许多修改。尤其是莫休的《大雨滂沱中——两河口的欢迎会》《松潘的西北》和李一氓的《从金沙江到大渡河》，做了较大幅度的修改。为什么呢？对比后可以看出，1942年版比1937年版的稿子"成熟"了许多，主要是删去了许多情绪化的文字，还删去了一些被认为有损红军形象的文字。

红军长征记：原始记录

我们认为，这些删去的文章和被修改的文字，恰恰是非常宝贵的。因为它生动地反映了红军长征中的喜怒哀乐，是非常真实和精彩的。当年的红军都是年轻人，充满了朴实的情感和天真的热情。例如彭加伦《胜利后的一幕》中，叙述红军突破四道封锁线，攻占了广东南雄县的乌迳镇。那里是广东和江西的交通要道，商业发达。"久在敌人封锁包围中奋斗的战士们，虽然过去一般的物质上没有受到多大的困难，但是许多东西却难买到。这次初到一个比较大的市镇，谁也不能放过这个机会，要买他一点。街上塞满了人，店里挤满了人，菜馆坐满了人。一批一批的来，一批一批的去，好像织布机上的梭子一般穿来穿去，他们脸上堆满了笑容。""鞋子、袜子、脸巾、香烟、香皂、牙膏、罐头、糖果，不断的随着我们的买主们回去，又是一批来，又是一批去。店内伙计们忙个不了，菜馆里堂伙叫个不停，抽着他的嗓子喊出各种各样的菜名。卖包子的、卖糖糕的、卖水果的摊子上，堆满了不少的铜板。"

突破封锁之后，来到一个商品丰富的地方，红军战士多高兴啊。因为被封锁太久，许多东西不认识，以致闹了笑话。一个新战士把墨汁错认为是牛乳，坚决要买。老板数次告诉他是墨汁，吃不得的。他不懂老板的话，怀疑老板故意不卖，结果老板只得勉强卖给他。当时他一心想吃牛乳，塞子一拉就大喝起来，弄得满脸满嘴都是墨汁，这才发觉自己是上了当。又气又恨，面子难为情，拿老板来出气。情形弄清后，看热闹的同志都来批评他，制止他这种脱离群众的举动，并向老板进行解释。那个战士自己知道错了，向老板赔了个不是，羞惭地回去了，一幕喜剧也就此闭幕。

彭加伦的描述，生动风趣，显示出红军的天真可爱。这样的描述在誊清稿中有多处，删掉实在可惜了。

莫休的《松潘的西北》，写实很有深度，活生生刻画出一批书生是如何度过草地的艰苦生活的。草地行军第一天到腊子塘，队伍停下了露营。"糟糕的是雨又跟着夜神来袭击了，因为缺乏经验，油布张得不得法，烂斗笠也不济事。高处的水又流来了，大家闹得坐不能站不是，拓夫同志的京调也哼不出来了。自然我们是想烧火，但火柴是早已不见了，在毛儿盖又没有找到火石，此时只有向别个棚子告艰难。人家费了九牛二虎的力量燃起火，自然不能多分给我们。柴虽然有，可是全浸在水中，烧那堆火可够费劲了。这时我和拓夫、荣桓要各显神通，互争雄长了。每人都用尽了一切心机和力量，头都吹晕了，还不能吹起一堆火。见着别人围着火，口杯炖的开水，调着糌粑，悠闲的吃着，我们只有恼怒和嫉妒，夹杂着从中袭来的饿火。一直到了午夜后的一时，我们总算'有志者事竟成'，把火烧起了。吃着开水和干饼子，倒也忘记了睡觉那回事。"

在寒冷的雨夜中，罗荣桓、贾拓夫这些大知识分子，为生火竟然如此狼狈，表现出书生野外生存能力确实比不上工农出身的战士。在如此艰苦的环境中，他们还能够活着走出草地，其意志的坚强又令人肃然起敬。

公允地说，在《长征记》的作者中，写得最好的是莫休。他的文章无论是记事的真实传神，还是视野的宽阔、良好的古文功底，加上知识分子特有的抒情，他写的五篇文章，每篇都是精品。莫休是谁？在 2006 年版《亲历长征》中，我还没有考证出他的身份，只好暂付阙如。看到 1937 年版誊清稿后，我突然有惊喜的发现。《一天——重占遵义城》的署名"梦秋"被圈掉，改成"莫休"。原来莫休就是徐梦秋。

徐梦秋（1895—1976），安徽寿县人，1925 年入上海大学，同年加入中国共产党；参加过北伐战争。1927 年去苏联学习。1930 年 8 月回国后进入江西苏区，被任命为军委秘书、军委秘书长。1934 年参加长征，1935 年 9 月改任红三军团宣传部长。过雪山时冻坏双腿，到延安后截肢导致残废。《长征记》的编辑完成后，离开延安赴苏联治疗。到达迪化（今乌鲁木齐）后被盛世才留用，任教育厅副厅长兼新疆学院院长。1943年初，盛世才倒向重庆国民政府，将毛泽民等共产党人秘密杀害。徐梦秋叛变革命，在军统任职。1949年6月，徐梦秋在南京被逮捕归案，长期关押，1976年5月病死狱中。

徐梦秋是中共党史上一个特殊人物，从长征英雄沦为罪犯。但是在编辑《红军长征记》的工作上，他是有功绩的。他不但完成了编辑任务，并亲力亲为，写了几篇重头文章，为我们呈现了一部英雄的史诗。所以这次整理，我们将他的文章还原为最初的原始状态，让读者体验长征经历者的真实感受。

这次整理的新版《红军长征记》，在2006年版《亲历长征》的基础上，又增加了誉清本中的5篇文章。对原有的文章做了部分修订，恢复了历史原貌。这样，共有6篇综述，109篇文章，12首歌曲，以及英雄名录、大事记和3份统计表。学无止境，红色文献的整理研究也没有止境。随着长征文献的不断发掘，我们也将把最新的研究成果奉献给广大读者。

关于红军长征和遵义会议情况的报告*

陈 云**

同志们!

今天我要向共产国际的领导人报告的不是中国红军与苏维埃的发展问题。我只讲一讲红军离开中央苏区后西征的情况。

我在讲西征之前,先要讲一讲我们党为何决定西征。

---

* 中央文献研究室根据俄文记录稿翻译注释。原记录稿标题为《共产国际执行委员会书记处会议(1935年10月15日)史平同志的报告》。"史平"是当时陈云在莫斯科的化名。首次发表在《党的文献》2001年第4期,后收入《陈云文集》第一卷,中央文献出版社2005年6月版。

** 陈云(史平、廉臣)(1905—1995),上海青浦人。1925年参加五卅运动,同年加入中国共产党。历任中共青浦县委书记、上海闸北区委书记和江苏省委书记等职。1931年在中共六届四中全会上当选为中央委员。顾顺章叛变后,担任保卫中共中央机关安全的中央特科书记、临时中央常委。1933年进入中央苏区。1934年在中共六届五中全会上被选为中央政治局委员、常委,并任白区工作部部长,长征前期任军委纵队政委。1935年1月出席遵义会议,支持毛泽东的正确主张。6月,奉命从四川省天全县秘密离开长征队伍,经成都、重庆到上海,恢复党的秘密工作,随后由上海抵莫斯科,向共产国际执委会书记处报告了中国工农红军长征和遵义会议的情况,并参加中共驻共产国际代表团。1937年4月回到新疆迪化(今乌鲁木齐),任中共中央驻新疆代表。5月赴星星峡,援助接应红军西路军余部400多人到迪化。11月回到延安后,任中共中央组织部部长。1945年6月中共七届一中全会上当选为中央政治局委员;8月任中央书记处候补书记。抗日战争胜利后参加和领导东北解放战争,担任过中共中央北满分局书记、东北局副书记兼东北民主联军副政委、东北财政经济委员会主任等职。中华人民共和国成立后,任政务院副总理兼财政经济委员会主任、中共中央书记处书记、国务院副总理,1956年在中共八届一中全会上,被选为中央政治局常委和中央委员会副主席。1957年任中央财经领导小组组长,长期主持财政经济工作。因被认为"右倾","文化大革命"中只保留了中央委员的名义。1978年十一届三中全会重新当选为中央政治局委员、常委、中央副主席,同时被选为中央纪律检查委员会第一书记。中国共产党第十三次全国代表大会后退出党中央领导工作,担任中央顾问委员会主任。

红军长征记：原始记录

我们党对苏维埃革命根据地问题的认识是正确的。巩固的根据地对红军来说是必需的，没有这样的根据地会给今后的国内战争带来很大的困难。还在一九三〇年，共产国际的指示就已经指出：建立根据地是中国党头等重要的任务。共产党过去执行这一任务，在今天它仍然是十分重要的任务之一。当敌人包围了我们以前的苏区，把我们挤到一小块地区里时，我党为保存红军的有生力量，把主力从过去的苏区撤出，目的是要在中国西部的广阔地区建立新的根据地。为此目的，中国党组织了红军著名的英勇的西征，自江西向中国西部挺进。

为这次西征，我们做了哪些准备呢？

首先，在我军主力纵队撤出中央苏区向西部进发之前，党先派一部分部队打出苏区，深入敌后。尤其是我们派了抗日先遣队红七军团向福建方向和赣闽边界地区挺进，于是我们的部队便插到了东北方向敌人的后方。

第二个行动：派部队从湘赣边区打到福建[1]去。这一行动由与贺龙部会合的萧克[2]的红六军团完成。于是我们在西北方向敌人的后方也部署了部队。

此外，我们做了保障红军主力此后西征所必需的准备工作，即为红军主力部队补充了青年战士。我们吸收了三万名志愿者参军。

第二，我们培养了一批基本干部和部队的骨干。这些干部都经过三所军校的培训，这三所军校是红军大学、公略步兵学校以及专门学习防空和防毒知识的特科学校。我军大多数干部都毕业于这三所学校。

第三，我们筹集了六十万担粮食，供红军西征开始阶段食用。还加紧生产弹药，弹药生产增加了六倍到三十倍。还给战士置备了特制的军服，筹集了必需的通信器材。

西征的准备工作按计划应在三个月内完成。但是由于局势变得严峻，我们不得不把期限缩短到两个月。这一工作完成得很出色。

---

[1] 原文如此，应为湖南。

[2] 红六军团的最高领导机关为军政委员会，主席任弼时，军团长萧克，政治委员王震。

西征时红军的主力为：第一、第三、第五、第八、第九军团，教导师，总政治部直属部队，后备团。

从红军主力离开江西中央苏区到与红四方面军会合，一共花了八个半月的时间，行程一万一千至一万二千里，即五千多公里。我们共跨越十二个省份：福建、江西、广东、湖南、广西、贵州、四川、云南、西康、甘肃、青海和陕西。[1] 中国的十八个省[2] 中我们走过了十二个。

我们走的都是些什么路呢？当然不是柏油马路或石板路。我们走过的大多是难以通行的羊肠小路。我们翻越了中国最高的山脉，跨过了二十多条著名的大江大河，如长江、乌江、湘江、金沙江、大渡河。

我们有什么渡河工具呢？什么也没有。

川康交界处的山脉高达一万六千多英尺。五月，中国正酷暑难耐，但是山上却白雪皑皑。我们受到四面八方的攻击，确切地说，受到来自南、西、北、东、天上和水里六面的夹击。我们就是在这样的条件下行军。如果仅仅是和追击我们的敌人比赛谁跑得快，那倒不太可怕，而我们在行军路上还进行了大小一百多次战斗。

（曼努伊尔斯基[3]：粮食问题怎样解决呢？）

基本上靠各地人民自愿供给我们。后来红军采取没收敌人和土豪劣绅、地主粮食的办法。

西征达到了以下目的：

1. 我们确实保存了红军的有生力量。
2. 我们与红四方面军会师了。
3. 两军会师后，建立了新的、实力更强大、资源更富足的苏维埃根据地。

西征的第一个阶段，是从江西到贵州。我们认为，这个阶段取得

---

[1] 原文如此。红一方面军长征没有经过青海省，这里应为11个省份。
[2] 原文如此。根据1934年4月上海申报馆出版的《中华民国新地图》，全国当时共有30个省份。
[3] 即曼努伊尔斯基·德米特里·扎哈罗维奇（1883—1959），苏联著名政治活动家。1924年起，任共产国际执委会主席团委员。1928—1943年，任共产国际执委会书记。

了胜利，因为我们突破了敌人的四道封锁线。封锁线上有许多用钢骨水泥筑起的工事，埋伏了机关枪。这些地带敌人认为是攻不破的，他们本想以此来把我们困死在苏区里。我们击溃了工事里的敌军，冲过了四道堡垒封锁线。

第一道封锁线沿着江西的赣江构筑。第二道封锁线修在粤北的仁化至赣南一线[1]。第三道封锁线沿粤汉铁路修筑（这条铁路当时尚未建成，但公路已通，水泥工事就沿公路修建）。第四道封锁线建在湘南至桂北一线。

这四道封锁线上都埋伏了机关枪，构成了密密层层的弹幕。我们尽管两翼受到敌人夹攻，后面又有大军追击，仍很快越过三条交通线，渡过赣江，占领了城口，也就是说我们突破了第二道封锁线。随后我们攻占了宜章，也就是说突破了第三道封锁线。第三道与第四道封锁线之间，全是崇山峻岭，蒋介石正是打算将我们消灭在这里。

我们攻占宜章之后，又一连攻克了六个县：临武、嘉禾、蓝山、江华、道州、永明。于是，第四道封锁线也被我们迅速冲破了。这实际上意味着蒋介石把我们围而歼之的计划完全落空。我们出乎敌人的预料，走出了这一地区。

但是，应该指出我们的一些不足和错误。

第一个错误，就是部队出发西征之前，在党内、军内和群众中间没有进行足够的解释工作。政治局也没有对这一问题进行讨论。由于没有进行解释工作，一部分青年战士和个别人开了小差。这种情况发生在湘南。这些青年战士不明了我们转移的目的与前途。这给苏区的工作造成了很大的困难。

我们怎么会犯这种错误呢？这是因为我们对保守军事秘密问题理解得过于机械了。当时我们以为，西征这件事，不能告诉党员、战士和群众。

---

[1] 原文如此。"赣南"应为湘南汝城。

第二个错误,就是我们上路时所带的辎重太多,带了许多笨重的机器和大量的物件。我们把兵工厂、印刷厂、造币厂等工厂的机器,统统都抬走了。专门运输这些设备的,就有五千人。

(曼努伊尔斯基:有没有马匹和骡子?)

经验证明,马匹、骡子和毛驴反而给我们带来麻烦,因为道路太窄了。总之,由于这些笨重的辎重,我们的军事行动困难重重。后卫部队往往落后先头部队达十天的距离。我本人是后卫部队的政委[1],亲身经历了这些困难。有一次,我们顶着倾盆大雨,跋涉在泥泞之中,花了十二个小时,才走了四公里。

我们基本上以三路纵队的形式行军:左路,右路,主力部队居中。除此之外,还有先头部队和后卫部队。但是,由于道路状况并非总是一样,我们不能始终按照这一部署行军。有时候,我们不得不编成两路纵队行进。但我们从来不合成一个纵队前进。

我们占领宜章之后,本应立即攻克全州并马上渡江。这个地方十分重要。但是我们由于辎重太多而没能及时攻下全州。结果敌人抢先占领了全州。如果不是带的辎重太多,我们的先头部队本可以走得更快一些,我们也可以少打几次仗。在湘黔边界地区[2],我们为战胜敌人的阻击,大约耗费了一百天的时间。

为什么会出现这种情况呢?这是由于我们的主力部队全都变成了辎重护卫队,没有足够的自由机动的部队。先头部队往前挺进,而后卫部队还落后在二三百里之外,也就是落后一百公里到一百五十公里。因此,大大削弱了我们的战斗力,使敌人得以从侧翼攻击我们。

我们为什么要带这么多的辎重呢?这是由于一种不正确的幼稚的政治观念导致的后果。当时认为,建立新的苏维埃根据地,就是简单地从一个地方搬到另一个地方,不需要再进行一番新的艰苦的斗争和极大的努力。

---

[1] 原文如此。长征初期,陈云担任红五军团(后卫部队)中央代表。
[2] 原文如此。"湘黔"应为湘桂。

西征第一阶段所犯的第三个错误，就是纯军事性质的错误。我们仿佛总是沿着一条用铅笔在纸上画好的路线，朝着一个方向直线前进。这个错误很大。结果，我们无论走到哪里，到处都遇着敌人迎击，因为他们早已从地图上料到我们将出现在哪里，将往哪里前进。于是我们变成了毫无主动权、不能进攻敌人，反而被敌人袭击的对象。既然这样，我们本应加快行进速度、迅速占领据点，可是敌人拥有汽车和其他交通工具，在这种情况下，我们只能通过战斗来夺取这些据点。我们的行军从不改变方向。由于军用地图上的位置常常标错，我们常常走进死路而被迫走回头路。有一个地方，我们打了三天，才走了四公里。为了寻找尽可能走快些的近路，司令部的同志们和几个军长，一连三天三夜没有睡觉，没有吃饭。我作为后卫部队的政委，有责任设法保障后卫部队不落后，有时六天六夜不能睡觉。

在湘南，敌人对我们两面夹攻，切断了第三十四师与大部队的联系。这个师便留在了当地，变成了一支游击队[1]。不能跟我们一起继续行军的伤病员也留在了当地。在第一阶段西征中，军事上的错误使我们付出了很大的代价。

（曼努伊尔斯基：在这种条件下，你们是如何安置伤员的？）

我们把带不走的伤员安置在老百姓家里。我们有时为了掩护伤员，组建了一些游击队。老百姓对待我们的伤员很好，当他们的伤养好后便把他们送回部队。

在黎平，领导人内部发生了争论，结果我们终于纠正了所犯的错误。我们对此前"靠铅笔指挥"的领导人表示不信任。在湘黔[2]边界，敌人集结了四五倍于我军的兵力严阵以待，以为我们会沿着红六军团从前进军的路线行进。桂军则从南面进攻我们的后卫部队。此外，后面还有大部队追击。

原来的领导人坚持直线前进的做法，认为此后也必须照此办理。

---

[1] 实际上，第34师大部壮烈牺牲。

[2] 原文如此，应为湘桂。

我们坚决加以反对，指出这一计划只能有助于敌人，不会给红军和中国革命带来任何好处。原来的领导人竟要将持此种意见的人送上军事法庭。我们回答说：应该交付法庭审判的是你们这些领导人，而不是我们。

全体红军将士都主张应该突破薄弱环节，朝着敌方较弱而红军可获得新的兵员补充的地方前进。这场争论以决定改变原来的方针而告结束。至此，西征的第一阶段完成。这一阶段大体上持续了一百天。当我们到达贵州时，红军已不再是经常不断地被敌人攻击、四处流窜的部队，而变成了一支能战能攻的有生力量。

西征的第二阶段，是从进入贵州开始，到占领遵义城结束。

在第二阶段，红军战士已经清楚了西征的前途和目的。我们告诉他们说，我们要打到贵州去，"活捉王家烈"。这成了我们战士奋斗的目标。

我们抛弃了过去的"直线"行军的做法，转而采取比较灵活机动的行进方式。由于策略改变了，我们前进比较顺利，打进了贵州，攻占了遵义城。我们在这里击溃了奎伊担[1]的两个师，在这次战斗中，我们已比较容易得手。我们占领了乌江南岸的九个县，随后渡过了乌江。乌江在军事上历来是战略天险之一。指挥渡江者为毕业于莫斯科军事学院的刘伯承。他指挥一个师外加一个团，不断向前推进，十分迅速地占领了敌人的桥头据点。当敌人还没来得及把桥炸掉时，他已指挥部队过了江。我们过桥后，占领了重镇遵义城和湄潭城。

我们的又一个大胜利是在当地招募新兵，扩充了我们的队伍。部队在遵义休整了十二天，政工干部在这里招募了新兵。我们一共招了三千名年轻的新战士。从这一阶段起，我们已不再携带笨重的辎重。战士们洗了澡，换了衣服，容光焕发地继续行军。精神面貌改变了，战士们个个斗志昂扬。

---

[1] 音译，原文为 Куйэи-деи，应为侯之担。

红军长征记：原始记录

我们在这里组织当地的力量成立了革命委员会。在革命委员会领导之下，建立了地方武装游击队。我们发动群众没收地主豪绅、军阀的财产，并把没收的财产分给了群众。我们的这些做法使当地老百姓拥护红军的热情高涨。

我们认为，在遵义城成立革命委员会、建立地方革命政权是我们取得的第三个胜利。

第二阶段西征取得的第四个胜利，就是在遵义举行了扩大的政治局会议。参加会议的不仅有政治局委员，还有全体军事领导人、各军团的军团长和政委。

这次政治局会议决定进军四川。此外，我们在这次会上纠正了第六次反"围剿"[1]最后阶段与西征第一阶段中军事领导人的错误。大家知道，军事领导人在这一阶段犯了一系列错误。现在，这些错误得到了彻底纠正。建立了坚强的领导班子来取代过去的领导人。党对军队的领导加强了。我们撤换了"靠铅笔指挥的战略家"，推选毛泽东同志担任领导。至此，结束了我们西征的第二个阶段。

西征的第三阶段，从攻下遵义城开始，一直延续到过长江为止。在这个阶段我们取得了一系列重大的胜利。进攻的主动权掌握在我们手里，而不是掌握在敌人手里。我们强渡了中国第一大河——长江的支流金沙江。这个阶段的领导是正确的。我们决定进军四川，先向北运动，然后转而向西。起初我们不了解敌情，当我们接近四川边界时，发现敌人的兵力超过我们几倍。于是我们占领了黄家[2]，在这里集结部队并改变了行军路线。敌人得知我们要强行渡江，因此在川黔边界集结兵力。如果我们从这里一直向西，一定会遇到敌人最强的抵抗，因为敌人已在那里做好了防守的准备。所以我们转而向东，直抵桐梓城。这时敌人才发现我们不向西进，却挥师东行。但这时我们已把敌人远远地抛在了后面。这是我们红军一次漂亮的机动战。

---

[1] 原文如此，应为第五次反"围剿"。

[2] 音译，原文为 xyaHвцэя，应为渡过赤水上游占领滇边扎西（威信）。

西征第三阶段的第二个关键时刻，就是红军占领了距桐梓三十公里处贵州最重要的军事战略关隘[1]。这时王家烈部两师人马向我们扼守的关隘发起进攻。我们大大加强了两翼的守备，守住了阵地。当王家烈部逼近时，我们便将他们包围起来。敌人主力被歼，只有少数敌人溃逃。当晚我们重又占领遵义城。

第二天，龙奇伟[2]部又从另一侧向遵义城发起进攻，但我们自从战胜王家烈后早已做好战斗准备。我们把两翼的部队埋伏好，只等敌军前来进攻。早上八时战斗开始打响，到十二时龙部[3]已被我军团团围住。敌人大部被缴械，只有一小股敌人乘汽车向贵阳方向逃窜。

因此，我军在桐梓与遵义之间歼敌整整四个师。这一胜利大大鼓舞了红军的士气，提高了红军在湘、川、滇、黔四省老百姓心目中的威望。民众感到红军实力强大。此外，这一胜利缓解了贺龙的红二军团和萧克的红六军团的困难处境，因为他们正遭到敌人四个师的进攻。这时敌人便不得不暂停对他们的进攻，转而攻击我们。

红二军团乘敌军军力削弱之际，很快歼敌一个旅。这一胜利使红二军团和红六军团得以在苏区站稳脚跟。这是一九三五年四月底或五月初发生的事情。

这个阶段取得的第三个胜利，就是我军获得了许多被服、弹药和驮畜等。老实说，我们的红军战士，不大乐意打敌人的地方武装，而更喜欢打南京的中央军，因为中央军富有得多，战利品也要丰厚得多。我们每歼灭一支中央军，通常可以缴获大批粮食、被服和弹药，而地方军阀就穷得多了。（笑）

西征第三阶段的另一成功之处，是我们十分灵活机动，敌人很难摸清我们的行踪。敌人以为我们在西时，而我们偏偏在东面出现；敌人以为我们在东时，我们却已挥师西进。

---

[1] 关隘，指娄山关。

[2] 音译，应为吴奇伟。

[3] 应为吴部。

我们为什么要这样做呢？因为在白区与敌人作战，和在苏区与敌人作战完全不同。在苏区如果敌人向我们进攻，我们为了集中兵力给敌人以沉重打击，有时主动退却，诱敌深入，但敌人不能确切掌握我军主力的位置，因为苏区人民是决不会告诉他们的，因此我们常能迫使敌人改变原来的计划，放弃最初的作战意图。但在白区作战，情况就完全不同了。敌人在白区可以分几路从不同方向自由地进攻我们，如果有一路兵力受损，马上能派来增援部队。

　　因此，显而易见，我们的实力既然还不足以同时击溃四五路敌人，便不能与敌人作持久战。如果敌人从几个方向进攻我们，而我们又无力应战，也就是说不能进行反攻时，我们必须采用机动战术，以跳出敌人的包围。这便是我们在黔北地区四进四退的原因。我们了解到在这一地区很难渡江后，便决定另觅渡江的地点。

　　强渡乌江是西征路上极为艰难的一次行动。如果按原定的路线直插乌江，我们就根本渡不过江。当我们最后一次占领遵义城时，由于敌人预计我们会与红二军团、红六军团会合，早已在黔东北重兵设防。我们也就往这一方向派出部队，作出欲与红二军团、红六军团会师的姿态。而我军的主力这时却向相反的方向进发。一夜之间，我们架起三座浮桥，全军顺利渡江。应该指出，乌江波涛汹涌，水流湍急，流速达每秒钟三米。江中险滩林立，没有一条渡船。我们同苏联红军不一样，没有迅速架设浮桥的军事技术装备。那末，我们是如何渡江的呢？我们扎了许多竹排，红军全体官兵就是用这些竹排渡过乌江的。

　　在架桥技术方面，我们也有了一些经验：我们把普通的几股铁丝拧起来，将拧成的铁索两端分别固定在江两岸，然后在上面横铺木板，一座浮桥便架成了。

　　我们制造主力东进的假象，其实我们却正向西挺进。滇[1]奉命向贵州方向移动，也就是说集结兵力在东面阻截我们。

---

[1] 原文如此。应为湘军。

关于红军长征和遵义会议情况的报告

我军主力却向南面推进,绕过贵阳,经黔南又迅速折而向西。如此一来,所有的敌军——湘军、川军[1]和中央军全都被我们抛在了后面。

根据西征的经验,可以说,我们从来不怕后面的追兵,因为道路太少,敌人不可能投入大量兵力,也很难将兵力在全线展开。

我们攻占了定番、广顺、归化、长寨、贞丰。

同时,为了拉开战线,我们派出另一路纵队与我们齐头并进。这一路纵队歼灭了滇军五个团,缴获了大批弹药和装备。我们进入瑶族聚居区后,招募了一万多名新兵。我们在这一地区没收了地主的钱财,仅银元一项就得用四十多头骡子驮运。我们还缴获了数十担鸦片。而鸦片就等于是钱。

随后我们攻占了曲靖,在曲靖以西强渡金沙江。我们在占领了滇黔边界上的一个据点后,本想直插江边强行渡江,但如果这样做,敌人会很快追上我们。于是我们挥师向南,深入云南腹地并攻占了云南首府昆明附近的许多城镇,截断了敌人通往江边的道路。但对于能否成功渡江,当时我们还没有很大的把握。

(弗洛林[2]:当时红四方面军有联络员在你们那里吗?)

当时只有无线电联系。已经下令让红四方面军向南运动接应我们。但我们还是没有太大的把握。我们缴获了敌人的军用地图,但这些地图比我们使用的不太精确的地图好不了多少。我们还是在这些地图上标出了三处渡江地点,其中一处标有渡船的记号。这里必须叙述一件事,就是云南的龙云将军无意中帮了我们很大的忙。龙云本想派飞机给四川的一位将军送去军用地图和大批药品,可是飞行员病了,于是龙云决定派汽车送去。有一位司机自告奋勇,愿意担此重任。我们攻克一座城镇后,我和司令部的其他几位同志从公路上过,发现迎

---

[1] 原文如此,应为黔军。
[2] 即弗洛林·维赫尔姆(1894—1944),德国共产党人。1935年初抵莫斯科。在共产国际"七大"上当选为共产国际执委会书记处候补书记。

红军长征记：原始记录

面驶来一辆汽车。我们当即缴获了这辆汽车，在车上发现了几十份军用地图和大批治伤的好药。这些正是我们急需的东西。我们打开这些地图，发现有九处渡口。我们还了解到，有的渡口只有一条渡船，有的渡口有三条渡船。这使我们对成功渡江信心大增。

滇军将领后来一再干出此类蠢事。有一次，红军来到贵州[1]某城。战士们穿着红军制服，雄赳赳地直奔城下。这个县的县长从瞭望孔里探出头来，十分惊讶地看着我们。他想，既然这支军队着装如此整齐，肯定不会是红军。在他们的心目中，红军是"盗匪"，行装必破烂不堪。他们把我们当成了中央军，因为滇军和川军的着装比起中央军来要差多了。

顺便说一句，在共产国际七大的展览会上有一大幅宣传画，画的是中国红军战士。必须指出，我们的敌人才把我们画成这样。事实上，红军的穿着要比画上的好得多。红军总是精神抖擞、英姿焕发地攻城夺地。红军根本不像这幅画上画的那样穿着破衣烂衫。展出的一些照片上的部队，都是儿童团或赤卫队，决不是我们红军的正规部队。

我们在占领刚才说到的那个县城时，着装都十分整齐：头戴钢盔，上穿四兜上装，下着马裤，腰缠精致皮带，裹腿整齐。每人都挂着一只从蒋军那里缴获的皮包，营以上军官都配有望远镜。我们还拥有轻重机枪，而滇军和黔军的机枪都没有我们这么多。

县长见来者不是土匪，马上打开城门，热情邀请我们进城"坐一坐、吃点东西"。我们得到了盛情款待。休息之后，我们问道："你们给我军准备好粮草和军饷了吗？"县长回答说："早已准备好了。"我们还向他们要了几十名向导。城里的头面人物都来拜访我们。我们便逐一询问他们的身份，他们也一一作答，谁是民团指挥，谁是警察局长，谁是县长等。我们待他们自我介绍完毕后，便把他们统统抓了起来。

---

[1] 原文如此。"贵州"应为云南。

敌人做的此类蠢事帮了我们的大忙。毛泽东有一次讲,如果所有的敌人都像云南这个县长这样蠢,中国革命早就胜利了。

我们在缴获军用地图后,立即决定了渡江的地点。最大的渡口有十几只木筏,但我们想,敌人肯定会把这些木筏烧毁。为了掩盖我们渡江的意图,便向另一方向派出一支部队,以此来分散敌人的注意力。当我们攻占县城以后,敌人便把一个渡口的木筏都烧毁了。为了转移敌人的视线,我们就在那个渡口着手架桥。当桥造了三分之一时,蒋介石的飞机马上注意到了这一地区,他们发现我们正在架桥,于是所有的追兵都向这里扑来。这时我们在其他渡口的过江准备已经完毕。

(弗洛林:敌人在空中一般每次有多少架飞机?)

四架、六架或八架。

我们迅速集中到指定的真正的渡江地点。我们在江边找到了六条渡船。我军主力就是靠这六条渡船渡过江的。我在这里应该介绍一下金沙江。金沙江并不太宽,与文化公园旁边的莫斯科河的宽度差不多,但是水流却要比莫斯科河湍急得多。金沙江两岸悬崖峭壁,高达三百多米。在这里架桥很不容易。金沙江两岸十公里左右的地带都是寸草不生的不毛之地。中国史书记载,三国时期的一位将军[1]正是在这里全军覆没的。江边的风力很大,能把人刮倒。此处渡口的六条渡船都已经破损,需要修理,才能渡江。

渡江持续了九天九夜。我们没有损失一人一马。我们把马匹拴在渡船后面过江。当时哪怕有一条船沉没,都会极大地影响士气。我们必须迅速渡完,以免敌人追上。这一切都需要有严密的组织性。

为了顺利完成渡江工作,党中央和革命军事委员会成立了渡河司令部,负责渡江行动。所有部队都必须服从这个司令部的指挥。我担任这个司令部的领导工作[2]。我在这九个昼夜中几乎没有合过眼。我们指定专门部队负责渡江的秩序。必须防止人员蜂拥上船,否则就会翻

---

[1] 指马岱。《三国志》记载,因为气候炎热,随马岱渡金沙江的2000名将士中,中水毒死了1500人。
[2] 当时陈云担任渡河(指金沙江)司令部政委,刘伯承担任司令员。

船。这就要求有高度的组织性。还需要有经验的船工,因为水流湍急,很容易翻船。我们对当地熟练的船工付给优厚的报酬。当地老百姓对我们都很好,附近船工都自愿来帮助我们。许多船工在渡江后加入了红军。

这次渡江再次证明我们红军战士服从纪律,组织严密,觉悟很高。

我们过江后直逼会理城下。敌人得知我们的行动后,花了十一天才追到江边,而我们只用了九天,早已渡江完毕,蒋介石已无法追上我们了。

红军战士就这件事编了一出新剧,讽刺蒋介石,说他尾随我军历经数省,好不容易追到金沙江畔,却只在空船上捡到一双破草鞋。

当蒋军试图渡江时,我们的机枪早已准备迎击敌人。敌人只好转而向北,另找别的渡口。敌人由于粮草不足,士兵饥肠辘辘,士气低落,大批士兵开了小差。

我们渡江之后,居于主动地位。我们可以阻止敌人过江。我们的处境逐渐好转。从此西征开始进入第四阶段。

在会理城我们休整了五天,政治局召开了会议。这次会议总结并肯定了红军的领导是正确的。会议指出,新的领导班子指挥有方。政治局的决议传达到广大红军战士并得到广泛的拥护。

我们决定加速向北前进,与红四方面军会师。

需要指出,这次政治局会议取得的第二个重大成果,是我们考虑到在雅州与红四方面军会师时必将与敌人作战,于是决定扩充红军。我们招收了五千名有战斗力的年轻战士,并组织了大批游击队。我们还制定了筹粮筹饷的计划,也都全部完成了。

我们在会理休整五天后,继续朝大渡河前进。如果以每天行军三十公里计,总共需要二十九天时间,才能到达。还应估计到沿途到处有敌人。他们在很多地方为了阻挡我们渡河,把桥梁都烧毁了。我们以异常快的速度插向大渡河，不去攻打沿途的城镇。我们在沿途各地组织了游击队。在这一地区，我们遇到了与省委已经失去联系三年的"野"组织。我们找到了当地领导革命运动的党委，找到了当地的共产党组织。第二天，他们就动员了一千多人，成立了抗税军。这个地方的党委现在还在工作，组织已得到了加强。

从这里出发到大渡河，有两条路：一条大路，一条小路。如果走大路，则可以料到敌人会毁掉一切可供食用的粮食储备。我们派出一支部队走大路以吸引敌人，而其余部队都走另一条小路。我们进入了当地土著彝民聚居的山区。这个部落系突厥后裔，对汉人有极深的成见。我们到来之前不久，白军的一个将领曾试图穿越这里而被当地人击毙，其所部亦被消灭。

我们红军一到这里，也被他们团团围住。这支部队是由工农红军参谋长刘伯承同志亲自指挥的。他不仅会打仗，而且善于搞统一战线。他利用了这个部落内部的纠纷，并且当着彝民大众的面杀鸡饮血酒，以表示歃血为盟。自此以后，彝民部落待我们很好，建立了友谊。但仍有一部分人严守中立，而另一部分人却尾随我们，欲与我军交战。他们开枪打我们。我们架起机枪给予还击，打死了一二十人，其他人立即四下逃散。我们开展宣传工作，说我们愿意帮助他们等等。这种态度，使他们非常感动，友好关系渐渐巩固。我们继续前进。他们送给我们马匹、牛羊以及各种礼物，我们回赠他们金钱等等，甚至还送给他们鸦片。

此后，我们抵达大渡河边。这是一个有历史意义的地方，自太平天国时代起就已闻名于世。太平军将领石达开自南京退入四川后，正是牺牲在这里的。我们遇到一位九旬老人，他是历史事件的见证人，他亲眼见过石达开和太平军。老人告诉我们说，太平军和石达开被歼是因为军队内部产生矛盾，还说太平军并不是什么"长毛"。我问他:"老公公，你认为我们红军对老百姓好些，还是太平军对老百姓好些?"他回答说，你们对老百姓要好得多。

这个地方只有两条渡船。河对岸有一营敌军驻守。敌营长怕我们到来，命令将两条船都拴在对岸。当夜红军抵达河边。第二天早晨，黎明时分，我们发现河面很宽，难以渡过。大渡河比金沙江宽些，但水流更急。渡船往返一次，至少要用五十分钟。因此，红军主力要想渡完，得用一个半月的时间。这当然是难以想象的。我们找不到当地的船工。于是从党团员中挑选了十九名勇士[1]，给他们配备了匕首、步枪和轻机枪。我们在岸上架设了机枪和迫击炮，还安排了有经验的狙击手。十九名勇士在我军火力的掩护下，尽管一次又一次被水流推回，敌人的机枪不停地扫射，他们却毫不畏惧，勇往直前，顺利登上了对岸。上岸后，他们缴了部分敌人的械。我们的炮火迫使敌人转移了机枪阵地。我们的同志趁机占领了山上的制高点。在十九名勇士的掩护下，我们开始渡河。经过两个半昼夜，渡过了一个师。

我们这十九名勇士，在冲锋时只伤了五人。政治部给了勇士们最高的奖赏。他们获得了"红军英雄"的称号。但是只有一个师渡过河解决不了问题，因为红军主力仍然在河的这一边。于是我们转而西进，准备从那里唯一的天险泸定铁索桥上通过。当南岸的红军主力部队向西挺进时，已在北岸的红军师也向西运动。北岸的敌人边退边死守，负隅顽抗。尽管如此，我们在北岸的部队仍顺利到达指定的地点。

我们从三面发动进攻，敌人虽然筑有坚固的工事，仍然抵抗不住我们的冲击。敌人中的许多新兵知道红军不杀他们，纷纷丢下步枪，等待我们的到来。我们吸收他们参加红军，从而充实了自己的力量。

我们来到铁索桥时，发现吊桥已部分被破坏了。铁索上的木板已被拆掉。桥长九百多尺，合三百多米，由十三根铁索组成。上面四根作为扶手，下面九根并行以便横铺木板。桥的铁索都固定在高高的崖

---

[1] 原文如此，应为17名勇士。

石上。要走到桥头，必须先经过一个石洞。

蒋介石的空军连续对吊桥轰炸了三天。但是他们连一根铁索都没有炸断，因为河岸太高，飞机飞过铁索桥时无法降到需要的高度。

刚才我已经讲过，桥板在我们到达之前已被拆去，只剩下铁索。敌人又不停地从对岸射击，火力凶猛。我们派出一个最优秀的连队作为前锋，他们双手抓住铁索前进。我们终于找到了木板，大家在前锋连掩护之下爬过了桥。敌人见红军战士如此顽强，大声喊道："好啦，我们投降。"随即便交出了武器。

中国军事史上最英勇善战的队伍，在大渡河边都没能逃脱覆灭的命运。蒋介石预料我们也会全军覆没。他曾对部下说：此处乃"赤匪"必死之地。但是，蒋介石的如意算盘落空了，我们攻下了这座桥。毫无疑问，这是红军西征史上最大的一次胜利。

从渡口到雅州，都是平坦大道。敌人沿路修筑了坚固的防御工事，显然于我们不利。我们决定避开大道走小路，但要翻过一个山口。当我们翻过山口进到村落时，村民们简直惊呆了。他们想象不出我们是怎样到来的，因为他们只听先辈传说有山路可通，但是几百年来从没听说有人翻过这么高的山。我们仿佛从天而降。这座高山，我们是爬着过来的。有些地方，泥深过膝，我们从中穿行。

下山后，我们却又碰上了敌人的碉堡。我们整整攻了一天，仍未能将敌人赶走。于是我们派出一支部队轻装前进。待他们占领了一座高达一万六千英尺的山峰时，我们才攻占了天全县城。

为了同红四方面军会合，我们有两条路可以选择。一条是大路，路上有敌人修筑的大型工事并驻有重兵把守。如果走另外一条小路，则会遇到粮食不足的困难。我们还是决定走小路。

红四方面军这时已经攻占了理番。我们逐步向北推进，而他们则由北向南接应我们。我们就这样同红四方面军会师了。两支大军——

红四方面军和江西中央红军终于实现了具有历史意义的大会师。

我想就此结束关于西征的介绍。下面我将就建立中央苏区斗争的意义讲几点看法。

（休息五分钟）

这次历史性会师有什么政治意义呢？

首先，蒋介石的意图是包围中央苏区，修筑碉堡，消灭红军的有生力量。我们冲破敌人的包围圈，主力红军实现了大转移，这标志着蒋介石"清剿"红军计划的破产。中国红军经过战斗得到了更多的锻炼，越战越强。参加西征的每一个红军战士，都经受了极大的磨炼。他们已不再是普通的士兵，而是素质很高的干部。经过这次远征的军队，已经是一支干部军队。

红军得以保存有生力量，这是这次西征最大的胜利之一。

其次，红军从前分散在各个地区，共产国际和中国共产党曾不止一次地向红军提出过创建强大的根据地、建立强大的苏区的任务。红四方面军与红军主力会师后，我们建立了强大的革命根据地，而且具备了红军发展史上前所未有的实力。因此我们可以与敌人进行更大规模的较量。

第三，西征又一个重大的胜利，就是现在红军的军事战略条件比以前更加有利。在江西时敌人可以把我们团团包围，现在红军则位于川北、陕西、甘肃和青海一带[1]，敌人不可能从西北方向进攻我们。因为他们不可能有足够的粮食供应部队。在西康，我们每天光口粮就需要一百八十吨牛羊肉。那里都是些居无定所的牧民，米、面很少。

蒋介石现在只能从东向西或从南向北对我们发动进攻，他再也不能从四面包围我们。这种有利的战略位置是今后在国内革命战争中取得胜利的不可缺少的条件之一。

处于这样有利的军事战略条件下，我们得以实施两个重要措施。

---

[1] 原文如此。当时红军没有到过青海。

关于红军长征和遵义会议情况的报告

首先,主力红军与红四方面军会师后,部队有两个月时间用来休整、补充和加强。这时怎么会有时间休整呢?因为蒋介石要再次发动进攻,必须从华中调集部队,而且这些部队必然要经过一定的军事训练,这也需要耗费一定的时间。再者,红军经过这样大规模的征战后,十分疲惫,自然需要有一段时间来休整。我要再次强调指出,这不是简单的休息,而是使我们得以补充新兵、加强力量的一次休整。

我们在会理五天之内就招募到五千名年轻战士。大家由此可以推算,两个月内红军的人数能够增加多少。在这两个月的时间里,我们确实壮大了自己的队伍。

其次,另一件具有重大意义的事情是:我们的部队在会师后,挥师北上,向广西[1]、陕西挺进。在攻克隋良[2]时,歼灭胡宗南模范师十二个团[3]。这十二个团是蒋介石最精锐的部队。歼灭了胡宗南的这个师之后,我们才能继续进军西北。

为什么红军的条件如此艰苦,却总能达到自己的目标呢?我们取得胜利的原因是什么呢?

首先,我们有真正英勇顽强、不怕牺牲的红军战士。刚才我已经举了几个例子,我还可以给你们列举出许多足以证明中国红军举世无双的英雄气概的事例。

我们红军是在国内战争的炮火中锻炼成长的。红军能冲能打,同时又能有组织地顺利退却。红军进行了伟大的西征。我们团结一致,决不能被敌人战胜。

我想讲一讲红军的进攻能力。

当我们在遵义向王家烈的两个师进攻时,发现敌人正在沿公路撤退。于是我们沿着小路,在不能点火把照明的情况下,连夜急行军,八小时走了五十公里路。当我们赶到乌江时,敌人后面的几个团还没

---

[1] 原文如此,应为甘肃。
[2] 音译,原文为 Су-иилан,应为松潘。
[3] 原文如此,应为两个团。

过江。我们烧毁桥梁后全歼剩下的几团敌人，难道这不足以证明我们红军十分灵活的机动能力和进攻能力吗？

敌人在川黔边界上修了三层工事，并集中了强大的火力。敌人的上层火力点分布在一千米高的山崖上。我们在十分钟之内就占领了中层和下层工事。攻破敌人第一道防线的消息是通过电话报告我们的。我们还没有放下话筒，马上又响了铃声，报告说第二道防线也被攻克了。我们前进的速度非常快。那天，我们发起进攻不是从山脚下开始的，而是从三十公里外的地方赶来的。冲锋的时候，我们唱着战歌。这证明红军士气高昂、能攻善战。

红军不但善于进攻，而且在必要的时候也能秩序井然地撤退。

例如赤水之战。白天战斗持续了一整天，晚上十点，我们得知敌人的增援部队来了，于是决定撤退。我们搭了渡桥。桥是晚上修好的，而黎明时红军主力已过河走出十五公里了。一夜之间，我们所有的部队都渡过了河。

最后的这次撤退是我和周恩来同志一起组织的。没有一个红军战士对这次撤退发牢骚或闹情绪。敌人撤退时，总是惊慌失措、溃不成军，而我们红军撤退时，却是有条不紊、秩序井然。

经过八个月的锻炼，我们平均每天可以走一百里到一百二十里，也就是五十公里到六十公里，都是山路，而且往往还是夜行军。红军平均每小时行军两公里半。如果有一支小部队遭到敌人阻截，他们就有组织地撤退，然后重新与大部队会合。

有这样一件事。一个十三岁的孩子，是儿童局的书记，在当地居民中活动。他与红军大部队失去联系后，爬山过岭，整整找了三天三夜，没有任何吃的东西。他饥渴难忍时，就喝自己的小便解渴。最后他终于找到了自己的同志和队伍。

这一个个具体的事例，证明了我们战士大无畏的英雄主义和我们红军的团结一致，证明了他们无论在什么条件下都能够有组织地行动。

我们掌握军事技术的水平也得到了提高。各个军事学校已经培养了七批指挥员。我们有军事技术特科学校，还有专门为游击队培养干部的学校。

我们在进行国内战争的这几年中，积累了大量实战经验。我们用这些经验教育我们的战士，提高整个红军的战斗力。

红军技术兵种的水平也大大提高了。比如说，虽然我们没有良好的渡河装备，但我们仍然在一定程度上掌握了渡河技术，可以组织渡河。

西征途中，我们从未放松对战士的政治教育工作。每天早晨出发前，训练时，或每天晚上，我们都进行政治谈话。我们利用一切机会来教育红军战士，教他们如何使用步枪，如何看军用地图等等。这些工作主要靠那些在军校学习过的同志来做，他们在红军中间起着很大的作用。

因为我们的战士具有很高的政治觉悟，所以他们表现出了高度的英雄主义。红军在江西时知道他们的使命是保卫土地革命的成果，现在他们依然很明确自己的任务，即为民族解放和在全中国完成苏维埃革命而斗争。我们教育红军战士不仅要为中国苏维埃革命胜利而战，而且要为世界革命胜利而战。

共产国际在红军中的威信是极高的。如果共产国际的材料或决议传到中国红军战士手中，马上就会引发一股钻研材料、领会精神的热潮。

与中央苏区失去联系的其他苏区的战士们，不知道我们党开展了反对"立三路线"的斗争，也不知道我们党在共产国际领导下进行的反对各种错误倾向的斗争。我们就把这些情况在小组活动中或谈话时讲给战士们听。所有红军战士都知道苏联。苏区的每个地方，几乎都有列宁、斯大林和伏罗希洛夫的画像。列宁、斯大林和伏罗希洛夫的名字在红军战士中无人不知。战士们还知道苏联用四年时间完成了五年计划。这些情况，在我们的报纸、书刊上都有反映。我们那里有一首歌很流行，名字叫《武装保卫苏联》，内容很简单："苏联是国际无产者的家园。五年计划四年完成是她最大的成就。帝国主义者准备武装颠覆苏联。我们组织力量予以反击。我们武装起来保卫苏联。"

这首歌很简单也很流行，老老少少到处传唱。我们那些上过莫斯科军校的同志，把苏联国内战争的经验讲给战士们听。他们说，"一切为了前线的胜利"，并告诉人们，这个口号是列宁提出来的，苏联红军在这个口号的号召下取得了胜利。

我们的红军战士非常关心国际事态，尤其希望知道全世界无产阶级斗争的情况。党的报刊、苏维埃机关报和红军机关报《红星报》，都经常发表世界无产阶级革命运动的消息和文章。

在中央苏区时，我们组织了为季米特洛夫募捐、争取释放季米特洛夫的运动，救助政治犯的募捐活动，保卫台尔曼的运动和支援西班牙无产阶级起义的募捐活动。所有这一切，都有很大的教育意义，尤其是可以帮助训练东方国家的民族解放运动的干部。值得一提的是，在我们苏维埃学校中学习的还有朝鲜、越南以及其他东方民族的学生。

红军之所以这么英勇顽强，是因为工人在其中占了很大比重。工人成分在红军中占百分之二十。我们用新生力量扩充了红军队伍，应当说，年轻战士与老同志一样英勇顽强。为什么呢？就是因为红军战士的阶级觉悟很高，每个战士都对敌人无比仇恨。

红军之所以这么英勇顽强，还在于她有一支优秀的、坚强的干部队伍。我们的干部为什么有力量呢？红军的主要骨干都是在国内战争、土地革命和苏维埃革命的烈火中成长起来的。他们在红军战士中享有很高的威望。他们都是名副其实的、忠诚的共产主义战士。许多指挥员从年龄上讲都非常年轻，比如第一军团的军团长林彪，共产党员，二十八岁；第二师师长才二十四岁；红四军团[1]的指挥员陈昌浩（即伊兹马罗多夫，在青年共产国际大会上被选进主席团）也就二十四五岁[2]，他曾在苏联的列宁学校学习过。

这些干部都是在国内战争中成长起来的。我们的干部不仅是优秀的军事家，而且还是执行我党路线的杰出政治家。他们积极主动，经常就下一步的计划、红军的任务和发展前途等问题，向党的领导人提出建议。他们总是从实际情况出发，善于采取灵活的策略。党给他们的任务，他们都能独立完成。正因为我们有这样的领导干部，我们在西征中才取得如此巨大的胜利。

我们这次西征取得胜利的第二个原因，是我们党真正成熟起来了，尤其是党的领导人成熟了。它在国内战争的炮火中得到了锻炼，的确变得有能力领导像我们的西征这样光荣伟大的事业。

军队有大批党员也是保证我们西征胜利的一个原因。在某些部队中，党员占了百之四十。连长以上的指挥员一律都是共产党员，大多数排长也都是党员或共青团员。军队里的共产党员，无论是指挥员，还是普通战士，都作出了勇敢无畏、忠于党、忠于工人阶级事业的表率。

每次战斗前，连队的党员都召开会议，选出后备指挥员，大约有四五个人。如果连长在前线受伤或者牺牲了，队伍不会跑散，因为第一后备连长会立即挺身而出；如遇不幸，第二后备连长又会代替他，一个接着一个。党员受伤后，为了不影响同志们的情绪，总是对他们说："没关系，你们继续前进吧。"应该说，我们红军中的共产党员都是我们党的优秀分子。

我们的共产党员，无论他们是做工会工作，做共青团工作，还是做群众工作，都十分关心为红军培养干部。我们党常常把优秀的同志

---

[1] 原文如此，应为红四方面军。
[2] 原文如此，应为29岁。

派到红军部队中去。因此,军队里实际上集中了我们党的全部精华。

我们的共产党员不仅在红军部队中是工作出色的榜样,而且在后方,如在筹备给养、补充兵员、征集粮食等方面也作出了榜样。我们提出的口号是:"要实现土地革命,要获得自由,要取得中国革命的胜利,就要当红军。"我们有红军的后备队,这就是加入儿童团、赤卫队等辅助组织的青年。这些青年都逐步转入红军部队。

我们能够通过我们的群众组织网动员群众。各地群众都自愿为我们提供粮食。在第六次反"围剿"[1]时,还是在原中央苏区,我们就从群众那里得到了六十万担粮食供给红军。

在这次西征中,我们在供应上没有遇到过困难。只是在人烟稀少的山区,我们的供给有过一两天的短时中断。在经济封锁的条件下,我们能够为我们的战士提供新军服、新物资。

军工厂和军械制造厂的生产大大提高。党中央领导人把我们的优秀同志派到这里,负责各部门的工作。红军的供给由专人负责。我本人就曾受命做过后方工作。我抓过军械制造厂和军工厂的生产。

党一直领导军队,主持制定军事计划和战略战术。我们同国民党已经持续了多年内战。如果没有真正正确的党的领导,我们就不会取得这样的成就。在领导工作中,当然也有过个别的错误和失败,但我们的力量恰恰在于我们能够及时地发现并纠正这些缺点。我们在中国西部的远征之所以取得胜利,首先要归功于党的领导的正确和坚强。

我们取得胜利的第三个原因,是我们所到之处都得到了群众的支持。我们每占领一个新的地区,就动员群众没收当地军阀、地主豪绅的财产和存粮。我们把这些财产和粮食分给贫苦百姓。只要有可能,我们到处都建立起地方革命政权——革命委员会。我们拨出一部分武器组织地方游击队。我们还组织了抗税军等。

四川军阀孔垂[2]在经过群众忍饥挨饿的村子时,散布谣言说,红

---

[1] 原文如此,应为第五次反"围剿"。
[2] 音译,原文为 Кунчуй,应为刘文辉。

军沿途将烧光一切。事实上，我们的军队一路上看见有火灾，总是帮助群众灭火。

我们成立了抗租斗争的群众组织，因此才赢得了老百姓的大力支持。

我们还在少数民族中如广西的瑶族、贵州的苗族、西康和四川的彝族中开展工作。我们在传单和口号中提出了这些弱小民族的解放问题。我们提供了一些武器，让他们去组织游击队性质的自卫队。红军里面有不少人来自这些民族，还有来自回族的。

正是由于我们密切联系群众，所以我们才得到了他们的支持，并得以为红军招募到志愿兵。我们随处可以找到帮助我们搬运辎重的脚夫，到处可以把红军战士安置在老百姓的家中。当我们需要粮食时，老百姓会卖给我们，尤其在四川，这样的情况很多。我们红军常常帮助当地老百姓反抗军阀。

这里，我想简单谈谈红军做群众工作的方法。我们无法长期待在一个地方，我们要不断前进。晚上来到一个村子，次日早晨就要离开。但我们仍然做了大量的群众工作。

每个红军战士都知道三大纪律和八项注意。这些规定包含了我们的优良传统，因此，我们要求每一个战士务必遵守。

每个住在这家或那家的战士，都应该同户主一起召集一次家庭会议，给这家人讲解红军的性质、红军的奋斗目标，力求使他的宣传得以在老百姓中传播。每一个红军战士都随身带有一截粉笔，他每天至少要在走过的地方写三条标语。

革命军事委员会政治部、师政治部、各部队的政治处、各连队都有专门负责群众工作的部门。党、团、工会及群众组织，都派优秀地方干部在红军经过的地方做群众工作。尽管如此，这项工作还是做得不够，但每一个红军战士都做群众工作，这却是事实。

以下三个基本特点，是我们红军不断取得胜利的保证：

（1）英雄主义精神和高明的领导。

（2）党的正确领导。

（3）正确对待群众和得到群众的支持。

我前面说的都是我们西征中好的一面。我现在也想讲讲我们的不足之处，我们西征中不好的一面。

我们有没有犯过错误？当然犯过。如果我们不犯这些错误，我们的胜利会更大。

现在，简单谈谈我们主要的错误，即我们在建立抗日统一战线问题上所犯的错误。我这里指的是我们对十九路军所犯的错误。我们同十九路军签订的军事协定，不是建立在创建反帝统一战线这一正确立场的基础之上。我们把十九路军看作是某种试图走特殊道路的反动势力，把它视为没有任何前途的第三种力量。

由于我们对十九路军采取了不正确的态度，首先犯了军事错误。当蒋介石进攻陵江[1]时，本该派军队抗击，但是我们没有这样做。相反，红军的主力部队却开向了滕盖[2]，也就是朝相反的方向去了。政治局获悉这一情况后，便下令军队返回，但此时蒋介石已将十九路军击溃。如果我们不犯这个错误，那末，现在福建和中央苏区的局面就会完全不同。

我到莫斯科后，在同王明谈话时指出，我们在建立抗日统一战线问题上没有一个正确的政治方针。应该指出，如果我们在西征时采取新的策略方针，那就会取得更大的胜利。但即使在目前情况下，这样做仍不算晚。统一战线在当前是绝对必要的，也是唯一正确的方针。

日本帝国主义入侵华北，引起了中国广大民众强烈的愤慨。各派军阀之间矛盾重重。我们应该利用军阀之间的矛盾。这对组织抗日统一战线是十分有利的。

我们的第二个错误是，我们组织西征时，没有向广大群众、我们

---

[1] 音译，原文为 линцэя，应为延平（今南平）。

[2] 音译，原文为 ынгай，应为永丰。

的红军战士甚至我们党内讲清楚这次西征的意义。这一问题甚至政治局也没有讨论过。这个错误的后果，我已经讲过了。

我们的第三个错误与干部政策有关。我仅举两个例子。当我们离开江西时，带走了我们主要的军事干部、军事学校的所有学员等等，但却把我们党主要的宝贵干部——那些在民政机关中工作的干部留在了那里。他们当中有许多人本该撤离，而且也是可以撤离的。当时是可以找到人代替他们的。瞿秋白同志和楚苏希[1]同志本应同红军一起走。可他们却留在了当地，后来被捕遇害了。这对我们党来说是个巨大的损失。

另外一点是，干部使用不十分适当。我们有许多用人不当的例子。常有人做不了军队工作，在军队里工作不太合适，可以并且应该让他去做别的工作，但我们有时却没有这样做。

我们的第四个错误与我们苏维埃政权的经济政策有关。我不去详细谈这一问题了，因为另一位同志将专门来讲这个问题。我们实际上提出了消灭富农阶级这个任务。我们在对待商人问题上也犯有错误。我们在这方面采取了不正确的方针。

第五个错误是纯军事性质的错误。这就是十九路军失败后军事指挥上的失误。我们在两次大的战斗中犯了错误。我们没有始终如一地坚持运动战术。我们本应深入敌人后方，却采用了阵地战术。我们为与敌人的堡垒进行对峙，也试图修建碉堡和堡垒。其实，可以诱敌深入苏区，围而歼之。这是有可能的。我们在第一、第二、第三次反"围剿"中都曾采用过这样的战术，而且卓有成效。

我们运用过以往所有的作战经验，但却主张要打阵地战和进行正面攻击。敌人向前推进两三公里，我们就开火迎击。于是敌人停了下来，开始修筑工事，包围我们。起初，蒋介石是每隔五公里到十公里修筑一道工事，后来修得更加密集，每隔一公里到两公里就修筑一道

---

[1] 音译，原文为 цусу-хн，疑为周以栗。

工事。这是因为我们总是在紧挨碉堡的地方开始还击。例如，第三军军长迎战敌人时，敌人刚离开碉堡二点五公里，他便开始转入进攻，敌人马上就撤回到工事里去。

我们本可以取得更大的胜利，但我们接到司令部的命令，刚发现敌人就开了火。我们以为，不应该推迟胜利的到来。我们的一些军长尽管知道机动撤退是违背司令部的命令的，但仍然后退十公里左右。敌人没有遇到抵抗，便向苏区推进，然后在那里被围歼。

当然，我们的工事应该可以保卫我们的苏区。群众支持我们。但是，敌人就在附近活动，他们轰炸我们的工事。部分工事被敌人摧毁，还有一部分变为他们的据点。我们的这些碉堡没有给我们带来好处，相反，却给我们造成了装备、干部等方面的损失。这不能称之为正确的保卫苏区的策略。

我们犯的第二个大的军事错误是我们分散了红军主力。以往的战斗经验表明，必须集中主力打击敌人。可我们却把军队分散，使之变成了敌人进攻的目标，自己则丧失了机动能力。

这就是我们在最后一次反"围剿"中所犯的五个错误。犯错误当然是件坏事，错误造成了巨大的损失。但我们的力量就在于，我们党能够克服并纠正这些错误。

这次西征后，我们应该对我们的军队、我们的党作出评价。在连年国内战争之后，红军增强了战斗力，真正成长壮大起来了。当然，我们在这次西征中遇到了许多艰难险阻。在原苏区，在赣东北地区，我们的红军都受到了相当损失。另一方面，我们的红二军团和红六军团取得了胜利。我们在中国的西北，在陕西、四川和甘肃一带都取得了很大的胜利。

红军尽管遭到了损失，但目前红军的总人数不但没有减少，而且反而增加了。红军西征时，沿途组织了许多地方游击队。在个别地区，我们创立的这些武装队伍，相当于一个团的规模。

我们提出，在目前所占领的地区内，努力实现创建百万红军的口号。这个口号我们一定能够实现。

应当怎样评价我们党的工作呢？在四中全会以后，我们党确实取得了巨大的胜利。党在苏区的威信很高。党保卫着苏区的成百上千万群众的利益。我们的党当然犯过某些错误，但它用自己的力量纠正了。像陈独秀、李立三、瞿秋白犯错误时期需要共产国际出面干预的情况，再也不会有了。目前，我们的党在新的情况下能够自己提出新的任务。

我们党能够而且善于灵活、正确地领导国内战争。像毛泽东、朱德等军事领导人已经成熟起来。我们拥有一支真正富有自我牺牲精神、英勇无畏、为实现共产国际总路线而斗争的干部队伍。

我想提一下那些同川西地区失去联系、三年来独立领导工作的同志。他们尽管犯过一些错误，但他们的自我牺牲精神、对党的事业的忠诚以及英勇无畏的气概是非常伟大的，他们为布尔什维克的工作作出了榜样。

我们的党应该在新的形势下改变自己的策略，在已占领的阵地的基础上建立起真正的抗日统一战线，并通过这条统一战线来取得中国苏维埃革命的彻底胜利。说我们没有前进，说我们在原地踏步，是毫无根据的。

随军西行见闻录[*]

廉 臣

我国共产势力，年来伸张极速。朱毛，徐向前，贺龙、萧克等赤军，已成为中国的一强大力量。当赤军初起时，本系星星之火，迄今则成燎原之势。朱毛赤军原系民国十六年国共分裂时朱德率领之叶挺、贺龙残部及毛泽东率领之湘赣农民军会合而成，南京及各省军队征剿已历八九载，但朱毛实力，有增无减。年来蒋委员长亲身督剿，步步筑碉，满拟一鼓歼灭之，不料朱毛早见及此，于去年十月中突围西走，由湘粤边而入黔，逗留于黔川滇三省一个时期，最后竟冒险突过金沙江、大渡河（此两河均为长江上游，河宽水急）而入川，与川北徐向前会合。现在中国两大赤军会合，声势大振，且军事重心，已由东南而移到西北，剿共军事，无论在作战上运输上皆大感困难，赤军活动愈难抑止矣。

记者向业医，服务于南京军者四年，前年随南京军五十九师于江西东黄陂之役[1]，被俘于赤军。被俘之初，自思决无生还之望，但自被

---

[*] 本文作者陈云，写于1935年秋，1936年发表在中国共产党主办的巴黎《全民月刊》，同年在莫斯科出版单行本。当时为了便于在国民党统治区流传，作者署名廉臣，并在文内假托为一名被红军俘虏的国民党军医。《红旗》杂志1985年第1期重新发表，并作了修订注释。此文收入《陈云文选》第一卷，中央文献出版社1995年第2版。

[1] 指国民党军对中央革命根据地发动的第四次军事"围剿"。东黄陂即东陂和黄陂，是江西省宜黄县的两个集镇。

押解至赤区后方之瑞金后，因我系军医，押于赤军卫生部，赤军卫生部长贺诚亲自谈话。当时因赤军中军医甚少，他们要我在赤军医院服务，并称愿照五十九师之月薪，且每月还可寄回六十元安家费。我系被俘之身，何能自主，惟赤军尚有信用。除每月支薪外，即每月之安家费，亦曾得着家母回信按月收到。自此以后，我几次被遣至石城之赤军预备医院，时而调回瑞金之卫生部。赤军中最高人物如朱、毛、林、彭及共党中央局等赤区要人，亦曾屡为诊病。这些名闻全国的赤色要人，我初以为凶暴异常，岂知一见之后，大出意外。毛泽东似乎一介书生，常衣灰布学生装，暇时手执唐诗，极善词令。我为之诊病时，招待极谦。朱德则一望而知为武人，年将五十，身衣灰布军装，虽患疟疾，但仍力疾办公，状甚忙碌。我入室为之诊病时，仍在执笔批阅军报。见我到，方搁笔。人亦和气，且言谈间毫无傲慢。这两个赤军领袖人物，实与我未见时之想象，完全不同。

去年十月中旬，南京军已占兴国，赤军即突围西行，我也被携同走。这次行军，真是我有生以来第一次，除在黔北之遵义府休息十余日，以及渡过金沙江后在会理县地界休息五日以外，不分晴雨，终日行军，由江西而湖南、广东、广西、贵州、四川、云南、西康[1]，而转入四川之理番[2]、松潘。足迹几遍大江以南，历时八月余，约计行程一万二千里，历尽无数高山大川，而与徐向前会合。我以文弱之躯，经此磨折而今日还能生还，自庆更生。但同时自幸此生竟能走遍长江及珠江流域之各省，并且到了许多梦想不到的地方，亦足自豪。至本年七月上旬，我被卫生部长贺诚派往懋（功）[3]宝（兴）游击大队当军医，出没于两县之山地。某日晨，川军来攻，我被川军冲散，身存之现洋二十余元均被民团搜去。后幸遇川军五旅之军医正蒋君系昔年同

---

[1] 西康是旧省名，1950年该省金沙江以西部分另设昌都地区，1955年西康省撤销，所辖地区划归四川省，1956年昌都地区划归西藏自治区。

[2] 理番即今四川省理县。

[3] 懋功即今四川省小金县。

学，得其帮助，由天全、雅州[1]、成都、重庆而搭轮回家。合家欢叙，几如梦中。

此次，赤军抛弃数年经营之闽赣区域而走入四川，显系有计划之行动。当去年退出江西以前，以我之目光观之，则赤军确已进行了充分准备。自五月到九月召集了赤军新兵将近十万人。当我与林何两医生（何亦系张辉瓒[2]部之被俘者）于八月被派至军事工业局（赤军各军需工厂之管理机关）卫生所时，见兵工厂、被服厂等各有数千工人，日夜作工，状极忙碌。以后，九月间在《红色中华》报（赤区中央政府机关报）登载张闻天（中央政府之人民委员会主席）之文章[3]，微露赤军有抛弃江西而到赤区以外之围剿军事力量空虚地区活动之可能。果然，十月中，全部队伍均行西走矣。朱毛破围之时，除在江西留有小部队外，朱毛率领退出江西之赤军人马兵伕，有八万多人。共党要人几全体随军。各县共党中下级干部之随军者甚多。并有妇女干部数十人，均腰悬短枪，脚穿草鞋随军出走。此辈娘子军，均系身体强壮，健步如飞者，常在卫生部招呼伤病兵。有时竟能充伕子抬伤病兵。

赤军分两路渡过信丰河后[4]（一路由信丰北之王母渡，一路击退信丰东南之古陂、新田粤军），即在南康、大庾[5]两县之间渡过章水，突过赣州、南雄之汽车路；在古陂、新田及赣雄汽车路上，粤军本筑有碉堡，并有守军，但寡不敌众，闻风逃逸。由此国军年来包围赣省赤军之第一道碉堡线，全被冲破。沿途碉堡，均被赤军及当地怨恨国军守碉兵士之平日强赊硬买之居民拆毁。碉堡系用以进攻及封锁赤军者，常筑于汽车路之两旁、重要路口及路旁之山巅。碉堡以石及砖造成，有方形或六角形不等；大小不一，有排堡、连堡及营堡。平日守军居

---

[1] 雅州即今四川省雅安市。

[2] 张辉瓒（1885—1931），湖南长沙人，曾任国民党军第18师师长，1930年12月其部被红军歼灭，张亦被俘。

[3] 见张闻天《一切为了保卫苏维埃》(《红色中华》第293期，1934年9月29日)。

[4] 信丰河指流贯江西省信丰县的贡水支流桃江。

[5] 大庾即今江西省大余县。

于堡内，有步枪、机关枪之枪洞，可以向外射击。出入碉堡只有一小门，遇有赤军进攻，守碉兵士即闭门固守，向外射击。此种碉堡对赤军军事行动妨害甚大，故赤军须拆毁之；而守碉兵士平日对居民不守纪律，故赤军一至，居民亦起而拆毁碉堡。赤军一出封锁线，如虎添翼，即猛扑湘粤边之汝城（湘境）、城口（粤之仁化北），旋即占领城口，粤军之军用煤油几千箱及大批弹药均被赤军夺去。粤军在城口与湘南汝城、桂东相连之碉堡线（即国军第二道封锁线）即被突破，碉堡全被拆毁。此时，赤军锐不可当，中央军远在湘赣边，粤军只图自保，湘军则何能独力抵御，且早已闻风远走。故赤军未遇抵抗即占领宜章城，通过粤汉路之汽车线（此为国军之第三道封锁线），照例拆毁碉堡，前锋即占领临武、嘉禾、蓝山。此时湘军李云杰部从宁远南下，拟在天堂圩附江拦击赤军，岂知在天堂圩反被赤军包围，全部击溃，狼狈北退，赤军又获枪弹不少。此时也，赤军势如破竹，分两路：一出道州[1]，一出江华、永明[2]，城市悉被占领，即全部渡过潇水。南京军及湘军此时跟踪追剿，已无能为，仅派少数部队，尾随赤军监视。而薛岳、周浑元[3]及湘军之大部集中湘江沿岸之零陵（湘境）、全州（桂境），命桂军集中灌阳、兴安。当时蒋委员长之计划，拟以大兵拦阻赤军渡江，并从北方驱逐赤军入桂，使赤军与桂军两败俱伤，以便坐收渔利。但桂军李（宗仁）白（崇禧）深知此隐，故一方惧怕损失实力，同时并惧赤军不能过江则必然停留桂省或桂林附近活动，则薛周两纵队将尾随赤军之后，而深入广西，桂省大权将落南京政府之手，所以将兴安桂军向南撤退。薛周及湘军在全州单方出击，不能阻止赤军渡江。赤军渡过湘江，把沿湘江两岸汽车路上之碉堡拆毁（此为国军第四道封锁线）。赤军一出此四道封锁线，如虎出柙，可以东奔西突矣。

---

[1] 道州即今湖南省道县。

[2] 永明即今湖南省江永县。

[3] 薛岳，当时任国民党"剿匪"军第二路军前敌总指挥。周浑元，当时任国民党"剿匪"军第二路军第二纵队司令。

微闻兴安桂军之撤退,系与赤军订立互不侵犯条约。而南京政府蒋委员长几年来碉堡政策与剿共军事,全部付之东流矣。

赤军当时之喜悦,真是无以形容。赤军政治部印编一歌曲,系用中国马号进行曲旧谱,教赤军兵士唱,因此我所在之总卫生部之二百多个看护生(都是十五六岁者),天天高唱入云。这一歌曲之调句是表示赤军之喜悦和对于蒋委员长之碉堡政策的讥笑。歌词云:"共产党领导真正确,人民拥护真真多,红军打仗真英勇,粉碎了国民党的乌龟壳(意即国军之碉堡),我们真快乐,我们真快乐,我们真快乐。"

赤军之所以能突破重围,不仅在于有军事力量,而且在于深得民心。即如赤军入湘南时,资兴、郴州、宜章一带,为昔年朱毛久经活动之区域,居民受共党之宣传甚深,故见赤军此次复来,沿途烧茶送水,招待赤军。我在行军时见每过一村一镇,男女老幼立于路旁,观者如堵。而且湘南各县在几年前,朱毛在此活动时,已有居民加入赤军者。故此次赤军路过时,此辈赤军之家属,闻风早在路口探问其子侄还在赤军否。总卫生部之管理科长(如南京军之司务长)即为宜章之文明司人,当日路过文明司时,其老母在路边迎接。但队伍休息十五分钟即前进。管理科长向卫生部之主任参谋(当时卫生部为一个梯队)告假两小时,回家一次。当日按时归队,又带了十一个农民来当赤军,两个当伕子(一个伕子以后即与我挑行李),又携来家制极甜之白酒(以米制的,远优于江西所产)分给我等。

湘南农民之所以能接受共党宣传者,半由于共党之活动,半由于当地土豪劣绅平日欺压农民之故。昔年朱毛退出湘南时,当地土豪回乡以后,以搜共为名,敲榨农民,因此农民以冤报冤,甚之农民有如此痛恨者,据由管理科长代我招来之伕子云:"前几天我们街上早在传说红军要来了,我们村上前五年受那个李区长害的三十余家,就秘密商量,暗中监视李区长的行动。前天早晨团防退出文明司时,这三十余家百余男女即在离镇二十余里之某村中，捉获李区长，当日上午十二点钟即把李区长送到红军司令部，而且还领了一连红军上山搜出团防的长短枪二十余枝。现在这三十余家有五十一个人都当红军了。"他又继续说："红军来了，我们穷人才有一口饭吃，不说别的，像我这样当挑伕，每两天工钱就一元，而且先付十天工资安家。我家里那两个村子上前昨两天即有八十八个人去当红军挑伕了。"湘南农民之相信共党有如此之深，而且不是一处，在湘南以至全州附近渡过湘江时，所过城镇乡村，都是如此。至此而我更深叹剿共之不易矣。

赤军之所以能得民心者，不仅在于乡村农民拥护赤军"打土豪，分土地""没收土豪劣绅的谷米分给农民"之宣传和行动，而且在于军队有纪律。朱毛赤军中之三大纪律、八项注意（内容我已记不清），确使赤军兵士遵守。不说旁的，即如进延寿圩（湘南大镇）、宜章城时，赤军所用苏维埃银行钞票，均按日兑现。所以除几家大店主自惧有土劣之嫌者逃走以外，全城店铺照常营业，而且莫不利市三倍。这一点我在南京军中已服务多年，在乡僻之区行军或驻军时，均未见过。而且因为对于中央银行钞票之行使，过去各省门户之见特深，许多地方未设分行，当然不能兑现。故军队一到时，仅凭该军官长之一纸命令"按市通用"，而又无兑现机关，使商民对中央银行钞票反生疑虑。特别是兵士不守纪律，由此造成居民中不好印象。

还有一事为国民党及国军所无者，亦使我有深感者：赤军路过宜章时，在粤汉铁道（未筑成，现在只通汽车）上有修路工人四百余，内有几个共产党员，已秘密活动几年。且内中有一学生，亦为该党所派在修路工人中活动者。赤军来时，全数工人加入赤军。当我路过该处时，正见修路工人在持枪上操，赤军已派军官去训练，而该共党学生作修路工几年者已当政治委员（赤军营以上都有政治委员，职权甚大），正在向修路工人演讲。此事深深使我忆起，国民革命军北伐时，各处民众响应，北伐军势如破竹，正如王者之师。自国共分裂以后，像北伐时民众响应之事，已销声匿迹。反之，全国人心，大都失望。共党分子如此埋头苦干，而反视国民党员，则徒争名利，何曾见一个在东三省日本势力下埋头苦干的人！我深感共党自有其社会上根深蒂固之潜势力，剿共与消灭共党决难成功也。

赤军渡过湘江之后，已使当时薛周两军与桂军之迎头拦阻完全失败，而且尾追亦极困难。因为赤军渡过湘江以后，即上越城岭之西延山脉[1]，山势连绵，追剿军无法包围。赤军之后卫节节抵抗，而赤军前锋即向湘黔边西进。

赤军之能够翻过越城岭之西延山脉，而且在此山高人迹稀少之区，未受损失者，确是赤军上至首领下至兵伕具有刻苦耐劳与其他各种优点，而这些都为国军所不及者。

西延山脉之高峰老山界[2]，确为我十几年来第一次上过的高山。千家寺[3]是在老山界的山脚下。我记得是一天的下午，总卫生部才抵千家寺，当时休息吃饭后，即上山。上了二十里，到一小村子，只七八家人户。此时太阳西下，伕子、马伕均忙于找火把。过一下天黑了，队伍还是前进。可是因为队伍中有些人没有找到火把（因为人家少，找不到火把的材料），在黑夜里黑摸，走得慢得很。我在第六连的先头走，简直是走一步停一下，走一步停一下。天气又冷，风又大，山又高，山下的泉水的流声如万马奔腾。人又疲倦，可是不敢合眼，因为路太狭了，只有一海关尺[4]阔的路。有一个看护生在行军时，因为天黑未找火把，再加上睡眼朦胧地走着，忽然一失足滚入水沟里去了。当时就命传令兵执了火把，慢慢地拉住树根攀到水沟里，可是那个看护生已经跌得不只满身泥水，而且不能言语了。这就警惕了各人小心

---

[1] 西延山脉是越城岭在广西壮族自治区资源县一带的旧称。
[2] 老山界位于广西壮族自治区资源县和兴安县交界处。
[3] 千家寺是今广西壮族自治区兴安县华江乡的一个村庄。
[4] 指一英尺，合0.3048米。

翼翼地慢慢地走着。因为走得慢，即使下午预备了火把的人，也已经把两三个火把烧光了，以后简直前后看不见火把了，只有稀稀地看见几个马灯的灯光在走动。队伍越走越慢了。走几步，停五分十分钟，既不像走路，也不像休息。时间已经是次晨两点钟了，前面顺次序地传下了司令员的口头命令："各连队随地靠路旁露营。各连火伕到前面煮饭。"同时大家又顺次序地喊："向后传……"实在太疲倦了，不管地下是湿是干的，大家就横七竖八地倒在地下把被单往身上一盖就睡。人生再没有比这个时候、这个地方睡得舒服的，不要两分钟已经鼻息呼呼地入睡乡了。

次晨天尚未明，吹号，起身，吃饭，并且各人还带了午饭。据当地居民说，此地到唐庄[1]还有六十里，而上山还有四十里。

山实在太耸了，因此队伍走不快。的确空身上山还要脚酸气喘，而那些伕子还要挑上三十五斤的担子，真是不容易。

在我们总卫生部先头走的是赤军总政治部，而苏维埃中央政府之要人林祖涵[2]、徐特立等亦均与总政治部同一行列，故我时与林徐路遇。当日上老山界时，我见林徐两人亦正步行上山。林祖涵为苏维埃中央政府财政部长，曾与孙中山共事，创办同盟会，领导辛亥革命；北伐时为国民革命军第六军党代表；在赤区所有财政均出其一手计划。林年将五十，白发童颜，身体甚健，在八月余的行军中，林只骑十八天马，经常步行。徐特立为教育部副部长，年逾五十。赤军离江西时，徐本有一马，但半途因知伤兵缺乏驴马，徐竟转送给卫生部之伤兵，而其本人则步行。此林徐两老之洁身自好，愈老愈壮之精神，诚非南京政府之要人可比拟也。

老山界这个山高得非常使人发急，到了一个山顶，见前面只有一个高峰了，不料上了那个高峰，前面还有一个高峰。这样一个又一个地爬着高山，大家不停喘气和汗流浃背。正在这个时候，忽听见隐隐

---

[1] 唐庄即今广西壮族自治区资源县两水乡塘垌村。
[2] 林祖涵即林伯渠。

有留声机的声音，正唱着："骂一声毛延寿你卖国的奸贼……。"一张片子唱完，又听见一阵歌声："同志们快起来拿刀枪，我们是人民的武装，要打倒帝国主义国民党……"原来是政治部的宣传队正摆着宣传棚，为鼓励行军、提起部队的精神，使之忘却行军之疲劳，在宣传棚旁边的石头上，拿粉笔写着："同志们努力啊！还有二十五里就到山顶了。"竞赛一下，谁先上山顶？"经过宣传棚的留声机和唱歌，的确我们把上山的疲倦忘掉了。我们队伍内的那些小看护生也唱起来了："……骂一声×××[1]你卖国的奸贼……为什么投日本，你丧尽了良心。"这样一唱，又到处引起唱着："粉碎了国民党的乌龟壳，我们真快乐……。"唱了一阵以后，大家还是照着路向上走，这样走了共有十二个高峰，才到山顶。当然到了山之最高顶，大家就兴高采烈，精神也兴奋了。时间已经下午四时了，但是八十里路的高山，终于走到了山顶。

从山顶到唐庄，名为二十里，实在将近三十五里，所以大家又走了一节黑路，当晚就到唐庄宿营。

八十里路的老山界，比之后来赤军所过的高山看来当然不算高。但是赤军在高山上两天两晚的不断地行军，而没有多少掉队落伍的兵佚（卫生部的病员都到齐了），这不是一件容易的事。这实在是由于赤军中兵佚的团结，同时在山上行军中，赤军政治部能设法以减少行军疲劳及提起行军精神，如用宣传棚等等，这确是他们设想得周到。

赤军在西延山脉周围遭遇了极多困难。最重要困难之一，就是赤军每到一处，全村全镇房屋、粮食统统烧了。究竟是谁烧的呢？开始老百姓传说是赤军烧的，但是事实上我不能完全相信，因为许多镇市在赤军未到前已在火烧了，这样难道是赤军自造困难吗？把房屋、粮食统统烧光，岂非使赤军自己无处住无处吃吗？后来这个事情水落石出了。当赤军驻广南寨（广西龙胜县之西北）[2]时，我们总卫生部于次

---

[1] 指蒋介石，但当时为了在国民党统治区流传，不便明写。

[2] 广南寨即今广西壮族自治区龙胜各族自治县平等乡广南村。

晨集合于广南寨镇外田野间而快将出发时，忽见镇内三处房屋同时起火，显系有人放火。总卫生部司令员贺诚即下令警备连回镇搜索，忽然捉到七八个穿赤军军装的放火人来。一问他们，都是广西口音，就供出他们是龙胜县政府所派，专烧民房，每日得大洋两元，作用在一方使赤军无处住，不得食，一方则引起居民对于赤军之怀恨。一询其何处得来军衣，均说县政府捉获赤军之掉队落伍兵伕，杀之而剥去其军服，即由所派之放火人穿上赤军军服，冒充赤军。放火之后，使居民愤恨赤军。这几个人已放火烧了好几个镇市了。他们穿上赤军军衣，冒充有病而掉伍者，天天随在赤军队伍后面走，或者冒充赤军之侦察队，在赤军将来时，先放火烧屋。

总卫生部长贺诚当然不是一个笨人。他听了他们如此说后，即传令部队大家去救火。救熄后，召集全镇居民来开会，当场要这放火的冒充赤军的七八人在居民面前自供。结果，几百居民立刻动手，把这七八人一顿拳足，打得那几个人气都快没了。贺诚忽然又劝止说："这是广西军阀官僚一方面诬害红军，一方面是残酷地使你们年终的时候，弄得无家可归。红军是帮助百姓的，我们帮助你们救火。现在你们太可怜了，哪家房子被烧的，红军愿把没收土豪的洋钱救济你们。大家到那边去领。这几个放火的人，大家愿意怎样办呢？"一经贺诚的演说，数百居民众口一声要求枪毙这七八个人。结果把这七八个人拖到镇外去了，大家跟着去，一会儿又回来在一个空场角上的桌子上领洋钱。忽一会就有五六十个年轻力壮的男子到贺诚面前说："我们要当红军。"结果就有一百多人连续地写上名字当红军了。

我于此事深深感觉，桂军领袖白崇禧氏，虽有小诸葛之称，但派人纵火以嫁祸于赤军之举，终属太惨，且也不智。如广南寨之事，岂非反增居民对于地方当局之恶感而助赤军以取得民心乎！

赤军由广南寨西北进，即为两河口[1]与牛皮山，地处桂湘交界，

---

[1] 两河口即今广西壮族自治区龙胜各族自治县瓢里乡河口村。

由此下山西通湘之通道，北通绥宁，南通三江。当时薛周两纵队及湘军大部集中于城步、绥宁、靖县、会同等县以阻赤军北上与贺龙、萧克之赤军会合。桂军以一部扼于桂湘边以阻赤军南下，并以一部尾追赤军。当时赤军前锋已占通道县，即避实就虚而径趋贵州之黎平府。

贵州东部与北部之守军为侯之担部两个师。侯之担本为贵州三首领之一（王家烈、犹国才、侯之担），兵力虽号称两师，但枪弹均系其赤水兵工厂所土造，且无新式武器。这样兵力，如何能当朱毛赤军。故赤军分路连占锦屏、柳霁[1]、剑河、台拱[2]，而入镇远占领通贵阳之汽车线。侯之担部可怜连战连败，直败至乌江边。王家烈部此时在新黄平扼守，但亦被赤军击败，弃城而走。此时赤军即完全占领镇远、施秉、黄平。

赤军由湖南转入贵州，此时确缴获不少。侯之担部至少一师人被缴械，并连失黎平、黄平、镇远三府城，尤其镇远为通湘西之商业重镇，赤军将各城市所存布匹购买一空。连战连进，此时赤军士气极旺，服装整洁。部队中都穿上了新军装。在湘南之疲劳状态，已一扫而空矣。

贵州居民之贫苦真是远非我等居住于江浙十里洋场者所能想象。做庄稼的（农民）冬穿单衣，且无完整者。每人有一件已补缝千百次的"家常衣"，小孩则隆冬还是一丝不挂。当我等行军经过时，立于路边之小孩，正在发抖。而居民唯一御冬之物，即为"烤火"。也真是"天无绝人之路"，在这个贫穷的地域中，煤炭却到处可得。上海卖三十余元一吨之无烟煤，那里只要一吊钱，而且一元大洋要兑二十余吊。当我等行经剑河县附近之某村落时，见路边有一老妇与一童子，身穿单衣，倒于路边，气息尚存。询之，始知为当地农家妇，秋收之后，所收获之谷米，尽交绅粮（地租），自己则终日乞食，因今日气候骤寒，且晨起即未得食，故倒卧路旁。正询问间，赤军领袖毛泽东至，

---

[1] 柳霁即今贵州省剑河县新柳乡柳基村。
[2] 台拱即今贵州省台江县。

告以老妇所言。当时毛即时从身上脱下毛线衣一件及行李中取出布被单一条，授于老妇，并命人给以白米一斗。老妇则连连道谢含笑而去。

贵州东部各县之苗家甚多。过去我见《东方杂志》或其他游记上所载苗家之照片及村落，此次则亲睹苗家而且住于苗家。苗民自称苗家，称汉人为汉家。汉人向来欺侮苗家，故苗汉之间时相械斗。此处苗家身穿汉服，女装如清末民初之阔边长衣大袖之服装。苗语则与汉语全不相同。惟一般苗民皆能汉语。苗家好武，常身携利刃。在黔东之苗家已与汉人相处甚久，除城市外四处都住苗家，间有汉人同住者。苗家之房屋系用木板制成，上覆草或松树皮，屋之周围用木编之篱绕一圈。苗家食物为玉黍，但间有白米者。惟苗家无存米，只储谷子于树杈上所筑之谷仓内，每天吃米，每天打谷子。

赤军一入贵州，更尽力在汉民、苗民中活动。赤军以民族平等、解放苗家、反对贵州军阀压迫苗家等之宣传取得苗家之拥护，并鼓动苗家、汉人到当地平日压迫汉苗贫民之区公所长等的家里，把财物谷子散给汉苗民。间有缴获民团枪支者，亦发给苗家，武装苗民。赤军时时防备不使引起与苗家的冲突，而且处处给苗家以利益。如赤军在黎平时。政治部即通告各部队，在苗家区域中绝对遵守纪律，并叫赤军兵士每人备一件东西送给苗家。

贵州之一般贫苦汉人与苗家，确受赤军之宣传甚大。当萧克由湘边转入湘西时，亦由此经过，亦给当地汉苗居民以好感。故朱毛赤军一至，汉苗人民非但不逃，且有大批加入赤军者，并有时询赤军何时"安民"者。赤军因有汉苗人民之助，故在此贫瘠之区未受饥饿。

贵州汉苗贫民之所以接受赤军之宣传者，不仅因赤军之活动的结果，亦由贵州当地之贪官污吏、土豪劣绅所造成。贵州人民受军阀之压迫，亦非江浙人士所能想象。军队则抽丁、苛捐杂税、勒种烟苗[1]，使农民之生活，终年辛勤而不得一饱。此次赤军入黔，侯之担已勒收

---

[1] 指鸦片烟。

过两次"剿赤捐"。军队既不能卫民而反是害民，此实为共党取得人心之一大助力也。

　　一入贵州，除见居民之贫困而外，尚有三事，为长江流域所未见者，即是：一为鸦片满地；一为天天下一丝丝的毛毛雨；一为处处是高山峻岭，找不到如湘赣两省之平地，更说不上江浙之平原矣。所以地图上有形容贵州地方情形之言曰："天无三日晴，地无三里平，人无三分银。"确符事实。入黔两月，未尝连晴三天。

　　乌江战役为赤军入黔以来第一次激战。当时侯之担部扼守乌江北岸，赤军则占余庆、瓮安两城，向乌江边之猴场[1]前进。猴场为黔北四大场之一，商业极盛。我至猴场时赤军已占三日矣。此时正值阳历新年，到处布满赤军之布告与标语。赤军中每人发过年费，商店及小贩莫不利市三倍。此处居民多能道"萧军长"（即赤军萧克部）经过猴场之情形者。此时因为赤军驱逐乌江北岸之侯部尚未成功，故后方部队在猴场停止。第二日见一老者携一病者至，询之则称赣之莲花人，系萧克部赤军过此时所留养居民家中之病兵，现在病将愈，愿随朱毛赤军去。后将此人送给司令部去。此事亦使我感觉赤军兵士之深受共党之训练与对共党信仰之深。

　　第三日部队都向乌江边之江界河前进。一至江边，则深叹乌江确为军事上的天险。河之两岸，均为高山绝壁，河面之宽，远过湘江，水流之急，为一秒钟三米特[2]之流速。赤军以竹子架一浮桥，不用一船，人行其上，不能负重，而每人行列须隔一米特。赤军夺获一船，用以载渡无线电机械及马匹者。我等走上竹子浮桥时，见两旁水流甚急，心甚惴惴。渡过河之北岸，即上高山。山上险要处，侯部所筑之工事，累累在目。

　　乌江战役中有赤军之伤兵七名及黔军之伤兵两名，均由总卫生部之担架队抬着。我为之治伤时，询及一轻伤者，据云乌江战役之经过

---

[1] 猴场即今贵州省瓮安县草塘镇。
[2] 米特是英文Meter的音译，是现行的公制长度单位米的旧称。

如下：

侯部在河北工事中扼守时，赤军于拂晓时依树木竹林之隐蔽而接近江边。赤军当即以机枪、迫击炮攻击对岸侯部，侯部立即还击。但侯部之手提机枪及花机关[1]都系赤水兵工厂所土造者，射力不远，不能达南岸，所以赤军做好了几个以竹捆成之竹排子后，即冲下河边。以工兵连之一部及步兵连之一部架竹排强渡过河。但水流太急，第一次之两个竹排子全被水流冲入下游。但赤军并不因此气馁，又有六七个竹排一齐过河。这次有六个排子达到北岸，赤军即一跃登岸，驱逐河边工事内之侯部而占领其工事。侯部即退守半山之工事，同时向下射击。此时也，赤军坚守河边工事，河之南岸继续放竹排载赤军过河。三小时后，赤军以奇兵由上游十二里处偷渡一团人，向下游之侯部侧击，并抄袭侯部之后。这样侯部一部被缴枪，一部突围而向团溪[2]、遵义退走。赤军则一方架桥，一方追击。指挥乌江战役之红军军官为刘伯承，四川有名之军官，曾击败吴佩孚[3]，并为四川军队中极有声威者。在川时已加入共党。国共分裂后，曾领导四川军队于泸州起事。

赤军渡过乌江之后，侯之担残部已无抵抗能力。故赤军于占团溪后乘胜直追，在两百里路中节节追击，不停留地攻击前进，终于在第三日上午三时占领遵义城。同时赤军右路即占湄潭、绥阳，中路占桐梓城与川黔边之松坎场[4]，击败川军廖泽旅，大有乘胜入重庆的形势。当时重庆富豪顿现不安，川省汇款至上海之汇水[5]，增至百分之七十。人心不安，可见一斑。但赤军消灭侯部后，并未前进，在遵义、桐梓、湄潭、绥阳休养兵力。

此次赤军入黔北后，确使赤军得到极大之收获。

收获之一：赤军击败侯之担两师，大部枪弹多被赤军缴去，赤军

---

[1] 指一种枪筒上有许多小孔的轻机关枪。

[2] 团溪是贵州省遵义县的一个镇。

[3] 吴佩孚（1847—1939），山东蓬莱人，北洋直系军阀首领。

[4] 松坎场即今贵州省桐梓县松坎镇。

[5] 汇水即汇费。

武器弹药因此得以补充。赤军以此而击败二进遵义时之王家烈之两师与南京追剿军薛岳之两师。此种小军阀在剿赤声中不知淘汰几多。平日鱼肉人民，一旦有事，则兵败师丧，而以枪弹济赤军，故赤军称南京及各省军队之长官为输送队长，称蒋委员长为输送总指挥。诚属刻薄之至。

　　赤军收获之二：使赤军在黔北休养十二天。而这十二天的休息，使赤军在湘南之疲劳，完全恢复，精神一振；使以后之战争，不仅战斗力不减，反如生龙活虎。

　　当时赤军之所以能得休息十二天者，由于南京进剿军薛周两部急急进贵阳城，争夺贵阳地盘，不愿向赤军攻击，深惧牺牲自己实力。然而侯之担、王家烈等小军阀之命运则均至末路矣。薛岳用彼等以当赤军之锋，借赤军之力以除其实力，结果王家烈、侯之担实力一完，不是枪毙，就是下野。南京军此种办法，莫怪各省当局均有飞鸟尽良弓藏之叹，大有畏南京军甚于畏赤军之慨。因赤军只在乡僻之区，而南京军名正言顺，则可以取其地盘，驱之以御赤军，而使其实力丧失也。惟此种情形，亦是俗语所云："斧头吃凿子，凿子吃木头。"薛岳之被命为追剿部队，亦非薛岳所愿也。

　　赤军收获之三：莫大于收获人心。因赤军在黔东之纪律较侯之担部好得多，此事已风传黔省。因此遵义城之商民非但不逃，而且孤儿习艺所、学校学生及商民贫民等成群结队，悬旗欢迎赤军，旗上高书欢迎苏维埃政府毛主席、欢迎红军总司令朱德。朱毛两赤军首领竟在欢迎声与爆竹声中进入遵义城，在城门口空场上与欢迎代表一一握手后，即略略与欢迎之民众讲一些话，并表示感谢欢迎，赤军愿为黔民解除痛苦。

　　赤军于第三天在第三中学操场开民众大会，朱毛亲自出席，工农、学生、商民被宣传而执旗参加大会者将万人。朱德大讲其赤军之三大纪律八项注意,并说赤军愿意联合国内各界人民、各方军队一致抗日。毛泽东则大讲其苏维埃政权不收苛捐杂税、全民选举及主张抗日等等。

赤军这种宣传,影响黔省人心极大。赤军在这个大会上成立革命委员会,并真有几十个学生、工农、商民当选并演讲,且内有教育界分子。革命委员会成立后,不几日就成立了几百人的抗捐队,自动去清查贪官污吏,没收其财产,当场鸣锣聚众散发。贫民之集在县公署(驻总政治部)天井中等发"土豪衣服"者何止千数。

赤军一方宣传,一方招募赤军新兵。十二天中确有四五千人加入赤军。此辈均系川黔滇籍之贫民或退伍者,对于川黔滇之地方情形均熟悉。此辈加入赤军,对于赤军有莫大之作用。以后朱毛之能转战于黔北者,此辈出力甚大也。

赤军办事之敏捷,我在国军中亦未见者。赤军进遵义城后第二日,被服厂、修械所、粮秣厂均已开办。新兵之军装不久即发出,旧枪即修理完竣。

总卫生部所有之伤病兵约三百余人,在此休息期中,有十分之八医愈出院。

赤军总司令朱德曾亲至总卫生部之病房,慰问伤病兵,与参加乌江战役之赤军受伤兵士谈话半小时。当时有乌江战役中侯之担部之伤兵二名为总卫生部收容而为其医治者,朱德亦略与其谈话,嘱他们安心静养。

我以驻军有暇,曾步游遵义全城。遵义地处黔北要冲,有汽车路北通川边之松坎场,自遵义向南,越乌江而直达贵阳。遵义为黔省通川重庆之要埠,因地处川边,故风俗习惯及商业情形,均与川省有密切关系。遵义城有新旧两城,新城为商业集中之区,旧城为官署与住宅区域。两城之间有小河,中贯以石桥。城中官署庙宇,当时悉被赤军驻满。据闻黔军柏辉章师长之公馆（在旧城）驻有赤军总司令部，朱毛即驻于此。遵义全城有男女中学校五六所，赤军对于学校机关不驻兵，以示维护教育，但各校均未上课。惟赤军对于青年学生曾特殊注意，派人组织抗日救国会及赤军之友社等等。所以赤军进城之第一日即有几十男女学生，大部为中等学校学生，执旗在街上演讲，为赤军演说。当我步至县立三中时，见操场上有该校学生之篮球队与赤军篮球队正在比赛。赤军球艺甚精，因平日提倡体育甚力。赤军想尽方法鼓动青年学子，由此亦可见赤军对于青年学子之注意焉。

尤有一事可记者：当赤军在遵义成立革命委员会时，有一女学生名李小侠者，年约二十，同情赤军，在大会上演讲，后被举为革命委员之一，为当地学生中之长于交际者。当赤军退出遵义时，李小侠亦随红军而去。闻黔军进入遵义以后，李小侠之家属有七十岁之祖母，并有父母及一弟，均为王家烈氏枪杀。待红军二进遵义城时，李小侠已不能再见其全家矣。因此李小侠活动益积极。后闻赤军逼近贵阳时，李曾单身混入贵阳城中进行密谋。以后此黔北女将不知还在否。

当我步行遵义全城时，只见三种店铺，门庭若市：一为洋货铺，套鞋、面巾莫不售卖一空；二为书店，遵义城有书店三家，间有上海、南京之杂志出售，此三家书店之新旧书籍、铅笔、抄簿，均售卖一空；三为酒肆，全城面馆、酒楼，莫不利市三倍。遵城酒肆中颇饶川菜滋味，我亦同二三人去过一次，回锅肉、辣子鸡及各种泡菜，均饶川味，且价极廉。

赤军在遵义时，所以商店照常营业者，系因赤军之苏维埃纸票按日均兑现。赤军没收黔省主席王家烈氏所经营之盐行值几十万元，王家烈氏向上海南洋烟草公司所定购之白金龙香烟值五万元，准备旧历年节以慰薛岳军队者，均被赤军截获没收。赤军除以此盐及香烟一部在遵义、桐梓两城发给贫民外，其余出售。每赤军钞洋一元可买盐七斤，可买白金龙香烟四罐，价值远贱于平昔。故赤军以盐及香烟两项收入之现洋兑付纸钞也。

赤军在黔北休息十二天后，即全部经桐梓、习水而由土城渡过赤水河，向川南前进。

桐梓县为黔北入川的门户，县城不大，自南至北只一里余，但有一特点，足使我永远不忘者，桐梓城为贵州历年来该省军政领袖之家乡，故有美丽堂皇之洋楼数十座。这些洋房，都属贵州历年来之军政要人的。而在洋房之旁则有无数鄙陋之草屋。军政要人之门前有汽车，可以来往于遵义及川边，而贫民则背负背斗（云贵川几省运伕及小贩，不用肩挑而用背斗），终年辛劳而不得饱。贫富之分，宛然如画。

自桐梓经良村至赤水县之土城[1]，均系大路，地势均向上，间有几段筑有汽车路基。但此种汽车路，确为中国最难行之汽车路。我经过时，正值下雪，故路上湿而且滑，行路之难莫甚于此。当我上桐梓西门外之高山时，见赤军领袖毛泽东正手提竹杖步行上山，两脚污泥及膝，且满身沾泥，恐系路滑跌于污泥中所致。

赤军由土城、太平渡两镇架浮桥渡过赤水河，向古蔺以南前进，此即由贵州而入四川省矣。以后经川黔边沿赤水河上游西走，经过许多小路，为赤军西行以来湘黔两省从未经过之小路，尤以两河隘为最险要。由两河隘进威信县为三十里，两边削壁中有水沟，一边山崖上凿一人行道而通过，只要道路破坏五尺，军队即无法通过。历尽无数困难，而到达云南之威信县（旧名扎西，在滇黔边）。部队达到威信之时，正系旧历正月初三[2]。即在该县休息一天。但气候严寒，夜间降雪。

云南之民族问题，值得注意者，龙云[3]为彝家，云南军队与政府中上级官员，都属彝家，汉人则受压迫，故赤军未到威信时，在某一

---

[1] 土城是今贵州省习水县的一个镇。
[2] 一说为旧历正月初六，即1935年2月9日。
[3] 龙云（1887—1962），云南昭通人，当时任国民党云南省政府主席。

乡村中，曾有北京大学毕业而曾任云南某县县长者，晤赤军首领，愿率当地民团并可号召各县民团助赤军进攻云南，为汉人解除压迫。赤军在此区域时，以各民族解放为口号，以取得汉回苗各民族的同情。以后，赤军曾以罗炳辉（云南人，久在云南军队中服务，曾属朱培德部下。早为秘密共产党员。在江西吉安为民团指挥时，率几百民团加入赤军）的九军团在毕节、宣威、东川一带活动。汉回苗民之加入红军者五六千人，震动全滇。滇民盛传赤军有一苗民籍之罗军长要回滇驱逐龙云。罗之声名，亦以大振。但赤军虽反对龙云彝家压迫汉回苗民，同时却对一般彝民，则以民族平等、反对大汉民族主义等等进行宣传。

赤军原定计划本拟由威信继续西进，渡过牛栏江而入川。但在威信休息一天之后，忽然又向东回，恐系当时局势不能过江，故不冒险。但赤军之忽然折回黔北，确出川黔军队意料之外。川军本在北面与赤军并行向西追击，以便迅速驰赴江边扼阻。而赤军之忽然由威信折回赤水河东，待川军发觉而折回时，赤军已渡赤水河而占桐梓、娄山关。赤军此种狡猾机动之作战方法，常以出奇制胜，此均为朱德、毛泽东之特长。故在赤军中，毛泽东有诸葛亮之称。

赤军重回黔北之桐梓、遵义，曾打一大胜仗，此为赤军自江西突围以来有数之胜仗。此仗似出赤军极有计划之行动。当赤军占领桐梓之日，即整备野战医院，我被贺诚派往野战医院收容伤兵。当日下午赤军在娄山关即与由遵义向娄山关攻击前进之王家烈部两师人接触。王部几次仰攻娄山关，均为赤军守军击退。赤军则派大部由两翼包抄王军之后，攻战王军之后之遵桐马路上之板桥镇，截断王军归路。而当时娄山关之赤军亦居高临下进攻王军，王军不支，四方包围，两师人大部缴枪，小部溃散。赤军则猛烈追击，当夜三时占领遵义新旧两城。闻王家烈出走时只率师长柏辉章等随从数人。此仗实使王家烈倾家荡产，不久即出黔游历而作下野客矣。

当时野战医院即随军进遵义城，但次晨又开始大战。进攻赤军之军队系薛岳所部由吴奇伟率领之两师人，自贵阳北进，渡过乌江后，本拟增援王部，不意王部失败如此之快。至烂板凳（离遵义城约六十里）时，王氏率随从退下与吴军遇，备告失利情形，吴氏即急趋遵城。在遵城南之十里铺以外（离遵义城约二十里），与赤军彭德怀之三军团接触。彭德怀亲在火线上指挥。在接战后一小时，彭德怀即断言当日下午吴部两师可大部缴械。未几林彪率领之一军团由捷径迂回至吴军之后。当日上午十二时，吴军两师即陷入赤军四面包围。四周有利阵地，均为赤军夺去。吴氏见势不佳，拟即撤退。但赤军愈逼愈近，缴枪之声四起。大部已被缴枪，吴即拼命率领两团突破南面赤军包围线，由汽车路上向乌江撤退。幸乌江浮桥未撤，故吴氏等即得渡河。但赤军勇悍异常，一部由汽车路上向南尾追吴军，一部即由左翼山路急行军赶到乌江边。此种急行军亦为赤军之特长，综计夜行军在山路上八小时走了一百里。当赶到乌江边时，吴氏本人早已过河，但所部尚有一千八百余人正在渡河。吴氏见赤军到，恐乌江浮桥被占，而乘势进迫贵阳，故下令立即在江南斩断浮桥之保险索，桥即为急流冲断，赤军不得过江，但在乌江北岸之一千八百余人，均被缴枪。闻吴军全部辎重都在江北尽为赤军所得。此仗之后，遵义城中满布了赤军与黔军、南京军之被俘缴枪者。此项俘兵，赤军特为之组织新编师，每人发缴枪费三元，专派共党人员进行宣传。后闻被俘官兵有十分之八被鼓动加入赤军，不愿当赤军者，每人发路费送出赤军警戒线。赤军对被俘之中上级官长，亦由朱德亲自召集谈话，多方安慰，说明赤军主张抗日救国，希望全国军人一致合作，被俘军官之愿留赤军者留在赤军，不愿者就给川资送出赤军区域。此种办法确为赤军新办法，故一般被释之官长，殊有死里逃生之感。

红军长征记：原始记录

赤军这一胜仗，确使南京军及川滇黔湘各省军阀为之震动。薛岳、周浑元以川军不能冒险前进，须重新布置。湘军则由围攻贺龙、萧克之部队抽调几师，扼守乌江东岸。据以后赤军之捷报云，贺龙、萧克之部队亦由此而将湘军陈渠珍旅全部缴枪。自遵义赤军获胜之后，赤军兵士及下级官长都愿与薛岳、周浑元部打仗，自谓：川滇黔军队之武器不足，缴之无味，与南京军作战，则有新式武器与充足之弹药可缴。骄傲气概，可见一斑。

赤军此次所以能连胜王家烈部与吴奇伟部之原因，一方面因赤军之有顽强作战之能力，而且赤军兵心之团结一致。当犹国才二进桐梓城时，赤军政治部所派之地方工作团中有一儿童局书记（即专在儿童中活动者），年仅十三岁，由江西随军来，当时被犹军截断于娄山关附近之高山上，与赤军失去联络。但此十三岁之童子毫不惧怕及失望，竟日夜爬山，走了两天三夜，终与赤军会合。闻此童子在行路口渴而找不到一点水饮时，实在口渴不能耐，曾以自己之小便盛之于口杯中而饮之，以解口渴。此诚趣事，亦可见赤军团结之坚矣。同时其中另一原因，因赤军中有大部黔省新兵。此辈在未当赤军时，愤恨黔省当局之苛捐杂税，使之生活不安，故作战时据赤军云新兵极勇敢。且此辈新来之黔籍赤军均熟道路，几次带领赤军由捷径包抄王军及吴军之后，包围王吴两军而缴枪。故赤军沿途打仗，非但未有极大减员，而且能到处熟知地理者，正由于赤军每到一地，即鼓动当地居民加入赤军，而在作战时，则得此辈之助也。

赤军在遵义战役胜利之后，驻重兵于鸭溪（在遵城西南六十里），几次想引诱薛周两军及川军决战。但薛周两部及川军郭勋祺、廖泽、潘佐等部均小心异常，不轻易进攻。故虽赤军几次在赤水河两岸引诱决战，薛周两军均不前进，只小心地建筑碉堡。赤军见黔北无计可施，即急行军乘隙偷过乌江，拟向南威胁贵阳。此时贵阳确大为震动，后我到上海时，见当时报载有贵阳飞机场被赤军占领、飞机二十余架被毁等事。

以我猜测，赤军南渡乌江，即思入川。但赤军则故向东，佯攻瓮安、黄平，待南京军东向及滇军出滇而向贵阳时，赤军忽然向西南插入贵阳，竟由贵阳与龙里之间通过，以佯攻贵阳姿势，而以主力占领定番[1]、长寨[2]、紫云、贞丰、安龙、兴义等各县城，并渡过北盘江。赤军此种狡狯之机动，确出蒋委员长意料之外，而当时滇军四旅已入黔，赤军反得乘空入滇，毫无阻碍。南京军、川军、黔军、滇军，均落于赤军之后。故赤军得一路无阻，到处缴少数滇军之枪械，占领滇中许多城市，截断昆明通黔之几条汽车路，而得从容渡过金沙江。

赤军入滇后，有两件有趣的事，亦为赤军兵士平日引为笑谈者：

一为赤军包围曲靖而向马龙前进时，截得由昆明来之薛岳副官所乘汽车一辆，内满载军用地图并云南著名之白药（可医枪伤，极贵重）。据被俘之副官云，他系由薛岳派入滇省谒龙云者。前日薛岳来电，因无云南军用地图，请龙云送去。龙云接电之后，本拟派飞机送去，但次日机师忽病，故改用汽车送去。值未知曲靖已被赤军包围，汽车路亦被截断。龙云并送薛大批白药、云南之宣威火腿及普洱名茶，共满载一车。车离曲靖二十里时正遇赤军。因此卫兵、副官均被缴枪，军用地图未交薛岳反而被赤军用以渡过金沙江，白药、火腿、茶叶均为赤军享受。故赤军兵士每谈至此，皆为捧腹。咸谓三国时刘备入川系由张松献地图，此番红军入川，则有龙云献地图。

另一事则为赤军进嵩明城及官渡[3]时，皆由县长及当地军警各界领袖迎入。原因并非此辈通赤。盖云南地处中国西南，年来虽知湘鄂赣川等省赤军活动之消息，但官场布告向称赤军为"赤匪"，而云南人心目中之"匪"均系衣衫褴褛，困苦不堪，并无新式武器，而且抢

---

[1] 定番即今贵州省惠水县。
[2] 长寨即今贵州省长顺县。
[3] 官渡是今云南省昆明市的一个区。

劫居民者。彼等见赤军临该地时，既未沿途抢劫，而且纪律甚好，买卖公平，钞票兑现，并且服装整齐，有许多新式武器，为云南军队所未见者。此辈地方官绅自以为此必是南京军，因纪律、军容远优滇军，此非南京军而谁？因此排队欢迎，且将省府命办之军米、军款全数交出，并募几百伕子与大批向导以供"南京军"。赤军亦将计就计自认"南京军"，将一切军需及伕役接收后，并应地方之盛宴。席间，由该县长一一介绍，谁为县长，谁为局长，谁为民团指挥，谁为绅士。一一介绍之后，各地方领袖并请此"南京军"长官训话。赤军领袖即席起立，口呼："同志们！"即在此时赤军伏兵四出，立即将地方领袖监视矣。赤军官长当即宣布："我们不是国民党的南京军，而是中央苏区的中央红军。"此时地方领袖早已相顾失色。但赤军并未与地方领袖为难，即好言安慰而去。

当时赤军立即召集由地方交来之几百伕子、向导开会，即席宣布他们不是南京军而是赤军，并询问伕子是出钱雇来抑系强迫派来当兵差者。众伕子异口同声均称被强迫派来，并言概无工资，家中妻小亦将因本人出外而饿死。赤军当即宣布："云南军阀官僚如何使你们吃苦，红军现决全部放你们回家；但如有人愿留为红军伕子者，每日工资五角大洋，先付半月工资安家。"当时十分之九以上之伕子及向导均愿被赤军雇用，只有十余人则要求回家，当由赤军发给每人一元之路费回家。

我自经滇省以后，对滇省有极好之感想。先是赤军中人，常以为滇省为中国西部高原，必系高山峻岭，道路难行，气候恶劣，物产不丰；不意自入滇省以后，虽觉云南之地势甚高，但在滇东北有很大的平原。自黔入滇，地势虽系向上，但此处地势，绝非黔省可比，而与赣省入湘南之地势相似。在向滇省前进时，虽面前有许多高山，但一到山巅，则并不是下山，而是一片平原。以后走完平原，前面又是高山。上山之后，又是平原。地势层层向上，且每一县城及镇市周围又有几十里几百里之平原，俗称昆明坝子、大理坝子、曲靖坝子等等。坝子者即县城周围之平地也。因云南之道路平坦，兼以道路甚宽，可行北方之骡车，在交通事业之开展上又觉便利，如修汽车路则较黔省之凿山开路容易多矣，故云南汽车路发展甚早。

云南气候甚佳，远非贵州之"天无三日晴"可比。昆明附近气候温和，正如江浙。我等经过曲靖附近时，即已不能穿棉衣。惟每天气候之变化甚大，时至下午四五时，常有巨风及阵雨，气候亦较寒。

因云南之气候好，所以物产甚丰。曲靖、马龙以及滇东北产米甚多，且有棉花。惟全国闻名之云南鸦片烟，确是遍地种植。云南鸦片之所以贵于黔川几省者，系云南鸦片所结之果实如拳，较大于川黔所出者。惟鸦片在云南亦极便宜。在马龙、嵩明，每现洋一元可购云土半斤。我常笑谓江浙之瘾君子闻云土如此便宜，岂不将口涎欲滴乎。

滇省居民最多者为汉人，其次为苗家、彝家、回民。而现在彝家则为统治云南者，故彝家一般之生活亦较富裕。乡间之村长、区长，在某些区域中，以彝家为多。我等在官渡经过时，有几十里路都系回民所居。风俗习惯，亦如江浙之回民，有清真教堂。赤军之五军团中亦有不少甘肃之回民，故与回民感情极好。赤军亦极尊重回民之教堂。赤军领袖朱德曾亲至清真教堂与其教民首领谈话。次日教堂以赤军与回民之感情甚好，且排队欢送，并有几十回民加入赤军。此辈回民加入赤军之后，赤军为之单独成立回民队伍，一切风俗习惯饮食起居，悉照回民原有习惯。

在昆明附近，我常见居民之年三十岁以上者，多数在颈间（即喉部）生一瘤，男女均然。据云居民中十之七八均生瘤，此系泉水缺乏碘质所致，并有一个山上之泉水不能饮，饮之喉部即烂，故赤军经此山时，均未饮水。

云南不仅在气候上、物产上、地形上均对我之印象甚佳，而且云南在政治地位上有过讨袁[1]之云南起义，拥护共和政体，有过光荣之历史。

赤军入滇目的本在渡过金沙江，故即分兵两路入滇：主力则占沾益固[2]、马龙、寻甸、嵩明而直逼昆明；而其另一路则先在滇黔边吸引黔滇军，曾击败犹国才之五团，缴获甚多，乘胜入滇占宣威、东川两府，后直趋巧家县而渡过金沙江。赤军之主力逼近昆明时，昆明及全省震动。但赤军目的并不在占昆明，而是引诱滇军不向金沙江边而急援昆明。同时赤军原定在交西渡[3]口渡过金沙江，但为迷惑追军而故意西占禄劝、武定，更西进而占元谋，由元谋北上至龙街佯作渡河。这一调虎离山之计，追军确又上一大当。周浑元、滇军、湘军将全部进剿部队，均趋元谋，而赤军却全部在交西渡全无阻碍地渡过金沙江。龙街之佯渡部队，亦由捷径赶回交西渡。赤军在金沙江边计渡九天九夜。而追军则直至赤军渡过金沙江占领通安州[4]、直逼会理州[5]城下时，才知赤军已由交西渡渡河。待追剿部队折回交西渡，则赤军早已全部渡过金沙江，而早将船只破坏矣。故赤军安然渡了九天九夜，周浑元之追兵在第十一天下午才接近江边，但船只已毁，且江北山洞内有赤军扼守，不能接近河边，徒呼负负而已。赤军此计一成，赤军士兵均极快乐。在第五军团的政治部机关报上，编出一出新剧，名为《破草鞋》[6]，形容蒋委员长自江西起追剿红军几省，历时半年以上，对赤军追剿毫无所获，只在赤军之后尾随，拾得少许赤军穿烂而抛弃之"破草鞋"而已。当时赤军傲慢之精神，亦可见一斑矣。

赤军之渡金沙江为自离江西以来，最险要亦最得意之事。渡河情

---

[1] 指袁世凯。
[2] 沾益固即今云南省曲靖市。
[3] 交西渡亦名绞车渡，即今皎平渡，位于云南省禄劝县西北。
[4] 通安州是今四川省会理县的一个镇。
[5] 会理州即今四川省会理县。
[6] 《破草鞋》亦名《烂草鞋》。

形，我见上海及各地报纸所载者，不确也不详。我曾亲自渡过金沙江，我亦觉此事为平生一大幸事，使我永远不能忘却者。

  金沙江为扬子江之上游，发源于青海，在西康、云南省境者，均称金沙江，再下流而至四川之宜宾（即叙府）称扬子江。金沙江之两岸，均为高山峻岭，除几个渡口外，均为悬崖绝壁。自云南省走向金沙江时，离江六十里处，即为下坡。连下四十里而至交西渡，由交西渡到江边为二十里，路上的山峰嵯峨，千奇万怪，状甚可怕。夕阳西照时，山峰照耀如黄金。自交西渡至江边则山势更陡，下山必用手杖，否则有滚下山沟之危险。而且这二十里中在当时天气（阳历四月底）已极炎热。二十里中几无草木，愈下山，愈觉热。一到江边，天气更热，赤军士兵莫不痛饮冷水。江边居民只五六家，系平日借渡船为生者，因春夏天气炎热及秋冬气候严寒，故均凿山洞而居。相传三国时诸葛武侯"五月渡泸深入不毛"之地，即系此处。《三国志》上并云江边气候极热，马岱过水之二千人，中水毒死了一千五百人，或真有其事也。

  金沙江之北岸有船夫六七家，并设有关卡。川滇两省之货物来往，均须在此纳税。闻云南著名之鸦片——云土过江以后，即价高两倍。居民自称江北岸为四川，江南岸为云南。我渡江时，船之两旁所坐之人数不均，且有立于船中者，船就倾折于北面，船夫则大呼"先生！背靠云南"，意即叫立于船中之人，坐于船之南边，面向四川而背靠云南，以免船之倾斜。南岸之泊船处为沙滩，北岸都系悬崖，悬崖内凿一将近一百米特之孔道，并有山窗洞，船到北岸即泊于悬崖内之孔道口。渡客即由孔道内走入东边半山之关卡。我等渡河时，水还未涨，故江水尚距孔道口二丈余。有石级直上孔道。

  金沙江宽约等于黄浦江之一半，立于江边不能闻对岸之呼声。水流自西而东，流速极快，计每秒钟约有四五米特。上游山高，水如瀑布而下，平时水浪已有一二尺，而风雨作时，则水浪骤增至三四尺。金沙江之风势，真是吓人。我渡过之时正值怪风骤起，沙滩上之沙土，随风飞舞，河边居民在石洞所筑之草屋被风吹去。我站立路中，忽来一阵巨风，竟立足不住而被吹倒于地上，因此我等莫不叹金沙江风威之大。但半小时后，风停雨止，且见太阳。询问居民，始知金沙江边之风雨每次不过半小时，过后就晴。中国西部气候变化之巨，由此可见一斑。

金沙江如此水急，因此不能通船只，自宜宾以至泸州，才通木船，泸州以下则通轮船。但金沙江之渡船在东川、巧家以下则船只较多。巧家以上每渡口最多十余只。龙街以上则只通皮船。船以兽皮制造，每船只渡一人。上游之所以用皮船者，因水流太急，江中礁石极多，木船易破。

赤军渡河时，不能架浮桥，只在交西渡渡口及其附近上下渡口搜集六只船，大者可渡三十人，小者可渡十一人。而且船已破烂，常有水自船底流入，每次来回，均须专人在船舱中将流入之水以木桶倒入江中，才能复渡，故危险异常。渡河速度因水流太急，故每小时只能来往三四次。而赤军全部人马，几乎都从此渡河，故除日间渡河而外，夜间则于江之两岸，燃烧木材，火光照耀江面，终夜渡河。

赤军之渡过金沙江而仅凭此六只破烂之船，国人未目睹此或不信之。但事实赤军确仅靠这六只破船以渡江。当然赤军之所以能如此从容渡江，最大原因，是由于南京军、滇军中了它的声东击西、调虎离山之计，故有充裕之时间渡过全部人马。而且全部渡完两天之后，追军才到，所以掉队落班者亦极少。但另一原因，则因赤军之渡河技术，有极好的组织。试想，如无较好的组织，则在渡河时，人马拥挤，一不小心，小船即可翻身，而船只稍有损失，即将延长渡河时间矣。故赤军在各方面之组织能力，确远优于南京及各省之军队。我曾见赤军总司令部及共党中央委员会派有共党高级人员组织渡河司令部。一切渡河部队均须听命于这个渡河司令部。各部队按到达江边之先后，依次渡河，不得争先恐后。并在未到江边前，沿途贴布渡河纪律。部队到江边时，必须停止，不能走近船旁。必须听号音前进。而且每一空船到渡口时，依船之能渡多少人，即令多少人到渡口沙滩上，预先指定先上那一只船。每船有号码。船内规定所载人数及担数，并标明坐位次序。不得同时几人上船，只能一路纵队上船。每船除船夫外，尚有一船上司令员，船中秩序必须听命于这个司令员。而赤军之对于服从命令纪律之严，亦非国军所可及。即如赤军中军团长、师长渡河时，亦须按次上船，听命于渡河司令部，不稍违背。赤军之组织能力，除表现于组织秩序外，而同时极好地组织船夫。船夫第一天只有十八人，后闻增加至二十七人。工人之所以能增加者，由于赤军渡河司令部除派共党干部进行宣传工作外，并优给工资。闻每天日夜工资现洋五元。工人中大部吸鸦片，赤军则命人烧云南鸦片一大锅，随便由工人抽吸不算钱。且日夜进食六次，每次杀猪。而共党指挥渡河之人员，则每餐之菜蔬只吃青豆。语云，重赏之下，必有勇夫，诚可信也。并闻渡河以后，共党即毁船，船为当地彝家领袖金土司所有。但念船夫生活暂时将绝，故每人除工资外，各给现洋三十元及几斤鸦片，因此船夫中有大部对赤军有好感而随赤军入川者。

赤军之人枪由船渡金沙江，而同时亦将全军马匹渡过金沙江。渡船上本不许载马匹，但渡河时赤军想出方法，命马夫弃马鞍，拉住马口索坐于船尾，使马立河边上，船离岸时，岸上派人执鞭驱马；马即跟于船尾游泳过江。故赤军自豪，渡过金沙江，未掉一人一马，诚趣事也。

渡过金沙江以后，自江之北岸，至川省之通安州为三十里，均为上坡路，而且山极耸，正如交西渡至金沙江南岸一样。在这个三十里中全系荒山，极少树木，沿途只见一家人户，偶于山坡上见些羊群，此处已为游牧区域。自通安州至会理城须再上坡三十里以后，道路始稍平，但两旁仍有高山。通安州只一镇市，为川滇通商之第一镇市，居户约三百余家，有小学一所。我到时，正见几百乡人，身佩红布列队将行，系由共党鼓动去当赤军者。闻共党曾在通安州成立革命委员会、抗捐军等等。过通安州将到会理时，远见会理城正在火烧。至宿营地后，才知会理守军为川康军刘文辉[1]所部之刘元瑭师。刘师据城死守，因恐赤军爬城，故将城外附近之房屋全部烧毁，使赤军不能接近城墙。但此举却引起城外居民之大愤，因被赤军鼓动，数千居民，协同赤军攻城。后闻此数千人大部加入了赤军。

会理既有刘师死守，赤军亦未强攻，只加监视。赤军之目的，系在渡河以后，南京军的追剿部队暂时不能过河时，借此休息补充。故赤军总司令部命令全军在会理休息五天，并命各部队加紧居民中宣传工作，规定招募赤军新兵五千人的计划。这一计划，赤军各部都执行，总卫生部亦亟亟执行。五天后果然有新兵五千人加入赤军。赤军部队之所以经常得如此补充，一因赤军善于宣传居民，二因云贵川三省居民平日之生活实在太苦。会理居民莫不怨愤刘元瑭平日种种之压迫：苛捐杂税，层出无穷；自铸铜质银元，强令通用；三丁抽一，五丁抽二；年轻女子，随意奸淫，不从者累及全家。如此行为，岂有不遭民怨之理。加以赤军领导贫民"打刘家""打土豪"，莫怪贫民之成千成万加入赤军。

五天以后，赤军即北上，由会理、德昌、西昌、泸沽[2]、越嶲[3]，而至大渡河边，每天行程六七十里，计行二十九天。赤军因急于抢大渡河，故未攻西昌，绕道而北上。自会理到大渡河边，为沿安宁河之大

---

[1] 刘文辉（1895—1976），时任国民党第24军军长、西康建省委员会委员长，1949年12月在川西起义，中华人民共和国成立后任林业部部长、全国人大常委等职。

[2] 泸沽是四川省冕宁县的一个镇。

[3] 越嶲即今四川省越西县。

道，平坦处有二十余里之宽度，但狭隘处只一安宁河与河边之小道而已。安宁河两旁均系高山峻岭，东为大凉山，西为雅砻江流域之高山。这两旁高山都住彝家，汉人只居于沿安宁河之大道上，且每家筑有碉楼，因彝汉民族冲突甚烈，彝家时常下山攻击汉人村落，故筑碉以御之。赤军至泸沽时，即分兵两路，小部至富林[1]南岸，佯作强渡姿势，以吸引对河之敌。大部则由泸沽向西北进，占冕宁县城，而企图在大渡河边之安顺场[2]渡河。但由冕宁西北五十里之大桥镇而至安顺场，须经过彝民所居之高山，历时两日半，这是赤军当时之一大困难也。

四川之彝家为川人所最恐惧者，安宁河以东之大凉山为彝家之根据地。大凉山面积极大，南至宁南县，北至大渡河，西起安宁河，东至金沙江沿岸之雷（波）马（边）屏（山）。冕宁西北，直至康定以南，均属彝家区域。此处彝家，相传为诸葛武侯征伐之所谓"南蛮"。在冕宁西北之彝家山上确有哑泉，饮之即哑。冕宁县志及宁远府志均有记载。彝家均有武装有数千快枪并有少数手提机关枪（只就冕宁西北山上的彝家而言），均缴自汉军。沿安宁河两岸土地，本为彝家之土司官所有，但自刘文辉成都失败而入雅州后，即驱逐彝家土司官而据其土地为己有，因此彝家与刘家军结仇甚深。实际上政府官吏之统治，只及于沿安宁河两旁平原上之汉人而已。彝家则不受统治，而且抗缴一切租税。政府军队通过彝家之山时必须大队，一团以下可被缴械。

此处彝家不若蒙古、西藏等民族。彝家还系部落。性情多猜忌，疑虑无定。各部落之间，常有世仇，故常相械斗。彝家之生活，半为游牧，半为种植。种植以玉黍为多，畜牧牛羊马为多。

彝家中有两种阶级：一为黑彝，即为彝家中之统治阶级；一为白彝，白彝即为黑彝之奴隶，终身为黑彝耕作，除衣食外，其他无所得。黑彝随时有权置白彝于死地。每一黑彝常有白彝数百人、少则数十人为之耕作，黑彝则终岁不劳动。黑彝与白彝不通婚。现在黑彝人数渐

---

[1] 富林是四川省汉源县的一个镇。
[2] 安顺场位于四川省石棉县西北。

少，但仍保有其统治势力，所谓土司者即此辈黑彝中之首领也。白彝原系汉人，系由黑彝掳来。黑彝将汉人掳来以后，常由大凉山与冕宁西北山上之黑彝相互交换掳获之汉人，使其不知道路而不能逃逸。黑彝并为白彝之男女配婚，均称男女白彝为娃子（意即四川话之孩子）。但每一黑彝家必信任一个白彝为当家娃子（如当家人）。当家娃子掌有一切银钱出入及日常事务之权。因过去汉人只笼统地不分黑白只反对彝民，加以彝民中之文化落后，所以白彝都助黑彝反对汉人。遇与汉军作战时，白彝均参加。

汉人之与彝家贸易，系由通司翻译，亦有彝家能汉语者，但黑彝恐汉人杀之，故不下山，遇事则命白彝与汉人往来。彝民常以兽皮、麝香等物售于汉人，换布匹及盐而回。

彝民之服装与汉人完全不同，头包青布而在脑后坠下一尺布。如上海之印度马巡[1]。有些鼻穿银环。不论男女，均悬耳环。耳环不是金属制，而以骨制，共有三四颗或圆或长圆之骨块连成一串而挂在耳上。面部熏黑。身上穿的如和尚之袈裟，系由羊毛自织而成（此种外衣，质轻而软，且可御风，极适于行军之用）。腰系带。彝民所居之山上气候一日数变：中午炎热，下午四时起发巨风，晚八九时下雨，次晨天晴。我们经过彝民之山地历时七八天，均系如此顺序不变。因每日气候变化甚烈，所以彝民出门，不论何时，必将外衣带在身上。遇刮风落雨即以外衣裹身。彝家每人身携利刃，用以防身，亦用以割肉进食。足有绑腿，终年不穿鞋袜，只少数穿草鞋。但彝民生长山地，善于爬山。赤军于山路行进时，彝民则由路旁之山石攀登而上，而且上山之快，宛如猿猴。

彝民生活之痛苦，远过于汉人。汉人还能耕平坦之田亩，彝民之田亩，日渐被川军之官长及当地官吏所侵占，而只耕植于山地。在山下远望彝民所耕种之山坡上的山地，倾斜度几如削壁，望之可怕，但

---

[1] 指中华人民共和国成立前上海英国巡捕房雇用的印度籍的骑马巡捕。

彝民终年耕植于此。因其只耕种山地，故彝民平日所食者，亦只玉黍而已。至于彝民所居之家室，则更鄙陋不堪，以竹木编为壁，上覆松树皮，潮湿特殊，跳蚤成群。

赤军所过之彝民居住之山，共有彝民十余部落。当赤军之前卫团出大桥镇上山二十里时，即有三个部落之彝民在前后及左翼包围赤军，意欲缴枪。但赤军善用宣传政策，向白彝声明共党主张国内各民族一律平等，反对汉人军阀压迫彝民，并提出为彝民所迫切希望之要求"打刘家"（意即打刘文辉的军队，因刘文辉压迫彝民甚烈）。当时赤军领袖即与当前的一部落名"沽鸡"者以鸡血充酒，与彝民领袖共饮，表示歃血为盟共打刘家。经过歃血为盟后，"沽鸡"一部落彝民非但不打赤军，而反被赤军收编作"红军游击支队"，而与赤军引路及招抚"阿越""罗洪"等十余部落。此后赤军全部过此彝民山时，彝民则牵牛送羊欢迎赤军于道旁。赤军则以皮衣、旧枪、盐、布送彝民。故当时我等日夜恐惧之彝民山地，如此竟安然地通过。

走完彝民山地，即至开罗场[1]，该镇有人户二十余家。但此处有一趣事可记者：刘文辉驻西康打箭炉[2]之队伍，米粮须由西昌府供给，故刘军设粮站于开罗场。当赤军前卫行抵开罗场时，刘军粮站之人员还以为南京军至，亟为设筵招待官长，并将军米如数点交，计有四千余包。每包六十斤以麻皮袋装之。赤军领袖将此项军米照数发给各赤军部队，剩余甚多，悉发当地民众。我至开罗场时，正见民众不论老幼均肩负一袋回家，面有喜色。询之则云："红军先生，我们白米好久没得吃了。红军来了，才把刘家的米发给我们吃。红军好！"刘文辉之搜刮民食反以之济赤军，而赤军则以发给民众，此则愈使当地民众反对刘军而欢迎赤军矣。

自开罗场至大渡河边之安顺场为六十里。赤军政治部谓安顺场为"有革命的历史意义的地方"。原因是太平天国时，北王韦昌辉杀

---

[1] 据现在核查，开罗场即今四川省石棉县擦罗乡。
[2] 打箭炉即今四川省康定县。

东王杨秀清后，当时太平天国内部顿起分裂，石达开率部离南京而入川，安顺场即为石达开兵败身擒之处也。当晚我为政治部副主任李富春诊脚病，适李召见一老者，年已九十以外，为当地之童馆教师，尝亲见当年石达开在此失败者，正由李富春享之以酒肉，请其讲述石军历史。据老者言，石军到安顺场时尚有五六万人，刀枪马匹无数。但一至安顺场，忽遇上游大水，安顺场前面之山水暴发不能渡河。前有大渡河，右有清军，且拆断渡河之铁索桥，左为山崖绝壁，后为彝民，且当时彝民之数量远过于现在，石军被困于此者，凡四十七天。当时军心不固，而石氏本人亦动摇，故自缚入清营。石军均为俘获。老者并云"长毛"并非强盗，自称"复汉驱胡"。石部对人民甚和气，军队有纪律。老者并云"红军之纪律则较翼王（即石达开）军更好"。据老者之所云若是。石达开当时未能渡过大渡河而失败于大渡河边确系事实。我后见沪川各报，蒋委员长亦曾伸引石军为例，以比喻赤军之必然不能渡过大渡河而失败于河边。但赤军竟安然渡过大渡河，故赤军颇以之自豪，认为渡过大渡河是历史上的军事胜利。

大渡河亦扬子江之上游。大渡河流入岷江而转流入扬子江。赤军至大渡河时，时已五月底，气候已暖，上游雪山正溶解，故水势暴发，水流甚急。大渡河之河面及水流均较金沙江为更宽更急，水浪更高。渡船每一往返，历时五十分钟。且每只小船之船夫，至少须有八人作工。渡河方法，先将载客之船由南岸河埠沿南岸逆流拉上五六十米特，再顺流如飞箭似的斜过对面河埠。船至北岸河埠时不能稍前稍后，一不小心，即触礁石，船即破裂，故非当地熟知水路礁石之船夫，不能驾船。船返南岸时，亦须由北岸沿江逆流拉上五六十米特，再顺流飞箭似的斜过南岸来，故如此往返需时五十分钟。

赤军抵安顺场时只获两只船。有刘文辉军之一营兵驻于安顺场对岸之大渡河北岸，并筑有野战工事，沿河扼阻赤军渡河。但既有守军，何以船只不收容于北岸而系之于南岸呢？事有如此凑巧者，北岸刘军营长之岳家在河南岸之安顺场。该营长当晚宿于岳家，以备明晨将其岳家及当地绅商全部渡至河北岸。因其情报赤军尚距安顺场六十里，须次日下午才能抵安顺场，故安心在岳家与其娇妻酣睡，不料赤军行动如神，当夜急行军；半夜即抵安顺场，因此两船被扣，营长被俘。

但赤军即使有两船，并不易渡过大渡河，因河之北岸有守军一营，船只不能接近对岸。且当时船夫早逃，没有驾船之熟练工人。但赤军终于击溃对岸刘军而渡过大渡河。此事亦为赤军据以自豪者。但即以我之旁观者目光视之，亦觉赤军之士气勇敢及共产党团员之奋不顾身有以致之也。

据闻渡河经过如此：赤军领袖获得两船之后，即拣选十七个共产党团员，中有几个为江西、福建之木船工人。十七人即携梭标、步枪、驳壳、手榴弹及机关枪，驾着这两只船，不顾一切，向河之北岸驶去。河之南岸，赤军则布置机关枪及迫击炮之阵地，并配置有特等射手，以配合船上的强渡部队。

当赤军所驾之两船离南岸时，刘军即对之射击。但赤军不稍畏缩，勇往直前，竟抵河之北岸，当即一跳上岸。虽刘军对之射击，但只有四个受伤者，其余则一齐扑至刘军工事内。此时刘军一方惊于赤军之英勇，胆气已寒，又加河南岸赤军之机枪、迫击炮瞄准射击，刘军几不敢抬头，而渡河之十余赤军即占刘军工事而缴其一部枪支。闻刘军有一机关枪手，正拟至高山阵地架机关枪，行不十步，即被对岸赤军之特等射手射倒于地。因此刘军全部向后退上高山。赤军即抢守工事制止刘军向下，一方则重驾两船返至南岸载赤军渡河。待赤军渡过一营后，赤军即向刘军冲锋。刘军兵心已寒，全部溃败，赤军即占高山，乘势向刘军猛追，闻刘军大部被其缴枪。此次战役，赤军在队伍中大施宣传及奖励此十七个抢渡大渡河者，尊之为英雄。的确，我虽非军人，但在军队中服务已有几年，强渡河流之冲锋部队亦已见过不少，但在如此水宽流急之大渡河中，能以十七人驱逐敌军一营，占领敌垒，却未之见也。故共产党常以共产党团员为赤军模范。此辈共产分子常以冲锋在前、退却在后自任，此诚非国军及其他一切军队所可比拟也。

赤军既获两船之后，即开始渡河。但仅依此两船而思全部赤军渡过大渡河，历时甚久，且后面追兵将至。故赤军以两天半的时间，渡过轻装之赤军一师，而当时目的即转向夺取泸定县之泸定桥，以求赤军之全部由泸定桥上过河。故赤军大部由河南岸西进，经西康省区而向泸定桥前进。已渡之一师，由北岸西进，同以夺取泸定桥为目的。

但在河之北岸，刘军沿河布防，故河北岸之赤军，自离安顺场对岸向西走了三十里以后，即与抗击之刘军节节作战。但刘军如此分散，且缺乏通信工具，故被赤军节节击溃。刘军中大部为抽丁得来之新兵，不愿作战，且亦不会作战，早闻赤军之宣传不杀白军官长及士兵，故沿途缴枪。赤军以缴得刘部之枪弹，还击刘军，闻河北之一师获利不少（赤军打仗时如消耗之弹药与缴获之弹药相等，则云"不折本"，如缴获与消耗核对有余，则谓"获利"）。在离泸定桥四十五里之冷碛[1]，赤军曾以顽强扼守之刘军作激烈之战斗。后由赤军南岸之部队，隔河向刘军之后射击，结果河北正面赤军得迂回至冷碛之后而包围刘军。闻此处刘军一团全部被俘，冷碛被占。此时赤军南岸前锋即抵泸定桥矣。

泸定桥为四川通西康、西藏之桥梁，泸定县城即在河之北岸。此处之大渡河，河面虽较狭，但两旁绝壁，水势更急。泸定桥为铁索桥，以十三根铁链为之。铁链之两端，系于河之两岸。九根铁链并排于下，四条则为两旁之扶手。下面并排之九根铁链上横铺木板，再在横铺木板之上铺长条直板。人马即由桥上过去。吾始闻铁索桥时，以为极难

---

[1] 冷碛是四川省泸定县的一个镇。

行走。但泸定桥则非但可以过人，而且可以过马。泸定桥长有九丈，阔约一丈，十三根铁链，系由中国十三省募捐而造成。

南岸赤军因无刘军抵抗，故先抵泸定桥之南岸。此时北岸桥头有刘军筑工事扼守，且刘军将桥上之木板抽去，只剩十三根铁索，以阻赤军过河。赤军领袖林彪（第一军团长）即命该部最有战斗力及共产党团员最多之一连，担任冲锋，并在河南岸之天主堂内收集许多堆积之木板。这一连人前面冲锋者从九根铁索爬过去，后面的赤军则在后铺板子。当时冲锋部队，勇往直前，冲至桥北岸之刘军工事前，刘军已无斗志，即呼愿缴枪。赤军当即缴其枪并占领其工事。泸定城内刘军退出时，沿街放火。目的在使赤军之粮食及宿营两感困难。但赤军一过桥北，一面向刘军追击，一面救火。不一刻赤军由北岸冷碛攻来，把泸定县撤退之刘军前后包围而缴械。此时城内之火已救熄，但全城一半以上之房屋均被刘军火毁矣。幸存之一半，则大感赤军救火之恩惠，而莫不痛骂"刘家兵"。刘文辉部队在会理、西昌、泸定等县沿途放火，以阻赤军，实质上非但不能阻赤军前进，而且反遭民怨。

赤军之全部渡过泸定桥，确为赤军之莫大成功。如赤军不能过桥，则安顺场渡河至北岸之一师，势将孤军作战，而南岸之赤军主力则必走西康。西康则系游牧区域，粮食、宿营两感困难。而国军进剿则以雅安为后方，追剿部队虽感困难，但有后路接济；赤军则极难克服困难也。今赤军全部渡河，自此川陕甘青几省均将为赤军活动之地区矣。

赤军既占泸定县后，如向雅州前进，则仍须走向东南至汉源、荥经而达雅州。但赤军将至泥头[1]分县时，知汉源川军扼守高地，居高临下以待赤军。赤军当即改变方向，折向东北至天全河边，强攻天全河守军杨森部之六个旅。这一转动，使赤军部队由大道转入高山小路矣。我记得赤军在化林坪[2]分县驻军一晚。化林坪在四千五百米特之

---

[1] 泥头即今四川省汉源县宜东区。
[2] 化林坪是今四川省汉源县三交乡的一个村庄。

高山顶上。此时已阳历六月初，但当晚气候极寒，明晨出发时，则四望皆系雪山，盖昨夜已下大雪矣。此时气候骤寒，而赤军军士之棉衣早于云南丢掉，但赤军士兵虽在严寒之下，依旧人人面有喜色而毫无怨言。

赤军大部抵水子田[1]时，前锋已击退天全河岸杨森之六个旅，而占领天全、芦山两城。我等由水子田出发，经一高山，几无路，亦无石阶。两旁竹木丛生，遮蔽天空，山上泥水极深，两腿全在泥沟中爬走。上下此山共只三十里，但自天明走起，后卫部队半夜才达山顶。既无人户，当然找不到火把，所以大部伫立于泥沟中。待至天明后才下山来。赤军军事委员会副主席周恩来（为国共合作时黄埔军校政治部主任）亦在山顶泥沟中站立一晚，次晨我见其虽仍神清气爽，但已满身污泥矣。下山至山麓，有居户六七家，见赤军至如天而降，群相惊奇。据云彼等世居于此山麓，虽闻祖先言此山有路可通，但荒山野地，野兽成群，从无人敢走此小路，群围赤军询山路上之所遇。

赤军虽经化林坪之降雪高山，虽经水子田之泥沟小道，但赤军兵士人人面有喜色而未出怨言。此无它，因此时赤军军心一致，坚信必可与川北赤军徐向前部会合，而同时人人自信在天府之国之四川发展，不但有无限之前途，而且可以由四川北出陕甘，可径与日本军队开战，实现共党几年来抗日及收复失地之主张。故赤军至天全时，部队中有一歌曲，词云："（一）目前中心的任务，要打日本兵，收复华北、东三省，保卫民族。（二）四川地方顶呱呱，什么也不缺乏，敌人要想封锁我，那才笑话。（三）工农红军铁一般，渡过金沙江，两大主力来会合，敌人发慌。（四）红军越打越有劲，团结像一人，我们伟大的任务，一定完成。"这一歌曲之词句，即可见当时赤军情绪矣。

赤军占领天全、芦山两县之后，曾出兵于飞仙关，离雅州只二十余里。此时赤军的目的系在急求与川北之松潘、茂县[2]、北川等县之徐

---

[1] 水子田即今四川省汉源县三交乡水子地村。
[2] 茂县即今四川省茂汶羌族自治县。

向前赤军会合。故避开川军之拦阻，向西走邛崃山脉，占宝兴、懋功，而与在理番之徐部会合。不久两支赤军即已会合，而我于此时，即被贺诚遣往川西特委之独立营为卫生主任。不久即被川军冲散，幸遇旧同学蒋君而得安全返抵家乡。当搭民权轮至上海时，全家在码头候我，别后重逢，诚庆更生。

我三年来在赤军中之见闻所及和此次随赤军西行入川，我觉到赤军及共党现在已经成为中国国内的一个实力派，这是无可争辩的事实。如赤军仅系跳梁小丑，那末何需乎南京政府及各省当局集中百万军队，费时几载，每年耗费国家财政之大部？并且何需蒋委员长亲自在江西、贵州、云南、四川督剿？很显然的，赤军已经是南京军的一个主要对手，而且这个对手——赤军——的实力，超过国内除南京军而外的其他各个实力派。论全国赤军数量，除南京军而外，赤军则超过任何中国南方、北方各个实力派。若论赤军之质量，则我虽不知其详，但有一事可以反证者，国内过去及现在之实力派，如唐生智、李宗仁、白崇禧、冯玉祥、阎锡山等，当年都占有比赤军优越之地区及优越之经济条件，但一旦与南京政府作战，则在短时期内，都被蒋军所败。而赤军则相反，蒋委员长之剿共已历数载，屡屡限期消灭，可是赤军并未消灭，而且朱毛徐会合，活动愈烈。并且南京军几年来之剿共，却送了赤军不少枪弹武器。赤军所有武器之来源何在？既无海口可买，又无新式兵工厂，而连年作战之消耗，以及赤军武器之扩充，都系缴自国军。即退一步言，至少是赤军能够在几年来，并且直到现在还在与南京政府对峙，而不相上下。故我谓赤军在数量上在实际上是中国的一个数一数二的实力派。

以我旁观者之地位观察，赤军部队之所以坚固与有战斗力，是由于下面的几个原因：

第一个原因，赤军兵心团结，这确系事实。试想赤军几年来在这样困难条件之下作战,如果军心不固,则早已失败。而赤军兵心之所以团结,一方面确因共党在赤军兵士中进行许多教育工作,赤军兵士是自认抗日救国、解放工农是自己的责任,这就使赤军士气大振。同时共产党员及共产青年团员于赤军兵士中占百分之四五十,而这些共产分子,曾受共党之专门教育者,在赤军兵士中确有极大的细胞作用。譬如,赤军之新兵,大半依靠赤军各连中党团员去教育他们;在赤军行军中发生困难时(如粮食及宿营地缺乏等等),共产分子必让非党分子之赤军士兵先吃先宿;作战时共产分子则冲锋在前,退却在后;共产分子在火线上受伤时,非但丝毫无懊丧呼号者,而且还大声疾呼:"同志们!努力冲锋!""不要顾我而妨害战斗啊!"而赤军之富有战斗力者,亦由于共产分子的领导。赤军在作战之前夜,每连之共产分子必先召集会议,决定明日作战时如连长、指导员伤亡,谁为继任,如再受伤,谁再继任,这样准备了四五个。所以在作战时,即使下级干部受伤,仍有继续不断的候补者,也正因此,所以赤军部队极不易击溃。

赤军兵心之团结及士气之旺,为国内任何军队所不及。

第二个原因,赤军所以不被击败,而反日益扩大,由于民众给赤军以帮助。即以江西赤区而论,赤军在此作战已多年,人口、经济已两感缺乏,但能坚持如此之久长,正由于当地民众之极力帮助赤军。再如此次赤军入川,沿途经过不知几许困难,但赤军有居民为助,故并未饿饭,而且沿途民众之加入赤军者有几万。

有人说赤军沿途强迫居民以从赤军,实质上,不但无其事,而且不可能。试想,赤军初至一地,只要居民远避,赤军何处去找居民?实际上赤军一至某地,当地居民除非所谓"土豪"外,均未逃走,而且为赤军带路,当挑伕,沿途到处成群地加入赤军当兵。

以我观之,赤军之所以得民众帮助,不由赤军之威胁民众,而由于赤军兵士守纪律，的确不扰民，不动民间一草一木。非但如此，而且常常没收军阀、官僚、劣绅的财物，散给居民。民众感觉赤军对他们有实际利益，所以趋之若狂。

第三个原因，赤军经过许多困难，终于克服了困难。赤军所处环境之困难，远非南京军可比。欲问赤军何以能克服困难？我以为赤军中确有一些领袖，这些领袖，非但聪敏，且有才能。譬如朱德、毛泽东为赤军之首创者，在各省军队及南京军之不断围攻与物质条件如此困难情形之下，对战七八年，竟以少数赤军而组成现在几十万赤军，这确非易事。我觉得朱毛非但是人才，而且为不可多得之天才。因为没有如此才干者，不能做成这样大的事业。此外，如周恩来、张国焘、林祖涵等远在国共合作时，已是当时国内政治上之要人。周恩来为黄埔军官学校的政治部主任，国内各方军队之黄埔学生很多与周熟悉者。周恩来之勇敢、毅力之办事精神，黄埔学生对之仍有好感。

赤军中之上级军官如彭德怀、刘伯承、林彪、徐向前、董振堂、周昆、罗炳辉、陈毅等，大部均系国共合作北伐时之国民革命军军官出身，富有作战指挥的能力，率领赤军作战已多年，在国事及政治问题上，均对共党有坚决之信心。刘伯承、彭德怀、罗炳辉及以后二十六路军之赵博生、董振堂辈均为北伐前后国民革命军中之共党党员，举行"兵变"，而为赤军者。他们为坚信共产主义的分子，在赤军中领导赤军与国军对抗达七八年。

我在赤军中对赤军领袖之日常生活及其品行，有很好的感想。这也许多是由于我在南京军中服务时所感影响太坏而有所致之。大家知道，在别的军队中当一团长，个人生活已极奢华，更无论师长、军长矣。但赤军军官则反是：赤军军官之日常生活，真是与兵士同甘苦。上至总司令下至兵士，饮食一律平等。赤军军官所穿之衣服与兵士相同，故朱德有"火伕头"之称。不知者不识谁为军长，谁为师长。而且赤军领袖与兵士特别接近，军长、师长常杂在兵士中打篮球、排球，军官与士兵相亲相爱。这种赤军军官与兵士同甘苦之日常生活，确为国内其他军队之军官所无。也正因为赤军领袖在日常生活上与兵士同甘苦，所以虽在各种困难环境之下，而赤军兵士仍毫无怨言。赤军领袖之品行及办事精神，亦为现世一般武人望尘莫及者。兹略举一二事为例：赤军领袖自朱毛起，从无一人有小老婆者；赤军军官既不赌博，又不抽大烟；赤军军官未闻有贪污及克扣军需者。还有一事，非但为国军军官所无，而且为常人所不及者。如赵博生、董振堂两人均为西北军孙连仲部下之上级军官，在江西宁都率二十六路军一万六七千人投入赤军。赵董两人均原系共党秘密党员，他们一至赤区，即将十余年各人所蓄之七八千元，全数捐给共党中央。由此可见，赤军领袖对于共产党之信仰及牺牲个人之精神，与现世之贪污犯法、假公济私之军官比拟，显有天壤之别也。

故我谓赤军之几年苦战与赤军之所以逐渐发展，确由于赤军中有天才之领袖，有能为之干部。赤军中及共党中之许多人才，确为全国不可多得之人才。

我自离赤军至家乡以后，自思既参加了剿共的南京军，后又参加了被围剿的赤军。我在两方面参加了对战七八年，详思几年对战之结果，对内只有破坏，对外则坐视日本强吞东三省，目睹北方将全落他人之手。如果现在南京军、赤军以及全国军队只要枪口一致向外，则日本之欲图我国，决非易事。政府诸公时以"攘外必先安内"为言，但时至今日，事已至此，应该及时改变方针。从消极方面说，国府及蒋委员长曾以全力剿共数年，赤军并未剿灭，反而使赤军之朱毛徐会合。彼等现今所处之地区，远非如江西时之易于包围。国内军人之稍知局势者，均知根本消灭赤军已不可能。如与赤军再战几年，则不问谁胜谁败，日本将早已亡我全国矣！如国内自相残杀而坐视强敌并吞全国，则党国诸公非但不能对国人，而且中华民族将永劫不复。

我以为当今局势，如再继续内战与剿共，非但不能救国，而且适足以误国。政府当局应该改变计划，协同赤军以共御外侮。全国赤军数量，赤军之质量，有识者不能不承认是一个极大的力量。这一个力量，过去在环境十分困难情形之下，与南京军及各省军队百万对战几年，如果现在给以物质之补充，则赤军之战斗力将更加增加。为什么不许这个能战的赤军去抵抗日本呢？若合我全国兵力一致对外，则不难收复失地。同时赤军之领袖不乏极有才能者，现在正需集中全国人才以御外侮，为什么不利用赤军之兵力与赤军之人才以为国家对外之用呢？

如果有人以为赤军甘心内战，不顾外患，这我觉不然。赤军领袖如朱毛、周恩来、林祖涵、徐特立等，均系极有政治头脑的政治家；昔年北伐前、北伐时均为国民党中委及国民革命军之上级军官，且也不能不说有相当功绩于北伐，徒以各方主义不同，以致分兵对抗。今在国家一发千钧之时，内战则死、对外则生的时候，只要两方开诚布公，何愁不能合作以对外。而且赤军领袖及共党均有过联合全国兵力一致抗日的主张。我并闻友人传说，共党中央及苏维埃政府主张合全国兵力组织国防政府及抗日联军。我以为政府之对内对外政策之迅速改变，此其时矣！我辈小百姓唯一的目的，是在不使中国之亡于日本，不作亡国奴而已。我总觉得无论如何，赤军总是中国人，总是自己的同胞，放任外敌侵凌，而专打自己同胞，无疑是自杀政策。以中国地大物博、人口亦多，如果停止自杀，而共同杀敌，则不仅日本不足惧，我中华民族亦将从此复兴矣！

英勇的西征[*]

施 平

西征目的已经达到

红军英勇的西征，是在最艰难的条件之下进行的。我们经过的是什么道路呢？当然不是柏油马路，或者石板铺的大路。我们走的多半都是崎岖险阻的羊肠鸟道。我们爬过了中国最高的山脉：川康间的山脉，高达五千米以上。五月间，中国各地炎热如火，而川西高山积雪不融。

我们渡过了二十多条地理上著名的大河：扬子江，乌江，湘江，金沙江，大渡河，等等。我们依靠什么工具渡过这些大河呢？什么现成的、便利的工具也没有。

这次西征全程：从江西过去中央苏区出发，直到和红四方面军会合，历时共有八个半月，跋涉约一万二千里[1]。我们通过了十二省边界：福建，江西，广东，湖南，广西，贵州，四川，云南，西康，甘

---

[*] 本文根据1935年10月15日至22日间陈云在共产国际执委会书记处会议上的报告整理而成。署名"施平"是陈云当时在莫斯科的化名"史平"的谐音。文字整理者情况不明。原文见载于1937年春第三国际主办的《共产国际》杂志（中文版）第1—2期合刊上。它与陈云撰写的《随军西行见闻录》同为最早宣传、介绍中国工农红军英勇长征的文献。《党的文献》1986年第5期重新发表，并作了整理、校订。

[1] 原文如此。因陈云受中共中央委托向共产国际汇报情况，于1935年5月离开红一方面军去上海。所述里程是一、四方面军会合前的统计。

肃，青海，陕西。中国本部十八省，我们走过了三分之二。

这次西征底目的和原因是什么呢？

最近几年来，我们党所要解决的主要问题之一，就是建立苏维埃革命根据地。我们深知牢固的根据地为红军所必需，没有这种根据地，可使国内革命战争之进行感受莫大的困难。从一九二七年起，我们党就已开始用全力来解决这个最紧急最重要的任务。直到今天，这还是我们最主要的任务之一。一九三四年，敌人向我们过去中央苏区四面围攻，把我们挤到了较小的区域。我们的党，为保全红军实力起见，于是决定主力退出中央苏区，以便在中国西部广大领土上建立新的根据地。因此，中国共产党便有这次著名西征之组织。

我们准备西征的全盘计划，原定在三个月内完成，可是因为情势严重，指挥部乃不得不限定两个月完成。这样的短促期内，而准备工作还是做得尽美尽善。

这次西征是怎样准备的呢？

第一，当主要部队还没有从中央苏区向西开拔以前，党已派了一部分红军到苏区境外，深入敌人的后方。特别是组织了第七军团北上，就是全国闻名的抗日先遣队，向福建方面以及浙江、江西、安徽边界进发。如此，我们的军力在东北方面抄到了敌人的后方。接着，从湘东派兵深入湖南境内。这便是任弼时、王震、萧克底第六军团，该军团已同贺龙底第二军团汇合。如此，在西北方面我们的兵力也抄到了敌人的后方。

此外，我们还进行了为红军主力远征所必需的准备工作。我们吸收了广大愿意武装保护中国革命的青年壮丁，更扩大了红军的实力。

第二，对红军基本干部实行加速训练。担任训练的有三个学校：红军大学、步兵学校以及专门学习防空和防毒的军事专门学校。红军干部人员，大部分都进过这三个学校。此外，各卫生学校（专门训练军医、看护员的）、通信学校（专门训练电话电报等通信工作人员的），输送一大批新干部到各军团中去。

第三，在出发的时期，采买了六十万石粮食。军装、火药等等底制造，增加了六倍到三十倍。还采办了大批特别军衣给兵士穿，以及其他等等。

在西征中，经常的粮食问题怎样解决的呢？主要的，是各地人民自愿供给我们，以及没收了地主豪绅底财产给红军享用。

现在我们可以断定说，西征目的已经达到了：

（一）我们真的保全了红军底实力；

（二）我们终于和红四方面军汇合了；

（三）两军会师以后，建立了新的、更强大、更富足的苏维埃根据地。

作战的经过

西征底第一阶段——从江西出发，到贵州边界。这个阶段是胜利了，因为我们从战斗中冲过了敌人底四道封锁线。在这些封锁线上敌人早已用钢骨水泥筑起了防御工事，埋伏了大批机关枪、迫击炮。总之，在这些强固的防御工事地方，算是飞渡不过的难关。但是这四道防线我们都冲过了。我们沿途扫除了一切障碍，扫荡了敌人军队，冲倒了所谓铜墙铁壁的堡垒封锁线。

第一道封锁线，是在江西赣江沿岸。第二道是在粤北仁化和赣南之间。第三道是沿粤汉铁路的株韶路段（该路建筑未完，但公路已通，沿路也用钢骨水泥筑起了防御工程）。第四道是在湘南、桂北一带。

在这几道封锁线上，敌人所埋伏的机关枪，简直造成了一座火药森林。我们都受强敌的双方夹攻，可是我们很快冲破了敌人的封锁线：渡过了赣江，占领了城口，就冲破了第二道线；后来占领了宜章，就冲破了第三道线。第三与第四道之间，则尽是一片崇山峻岭，蒋介石正打算在这一带地方来消灭我们。

我们在宜章胜利以后，一连占了六县：临武，嘉禾，蓝山，江华，道州，永明。如此，我们把第四道线也很快就冲破了。至此，蒋介石底计划，他包围和消灭红军的企图，事实上已经完全失败。我们安全地突出了敌人的封锁，没有给敌人如愿以偿。

可是这里必须指出我们的几个缺点和错误。

第一个错误，就是当西征出发之前，在党内，在红军内以及普通群众中没有来得及做应有的解释工作，结果使西征的准备工作感受很大的困难。其次是使一部分不明了西征目的和前途的青年兵士以及某些个别分子，在行军时不十分坚忍。这种现象，当行军到湘南一带时特别发生。

我们为什么犯出这种错误呢？因为我们把军事秘密的问题看得太机械了。我们曾认为，西征底任务，不能向党员、兵士和普通群众去解释。

第二个错误，我们所带的行装太多，粗重机器装载太多。我们把兵工厂、印刷厂、造币厂等项机器，通通都驮走了。专门担任运输的就有五千人。

经验证明了，带着驴马同行，有时都妨害我们行军，特别是过河的时候，何况这些笨重非常的机器呢？这个搬运机器的队伍，阻碍了军事行动。在它后面的后卫部队往往比先锋队迟到十天。行军时有过这样的事实：在大雨滂沱之下，我们在泥途上蹒跚，十二点钟之内一共走了四公里。这证明我们的行军是多么困难。

我们主要是分三路前进：左翼，右翼，主力则由中路挺进。此外我们还有先锋队和后卫队。我们行军的次序，大体上就是这样。可是道路之险恶，当然使我们不常能按这计划进行。我们有时不得不分两路并进，但从来没有一路独进。

我们占领宜章之后，本应立即把全州也占据，以便立刻就在那里过河。这个地点很关重要。可是身上过重的负担，使我们不能及时占领全州，敌人反而跑在我们前面，先把全州占了。如果没有这些笨重行头，我们的后卫队一定会走得快些，我们就不会要作这么多的战斗。在湘桂边界上，我们大约耗费了一百天工夫去与敌人作战。

由于这种错误底结果，我们的基本部队变成了行装护卫队，而自由周旋的兵力反而不够。先锋队前进，而后卫队还落在两三百里路之外。凡此一切，都减弱了我们的战斗力，往往使敌人得以向我们侧面进攻。

为什么我们要带这样笨重的行装呢？这是由于一种不正确的幼稚的政治观念，以为创造新的苏维埃根据地，只是从这一个地方迁徙到别个地方，而不需要经过一番新的艰苦的斗争和大的努力。

第三个错误，就是纯粹军事上的错误。我们总是按照纸上画好的直线笔直前进，结果到处都遇着敌人迎击，因为他们老早从地图上知道了我们将经过何地，走向何方。于是我们自己不能取得主动地位，去袭击敌人，反而变成了敌人袭击的对象。我们本应以更快的速度前进，以更快的速度占领地点，而我们却要在不利的条件之下搏战才夺取了这些地方。敌人有汽车及其他转运工具，而我们则走直路，坚持不肯改变方向，可是地图上往往画得不对，于是我们常常陷于绝境，而不得不重新折回。有一次，我们在四公里以内同敌人打了三天，我们参谋部内的同志和各军军长，一连三天三夜没有吃东西，没有睡觉。往往窜来窜去，好久找不到出路。后卫队党代表，为要时常督促士卒前进，而他却整整六天六夜没有睡觉。

在这种条件之下，我们怎样安置受伤的同志呢？

要是不能带走的，我们就把他们安插在当地民家。有时我们组织了游击队以资掩护。地方人对待我们的伤人实在非常勤恳，病好以后就把他们送上行营来。

行到黎平，我们就纠正了已犯的错误。在湘桂边界上，敌人集中了多过我们五六倍的军队，准备迎击我们，他们预料红军主力必会走第六军团底旧路。桂军从南方进攻我们的后卫队。此外还有大批敌人向我们后面追击。

红军全体主张冲破薄弱的环节，即是说要走敌人较弱而我们可以得到补充的地方，那时才决定改变方向。这里就是西征第一阶段底终点。这个阶段共长一百天。当我们达到贵州边界时，红军已不再是经常不断的被敌人攻击的对象，自己反而站到了主动地位，能够自由地袭击敌人。

西征底第二阶段——从黔边起程直到占领遵义。红军战士这时已看清了行军底最近前途和目标，因为我们向他们解释了，说我们要到贵州去"生擒王家烈"。这就是我们战士作战的最近目标。

我们从此不再依照过去的"直线"行军法，而开始采取灵活的进兵法。由于策略之改变，我们便得以迅速前进，闯入黔境，占领遵义。在这里击溃了侯之担底两个师。在这次战斗中，我们已比较容易得手。我们占领了乌江以南的九县，旋即渡过此江，而乌江在军事上历来号称天险之一。指挥过江者为名震四川的刘伯承同志。他统率一师一团，不断前进，忽然以迅雷不及掩耳的手段占领敌人扼守桥边的要地，乘敌人来不及炸桥，即命部队火速过江。渡江后，即占了遵义，同时占了湄潭。在遵义，中国共产党召开了具有伟大历史意义的中央政治局扩大会议。

我们的第二个大胜利，就是吸收了当地的新兵加入我们队伍。在遵义，红军战士休息了十二天，而主要政治工作人员则忙于招收新战士，一共招了数千精壮新军。这时我们再没有把笨重的行装驮走。全体兵士得到了充分的休息，个个洗了澡，换了衣服，各人得意地继续前进。

在这里还吸收了当地人士组织革命委员会，在革命委员会领导之下成立了地方武装游击队，动员了群众没收地主豪绅军阀底财产，分给人民享用。我们这些行动引起了当地人民拥护红军的热潮。

西征底第三个阶段——从占领遵义直到进抵扬子江岸。这里我们也有过好几次巨大胜利。在这时期，进攻的主动权已操在我们手里，而不是操在敌人手里。这里我们渡过了金沙江。

我们曾决定向四川挺进，先向北，后折向西。起初不知敌人兵力究竟有多少，可是行抵四川边界时，才知敌人兵力超过我们几倍。我们于是渡过赤水上游占领黔边扎西，集中军力，并改变路线。敌人知道了我们要渡江，因此集中兵力于川黔边界上。如果我们从这里一直向西，则必遇到最强的抵抗，因为敌人已在那里有了防御准备，因此我们向东折回。当红军走近桐梓县城时，敌人才发现我们不向西进，而向东行，可是这时我们已走得很远了。这是一次很好的机动战术。

第二点非常重要的，就是我们在离桐梓三十公里之地占领了黔省有最大战略意义的娄山关。王家烈底两个师向关口来进攻，可是我们特别加强两翼的守备，守住了关口。当王家烈军队走得更近时，我们便将他们包围起来。王之基本部队全被解决，其余少数人则望风而逃。当晚我们又占了遵义。

第二天，吴奇伟统兵从另一方面又来向遵义进攻。可是我军自从战胜王家烈以后，立刻就有了准备。我们的侧翼军已埋伏好了，只等敌人来进攻。上午八点钟战斗开始，正午十二时，吴军已被包围。兵士大多数被缴械，其余小部分乘汽车退往贵阳。

如此，我们在桐梓与遵义之间完全消灭了敌军底四个师。这次胜利又更加强了红军全体底战斗精神，提高了红军在四省（川湘云贵）民众中的威望。民众感觉我们已成了很大的力量。此外，这次胜利减轻了红二、六军团底困难，因为这四师敌军最初是进攻他们的，这对敌人便不得不停止对红二、六军团底进攻，而将兵力调回来攻打我们。

红二军团既削弱了敌军势力，又很快消灭了敌人一旅，于是红二军团和红六军团得以在本地区巩固起来。这是一九三五年四月底五月初间的事情。

这时期底第三个胜利，就是我们在战斗中夺获了许多军衣和枪械、机关枪、子弹、驴马之类。说句老实话，我们的红军战士，不大乐意同各省地方军阀厮打，而只高兴和南京军阀交战，因为击溃了一个南京军阀，通常总是得到大批粮食、军械，而地方军阀却比较寒穷得多了。

在这个阶段内还有一个优点，就是灵活地运用了机动战术，敌人难于捉摸我们的前进方向。比如敌人在西边"伺候"我们，而我们却在东边出现；敌人在东，我们却又在西。

为什么我们要这样干呢？因为在白区作战，与在自己的苏区作战完全不同。如果在苏区内，敌人来向我们进攻，我们为更能集中兵力，准备给敌以最大的打击起见，有时可以退却，诱敌深入，敌人不知我们的主力何在，因为苏区人民是不会把我们主力布置情形告诉他们的，因此我们常能迫使敌人放弃原来的计划，放弃原定的策略。可是在白区，情形就完全不同了。敌人在白区可以从各方面分几路自由进退以包抄我们，如有一路受了损失，当天就可以派兵增援。

因此，我们既没有足够的兵力来同时击溃四五路敌人，就不能同敌人作持久战。要是敌人从各方面向我们进攻，而我们兵力不够应战，不能举行反攻，这时就不能不采用机动战术，以突出敌人底包围。我们在黔北之所以不得不四进四退，原因即由于此。我们看清了，在这一带地方渡过乌江是困难的，于是决定另找他处过江。

第二次渡乌江，曾是西征史上最大的难关。如果我们照原定路线，直趋江岸，那末，永远也渡不过。当我们最后一次占领遵义时，敌人已准备在黔东北进攻，预料我们必会去同红二、六军团会合。我们也就的确派了一部分军队往那边去，以造成的确去和红二、六军团会合的模样，而主力却往相反的方向退走。我们一夜造起了三座浮桥，把红军全部都渡过去了。乌江水势奔腾，波涛汹涌，水流速度每秒钟达三米。四处找不到船只，又没有造浮桥必要的军事工具。然而先头部队毕竟还是渡了过去：我们砍竹作筏，用筏渡兵。

全体主力部队渡河时，依靠我们的干部、战士创造了一种造桥的特殊技术：使用普通铁丝，扭成铁索，将铁索两端钉住两岸，索上横铺木板，人行板上，安然而过。

我们把一部分兵力调往东边，使敌人上了大当。湖南军阀奉命向贵州进发，敌人集中一切兵力于黔东来攻打我们。而我们却将主力向南推进，绕过贵阳，由黔南迅速折向西方。如是一切敌人——湘军，川军，蒋军——都落在我们之后。

经验告诉我们，后面的敌军，是不足怕的，因为道路极少，敌人不能一下子把许多军队同时推进，而开展广大战线又很困难。

我们占领了定番，广顺，归化[1]，长寨，贞丰。

同时，为延长战线起见，另分一路兵力，平行并进。这一路人击溃了敌军五团，夺获了大批枪械、军装。进到了瑶人所居之地，在该地招收了一万多青年战士，没收了地主的财产、银钱，银钱用四十多匹驴子驮走。后来占领了巧家，在该城之西渡金沙江。

我们的主力占领滇黔边界的地点时，原想折向江边，立即过江。可是如果直趋江岸，敌人很快就会赶上我们。因此再向南深入滇境，把昆明（云南省城）附近的许多地点都占了。如此就断绝了敌人到江

---

[1] 今贵州紫云县。

岸之路。可是那时我们还是没有把握渡江。

　　截获了敌人底一些军用地图，可是它们也是不正确的，比我们的地图好不了多少。可是还是按这些地图决定了过江地点。这样的地点共有三处，其中一处标有渡船的记号。这里必须叙述一件事实。原来云南的龙云无意中替我们出力不少。他原先打算派飞机送军用地图和大批药品给四川某军阀，后因飞机师患病，乃决定用汽车运送，有某汽车夫愿告奋勇。有一天，我们占领某县城之后，参谋部内有几位同志因事从公路上过，忽见前面一辆汽车骤然而来，便将汽车拦住。车上载有几十幅军用地图及上等药料，这都正是我们所非常需要的东西。在这些地图上发现了九个渡江地点，并且还知道，有的地方有一只渡船，有的地方有三只渡船。于是使我们确信我们之渡江一定可以成功。

　　老实说，云南军阀之愚蠢，还不止一次。有一次，我们一旅人走近贵州一个县城，我们的兵士都穿红军服装，大家傲然自得地走到城边。县长向窗外探头张望，看得出神。他心里想：这是何处来的军队，穿得这样齐整，这一定不是红军。他们心目中都以为红军是"土匪"，行装必褴褛不堪。他们当即认定我们是南京军队，因为滇军、川军底服装都不如蒋军。当我们进占该县城时，我们的确穿得漂亮：头戴钢盔帽，身穿西式衬衫，腰缠精致皮带，腿捆绑带。此外各有一小皮包，都是从蒋军方面夺来的。排长以上的指挥员，各有望远镜一架。我们还有轻重机关枪，而滇军、黔军都没有这样多的机关枪。当下县长看见来者不是土匪，便大开城门欢迎，殷勤款待。当时我们也就将错就错，并没有立刻声明不是南京军队，我们略事休息之后，即问他们："你们给本军办好了粮食军饷没有？"他答应说："都办好了。"我们还吩咐他要十个本地人作向导。旋即有本城各机关要人来拜访，各人忙着通报姓名官衔："鄙人现任警备队长"，"鄙人现任警察局长"，"鄙人就是县长"等等。既然他们自己道出了来历，我们自然知道怎样对付他们了。

　　毛泽东同志说过，如果一切敌人都像云南这个县长这样蠢，中国革命早已成功了。这话真是不错。

　　截获了地图以后，指挥部即决定了几个过江地点。但为掩蔽敌人耳目起见，乃派一部分军队向别地进发。占领县城以后，敌人在某渡口将木排尽行焚毁。为转移敌人视线起见，我们偏在这处开始造桥，当桥已造成三分之一时，蒋介石的飞机立刻注意到了这一地区，发现了我们在此地造桥。于是一切"追剿军"都向这一地区进迫。可是到这时候我们的部队在各渡口过江已经过完了。

　　敌人飞机在空中盘旋的，每队总是四架、六架或八架。

　　我们急速集中到真正指定过江的地点。在江内找到了六个船。基本部队就是用这六个船渡过去的。这真不是容易的事情。金沙江水面虽不甚宽，但水势之奔腾，远非其他江河可比。两岸悬崖绝壁，高达三百米。沿岸数十里，草木不生。在这里造桥是极不容易的。江岸上风力之强，往往吹倒行人。原有的六个船都已破烂，需要修理，才能渡人。

　　整整渡了九天九夜，才把部队渡完。没有损失一人一马。马匹绊在船上渡过去。因怕敌人追来，不得不急速从事。这时需要有极大的组织性。

　　为顺利完成这个任务起见，党中央和革命委员会特组织了一个有威信的渡江委员会，专门领导一切渡江事务。一切部队都听渡委指挥。规定了部队渡江次序。照顾人们上船和下船，并嘱咐人们不要仓促跳跃以致翻船。同时，因为水流太急，容易翻船，我们还找来了一些熟练的水手，并且给这些水手的工钱都很高。地方人民对我们感情极好，工人自愿来给我们帮忙，过江以后，有许多水手都随同红军走了。

　　这次过江，再一次证明我们红军是何等有纪律，有组织，有觉悟。

英勇的西征

渡江以后，即包围会理城。敌人知道时，我们已渡完了。我们到第九天已渡完，而敌人在第十一天才赶到。

红军战士作了一个"歌剧"嘲笑蒋介石，大意是说他辗转六七省，追到金沙江，红军追不到，只在空船上捡得烂草鞋一双。

敌军本想也跟着过江，看见我们准备了机关枪迎接，便不得不折向北去，另寻渡口。而且，敌人的军队常常绝粮，因而士气不振，多有大批逃亡的。

我们过了金沙江后，即居于主动地位。能够阻止敌人过江。形势渐渐顺利起来，从此便是西征第四阶段之开始。

在会理休息了五天。决定以更快的速度向北进展，以便早日与红四方面军汇合。在这一带，招收了五千青年战士，以补充红军队伍，并组织了大批游击队。同时定出了筹粮筹饷计划，也都完全实现了。

由会理向北，进抵大渡河。这一行，如果平均每天走三十公里，总共需要二十九天，可是还要估计到路上常有敌人出没。敌人在许多地方都把桥梁烧毁了，以阻止我们过江。我们红军非常迅速，沿路不求占领城市。可是毕竟还在各地组织了游击队。在这里发现了有所谓"化外"党部，他们和共产党省委隔绝已有三年了。在某县城内找着了领导过运动的地方委员会。第二天，那里就动员了一千多人，组织了抗税军。该委员会现在还在继续工作，并加强了本身的组织。

由此地到大渡河，有两条路：一条大路，一条小路。我们料定，大路上必有强大敌人扼守在前，我们难于通过。于是，派一部分部队走大路，以转移敌人底视线，而以主力向另一条路前进。

走到了山区，此乃少数民族彝民所居之地。他们受汉族地主、军阀底压迫特别厉害，因此非常仇视汉人。在我们到此不久以前，有一个白军军官想通过此地，被彝民所杀，其部队也被消灭。

当我们部队行经此地时，被彝民四面包围。红军参谋长刘伯承同志亲自指挥部队。他证明了自己不仅善战,而且善于建立统一战线。他利用了彝民内部的纠纷,并且当着彝民大众面前斩鸡饮血,表示歃血为盟,即是说,从今以后,他与彝民订立了同盟。我们作了一番广泛的鼓动工作,证明我们是帮助少数民族——彝民自决,坚决反对汉族对他们的侵略和压迫。这种态度,使他们非常感动。友谊渐渐巩固了。他们送了我们一些马、牛、羊以及各种礼物,我们也还赠他们以金钱等等,作为酬答。

过了此地,便到大渡河岸。这是历史上有名的地方。它的出名是从太平天国时代起。太平军领袖石达开,由南京退往四川时,就是在此地惨遭灭亡。我们遇到了一位九十岁的老翁,他曾目睹当日事变,并亲眼见过石达开和太平军。老翁说,太平军和石达开之所以失败,是由于他们内部的纠纷,由于石达开不知道对待少数民族——彝民应有的态度。他又说,太平军并不是什么"长毛贼"。有一个人问他:"老公公,你想想谁对待老百姓好些,是我们还是太平军?"老翁回答说:"太平军对待老百姓原来不错,但你们对待老百姓还更好得多。"

到岸只看到两只渡船。对岸驻了敌军一营。营长怕我们来攻,先命将两船绊在对岸。当晚我军已到岸边。第二天,天亮时,我们看到河面太宽,难以渡过。大渡河比金沙江宽些,而水流也更急。渡船往返一次,至少要五十分钟。因此,单靠两只渡船来渡尽我们的主力,大约要一个半月。这当然是不可能的。本地水手又找不到,于是只得从党团员内挑选十九个冲锋队员[1],各带炸弹、步枪和轻机关枪。我们则在岸上装好机关枪,用炸弹发射器开火,用精练射手放枪。我们的十九位同志,在这种枪弹掩护之下公然渡河,不顾敌人机关枪扫射,冒险登岸。上岸后,即将敌人一部分缴了械。我们从岸上放出的炸弹迫使敌人的机关枪不断地移动位置。这时我们的冲锋队也渐渐冲到山上。有了这十九个勇士在对岸作掩护,于是开始渡河。在两天三夜之

---

[1] 原文如此,应为十七勇士。

内渡过了一旅。

我们这十九位冲锋队同志，在冲锋时只伤了五人。政治部给了他们最高奖赏。他们都得到了红军英雄的尊号。

可是只有一旅人过河，还是没有解决问题，因为红军主力还没有过去。于是大家折向西边，以便利用闻名天下的唯一天险的泸定铁索桥过河。对岸的一旅人也沿河西进。那边撤退了的敌人，死守不去，步步防御。然而我们对岸的部队，还是安全到达了目的地。

我们从三方面进攻，敌人虽得到大批援军，终归支持不住。敌军方面有许多新兵，知道红军不会杀他们，都抛弃枪械而等候我们。我们将他们带走，以补充兵力。

行近铁索桥时，发现该桥一部分已毁坏了，链子上的木板也抽去了。桥长三十多米。由十三条大铁链组成，上面四链当作栏杆，下面九链并行，以便横木板。链子两端都高高钉住在两岸悬崖上，上桥必先经过石洞。

蒋介石底飞机队在这里抛了三天炸弹，结果一条链子也没有炸毁，因为两岸太高，飞机从高空中瞄不准对象。

可是敌人从对岸开火，我们为弹雨所阻，不得过河。于是派一连人（最好的一连）上前。红军兵士攀着链子，像走索一般地前进。结果板子也找着了。大家都在先锋连掩护之下都爬过去了。

中国战争史上最勇武的英雄，一到大渡河边，没有不丧命的。蒋介石就预料我们必会蹈前人之覆辙。他向他的军队说，此处乃"赤匪"必死之地。然而我们却出乎蒋介石意料之外，安然渡过了这座桥。这当然是西征史上最大的一次胜利。

由此地到雅州，都是平坦大路。可是敌人在路上驻有重兵，由此路前进，必然不利，于是决定改由羊肠山路进发。路遇屏障参天高峰，耸立云外，而此峰却是必经之路，只得历尽千辛万苦，终于度过了这个天险。蜿蜒下山，寻到人烟之地，居民非常惊异，他们无论如何不肯相信我们是从高峰上过来的，因为他们只听到祖宗传说，山上有条什么小径可通，可是近百年来，谁也不曾通过。在他们看来，我们仿佛是从天上降下来的。这个高峰，我们真是爬过来的。有的地方，泥深过膝。

下到平地，却又碰上了敌人底堡垒。我们想来冲破这些"乌龟壳"，整整冲了一天，终不能把敌人从壳内赶出去。于是转而再过一高达一万六千英尺的山脉，然后才占领天全县城。

由此地去同红四方面军汇合，两条路可任择一条。可是在大路上，有敌人的大批堡垒，并驻有重兵把守。走小路则又发生粮食困难，我们还是决定走小路。

到这时候，红四方面军已占了理番[1]。我们渐渐向北推进，红四方面军则迎面而来——自北而南。历史上有名的红军两大巨流（由赣西征的红军与红四方面军）之汇合，如此告成。这个历史上有名的红军汇合，其政治意义如何呢？

第一，蒋介石底计划，原来是要包围中央苏区，四面张起天罗地网，要将红军实力一网打尽。我们冲破了他们的包围线，把红军主力调往别处，这就是蒋介石消灭中国工农红军计划之完全失败。红军在这次战斗中更加经受了一番锻炼，更加提高了战斗力。参加过这次西征的每个兵士，都受了一番莫大的训练。他们已不是简单的兵士，而是程度很高的中坚干部。经过了这次远征的军队，这已经是干部军队。

红军终于保全了实力，这是这次西征最大的胜利之一。

第二，红军在过去散居各地，彼此孤立。自从红四方面军与红军主力会师以后，即建立了强大的革命根据地，造成了红军发展史上所从未见过的大势力。因此我们有了可能和敌人作更巨大的战斗。

第三，这次西征底又一个最大的胜利，就是红军现在得到了比过

---

[1] 今四川理县。

去更顺利的军事战略环境。我们在江西的时候，敌人可从四面来包围我们，现在这已经不可能了。现在红军处在川北陕甘青海一带，因此敌人不能从西北方面向我们进逼。

蒋介石现在只能自东而西，或自南而北来向我们进攻。可是他不能从四面来包围我们。这种有利的战略形势，是今后在国内革命战争中取得胜利的必要条件之一。

我们得到了这种顺利的军事战略环境以后，已能实现两个最重要的任务：

第一，红军主力与红四方面军会合以后，已向陕甘出动。他们会师以后，得到了两个月的休养、补充和布防。

为什么在那里能够休养和布防呢？因为蒋介石为进攻我们起见，不得不要先从华中增派援军，而且这些援军须要经过一定的军事训练，这也需要耗费相当时间。

而红军经过了这样伟大的远征以后，当然感受疲倦而需要休息。必须再次着重指出一点：这不仅是简单的休息，这个休息使我们得以补充生力军并巩固防御。我们在会理，只在五天之内就招收了五千青年战士。由此可以推知，红军在两个月内可以增加多少。我们在这里有了真正补充队伍的很大可能性。

第二，（这是很重要的）我们两军会师以后，即占了松潘，在那里把胡宗南底模范师两团人都消灭了。这是蒋介石最精锐的军队。我们击溃了胡宗南底主力以后，就得以向西北继续前进。

我们成功的原因

我们红军遇着这样的艰难险阻，何以竟能达到目的呢？我们成功底保证何在呢？

第一，我们有真正英勇不怕牺牲的红军战士。上面已经讲过几个事迹，足以证明这点。现在还可以举出许多事实来证明红军之英勇。

我们红军是在国内革命战争底炮火中锻炼出来和生长起来的。他们善于冲锋，善于进攻，善于从事远征，彼此团结非常之坚，因此无论如何都是击不破的。

当时我们在遵义向王家烈两师进攻的时候，王军沿马路退却。而我们黑夜从羊肠山路上抄过去，火把都没有点一个。八点钟内跑了五十公里，行抵乌江时，敌军最后几团还来不及渡江，于是我们先把浮桥拆毁，后将敌军消灭。难道这不是证明我们红军之非常灵活，非常富于进攻力吗？

在川黔边界上，敌人筑起了三层炮台，在上面集中了大批火力。炮台位于山之斜面，最高层炮口密如蜂房，长约一千米，我们在十分钟内即把头两层炮台占了，并飞奔前进。这一天我们之进攻，并不是从山脚下开始，而是跑了三十公里的远路以后才开始的。我们一面唱歌，一面冲锋。这证明我们红军有何等热烈英勇的精神。

可是红军不仅善于进攻，而且遇必要时还善于作有组织的退守。例如赤水之战，我们打了一整天，到下午十时知道敌人援军已到，于是决定退却。先造好了桥，半个晚上就把桥搭成，半夜之内就把红军渡尽，天明时，红军主力已退到了离河岸十五公里之地。在这次退却中没有一个红军兵士有不满意或情绪不好的表现。敌军败退时，往往狼狈鼠窜，溃不成军，而红军之退却则非常有组织，有秩序。

在八个月的西征过程中，我们平均每天走一百到一百二十里，都是山路，而且常在夜里，我们在山上平均每小时走三公里。如果有一部分或一小队被敌人截断了，他们就有组织地退却，然后再与主要部队汇合。

有过这样的事情。有一儿童团的支部书记，年仅十三岁，到地方居民里面工作，仓促中与红军主力隔绝了。他爬山过岭，整整寻了三天三夜，饿得全没气力，几天寻不着滴水入口，只得饮自己的尿，结果他还是找着了自己的同志和自己的部队。

只这几个事实就足以证明我们红军之团结性，证明我们战士之无限英勇，证明他们在任何条件之下都能够有组织地行动。

军事技术之学习也增进了。各军事学校毕业的指挥员已有七批。我们有特别军事技术学校。有造就游击队队长的专门学校。

我们经过了多年内战，得到了莫大的实际军事经验。我们就利用这种经验来训练我们的战士，提高全军底战斗力。

红军工程队程度也大大提高了。例如我们没有精良的渡河工具，可是相当地精通这门技术，因此屡次能够设法过河。

在行军期间，我们无时不注重兵士中的政治和教育工作。每天早上（在出发以前，开始上早操的时候），或每天晚上，必举行政治谈话。我们利用一切机会来教育红军兵士，教他们如何进攻、防守、防御以及使用各种军器等等。首先是利用过去军校毕业的同志来进行这项工作，这些同志在红军内起莫大的作用。

红军之所以这样英勇，是因为战士们有很高的政治觉悟。我们的红军，过去在江西就明白它的使命是要拥护土地革命。现在它又知道目前中心任务是争取民族解放，并准备在全中国完成苏维埃革命。红军不但养成了为中国苏维埃革命胜利而斗争的精神，而且养成了为世界革命而斗争的精神。红军兵士非常愿意知道国际事变，知道全世界无产阶级斗争的情形。党报，苏维埃机关报，红军机关报《红星》，都经常发表世界无产阶级革命运动的消息和文章。

在中央苏区时我们募了捐款救济政治犯，举行了援助台尔曼的运动，过去为释放季米特洛夫也募过捐，举行过运动。我们募了捐去援助奥国暴动的无产阶级。凡此一切，都有莫大的教育意义，特别是可以帮助训练东方各国民族解放运动底干部人才。我们苏维埃各学校内有朝鲜、越南及其他东方民族的学生。

红军之所以这样英勇,是因为其中工人占很大的百分数。工人成份达到百分之二十。我们常常招了新军以作补充,而这些青年新战士之英勇精神并不亚于老同志。为什么呢?因为每个红军战士都富于阶级觉悟性。

红军之所以这样英勇,是因为它有优秀的坚强的干部。红军基本干部都是在国内革命战争底炉火中锻炼出来的,他们都是从反帝和土地革命中间出身的。他们在红军战士中有非常高的威信。他们真正是忠于共产主义的战士。很多指挥员都很年轻,例如第一军团长林彪仅二十八岁,第二师师长仅二十四岁,第四军团长陈昌浩仅二十九岁[1]。

这些干部都是在内战时期成长起来的,他们不仅是军事专家,而且是执行党的路线的精明政治家。他们表现有强大的自动能力,向党底领导机关提出今后计划问题,我们红军底任务问题以及今后发展底前途问题。他们无时不顾及到革命底利益,党给他们什么命令,他们都能独立执行。他们自己想出主意来运用机动战术,但是上级底命令则绝对执行。正因为我们有这样的领导干部,所以这次伟大西征才得到这样巨大的胜利。

第二,这次西征成功的第二个保证,就是我们的党在思想上和组织上都成长起来了。特别是党的领导成长起来了。党的领导是在内战炉火中锻炼出来的,它真有本领来领导像这样光荣西征的伟大事业。

红军里面有很大的党员成份,这也是西征成功的条件之一。有些队伍内党员团员成份达到百分之四十。连长以上的指挥员尽是共产党员,排长也大多数是党员或团员。红军里面的共产党员,无论指导人员或下级兵士,其勇敢及其对党对无产阶级之忠实,真正可做模范。还有一点可引以自豪的,就是我们还有非党的布尔什维克,这些

---

[1] 陈昌浩(1906—1967),时任红四方面军总政治委员。

非党的指挥官和士兵,其英勇及其对革命事业之忠实,可与党员并驾齐驱。

每逢战斗开始,一连之内必先从党员中选好四五个后备连长。如果连长在前线受伤或阵亡,立刻就以第一后备连长担任指挥,全连依旧继续作战,如遇不幸,又有第二个来代替他,依次继续。党员受伤时,决不肯扰乱同志们底心思,从来不肯叫苦喊痛,而鼓励未受伤的战友们说:"不要紧,你们只管前进。"应当承认,红军里面的共产党员,是我们党内的优秀党员。

共产党员,无论是担任职工运动的也好,还是担任少共工作或担任其他群众工作的也好,都是无时不注意造就干部以作红军底补充。党常常把优秀的同志派到红军队伍中去,如此,党的优秀干部事实上都集中在红军里面。

我们的党员,不仅在红军队伍内,而且在后方,在筹备给养,补充兵力,采办粮食等等方面,都是绝好的工作模范。我们有红军底后备军:加入少年先锋队、赤色先锋队及其他辅助组织的青年。这些青年都渐渐转到红军队伍内。

我们可以经过群众组织底密网来动员群众。各地居民都自愿供给我们粮食。这次西征始终没有发生过给养上的困难,只是在深山人烟稀少之地,稍微有过一两天的粮食恐慌。敌人实行经济封锁时,我们却有大批新军服及其他必需品来供给战士。

党无时不领导军队,领导它的计划和策略。我们已同国民党进行多年内战,要没有真正正确的党的领导,就不会有这样的成功。当然,在领导上也有过个别的错误和欠妥当的地方,可是我们的强处也就在于能够及时发觉和纠正这些缺点。我们这次伟大西征之所以成功,首先就是由于有正确的强固的党的领导。

第三,我们成功的第三个保证,就是我们到处都得到群众底拥护。每逢占领新的区域,我们就动员群众去没收地方军阀和地主豪绅底财产与粮食,分给地方贫民享用。有可能的地方,我们还创造了革命政权——革命委员会。我们分出了一部分武装去就地组织游击队。我们组织了抗税运动,以及其他等等。

四川军阀刘文辉部,巡行饥荒的乡村时,故意唆使浪人放火,而同时散布谣言,说红军所到之地,即将地方烧尽。实际上我们红军看见人家有火灾,常极力帮忙熄灭,而且通常总是替地方居民帮忙。我们组织了群众的抗租团体以及其他的团体,因此也就得到地方人民这样的拥护。

在西征期间,我们还得到了在少数民族中进行工作的经验,比如在广西的瑶族内,贵州的苗族内,西康和四川的彝民内,我们都有工作成绩。我们在传单标语上都提出了这些弱小民族底解放问题,我们给了他们武器叫他们去组织游击自卫队。红军里面有这些民族以及回民底代表不少。

正因为我们和民众有非常密切的关系,我们得到了他们的拥护,而容易招收义勇队加入红军。到处都有工人来帮我们搬运行装。我们到处都有可能把红军安插在民家。

这里需要简单讲讲红军在地方民众中的工作方法。我们不能长久滞留一地,而需要经常前进:晚上进村,早上就离村。可是我们还是在民众中做了很多的工作。

每个红军兵士都晓得三大纪律和八项注意,这都是一些很好的传统,我们要求每个兵士都要遵守。每个红军兵士,无论在何家寄宿,都要召集全家会议,叫家长参加,向他们解释红军底性质如何,它为什么而斗争,务必使他的鼓动深入到最广泛的民众中去。每个红军兵士身上都带有粉笔,每天在经过地点至少要写三个口号。

红军总政治部，各师各部队底政治部以及每一连，都有一股专门担任地方民众工作。党、团、工会及群众团体，都派出全部优秀干部担任红军经过地方的民众工作。而这种工作还是做得不够，可是每个红军兵士都在地方民众中进行工作，这却是事实。这个工作也有它的效果。

简单讲一讲我们的缺点。我们是否有过错误？当然有过。如果没有这些错误，我们的成绩还会大些。

我们在建立抗日统一战线的问题上没有正确的政治方针。如果在西征时期，运用了新的策略方针，我们会得到很大的成绩。可是现在亡羊补牢，尚不为迟。统一战线在今天是绝对必要的和唯一正确的方针。

日本帝国主义向华北之进攻，使中国广大民众日益愤激。各派军阀之间有激烈的暗斗。军阀间的这种矛盾，我们应当利用。另一方面，更重要的，是广大民众中的抗日高潮正在向上发展，这正是组织人民抗日统一战线的非常顺利时机。

在这样伟大的西征告成以后，对我们的党和我们的红军应有一番估计。红军经过这多年的内战以后，已富于战斗力，而且真正长大了。当然，这次西征期内我们曾不得不克服许多困难和阻碍。在过去苏区内，在赣东北苏区内，我们红军队伍受了相当损失。另一方面，红二军团和红六军团却得到了不少的成绩。我们在西北川陕甘一带有很大的胜利。

红军虽受到部分损失，可是目前红军底总数不但没有减少，而且反而增加了。在西征时期，红军到处都组织了地方游击队，在许多区域成立了武装队。

我们在现时已占领的各区，极力实现扩大红军的口号。这个口号是一定会实现的。

党的工作应得到什么估计呢？在四中全会以后，我们的党真正取得了很大的成绩。共产党在苏区内的威信非常之高。党保护苏区数千万人民底利益。当然，我们党也犯过某些错误，可是它都用自己的力量纠正了。像过去陈独秀变节以后，或李立三及瞿秋白犯错误时代的那种状况，现在再没有了。现在我们的党在新环境中能够自己提出新的任务。

我们的党能够灵活和正确地领导国内战争。培养出了这样的政治和军事领导人，如毛泽东、朱德——党的领袖和身经百战，智勇双全的将领。我们有真正英勇的，为民众根本利益而不惜牺牲的共产党干部。

我们党正要实现新的策略，它正要以原有的阵地为基础，在新环境中去建立真正抗日的统一战线，用这条统一战线来战胜中国人民底仇敌，首先是战胜日本帝国主义。

红军二万五千里西引记*

幽　谷**

　　余作是篇,因限于篇幅,不能详尽;惟举其荦荦大端,以存中国民族近代史迹一页耳。余既非参与其役,又未列于追剿,何能言之凿凿,一若亲历其境者?盖于双方对峙之营垒中均有余之友好,各以其所知者尽述于余。余乃考其异同,辨其虚实,然后以其可言者言之,以其可记者记之,而成此篇,谅吾友不以余之执中从略而相责也。读者欲知其详,将来自可求之于双方之专书。今得之于本篇者,仅其概要而已。

　　　　　　　　　　　　　　民国廿六年五月十七日幽谷序于上海

---

* 本文发表在 1937 年 3 月 5 日上海人间书屋出版的《逸经》杂志第 33、34 期合刊上。作者幽谷即董健吾（1891—1970）,上海青浦人,中共地下党员。1936 年曾以牧师身份到达陕北,向中共中央汇报上海地下党情况。随后安排斯诺去陕北采访。1937 年初,潘汉年将《长征记》资料交给他,他在此基础上写作本文,交《逸经》杂志社社长简又文发表。本文是国统区最早介绍长征的文献,当时影响很大。为了方便传播,文章中用第三人称口气,使用了一些当时国民党污蔑红军的词汇,如"西窜"等等。《党的文献》1995 年第 5 期重新整理发表了这篇文章。

** 董健吾（幽谷）（1891—1970）,上海青浦人,毕业于上海圣约翰大学,曾任圣彼得教堂牧师。1928 年加入中国共产党,1929 年在上海参加中央特科。从事党的秘密情报和联络工作,营救被捕同志。1930 年开办"大同幼稚园",收养中共领导人的子女和烈士遗孤。杨开慧牺牲后,他收养照顾毛泽东的儿子毛岸英、毛岸青、毛岸龙。后通过张学良的帮助,送毛岸英、毛岸青去苏联。1936 年受宋庆龄之托,护送斯诺、马海德去延安,被称为"红色牧师"。抗战时期与组织失去联系,1955 年受"潘杨事件"牵连被逮捕,出狱后生活贫困。1961 年陈赓会见董健吾,并把董的情况向上海市委书记柯庆施作了介绍,董的境况才有所改善。1962 年被安排为参事室参事。"文化大革命"中遭受迫害病逝,1979 年平反恢复名誉,骨灰安葬于龙华烈士公墓。

红军长征记：原始记录

蒋委员长在五次围剿中采取了新的战略，以坚壁清野、逐步为营为原则，以集团军和方面军为正面推进的重力，并且力戒轻进深入的危险，计策万全，所以过去红军所用"诱敌深入"和"击破一方"的策略，当时已失去效力。加以政府军应用一切最新的军事技术，特别是飞机的轰炸和重炮的密击，又因中央苏区在四面包围之中，逐渐缩小，到民国廿三年的夏季，仅剩宁都、兴国、广昌、瑞金、上杭、长汀等县，粮食、盐，一切军事需用品，亦逐渐短少，不敷供给。政府军方面，后方有碉堡的巩固，侦探的密布和公路交通的便利。故红军方面，虽在民国廿二年十二月闽变的前后曾得不少局部的胜利，但终冲不破政府军北路的阵线。及福建人民政府失败之后，东路的形势亦忽然吃紧。那时瑞金当局明知若不变更策略，难期最后的胜利。王明于民国廿三年十一月著了一本《新条件与新策略》的小册子，说明了红军方面已采取了不再死守江西的办法[1]，和实行游击战争的策略，以适应新局势和条件。

他们既已决定变更策略，红军遂于民国廿三年的夏季自动地退出了广昌、建宁、泰宁等县，缩短了北路的战线，采取了暂时的防守战事。对于东路他们于七月底派方志敏率第七军东进为北上抗日先遣队。又于八月初续派第九军为后援，就迅速地冲破了政府军东路的封锁线，福州城曾有一度失陷的危险。第七军又很快地折向东北，与福宁、福鼎一带的地方游击队联系起来，占领了浙江的开化、庆元、常山、玉山等县，震动了浙江与全国。又与闽赣皖边的红十军联系起来，威胁到江西的政府军后方。那时政府军正忙于调兵遣将去包剿北上抗日先遣队，故对于江西正面的进攻，不得不暂时放松一步。这是红军声东击西的办法，也是扰乱后方政府军的计策。在北上抗日先遣队出发之后，他们派萧克率领第六军团，向西而走。在八月中冲破了政府军湘

---

[1] 王明在苏联发表此文时，红军已经开始长征。1934年5月，在第五次反"围剿"局势不利的情况下，执掌中央权力的"三人团"便准备进行战略转移。6月25日，共产国际批准了这个计划。当时大多数中共中央领导人包括毛泽东，事先都不知此事。

东的包围线，顺利地通过了湖南的东南部，沿途占领过汝城、桂东、桂阳、新田、道县等城市。然后分二路，左路由道县折入广西，占领全州，冲进贵州，至于乌江而旋回湘贵川边区，右路由道县西北行至湘贵边境，与当地一带行动的贺龙的第二军团会合。根据十月八日苏联《真理报》登载的消息，红六军团与红二军团汇合之后，以一部军力直向四川边境进发。现在与胜利的红四方面军隔江呼应，共同威胁重庆。红六军这样底军事行动的结果，把四川、贵州、湖南、江西之间，建立了联系的桥梁和孔道，即是造成了中央红军西窜的机会。九月二十六日起，政府军一变从前缓进的计划，以东北两路重兵猛攻赣南苏区。

在这局势中，他们认为死守江西牺牲太大，故当时就决定了突围西窜的计划和步骤。（一）他们派定了留守江西的部队，又以江西军区独立一、二游击队据险扼守。（二）将制造厂机器、大炮、剩余的粮食子弹，以及不便带走的利器，不是销毁，就是埋藏于深山僻壤之间。（三）以游击队为南北两翼，以第一军团为先锋，以三九军团走中路，以最精最勇的第十三师为后卫，以中央要人周恩来、秦邦宪、张闻天、林伯渠、王稼祥、罗迈、潘汉年、邓发等，女子宣传队和一切党政人员夹于主力军之间。（四）电令贺龙萧克所率二六军团牵制湖南、四川的政府军，又令徐向前所率的第四方面军向川西遥应，并开辟川陕甘的交通路线。这样的准备工作完成之后，就于十月十六日由赣南铜锣湾先后西引。出发时号称十万红军，确是有多无少，决不是虚张声势。当时除中枢少数人之外，预先都不知开往何处，有的猜度入湘，有的猜度入桂，有的猜度入川，也有的猜度入黔入滇，但终不知道究竟到哪里去。他们于十月二十一日冲破了粤军所扼守的第一道防线，就是安远信丰间的封锁线。当时他们由赣南崇义出南康大庾，似乎有入粤之势，致南雄韶关相继告急。十一月三日他们占领了湘南汝城和桂东，冲破了粤军汝城和城口间的第二道封锁线。

  他们复分两路沿湘粤边境，经过城口、文明司，沿着骑田岭，进至九峰宜峰之线。那时他们爬山越岭，感觉到携带呆重物件，有碍行军，故将印刷机铅字等物尽行抛弃。他们曾在宜章郴州之间与湘军激战多次，那时人都料他们要沿宜郴之线北上，威胁衡阳长沙。但他们迅速地占领了临武、嘉禾、宁远三县。何键立即派刘建绪率三师与薛岳所部急趋零陵东安一带堵截；周浑元和李云杰等三师在后蹑追，拟将红军包围于潇水流域而歼灭之。但红军知道湘中有备，故乘他们布置未定之际，采取避实就虚的策略。他们分两路而进，北路占领道县，南路经过永明，这两路均入广西，集中于全州，当时人都料他们要占领兴安、桂林，不料他们又以一部兵力折回湖南之永明、道县、宁远、蓝山等处，牵制在后方追剿的诸军，大部则移向湘西南的西延[1]、城步、绥宁、通道等县。十二月十四日，他们就分股进抵贵州的黎平、永县[2]、锦屏等县。一部约三千余人又迂回至湘黔边境之藕团潭溪，由此进抵南嘉堡和瑶光。十五日五九军团之一部分约二千余人又回绕湖南通道西南之播阳。这五千余人都是掩护前方的主力军和牵制后面的追剿军。大部红军于十七、八两日抢渡清水江。十九日已进抵大小广并经过剑河、岑松。二十五、六日连陷施洞口[3]、镇远、黄平、施秉、青溪、玉屏等处。一股向北推进占领旧州[4]、余庆、石阡、印江等县，似欲与川湘边区的二六军团取得联络。一股即是主力，于一月四日分向新渡、袁家渡、江界河、孙家渡、梁家渡、老渡口、岩门老渡口、回龙司各渡口[5]猛力推进。乌江南岸的王家烈犹国材两部，被他们打败。他们（王犹两部）就退守重安贵定之线，显然要屏障贵阳。

  占领各渡口之后，就将竹木造成渡江之筏。那时人皆称为蜈蚣

---

[1] 西延镇，今广西资源县治。

[2] 永从县，今贵州黎平永从镇。

[3] 今贵州台江县施洞镇。

[4] 今贵州黄平县旧州镇。

[5] 在今贵州瓮安县境内。

筏，因形似蜈蚣，故有是称。乌江宽约二百五十米，深不可测。那时水流速率每秒一米八，寒度在十度以下。江之两岸都是悬崖绝壁，南岸要下十里的极陡石山，才到江边，北岸又要上十里的陡山，方可走到通遵桐的大道。登高一望，但见一条碧绿的急流，夹在两岸焦黑的高山之间，乌江天险，真是名不虚传。二日三日已有小部冲至江边，但无筏无舟，故无法渡江。当时有十八个善于游泳的勇士，在机关枪掩护之下，跃入江中，顺着寒冷刺骨的急流，奋勇前进，十余分钟之后，他们已泅过了天险的乌江，沿着石壁鱼贯而进。二日的晚间继续有一连人用造成的竹筏偷渡过江，随着那十八位勇士，爬上石壁，占领了优势的阵地，向守江的黔军袭击，使他们招架不开。

三日晨，侯之担的健将林秀生旅长带三团援军，由陡壁小路出来反攻和包抄，也被南岸的重机关枪扫射，黔军像山上滚下石头般坠入江中。黔军屡遭惨败之后，阵线动摇，就直退猪场[1]。猪场是林秀生的江防司令部所在地。那时红军已用苗民的皮船与竹筏相继渡江，顺势追击，故黔军残部也无暇在猪场停留与整理。自此步步进展，在乌江北面如入无人之地。七日他们占领了湄潭，十三日进遵义城，十四日攻下了遵桐间的重要关口娄山关，并占领桐梓县城，凤泉绥阳亦相继失守。

该时红军主力已集中于遵义、湄潭、绥阳之间，赶筑工事，以备抵御追军。王家烈犹国材两部向北推进，刘建绪薛岳两部亦渡江追剿，川军由綦江正定分途进取思南、凤泉、桐梓，桂军已进抵贵定，准备进攻。故那时已成黔湘川桂诸军合围之势。但西路的川军一部脆弱无能，一闻红军将至，即自动退却，故使在诸军包围中的红军坦然西移。一月十六日夜间，赤水枪厂的工人，闻红军离城不远，也忽然暴动起来，高呼口号，与城中附和的贫民，联合进攻守城的部队。黔军闻城中起事，连夜出城。及红军一部由松坎、温水、习水[2]，绕至赤水，但

---

[1] 今瓮安县珠藏镇。

[2] 今贵州习水县。

见城外有工人和群众摇旗呐喊的欢迎，真是给了他们无限的兴奋。同时仁怀茅台亦相继陷落，川西南的古蔺永宁县境，亦为红军所占领。

他们在茅台时，有一件趣事可以顺笔写出，就是找到了一家永远不会忘记的酿酒作坊"义成老烧房"。这是一座很阔绰的西式房子，里面摆着百余口大缸，每口可装二十担水，缸内都装满了异香扑鼻的真正茅台美酒。开始发现这酒坊的士兵，以为"沧浪之水可以濯我足"，及酒池生浪，异香四溢，方知为酒。可惜数缸美酒，已成为脚汤。事为军事顾问李德所闻，（李德素嗜酒）即偕数人同往酒坊，一尝名闻寰球的茅台美酒。他们择其中最为年远的一缸，痛饮了一场，至于醉，才相扶而出。临行时，他们又将是类佳酿带走不少，继续经过茅台的部队，都前往该坊痛饮一杯，及最后一部经过时，数缸脚汤也涓滴不留了。

那时，四川的刘湘除派章安平、范士杰两旅赶赴赤水永宁外，又派刘兆藜增防合江，以备万一。綦江方面，川军廖部已退守观音桥，以固后方。綦江城内的富户，已逃走一空，重庆已禁止人民搭轮逃走。一月十八、九两日，川南形势非常紧张，人心的不定，于此可见。一月二十六日，红军放弃娄山关，西渡赤水河。那时川军已集中兵力于河西，故红军于二月十九日又东渡赤水河，重占娄山关。

那时犹王两部又损失不少。三月十七日红军西渡赤水河，但十九日复东渡，他们在乌江北面休息了一月余。三月卅一日他们又南渡乌江，长驱而进，将贵阳包围。当他们向南挺进时，适有一辆汽车过境，被他们掠去，据说那是一车很为重要的军事地图云。他们就从贵阳南面包抄过去，向西猛进。于四月十七日占领了北盘江的渡口，架桥而过。他们就侵入云南，以一师之众，进抵金沙江，控制了渡口（龙街）。五月八日他们就在那里渡过了金沙江，重入四川境界。

在这地方他们就爬上一座山，名叫"火焰山"。山上的羊肠小道，千转万曲,已属难行。加以整个山上没有一点水,没有一株树,也没有一点风,在五月热烈的阳光中上坡下坡,其困难远甚于经过北方的沙漠。那时幸有数十个"老百姓"将一桶桶水顶在头上,送上山坡,他们靠卖水发了一笔千载难逢的小财。这批爬荒山的行旅,确喝了一杯续命的凉水。过了这四十余里的山路,已经入夜。下山的时候就与刘元瑭的部队作战,占领了通安的街道。他们在通安休息了一天,就于十日进攻刘元瑭[1]部所扼守的会理城。但刘部预将会理城外的房屋尽行焚毁。因估计攻克该城牺牲太大,不如将以逸待劳的刘部包围在会理城中,他们就安然过境。他们主要的目的是在过大渡河,与四方面军在川西会合,故虽分股向西昌、冕宁、越嶲进发,只求安然通过,并无攻城的计划。

红军全部这次经过大渡河的天险,更非容易。由会理出发,有一条路,经过西昌,翻过小相岭,从越嶲到大树堡渡河。但对岸是富林,这是一条通成都的大路,有川军重兵扼守,不易通过。第二条路,经过西昌泸沽到冕宁,必须经过蛮子的山头,然后直下大渡河边的安顺场,这是不容易去的小路。对于第一条路,他们采取佯动的策略,由五军团占领了越嶲,似欲强渡到富林的模样。但是大部直趋冕宁。五月二十三日,他们将到该城之前,守城的川军,已闻风远遁,故将县城唾手而得。

冕宁的蛮子,本地人称为猓猡[2]。他们对于猓猡,无不言之色变,因为这些蛮子,常从山中出来掠杀汉人,故汉人待遇猓猡,只要捉住,也尽他们残酷的能事。冕宁城中有专为拘禁猓猡的监狱,无论男女老幼,都上了很重的镣铐。红军为着实行他们的民族政策,要解放狱中的猓猡。但冕宁的群众竭力反对。后经一番的解释和宣传,始得全部释放。冕宁失守后,城内的县长、科长、绅士等随着军队,避入山中,到了猓猡的势力范围之内。县长被杀,其他的人们都被抢劫一光,甚

---

[1] 应为刘元瑭。
[2] 封建社会与国民党政权对凉山彝族的蔑称。红军因对彝族状况不了解,沿用了当时的称呼。

红军长征记：原始记录

至有一位科长太太，也被剥得一丝不挂而回到冕宁。红军就在是晚从猓猓的手中夺到了大桥、北岩堡等要口，然后爬上小相岭，进入猓猓国的境内。猓猓有自己的武装和坚固的碉堡，扼守山口，阻止红军入境。经过一场血战的见面礼之后，他们就退入深山，但沿途仍有突然抢劫的情形。后来红军派了一位代表刘某，用三跪九叩的礼节，朝见了猓猓国女皇帝，送了猓猓国二百支步枪，一千元银币，与他们订定了过境的协定。他们就准许了红军过境，惟沿途向夷民买货，须以现银交易，不得参用纸币，也不准红军占据夷民的房屋。自此以后，沿途猓猓除伸手要钱外，不发生任何争执。这是猓猓国外交的胜利，亦是红军政治工作的成功。后来有三个猓猓加入红军当兵。

据身与此役而后来投诚的友人说，这猓猓国自南至北有一百十里长，东西距离，因未通过，故不得而知。他们在山上，自能耕种，但每岁所产的粮食，不够供给全年的需要，故有下山向汉人抢掠以补其不足的必要。猓猓所有的武器，除刀枪矛斧外，有毛瑟枪和七九步枪不少，并且会使用，瞄准极正确。红军前进时，猓猓成群结队，站在两边参观，大部分是赤脚，小部分穿麻鞋，身上穿的是各式各样不伦不类的布褂，大概都是从汉人身上剥下来的。外面罩着一件羊毛手织的披衫，那倒是真正的土产。女人也是这样，但是下身围着一条百折裙。据说裙内不穿裤子的。猓猓可分为两种，一为黑骨头，一为白骨头。白骨头是黑骨头的奴隶，黑骨头倒是猓猓国的贵族。他们俘虏过去的异族，都当白骨头，故白骨头中，亦有汉人的子孙。白骨头可以作商品买卖，而且永远是奴隶，也不许与黑骨头通婚姻。倘查出有通奸的情形，白骨头就要遭着残杀，黑骨头利用白骨头出去运货，回来替他们耕种，并且用种种方式抢劫他们的劳动力。猓猓虽是一种野蛮民族，他们剥削异族，倒是"内行"。他们跑山若猴，行动敏捷，并且一呼百应，作战奋勇。他们的团结力颇强，所以他们在历代汉族的侵略底下生存到今日。这确是他们的民族精神，亦是他们的光荣的历史。

五月廿五日，红军到了大渡河边的安顺场，守军已预先退走。当时得到谍报云：河北仍有川军一营扼守，才掘好数道战壕，同时正在破坏渡船。于是他们即至河边，一方面赶造竹筏，又以木索架桥，准备大军渡河；一方面征集自告奋勇的战士十七人，先行渡河。相传诸葛亮南征时"五月渡泸"的泸水，即是这条河；太平天国的石达开率三万人到此，粮绝军溃，也在这安顺场的渡口。这条大渡河真是难渡。河中水流奔腾湍急，速度在每秒四十米左右。对岸均是石壁，靠岸偶一不慎，舟触石角，即有粉碎的危险。幸当时获得渡船一只，与富有经验的船夫十二人。在宣传与重赏之下，在南岸密集射击掩护之下，他们载着十七位勇士，冒险前进。因伏在战壕内的守兵不敢抬头，故十七人渡达彼岸，没有被他们瞧见。他们登岸之后，就冲破了川军的几条战壕，除缴枪数十支，俘虏数十人外，余均被他们追击到望风披靡。但继续渡河人数不多，因舟渡甚慢，又因索桥木桥都架不起来，虽有竹筏数只，因缺乏长篙转舵，亦无济于事，故放弃了在安顺场渡河的计划，夹河而上，直趋泸定桥。廿七日七时，由安顺场出发，走过一条铁索桥，超过一个卅余里的小山，至海尔瓦，那里街道整洁，卖食物者甚多，居民亦甚亲爱。出街行数十里，因对岸川军射击，改行山路。这条山路甚狭，且有荆棘苔藓，故极难行走。行约廿里下山，抵田湾宿营，二十八日他们离田湾上猛虎岗高山。山上有守兵一连，均被击退。沿途伏尸数十具，都是双方的牺牲者。是日天雨，山路泥泞，极难行走，及行至山脊，已冥冥入夜。下山时幸雨停止，大家跑步前进，至摩西面[1]宿行。是日军行百廿里，至宿营地点，已疲惫不堪。廿九日晨由摩西面出发，经楚尼坝至上田坝[2]宿营。卅日由上田坝，经下田坝赶到泸定桥。该桥横跨大渡河上，较德昌桥略短，惟两旁各有铁索两条作扶手，行于其上，摆动较小。桥西有一条长街，均

---

[1] 今四川泸定县磨西古镇。
[2] 今泸定县杵坭、田坝乡。

是饭铺与零卖小商，县署及主要市场，均在桥东。红军先头队抵此时，（二十九日晚）守泸定的一旅川军，已将铁索桥上的木板拆去，并架机关枪于桥东，故夺取该桥，极不容易。后以一排人从索上爬行前进，续进部队即携板铺桥。刚冲至桥头，川军急将桥头纵火，阻彼前进。爬在索上的一排人，从火堆中冲出去，将桥东占领。后续部队一方面过桥救火，一方面与川军巷战，终将川军击退。川军在此匆忙中退走，遗弃辎重甚多，同时有大批奸细地痞，到处放枪纵火。红军过桥部队不多，忙于追击搜索，又要东奔西走地救火，颇有各面应付不暇之势，以致最繁盛的街市中烧毁了十余家商店。该处为川康惟一的交通要道，四围均是大山，林菁深密，悬崖绝壁，四时多积雪。当地农民少，只生产少许玉蜀黍，粮食供给极感困难，一切主要食用品，均仰给于汉源雅安。由四川输入西康的食粮及工业品，及西康输出的藏货，均须经过此地，故不仅为川康军事要地，也是商业中枢。

他们占领了泸定桥之后，一方面派一支军沿大金川北上至丹巴、道孚、甘孜，最西曾跑到德格，又沿金沙河南下至巴塘、里塘。这支红军仍回丹巴，向懋功集中；一方面大军过泸定桥折向北行。当时分为二路，一路趋芦山县，向懋功[1]集中，二路经天全县宝兴县亦向懋功集中。各路所过之地，都是崇山峻岭，悬崖绝壁，加以时多暴雨，山路泥泞，行动极感困难。好在全军都热烈地期望与第四方面军在懋功会合，故人人都鼓着不屈不挠的勇气，兼程而进。六月十六日，正大雨倾盆之际，第一军就到了懋功境内，四方面军已派人在路上迎接。两大部红军会合之时，爆竹声、军乐声、呼号声、歌唱声，震动天地。鼓掌时，无异大战场上放机关枪，握手时，成为千万个铁锤。他们就在一个山坡上开了一次两军大会合的欢迎大会，各首领都登台演讲，满山满谷的赤色群众，都热烈地鼓掌着。凛冽的雨点，似不能减低他们的热度，咕咕的饥肠，也不能委靡他们的精神。这欢迎大会开毕之

---

[1] 今小金县。

后，各部队就走到预先所指定的宿营地，是晚的大欢宴，已由伙食委员会筹备好了，麦粥、羊肉和野菠菜，已成为山中无上的好菜。大家都狼吞虎咽地一扫而光，这是他们在西窜中最快乐的一天。

十七日他们就出发到八角，在懋功县城北六十里，在八角休息了一星期，廿三日进至抚边，廿四日到西河口。廿六日到黄草坪。廿七日经过梦笔山，到了理番县境内卓克基[1]。

卓克基是前清乾隆帝劳师伤财所克服的小金川七大土司之一。土司宫建筑在两河的汇流点上，前临急流，后倚峻岭，在一块石砌的八丈高、十丈阔的方台上，建筑着四座俨然西式的高楼。前幢两层，左右后三幢均是四层，屹立于万山环绕中，成为理番境内的一幅风景画。该宫的一、二两层，都是土司的厨房、贮藏室，及下人的卧室。第三、四层楼，才装饰得非常华丽，四面皆有玻璃窗，一切的房门与壁板，都有精美的雕刻。石幛数室，陈设最为精致，沿壁都有古董架子，架内都是磁铜玉石的古玩。室内的床、书桌、椅凳，都是精致的上等木器。这大概是土司的卧室，左幢两巨室内有木坑，一切的桌凳装饰都是雅致的，这大概是土司属员的卧室。后幢楼上为大佛堂，内有佛像、佛幛、铜鼓和很多的藏经，都有条有理地放在经架上。两壁的壁画，因为年代久远，故已熏黑，也不能辨识为谁朝的古画。左右两幢各有一个小佛堂，堂的两旁，有新鲜美丽的壁画，虽属是近代所绘的，但画中的马象狮虎英雄甲胄等，都有生动的姿势和活泼的精神。在夷民区域内有这样的高等艺术，实足令人奇怪。土司的会客室内题有"蜀锦楼"三字，他的书桌上置有一部《三国演义》及其他汉文书籍，足见他已有几分汉化。据说这位土司索观瀛，曾在成都大学读过书，与四川军阀刘文辉等交情颇深。他所有的机关枪和步枪，是刘文辉送给他的。红军的先头部队至此处前，曾派人去向他假道，他非但不肯，并将派去的人杀了。因此红军就派一营人去，打得他落花流水，

---

[1] 在今马尔康县境内。

他就率领了残余的番兵，窜入深山，据险扼守。红军占据了他的宫室和碉堡之后，把他的财产没收。但宫中的古董古玩，仍替他保存在原处，丝毫没有带走。宫前的一方平台，可容一连人操练，故作了一小队红军的临时操场。他的碉堡是很坚固的很高的，但是在建筑上缺点甚多。（一）碉堡的枪眼太大。（二）目标太显。（三）碉堡造在宫室的近处，宫室的高楼，成为他们的障碍物。防御盗匪已不甚适用，抵抗大军更少作用，因高台一经围困，上台的阶级一经把守或一架机关枪的远远监视，守碉的及守宫的一切番兵，尽成瓮中之鳖。若土司不是及早下台，逃窜山中，亦为俘虏无疑。

　　番民所耕种的地都是土司的，要向土司纳租，此外甚么都要派差，土司所烧的柴，所吃的肉，甚至守卫的一切给养，都是居民公派出来维持的。造顶桥，开条路，都是居民捐助的。居民见了土司，就跪下，等他过去，才敢起来。这个土司，就是番民的土皇帝。

　　六月廿九日，红军就离开卓克基，向毛儿盖进发。经过梭磨、马塘到康庙寺[1]（俗称康猫寺），分为两路，主力走右路，第六团走左路，都须爬过一座大雪山，先到黑水河，然后到毛儿盖。不料走左路的第六团，在前进的路上，遇着极剽悍的蛮民骑兵，横加拦阻。因战事失利，损失甚大，故不得不折回右路，及行至离芦花八十里，距马河坝廿里的村庄上，因粮糈断绝了四天，茹草饮雪，无法充饥，饿死冻死的已占三分之一的人数。他们就在该村停留，并且发报呼援，倘接济不能及时到达，该部队将尽成雪山上的一堆白骨。主力部队接到六团急电之后，立刻筹集大批粮食、猪肉牛羊等，派输送队兼程赴援。该队即由芦花出发，走了一天一夜泥泞崎岖的山路，搜索前进，才找到了待援的孤军。这些僵卧在冰天雪地中的红军，闻救星到，都跳跃起来，欢迎他们的救星，述说他们的经过情形。他们得到了精神上和物质上的兴奋，寒冷不怕了，爬山也有劲了。这班输送队就做了他们的

---

[1] 今红原县刷经寺镇。

向导，领他们与主力会合，好像领一群迷失的羊归到羊圈。

回到芦花，主力红军已向前移动，他们就随着主力，由苍德越打鼓岭到打鼓。七月七日，由打鼓出发，又走了四天的路程，经过拖罗岗、大杵林、黑马寺，到了毛儿盖。红军主力自七月十日至七月卅日，就在该处休息了二十天。自八月一日至八月廿三日，又行动于毛儿盖和波罗子之间，但是这个行动，不出黑水河的流域，故仍然是一种休息状态中的练习，也是为着入陕甘的准备。波罗子一带的地方，比较是富庶的区域。那里的番民，都以石块造成三四层楼的洋式房屋。红军的粮食，要在那里筹足六十万斤麦子，和几百只牛羊。在这个时期内，他们除练习打仗外，又要学习看羊、牧牛、割麦、煮盐等工作。他们准备好了一切，就于八月廿三日由毛儿盖出发，经过分水岭南面和西面的草地。廿八日到班佑和巴西。他们在草地中行了五天十分艰难的路程，远看草地是一片绿色的平原，行过高山低谷的人们，正渴望着这样的平地，不料行于其间，与爬山同样的费力，因双足陷入泥中，举步总是拖泥带水，讨厌非常。加以常常下雨，他们每人虽带着木棍和油布，晚上宿营的时候，上面尚可撑起棚来挡雨，但下面无法阻止源源而来的冷水，故往往人身浸在水中。草间飞来的蚊虫又向过路人为难。因此得病的人实不在少数，当时所得的病叫黑疟疾（Black Malaria），大概草地的蚊虫，比较别处的还要厉害，故所得的病也较为严重，用金鸡纳霜治之亦无效，故军医也束手无策，得病而死者多至五百余人。

廿九日他们由巴西进至阿西，在那里休息了三天；由阿西到毛龙，停留了二天；由毛龙到俄界，又休息了七天。此后逐日奔驰，由岷江北源，转到白龙江的上游，附近腊子口的山中，他们遇着鲁大昌的一营兵，就击败了他们，又俘虏了数十名兵士。从俘虏的口中，得到了鲁大昌有一旅兵力在腊子口扼守的情形。腊子口是一个险要的地方，路经两边的石壁，兵在壁上壁下，以逸待劳，真有一夫当关万人莫敌之势。他们早知腊子口是红军必经之地，故碉堡与战壕等工事早已布置得非常巩固。红军的领袖在黑拉地方决定了进攻的策略，先派一连人带着手榴弹和轻机关枪爬上石壁，先将壁上的守兵尽行袭灭，然后一方面以高临下，一方面冲进大路，短兵相接，不到五个钟点的战事，他们已占领了腊子口。这是九月十七日的事。

十八日他们窜至悬窝，十九日窜至鹿元里，二十日窜至哈达铺，二十三日窜至闾井，二十四日窜至新寺，二十五日窜至鸳鸯咀，二十六日窜至榜罗镇，二十九日窜至通滑。沿途的回民到处欢迎，送水送饭的不绝于道。红军过境，不占据他们神圣不可侵犯的清真寺，也不侵犯他们的信仰自由，故在这长行中，要算与回民的关系最好。这莫非是先从政治工作入手所获得的效果。他们于十月二日离了通渭，通过固原的时候，与一个骑兵师打了一仗，又冲过了政府军的封锁线。随后又被他们占领了环县附近的何连湾。他们就在十月二十二日进了陕北苏区，到达了洛河上游的吴起镇，虽有三四个骑兵团在后追击，也无法阻止他们在陕北的大会合。红军由江西西行时号称十万，及至陕北只剩得五万。可见沿途打死的，打伤的，落伍的，病死的占其半数，真是绝大的损失和牺牲了。

雪山草地行军记[*]

杨定华[**]

前 言

红军中的主要领导人，不用说都是共产党员，甚至在红军中下级干部中，在一般战士中，共产党员青年团员亦占着很大数量。当然，红军中的兵士和中下级官佐、职员等，亦有不是共产党员者；有许多是贫苦的工人、农民、学生等自动的投入红军者，甚至有许多是原在南京军中当兵任职而被俘虏者。这些被俘虏的人，虽然不是共产主义

---

[*] 本文与《从甘肃到陕西》两篇文章，1936—1937年间曾在中国共产党主办的法国巴黎《救国时报》上以连载形式发表。作者邓发模仿陈云文章，托名俘虏身份进行回忆，是对红军长征后期行动的完整、详细的描述，可与《随军西行见闻录》互为补充。因其写作时间在长征结束不久，具有珍贵的史料价值。1948年11月东北书店曾出版了本文的单行本，人民出版社1955年编辑出版的《中国工农红军第一方面军长征记》收录了这两篇文章。

[**] 邓发（杨定华）（1906—1946），广东云浮人。1922年参加香港海员大罢工。1925年加入中国共产党，同年参加省港大罢工和东征战役。1927年参加广州起义。1928年后任中共香港市委书记、广州市委书记，从事地下工作。1930年后任闽粤赣边特委书记兼军委主席。1931年初主持闽西"肃反"，造成"肃反"扩大化。1931年7月到中央苏区，任国家政治保卫局局长，领导中央红军中的政治保卫工作。1934年1月中共中央六届五中全会，被选为中央政治局候补委员。长征中任中央军委第二野纵队副司令员、政委等职。参加了遵义会议。1936年12月受中央委托，化名杨鼎华去苏联与共产国际联系工作。1937年9月化名方林，任中共中央驻新疆的代表和八路军驻新疆办事处主任。1938年9月在中共六届六中全会补选为中央政治局委员。中央职工运动委员会书记。1945年9月代表解放区职工出席在巴黎召开的世界职工代表大会。1946年4月8日，同博古、叶挺等人返回延安时因飞机失事，在山西兴县黑茶山遇难。

者，但因红军中的待遇很公平，既使人觉到精神上的愉快，又因红军的抗日救国主张正确，复使人感到政治上的兴奋，所以很愿留在红军中安心任职。

我就是被红军俘虏去的一人。我原在第十八师张辉瓒部下任无线电台机务员，一九三〇年龙冈战役中被俘。因当时红军中缺少无线电专门人材，对于具有专门技术人员极为优待，开始留我在红军第三军军部任机务员，当时军长为黄公略。一九三二年调瑞金无线电学校任教员。到一九三五年红军西征时又调至红军总司令部无线电队第六分队任机务主任。

当红军出发长征前一天晚上，我就被召至总司令部，周副主席（恩来）同我谈话，问我是否愿意随红军工作，并谈到红军准备不久的将来要同日本直接作战，大概因为军事的秘密吧，他的话虽未谈下去，但我当时想：既然准备不久将来就同日本直接作战，我便一口答应愿意到队伍上任职随军行动。周副主席即令管理科发了我两套新军衣，并要我立即从无线电学校搬到总司令部来住，次日晚上就随总司令部出发。我随红军北上抗日的长征生活从此开端。

从江西出发时起，我一直跟到了远征告一段落的陕西。休息数月，再从红军东征抗日，而至山西。红军中的长官和同事因为我很坦白诚恳，对我都很好，而我对于红军的一切，尤其是对于这一次二万五千里北上抗日的远征的精神和魄力，也非常感觉悦服。可不幸到一九三六年春天，红军出师抗日到达山西以后，因为沿途辛苦和南北水土不服，我的胃病大发特发起来，卫生处同事束手无法。感谢红军当局的好意，特别许我请假回上海来养病。现在我身体业已平复，回想在苏区经过的一切，尤其在远征中经过的一切，这一个偶然得到的稀罕的经验，备觉难忘。因此好久就想写一点笔记之类，不过恐怕没有发表的可能，所以还未着笔。最近读到巴黎《救国时报》，和读了廉臣先生的《随军西行见闻录》之后，忽然想起海外言禁或不如国内之严，因先就我记忆最深的雪山草地行军一段事情写了下来作为投稿，其余要是我有时间而巴黎《救国时报》又有篇幅的话，我也可以再写。

作者于一九三六年六月写

雪山行军

  本文所讲的雪山草地是指四川、西康、青海、甘肃之间的三角地带。这一带地方是红军在远征途中所经过的特殊地方。据说红军自诞生以来，从未遭遇到在经过雪山草地时所遭遇的那样的困难。其实在全中国，甚至在全世界也恐怕没有这样"怪"的地方吧！

  整个雪山草地的区域广大非常。雪山地区的行程约三十一天，以里程计算有二千七百里左右，草地行程七天，约六百里。有许多雪山草地，不仅是人迹罕至，而且有时在地图上都找不到。且在下面来详细说明这些雪山草地的情形吧。红一方面军于一九三五年六月初由四川宝兴县之大硗碛起即过夹金山。夹金山位于宝兴之西北，懋功之南，茂州、理县之西南，高耸入云，经常不见山峰。红军从云南转入四川时是暑热的夏天，每人都只穿一套单军衣；同时红军中的指挥员和战斗员都是中国南部的人。在这样的情况之下，忽然进入雪山草地区域，在过夹金山之前，想补充衣服是不可能的。红军当局最初打算命令各个连队用些瓶子载一点酒，每人分配一两个辣椒，以备上山时压寒。但当地人民总数不到百家，那里来这许多酒呢？这愿望不能达到，结果只有在上山之前，由各连烧些辣椒开水每人吃一碗然后上山。夹金山确是怪得很，与峨眉山的雪山比拟，有天壤之别。峨眉山的雪，是可以供有钱的绅士阶级，不远千里而来"赏"的，然而夹金山的雪不但不能"赏"，而且会冷死人的。夹金山上每天下午则大雪纷飞，冷气遮蔽着整个天空，所谓"乌烟瘴气"的俗语，对于夹金山上是最适常的形容词。照例想来，上山走快一点，身上发热，就可以御寒，然而空气却不容许你这样想。因为山上空气异常稀薄，呼吸异常困难，因此只好慢慢地一步步来走。吃辣椒水的办法，结果只对身体强健的人起了作用，对身体弱的人则不生效力。这些体力弱的人竟有些冷得牙齿拍拍地响，有如机关枪发射的声音，甚至脸上也改变成黑黝的颜色。然而他们的革命热情的火焰，烧毁夹金山的奇冷；并且红军间的革命友爱，经百战锻炼而来，在过山时，大家互相照料帮助，更是不遗余力，所以情形虽然这样困难，然而除个别同志牺牲之外，竟都平安地渡过了夹金山。有青年将军之名的红军第一军团军团长林彪和总司令部的侦察科长胡底[1]因身体衰弱，山上气压太低，几次晕倒，以后是在同志们的极力协助之下，才渡过了夹金山的难关。

如果以平常人的想法推测，红军在这样困难的情形中一定会有满脸不堪设想的成尤虑，然而他们却不怕上山的疲备和严寒的胁迫，一到下山的时候，"看啊！同志们！战争开始了，上起我们的刺刀，勇敢杀上前"的歌声，又震撼了山岳。每个人都热烈地表现出克服了雪山困难的胜利，喜悦的颜容毕露于每个战士的脸上。在下山的途中，闻得先遣部队的第二师已经与红四方面军汇合了，大家更勇气百倍，跑步下山。当部队快进入大（达）维时，看见红四方面军第九军第二十五师的音乐队及战斗部队时，大家皆高举着红旗，大有旌旗蔽空之势，爆竹之声放个不绝，更使整个队伍欢欣鼓舞起来！

当天晚上就召集了驻大维的所有一方面军和四方面军部队，开联欢会。红军的最高领袖毛泽东、朱德均出席讲话。当毛泽东、朱德到会场时，"毛主席万岁！""朱德司令万岁！"之欢呼声和鼓掌声，震

---

[1] 胡底（1905—1935），中共著名情报工作人员。一、四方面军会合后，因反对张国焘的分裂活动，被杀害。

动了整个会场。毛泽东、朱德讲话后，即进行各种游艺，一时南腔北调，一齐欢唱，中西音乐，同时合奏。红军中的李伯钊在台上且歌且舞，跳个不休，台下的人不断地叫"再来一个苏联海军舞"，"再来一个"，弄得她简直不能下台。

  进入大维以后，真是另外一个世界，与中国内部完全不同。使人最容易感觉到的，是大维的建筑物，有高至十余层之喇嘛庙，一切民房，也都是东土耳其式的平顶的两层楼房。房之四壁均以石筑成，屋顶亦以石板盖之。每所房都有一间经堂，经堂画满了五颜六色的佛像。此地藏民都信佛教。生活方面与中国内地人民又不一样，他们每天只吃青稞面和玉蜀黍（包谷），有时亦吃牛羊肉、牛奶、牛油等。声音语言亦不相同，他们讲话我们简直一句不懂。穿的是喇嘛袍子，与中国内地之和尚袍相仿佛。鞋子则有点像京戏中武生登台穿的靴。男人身上都佩上一把长剑或小刀，装束好像中国古代"侠士"的神气。一切一切，都是另一种风味。

  距大维四十里有一市镇，店铺与大维差不多，约三、四十家。该市镇距懋功亦四十里。懋功则有三、四百家居民，有店铺五、六十家，有一所大天主堂。以上三个地方都有个别作买卖之汉人，因此藏民中亦有懂得三两句汉语的。

  红军在大维休息了一天，即开到懋功。此时在懋功之部队是红四方面军之第三十军。一方面军部队全部集中于懋功附近地域。当晚就借那庄皇伟大的天主堂作会场，开一、四方面军驻懋功部队之干部联欢会。总政治部大设筵席，请在懋功的四方面军干部会餐，我也随着大嚼一顿。餐后，就开始了游艺节目，红五军团的戏团表演"烂草鞋"一剧：该剧主要是挖苦追"剿"军之无能和表彰红军之英勇，滑稽诙谐，惟妙惟肖，把全场同志肚子笑痛。三军团剧团则跳各种舞蹈，热闹了半个晚上才散会。

红军长征记：原始记录

此时红军在东方利用了巴郎关（灌县进懋功的要道），在南方利用了夹金山（天全、宝兴至懋功要道）的优越地形，抗击两方面追击之川军。因此红军得在懋功地区集中整顿，进行军事和政治教育，并休息了四天，使部队恢复疲劳。部队的政治情绪和作战精神非常高涨。

但是红军在这时却遇到了一点小小问题，就是因为喝了山上流下来的雪水和吃了玉蜀黍的结果，许多人都患了泻肚子的病，使卫生部的人员忙个不休。幸而经过短短的几天过程，泻肚子风潮也就平息了，休息了四天之后，即向抚边、两河口移动了。

离开懋功以后，困难更与日俱增了。沿途既无生意买卖，又无一汉人居住其间。藏民因误信当时国民党南京官方的宣传恐吓和受川军及当地反动分子的威胁，大多藏匿或逃走。红军食盐断绝，粮秣恐慌相继而来，两餐青稞、玉黍、荞麦、洋薯，也朝不保夕，许多中队都常常每天只吃一顿，有些部队则每顿只能吃半饱。无可奈何，只好节省，将两天粮食分作三天来吃。藏民因川军之事先逼迫都逃之夭夭，使红军有钱买不着东西，真苦煞了数万英雄！

从两河口至卓克基一百二十里，居中有一个与夹金山一样高大的雪山[1]。这次上雪山自然有经验了。每人除照旧吃辣椒水外，且用盖的毯子将身体包裹起来。就这样越过了雪山。但由两河口更向前进则发生新的困难，沿途处处遇到反动分子胁迫一部藏民出面抗阻红军前进，不断向行进中之红军放冷枪射击。先头部队经过一天一晚还不能进入卓克基。随后反动分子又胁迫一部分藏民退入一幢七层高大之土司房子，准备负隅抵抗。该房之大能容纳五、六千人。红军施放照明枪数响，才把他们吓退了。在这一次，个别的掉队落伍的红军战士，有被藏民杀害者，因为这里的藏民与汉人本来恶感很深，红军初到，解释无从，故有此等情形。藏民仇视汉人并非无因，因为四川军阀常常抢夺其财富，如：金矿、药山（该地区出麝香、虫草、大黄等名药），藏

---

[1] 即今四川马尔康县境内的梦笔山。

民稍有反抗，即遭当地驻军武装挞伐，以至大批屠杀，因此造成藏民对汉人的极端仇视心理。

红军在这里虽然遇到困难，但红军是自有其民族政策的。红军认为藏民仇汉，是由汉人军阀激之使然。红军虽然与其他军队截然不同，但对于藏民一下子是不容易讲通的，必须经过相当时候才能使他们了解，才能消灭他们对汉人的仇视。在到达卓克基一星期以后，红军经过通司（即翻译）向藏民说明红军与过去压迫他们之地方军队不同，红军此来只是由此假道经过，绝不需要任何"进贡"，并且说明红军愿意帮助他们反对汉官压迫剥削。藏民看见红军的态度与过去驻军完全不同，红军纪律亦甚严明，所以卓克基之一部分藏民陆续回家，并愿意卖给我们粮食，并且开始组织革命委员会进行工作。

整个藏民区域地形的险恶，是谁也料想不到的。这里的山林，这里的河流，这里的道路，真是千奇百怪。许多山上一年到头都有积雪，厚的盈丈，薄的地方也数尺。古柏苍松，高入云际，森林之密，遮蔽了整个天空；再加上经常不散的云雾，进入山里，简直不能仰见青天。因为终年积雪和雨量很多，所以河流错综复杂。任何人如不由清晨出发，即难到达预定的宿营地点。即是清晨出发，先头部队到达宿营地时，亦已下午二时，最后的梯队则当天夜里十二时尚未到齐。骡马在中途遭遇障碍，大都未能按时通过，以至延误队伍行进。所以从卓克基出发后，红军被迫得在梭磨休息了两天，等待后续队伍的到来，马匹则等到第三天下午河水退了之后才赶来梭磨集中。

梭磨周围村庄虽然不多，但有一座能容数千人之喇嘛庙，比卓克基七层高大之土司房子还要庄皇华丽。总司令部之直属部均驻于此庙，毛泽东、朱德等红军领袖亦在此庙办公。在梭磨两天之后，再向马塘移动，行程七十里。是日天未下雨，路较易走，所以当天下午即全部抵达马塘。该地是懋功通理县、汶川、茂州之大道，北走可达松潘，地势极为险要。但马塘房屋无多，总共只有几家小商店，平素在此收买藏人药材、羊毛者，其余一所是过去驻军在此设卡抽税的房子。所以红军部队极大部分皆在效外露营，到了晚上天又作怪，雨雪纷飞，弄得大家衣服、被毯全部沾湿，不能睡觉。

红军在马塘休息一天，各人将衣服烤干，次日又上马塘梁子之大山。由山下至山上之行程约五十里，山之顶点每天下午刮大风，风后就是雨雪，甚至下冰雹，地上异常潮湿。空气与夹金山一样稀薄，你想快走，则不能呼吸。慢走吗？又要受风、雨、雪、冰的袭击，真是矛盾之至！虽然我们极力解决这一矛盾，早些出发，各部队拂晓前即起床，拂晓出发，但因部队过大，后梯队仍免不了享受一点风、雨、雪、冰的味儿。有些体弱力少的人直至次日才抵达宿营地。因为不到马河坝是没有房子的，他们又只好露宿，其余部队则抵达了马河坝，在马河坝又休息了两天。沿途未见一藏民，房子也空空如也。幸好这几天还可以吃到一点藏民土司所遗留下来的残余青稞和玉蜀黍。

以后，我们由马河坝移至则格、黑水、芦花等地，那些要沿着河流左右行走。水流之急，有如瀑布，冲击波涛之声，仿佛万马奔腾，湍流之处，波浪高至数尺，与海洋之波澜相似。因此任何地方之河流均不能徒涉。道路方面，则曲折如羊肠，路面之狭隘，只能容许一人通过，路之左右大都是危崖绝壁。人有两手尚可攀登越过，而骡马则跌死甚多，结果只剩下几个老资格的骡子，是从江西出发路上未死之余生者。

先头部队进至距马河坝前四十里之则格，一切后续部队仍集中卓克基，补充粮秣，并就地休息训练四天。四天之后，除将勤务机关、卫生部留驻卓克基，向藏民宣传解释，作增进民族亲睦的工作之外，其余部队又继续向则格集中。由梭磨前进经过各地，沿途藏民不管当地的反动分子之如何胁迫，已不如前此之积极阻挠红军了。但终因白军方面曾对他们进行了不少恐吓和欺骗,当地的反动分子曾订有一个严惩藏民的条例:凡帮助红军引路者,帮助红军当通司者,或卖粮食给红军者,均处死刑;若不执行坚壁清野者,则所有牛羊、粮食等财产一律没收;如不听从其指挥同红军作战者亦作"叛逆"论。藏民在这种高压政策之下,不得不逃避一空。在这四十里行程中,雨雪泥泞,隘路难行,而且又到了绝粮的时候;不过"天无绝人之路",这时该地的青稞已经呈现淡黄色,勉强可以割来吃了。为了避免饿死,红军便只好割麦米煮食,一面四处派人去寻找藏民回家,以便给予一定代价。

于是指挥员、战斗员全体动员割麦。大家知道前面粮食更加困难,所以红军当局便命令各部筹备粮秣十天,并帮助一部负责抗击追敌之部队筹划粮食。此时真有"不割麦不得食"之势,除少数担任勤务之部队和伤病员之外,上自朱德总司令,下至炊事员、饲养员,都一齐动手,参加割麦的运动。每天早晨八时,各连队就集合,向指定之麦地进发,一群一群的红色战士聚集在一块,像麻雀一般,各人都自觉自动地劳动着。高兴起来就唱歌,有的唱着少年先锋队歌,有的唱着红军突围胜利歌或一、四方面军会合歌。一时歌声唱遍了田野,不知什么叫做痛苦,只有热情的快活。

在这里特别值得指出的是红军总司令朱德将军。他不仅同战斗员一样割麦和打麦子,并且割下以后从一二十里远的地方挑五六十斤回来。他还常对一般战士和工作人员说:"你们这些青年人挑不到四五十斤,唉!什么青年?"大家只好很不好意思地对着他笑。除红军的领袖毛泽东、周恩来为了要指挥部队,没有工夫参与此种劳动之外,共产党的中央书记张闻天和年已五六十之徐特立、林伯渠,也来帮忙弄麦子。红军中这种上下一致共甘苦、同患难的精神真是值得人们佩服的。这也就难怪大家在饥寒交迫和极困难当中,还能团结一致,始终保持着高度的政治坚定和战斗情绪。

同时值得指出的是：随军工作的妇女们，如朱德夫人康克清等，不仅随着军队背着枪和行李包袱走路，同时也参加这种割麦劳动。有些知识分子出身的留学生、大学生、青年男女，到麦地去因无鞋子穿，把脚也刺破了；持棒打麦子，手掌也起了泡。这样的生活，据我看，似乎是他们中间若干人有生以来的第一次的尝试，但从没有人表示过丝毫怨艾。

每晚停止了劳作以后，还要上政治课、识字课和开各种会议，如党的支部会、小组会等。红军在则格、黑水、芦花进行十天割麦工作，每人筹储了十天粮食，给了藏民以相当代价，又继续向仓德、打鼓移动。由则格至打鼓行程一百三十里，其中有一大雪山，叫做仓德梁子。该山之大，实难比拟，由山下行至山巅，约六十余里。红军（这连我也在内），虽然都是跑山的"老资格"，但也不得不伸伸舌头！当天只能在上山十五里之仓德宿营，总共走了不到四十里。因为路滑泥泞，许多人都东倒西倒，跌得不亦乐乎，滚得一身泥浆。

次日拂晓即开始上山，下午三时大部都到了登峰造极的顶点。这一天都侥幸得很，既没有巨风，又未降雨雪，虽然气候还是与夹金山、马塘梁子一样。自然各人都得意扬扬，喜形于色。只是沿途有个别牺牲了的或被野兽噬死了的人，令人非常悼念。下山时路上泥泞而滑，而且峭如倒壁，所以连走带滚的活剧，演个不绝，然而这些战士们仍然快活地哈哈大笑。

下午五时即到达上打鼓，我们就在上、中、下打鼓布置宿营。上、中、下打鼓三个村庄，房子约有百数十家，在藏民地域算是数一数二的大村庄了。但藏民仍然由于反动分子的胁迫逃避一空。因情况和道路的障碍，红军在这里又驻了几天。因地势较高，麦子尚未成熟，才开始含蕾，田野间还是一片青绿色。吃野芹菜、野苦麦菜、豌豆叶子，就从此开始了。每人每天只能吃三两整粒的青稞麦子，肚子里饿得确有点难受。每天各个连队轮流派出一些人去寻找野菜、野苗子，以作充饥之资料。生活虽如此艰苦，但战士们大家互相会面的时候，都露出一丝微笑，表示难兄难弟的意思。这个时候的食料，只是无盐无油的野菜，混合一点整个的青稞麦子。虽然如此忍饥受寒，却并不见可以消减红军北上抗日斗争的意志，相反的，据我亲眼所见，只有增加他们速往前线抗日救国的义愤。

大队在打鼓驻了五六天，先头部队早已到达了毛儿盖。原驻该地之胡宗南部一营，因为不肯接纳红军一致抗日的要求，并向红军进攻，以致全部被缴械。大队又继续向沙窝进发，行程一百里，中间又是一个五十里高的雪山，好似雪山同我们结了不解之缘。这个山却别有风味，道路很宽，可成八行纵队行进，空气亦较前此各山好些。于是大家时而唱歌，时而讲故事，时而说笑话，这种热闹空气，克服了一切天然的障碍。但因路程太长，结果当天没有能够全部达到宿营地，尚有数千人在中途露营。

因为没有粮秣，次日仍向毛儿盖移动。毛儿盖是松潘县属地，是当地藏族地区最大的一个村落，大概有三四百户人家。此地麦田很多，据说收获一年，可供该地人民三年给养。麦已告成熟，为了红军的生存，那就只好割麦子了。但此地也和黑水、芦花等处一样，居民早被国民党的欺骗宣传和当地反动分子的威吓赶跑了，红军要付割麦的代价，却老找不着人。后来在毛儿盖以西十里之卡英回来了十几个藏民，并有一通司（翻译）。红军便把麦子的代价付给他们。在此次割麦后，红军除日给以外，每人补充了十天储粮，以便继续北上。因筹备粮秣和集中部队的关系，红军在毛儿盖大约驻了二十余天。红军从江西出发休息到这许多时间的，算只有这一回。共产党的中央利用这个时间开了政治局的全体会议，并召集一、四方面军之最高首长参加。会议指出一、四方面军会合的意义，讨论了整个政治形势，指出民族危机日益加深，因此决定一、四两方面军必须迅速全部集中北上抗日，首先阻止日本帝国主义在北方的进逼，以武力保卫中国北方领土之完整。军队则根据共产党提出的方针，进行政治、军事的动员等等。

这个时候，雪山的行军已告一段落，同时就炒麦子作干粮，收集羊毛及各种兽皮制衣服，准备北上的草地行军。

当时追"剿"红军的各军队方面的情形是这样的：胡宗南集结了四师之众，位置于松潘地区之漳腊、龙虎关、包座等地。东面之川军已占领了整个岷江东岸，一部已占领岷江西岸之则（杂）古脑。追击之敌军刘文辉部已占领懋功，并向抚边前进。白军之周浑元、吴奇伟纵队则集结于雅州。胡宗南、刘湘等判断红军不东出四川，即北出甘、陕。但胡宗南、刘湘等没有料到红军走草地北出一着。当时情况也只允许红军冒险过草地才能达到北上目的。

红军怎样呢？整个一、四方面军，仍散驻于各地：从西康之绥靖[1]、丹巴直到松潘，纵横约一千五百里。从八月初以后，则指定两个中心区集中：右路军之一军团、三军团、四军、三十军、军委纵队之一部、红军大学全部，以毛儿盖为中心集中；左路军之五军团、九军团、九军、三十一军、三十二军、军委纵队一部，以卓克基为中心集中。

草地行军

八月，左、右两路军同时北上。预定计划：左路军从卓克基经上、下阿坝出草地，再向东到班佑；右路军绕过松潘从草地到班佑会合，突出甘、陕，以便达到北上抗日的目的。

草地究竟是一个什么东西？如果简单的比拟，同戈壁地是一个恰恰相反的东西。戈壁是没有寸草滴水，渺无边际都是沙石，干涸异常。

---

[1] 今四川金川县。

而草地则遍野是茸密的青草；水流则不仅满坑满谷，而且满山遍野；有些地方三四十里水深及膝，犹如泽国，水呈淤黑色。多数地方的水，绝不能作饮料之用，有时口干得要命，但见水不能喝。有些人不能忍耐喉里干涸之苦，不慎喝了含有毒质的水，立刻肚子发胀，甚至胀而至死。

大部分地区之水，内含毒素极多，不仅吃之可以致命，有时脚上被草根刺破了，被毒水一泡，就要红肿起来，被刺之伤口即溃烂。卫生部的人虽尽力设法医治，但医愈者很少，结果有些竟成残废。

地质亦殊异，面硬而下软。因为地面长满青草，草根互相联络，步行其上，仿佛踏上"浪桥"一般，如果形容起来，则与布包水豆腐相似。走路时必须小心翼翼，注视着有茸密青草的地方，才敢轻轻地踏步前进。万一不留神，踏破了有草根之地皮，则陷入泥中。地面下之泥浆，其深度很难探得到底，且质甚黏，如胶如漆。骡马陷入其中，若任其自然，则绝对爬不起来；人亦如此，一堕其中，个人亦不易挣扎起来，使你两条大腿此起彼落，结果只好求救于旁的人。我想，所谓"蜀道之难"，恐难比拟其万一。

草地里水份如此充足，实由气候所造成，因为每天一定下雨，一年三百六十日，不管春夏秋冬，都不能变更其成规，雾气笼罩着天空，阴风惨惨，霜雪纷飞，乌烟瘴气，凄凉满目。在草地里见天固不容易，见太阳更难。

我们从毛儿盖出发，就开始下雨。离开毛儿盖北行四十里即草地。是日先头梯队大约走了六十里，后续梯队只走了四十里，就在草地边上停止行进。这天还好，宿营地附近尚有点树木，湿透了的衣服，仍可找着一点木材烤干。从此之后，则极少看见树木。至于房屋人烟，自然更是没有。据我们的"通司"（翻译）谈，此途是简直没有人走的。尚在游牧时代的部落藏民，每年也只能走一次，并骑着特种的马才能走的。所谓特种的马。是草地的特产，蹄子特别大，与平常之马截然不同。

离开毛儿盖的第二天，红军完全深入了草地的领域，一望无际都是草原，战士们全靠仰望着从黑云里露出微弱的阳光，才能辨别东南西北的方向。红军虽然带着几个藏民作向导，但藏民向导仍靠以往藏民走过的马脚痕迹才能走，所以深入草地内部之后，一遇到水多的地方，过去马走过的足迹淹没无踪，或者青草长得叶密的地方轻易找不出来，曾经几次找不出前进道路。往往有些地方可以越过一个小山坡取捷径前进的，但因寻不着路的痕迹，而沿着山坡绕圈子，有时可以不上山的而爬那不必要的山坡。红军在草地走路只是朝着北方走而已，没有什么固定道路，全靠自己开辟自己前进的道路，所以红军北上抗日先遣支队也就是草地的开路先锋。

因为迷失方向和道路的关系，这一天的行军，总共才走了七、八十里路，但到停止宿营时已经傍晚了。晚上下大雨，战士们全部未能睡觉，甚至连开水也不能烧来吃。红军遭遇的困难虽然如此之多，但战士们的战斗情绪和勇气仍然是异常高涨的，所以深夜红军修械工厂被当地反动分子率领骑兵来夜袭时，红军本队尚未动手，而修械厂的掩护队就把来袭之骑兵立即击退了。第三天仍继续从驻地向后河方面前进。

在草地里，不仅道路难走，而且衣食也遇到了巨大的困难。衣服方面：我们由江西出发时发了两套衣服，到贵州遵义补发了一套，到此时已快到十个月了。所以有完整衣服穿的人很少。气候奇寒，有些人穿着各种野兽皮，如羊皮、虎皮、驼皮、狗皮，真是五光十色；还有些人则将羊毛放入布的毡子里，随便缕在身上；还有不少的人既无军帽，又无斗笠、雨伞，让风吹雨打太阳晒，完全成了"秃头军"。以这样恶劣的物质条件，还要每天备受风雨雪的袭击。日里行军已经冷得口黑脸黑，走了七、八十里，到达宿营地时，各人只能找一点草叶子垫着屁股，坐在湿透了的草地上。因为白天行军的疲劳，自然而然地会打起瞌睡，那只好两人或三人背靠背地睡着，不管谁一动弹就一齐惊醒。有些人由于肉体的疲劳，倒在地上睡着了，衣服全部湿透了，半夜狂风挟着雪花吹来，冷到寒风刺骨惊醒来时，找柴不到，青草亦没有，就算有点柴草也燃烧不着，有什么方法不战栗发抖呢？血脉一停那就一命呜呼！同队的人看见了，虽然非常痛悼，但并不表示悲观失望，反异口同声地说："同志，你已经为独立、自由、幸福的中国而尽了最后一口气。"旁边的人插上一句："不要紧，你的任务我们来完成！""我们为中国的独立、解放流最后一滴血！"在这种困难万状的情况下，红色的战士们还依旧有这种不顾死活的斗争气概，确实难能可贵！

　　威胁着我们的，尚有饥饿的煎迫。每天下午到宿营地之前，虽然命令每人拾一点小树枝和干草根，但这尺柴寸草，只能烧一点开水，那怕你有米，也没有法煮饭。各人背着几斤炒熟了的青稞麦子或青稞粉。每天下午经过雨水淋洗，青稞粉成了粢团，结成一块，炒青稞自然更坏，被水泅了软纽纽好像橡皮胶一样。有粉的还好，可以将每人得之一茶盅开水糊起来吃。没有粉而吃青稞的人，牙齿弄疲，也吃不下四两。夜里又不能睡觉，第二天还要走七、八十里路。每天拂晓出发前，连开水也喝不成，主要是无柴之故。每人喝一点能喝而不致送命的冰水和随便吃一点青稞麦或青稞粉，还是咬紧牙关，伸开两腿，大踏步地向前走。

　　有时倒起霉来，路上跌你一交，把背着的青稞粉或青稞麦子掉到有颜色的毒水里，不吃它吗？肚子里又要造反。吃它吗？就不送你的命，肚子里也要发胀发痛，痛得你叫娘叫爹。还有更倒霉的，跌交时被草根将背粮袋子刺破，全部食粮，倒泻于污水或污泥之中，那真是"哑子吃黄连"有苦说不出了。如果发生这种"惨剧",以后怎么办呢?那就只好伸出两手,向着旁人叫出:"同志,阶级友爱唷!"因为战士都懂得有苦共吃,有难同当,阶级同情互相友爱的教育,早就深入了他们的脑中。于是大家一齐答应:"好啊!"每人自动地分给他一点,问题又不难解决了。

物质条件虽然是这样困难,但长征的英雄们,包括妇女、老头和文学家在内,精神上都非常愉快。

红军中之妇女确有"巾帼英雄"之气概。我想人们一定会这样想:"当然咧,她们是劳苦惯了的。"但其实不然,虽然她们当中多数是劳作惯了的劳动妇女,可是她们当中,亦有比较富裕家庭出身的享受过小姐姑娘生活的人,亦有受过高等教育的大学生和到过外国留学的留学生,并且在十年前就是社会上有声有色的政治活动家,例如邓颖超就是。在进入草地的第三天过后河的时节,邓颖超正在患病。因河阔约十丈,深达三尺,所以部队都停滞于河边,邓坐的担架自然也停于密集队伍之中。有不少中下级军官都去看她。她便喘息地向围着她的军官们问:"河水深到什么程度?"于是中下级军官都异口同声地答她:"不要紧,没有关系。"她仍很关心地对战士们说:"同志们!大家手牵着手过才好呀,不要沾湿了衣服呀,这是过草地最后的困难了。"战士们听到她的话莫不动容,而提高渡河的勇气。

其次说到蔡畅,红军中都呼她"大姊"。她曾在广东、两湖等地致力过妇女解放运动,曾留学法国多年。她穿着戎装麻鞋,腰佩着手枪,站立于队伍之中,若不熟悉她的容貌者,当不知其为一女子也。因为她法文很好,又善于歌唱,因此所有队伍都在河岸集结等候着过河之际,战士都一齐叫起来:"欢迎大姊唱法国《马赛曲》!"于是她就笑嘻嘻地站起来对战士们说:"好,不要闹,我唱罢。"此时嘈杂的呼声严静了,她即用法语唱《马赛曲》。虽然我不懂法文,但听她音韵的抑扬，歌声的慷慨，确足以鼓励士气。战士们虽然饥寒交迫和跋涉困难，在寂静中闻歌起舞，不但减少了疲劳和寂寞，而且越发精神抖擞，振作起为国为民的勇气来。

再次说到劳动界出身的妇女，给我以最深刻印象的莫如朱德总司令的夫人康克清。据说她是江西泰和的一个农家女子。她与朱德将军结婚已七年了，结婚时她是一字也不认得的。但后来在一九三三年曾毕业于红军学校和红军大学。在江西反对白军一、二、三、四次"围剿"红军时，她差不多无役不与。她现任红军总司令部直属队的政治委员，在各个战线上都出入枪林弹雨之中。长征中她不仅背着手枪、皮包、军用地图、粮食等物，并且还背着自己的包袱毯子。她身体的雄健，吃苦的精神，堪称军中女杰。在后河岸边我曾亲见她将自己背着的皮包按于膝上，亲自拟写直属队渡河程序的命令。一个普通的农家女子，在几年时间，军事上文化上达到这样的程度，不得不使人们感觉到共产党教育方法的惊人。假如拿一般过奢侈生活的太太们和搽脂涂粉的小姐们，与红军中的女英雄比较起来，那不知相差若干里数！若果中国的女同胞们，都能效法红军中的女英雄，那末在救国战线上，一定会成为不可轻侮的力量。

还有曾任福建长汀县委书记领导一县党、政、群众工作之李坚贞。她是广东东江的一个农妇，参与共产党的工作约有十年之久，在江西扩大红军运动中，曾获得荣誉奖励。她在长征中任总卫生部干部休养连的指导员。此外尚有许多女医生及无线电的女报务员，都与一般战士共同甘苦，行起军来疾走如飞。他们从来不甘落人后，都随着队伍渡过后河。"巾帼英雄"的气概，真令人钦佩不已。

其次给我印象最深的，则是红军中的几位老人，他们老当益壮的精神真使人感动而起敬。比如像徐特立年近六十，头发斑白，牙齿也脱落了。他是中国中央工农民主政府的委员兼教育部副部长。他在红军中担任红军大学的政治教授,在雪山草地异常艰苦条件之下,尚继续讲课。他的生活一如士兵,在长征中很少骑马。过草地时,他自牵着一条小驴子,驴子背上不少包袱毯子。在后河边上,毛泽东问他:"老同志为什么不骑驴呢?""我的驴背了三个有病的学生的包袱毯子,我们走不要紧。"徐特立这样答覆毛泽东。因为物质条件的困难,徐特立自己拾得一块破红布自己缝成裤子穿着,身穿一烂破皮袍,手持一根木杖,肩膀上还有八斤炒麦子干粮。常常听到他向一般军官问:"今天是否有仗打?没有封锁线吗?"他看见因病落后的人,他一定停住脚步用湖南的口音说:"同志!努力跟上呀!快到宿营地了。"战士们闻得老人家的慈爱声音,都莫不兴奋起来。

又如常常同我一块走路、不断讲故事给我听的林祖涵。他也是须发斑白的年近五十的老人家。他与孙中山先生过从多年,他在日本留学时即加入同盟会。一九二五年到一九二七年革命时代,他任国民革命军第六军党代表,国民党中央常务委员会委员。一九二八年,他到苏联留学,一九三二年回国到中国红军中服务。红军在江西时,他任中央工农民主政府财政部长。长征中他任远征军的供给责任;一切给养、服装均由他策划。在行军途中,他带着很深的近视眼镜,肩上背一袋麦子,不管黑夜和白天总是看见他左手提着一个马灯,右手执一根手杖。在后河岸边,他与我们讲辛亥革命的故事,数千饥寒交迫等待渡河的战士围着这位老人凝神地倾听着,直到渡河为止。

尚有董必武及谢觉哉两位五十岁左右的老人。董必武早年曾加入同盟会,参加过辛亥革命。谢觉哉是湖南教育界的名人。长征中,这两个老人都担任红军政治工作,长途登山越岭,渡涉河流,始终保持他们老当益壮的风度。共产党中男女老幼都有始有终、艰苦彻底来为他们的主义和人民事业而上下一致的奋斗精神,确实是值得人们仿效和钦敬的。这也难怪国内外许多报章杂志等对共产党人的艰苦奋斗精神表示敬佩。我在陕西北部时曾亲自听过东北军之被俘军官对红军中之妇女、儿童及老人表示惊叹和佩服，并说出如下的话："你们真是有主义的呀！假如你们没有一个固定的为国为民的目标，为什么这些老头儿、小孩子、妇女们跟你们跑两万多里？难道徐特立、林祖涵先生、邓颖超、蔡畅等女士都是为了没有饭吃才来的吗？"这证明共产党倡言的抗日救国主张及艰苦奋斗精神，的确吸引和影响了不少有为青年对它的同情，以至自觉地投入共产党营垒。

再来说一说在草地行军中的文学家。

我们在草地渡了后河之后，走约十里，当天晚上在潮湿的草地上露营。所有队伍都集中在一块儿，怪热闹的。一二十人为一集团，围着一堆半死不活的火。因为烧的都是一些湿草根，实在无法燃烧起来，一时在草野的人丛中冒起了浓浓的黑烟。围着火堆的战士们，都被烟薰得两泪交流，但受寒冷的逼迫，又不得不忍耐着。等待湿草根燃烧完了之后，战士们仍然围着燃烧过了的灰烬，表示依依不舍，此时浓烟自然也消散了。于是各人就取出自己背着的炒麦子，大嚼而特嚼起来，有些不吃麦子的，或者因为嚼到牙齿疲倦而停止了的，就开始娱乐活动。娱乐的方法是：讲笑话、谈故事、唱歌。草原遍野都是人，你来我往，一时提琴、口琴，抑扬的音乐声、歌唱声，哈哈的笑声，的确使战士们一切的疲劳饥饿的感觉都消失了。这一晚上我个人亦是感觉最快乐的一夜了。因为我的同伴拾得了一大捆湿草根，一直烧到天亮，并且用茶盅放在火堆中烧了一盅开水，喝得满舒服。时将夜半，别人的火都熄灭了，战士们为了取暖，都纷纷向我这里集中。于是越聚越众，甚至红军中的最高领袖毛泽东、彭德怀都来了。他们两人都穿着士兵一样的衣服，将手提着的包袱垫于地上便坐下了。彭德怀开头第一句话就是："同志！我请毛主席同你们讲故事好吗？"大家便不约而同地鼓起掌来，掌声一响，就招致了一位国内闻名的文学家来了。这位文学家是创造社称为三杰之一的成仿吾。这位文学家的著作和翻译的文章，过去虽然看过，但从未会晤过他本人。当我看见他时与我平时所想像的，完全是两样。平常我想这些文学家，定是文质彬彬，潇洒自若的。然而他却穿着一套兵士一样的军衣，束着皮带，背着干粮袋，还持着一只手杖，仿佛一个普通兵士。他在红军大学当政治教员，如没有人说出他的名字，谁也不知道他是个文学家。在火堆周围文武双全，人材济济，大家嘈杂了一回，这位文学家也将他手上带来的一幅油布，垫于地上坐下了。毛泽东即开始讲他几年来红军作战的经验。在他的谈吐之间，没有一点骄傲之气，言语是很通俗的，与普通士兵一样，态度却异常沉毅，完全是一个大政治家和军事家的风度。毛泽东讲完之后，他继续说："我们请成仿吾同志讲讲他留学的故事罢！"成仿吾也毫不推辞，就讲他留学日本以后又留学德国的经过，怎样学习创作文学、小说、诗歌等。据说他原本是学机械工程的，后以学无所用，而转入文艺，而走上了革命道路。于是我们都不觉什么疲倦寒冷，很快就渡过了静寂的深宵。我想假若一个人在这渺无旁际、荒郊的草原上，过那静寂的深宵，寒风飒飒，真会使我不寒而栗。虽然物质气候使红军受到肉体上的痛苦，但他们的精神却是愉快的。

　　在这里使我发生对于红军的人材无限的羡慕和敬仰，同时我感到过去在报上看到的，说："共产党欺骗无知之众"、"排挤和杀戮知识分子"，与事实显然完全是两样。在红军队伍中不仅有文学家、军事专门家、政治家，同时还有许多留学德、法各国的工程师、化学师。共产党不但没有排挤这些人材，相反的，特别优待他们。试问：若果共产党是靠欺骗的话，怎样能使这些有才有智四海闻名的文学家，随着红军过这样奔波劳碌、艰苦困难的生活？难道成仿吾他们都是盲从的吗？我想绝对不是的。他们的确自动自觉地舍弃了他们富裕的潇洒的生活。他们的革命人生观是确定了的，他们是看清楚了中华民族解放独立的前途的。总之,他们这些人对于人类解放的革命事业,是抱定了宗旨的,有一定主义的。不然他们为什么受尽了这许多风波,仍是百折不回？我想红军在异常困难条件之下,仍然团结一致,并且继续存在和滋长,不是没有原因的。

在草地生活已经三天了,战士们大家想到七天草地生活的征途,已快度过一半了。过了后河之后,战士们知道又是在草原的山坡上露营,他们感觉到在草地行军白天走路都没有什么,最辛苦的却是晚上,既不能安然睡觉,又连寒风冷雨都无处隐避,战士们就不约而同地发明了如何抵御风雨的方法。他们的方法就是以班为单位,每班挖掘一个土洞,像散兵壕沟一样,把包毯子的油布垫在土洞里地下,用另一油布或被单盖于洞之上面,战士们坐于壕沟里。因壕沟掘了数尺深,地已不如草地面上那样湿,油布或毯子在上面一盖,既可御风又能御雨,人坐其中虽然没有睡到房子那样舒服,但比较坐在草地上让风雨吹洒,真有说不尽的好处。而且发现敌人骑兵来袭击时,避风雪的壕沟就是已成的临时防御工事,可说一举两得。俗话说："事在人为",我想一点也不差,红军遇到了这样的困难,战士们却自行解决了。战士们发明了避风御雨方法之后,大概各人都坐着睡了一觉,第二天行军特别有劲。

从毛儿盖出动时,右路军曾派了一个部队作为左侧翼的掩护。该部直接从松潘附近出草地,第四天在色箕坝又与我们会合了。色箕坝是松潘通班佑的大道。大道两旁都有一望数十里平坦的草地。此处有一河流,据说是松潘河的上游,河水不深,可以徒涉。我们侥幸得很,河之两岸还有不少矮短的树木,红军晚上宿营于河滩上,烧茶煮饭的柴火完全解决了,晚上就利用小树枝作帐篷以避风雨。

草地行军,虽然只有七天的时间,但是饥寒交迫,困难万状,饿、冻、病死之人,日有所见。然而战士们精神上仍然是很快活的。

由于草地行军队形比较集结,在行军途中一闻得休息号音,各人就地坐下,歌声四起,先头唱着:"起来!不愿做奴隶的人们,把我们的血肉,筑成我们新的长城,中华民族到了最危险的时候!"后而闻得先头之连队唱,他们也一二三,唱起来了:"我们万众一心,冒着敌人的炮火,前进!前进!"最使人莫明其妙的,是在路上走着,大家都有气无力了,但还是你唱我和地唱革命歌曲。休息如不唱歌的话,连长就下口令"刷枪",如果没有布的话,各人用自己的衣服来刷;或者连长下一个口令要战士们学习"瞄准"。他们简直没有烦恼和忧愁。

道上肚子饥饿了大家都用手去抓炒麦子吃,或抓粉吃。有些人吃炒麦子弄得一嘴乌黑,变成黑胡子;吃粉的呢,那就是白胡子,有的用手去弄火烤火,特别是炊事员,涂得一脸黑痕,仿佛像京戏中黑头的面谱。再加上七天七晚没有洗脸,有时遇到有水的地方,但大家都没有洗脸的面巾,那有什么法子不弄成这个样子呢?

足足走了七天才到达班佑。最后这一天天气倒不坏,不但不下雨,反露出一点阳光。倘若以平常人来论,经过整整七天草地行军,六个晚上未曾睡过好觉,受过这番饥寒交迫的磨折,其精神身体都疲意到不能支持了。然而红色的战士们,还是英气勃勃,天真烂漫地、且唱且笑地大踏步前进。他们闻得先遣部队传来了捷报说:在班佑胡宗南派来迎击和堵截之部队已被解决,并通知巴西和阿西有充分的房子给整个部队宿营,同时麦子亦已成熟,可以补充粮食。你想经过七天饥饿和在水草地上露营的战士们,闻得上述的捷报,有什么方法使他们不狂跳起来?胜利捷报轮流向后传递,一时传遍了整个部队,于是由头至尾整个阵容,都起了一种耸动,疲惫不堪、有气无力的战士们更抖擞起精神来了。行进的速度无疑义的增加,恨不得一刻跑到班佑。结果三十里行程只花了两点半钟就跑到了。快接近班佑的时候,一时部队中议论纷纷,有人说:"同志,快到了,住洋房子啊。"别的人像生气似的说:"他妈的,有麦子吃就好了,什么洋房子?"旁的人又插上一句:"这次未拖死,到北方打败了日本,不怕没有洋房子住。"时而你催我叫,"前面快走呀""快走"之声叫个不绝。还有些连队唱着:"同志们快快起来拿着枪,我们是人民的武装,要挣脱帝国主义的束缚,要创造民主的共和邦!"战士们看见先头部队在班佑造好的防御骑兵的工事,于是又高声如雷地唱起打骑兵的歌来:"敌人骑兵不要怕,目标又大又好打,排子枪快放瞄准他……"到了班佑休息了五分钟,再向右走十里是巴西,向北走是亚巴郎寺,仍是草地。班佑总共有十几个蒙古包式的牛屎房子,藏民均被当地的反动分子胁迫逃跑一空了。房内既无家具,又无床铺,除几堆牛屎之外,一无所有。红军在那里休息的时候,左侧山上尚看见数百当地反动分子指挥之骑兵运动,但因我方队伍过大,他们既不敢下来扰乱,又不敢开枪射击。巴西进口处,胡宗南部在两旁高山均筑有强固碉堡,但这些碉堡的敌军已被击溃,因此碉堡上的旗帜显然改变了颜色。至傍晚前红军全部安全地进了巴西。

巴西向南走到漳腊、松潘一百二十里,向东走到包座一百二十里。该地房屋全以木料造成,屋顶亦盖以木板,民房约有一百余栋。有一庄皇伟大之喇嘛寺,仿佛像上海跑马厅附近之卡尔登电影院,军委纵队之干部团全部宿营其中而有余。内部粉饰红色漆,雕刻则贴上金箔,中央坐着一个数丈高大之佛像。最引人们注意的,算是大佛像左右两旁,有两个男女裸体站着拥抱性交的佛像,据通司说这是"欢喜佛"。许多人为好奇心的驱使,都去参观过。

该地藏民虽然因为受了欺骗宣传而进行了坚壁清野,逃跑一空,但田野间尚有萝卜、胡豆,麦子亦已告成熟。因此,不管怎样苦,此地已算是我们进入川北、西康藏民地域后的"世外桃源"了。

虽然仍然没有盐和油,可是以萝卜、胡豆与野菜、青草比较起来，已经是天壤之别了，何况还有炒麦子吃呢？

在中国史地学者尚未发现的地方，或者探险家也未到过的草地，严格说来，在中国地图上尚未注明的地方，原始人类部落居住的地方，数万北上抗日的红军，以冒险的决心，作出惊奇的行动，渡过了草地，打破了历史的纪录。这样惊天动地的创举，假如红军没有钢铁一般的政治坚定性，没有顽强不屈不挠的战斗意志，万众一心的团结精神，怎样敢进行这种冒险的尝试！

不错，当时的情况也只有两条道路可走，或者被困于雪山草地之藏民部落地区而饿死，或者冒险而过草地力求达到北上目的。前者在政治上军事上都是没有任何出路的，后者虽然有死里求生的危险，但冒险过了草地，政治上军事上都可获得出路，在全国人民面前证明红军主张抗日救国的真诚：自己不顾一切牺牲和困难，历两万五千里之长征而北上抗日。"剿共"多年的胡宗南，待他发觉红军经过草地绕过松潘、漳腊、包座而突破班佑、巴西之碉堡时，也不得不表示束手无策；集中于松潘、漳腊、包座数师之众，以迎击红军之姿势，布置得水泄不通，可惜这些布置都为徒劳而无功，"迎头堵截"，变为"落伍收容"。红军从此获得北出甘肃先机之利，由被动转为主动了。关于今后行动准备放到第三段再来叙述，草地行军就在这里结束罢。

雪山栈道的行军

右路军到达了班佑、巴西、阿西以后，左路军亦到上、中、下阿坝。右路军停于阿西、巴西、潘州城一带补充粮秣，恢复体力，实行北上抗日的政治动员，并准备抵御从松潘、包座、漳腊出击之白军。果不出红军所料，到巴西五天之后，胡宗南即令四十九师伍诚仁部由包座出来，实行突击。可是在包座河边，即被红军击溃，几至全部消灭，师长伍诚仁，也受重伤。这一捷报飞来，更加使红军战士们，坚持自己是无敌不破、无坚不摧、无所畏惧、神圣不可侵犯的军队。

右路军在巴西、阿西、潘州城一带休息的结果，每天有萝卜、胡豆、炒麦子吃饱，体力自然比吃野菜青草好得多。褴褛肮脏的衣服亦已洗涤干净了，头发也剃光了，像大花面黑头的脸也洗刷干净，而恢复了本来面目。并且每人都炒好了几斤麦子作干粮，用烂布羊毛造好一双草鞋，一切都准备得差不多了，只是等待左路军的到来会合。

等了快到十天而左路军仍未赶上来，继续等待左路军，又恐失却了北出的时机，乃毅然临时组织北上先遣支队，由红军最高首领毛泽东、彭德怀率领一、三军团及军委纵队先行北上，令左路军继续随先遣队北出甘肃。[1]

中国共产党中央领导着红军北上先遣司令部直接率领之北上先遣支队，于九月从巴西、阿西开始移动，溯包座河上游向东北方向行进。

现在说明当日行军情形。这日晚上十二时从巴西及其附近出发。该晚月既不朗，星亦无光，黑云密布了天空，同时当时情况又不允许我们点火把，在荆棘丛中，水泥潭里，由巴西到阿西二十里路，足足摸索了六个钟头，直到次日拂晓才到达阿西。在阿西集合之后，又立刻准备继续行进，目的是要迅速通过卡冈寺之敌军封锁线。当部队接近卡冈寺堡垒线时，白军的飞机又来轰炸，但部队仍不顾一切继续行进。这一天部队完全没有吃到饭，甚至连开水也未喝到一点，肚子里不消说饿得造反，但还要咬紧牙关，上了两个二、三十里高的大山。虽然第一个山上，尚有积雪，但与已往之夹金山和马塘梁子比较起来，则等于丘陵与泰山之别，无法比拟。

由于迅速坚决果敢的结果，红军竟在敌军堡垒火力之下、空军威

---

[1] 当时在红军行动方针上，中央与张国焘发生严重分歧。中央主张北上，张国焘主张南下。在不能取得一致的情况下，毛泽东等决定率一、三军团单独北上，并于1935年9月10日凌晨秘密行动。红四方面军右路军部队，则依照张国焘的命令南下，与左路军会合。本文因对外宣传长征，没有叙述党内斗争的情况。

胁当中通过了封锁线。这天走了大概有八十里，就遇到一个渺无人烟的小村庄，因为我们到来之前，当地的反动分子便胁迫藏民离开了村庄。红军在这个村庄里布置宿营，但进入房子未到十分钟敌人飞机又飞翔于天空作怪，弄得饿了一天、走了八十里路的红军坐卧不安。为避免飞机发现烟火目标，连开水也不敢烧来喝。各人都处在疲惫、饥饿、口渴三面夹攻之中，还要目不转睛地注视着飞机炸弹的光顾。此情此境，确有点使人难堪！傍晚，烧点开水调一点青稞麦粉吃，或泡炒麦子吃了之后，大家都希望好好睡一觉，恢复日间行军的疲劳。然而天不从人愿，一到夜里大雨滂沱，大部分露营的人，不仅睡觉未成，连一套破衣，一床烂被还被雨淋洗，湿个彻底。假如上天是人的话，那末，红色战士们非与之拼命不可。

次晨六时又继续移动，当天宿营目的地是俄界。由驻地到俄界约八十里，离开驻地之小村庄到包座河边约十里，以后则沿着包座河而走。雨后路上异常难行，泥泞而滑。有半数行程是极狭隘的小道，左边是危崖绝壁，右边是湍流甚急之包座河，行进非常迟缓，犹如乌龟的速度。走到半途，包座河里的水，忽然澎涨起来，不仅将路面淹没，而且路面水深数尺，根本不能行走，但时间已经不早而快近傍晚了。不走吗？又不知明天水势如何；假如后有追敌赶上又怎样办？在这极错综的矛盾之下，只好想尽一切方法走！于是能游泳的人沿着河岸路面连走带泳浮过去，有些则在危崖上冒险攀登，在草丛中挣扎，披荆斩棘，除后卫部队之外，绝大部分都过了这一障碍。先头梯队到达俄界时，已经下午六时了，直到晚上十二时还是五个一群十个一队地陆续向俄界集中。幸而俄界之藏民虽然受着反动宣传，坚持清野，消极逃跑，但并未作顽强反抗，否则落伍人员不知要牺牲多少。然而在水上游泳没有气力作最后挣扎而没顶湮毙者有之，在危崖上攀登因失手堕入河流，而随水漂流去见水神者，亦不乏人。侥幸未遭危险者，亦不得不伸长舌头而叹："险哉斯地！"

倘若相信迷信的话，不是"皇天庇佑"，就是"上帝赐福"。次晨河水不但未高涨而竟降落下去了，让后卫部队安全到达了俄界集中。因为过分疲劳，部队需要休息，沾湿了的衣裳亦非烤干不行，所以决定在俄界休息两天，以便向干部解释中央单独率一、三军团和军委纵队先行北上的意旨，另一方面则改编战斗部署。当时据说中国共产党中央政治局召集了紧急会议，并邀请各军团首长出席参加。该会主要议程是讨论：北上先遣队的任务和到达甘南后的方针；在政治上进行百倍的动员，坚固的团结部队，爱惜干部；在战略战术上要加倍小心，行动要迅速敏捷，来迎接左路军继续北上。这一会议获得了绝对的一致。这一决定都向全军人员宣布和解释。[1]

休息两天之后，沿白龙河向莫牙寺[2]前进。俄界到莫牙寺行程约一百二十五里，所谓栈道的庐山真面目，就开始行见面礼了。战士们闻得走栈道，有些莫明其妙，各人充满惊奇的心情。红军中固然有不少的人在书报里杂志上看过栈道的照片，不待说尝过栈道滋味的人尚没有。于是由惊奇变为喜悦，急于看栈道开开眼界为快。

怎知道我们所走的栈道是另有滋味的！原来栈道是在河流面上，危崖的山边，借用崖下之力，以木桩钉于人工打好了的石孔，面上铺以木板，仿佛桥一般，人们即由上面来往。这有什么出奇？所谓另有滋味者，栈道许多地方改变了原形。红军来到之先，反动分子早就欺骗和胁迫少数藏民在中途某些段落，把上面的木板扔下水里，或者把木桩拔掉。你想遭遇着这种情况，除孙悟空之外，有什么方法可以通过？必须修理，但那里来的木材？队伍不得已就地停下，然后将栈道被破坏的情况一个一个向后传达，传到有木料的地方，又要将树木砍

---

[1] 指1935年9月12日在俄界召开的中共中央政治局扩大会议。会议通过决议，批判张国焘的分裂活动，坚持北上建立陕甘根据地的方针。将部队改编为中国工农红军陕甘支队。彭德怀任司令员，毛泽东任政治委员。由于时间紧迫，有关党内斗争的情况并未向基层传达，本文记述的是正面宣传的内容。

[2] 今甘肃迭部县麻牙。

下，再一个一个向前将木料传递。但这样庞大的部队，队形行进成一路纵队，结果拖至几十里长，口头命令的传达，有时遇到一个打瞌睡的同志，他信口开河，传个牛头不对马嘴。想派人回转后面找木料吗？害死人的栈道只允许一个人通过。前后一传至少非经过数小时以上不可，何况有时还要传两三遍才有效力呢！不独此也，还有被当地反动分子胁迫之藏民在栈道对面山林里放冷枪，在栈道这边山上滚石头，在转瞬之间，有死神临头的危险。这里就可以联想到我们所过的栈道，与书报上杂志里所看见的，截然是两个东西。

其次说到白龙河的情形：水流湍急有如西康之大小金川；波涛之声，响如雷电；两岸均是悬崖峭壁；河的面积，阔的地方，有数丈以至数十丈，狭的地方不及一丈，不管人马堕于其中均无挽救的可能。栈道往往离开水面一二十丈高，偶一俯视河面，使你毛骨悚然。患神经衰弱症的人，简直不敢左右盼望，就是体质坚强的人，行走其中，亦必提心吊胆，谁也不敢在这里称英雄好汉。至于个别胆小的妇女，一方面咬紧牙关，镇压自己两腿发抖，另一方面则不得不求救于男子的扶助。虽然行程如此艰难险恶，但战士们并不忧愁，仍然精神抖擞，意气昂扬。

向莫牙寺进发这一天，大概总共走了不到五十里路。一天到晚不仅没有饭可吃，连茶水也喝不着，口渴时只好喝点冷水，肚饿则吃点炒麦子以充饥。至半途露营一个整夜，次晨再继续向莫牙寺前进。道路的崎岖，栈道的危险，一如上述。不过多了四座横过白龙河的大木桥，桥长约二三丈，假如这四座桥都被破坏，那就有翼也难飞了。

为什么当地的反动分子不将所有桥梁破坏呢？他不破坏桥梁亦有他自己的"战略"眼光。他的目的一方面让红军通过，以免红军长期停留在他的管辖地；另一方面则稍破坏一些栈道，增加红军进行时的困难：使队伍不能连贯地行进，必然时断时继，于是零散掉队落伍者必增。在这种情形之下,当地的反动分子便于捉杀落伍人员,而且可以收缴一点枪支。

我们快接近莫牙寺的时候,大概距离莫牙寺约十五里的地方,当地的反动分子胁迫藏民在白龙河对岸山上,用排枪侧射在行进中的队伍,虽然火力点不很广阔,但这一天被反动分子射击命中而受伤,或当时被击毙,或掉队落伍而被杀死者,亦不下百数十人。整个队伍从下午四时起,直到当晚十一时止,才陆续到达莫牙寺。

莫牙寺是一所很不错的喇嘛寺,据说有喇嘛四五百,但军队则可以驻六七千人之众。寺内陈设异常雅洁,每间喇嘛宿舍门前都有一个小花园,种植一些红白菊花、向阳、牵牛、葡萄等。我们到时,正当菊花盛开的时节,景色确不坏。厨房、厕所亦非常洁净,比诸普通藏民住的房舍固胜数倍,就比诸中国内地老百姓之房舍,也优胜得多。为了收容落伍人员和恢复疲劳,除先头部队之一军团外,其余均在莫牙寺休息一天。

莫牙寺到瓦藏寺约五十里,仍沿白龙河右岸向东方走。这天天气很佳,有暖和的太阳,温和的秋风。同时栈道部分亦较短,大部靠山崖岸走。埋伏对岸以枪侧射我军的反动分子亦较前两天少,所以死伤就不如昨天。大路上行进亦较快,若以我们平常走路经验说,照理五十里路走五点半钟就可以到达宿营地,但事实和我们的愿望相反。为什么?因为瓦藏寺是在白龙河左岸,右岸往左岸的桥梁大部已烧毁了,只剩下一座残废不堪的桥。该桥长约五丈,桥之两端都是两岸撑出之木头驳上的,并用长木伸到桥之中部以绳索系于桥上吊起来的,桥身好像航行于狂涛中之船一样浮动。人不能鱼贯而过,只许一个一个人通过,部队虽在下午三时到了桥头,看见瓦藏寺仅隔一水,可是桥故意为难,因此队伍一直过到晚上十二时,尚未过完。战士们看见宿营地而不能进去,感觉比走二三十里路还要着急!

瓦藏寺大概是一个新建筑不久的喇嘛寺，寺内陈设远不及莫牙寺美好，喇嘛住的房舍，也没有莫牙寺的优雅精致。不过更深夜静之时，经过整天跋涉的疲劳，大家都急于喝点开水后睡觉了，谁还有余闲的心情去鉴赏景物呢？

次晨六时由瓦藏寺出发，溯白龙河而上约走十里，上一个十里路的小高山，以后即离开了白龙河而向东北走。栈道、白龙河从此告别了，然而山谷深箐，并不减于栈道之难行。我们沿深山幽谷走约三十里，又上一山，高约三十里。山脚至半山都是丛密的林木，快到山顶就是光山，一根树木也没有，大概是因山高气候酷寒的关系。山的背面也是在半山上才有树木。山上野兽很多，我们看见好几个被野兽噬死的尸首，血肉模糊。人们看见此种惨状，稍有力量挣扎的也就拼命赶上，谁也不敢落伍。这天所走的路程约百里，傍晚到达一个小村庄，村名据通司说是"格法"。该村约有民房二十余栋，但在国民党军队及当地反动分子威胁欺骗和坚壁清野的政策之下，居民都离开了村庄，房内一无所有。我们在房子四周拾得一点萝卜的叶子和麦子煮熟吃了就睡觉。因为大家都知道快要离开雪山草地了，并很快能进入北方抗日的新阵地，所以疲劳被兴奋喜悦所克服了。次日拂晓又以腊子口为目标继续向北行进。据说那天晚上离我们两天路程的前哨部队，与腊子口堵截之敌接触了一天一晚，敌军鲁大昌部拼险死守，顽强抗拒，我们冲锋数次均未得手。红军中各领袖闻得当时战况大概都有点着急，因为假使腊子口不能打开的话，那末劳师远征北上抗日的志愿不消说不能达到，且有被困于荒山野岭、束手待毙的危险。所以这一天我们后续各部队，都磨拳擦掌拟迅速赶上前哨部队，以便增加兵力而突破最后难关，但天气地形都不让我们这样做。

从格法出发走不到十里，就要上一个二十里高的大山。下山时忽降大雨，路滑泥泞，大家都要连走带爬地走。走不上十里又要上山，该山根本就没有所谓道路，只随着先头部队走过的足迹前进。浓雾和雨又笼罩着全山，山之高大无可测量。进入山林不到十里，天已如漆黑，既无路又无火光，一个跟随一个，像瞎子一样牵着走。扛无线电台及挑伙食担子的同志，跌得一塌糊涂。连队与连队之间常常失却了联络，前面一发生障碍，后面就跟不上。自然一失联络，方向也就迷失，于是乱摸乱找，满山谷都是人。这里叫"司令部在那里？"那里叫"电话队在那里？""无线电队在那里？""工兵营在那里？""炮兵团在那里？"四面号音也吹个不休，你问我答，闹了好久。司令部大概看见这里情形无法行进了，以军号下了一道命令，命令各部就地停止行进。各人闻得停止行进号音之后，便就地找根树木靠着坐下。坐到天亮，张开眼睛一看，明明同队的人就在自己旁边，相隔不到咫尺，但坐了一晚却不知所在，大家回想起来，都觉得有点好笑。

这个晚上真是恐怖的一夜。饥饿寒冷，尝尽辛酸的味道；在森林丛中的大山上，满途荆棘，既怕毒蛇猛兽的来临，又怕当地的反动分子来袭击；更深夜静时，因队上马匹没有拴好，真不识相，他们还要寻求快乐，打起架来，叽叽之声叫得怪难受，而疑为虎狼来吃马了。大家都有点心惊胆跳，真是度夜如年，盼望上天的破晓。

天刚破晓，各人又背起了行装，继续向腊子口前进。大概走了三十里路，就遇着一个将近十家的村庄，这村庄的藏民不消说是早已被当地的反动分子强迫逃匿净尽。司令部命令休息半小时烧开水。正在休息之际，前方传来了捷报，说腊子口已被占领，我军继续追击中，令后方部队迅速跟上。战士们结果连开水也不顾再喝。军号一响，战士们充满了胜利和喜悦的情绪，重整了自己的阵容，按照原来行军序列，连走带跑地继续行进。大概走了五十里的样子，就到了腊子口附近。距腊子口五六里的地方就可以看出一些战后的残迹。沿途树木差不多每株都无完肤，不是枪伤，就是被炸弹炸得断枝落叶，青青的绿草全被踏残了。敌我对峙的临时野战工事，在工事周围英勇牺牲的战士，这一切一切，都使人们看出是经过残酷的肉搏战斗的场所。

现在再简单地叙述腊子口的形势。我方向腊子口前进的左翼是倒壁一般的石山，约五百米高，深密的树木实在无法攀登；右翼是绝壁的石山，除了飞鸟能至其绝顶之外，走兽也无法爬上去；中间横贯一河流，我们是沿河左岸行进。腊子口的隘口只有一丈多阔，进入隘口就要越过两根木头做的约一丈长之木桥。口里有堡垒数座，机关枪以交叉火力对着隘口。敌之右翼山上半腰布置了一连守兵，专以手榴弹抛掷于隘口。若果以贵州遵义之娄山关、乌江天险，或云南威信之两河隘来与之比拟的话，实不及其万一。隘口周围五十米仅是未爆炸之手榴弹就有一两百个。树木则被炸成残灰。据当时战斗之直接指挥者一军团军团长和二师师长[1]说，他们攻了一天一晚未得手，后来夜半二师师长亲率了十七个英雄，带着绳索一个一个从我军左翼山下利用树木按级交替吊上去，然后迂回到敌军之右翼山上守兵之据点以手榴弹进行急袭，炸弹声一响，守兵即相继败走。敌军看见隘口据点守兵败下来，堡垒内之官兵恐被包围亦随之撤退，红军即乘胜占领腊子口。像这样的天险要隘，如红军没有天才的指挥者和不惜生命的英雄，那末腊子口是无法攻克的。红军每遇战斗的难关，胜负生死的关头，就涌出无数自觉的英雄，愿把自己生命去换取胜利的果实，这是红军特有的长处，与旧军队靠奖钱去冲锋陷阵者迥然不同。

腊子口占领之后，除先锋部队继续进行追击之外，所有后续队出了腊子口十里，就在一个河坝的树林里布置了宿营。因该地有鲁大昌部在那里驻扎时遗留下的一些柴火，各部都烧了开水喝，同时昨晚在大山上被雨淋湿之衣服、被毯也烤干了。战士们兴奋极了，但到夜半雨又来临，刚烤干之衣服又被淋湿。躺于河坝草地上之战士当然不能睡下去，而要站起来或勉强坐到天亮。战士们即利用不能睡觉的时光，

---

[1] 即林彪、陈光。

互相谈论如何攻破了决定生死之难关的腊子口，同时谈论到一两天就可以脱离藏人地区之后的斗争前途。

昨天晚上就是夜半不下雨，战士们也很难安睡。战士们都感到快要离开雪山藏人地区，而连想到转入甘肃地区的热烈希望和快乐，尤其使战士兴奋的是腊子口天险的突破。照平常的惯例，因日间行军疲劳，战士们总希望多点时间睡觉，尤其希望停止，休息一天半天。可是昨天的露营则恰恰相反，战士们总想快点出发，大家心里都惧怕上级发出就地休息的命令。天尚未破晓，起床号自然也未吹，战士们都自行把包袱毡子捆好了，都在待命出发。而且不断地听到这样的发问："司令员！什么时候出发？""参谋长！天亮了早点出发不好么？"忽然司令部起床号音一响，战士们都不约而同地大叫大笑起来。各部吃饭的号音都陆续吹起来了，战士们都提着一茶盅开水或冷水，而吃他快要吃完的干粮炒麦子或炒青稞粉，十分钟后预备号一吹，战士们用不着长官的催促而各自奔往大路的两旁集合了。红军本来动作素称敏捷，每次集合出发都异常迅速，但今天的敏捷又为特别。

队伍正在浩浩荡荡地如潮水一般行进，忽然先遣部队传来了一个捷报，各部即行就地停止行进，各部政治委员即向战士们训话，大意是：先遣部队已占领了岷州南部之哈达铺。由大草滩至哈达铺之堡垒全被我军占领。鲁大昌残部退守岷州城。我们前进路上回、汉人民沿途欢迎我军。我们所有后续队应以极高度急行军赶到哈达铺宿营。大家不要掉队落伍。战士们听了这一捷报之后都异口同声地答："谁也不愿掉队落伍！"五分钟后又吹号继续行进。在行进中整个阵容由头到尾都起了一种变化似的，走路的脚步声不仅比先前响些，而且速度也快些，讲话的声音也嘈杂些，笑的声音也多些。这样不知不觉间就走了三十里，连续走三十里不休息。照行军原则，照例走十里应该休息五分钟的，但今天则异乎寻常了，虽未休息，但大家还是怪有劲的。

队伍本应是想再走十里休息，同时烧开水吃午饭。但是太阳一出，云雾一开，天空忽然传来一种风啸的声音。各部军号立刻放出"地地地打打打"急迫的空袭警号，在我们队伍上空的前后左右立刻出现几架敌机，依依不舍地在我们头上盘旋了半个钟头。红军防空警戒有相当经验，飞机未到，战士们即已闻警号隐蔽在深密的林木中，红军的政治工作者立刻利用这一时机进行政治工作。红军上政治课，本是家常便饭一样不断进行的，然而今天的政治课却有点异乎平常，因为所讲的是新问题，这就是"回民区域政治工作"。大意是要战士们到了回民地区应遵守下列各事：（一）进入回民区域，应先派遣代表同阿訇（回教首领）接洽，说明红军北上抗日意义，获得回民许可后，才准进入回民乡村宿营，否则应露营；（二）保护回民信教自由，不得擅入清真寺，不得损坏回民经典；（三）不准借用回民器皿用具，各部在回民地区不得吃猪肉、猪油；（四）宣传红军民族平等之主张，反对汉官压迫回民等。红军政治工作之深入和具体化，及对民族宗教的政策都是异常值得赞扬的。

飞机因未发现红军目标，在空中盘旋半小时后即飞去了。我们又继续向岷山山脉前进，到了距离该山三十里时，该地有一个不到十家的小村庄，我们即在那里烧开水喝和吃中饭。中饭吃的自然还是开水和炒麦子。由出发点算起我们已走了五十里了。仓促地吃了一点开水和炒麦子之后，又继续行进。是日天气异常晴朗，太阳亦相当热，因此飞机光临次数也就特别比平常多，当我们吃中饭时就来第二次照顾了。因未发现目标，故未投弹轰炸，只是骚扰一回而已。

我们快接近岷山山脚时，各部会作短时的休息，以便一鼓作气而登岷山。此时红军中之各部政治委员即利用此时机，又进行上山的政治鼓动工作，提出连队与连队间的上山比赛。他们比赛的内容是怪有趣味的，如：大家要上得快，不掉队落伍，发动阶级友爱，帮助有病及体弱同志背枪和包袱，使有病及体弱者一同跟上等。

岷山是青海、甘肃、陕西与四川分界的有名山脉，雄壮的山势及起伏的高峰，堪称名符其实。大概我们要上的地方约二十余里，下约三十里。我们上山的地段，树木稀疏，因此我们就不一定依原有道路，可以自行寻找便于登山的道路，这倒予红军以几路纵队同时并行的条件。因为几路纵队并进，也就特别显得热闹。首先是连队与连队之间，都根据政治委员所提之比赛原则，而互相提出"挑战"口号，这里提出："同志，看谁坐飞机？"另一方面即提出回答："好罢！看谁当乌龟？"在双方以这种精神鼓励之后，各人都争先恐后地向山上爬。同时为减少疲劳计，上山的娱乐工作是不能少的，所以唱歌说笑话的热闹空气从整个阵容里爆发出来了。一时听得"哎呀唻，红军哥哥打胜仗，缴获枪炮千万千！"的江西兴国山歌和红军进行曲等，唱和不已。专门担任领导行军中娱乐工作之宣传队，则尽其所有气力而大唱特唱起来，一切沉闷疲劳都被歌声驱散了。

使我印象最深的，莫如战士们个个都对同队的有病同志和体弱者有无限的互助和热爱，都自觉地替病弱者背包袱、干粮、枪弹等，同时对于挑伙食担子的、扛大炮的、抬无线电的伕子都自动地自觉地加以协助，这真是红军中的一大特色！这与它上下一致团结、能担任艰苦战斗任务是不能分离的。

当歌唱声、嘻哈的笑声，正闹得不亦乐乎的时候，队伍大部已拥到了山的中腰，甚至有些捷足先登的好汉，早已到了山的顶点了。忽然天空中来了三架敌机，像凑热闹似的，找着我们做第三次的拜访。我们紧急警报号音一响，战士们立刻散开就地坐下，一时满山谷都是人。战士们都含着无限愤怒对空中敌机谩骂："他妈的捣乱鬼！""为什么要来打抗日红军呢？"因为树木缺乏，使我们一时隐蔽无从，满山满谷都是人马，有什么方法不暴露目标？因此敌机一发现目标，无情的蛋就连续放下。但富有对空射击经验的红军战士，都很镇静地以步枪机关枪对空射击，甚至有战士说："今天吃飞机肉吃得成了（意即可把飞机打下来）。"三架敌机在我们头上盘旋了三、四十分钟，放下了一、二十个不能吃的蛋，但结果只打死了两匹马、一匹背粮的牦牛（草地特产），打伤了两个炊事员，这大概是因为红军不断对空射击，敌机不敢低飞及投弹技术蹩脚和地势关系吧！同时这也是红军不怕飞机的主要原因。

敌机和我们辞别之后，我们依然继续上山，下午三时半即全部到了岷山的顶点了。我们还是马不停蹄地、像银河倒泻一般涌下山去。因为在山之顶点，都看见了远远田野的牛羊成群结队和田间劳作着之农夫农妇，大家都充满着愉快的情绪，都快马加鞭，恨不得一步赶到宿营地，所以比上山的速度顿然增加数倍。

我们下完岷山之后已快到六时了，照平常惯例，这是飞机应当休息的时候，谁也不注意对空警戒了。怎知这天竟突破了惯例，迎面又来了四架无情的敌机。这当然是来挡驾不让红军进入甘肃之表示，这次又蒙它奉送了几十个不能吃的蛋，并牺牲了三个万里长征的战士。当时战士对于自己同志的牺牲，表示异常痛悼，对于空中吃人的铁鸟则莫不切齿痛恨。本来我们是可以赶到哈达铺宿营的，因为飞机多次骚扰，因此只赶到大草滩宿营。飞机轰炸目的虽未达到，然而迟延红军行进的目的则已达到了。

不管经过多少磨折、多少辛酸的生活，遭遇过多少牺牲，红军终究把最后的困难克服了，最后脱难了雪山草地的藏人地区，转入了西北的抗日新阵地，开始了另一新的历史时期。雪山草地行军记，则就此结束。

从甘肃到陕西
——抗日人民红军北上长征的最后阶段

杨定华

一　进军甘肃南部

北上抗日人民红军在荆棘丛中，在耸入云际连年积雪的高山，在一片泽国的草地原野，经历了三个多月的艰苦奋斗生活，尝尽寒冷风霜，吃过了草根树皮，有不少经过万里长征之英雄牺牲于这一地区。正因为这一万里长征北上抗日的壮举，和这些英雄的牺牲，将来在民族解放史上，这些英雄固然是不朽的人物，而过雪山草地当然也要占着光荣的历史篇幅，成为历史必要的题材。

战士们下了岷山山脉进入甘肃之后，一方面感于别却过去所尝的辛酸生活的地区而快活，同时又以他们到过这样的地方而自豪！大队人马虽然与岷山山脉背道而驰，可是，战士们一面说说笑笑地向前走着，一面又时常不约而同地转头回顾岷山的真容。这一回顾当然不是"临别依依"，而是向它宣告辞别。

我们对于辞别了的岷山，当然渐渐与它越辞越远了。我们的宿营地虽然还未看见，然而我们目光所接触的一切景物，都是很快接近乡村的象征。如在远远的山坡上,西斜的夕阳照射下,看得很清楚的有一群一群的绵羊,牧童坐在牛背上向附近山下赶,显然是相距我们不远有乡村了。行行复行行,转了几个湾,就看见了三五成群的农夫、农妇。我们自然众口同声问他们这里叫做什么地方。他们也一致回答,前面是岷州的南区大草滩。再行了不远,即看见我们的设营队派回之通讯员站于大路旁边,不断地叫着:"司令部命令所有后纵队都到前面五里之大草滩宿营,先头纵队驻哈达铺。"战士们在疲乏之余,闻得不再赶到哈达铺,可以少走二十里宿营,当然有说不出的高兴。

当我们到达大草滩村外一个河坝上集中的时候,来看热闹的老百姓,男的、女的、老的、少的,越聚越多了,其中有汉人、有回民,大家都笑嘻嘻对着我们笑。各部队的战士们坐于河坝上,各部政治指导员则重新又一次说明红军的三大纪律、八项注意,及进入回民地区的政治训令;同时派出代表入村里办交涉,询问群众可否允许我们进入村里宿营。当地老百姓听了红军说明来意及主张之后,都表示异常亲热地欢迎我们进去,每家自动让出一两间房子给我们宿营。因人多房少,结果我们大部分仍是露营。

部队进入宿营地之后,一切小贩买卖在我们周围都陈列起来了。为避免买卖拥挤起见,各部战士都只派出采买员去购买东西,而且买卖都用现洋。群众觉得红军说话和气,买卖又公平,这样多的人马一点不感到嘈杂麻烦,都感到有点惊奇。

在这里更有意思的是几位汉、回农妇对于红军中做政治工作的女战士,她们觉得这些女战士言语行动明明是女子,但细看她们穿着戎装、麻鞋,又缠上绑腿,配着手枪,雄赳赳地又引起她们怀疑。于是几个农妇格外亲热地牵着一个女同志向她们家里跑,一回儿所有女同志都被当地回、汉农妇牵到她们家里了。因为他们对女同志是男是女还抱一点怀疑态度,所以向女同志"实行检查"。她们向女同志胸前一摩,触着两个乳峰,自然立刻可以肯定是男是女。红军同志当时弄得莫明其妙,大家哗然一笑,然而那些"执行检查"的农妇们则更进一步亲热,请那些红色女战士上炕(北方睡土炕,凡有客人来了都请上炕,但女人的炕只请女客)。女同志不仅被请上炕,而且被农妇请吃了很好的晚饭呢!我想这不仅是因为女性与女性之间有更亲切关系,而且是因为她们对万里长征的女战士确抱着无限羡慕和敬仰。

一般的战士们虽然没有农妇请吃晚饭,但各个伙食单位都买到了羊肉和白面、盐、油,与雪山草地吃野菜、青草,数月不尝盐油之味的情形比较起来,你想精神上是如何的快乐啊!如果形容起来,真有点像困于囚笼之鸟儿,一旦逃脱而翱翔空中一样。

在大草滩过了一宿以后,我们又向哈达铺前进。本来司令部命令要我们于昨晚黄昏赶到哈达铺的,因沿途被飞机骚扰,致未赶到,还有二十五里的"路债"留下今天再还。因避免飞机的麻烦,清晨即从驻地出发。当我们队伍在河坝上集合的时候,大草滩的老百姓男女老少都出来看我们。大概当地人民对红军有了实际的认识,对红军的军纪及红军对人民亲热的关系,都有莫大的好感,所以对于红军的离别,仿佛有点难舍难分的样子。据我们家乡的一般习惯,有军队来乡里驻扎,老百姓都有点皱眉头,觉得老不舒服,如果闻得军队要开走了,那真是谢天谢地!然而红军所到的任何城市、乡村,老百姓的态度则恰恰相反。我们每次离开宿营地时,老百姓总是舍不得我们开走。当我们离开大草滩时沿途老百姓都说:"红军先生为什么不多住一两天呢?""咱们这里地方穷,红军先生你们住不惯罢?"我想,如果他们真是清楚知道我们吃过雪山草地的苦况的话,那真有点开玩笑了。我们大队人马越离越远了,然而老百姓仍然站立于村外河滩上远远望着我们,有些还向我们招着手。红军能获得老百姓如此同情,我想不仅靠他抗日救国主张的正确,而且靠他们的实际行动。比方我举一个这样的例子，在别的军队中是绝对不会有的：我们队伍集合完毕之后，立刻由各部队自行派出纪律检查员和政治部纪律检查队，到各部驻过之房舍检查。检查完毕并立即向集合之部队宣传检查的结果。我还记得当时有两个连队宿地未打扫，有一个连队借了锅头用了未洗干净，有一个民工买了鸡子少给一毛钱与老百姓。纵队司令员听了之后立即命令犯纪律的连队首长派人回去打扫，少给的钱，一时虽查不出是那一个民工少给的，也由政治部垫补出来。红军这样去注意纪律问题，由此可知老百姓同红军关系好的原因所在。

因为精神的兴奋和愉快，同时昨晚不仅安静地睡了一晚，而且都买了白面、羊肉吃得饱饱的，大家走起路来特别起劲。飞机捣乱的时间也未到，大家又少了一层顾虑。行程也只有二十五里那么长，路上并未休息，只花去二个半钟头时间，队伍就先后到达了哈达铺。因为先头已过了不少队伍，同时司令部直属队及一军团尚有队伍留驻该地，当地老百姓对红军大概看惯了，所以看热闹的人就没有大草滩那样拥挤了。

当红军离开了雪山草地的藏民地区，而进入甘肃南部的大草滩、哈达铺地域时，国民党的川军及中央军虽然由于红军转移的迅速而追赶不及，然而，在甘肃堵截红军的国民党中央军已有十余师之众，加上东北军、西北军，总计不下二、三十万人马。照理推想，军队数量和武器弹药均占优势的国民党军队，当然可以对付当时疲劳到极点、弹药俱缺的红军而有余。红军当时对甘肃的情况也作了异常慎重的估计。我还记得，在哈达铺的干部会议上，毛泽东曾作过这样的演说：同志们！雪山草地的困难我们已胜利地克服了，然而今天摆在我们面前的，尚有更危险更艰巨的任务。现在正如狂风暴雨的情况。民族的危机一天天加深，我们坚决主张国内和平统一，停止内战，使我们可以达到抗日前线，完成我们北上抗日的原定计划。可是国民党至今没有接受我们的提议的表示，仍在集中大军来压迫和阻止我们。我们仔细估计国民党军队的力量，是超过我们数倍。假使我们在战略战术上不小心、不慎重的话，那末，我军就有受到严重打击的危险。如果国民党各军不拦阻堵截我们，不向我军攻击，我军决不进攻他们，但遭受攻击和拦阻时，我军是必须打开北上道路和自卫的。我相信，经过万里长征的、久经战斗的、不畏一切艰难困苦的指挥员、战斗员，你们一定能够以你们的英勇，谨慎灵活的战略，和以往的战斗经验来战胜危险而达到北上抗日目的。

在上面的一段话的中间，就可以看出当时的红军所处的严重情况。但红军自从突破了腊子口之后，担任沿途堵截之鲁大昌师，一直被红军追到哈达铺，沿途堡垒相继失守，鲁部几至全军覆没，除被击散及被红军缴械者外，其余亦不得不仓皇退入岷州城里。这时，不仅蒋介石围困红军于雪山草地，用自然界的力量消灭红军的计划尽成泡影，而且由于腊子口的被突破和鲁大昌的失败，红军便获得向北行动和发展、进入西北抗日阵地的优越条件。

红军到达了哈达铺之后，当时大概因双方情况都不明，国民党军并未来进攻，红军也不轻于移动，因此，红军获得两天的休息。红军为了迅速恢复体力计，不论官兵、民工一律发了一元大洋，所以当地小贩商人利市百倍。此地猪、羊、鸡、鸭价格甚廉，一百斤的大猪才卖五元大洋，二元大洋可买肥羊一只，一元大洋可买五只鸡，一毛大洋买十几个鸡蛋，五毛钱可买一担菜蔬。鲁大昌部遗留下来之大米、白面，数百担，食盐也有数千斤。在草地雪山几月未食到盐及大米、白面的红军战士，当然喜形于色，尤其江西、福建出来的红军战士，看到大米特别开胃。因为估计到物质条件的可能，红军总政治部特别提出"大家要食得好"的口号。这个新奇的口号，是我到红军几年来第一次听到的，这大概是因为红军体力急待恢复的缘故罢。这也就是红军政治工作的特点和无微不至的地方。

　　一时"大家要食得好"的口号传遍了整个部队。各个连队伙食单位，都割鸡杀鸭，屠猪宰羊，每天三顿，每顿三荤两素，战士们食得满嘴是油，光溜溜的。大家眉飞色舞，喜气扬扬，互相见面时，哈哈大笑，不约而同地说："同志：哎哟！过新年啊！"这样的话不提犹可，一提就要引起议论纷纷。有的说："唔！在家里过新年也吃不到这样好。"我们电台上有一个来自贵州的民工说："我十八岁了，除了我姊姊出嫁那年吃过鸡，到了红军才经常有鸡吃。"另一个又说："我们江西也只有革命成功以后（指土地革命以后）过年才家家有鸡吃。"不管在河边上集中洗菜的地方，或在屠猪宰羊的人群中，都可以闻得战士们你一句来我一句往的议论。我听了红军战士们这种议论之后，细想起来，他们那些议论，都近于实际和真理。因为在中国一个普通农民家庭，过新年屠猪宰羊，杀鸡杀鸭的，确实是绝少的事，除地主豪绅之外，谁有如此豪阔！贵州农民因受军阀、地主、豪绅的敲诈剥削，一年到尾，不仅许多儿童连裤子都没有得穿，甚至十五、六岁的姑娘，仍然赤身露体。说到杀牲口来过新年，简直等于做梦。我觉得他们的这种议论确是反映了中国农民痛苦的一幅图画，异常明显和深刻。

　　红军为联络地方人民感情起见，总政治部通令各个伙食单位，请驻地周围人民会餐。因此，各伙食单位都有一桌至两桌客菜，以备请当地老百姓来吃。每个伙食单位都请来一、二十个老百姓，其中有男的，有女的，有小孩子和老头儿、老太婆。会餐之际，他们你劝我让，吃得嘻哈大笑，怪热闹的。

　　我们电台的伙食单位，请来了四家老百姓，我们把他们分成两桌。其中有一家是回民，回民不吃猪肉，所以单独一桌。给我最深刻印象的是一对六十多岁的老夫妇，他俩态度的有趣，说话的深刻，使我至今尚不能忘。老太婆对我们总是笑嘻嘻的，老头子在我们驻扎的房子出入举手学我们行军礼,一面举手一面鞠躬,那种神情态度,真会使你肚子笑痛。他和我们谈话时说:"咱们几十岁未看过红军先生这样好的军队。鲁大昌在这里住了几年,咱们不但吃不到他的东西,反要咱们给他们吃。"他尚未说完,老太婆又抢着说:"唔!交不出粮来还要吊打呢。红军先生,你们不走就好了!"还有几位小孩子,简直依依不舍,总不愿离开我们的房子,并且再三地要求,要随我们队伍走。因他们年龄太小,电台之政治指导员未曾答允他们的请求,小孩子竟然大哭起来。人民对红军如此信赖,固然由于他们纪律严明,善于政治宣传,同时实际给予人民切身利益,恐怕是主要原因。

二 胜利地突破渭河封锁线

红军战略的神妙,常出敌军意外。红军在哈达铺休息两天待机,扬言继续向东行动,即出天水佯动,以迷惑敌军。敌军信以为真,将主力集结于天水,以待迎击,同时占领渭河北岸之武山、漳县,以防红军北上。但红军侦探灵活迅速,战略神妙,竟以迅雷不及掩耳的手段,立刻发挥其特长,以一天工夫走了九十里,进入一个不大的村庄宿营(可惜地名忘记了)。该村庄虽然不大,但别有风味。村内没有一个独立房子,都是一、二十家一个集团。房子周围建筑着一两丈高的大土墙,墙外且挖了壕沟,深约丈余。进口处只有一桥,如果抽出桥板,如果民团再加以抗拒,那就不易进去。老百姓耗费了如许人力,造此"金城汤池",据说是为了防备土匪。当我们接近该城堡时,人民都站在城墙上远望。红军怕引起民团误会,故先派代表接洽交涉。人民知道不是土匪,立刻开门迎接红军。待我们进入宿营地之后,政治工作人员立即分头活动,向人民说明北上抗日的主张,于是人民都乐意帮助红军。

次晨就从该地向新寺前进，行程一百三十里，除了中午休息三十分钟之外，简直没有休息。照红军行军速度，晚上八时就可赶到新寺。无奈天空敌机作怪以致延误时刻，时届黄昏，路程只走了一半。我们当时想大概可望不赶到新寺而获休息。但忽然司令部从先头传来命令："各部队不顾一切，星夜赶到新寺。"战士们听了当然没有感到什么困难；但许多新请来的民工听到，都伸出舌头，有点"少见多怪"。行了不久，忽然阴云欲雨，浓雾密布，星月又好像害羞似的，竟倚靠黑云来遮着。我们又无火把，队上马灯虽有几个，但无点滴洋油。我们像瞎子一样摸索前进，五步一停，十步一歇，逢桥过水，前后便失却联络，一直走到次晨拂晓，才达到新寺附近，但落伍人员及收容队尚未赶到。天才微明，出发命令又到，开水也来不及烧，集合号又响了。各人只吃了一碗冷水和干粮，又赶了四十里到达鸳鸯嘴附近才停下来。一昼一夜和一个半天，才吃了两顿饭，又没睡觉，一直走一百七十里，若不是红军，我想任何部队也不能这样干。

我们到鸳鸯嘴之后，除先头部队派出警戒之外，所有人员不管三七二十一倒到炕上或地下都睡得鸣鸣大叫。战士们确实疲劳到极点了，大家睡着了连饥饿也忘记了，到傍晚各部队才开始烧饭。晚饭吃完之后又睡，战士们经过半天一夜的休息睡觉，精神都恢复了。

拂晓我们接到命令，限上午九时前全部渡过渭河。战士们都如生龙活虎一样，大家都充满着惊奇和喜悦的心情。大概战士们想到姜太公钓鱼的渭水，一定有什么古迹奇景或军事险要罢？驻地到渭河岸边只有二十里，队伍分成两路纵队，连走带跑，浩浩荡荡如潮水一般拥向渭水河边。因时已到秋末冬初，河面虽阔，但河水却不深，一般的只到大腿上，既用不着工兵搭架浮桥，也不要摇船架桨，所以分成好几路纵队同时徒涉。因渡河时大家都团集在一块，在各人的脸上都呈现出两种情绪，一方面觉得顺利地渡过了渭水而表示胜利和欣悦，另一方面却表示很失望。战士失望的原因,大概是因为姜太公钓鱼的渭水,既无古迹奇景来开开眼界,又不像金沙江、大渡河水流湍急两岸倒壁那样险要,而是极平凡的平坦的河岸,缓缓的流水。战士们以军事战略眼光来看渭河,当然没有什么了不得,故此对于前两天的急行军,赶得不亦乐乎,自然有点失望。战士们都说:"这样一条河有什么了不得?"

当部队全部渡过渭河,战士们刚感到失望而发生"既无敌人何必赶路"的争论的时候,忽然左右两翼机关枪,像雄鸡见着母鸡一样,咕咕咕,叫得怪起劲,迫击炮也来凑热闹似的乱吼乱叫。战士们一闻枪炮声,不胜兴奋雀跃。有些说:"唔!你知道我们没有子弹了罢?"意思是有仗可以补充子弹。有些还连说带笑地说:"他妈的!老子过了河你才来,迟了啦!"另一个故意说:"不是迫击炮、机关枪,是老百姓放爆竹欢迎我们。"明明是敌人枪炮打来,战士们仍然你一句来我一句往,说一些不关痛痒的话。红军作战的沉着由此亦可想见。不一会枪炮声越来越密了,司令部军号一响,战士立即集合起来,我们电台即开始上山。我们在山上看见了彭德怀带着两个传令兵站于路边,叫我们暂时休息一回。我看他态度镇静得很,并不介意到枪炮声。不到五分钟,毛泽东也从后面来了。彭将军即问毛泽东:"毛主席,情况怎样?"毛主席亦很自然地答:"让他打好了,随便派二连人出去放几响冷枪吓吓他,他不敢来的。"当时我听到毛主席的话,我心里想,真有点开玩笑,但事实竟不出毛主席所料,两翼夹击红军之敌,都被冷枪吓住了。于是战士们都从容地继续向山上前进了。红军即这样大摇大摆、太平无事地渡过了渭河,通过了武山、漳县。扛我们电台的一位老民工在山上时还上气不接下气地说:"他娘的!又想打又不敢来。"我当时觉得他说话太骄傲了,我就冲撞他一句:"假如敌人追来了你又怎样办?"他好像生气似的回答我:"他来了,我们扛电台的还不是走快一点！"现在我回想起来：假如他不是一个民工，而是一位文人的话，亦可称他为"幽默大家"了。

　　武山、漳县两翼之敌军既不敢出来夹攻，自然不敢乘夜追击，因此红军到离开渭河三十余里的山上，就在一些零星的村庄里布置宿营。我们到了宿营地很安静地休息了，不过政治工作人员却有点吃力，因老百姓闻得下午的枪炮声，大部分都离开了家，所以政治工作人员，都到山上去招呼老百姓回来。后来我们问回来的老百姓为什么跑，他们说："我们不是怕你们（指红军），我们是怕打仗，所以上山避开。"老百姓同红军接谈之后，一些青年和壮年都自愿地帮红军购买食粮和柴火，各伙食单位弄羊肉面条，大家吃得是满舒服的。

三　由榜罗镇到通渭城

　　红军通过了渭水和武山、漳县之线以后，昨天晚上虽然只离开渭河二三十里就宿营了，距武山、漳县亦不远，但两县之敌军并不敢出来夜袭和骚扰，所以红军仍在那零散的庄子里，各人拥着一张单被睡得满舒服。次日清晨各部队即吹号吃饭，吃的当然不错，有的吃面条羊肉，有的吃羊肉洋芋，亦有吃小米饭和猪肉的，总而言之，战士们都吃的笑嘻嘻的。饭后军号又响，战士们即向那无草无树的山冈上集合出发。当我们出发的时候，太阳已由东方渐渐上升了，战士们大家都明白在开阔的山地行军必需伪装，以防空中敌人，可是此地想找点做伪装的树枝也不容易获得。这样好的天气，同时向导又向我们说，从此走到榜罗镇都是一样的路。于时战士们都感觉到没有伪装，少了一件对空防御的工具，心里总有点不舒服。然而红军的指挥者是很灵活的，他们深深地了解到战士的心情，所以拿一些安慰自己的话来安慰战士们，很普通地听到这样的声音："不要紧，今天飞机不会来的。"

战士们都明白：在这样的地方这样的天气，又无伪装，万一飞来了是有麻烦的，因此各人的精神、情绪、神经，都异常紧张；尤其被派当对空观察哨者更为小心翼翼，司号员军号总是拿在手上，目不转睛地注视着天空，两耳则倾听着远处有无飞机的声音传来。我们在行进中，飞机虽然来了两三次，但因警戒严密，在空阔的山坡上行军，对空观察哨看得很远，警报一来，全军尽可能散开，所以有两次飞机来了都未发现目标。当我们部队陆续进入榜罗镇时，飞机再来第三次。因队伍太聚拢了，同时先头部队因进入市镇的关系，人马比较拥挤，一时不易散开，又无法隐蔽，以致被飞机发现目标，给了我们一点麻烦，一连放了五个炸弹。五个炸弹均未命中，故红军未蒙丝毫损伤，只是麻烦了二十分钟而已。

由于物质条件的可能和情况的允许，尤其是政治上的需要，先遣司令部命令所有北上先遣队全部在榜罗镇休息一天。在这一天，据闻中国共产党中央及最高军事领袖都开了会议，并开了全军的军事政治干部会议。[1] 军政干部会议是在学校操场开的，到会者约千数百人。当毛泽东进入操场的时候，全体立起向毛主席致敬礼。掌声大作之后，毛主席即登台对所有军政干部作报告。因到达榜罗镇时有一个高小学校供给了很多报纸杂志给红军，中国共产党及红军领袖阅后，觉得关于日本在我国北方侵略的许多材料，急待分析和讨论。据闻中国共产党中央政治局及军事领袖开的会议上主要议程是讨论北方形势。中国共产党及红军领袖毛泽东在全军军事政治干部会议上的报告，据我的记忆，概括起来有下列几个问题：（一）日本侵略北方的严重性；（二）陕北根据地和红军状况；（三）北方可成为抗日新阵地的经济、政治条件；（四）要避免同国民党军作战，要迅速达到陕北集中；（五）严格整顿纪律，充分注意群众工作，解释我军北上抗日的意义，注意扩大

---

[1] 1935年9月28日，红军到达甘肃省通渭县榜罗镇。中共中央政治局在此召开常委会，根据在哈达铺了解到有关陕北红军的情况，决定修正俄界会议的决定，率领陕甘支队与刘志丹、徐海东领导的陕北红军会合。当天，毛泽东召集红军连以上干部大会，宣布了这一决定。

新战士等。

共产党红军里做事是雷厉风行的，军事政治干部会议之后，各部队立即开共产党支部会、军人大会等。这些会议立即提出整顿军队风纪、做群众工作、扩大新战士、进行宣传工作等等的比赛，各部队当即决定由纵队与纵队、团与团、连与连互派代表，双方检查驻地卫生、与群众的关系和整顿军风纪等，同时各部队又组织了会餐和联欢会。因此，与其说是在榜罗镇休息了一天，无宁说在榜罗镇为了北上的政治动员忙了一天。为了政治动员而忙，红军战士们是自动地自觉地愿意竭尽精力去忙的。红军这样的作风，博得了当地居民无限的羡慕和惊叹。

红军在榜罗镇经过一天的休息和政治动员，次日拂晓前又先后向通渭城前进。红军最高军事政治领袖毛泽东、彭德怀亲率林彪的第一纵队先行出发，他们当天赶到了通渭城，行程约百里。据说该城本有国民党一团驻军及民团，准备堵截红军，但他们看见红军声势浩大，无法抵挡，稍一接触，即怆惶弃城而逃，因此红军并未花什么气力即占领了前进道路的通渭城。通渭城防仿佛像普通军队换防一样似的，此去彼来，不过老百姓都知道走了的是国民党军队，新来的是红军。所以城内除了少数几个平素鱼肉乡民的贪官污吏和几个横行霸道专靠收租税和高利贷过活的地主豪绅，随着弃城潜逃的溃军逃命之外，其余工人、农民、商人、学生、市民仍保持平常的状态。工人照常做他们的工，农人也一样地背着农具牵着小毛驴种他们的庄稼，商人用不着说他们更不会害怕，相反的，他们恨不得红军留此多住几天，因为他们从来也未遇过这样好的买卖。

我从来行军都是随着第三纵队走的。第三纵队于早晨八点钟开始由榜罗镇出发，沿着先头部队的路线前进，当天并未赶到通渭城，原因是城内房子容纳不了这许多队伍，只走了七八十里就在通渭郊外二十里地村庄布置了宿营。大概国民党的空军得到了通渭被红军占领的消息，因此空军都注意通渭城和西兰大道（西安通兰州的汽车路）去了，所以我们从榜罗镇到通渭的那一天在路上根本没有遇到空军的麻烦和阻挠，我们达到宿营地时尚未到下午五时。当我们进入宿营的村庄时，沿途看热闹的老百姓看见我们都很像看见相熟的朋友亲戚一样，向红军战士们点头微笑，尤其是孩子们，虽然他们穿着那破烂的衣服，可是仍然表现那天真烂漫亲热的神情。当时许多战士们就问他们，为什么不怕红军？他们一致地都这样回答："去年也是这时候徐海东的红军到过我们这里。"同时反问我们："你们不是徐海东的红军吗？"[1] 原来老百姓、孩子们是当我们去年来过的熟客看待的。战士们后来向他们说明：我们是从江西出发北上抗日的毛泽东、朱德的红军。当地老百姓听到毛泽东、朱德的名字以后，都表示无限惊奇的神气，毛泽东、朱德的红军的威名一时传遍了该地周围的村庄和田野，于是男的、女的、小孩子、老头儿，甚至小脚老婆娘也跑到我们的驻地来看。他们看见我们官兵穿的是一样，同时睡的被毯都堆在一个大土炕上，于是开头一句就问："那一位是官长？"接着，"你们怎样走的这么远？""你们在路上打了多少次仗？"这一类的话成为他们发问的主要题目。红军平常是想尽一切方法都要去找群众作宣传的，今天群众自己跑到驻地来，自然是有问必答，并且热诚招待。红军这种真诚态度，博得所有居民的热烈欢迎和赞助。平时我们的采买员和炊事员到了宿营地，因为忙着买柴火、烧开水、采办粮食等，忙得不亦乐乎，屁股是坐不下凳的；但今天却有点例外了，只要管理员给钱给老百姓，吩咐他购买什么，不管买猪买羊、买柴买面，都乐意一力担任，而且帮助我们杀猪宰羊，开面泡水，有如主人招待亲客一样。

我们次晨继续向通渭城前进。由驻地到城里只二十里，同时先遣

---

[1] 指红二十五军的长征。1934 年 11 月，坚持鄂豫皖根据地的红军部队在徐海东、吴焕先等指挥下，开始战略转移。于 1935 年 9 月到达陕北，与刘志丹部会合，合编为红十五军团。老百姓所说红二十五军在陇东经过的时间不确。

司令部也只要我们三纵队到通渭城宿营，因此第三纵队决定沿途演习到通渭。首先演习对空防御，参加演习的部队主要是干部团。整个队伍离开驻地二里的时候，忽然发出空军袭击轰炸的警报。防空观察哨得到了警报之后，紧急警报的军号一响，全队以班为单位分左右散开立刻隐蔽起来。负责评判的指挥者，立即检查，看那一部伪装得好，散开隐蔽得最快。于是又吹飞机走了的号，又看谁集合得快。集合之后评判员报告结果。嗣后继续行进约半里地，忽然又传来空军袭击的警号，又照原来的程序演习。防空演习完了，又继续走了约五里，前卫尖兵传来侧翼发现"敌人骑兵"警报。所谓"敌人骑兵"是集中队上所有马匹临时组成的。警号一响，步兵立刻集结占领阵地，组织和集中火力来对付"敌人骑兵"。我对于军事虽然是外行，但据我观察，红军对空防御确实有特长的地方：首先是表现它的沉着；其次是伪装技术的巧妙；散开隐蔽和集合的迅速敏捷；对空射击的特等射手的组织严密和勇敢，此等对空特等射手在远征途中曾击落国民党的飞机数架。至于演习防御骑兵袭击的战术，我虽从军多年，但从来也未曾看过，此次看见红军的演习，使我感到无限兴奋和惊叹。最使人佩服的是红军各级指挥者的天才，指挥者的决心，非常的机动果断，高度的灵活敏捷，整个队伍的纯熟沉着。这二十里的沿途演习行军，精神和情绪实等于真正作战一样的紧张和兴奋，难怪连当地老百姓也不辞劳苦跟随来看。他们看到骑兵迂回到步兵左右侧翼时最紧张之际，莫不咋舌鼓掌。他们一直到我们演习完毕才逐渐散去。

演习完毕，队伍已靠近通渭城，东方的太阳已升到半天空中了。红军为避免真空军的到来，在路上遭到麻烦，所以命令跑步进城。十点钟全部进入通渭城，真空军果然来了，好在已经跑步进了城，不然就要弄假成真了。

通渭是一个相当古老的城，这从那苍老残废的城墙都可以看得出来。城墙是以黄土堆成的,假如没有几座城楼的话,未到过北方的南方人真不会想到这就是城。城厢内除了几十家做小买卖的店之外,其余的都是一些庄稼人,总共城内居民恐怕也不满二千,实在不如我们南方的小市镇。我走遍了全城未看见一所砖造的房子,一律都是黄土建筑起来的。城的西北面靠一座黄土山,沿着山边挖了许多土洞[1],在远处看去仿佛如蜂集一样。营巢穴而居的时代本应早已过去了,然而北方却仍然保留着。是日,我们队伍多半都在土洞里宿营。我们到的时候正值深秋,住在土洞里确实满舒服。因好奇心的驱使,我曾问过土洞的主人,问他们为什么不建筑房子住,并问他住在土洞里会不会感受倒塌的危险。据说不建筑房子的主要原因是没有木料,同时冬天住土洞比住房子暖和,而且土洞比房子还牢固,因这里盖房子,屋顶上没有瓦,仍是以土盖,冬天下雪容易倾倒,土洞却相反,可以住一百几十年不坏。我想北方雨量较少,也是延长土洞寿命的重要原因。

  总之,土洞对于万里长征的战士们是十二万分适宜的。因为我们进入甘肃境时,应时的秋风吹来,已经到了穿夹衣的时候了,可是长征的战士们绝大多数还是单衣短裤,只有一床两层布的毯子,所以土洞的温度,恰恰适合于战士们的需要;其次就是飞机来轰炸的时候,大家走进土洞里睡下,那就绝对不致发生危险。夜里可以抵抗秋风的袭击,白天可以防止空军的轰炸,真是一举两得,无怪当时战士们名土洞为"人寿保险公司"。这种"保险公司"后来成为战士们在行军中讲故事的重要题材。因为我们南方人总以为"薛平贵别窑"一剧中的"窑"是南方烧砖瓦的窑;同时南方人当作故事讲的"关东地藏羊",说东北到了冬天就要在地上挖掘隧道把羊子藏进去等——说得神乎其神,这两个谜过去莫明其妙,现在都完全被实践和经历所揭晓了。"薛平贵别窑"无疑义的是北方的土窑,不是烧砖瓦的破窑,"关东地藏羊"也是关东将羊子藏在土洞里,并不是藏入隧道。

---

[1] 指黄土高原的窑洞。

红军长征记：原始记录

　　由通渭继续向北走，必须横过西兰大道。红军对于越过马路是非常慎重的，一方面为防止敌人夹击，一方面不明马路沿线有无防御设备，所以决定在通渭休息一天。一方面派队监视箝制集结于会宁、静宁之国民党军队，另一方面则派队侦察国民党军队在马路沿线有无坚固的防御设备。因此除担任上述任务之部队出发外，其余的都集合于通渭休息。这一天总政治部通令各部队检查行军纪律，并进行准备越过马路线的政治动员，晚间组织各部队会餐，组织游艺联欢会。会场设于城外之河滩上，工兵营花了一天工夫搭了一座准备表演游艺的临时戏台，会场周围布满了五颜六色的大标语，会场中央竖起的一根数丈高的旗竿上，挂上一面大红旗，在旗竿上悬满了各色小旗子向四面八方伸展，各色旗子招展飘摇于整个会场的天空中，将露天的大会场布置得异常壮丽。下午六时飞机照例休息的时间已届，各部队都不约而同地从驻地以露天大会会场为目的地而出发。以人结成的长龙，一条一条地到河滩上汇合，各部队预备好了的酒席也挑到河滩上，队伍已依照原来规定的次序站好了，第三纵队参谋长张经武即走到台上宣布开会。继之军乐大奏，以后则全体唱"国际歌"。"国际歌"唱完之后，参谋长立即发出"就地坐下"的口令，于是全体坐下听台上首长的演说。此次大会对我们演说的有杨尚昆、邓发、叶剑英三人。他们三人所讲的主要内容是关于北上抗日的意义、西北的形势和骑兵作战的战术等问题。他们的演说给予战士们无限的兴奋。演说完毕之后就宣布会餐，战士们都回到自己的伙食单位所陈列的席上，照例六人一桌菜，每桌都有羊肉、猪肉、牛肉、鸡子等，不过各部队的做法不同，口味各异而已。这样大规模的热闹会餐还是在四川会理过端阳节那天曾举行过一次，这次是第二次了。如果不当红军的话，如此大规模的聚餐是不容易见到的。最有趣的是当着大家大嚼而特嚼的时候，在四周发出一种极尖锐的声音。战士们大声叫出："司令员请来我这里，我们有红烧肉。""参谋长请来我这里罢,我们有白切鸡。""陈团长,我这里有辣子鸡。""政治委员,你喜欢吃鸭子,请到这里来罢!"诸如此类的声音叫个不绝。各级军事政治指挥员只好拿着筷子像游行似的到每个伙食单位尝一下。红军的生活是如何的活泼和愉快!会餐后即进行娱乐晚会,表演各种戏剧和幻术。红军中著名演员如李克农[1]、黄兴等均登台表演,直至晚十时才宣告结束。

四 越过西(安)兰(州)大道和平(凉)固(原)大道的前前后后

红军为取得越过西兰大道的先机,所以在通渭只休息一天,又继续向北移动。从渭河向北走,是以西兰大道的界石铺、公益铺为目的,行程百余里,要走两天才能到达。红军为求行军迅速,离开通渭之后即取平行道分成三路并进。为赶路和避免空军轰炸起见,我们在通渭出发时间很早,天尚未破晓即集合,拂晓开始移动。一出城门即上山,在当地人民看来是叫做上大山了,可是越过川、康雪山的战士们只当作上小山坡而已。但是无树无草干涸异常的黄土山,被秋风卷起的黄土灰尘扑到人的口鼻上,却别有滋味。有时弄到眼睛里,则使你啼笑皆非!从通渭出发的第一天,因国民党军并未发现红军去向,所以走了七八十里仍然太平无事,并未遇到堵截和袭击,只是敌机照例来骚乱了几次而已。因为山地行军,红军防范周密,人马均配有隐蔽装束,敌机来了几次,并未发现红军的行踪。

离开通渭三四十里之后,沿途都有零散的回民村庄。因为回、汉集居经常往来的关系,回民不仅说的是汉人一样的语言,甚至认识汉文,红军总政治部印发之宣传品,回民都争先抢阅。回民家庭打扫非常清洁,非常重视礼节,待人接物,殊为和蔼。我们所过之处回民

---

[1] 李克农(1899—1962),时任红一方面军政治保卫局局长。

都把泡好了的茶水置于道旁，并有人站在旁边招呼，不断地叫："红军先生！咱们没有啥东西招呼，请喝茶罢！"对红军表示异常真诚和爱戴。我们到了宿营地，首先去拜访阿訇（回民首领），阿訇即招呼附近回民分别让出一些房子给红军暂时宿营，粮食也照市价卖给红军。红军对于回民教规亦无不尊重，比方住了回民的房子，各部却到郊外煮饭，根本不借用回民任何用具。杀羊、杀鸡我们都请回民帮忙，因为回民杀牲都要将被杀的羊或鸡到清真寺去念几句经才下手的。回民最忌讳的是吃猪肉，但我们老早就理解到这一点，所以预先一天就将猪油吃完，而带上菜油或豆油。回民亲自看见红军本着回、汉一家的精神，尊重其信教自由，主张民族平等，红军中之政治人员不疲倦地向回民解释上述主张，而回民阿訇也常常跑到我们驻地畅谈其回教经典的道理。我沿途所见所闻回民对红军感情异常融合，与汉人区域无异，并未感到任何困难和隔膜。

红军估计到静宁和会宁的国民党军有出而夹击的可能，因此，次晨三时即出发，仍以备战行军的姿势将三个纵队分成三路取平行道同时并进，右路纵队的任务为迎击静宁之敌，左路则迎击会宁敌人之出击。这一天，除中路纵队未响枪之外，左右两路均打响了。大概我们出发后不到三个钟头，首先就在右路发现时断时续的步枪声，继之则枪声越来越密了，不一会紧密的机枪声大作，然而热闹了两个钟头又平静了。果然不出红军所料，右路纵队在行进中与从静宁城来游击侦察之国民党军一团遭遇。打遭遇战本是红军的特长，区区一团之数，只好识相一点向后跑，如果回头跑慢一点，那只好被红军全部消灭，因此枪声只热闹了两三个钟头就平息了。左路枪声本来就不像有充分机枪和子弹的国民党正规军打得有劲，后来据左路纵队战士们说，的确不是国民党正规军而是地方民团据守在寨堡里瞎放冷枪。中路纵队的战士们闻得左右两路都打响了，而中路却太平无事，战士们反觉得太寂寞了。中路纵队除下午飞机来扰乱了两次之外，很顺利地到达了西兰大道的界石铺。左路纵队也按时到达了界石铺以西二十里的公益铺。[1]右路纵队则到达界石铺以东西兰大道沿线。西兰大道东西数十里均被红军占领控制。红军对于行军组织的缜密敏捷，侦察的灵活迅速，对于情况判断的精确，运用战术常出国民党军之意表，使国民党军常常感到红军行动大有鬼神莫测之慨。我想这也是红军纵横十余省而完成北上抗日任务的重要条件之一。

到达了西兰大道之线，本应立刻继续北进，但为了补充粮秣、散发缴获之胜利品给各部及收容落伍人员，所以又决定休息一天。

红军占领西兰大道沿线先后，总共截获由西安运送衣服、鞋袜给毛炳文军的辎重汽车十余辆。最好笑的是，几个新在路上补充来的民工，因为落伍在通过马路时遇着一辆从甘肃兰州开来的汽车，车上坐了两位从新疆回来的湖南商人及两个军官，他们将两个军官带回来了。司令部参谋长为了搜集情报而问几位新民工："军官是从何处捉来的？"一个新民工答是从汽车上捉来的。再问他为什么不将车夫带来、为什么让他走了呢？答："我把汽车眼睛打坏了（实际上只破坏了车头上的电灯），它怎样能走得了？"新来的民工平时因从来未看过汽车，他们以为把电灯打坏了汽车就不能走了。正在向新民工询问之际，忽然别的步哨以电话报告，截获一个从西方开来的汽车，不久车夫也送来了。原来打坏电灯的新民工看见车夫来了立刻就说："这是被我打坏了眼睛的汽车的车夫。"一时引起全屋人都哗然大笑起来。同时，他们立刻将新民工截获汽车的笑话，运用到实际教育上去，教育那些未见过汽车的新战士，如何才能夺取和使用汽车。红军缴获胜利品及各种器材，不管任何一部缴获的，都按部队的需要来分配的。他们部队与部队之间绝无任何界限，每一个红军首长不管这个部队是否属于自己直辖，都当作自己的部队一样看待。红军内部一贯反对旧军队的"本

---

[1] 今宁夏隆德县公益堡。

位主义"的恶劣习气。在西兰大道所缴获的粮秣、器材本来全部都是右路纵队缴获的,但左中两队急需粮秣,器材,所以右纵队将所有缴获都送给左中两队补充。

由于部队集中于交通大道和昨天右路军曾一度与国民党军从会宁派出之一团游击部队接触,以及敌机连日的侦察,红军的去向及目标不免被发现。第二天下午,右路纵队在公益铺正准备了一顿比较丰富的晚饭,各伙食单位都煮熟了一锅锅的猪肉、羊肉、牛肉,预备好好地吃它一个痛快;忽然步哨上发现枪声。步哨电话报告尚未讲完,排哨已全部撤退下来了,不一会机关枪像放爆竹一样响起来。紧急集合号一响,战士们迅速出来应战。当然当时战士们大家都这样打算,准备击退来敌以后,再来吃饭。那知对方来势凶猛,我方尚未占领阵地,敌人即迫近红军驻地。红军退到界石铺,战士大家都好像鼓着一肚子气。我们驻在界石铺的同志都跑到马路上去问他们究竟情况如何?他们一致地回答:"没有问题,我们准备好了饭菜给他们吃。他们进了公益铺还会来么?"另外一些战士则从干粮袋里掏出干馍来大嚼而特嚼,摇头摆脑地说:"唔!干馍吃了不会泻肚子,所以我有红烧肉都不愿吃。"这样一说把同志们那一肚子气都笑得消散了。战士们大家都以为国民党军进入了公益铺一定吃得满舒服,后据逃出来之老百姓说,事实却相反,国民党军唯恐菜里有毒药,怕红军退却是一种"阴谋",所以他们一样不敢吃,而自己煮小米稀饭吃,战士们闻得更觉好笑。

为了预防国民党军再从东西两路夹击,从公益铺撤退下来之红军部队在界石铺集中休息了几个钟头,吃了一点开水和干粮之后,又马不停蹄地星夜离开界石铺。虽然星夜出动,但因为二、三两纵队都集会于界石铺,同时一离开界石铺街上就上山,所以直到拂晓,队伍尚未完全脱离西兰大路。是日一纵队仍为右路,二、三两纵队为左路,两路取平行道同时向北行进。进攻公益铺之国民党军的目的是恢复西兰大路交通，我们离开界石铺之后，他们于当天正午即进了界石铺，但并未冲尾追击我们。可是右路军则被静宁出击之国民党军赶上了，从此以后右路军对于后面追敌，始终脱离不了，右路军只好且走且战。红军目的是求得迅速北上，并未准备回击追敌，同时追敌因不能集结部队，亦缺乏决战决心和可能，结果，红军仍走了八、九十里，当天到达了平凉和固原交界的地区。追敌想不让红军有休息机会，使红军增加减员数字，以图达到不战而削弱红军的目的，这是当时蒋介石的战略方针。这样脚跟脚的追击，红军就不得不实行日夜急行军。由于日夜急行军，红军减员数字确实有一些增加。然而这样减员绝对不会只发生于被追方面的，同时也发生于追击的部队；而且追击部队由于组织和情绪散漫，与政治团结坚固、组织严密经过万里长征的红军相追逐，减员数字且远超过了红军数倍。

右路军沿途且战且走，结果与敌军距十里对峙宿营，二、三两纵队组成之左路军则到达了公益镇及其周围地区宿营。左路宿营地区又是回民区域，沿途回民对红军一如往昔所见之回民一样，不过公益镇上之回民对红军更热烈欢迎。阿訇领着回教徒，在街上陈设许多桌子，桌上陈设许多水果、糕饼、清茶等，挂上颜色的桌围，桌子两旁放着两个椅子，椅子一样的挂上颜色椅搭，像做什么喜事似的，又有点像几十年前欢迎县知事上任一样。阿訇站在桌子旁边向我们鞠躬拱手为礼，红军领袖毛泽东、周恩来、彭德怀等人亦热诚与阿訇站在街上接谈，红军经过时而且放了不少的爆竹。回民对红军热烈欢迎，给红军战士在精神上极大的兴奋。晚上，战士们都感到疲劳，尤其昨天从公益铺退却下来的一纵队的战士，迫切地想求休息，准备好好地睡一会。忽然在夜里十时，老百姓来报告说，距我们驻地十五里地发现了敌人。司令部获得了这一情报之后，立即派便衣队出去侦探。果然距我十五里之地到了敌人，于是就命令各部十二时烧好早饭，立即要各部加强警戒和准备，这把战士们的好梦都惊醒了。次晨一时又继续出发，目的是迅速脱离敌人的追击。

因敌人距我们驻地只十五里，具体情况又不明了，为脱离敌人计，因此出发时禁止点马灯、火把，不准吹号、抽烟，不准呼叫和咳嗽。半夜行军确实吃了不少的苦头，不能抽烟、唱歌、说笑话已经够闷人了，而且在山地上行军。大概日子是阴历九月初几罢，夜里十时月一亮就落了西山，在朦胧的夜色里摸索，战士们跌交跌得一塌糊涂还不算，最冤枉的是我们在山上糊糊涂涂兜了一个大圈子，结果走了二个钟点才走了五里路。当时战士们以为向导故意为难，其实不是如此。因为北方的山都是清一色的黄土，个个差不多高，在远处看去每个山都像个癞痢头，都是光秃秃的黄土，既无石头或树木作识别，的确看不出每个山头上具有什么特征，尤其夜间真不易辨别方向。到天放亮时，战士们周围一看才明白，半个夜里并不是走路，却是在"捉迷藏"一样。整整五个钟头夜行军，总共走了不到二十里路，可是笑话却闹了不少。天亮，下完了山，又要渡河，真是过了一关又一关。此河本可涉渡，因时届深秋，河水是冰冷的，为保障战士们的健康免得受凉，故集中河滩上按照行军序列分别过桥。闷了五个钟头不准唱歌、说笑话、抽烟，此时却好尽量吐露了。战士们都拿昨晚出了洋相、闹了笑话的同志来开心，唱歌，说笑话又闹作一团了。谁还会去追忆昨夜的味儿呢？

我们左路之二、三纵队过了河，进入了平凉、固原大道，已摆脱了跟踪追击之敌。右路军也把追击他们的敌军抛在后面，从平凉、固原大道走过去了。待我们进入了平固大道时，不到一个钟头，我们也接上了右路军的尾巴。两路人结成的河流又会合了。战士们都表露出一种异常愉快的神情，两路会合在一条路上走，更加热闹。战士们正在谈论之际，忽然追右路军的敌人之前卫尖兵又接上了我们的尾巴，真所谓"冤家路狭"。右路军是摆脱了追敌，而左路军也摆脱了一个，可是又重新跟上了一个,结果仍等于未摆脱。好在北方的道路比南方大,可以分几路纵队同时走,不然,三个纵队同时塞到一条路上,那真会使你不可开交。当时红军以惊人的速度转向东走,以便迅速离开平固大道。红军从早晨一时吃了一顿饭,一直走到下午四时到达了平固大道及洪法城以东地区。国民党军大概停止于洪法城附近,与我们相距二十里对峙宿营,双方哨兵叫口令都可互相听得到,双方都严阵以待,但并未发生任何战斗。可是敌人总是脚跟脚地追着,红军不设法把它摆脱,是不能自由的,所以决计以秘密夜行军的手段,于当天夜里十二时继续出动,不顾一切疲劳实行急行军。我们离开了驻地约十里,驻洪法城之敌军也吹预备号了。红军领袖当然料到追敌是要赶来的,同时判断追敌并无寻求决战决心,因此,仍然不慌不忙地向前进,准备万一敌若有一两师人赶来。红军之目的既在求北上抗日之道,故无心与国民党军准备决战,只用后卫部队抗击阻止,前面本队仍迅速前进。红军寻求小路上山,准备突出平凉通固原的大马路。一纵队已全部登山,二、三纵队尚未全部登山而追敌已经赶到了。红军爬山的敏捷,山地作战的特长,这是人所共知的。待国民党军接近山坡时,红军已占领阵地,展开了部队。追击之敌不得不停止于山下,只能用火力追击。但山势崎岖,火力追击不能发扬效力;而且红军居高临下,国民党军只好滞留在山下用望远镜来观望红军继续运动。红军对于后面追敌是利用山地实行抗击而阻止了,然而前进的路上又发现了敌人,而且这个敌人走路爬山都比红军快得多,因为它连人带马有六个脚,它是骑兵。这使红军一时处于前无进路、后有追兵的严重情况。由于前后敌情不十分明了,红军只好暂时将队伍集结隐蔽起来,避免敌骑发觉,待情状弄清,观察敌骑的去向和企图之后,再定方略。当时的情况和红军的战略任务,无论如何是要越过平凉、固原、海原马路才能完成北上任务。因此,红军指挥员鼓励战士,以极大之决心和勇气,

红军长征记：原始记录

打开前进道路，立即准备与骑兵作战。正在动员之际，观察哨从山上回来报告说："骑兵约有四百匹马，有一二十部马车，均进入青石嘴休息。"集结于山上之红军指挥员和战士们听到这个消息差不多都高兴得要跳起来。据说，一军团的林彪将军，听了观察哨回来报告，缄默了一会之后，就持着望远镜跑到山上去看。他在望远镜中发现马路附近所有房子都冒起很大黑烟来，于是判断骑兵一定在做午饭，而且连警戒都未派出，所有马匹都散于马路两旁吃草和打滚。他们如此安心，显然不知红军要经此地。于是林将军叫了十几个传令员来，他不费踌躇地立即下了一道口头命令，大概是：一个团从北面用跑步迂回绕到青石嘴后山，截断其北去道路并包围之；一个团从南面出去截断平凉、固原马路，以便阻止其后续队之增援，同时截断青石嘴之骑兵不许其向后回窜；另一个团则从正面进行突击。正面突击部队机关枪一响，正在房子里吃午饭的骑兵拟冲出抵抗，但红军已迫近马路，只好仓皇上马而逃。果不出林将军所料，敌骑果向青石嘴后山逃遁，但是迂回部队早已占领了阵地，轻机关枪是架好了的，手溜弹拿在手上时刻准备抛掷。此时那怕他有六个脚，就算再加上两个翼也难飞了，只好客气一点，自动下马，枪托向天，枪口向地，将枪马交给红军。红军从派出部队起到战斗结束止总共不到四个钟头，不仅前进道路解决了，六个脚的敌骑也变成了徒手俘虏。如此严重情况，几小时内就使之烟消云散。在开始发现骑兵时，红军的指挥员的确是未曾料想到如些容易解决的。这次战斗显示了红军指挥员的天才和红色战士的英勇。他们执行了古代军人的名言"出其不意攻其不备"，迅速地取得了胜利。

　　红军长途远征，不仅江西出发时的马匹早已骑死和跌死，就是在云南、贵州补充的马，经过雪山草地之后，所剩下的也不多了。这所剩不多的马匹，要让给负伤和有病的同志骑，所以大部分指挥员都自己背着包袱粮食跑路。这次缴获两三百匹马，不但使伤病员都有马骑，而且半年没有骑马的指挥员又可骑马了。这次又缴获十余马车的子弹和军衣,当然这一笔收入,比起几百匹马来更重要。因为红军自进入甘肃之后,虽同鲁大昌打了一仗,这一仗鲁大昌固然已败到不可收拾的地步,但在缴获的意义上说,红军还是赔了本的:红军在战斗中消耗了两三万颗子弹,而缴来的却是坏枪和不能使用的子弹——口径不是大就是小;后来沿途又继续消耗,直到这次才缴获几万发恰恰合用的子弹。当时,战士们看见马车上的木箱,简直比生命还要贵重,高兴到像普通人发了一笔意外洋财一样。出草地时红军指挥员、战斗员的军衣都破到实在不大像样了,沿途在哈达铺、川镇、榜罗镇、通渭、界石铺等地,陆续购买了不少的布匹,当时供给部不能缝制,通通都裁好了分给了各战士,并利用在哈达铺、榜罗、通渭、界石铺休息的机会,请驻地居民缝好了,但尚有一部分指挥员未有补充的,而这次他们都得到了现成的军衣了。"问题都解决了"这一句话,成为战斗结束后战士们互相见面时谈话的中心。

战斗结束后只休息了半小时。俘掳来的都是东北军的骑兵,经过解释宣传之后多数都愿加入红军。这大概是由于亡省破家的东北弟兄,深深感到打万里长征北上抗日红军的后悔、感到抗日的职责所在吧,因此他们毅然加入红军,我们也因此减少了慢慢发俘虏费的许多麻烦。

五　从六盘山到北洋城[1]

为了避免与后面追敌及骑兵增援队作战,我们决定脱离平凉、固原、海原马路,继续东进。在战斗胜利鼓舞之下,一鼓作气当天下午就上完了六盘山。甘肃有名的山脉六盘山,又留下了数万英雄的足迹。说到该山的面目,却有点特色,它不是清一色的黄土光山,而是长满了绿草;有比较大的道路;论其高度在甘肃除了甘肃西部之祁连山脉

---

[1] 北洋城,《里程一览表》中作白杨城,即今宁夏固原县境内的古城镇。《一览表》中的下一站"布置要岘"应是固原境内的堡子崾岘。

以外，恐怕是数一数二的高山了。我们走到黄昏，越过了六盘山峰，就进到该山之东面脚下宿营。该地居民很少，周围总共不到五十家人家，队伍大部露营。这天虽在半途打了一仗，结果还走了八十余里。经过半晚上的休息，次晨三点半又星夜出发。红军不顾一切地继续急行军，主要目的是要脱离后尾追敌。

离开六盘山范围之后，为求行军迅速，队伍又分为两路前进，目的是到北洋城。到北洋城之前又遇到了马鸿宾的一团部队。它真有点不自量力，竟欲拦阻红军去路。其实区区一团之众，与素以三猛（猛打、猛冲、猛追）著名之林彪将军所部相遇，那简直是豆腐碰钢铁，实在太不相称了。据说两军一遭遇就打起来，红军先头团才用上了两个连，其余部队尚未展开，机关枪也未响，一个冲锋就将马鸿宾之一团打塌了。我们后面闻得枪声正想跑步上前，而前面枪声已经平息了。红军战士说：马鸿宾的队伍大有贵州王家烈的作风，一闻枪声就嘻呀鬼叫乱跑一场，把队伍变成了以一人为单位的个体。队伍一经冲散，想捉俘虏缴枪，犹如黑夜捉跳虱一样困难，因此该团全部虽被红军击溃，但俘虏只八十余名，缴获步枪亦只八十余枝；同时缴军衣、裹腿约二百套，还有三四十件棉大衣，好在还有这一笔收入，否则单靠这八十枝枪的话，红军就又赔本了。缴获的子弹一发也不合用，等于废物，而自己却消耗了一千多发子弹。八十枝枪中多数是有资格可以放在古董店和博物馆去的"十三太宝"和"九响毛瑟"。这些东西红军实在得之无用，若将之丢掉又怕散兵拾起来去当山大王，横行乡里，鱼肉人民。因此战士们将此次所有缴获之生锈古董搬到河坝上，一枝一枝地用石头打烂。战斗之后，缴获枪枝要作这么一套麻烦手续，恐怕这是第一次。过去在江西、福建缴到土枪、老枪尽可发给地方赤卫军、少先队，在贵州收缴到王家烈的一些老而坏的枪都交了当地人民组织游击队。可是这次战斗结束，马上又要走，哪里让你从容发给群众！

前次战士在青石嘴打骑兵获得胜利之后大家都笑容满脸的，而这次反有点不大高兴了，甚至有些一面持着石头去打毁枪枝，一面啰啰嗦嗦骂起来。当时除留两连人破坏缴获之枪枝之外，队伍仍马不停蹄地继续向前走。战士们闻得前进的目的是赶往北洋城，大家都感到无限高兴，脑子里都以为北洋城应该是一个不凡的城市，可是后来事实却与我们所想像的完全相反。

当红军快接近北洋城的时候，左右两路又会合了。两路只隔一条小河沟同时并进，走约五里就到了两条道路接合的交点，队伍就走上了同一道路，因此立刻就发生人拥路狭的情况。先头部队正合拢不久，从西南方忽然飞来了两架敌机。适值此地是干涸的河滩，无任何草木可给隐蔽，再加上前天在青石嘴缴获的大白马，很容易被发现目标。敌机一飞到红军队伍头上，用不着兜圈子，它就立刻判断这是红军，无情的炸弹就掷下来。新缴来的马匹，平素未曾经过飞机轰炸，缺乏这种轰炸的考验，所以炸弹一响，它们就不听饲养员的指挥乱跑一场。久从红军的骡马则不然，它们确有丰富的经验，已被飞机炸弹吓惯了的，所以飞机来轰炸，它们同红军战士一样镇静，饲养员站立在那里就牵着它们站立在那里，炸弹爆炸声还是吓不跑它们的。

这次投下的炸弹总共不到十个，红军战士却有好几个负伤。马也打坏了几匹。这次损失虽不大，可是困难却增加不少。因为每匹马上不是坐着北上长征的伤病员，就是背上十枝八枝步枪，马一负伤，步枪又要放到战士身上，指挥员的马又要让给伤病同志骑，这样一来不仅增加麻烦和困难，而且耽误了赶路的时间。红军的指挥员估计到当时的时间才下午两时半，天气又如此清朗，照例飞机还有一次出来拜访红军，故决定全军分成两路，一路沿大道，一路沿着山边，同时并进，务求迅速赶到北洋城。战士们为着避免空军轰炸，希望及早赶到北洋城来赏识赏识北洋城风光，所以二十五里路行程，两点来钟就完成了。远望北洋城所围绕的范围确实不小,迨进城后,才知道内容与外观则太悬殊了。城内总共不到二十五家人家,只有一家卖烟及盐油的小卖店,两家卖馍馍和卖茶的店。城墙下虽有许多窑洞,可是十几年前就人烟渺然了。城里其余各处都是荒地和颓废了的墙基遗迹。战士们充满了想到北洋城观光和看热闹的热情,一进城门,仿佛当头泼来一瓢冷水,不免大失所望。

队伍正陆续集中,先遣司令部传来命令,改变在北洋城宿营之原来命令,全部继续北进。北洋城东去是通庆阳、环县的大道,北向是小路。从北洋城向北走,一出城就要过沟。北方过沟比南方过河还要困难,因为北方的沟水虽浅,沟却很深,往往在道上下沟,一下就二三十丈深,上来又二三里路高,队伍运动非常困难。由于过沟的关系,队伍统统停滞于北洋城东门外。队伍既从城里出来,集结在一个地区,竟不出红军所料,从西方天空发现了三架敌机。好在早被发觉,而且周围荒废的破窑洞到处皆是,将士们除在沟里的不上下以外,其余的都迅速跑进了天然的防空隐蔽部——破窑洞。飞机一到北洋城上空中,不管三七二十一炸弹就纷纷落下,机关枪像发疯似的乱射,总共掷下二三十个五六十磅的炸弹,在北洋城上空飞翔了二三十分钟才飞去。红军此次共死伤战士约十人以上,倘若北洋城没有许多破窑作临时隐蔽部的话,恐死伤之数尚不止此。这些抱着北上抗日志愿而经过万里长征之战士,在此牺牲,殊为可惜。经过半点钟,飞机走了以后,我们仍继续北进。

六 在甘肃东北部高山深沟里的行军和战斗

队伍过完沟之后立即又上山。山还未上得一半,太阳早已西坠了。继续行进,接连过了三道深沟。在七时至十时还有一点朦胧的月亮，十时以后月亮也没有了。困难从此产生，到最后一道沟，因为没有月亮，因为沟深阴黑，看不清楚道路，各人脚步无法辨别高低。虽不像走雪山、栈道那样有丧失性命之险，但夜里过沟的味道，战士们都感到不大好受。夜行军过去虽常有，但夜里过沟的经验却没有。过完最后一道沟，时间已十二时了，先头部队传来命令停止行进，准备宿营。一天半晚已经走了百多里路了，闻得停止行进准备宿营，试问谁不高兴？怎知新的困难又从此产生：此地房子都是土洞，且异常分散；土洞往往挖在沟旁边，若不下沟，不走到土洞面前是看不见土洞的。因为时间太晚，老百姓早入睡乡，老百姓平常像萤火一样的菜油灯也熄灭了，既叫不着人应，又无灯光目标，设营队想找土洞宿营，确实无从寻找，结果找了一点多钟才找着六个土洞。除一纵队在前头宿营外，二、三纵队就以这六个土洞作中心，除很小部分进土洞宿营外，其他大部分都围绕在周围露营。这次宿营，不但无房子住，而且没有水喝。过去夜行军，露营和吃不到晚饭是曾经有过的，但连冷水都找不着喝这却是第一遭。在北方大队伍夜行军找地方宿营，找水喝，的确是一个大困难问题。

次晨，我询问老百姓此地叫什么地名，有多少人家。据说该地叫杨家园子，几条沟合拢起来，总共有几十家人家。此地人虽稀少，但老百姓对红军关系尚不错。他们虽然没有多的粮食卖给红军，但他们十几家合凑起来还卖了几十担马铃薯给红军。我们买到了马铃薯因无水的关系，就连皮带泥蒸熟，因喉渴肚饿，吃起来也似乎满开胃的。战士们大家都持着一茶盅连皮带泥的熟马铃薯吃着。战士们一面吃马铃薯，一面都把眼睛集中到毛主席的身上，因为毛主席也持着一茶盅同样连皮带泥的马铃薯。毛主席一面拿着马铃薯吃，一面微笑着对战士说："同志们！吃不饱不要紧，总供给部已到前面办粮了，今天到孟家园再吃中饭。"战士们虽然吃得满嘴唇都是泥，口里牙齿都是沙，然而感到上下一致，共甘同苦，人人都充满北上抗日的热情，了解到自己革命的远大前途。因此，吃了几个连泥带皮的马铃薯之后，战士们还是笑嘻嘻地精神百倍地集合出发。人们以为红军战士是被利诱而来，这显然是一种误解，试问当时这样的物质条件怎能沿途招来无数新战士？我想它之所以能够不断吸收人民加入红军者，主要是一个明显而严正的政治目标——北上抗日。

拂晓出发，由杨家园子到孟家园，行程约三十五里。只过了两道沟，沿途道路很平坦，虽是山路，但山上都是一片平坦的开阔地，而且播种了许多麦子。是日下午一时全部都到达了孟家园。在孟家园周围有三、四十家人家，红军在该地没收一家出租土地和放高利贷剥削工农之地主，没收了一百多只羊子，五六十只鸡，八九担面粉，另外还有一担大米，几十担小米。司令部下令休息一点半钟，以便各部煮中饭。为了赶快把中饭弄好，请了附近老百姓来帮助杀羊子，各连队都分得二三十斤羊肉，和一两个鸡子。中饭每个连队都吃羊肉小米饭，面粉则分给了那些完全没有了干粮的战士做馍馍作干粮。这顿午饭战士们都吃了一个痛快，补偿了昨天晚上连水都未喝到和早晨吃那连泥带皮的马铃薯的缺陷。吃完之后，每人还背上了一天半干粮，又继续前进。肚子吃饱了，走起路来，不待说比上午要精神得多，所以下午还赶了三四十里路，赶到了环县曲子镇以西地区宿营。先头的一纵队宿营于一个小圩上，可惜圩的名字忘却了。该圩街上有二十余家买卖铺子，广洋杂货店也有两个；而且还有一所庄严的教堂，教堂还是火砖建筑的洋房，由此可见帝国主义的势力不仅深入于穷乡僻野，而且深入到荒僻的山沟里。

急行军快到半月，战士们都未曾洗澡，各人都感到身上有点不大好受。恰巧这天，在圩上旁边就有一条河流，我们经过时，一纵队的战士们都在河上洗澡和洗衣服了。因宿营地区所限，二、三纵队仍要离开该圩五里路,至山上宿营,队伍即分布在周围四、五里内之山沟零散土洞宿营。虽然洗澡无法解决,但晚上食水尚不致发生困难。为了相当地恢复战士们体力,司令部决定次日各部留原地休息一天,故第二天清晨各部都准备有组织地一班一班轮流到五、六里路远的山沟找水洗澡、洗衣服。洗一次澡、洗一件衣服都要跑五、六里路才有水,这是如何的麻烦呵!据说居住该处的人民一生一世只洗三次澡(出生洗一次,结婚洗一次,死时洗一次),我想此说是有几分可靠的,这也是天然条件所限制的。司令部准备一天时间让战士们洗澡、洗衣服,但结果仍不能完成计划,原因是第二批出发洗澡的还未回来,环县和曲子镇方面便发现枪声,几分钟之后,机关枪、迫击炮打得非常热闹了。司令部一闻激烈的枪炮声立即吹紧急集合号。出发洗澡的战士们闻得紧急集合号音,马上挟着衣服跑回来。

据当时驻圩上之第一纵队司令部电话传来情况,追敌约有一师之众,且有一部骑兵,猛烈向前哨阵地攻击及进行迂回。两个连哨就倚靠深沟的天然障碍,顽强地抗击来犯之敌,因此,敌军来势虽凶,可是无法越过深沟的天然障碍。前天从北洋城到杨家园子之夜行军觉得深沟的讨厌,那么今天却觉得深沟作用的伟大了。倘若当时没有深沟作障碍的话,国民党军就可能给红军一个措手不及,红军不但不能从容集合出发,脱离追击之敌,恐怕还要仓猝出而应战呢。红军估计到既有深沟作天然障碍,用少数兵力已能钳制、阻止追敌,因此,为避免与国民党军决战、以免延误转入北方抗日阵地的时间,除留少数部队抗击追敌外,立即集合一、二、三纵队分作两路继续以河连湾为目的前进。于是不仅红军主力本队安全地脱离了追敌,而且负责抗击钳制追敌之部队亦乘黑夜脱离了追敌,从容不迫地赶上了本队。

因绕道和过深沟的关系,虽然通宵达旦的行军,当天晚上并未到达河连湾。战士们经过整夜行军都疲倦极了,而且肚子里也饿得要造反了，因此走到次日中午不得不停止于距河连湾三十里之庄子休息，让战士们睡觉、吃饭。据先头团电告："河连湾山上筑有堡垒，村里还有土楼，均有少数驻军和民团据险扼守，企图拦阻我军北进，所有后续部队应乘夜通过，否则要受敌人火力的威胁；同时此地有环县通洪德城之大路。"红军根据上述情况，决定半夜继续出发。此时战士们尚穿着一套粗布单军衣，半夜起来已感到有点冷了；同时加上迎面吹来的已经不是使人爽快的秋风，照我们南方人的感觉已是冬天刺人的北风了，所以集合时大家都有点冷得发抖。本应走起路来还勉强可以抵抗得了的，可是整整二、三十里都沿着一条小水沟底下走，一时从右转左，忽而又从左转右，过来过去水虽不深，但总不让你的脚上的水干，大有在贵州南部走过的"九十九个湾，七十二度脚不干"之概！此种滋味比爬深沟还要难受。

拂晓接近了河连湾。因为与一纵队又会合了，队伍又停滞起来，要让一纵队先行通过。待一纵队通过完，已到早晨八九点钟了。天亮之后山上堡垒及村里土楼不断放冷枪射击我们，红军仍冒着不断射击的冷枪，跑步通过河连湾。为求捷径前进起见，一纵队沿大路直趋洪德城再向东前进，二、三纵队过河连湾前面的河后上山由小路东进。

过去的事实已经证明：敌军以步兵求追击红军，就算今天赶上了，明天又会掉落到后面。红军组织严密，行动敏捷，政治觉悟程度很高，他们上下都理解到自己奋斗的目的是神圣的，所以他们不怕困难或敌人追击，他们可以忍耐一切饥饿和疲劳，继续一日一夜不停的行军，连续几天的急行军，无怪敌军以数十万之众，追了一两万里之远，仍属徒然！因此敌军不得不用骑兵和飞机来追击红军。红军行军虽速，但速度当然无法与空军比拟。飞机差不多每天都来照顾两三回。在河连湾那天，飞机一到，就沿着河连湾至洪德城大路轰炸正在行进的第一纵队。骑兵也沿大路向第一纵队方面追击，二、三纵队因过河后就上了一个将及十里高的山，飞机同骑兵都未向这方面轰炸和追击，故二、三纵队仍继续行动。二、三纵队因第一纵队仍取平行道同时并进，我们一走到山上的时候，就可看见第一纵队的整个行军阵容，尤其尾追在后之敌人骑兵。三团骑兵简直天天跟着第一纵队，有不少落伍人员被骑兵屠杀了。红军尽量利用山沟与破坏道路的办法来迟滞骑兵，不然落伍人员遭牺牲者将更多。空军、骑兵都全注意左路了，二、三纵队之右路既无骑兵追击又无空军骚扰，行进仍异常迅速，当天全部赶到铁脚城附近地区宿营。驻地居民虽然不多，但这些地方的居民，受陕北红军游击队的影响极深，所以我们一到就把群众发动起来，群众无不积极帮助红军：小孩子引红军去挑水；妇女帮助烧火煮饭；壮年、青年帮助买粮、买羊。红军照例请他们吃饭。试想想，除红军以外，在中国那里有请老百姓吃饭的军队？许多腐败的军阀军队只会敲诈老百姓。

  经过一夜休息，第二天清晨又从驻地出发，走十余里即到铁脚城。[1] 铁脚城比北洋城还蹩脚得多，总共不到十家人家，只有十几个土窑洞。据当地老百姓说，铁脚城是古代战争时传留下来的名字。离开铁脚城即开始上山，山高约十里。当队伍经过山上时，追赶左路纵队之骑兵也正在运动，我们与之遥遥相对，齐头并进。红军关心着它，它亦关心着红军；红军停止休息，它也停止休息；它看到前面是红军，右边又是红军，自然会感到不大舒服，红军戒备它，它也何尝不戒备红军呢？这是显然的道理。走到下午，我们休息吃午饭的时候，忽然发现追击之骑兵向后移动，并陆续集中在一个山坡上。红军战士们差不多一致地这样想："大概要转到我们这里来追击我们吧？"但红军指挥员仍异常沉着，我们看见彭德怀、邓发、叶剑英等还站在一个小山头上，用望远镜看那运动着的骑兵，在那里指手划脚，不知说些什么，并催促我们快走。后来彭德怀在我们行列经过的时候还对我们说："同

---

[1] 今陕西定边与甘肃交界处的铁角城。

志们，快走罢，天快黑了，骑兵不会到这边来，他的马没有水喝，走不动了。"战士们听到彭将军这句话，好像吃了一颗定心丸。结果，真不出彭将军所料，骑兵的确未转过我们这边来。红军仍继续前进，走到傍晚，在老爷山上宿营。是日走了约百里的路程，上了两个约十里的大山。上老爷山时，我们先下深沟，再从深沟底下上到顶点，足足花了两个钟头时间，但有许多人直到夜间还未曾爬得上去。

当天红军二、三纵队就在老爷山上宿营。说到老爷山上的一宿，确有不少足以纪述的地方。老爷山上建有三间苍老的古庙，庙里红石和火砖建筑，壮丽可观。庙里经常有三个和尚供奉香烛。该庙在甘肃、陕西、宁夏都很有名。因为传说该庙菩萨很灵，有求必应，陕、甘、宁三省之善男信女，来此参拜者，终年络绎不绝。受封建迷信所惑的人们，竟不惜千里而来，耗费若干金钱，还要爬十几里路高山，可谓愚蠢之至！

平常这个庙里只有三个和尚，如此狭隘的地方，自然使红军感到宿营地和食水的困难。山上只有一口储水的井，而且北方山上这样的水井大多是没有泉源的，仅靠下雨时注进去的水，其储水量是有一定限度的，用干了就没有了。所以水井要派卫兵守起来，要按照伙食单位人之多少来分配井水，每个伙食单位只分得两担（四只洋油箱），每个战士每人只分得一茶盅。上了十多里高山，大家都渴得要命，这一茶盅水，战士们一拿到手就喝光了。煮饭怎么办呢？只好每个连队派人挑粮挑锅头到山沟底下去煮。煮熟了再挑回来，已经半夜了，这真是出人意料之外的困难。说到宿营，除纵队司令部及电台之外，战士们全体露营。平日求神拈香拜佛念经的神台，变成了三纵队司令部的办公桌子。晚上叶剑英、邓发、蔡树藩、张经武等都睡于神台脚下。每个庙都住了几百人，除了菩萨的塑像所占位置以外，都塞满了人。这些北上抗日的英雄成了临时和尚。

红军平素在思想上是反对迷信的,但他们同时遵守信教自由之原则。红军这样多人住在庙里,对于所有神佛塑像并未加以丝毫损坏。无怪红军足迹所至,不管任何省份地区,所有佛教徒、回教徒、天主教徒、耶稣教徒,对于红军莫不热烈欢迎,甚至直接加入红军效劳。单就甘肃一省而论,就有成千的回教子弟加入红军,红军为尊重其信教习惯起见(不吃猪肉、念经),特将他们集中一块,成立独立的部队。不少天主教徒和耶稣教徒出身之医生在红军中尽忠服务,不是偶然,而是由于红军遵守信教自由的原则所致。

七　别却了甘肃进入陕西

次晨红军从老爷山出发,继续东进。据和尚说,老爷山的鸡鸣,三省都可以听闻,所以俗语又称老爷山为"鸡鸣三省"。"鸡鸣三省"的山,我们在云南、贵州、四川之间曾一度上过,这次是第二回。离开老爷山,再过去就是陕、甘两省分界的子午岭。老爷山以东地势渐渐低落,保安县属吴起镇[1]之头度沟、二度沟、三度沟均发源于此。离老爷山走约二十里,二、三纵队寻得了平行路,于是又分成了两路同时并进,当天到达梁家要险、周家要险以东地区宿营。此地区本是陕、甘红色游击队常来常去的,群众对红军早有认识,所以沿途茶水、粮食更易解决。次日继向王家台、梁家台前进。出发走五里即下山,下山就是吴起镇头度沟的起点。在那里二、三纵队又会合了。二纵队出发完毕之后,三纵队接着前进,下午再与左路的一纵队会合。从两路变成三路,由三路变成两路,再后又合为一路,此种行军,战士们觉得怪有意思。战士们会面的时候,大家都互诉分别行军的经过,感到无限高兴,尤其是"前天从甘肃分手,今天又在陕西会合",战士们都认为有重要意义。当时在行军途中,无论指挥员、战斗员、炊事员、

---

[1]　今陕西志丹、吴起县。

饲养员，都以此作题材，沿途大吹而特吹。

队伍会集到一条路上，在沟里行走，在山上望下去，浩浩荡荡，犹如江河的洪流。因人多拖延得太长，自然行进速度，就大大的降低。道路狭隘崎岖，往往障碍先头队的运动，因之，后续队不断时行时止。先头队一、二纵队已进入宿营地了，而三纵队之后卫团及收容队还未出发。这时追踪一纵队之敌骑兵，突然从一纵队之来路，将三纵队之尾巴一段截断，后卫团两个连及收容队被截断掉到后面了。当时骑兵企图猛追，予红军以打击，但路是沿着水沟走的，两岸马是不能攀登的，只能沿沟追击，红军的自动步枪和机关枪一响，火力集中沟里，于是，骑兵不得不放弃追击的企图，而转移攻击方向，企图包围消灭被截断之红军的两个连及收容队。红军的两个连是不能当普通军队的两个连来看的啊！虽然仅仅两个连，但它具有独立指挥和作战的能力。这两个连是红军学校的学生，每一个战斗员都有丰富的战斗经验和指挥才干，每个战士都是营长和连、排长：所以它的团长陈奇涵、政治委员宋任穷就很沉着地率领两个连及收容队登山。红军一登山，敌人骑兵就不得不下马作徒步战。骑兵本超过数倍于被截断之一部红军力量，但红军仍顽强抵抗相互掩护退却。战至黄昏，红军就乘黑夜退出了战斗，安全地绕过二度沟回到本队。据说此次牺牲了一个排长和十八个战士，被俘去落伍的伤病员约三十人上下。当天晚上三纵队原定之宿营地与敌骑太接近，为防止万一敌骑次晨拂晓袭击，便又从驻地重新移到二纵队的宿营地段。部队到达新指定之宿营地时，时间已夜半十二时了。窑洞全被二纵队驻得满满的，三纵队只好全部露营，晚上下雨，饭也没煮，战士们只吃了一点开水和干粮，因下雨地湿，战士们就坐了一个整夜。我却碰到了运气，在路上碰到邓发、叶剑英，他们把我带到刘亚楼的司令部去。刘亚楼不仅热烈招待我们，而且让出了自己睡觉的位置，并蒙款待一顿清炖羊肉和小米饭。红军那种阶级友爱的热情，使我大受感动。

八　踏上了抗日的新阵地

次日由梁家台沿头度沟而下移至吴起镇。吴起镇是陕北革命根据地的保安县属地。红军经过千山万水，经过整整一年的长途跋涉，经过百数十次的残酷战斗，忍受了一切物质生活上的痛苦和流血牺牲，现在总算达到了北上抗日的新阵地了。

据说吴起镇是纪念古代名将吴起将军的。大概吴起将军在此地建立过什么战功政绩的罢？不过除了吴起镇一个名字以外，在整个吴起镇及其周围，并不能看出有什么足为纪念的陈迹。整个街上的砖窑洞，只剩下一些古老的颓墙废址，有几十户人家都住在街外靠山边的窑洞里。此地一带人口在保安县属算是稠密的了，但是当我们进到吴起镇时，老百姓因一时误会，以为红军是国民党部队，因为国民党队伍，过去经常劫掠他们，所以男女老幼，牵牛赶羊，慌忙逃避。红军明知此地是陕北革命根据地之边区属地，看见群众恐慌逃避，弄得莫明其妙，于是派人四处找人打听。政治人员忙了半天才找着几个老太婆、老头子，详细询问他们为什么逃避。他们一致地答"害不下"（即不懂之意），红军同志听作"我害怕"。因为南北语言不通，恐怕他们听不懂红军的话，于是再三对他们说："我们是工农红军，你们为什么害怕？"结果他们仍然摇头摆脑地答"害不下"。红军一时无法可想，只好先将队伍开入宿营地，再行设法。部队开入宿营地之后，战士们就进行大扫险，五颜六色的标语，贴满了墙壁。那些老头子、老太婆大概已经洞悉这不是国民党的队伍了，果为国民党的队伍来了，是要打鸡捉羊的；而这次的队伍，不但没有那么一套，而且做清洁扫除，对待老百姓都和蔼可亲；孜孜不倦地谈话，标语上又统统都写着

红军长征记：原始记录

"北上抗日收复失地"、"与二十五、六、七军会合一致抗日救国"等字样，他们看到这一切行动措置，便判断出这显然是红军无疑。到了晚上，一些老头子自动去找老百姓回来了。第二天早晨，全村的男女老幼统统回来了。他们看见红军都哗然笑起来，而且对着红军说："咱们以为国民党军队来了。呵！原来是咱们自己人！"不一会当地共产党支部书记、乡政府主席都来了，同红军商量如何筹办粮食菜蔬柴火。红军首先向当地负责人打听此地办粮是否困难，周围是否有敌人。当地人民都一五一十地告诉了红军。红军在几个钟头内，把情况弄清楚了，知道吴起镇周围除千佛山上有一反动土寨之外，八十里外才有敌军。地方负责人说，三天之内能集中五百担粮、二十条猪、五十只羊，而且这些东西都是没收反动地主豪绅的。红军根据敌情、物质条件和部队之需要，决定在吴起镇休息七天，进行政治工作，解释到达北方抗日新阵地及与二十五、六、七军会合的意义，宣告二万五千里北上长征的终结。在军事方面亦进行整顿：长征军快到一年未集中训练了，尤其许多在路上补充来之新兵急待训练；切实调查弹药，刷擦和整顿各种武器，补充草鞋、衣服，剃头、洗衣、洗澡，清理内务。

二万五千里追求之目的——北上抗日的阵地已经达到了，红军从中国南方的革命根据地到了北方的革命根据地。在革命根据地生活惯了的红军子弟，现在又等于回到了自己的故乡了，战士们政治情绪的激昂，精神的愉快，实非笔墨所能形容于万一。

红军在吴起镇整理休息尚未到两天，追击之骑兵又来进犯。红军被迫到忍无可忍了，便准备予以回击。果然，第三天敌骑兵一团，单独向吴起镇侦察前进。该骑兵团是属于东北军之骑兵白凤翔师所管辖的。该团真不自量力，竟敢深入吴起镇地区。红军看它如此放肆妄为，非教训它一番不可，于是临时集结一部兵力在吴起镇西南山上实行回击。两军正在交锋之际，白凤翔派出两班传令兵，送命令给该团令其勿轻于前进，并令其立与师部切取联络。可是该命令又落在红军前哨手上，白师长大概听得枪声心里发急，推测派出侦察之一个团，一定碰上了霉头，故立刻集中了三个团想上来增援。不料部队正在集合，先头之团已被打塌。被打败之一团残兵和失魂马，回转头来，向正在集合之三团骑兵冲去，将集合之队伍全部冲散。黄马、白马、黑马，胡奔乱驰，跑得满山遍谷，对方军中许多人被自己的马践踏得嚎呀鬼叫，红军战士目击如此情景，不禁肚子笑痛。追击之骑兵，受此惨败，可说是咎由自取！假如对红军不是迫之过甚，我想红军是绝对不会回击他们的。因为红军此次出来应战，全是迫不得已的。[1]

红军认为如此已足以教训他们了，当敌骑兵败退而自行收兵时，红军并未乘胜追击，予以更大的打击。但白师长领教了这一次，也心胆俱寒了。从此，吴起镇威名大震，谁也不敢再来进犯了。从此一仗，蒋介石的"追剿计划"，就被红军作了最后结论。红军亦得按部就班地完成其在吴起镇的七天休息整理的计划。

在这七天之内，红军不仅完成了休息整理计划，而且攻破了为患保安县属人民多年之千佛山反动寨堡。该堡内集中了全县最反动之地主豪绅，驻有数千匪化之反动民团，地方人民被其掳掠劫夺和奸淫者不可胜数，人民视为心腹之患。此次完全铲草除根了，民团全部被红军缴械遣散，反动土豪则将其罚款后驱逐出境。千佛山被攻破后，周围民众莫不表示欣幸，男女老幼送东西来慰劳红军者，络绎不绝。战士们大有应接不暇之势。

吴起镇的休整计划完成之后，红军在陕甘革命根据地群众的热烈欢迎下，经过七天的行军，到达甘泉以南地区。在这里，中央红军和西北的红军第十五军团会师了，两支雄伟的人民武装，从此紧密地团结在一起，向着新的胜利前进。

---

[1] 1935年10月21日的吴起镇战斗，彭德怀指挥红军击溃东北军白凤翔部两个团及国民党军两个骑兵团，歼敌数百人。毛泽东曾赋诗祝贺："谁敢横刀立马，唯我彭大将军。"

出发前

必 武[*]

当我们感觉到主力红军有转移地区作战可能的时候[1]，我就想到我是被派随军移动好呢还是被留在根据地里工作好呢的问题。

有一天何叔衡[2]同志和我闲谈，那时我们同在一个机关工作。他问："假使红军主力移动，你愿意留在这里，或是愿意从军去呢？"

我的答覆是："如有可能，我愿意从军去。"

"红军跑起路来飞快，你跑得么？"

"一天跑六十里毫无问题，八十里也勉强，跑一百里怕有点困难；这是我进根据地来时所经验过了的。"

---

[*] 董必武（必武）(1886—1975)，湖北黄安（今红安）人。1911年参加辛亥革命。1920年秋在武汉建立共产主义小组。1921年7月出席中国共产党第一次全国代表大会。1928年赴莫斯科中山大学学习。1932年回国到中央苏区，历任中共中央党校校长、最高法院院长。长征中，任中央纵队干部休养连总支部书记。到陕北后任中共中央党校校长、陕甘宁边区政府代理主席。1945年代表解放区参加旧金山联合国制宪会议。中华人民共和国成立后，历任政务院副总理、最高人民法院院长、中共中央监察委员会书记、中华人民共和国副主席、代理主席、全国人大常委会副委员长。是中共七、八、九届中央政治局委员，十届中央政治局常委。

[1] 原注：在广昌战斗后，洛甫同志在《红色中华报》上写了一篇关于红军战略的论文，说红军在必要时应当转移地区作战。手中无原文，题目和时间都记不清楚。

[2] 何叔衡（1876—1935），中共"一大"代表。时任中央苏区临时法庭主席、教育委员会委员等职。长征前与瞿秋白等人被决策者留在苏区。在向福建转移时在长汀遭遇敌军，不屈遇难。

"我跑路要比你强一点,我准备了两只很结实的草鞋[1]。你有点什么准备没有呢?"

"你跑路当然比我强,我只准备了一只新草鞋,脚上着的一只还有半新。"

我们这样谈话过后,没有好久,我就被调在总卫生部工作,随着红军主力出发去了;叔衡同志呢,仍然留在中央根据地。我们到了贵州,有人说:看见报纸上载有他已遇害的消息。这一年近六十的共产党员,他不怕任何困难,任何牺牲,准备为共产主义的事业而奋斗到底,准备随时在党的号召之下无条件地去工作,这从上面我们的谈话及以后的经过,就可以看得出来。

在中央根据地,因叔衡、特立、觉哉、伯渠和我五个人年龄稍大,诸同志都呼我们为"五老",出发时我与特立、觉哉、伯渠等,都随着红军移动,经历了千山万水,苦雨凄风,飞机轰炸过无数次,敌人抄袭过无数次,苗山蛮荒的绝粮,草地雪山的露营,没有障碍住我们,我们都完全地随着大队红军到达了目的地,只有叔衡同志留在根据地,落到反革命的手中,而成为他们的牺牲品。这是怎样的令人悲愤的事呵!叔衡同志的肉体被敌人毁灭了,他的精神不死,现在有几十万几百万的人踏着他的血迹前进而纪念着他。他个人死了,他在千万人的心坎上活着。那些杀害他的人,已被钉在永远羞辱的柱子上。

我在出发前,虽发生过随军去或留后方的问题,可是红军主力向什么地方移转呢?经过些什么地方呢?路有多远呢?这类的问题,没有发生过,也没有听见别人谈过。当时为什么不发生这些问题?

这因为红军是要北上抗日的,当时在北面和东面,敌人重重叠叠的筑满了乌龟壳,大部队通过较困难。西边的乌龟壳要稀落些,主力转移地位自然是由西向北前进,这是毫无疑问的。至于转移到什么地方,经过什么路线,走多少时候等问题,系军事上的秘密,不应猜测,

---

[1] 原注:中央苏区所谓草鞋,不是用草编成的,完全没有草的痕迹。布底,针线缉的很密,鞋前面有三个或五个布做耳子,后跟也是布做的,样式如草鞋有耳,实际上全不用一根草,但名字仍叫作草鞋。

而且有些问题要临时才能决定,如行军走那条路,什么时候到达什么地方,有时定下了,还没有照着做,或做了一部分,忽因情况变了又有更改,这是在行军中经常遇到的,只要大的方向知道了,其余的也就可以不问。

我们向陕、甘前进,还是到川西后才决定的。假使在出发前,就知道要走二万五千里的程途,要经过十三个月的时间,要通过无人迹无粮食的地区,如此等类,当时不知将作何感想,是不是同样的坚决想随军出发呢?这都不能悬揣。但在长途中遇到一切天然的人为的困难,不曾令我丝毫沮丧过,同着大家一齐克服过了。到瓦窑堡后,东征时还是跃跃欲试。这样看起来,即在出发前知道路很远,时间很久,险阻艰难很多的话,也未必能变更我随军的意念吧!

出发的前夜

彭加伦[*]

在赤色于都的一个农庄上,驻满了刚由炮火中苦战下来无敌的红军,在几个月的苦战中,虽然是天天和敌人冲锋肉搏,长期的过着火线生涯,衣服虽然是补上加补,饭食虽然是缺少油盐,然而他们奋斗的精神从来没有丝毫颓丧,他们总是整天整月愉快的、兴奋的、英勇地艰苦的战斗着,工作着。他们的心内不知道有困苦,只知道为了土地、自由、民族生存的光荣事业而奋斗到底。

休息整理是红军中每次战后平常的事情,在每次战后休息中总不外乎做些清洁卫生、洗擦武器、开会娱乐、检阅工作和进行教育等。可是这次的休息就大不相同了,一切情形都是出乎意料之外的有了变动。

棉衣一担一担的送来,手榴弹、子弹一批一批的发下,新战士整连整排的补入部队,粮食也带足几天。路上的人来来往往,上级干部也碌碌忙忙,这一切一切都是异乎寻常的啊!战士们的心内

---

[*] 彭加伦(加伦)(1906—1970),江西奉新人。1925年加入中国共产党。1930年起历任红军第八、九纵队政委,红二十二军政治部宣传部长,红一军团政治部宣传科长等职,为《红色中华》等苏区报纸撰写大量战地通讯和诗歌。抗日战争时期,任中央军委政治部副部长,八路军前方总司令部政宣部副部长。解放战争时期,任东北敌工部副部长、东北民主联军总政治部联络部长。中华人民共和国成立后,任中共江西省委宣传部部长、教育部工农教育局局长等职。

被一片疑云笼罩着,这个闷葫芦不知何时打破。部队中是议论起来了,因为日来一切的情况都是表现部队要行动的准备,照平常日的习惯每次有行动的准备,一定在会议中有报告,进行动员工作的目标和任务,都会使战士了解的。可是这次就不同了,一切都不同了,虽然近日也开了干部会,军人大会,党团员会,但会议的内容,报告的是在目前情况下斗争方式的问题,一切方式都是为了保卫苏维埃。当时是五次围剿到了最严重的阶段,敌人采取了持久战与消耗战的战略,采取的堡垒主义,经济封锁的政策,加上大炮飞机的轰炸和百万以上大兵的围困。在这种情形之下,我们应采取什么斗争方式?还是和敌人作持久战,在敌人堡垒面前让他来消耗红军的生力吗?还是和敌人做最后的孤注一掷?抑或打到敌人深远后方去,调动敌人,在运动战中去消灭敌人来保卫苏维埃呢?这一问题摆在战士们的面前,当时就有很多战士们站起来回答,"我们赞成打到敌人深远后方去"。可是报告人在他的微笑中又进行着下面的解释:"同志们,你们怎么这样的急躁,恐怕是认为奋斗不能再忍耐下去了吧!大家都想打出去,这虽然是对的,但现在不能决定,还要看将来情况为转移。"

会议散了,疑团在全体战士心中旋转。到底采取什么斗争方式呢?议论在部队中荡漾着。

"我估量去广东""我估量去福建""我估量打到南昌去,因为敌人后方空虚,使他兵力调回去保南昌,我中央苏区就没有问题了。"

"总之队伍一定是要移动的,不然为什么天天这样准备呢,但是我知道走也不会很远,不久就可回来的。过去打长沙到漳州不是都回来了吗!"

"是的,一定会回来的。无论什么行动都是为了粉碎敌人五次围剿！"

战士们是这样关心着，是这样怀疑着，是这样相信着一定要回来，肯定着五次战役一定要胜利。因为他们相信他们领袖领导的正确，相信战争一定要胜利。他们哪里曾预料到"短促突击"战略的错误，会把五次战役的胜利断送？哪里又会想到这次的移动会一行二万五千里，而和自己的家乡永别呢？

暂别了！江西苏区的兄弟

富　春*

　　一九三四年九月二十八日离开我曾作了三十三个月比较长期工作的江西根据地，而到了瑞金。十月十日匆匆的参加总政治部的行列，开始了长征。

　　当着我和蔡畅同志离开江西省委时，许多的同志知道我们要走，并且也隐约知道要离开中央根据地了。要走的十天前，就恋恋不舍的不忍离别，大家都在感觉，都在估计，都在说：我们相处工作是"蛮"久了，这一分别，"吗格"（江西土话，意为"什么"）时候会面咧？"好的，埃（即我）仍然是努力在此继续奋斗。你们走了，还是要常常指示呀！"虽然那时，抱着一个准备完成党给我的新的使命，踏着新的历史车轮而前进的雄心，然而当着离别的日子一天一天的逼近的当儿，心中留恋与忐忑不宁，是没有办法避免的！然而毕竟是忍着不宁

---

* 李富春（富春）（1900—1975），湖南长沙人。1919年赴法国勤工俭学。1922年加入中国共产党。1925年回国，次年参加北伐战争，任第二军党代表兼政治部主任。大革命失败后，在上海、香港从事地下斗争。1931年进入中央苏区，任中共江西省委书记。长征中，任红军总政治部副主任、红三军团政治委员。参加了遵义会议。延安时期，任中共中央秘书长、组织部副部长。解放战争时期赴东北，任中共中央东北局副书记、东北人民政府副主席。中华人民共和国成立后到中央工作，1954年起任国务院副总理兼国家计委主任，1956年中共"八大"后任中共中央政治局委员、书记处书记。八届十一中全会后曾任中央政治局常委，是新中国经济建设的重要领导者。

暂别了！江西苏区的兄弟

的精神，离开了似乎是第二故乡的江西根据地！

十月十日的黄昏，从瑞金雄赳赳的出发了。夜行军，三日经过富田、雩都城，乘着月夜，徒涉了雩都河。第五夜，乘月色光明，过了革命根据地边界的新陂，于是完全出了江西边区了！三年未见过的白区，也从黑夜中踏着了！这时更增加着不断的回忆和留恋！脑中不禁暗暗想着："同很多亲爱同志同二百万为中国革命奋斗而起了先锋作用的江西男女群众奋斗了三年，终于非离别不可了！"

直到听到固陂战斗的枪炮声，直到我们得到冲破第一道封锁线的胜利，才警觉着当前的新的任务的严重，"你没有时间去回忆过去呀！"

然而直到现在，只要看到兴国、瑞金、博生[1]等地的同志，听到兴国、瑞金、博生等地的土音，听到中央根据地坚持游击斗争的消息，还要引起我的回忆和纪念！

的确，全中国第一个革命根据地的江西根据地的群众，为全中国革命而奋斗的先锋的中央根据地的三百万群众，冲破蒋介石五次"围剿"的中央根据地的群众，现在还坚持继续奋斗的闽、赣根据地的群众，是值得惦念的啊！我，是从江西根据地锻炼出来的，跟着江西根据地的党员，跟着江西根据地二百万群众，学了很多宝贵的革命经验与教训，因此也更值得我来纪念！中央根据地是被蒋介石的摧残而变为游击区域了，但是我坚信，在全国抗日民族革命的大风暴中，闽赣根据地的红军与人民，必然仍是抗日战线上的主力之一！

---

[1] 今江西宁都县。1931年为纪念牺牲的红五军团副总指挥赵博生同志更名。

珍 重

定 一*

  夕阳已经曛黄。人的影长长的，拖在地上。看吧！详细的看，仔细的记着，这四围的山岗。慢慢的踱步吧，踏遍这里每一寸土地。不要忘记，永远不要忘记，这亲切的梅坑。

  时光终于到了！不论如何难舍难分，今天要离别了。我们将要离别，为着苏维埃的事业，我们将如哥伦布航海一样，向那远远的西边去，不知道将在什么地方靠岸，在什么地方停脚。也许在比较近的地方，也许要很远，也许还要更远些。这是不可知道的。所有的唯一的东西，仅是我们的指南针，我们的信念，我们的事业。为着它，我们奋斗了这许多年的。我们也将胜利，也将"靠岸"，也将停下脚来，将如哥伦布找到新大陆一样。将如我们的胜利的弟兄——苏联的弟兄，一样得到最后的胜利。

  别了！梅坑！我的故乡没有自由！你是我的自由的故乡！我的故

---

* 陆定一（定一）(1906—1996)，江苏无锡人。1925年加入中国共产党。1927年任团中央宣传部长。1934年随中央第二纵队干部队参加长征，遵义会议后任红军总政治部宣传部部长，主编《红星》报。到达陕北后，任红一方面军政治部宣传部部长。抗日战争期间历任八路军总政治部宣传部部长、八路军前方总部野战政治部副主任。回延安后任《解放日报》总编辑。1945年任中国共产党中央宣传部部长。在中国共产党第七次全国代表大会上当选为中央委员。中华人民共和国成立后，任中央宣传部长、中央书记处书记、中央政治局候补委员、国务院副总理。"文革"中遭受严重迫害。1979年后任全国政协副主席、中央顾问委员会常委等职。

珍 重

乡，爱国志士们正在受着牢狱的监禁，惨刑的拷打，枪毙和杀戮。就是没有受到这种"优待"的也只得抱着满腔热血，沉到"地底下"去。只有在你这里，却栽培着解放的花，竖起了光明的大旗，不忘记你的，决不止我一个人。

或者，我将不久与你再见。或者，我将与你永远别离。我可以在任何时候，任何地方死掉，你也许不久就要受到摧残。可见不论怎样，中国总是要解放的！四万万同胞总是要走向一个目标——不做亡国奴。比现在活得更好些，他们总有达到目的的一天。

把我数十万同志的娇妻爱子托付给你，对于他们连吻别也没有时间了。没有心绪了。天黑的时候，我们将如离别慈母的一样离别你。我们誓将记着你的一切，我们将会感着你的呼吸，你的脉搏，你的言语，你的体温，并且祷祝你的安好。

我们将自己珍重，我们将勇敢前进，我们将克服一切困难。我们将以自己的行为，使你觉得骄傲，犹如母亲因自己儿子的有作有为而骄傲一样。

离开老家的一天

小　朋*

出发已两天了,因为仍然在老家——根据地里走,所以大家都是"司空见惯",没有什么感觉。然而今天出发,使我感觉有点不同了,因为从今天起,就要离开我们的老家,离开这块自由的乐土,离开数百万的兄弟姊妹……

这次离开根据地,当然是为了实现新的战略……反攻敌人,深入到敌人的深远的后方去消灭敌人,达到抗日的目的,来保卫老根据地,发展新根据地。在这点上,每个红色战士都是很坚决去执行的,但是久住的老家,快乐的园地,突然离开,不禁有点不舍;只是为了执行新任务,就遵命继续出发了。

为了避免敌机的轰炸,这两天都是夜行军,今天也没例外。

走了夜路的同志们,在上午就已经睡得够了。午后五点半吃饭后,预备号集合号从各连队的住地前后远近的陆续吹着,一队队荷着枪的战斗员,一个个挑着担子的运输员、炊事员,以及指挥员,马匹

---

* 童小鹏(小朋)(1914—2007),福建长汀人。1930年参加红军,同年加入中国共产党。长征时,任红一军团政治部秘书。1938年任中共中央长江局秘书兼机要科长。1939年到重庆,先后担任中共中央南方局机要科长、秘书处处长。中华人民共和国成立后,历任中共中央统战部秘书长、国务院副秘书长。1966年任总理办公室主任、国务院副秘书长。1977年任中共中央统战部副部长、全国政协常委等职。著有《军中日记》《风雨四十年》等。

均到集合场集合了，一队队的整齐的排列着，个个都精神抖擞的束装待发。此时当地的群众也集在首旁，似乎送别的情景。顷刻各连队的指导员开始进行政治鼓动了，在我旁边的一连指导员这样讲着：

"同志们！今天我们继续出发，因为要避免敌人飞机的轰炸，所以要夜行军。今天的路不远，虽然没有月亮，只要一个个的跟上不掉队，就不要紧。……今天到的地方是我们的游击区，有'铲共团'的组织，所以大家更不要掉队，免失联络受'铲共团'的袭击。……最后，现在我们到了根据地的边界，明天就不是根据地了。我们要反对个别的动摇分子逃跑，以为我们暂时离开根据地，就是放弃根据地，而逃跑回家。大家要知道：我们这次虽然是暂时离开根据地，并不是放弃根据地，相反的是为了要保卫根据地，为了我们的工农民主政府不受敌人摧残，为了使我们的土地自由不被敌人侵掠，为了使父母妻子不受敌人残杀，所以我们要坚决勇敢的打到敌人堡垒后方去，消灭敌人，使敌人不得不把根据地内的兵力调回来，应付我们，这样我们既可以消灭敌人，又可以收复被法西斯蒂所占领的根据地，保卫我们的工农民主政府和土地自由。如果在现在逃跑，就是帮助了敌人对根据地的进攻，害了我们大家，对不对？"全体战士不约而同，异口同声的："对！反对逃跑分子！"前面司令部的前进号吹了，指导员不得不就此结束他的讲话："好，现在要出发了。不多讲，在出发前我们来唱个《直到最后一个人》的歌好不好？"全体又答"好！"指导员一、二、三的口令发出后，激昂雄壮，整齐嘹亮的歌声，就在百余个战士中唱起来了：

神圣的土地自由谁人敢侵？
红色政权那个敢蹂躏？啊！
铁拳等着法西斯蒂国民党，

我们是红色的战士，拼！

直到最后一个人！

歌声悠扬的完结了，战士们的精神更加振作了，于是就跟着前面的部队开步前进。

我不时的回顾我的老家的山林、房屋、兄弟、姊妹及一切的一切。

越走越远了，将二十里，经过一个村庄。此地已为赤白交界的地方，因"铲共团"常来扰乱，故政府已不在此地，群众也少，据说翻过山就是"铲共团"的地方。此时天已薄暮，仅西边还有些红霞显露。

再行五里天已黑，但老练的我们，是没有什么要紧的，只是一个接着一个的，脚跟脚的走着，看见前面的走也跟着走；如果是停止了，就知道前面不好过，也就停止，准备小心的过那不好走的地方；如果前面的提起脚来跳，就知道有沟渠或石头、土堆，也就依样跳去。可是走我前面的老曹古怪得很，故意要我跌交，他明知前面有一个石头突出在路上，他就不跳了，仅慢慢的跨了过去。我以为平常无事，那知道脚刚提起向前走时，扑的一交，我跌倒了。我在哎哟哎哟的叫痛，他那里却笑个不止，假做人情的帮我牵起。这个家伙真搞鬼！

接着上山了，大约上了四五个钟头才上完。路很不好走，忽高忽低，有时陡得真要用手扒。因为队伍多，又看不见，所以很多时候，都是拥挤着走不动，一会前面过去了，后面又要跨大步，才跟得到，这时大家都喊着"跟上不要掉队！"但一会队伍又走不动，又停止了。

半夜才到山顶，接着又下山了。这边下山的路更加不好，因为这边都是树林，仅一条小径，蜿蜒地在树林中下去，且路上砌的石头受树林的荫蔽，不易见太阳，故多长青苔，走起来更困难了，如果不小心的话，就要使你"坐汽车"溜下去。原来上山时前面队伍那样走不动，就是这边的路作祟。

好容易的下完了，只见前面火光灼耀，在淡淡的光芒中，看得一些房屋的轮廓，狗也不断的叫，知道这就是宿营地，——这时已离别了老家的领土，到了豪绅地主统治的地方，看表时已二点了。

待我到时，前面的部队，已经睡得大家"鼾儿起梦儿迢"了！听说他们来时，在房子里的"铲共团"被一起捉住了，连枪都没有放，无怪他们打了胜仗，我们还不知道呵！

这里的群众，已有部分因不了解红军而逃跑了。但家里还有些，深夜起来招呼我们，滔滔的诉说他们受豪绅地主"铲共团"压迫剥削的痛苦，听说"铲共团"已被我军消灭，真高兴已极。

在这里又触动我对老家的恋情了，想起根据地得到土地革命利益的民众的自由快乐，来与这些受剥削压迫的民众的痛苦比较，真是有天壤之别！这只有坚决消灭敌人来拯救这些受难的民众，使全国都成为我的老家，使更多的大众都过着那快乐自由的生活。

因为走得相当疲倦，找到一把禾草，就此睡觉了。脑中忽然想着："我的老家，再会！"并且希望到处成为我的老家。一会即悠然入梦了。

别

彭加伦

是一个晴天的下午,太阳斜挂在西边的天空,人们都在田里劳作,为了他自己分得的土地,弯着腰在努力地耕种,不断的唱出他快乐的山歌,妇女们三三两两的坐在门前做慰劳红军的鞋和其他针线,孩子们一群群的很活泼地在游戏,乡政府门前的红旗随风飘荡,在阳光的映射下,现出特别鲜艳的颜色。

号音响了,尖锐的声音激动着每个战士的心弦,吹号本是军队中平常的事,可是今日的号音却带了特别的意味,好像在这声音中含了很浓厚的刺激的感觉,谁知道它就是长征进行曲,谁知道它就是故乡离别之歌?!

队伍出发了,红色战士一队一队的由各个村庄上涌现出来,一线一线不断的继续向着雩都河畔进发,马声,担子声,刺刀磨擦声,步伐声,歌声,互相错杂着。

渡口中站满了红色的英雄,船夫不断地摇着他的木橹,一船一船渡过去了。一个个战士都轻捷地一跃登岸,他们一跳上岸就飞跑的跟上队伍去,动作是那样的迅速。

战士们身上的装备很整齐：衣服都是新的。背包是一律颜色的。每人两个或四个手榴弹挂在胸前。草鞋每人有三双，少的两双。捆在背包上端的防空帽——用树枝做的伪装，以防备敌机用的——都戴在头上。十天的粮食，有的掮着，有的挑着，有的扛着。伙食担子，公文担子，很有次序地随在队伍的后面。一个个雄赳赳的迈着大步前进。

红军家属和儿童团的小弟弟们，一堆堆站在路旁欢送。他们手里有的拿着草鞋，有的拿着食物，有的拿着银钱，候他的儿子丈夫哥哥弟弟经过时作临别的礼物。当他们的子弟经过时，有很多的叮嘱。

"到外面要谨慎，要听负责同志的指挥——回来的时候，有适用的东西带点回来！"

"哥哥多捉几个师长回来啊！"

红军家属是这样关心着他的子弟，集体送别，每次出发都是很多的，这是革命根据地特有的现象。

太阳在远山背后，渐渐地下去了，夜幕开始笼罩了大地。正在起着晚烟的村庄，和黄透了的田野，葱翠的山林，渐渐地模糊，在队伍的后面消逝了。红色战士们一面前进，一面谈笑着，他们活泼愉快兴奋的情绪，不断的在他们的笑容上流露出来。

队伍继续地在黑夜中前进着，穿过了无数的田垅，走过了很多的森林，有时脚下渐渐高了，又高了，知道已在上山；低了又低了，是在下山；哗哗的流水，知道已经到了山脚，沿着山溪前进。谈笑声到处传下来，远远地不断送来一声声的犬吠声，秋虫在山野间奏着音乐，战士们是有些倦意了。经过无数次的休息，远远的前面照耀着很多灯光，东一路西一路的分散，大家忽然高兴起来，嚷着："到了，到了，跟上呀！"

人声嘈杂起来，秩序也忽然零乱，各部队都找着自己房子宿营了。

一切都是沉寂，大地仍在黑幔中沉睡，红色健儿也进入了睡乡。

突围的第一仗

谭 政*

　　到达了固营附近,已经是准备突围行动的第四天了。自不量力的靖卫团,居然也耀武扬威,凭着固营土围不断的施放冷枪,似乎要阻止我们宿营的样子。"哼!好大胆,等待天黑了再说……不妨作我们突围的初步尝试呢!"战士中议论纷纷。第二天早上,什么靖卫团总、守望队长及土豪反动分子五十余人,均已成了瓮中之鳖,无一幸免。

　　一队队的红色健儿,向着金鸡、新田出发了。今天我一师的任务以迅速解决的手段,分路袭取金鸡、新田,将敌人各个击破,作为突破南面封锁线的第一步。"今天是突围的第一仗,同志们努力吧!明天准备以胜利品相见。"在集合出发的行列中,一、二团的战斗员与三团战士互相订竞赛了!

　　我主力(一、二团及师直属队)约于下午五时达新田附近,从居民中得知盘踞金鸡之敌约一营,已于昨晚退安息。守新田者为粤敌之第一师第二团,因我伪装部队刚到达新田街口,后续部队尚未跟上,

---

* 谭政(1906—1988),湖南湘乡人。1927年,参加秋收起义,同年加入中国共产党。长征时,任红一军团第一师政治委员、军团政治部组织部部长等职。抗日战争时期,任中央革命军事委员会总政治部副主任。1945年中共"七大"被选为中央候补委员。解放战争时期任东北民主联军政治部主任、第四野战军政治部主任、副政治委员。中华人民共和国成立后,任中国人民解放军总政治部副主任、主任,中共中央军委常务委员。1956年被选为中共第八届中央委员、中央书记处书记。1955年被授予大将军衔。

即被敌发觉，仓忙退入堡垒。乱枪四放，街上正在逢墟，一时秩序大乱，袭击因而未奏效。即于是晚布置强攻，此时星光灿烂，只听得脚步声，部队各自按照它所受领的任务，进入战斗了。一阵阵机关枪声炮声，从敌人方向传来。继之以手榴弹声，总是周转不停。突然间，枪声炮声均停止了，手榴弹的声音还在不断在响。"呦，奇怪了！"一时火光烛天，黑烟滚滚，敌人溃退了。他们把所存之军米洋油，放火焚烧，并延及居民住宅商店。叫喊声、哭泣声，不绝于耳。我第一团之全部及第二团之二、三两营星夜沿马路向安息方向追击前进。第二团之第一营及师直属队之一部，及全师大小行李当晚在新田集结，大家忙于救火，有的搬梯子，有的舀水，一下子把火扑灭，居民从悲愤的情绪中，又出现满脸笑容。不绝断的在那里称赞红军呱呱叫。

我第二团之第一营及全师的大小行李于第二天（十月二十二日）午前三时向石背前进，于八时到达石背附近。此时敌之第一师第三团及教导团，正由重石、板石退安息，在石背街口与我遭遇。此时我们所意料的以为是本地团匪，谁料他是粤敌的两个团呢。敌人知我兵力甚小，便正式集结兵力向我猛冲，我独一无二的特务队便也毫不让步的上去迎击，敌不得逞，战局遂成对峙形式。

正在战斗中，我一、二两团由新田方向赶来。他们跑了一晚，没停脚也没有吃饭。先日又参加了新田战斗，不免有些疲倦。但远远的听见石背方向的枪声，勇气又为之一震。接着飞也似的跑步从二、三十里路的地方赶来，从敌左翼截击，与我第二团之第一营及特务队配合行动，不消一小时即将敌人阵地全线击溃。敌全部向安息溃退，我军猛烈追击，敌溃不成军，混乱异常。加以一路均系隘路，人踏人、马踏马，伤亡颇大，沿途尸首遍地、血迹淋漓，马匹行李公文箱及许多弹药军用品均我缴获，并俘获人枪甚多。一直追到安息附近，又遇我第三团及第二师全部赶来，迎头截击，其后尾部队被我全部缴械，其残部则退入安息，与安息之敌困守安息堡垒。

第六个夜晚

艾 平*

为避免敌机的轰炸,所以这几天来都是夜行军。

太阳快将西下了,大地的四围被那黄而发白的斜阳的光芒笼罩着,在阴暗的地方,已经不能享受她那慈爱和悦的恩惠了。

在我们的队里,除了高级指挥员外,战斗员们都是带着四个或六个手榴弹,一枝步枪一把刺刀,以及满带着步枪子弹。这些(除枪外)都是我们自己的兵工厂制造的,出发前才发来的新家伙。

我们的帽子,衣服,布草鞋,绑带,皮带,从头到脚,都是崭新的新东西。

这是多整齐的队伍啊!

步兵,机关枪队,炮兵……谈的谈笑,唱的唱歌,说的说话,一个跟着一个,一队接着一队,有秩序地,没有一点儿忧郁,更没有一丝儿烦愁,每个人都抱着"胜利的反攻"的决心,不息地前进着。

---

* 张爱萍(艾平、斯顿)(1910—2003),四川达县人。1928 年加入中国共产党。1929 年参加红军。长征中,任红三军团第四师政治部主任,第十一团、第十三团政委。抗战期间任新四军第三师副师长兼苏北军区副司令员、第四师师长兼淮北军区司令员等职。1949 年受命组建海军部队,任华东海军司令员兼政委。1955 年指挥一江山岛联合登陆作战。后任解放军副总参谋长、国防科委副主任,组织领导"两弹一星"研制工程。1977 年后历任国防科委主任、国家科委第一副主任、国务院副总理、中央军委副秘书长、国务委员兼国防部长、中顾委常委,是中共第十一、十二届中央委员。1955 年被授予上将军衔。

第六个夜晚

　　队伍忽儿停止下来了，斜阳的光芒也早已不见了，夜色从四周地向我们袭来，月儿慢慢地升起，挂在东方的天空上。

　　"吗格？！"（即"怎么？！"）一个年青的通讯员带着不耐烦的神气说话了："宿营了吗？那就满好了！"这个瑞金老表说完话，他顾着大家，大笑起来了。

　　"为吗格唔走呢（为什么不走呢）？等得真唔（不）烦耐了！都是些乌龟（指敌人的堡垒）呀！"人的喊声夹杂着马叫声，嘈杂得像热闹的市场一样，有的懒家伙等得不耐烦也就像猪样的躺在地上，有的互相背靠背，谈的谈笑，唱歌的在唱那"高举着鲜红的旗帜奋勇……"的《胜利反攻歌》，旱烟香烟同时抽起来，大家都在期待着继续前进。前面的队伍开始动了，灰色的长蛇又流动起来了。

　　"呼！啪！呼！啪！"

　　"噫！枪声"，年轻的瑞金老表又说话了："政治委员，前面打枪了！"接着前面又送来了一阵枪声。

　　"真的是枪声响呢！"谢团长听了一下，继续着说下去："还在打枪呢！"

　　"打机关枪呢！"张政委同时又说。

　　灰色的人河更加流动得快了，谢团长带了几个通讯员到了前面去了，枪声继续不断地从前面传来，人们的两只腿更加起劲了，战争的紧张空气笼罩着我们。

　　敌人被打坍了，谢团长操着湖南音向遇着他的人群述说战争情况："在开始只是几百民团，守着前面的一个高地，扼制我军前进。那才不中用咯，被十团一个冲锋打坍下去了。十团已向白石圩跟踪追击去了。"

　　任参谋插了一句："不识时务的家伙。也敢在'太岁头上动土'吗？"说得大家都笑起来了。

"当后续部队跟着追击部队继续前进的时候，忽然一支敌军向我左侧突击，企图截断我们的连络。"任参谋长说下去，被另外一个声音打断。

"那就讨厌了！"

"算什么！"他满不在乎的继续说下去。"不过延误我们的一些时间，十一团就把敌人打的屁滚尿流坍下去了！但是同志们！……"他向四边看看，什么东西压低了他的声音：

"太不幸了！敌人已打坍了，一颗流弹，我们的洪师长[1]却牺牲了！"

"报告！"跑的汗流满面的气喘嘘嘘的通讯员打断了他的说话："师政治委员说：你们队伍尾司令部后，继续前进。"人河在月影照耀下，又继续的流动起来了。

虽然是在月下行军，道路是太不平了。战后的空气还是紧张的很。除了吱喳吱喳的脚步声与道路旁小河的流水声以外，简直静得连咳嗽的声音也没有。

"这是那一个？"人都关心地问，大家好像得着了一个向右看的口令一样，不约而同地向右看。

"这是师长！"守在洪师长尸首旁的一个特务员同志这样回答，他是带着愤懑悲伤的语气告诉他们："敌人都打坍了，他才中了一颗飞子呀。"

"同志们！"另一个特务员在喊："坚决勇敢的杀白鬼呀，为师长报仇！"

"把白鬼捉来杀咯！！"战斗员都向洪师长喊出雄壮的口号。队伍还是不停止的前进着。

"咳……嗯……救救……救我……"从左边小溪里发出鬼叫似的哀鸣！

---

[1] 第4师师长洪超，湖北人。

第六个夜晚

"对呀!是在小溪里。"

"我去补他一枪!"一个顽皮的小战士愤恨的说:"打不死的白鬼,叫得十分讨厌!"

这一下像把话箱盖打开来了一样,互相争吵起来了!"补他一枪送他早点回去吧!""这是脱离白军士兵的行动,我们要反对呀!""我做了好事你反对,妈咯!""子弹节省着明天打活敌人!捉到陈济棠来给洪师长报仇吧!"整个的通讯排都被牵入漩涡,加入战线,一句一句争吵不停。

毕竟青年干事活泼一些,在他的歌声影响之下,在这雄壮的歌声中加速前进,洪亮雄壮的杀敌歌声终结了这些个无意义的争吵;人们也更加速的前进。

"白石圩被我们占领了!"四师的黄政治委员[1]一副近视眼镜架在他的鼻梁子上,一只脚踏在板凳上,用那嘶哑的喉音在对团一级的干部们谈话。"我们没有什么伤亡。敌人只一个营,广东军阀的,民团二百多。缴获几十条枪。粉碎了广东军阀的堡垒。我们是胜利了。"

"这是一个大的损失!"他握着他那瘦得骨头都看见的手,"一个流弹牺牲了洪师长,少了一个英勇坚决顽强的同志!""捉着蒋介石来坐铁笼!以胜利的反攻,来纪念光荣牺牲的洪师长!"

---

[1] 即黄克诚同志。

追

彭加伦

蒋介石的堡垒主义并不见得怎样高明，陈济棠[1]的"乌龟壳"子也不过如此而已，费了多少工夫，花了多少群众血汗，筑成第一道封锁线，只不过几个钟头的工夫，就被红军打得一个粉碎，陈济棠把关守口的几个师虾兵蟹将也被杀得东窜西逃。

红色战士的老习惯，枪不响则已，一响枪就是猛冲；仗不胜则罢，仗一胜也就要来一个猛追，猛打猛冲猛追是红军的拿手好戏。这回冤家遇对头，敌人跑得快，我们追得猛，跟着屁股，像老虎扑绵羊似的，追得他屁滚尿流，看这是多么狼狈呀！

大概跑了五六十里吧，敌兵们确是跑得上气不接下气，十分跑不动了，大家虽然心里还不断地在勃勃的跳着，自以为已经逃了几十里了，大概不会成问题了吧。因此不管三七二十一就在一个村庄上坐了下来，乱七八糟的抢了老百姓一些饭菜，像饿虎一般的大吃起来。这一批先头老总，赤脚大仙，刚把饭碗端上嘴边，"啪"、"啪"、"啪"的几声，把他们刚才收回的三魂七魄又吓得四散奔离。这些老总本是惊

---

[1] 陈济棠（1890—1954），广东军阀，时任第五次"围剿"南路军总司令。1934年10月红军长征前，曾派潘汉年、何长工与其代表谈判，要他让开大路，不要与红军作战，陈为保存实力，遵守了协议，使红军得以顺利突破第一、二道封锁线。

弓之鸟，那能再经得起这样一声。性命攸关，走为上计，饭碗一丢，挟起尾巴就跑，爬的爬山，过的过水，一群猢狲儿就这样冲散了。敌军跑得慢一些儿的，当然落到了我们的手里。

战斗胜利了，红军凯旋歌声到处震荡起来，部队也进入宿营地了。

胜利后的一幕

加 伦

第一道封锁线是突破了敌人来了一个总退却,我们的前进道上横住了一条信丰大河,敌人的败卒援兵毫无问题的会扼守信丰河一线,尤其是军事枢纽的乌迳,作他最后的挣扎。

上级的命令来了,英勇的二师四团是担任了这个任务的前锋。限令他们于本晚二时出发,至九日二时以前拿下乌迳,路程相隔一百六十里。

经过了一昼夜的战斗,经过了一整天的长途的四团,刚刚休息不上几个钟头,又要出发了。时间是这样的匆促,哪里来得及进行讲话、鼓动?可是上级政治机关早已派了很多宣传队的小同志们,在他们前进路旁讲话,唱歌,呼口号,进行战斗鼓动。

"不怕疲劳!不怕艰苦!继续突破第一道封锁线的精神,坚决夺取乌迳,肃清前进道路!"

口号声像针一般刺入战士们的心窝,他们兴奋了,紧张了,步伐的速度更加急促了,像飞也似的奔驰过去。在他们紧张的情绪中,大家嚷着:"莫说一百六十里,三百二十里也不怕。他娘卖皮,无论如何要拿下乌迳吃中饭！"

人声是嘈杂着，乘着月色朦胧，清风悠悠征途上的英雄倒感觉十分凉爽。夜是这样的静寂，除了步伐声沙沙的响外，什么也听不见。走，走，三步成两步的走。田野过去了，森林在后面也过去了，山和村庄也在后面过去了，一切都过去了。

月色仍然是这样的朦胧，夜仍是这样的寂静，战士们的心中紧压着一个一百六十里！

天亮了，农庄上都冒起了炊烟。三三两两的农民操着惺忪的眼睛，惊奇的端详着这样一队天外飞来的神兵。

"老板，到乌迳还有多少路？"团长向群众问。

"同志，不远，只有二十里。"一个老农民同志摸了一摸胡子这样回答。

"乌迳有多少白军？"团长再问。

"没有好多，只有一连人在街前大路上放哨，大队伍还隔五里。"老农又诚恳的回答。

敌情问明了，立即派了便衣队绕小路包抄敌人背后。部队更加紧张了，战士们更加兴奋了，步伐也更加快了。谁也不会记起他们是已经走了一百四十五里，疲劳更是置之脑后了。

"啪！啪！啪！"

"前面打响了，跑步前进呀！缴枪去呀！实行缴枪比赛呀！"干部和党团员都这样一面跑，一面叫着进行进入战斗的鼓动。

于是越打越密了，机关枪、手榴弹像过年时开财门一样的热闹。

我们正面只不过用了一个排的兵力，敌人总是只顾正面，耀武扬威的扫射。哪知事出意外，敌人后面街上也打起来了。两面夹攻，来了一个里应外合，敌人就在这一个猛冲中，像水鸭子一般的坍了下去。眼快手快我们的便衣队早已把他截住，整整一个排就这样拱手被擒了。

其他照例是夹着尾巴逃命，部队仍然跟踪追击，直至出乌迳以外五里处，与该处的四个团激战起来。结果双方对峙着，乌迳就这样胜利的占领了。此时还是正午十二时，"拿下乌迳吃中饭"的口号是胜利的完成了。真是伟大的红色英雄们啊！

队伍是越来越多，街的前后左右都驻满了。人山人海，把一个小小的乌迳街差不多闹翻了天地。

街道并不长，不过一二里地的光景。有几家比较大的杂货店和盐栈，有一家菜馆，其余多是一些零星食物等的小贩。据说这是从南雄到赣州的要道，生意向来很好。特别是自从公路修起以后更加发达，所以各种货物都有卖。

久在敌人封锁包围中奋斗的战士们，虽然过去一般的物质上没有受到多大的困难，但是许多东西却难买到。这次初到一个比较大的市镇，谁也不能放过这个机会，要买他一点。

街上塞满了人，店里挤满了人，菜馆坐满了人。一批一批的来，一批一批的去，好像织布机上的梭子一般穿来穿去，他们脸上堆满了笑容。

鞋子、袜子、脸巾、香烟、香皂、牙膏、罐头、糖果……，不断的随着我们的买主们回去，又是一批来，又是一批去。店内伙计们忙个不了，菜馆里堂伙叫个不停，抽着他的嗓子喊出各种各样的菜名。卖包子的、卖糖糕的、卖水果的摊子上，堆满了不少的铜板。七手八脚的在应付他们的主顾，这是多么的热闹啊！

几个战士跑到一家盐栈里，每人掏出一块大洋，准备买些盐去炒私菜吃。伙计们用了几个大箩筐，每人给他们称上了十五斤，战士们吓了一跳。

"老板这要多少钱？"

"一块大洋"。

战士们哈哈大笑连说:"糟糕,这么多,人都会背死。只要半斤呀!"

"呵,半斤?花不了一毛钱。"伙计们带着惊异的眼光,望了一望。称了盐,找了钱给他们。战士们喜气扬扬的出了店门,就议论起来:

"娘卖皮,这样便宜!中央苏区一块钱只能买半斤呢?"

"十五个人都要背死。"

"十五斤拿回家里吃三年。"

"哈哈哈哈!"

"娘卖皮,该杀的蒋介石。"他们你一句我一句,谈着笑着回去了。

另外一个杂货店中突然争吵起来了。店门口拥了不少的人在看热闹,一个个掩着口在吃吃的笑。被好奇心的激动,检查纪律的也是必要的。用了九牛二虎之力好容易才挤了进去,起眼一看,一个战士满嘴满脸都是墨汁。一个墨汁瓶放在柜台上,指手画脚地在大发雷霆。老板呆望着,哑口无言,看样子是在争吵。

经过详细查问后,才知道这是一个新战士,他把墨汁错认为是牛乳。因他跑到了街上找不着牛乳,只有这家店内架橱上摆了几瓶墨汁。他看见瓶子有些相像,认为就是牛乳,坚决要买。老板曾数次告诉他是墨汁,吃不得的。因为他是瑞金人,不懂老板的话。他总怀疑老板故意不卖,结果老板只得勉强卖给他。当时他一心想吃牛乳,哪里还来得及去看真假呢?塞子一拉,罩在嘴上就大喝起来,弄得满脸满嘴都是墨汁,这才觉自己是上了当。又气又恨,面子难为情,只好拿老板来出气。情形弄清后,看热闹的战斗员都来批评他,制止他这种脱离群众的举动,并向老板进行解释。拿墨汁当牛乳的战士自己知道错了,向老板赔了个不是,羞惭地回去了,一幕喜剧也就此闭幕。

天色将近黄昏了,集合出发的号音又四处响起来,队伍又在这夜色中重上征途。

夜行军

富 春

为着隐蔽我军行动，为着避免敌人飞机的侦察与轰炸，有时为着天热乘夜凉，所以我们长征时多夜行军，特别是从出发到渡湘江的前后，差不多都是夜行军。

夜行军，开始是不惯的，头几天，不管是有无月亮，或有火把，总觉得是高一脚低一脚的走，很吃力。特别是要把日常生活完全改变，日间的生活要改到晚上，开始是很不习惯的。半夜以后，感觉疲倦，拂晓前后，更是瞌睡沉沉。坐在马上，固然可以瞌睡，走路也可以瞌睡。以后习惯了，却没有什么问题。

特别是夏秋天气，乘着有月光夜行军，却很快畅。月朗星稀，清风徐徐，有时虫声唧唧，有时水声潺潺，有时犬吠数里，野花与黄菜争香，夜中更觉幽雅。经过村落时，从疏疏的灯火中，看到一村的全部男女老幼，带着诧异而又愉快的眼光，望看我们这走不尽的"铁流"的红军。常常可以听到这些话："晚上走，凉爽呀！""你们真多呀，走了三日三夜了！""白军早走了！""你们真文明呀！救命菩萨！"这样的走，很顺畅，一听到第一次报晓的鸡声，我们是含着愉快的微笑到宿营地了。

如果是没有月亮的天气，而在敌人离我们不太近时，我们总是打火把夜行军的。到了下午，大家把昨晚的瞌睡损失补足了，而又准备晚上行动时，宿营地的四周，总可听到找干竹子做火把，打碎干竹子的"噼啪、噼啪"的声音。

在部队中做火把，是一天一天的熟练，一天一天的进步的。有的用较大的竹筒，钻空罐洋油点；有的则用松枝，利用松香汁燃烧。但这些都比较费用大，或者太费力。最好是找二三根较细的干竹，打破成几片，合起一节一节的捆起来，容易烧燃，光大且不怕风，也耐烧。我以为这是最好的一种。我们经过江西、广东、广西、湖南、贵州，常常夜行军，而且也容易找干竹子。但到云南以后，我们夜行军也少了，竹子也不容易找到了。

点火把夜行军，是很壮丽的，走平坦大道，真是可以光照十里。穿过森林时，一点一点，一线一线的火光，在树林中，时出时现，如火蛇钻洞，红光照天！

过山时，先头的已鱼贯的到山顶，宛如一道长龙，金鳞闪闪，十弯十曲的蜿蜒舞蹈！从山顶回头下望，则山脚下火光万道，如波浪翻腾，一线一线一股一股的奔来，即在钱塘江观潮，泰山上观日，也无此奇迹！

但是有时夜行军是很苦的。我们最讨厌的是第一遇着隘路或上山下坡，或过桥过水，因为遇着这些阻碍行军，前面一遇阻碍，后续部队简直走不动，常常弄得走三步停十步，极不痛快，极不舒适。有时走了半夜，只能走上几里路，既不能痛快的前进，又不能真正停下来。时走几步，时歇几步，更容易增加疲劳，有时甚至可以一停即睡倒。第二是忽遇大风大雨，一时找不到避风雨之地（或离村庄尚远，或无树林），只有硬着头皮继续前进，天气既恶劣黑暗，火把也不能点了，路上又特别湿滑，这时真所谓"前进不能"，"退后不得"，只有一步挨一步，跌了滑了，又起来继续走。等待到了村庄可以避雨，已经是满身淋淋了！有几次我们翻高山遇着大雨，走了一夜，走到山顶，实在不能下去了，只好在山顶或山腰露营，待天拂晓才继续前进。

以后夜行军逐渐习惯了，只要不落雨，无月光无火把，也可以看见路了，也可以骑马夜行了。一般的都是习惯了：第一每人背的包袱要用白的，以便后跟的人看得见前面的人；第二每人找一根棍作杖，以免跌交！

离敌人很近，或甚至要穿过敌人堡垒线时，则夜行军是很肃静的，不准点火把，不准照电筒，不准乱吃纸烟，不准谈话。然而当着无敌情顾虑，月朗风清之夜，我们有时可以并肩而行，大扯乱谈，有时整连整队半夜高歌，声彻云霄。这种夜间的行军乐，可以"不知东方之既白"！这种行军乐趣中，在总政治部的行列中，以至组成了潘汉年、贾拓夫、邓小平、陆定一、李一氓诸同志再加上我的合股"牛皮公司"。同时也产生了所谓"徒步旅行家"，这就是说：大家在行军一路走一路谈，上下古今的乱谈，也忘记疲倦，也忘记骑马。总而言之，是"徒步吹牛皮"！

另外一方面，我们又必须讲到有些身体弱或有病的同志，遇着夜行军，不好的天气，行路困难时，可以掉队落伍。常常大部队到了宿营地，在日中休息时，这些掉队落伍的同志，总是努力奋斗克服一切的困难，先后的归了队；有的临时发生病，或本来的伤病员，因担架员发生事故而不能抬的，也常常由我们的收容队的同志努力用各种方法，使这些人归了队，甚至老百姓自动替我们抬到宿营地！在这种艰苦奋斗与群众的爱护下，自然还不能完全消灭个别人的掉队落伍！但这已经只有红军才能做到了！

夜行军的一幕

小　朋

　　出发来已是八天了,因为多采夜行军,虽然白天有时间睡,但总觉不如夜晚睡的有趣,也许没有夜晚睡得那样有益。死睡的我,本来随时随地都可以睡着的,可是在白天总不免有些事情来纠缠,平均起来,当然要少睡些时间,今天也有点打瞌睡。

　　下午六时又出发了,刚出门,传令员从"报告"一声中送来了命令:

　　"……为争取先机之利,从今日起实行强行军,不论日夜,每行军五小时,即休息四小时。造饭睡眠后,继续照昨日命令之路线前进!……"

　　顿时精神紧张起来了,当然是"唯命是从"。

　　林矮子有点着急了:"今天一定会打瞌睡,我们在路上要多扯乱谈才好呢!"他看了命令就这样的向我建议。

　　"那自然,我也一定会打瞌睡,你这乱谈鬼要多扯了!"我同意的回答他。

　　"我就不怕。"指导员好像有把握的走前来插嘴,"我从来不会在路上打瞌睡的，我今天到宿营地还要打土豪……"

林矮子忽然想起他一路来不管白天夜晚都时常跌交，就讽刺似的说："瞌睡倒不会，只是白天晚上都滚冬瓜似的！"

这一说把附近的人都引笑了，指导员连忙回答说："真是矮子矮，矮子怪。"

前面走快了，把大家的话和笑声立刻打断，大家都在途中迈进，脑子里就开始想途中的乱谈材料。

半夜，北斗星已高高在上，成千成万的红色英雄仍然在星光下前进，在地上发生"沙沙"的步伐声，在同志们身上，因为东西相碰磨，也不断的"咯啰咯啰"的作响，路旁田野里更发出"唧唧"的虫鸣，其他一切均是静悄悄的过着。

深夜，眼睛已开始同两腿发生冲突了——疲倦的眼皮时常想闭着休息，而两腿仍旧不断向前走去，为避免跌交，逼得两眼不得不勉强睁大，不得不执行它的视觉任务。

忽然走我前面的林矮子，无故的停止了，而他前面的人还是在走。我知道他一定是打瞌睡，就用手向他肩上用力一扑，大声的叫"矮子走呵！"把他吓得一跳。

他好像是恍然大悟一样，说道："呵！我睡着了，掉了队还不知道。"说着跨开脚步跟上前去。

"来开始乱谈，我也打瞌睡了。"我说。

"你先讲，我还没有想到。"他说。

"你常时乱谈多得很，今天又讲不出？还是你先讲。"

"你先讲好，我要想个好的来讲。"

后面的指导员想故意为难矮子，就跑上来开始扯他的乱谈："我昨天在土豪家里看到一个骆驼一个猪，那个骆驼生的很高，那个猪生的很矮，我看到那个猪走到骆驼的后面，还没有骆驼的屁股高……"

夜行军的一幕

因为是故意笑他矮,所以他连自己也忍不住,"咕"的一声笑了出来。于是林矮子发气了:"你把我当猪!"我也笑个不住,大家都笑了,后面的同志也笑了。

就这几句话,把我们的瞌睡虫赶跑了。

半夜二点了,因为路上没有房子,不能休息,只得继续走到有房子的地方去。这时就不由自主了,乱谈也不爱扯了,大家都很想睡,两腿虽是不断的往前走,但眼睛早已闭拢了,并且开始作着迷朦的梦。忽然走到较低的地方,往下一踏,真是吃惊不小,好像是由天空中掉下来一样,眼睛又赶快的张开来,又继续走。

"哗啦!"一声,指导员又跌交了,蹲在地下,"哎哟!哎哟!"地叫痛,"糟糕!出血了!"他摸摸跌痛的地方后,这样话说。

这就是矮子来报仇的机会,他很高兴的说:"你不会打瞌睡,为什么跌交,为什么叫痛呢!"气的指导员赶快起来,笑也不是,哭也不是,仍然跟着走。但是腿有点跛。

前后的人都笑了起来:"真是老跌交呵!"

到达休息的村庄了,因为还未分好房子,队伍就停止在路旁,我忽然发现了有个小草丛,就马上争取这一睡觉的好阵地,迅速的躺了下来,那知道一会就睡着了。

他们几个走时,故意不叫,等有同志把我叫起来时,他们已在前面哈哈大笑,庆祝他们的胜利。我赶上去时,已各进了各的休息房子。

这下当然是高兴极了,现在可以一直睡到吃饭的时候才起来。一进房什么都没有,找到一张草席,就开始睡觉,连鞋袜也不脱,被毯也不盖,生怕睡不赢。这一下真比平时睡着钢丝床还有味道。

正睡得朦胧时,仿佛听得有人唤:"小朋友吃酒呵!"接着觉得一个人把我吵醒了。揩开眼看时,原来是李酒鬼。手上捧着一茶盅的酒，笑嘻嘻的说："喝酒，指导员打了土豪，要你去吃鸡子。"这一下真是弄得我又好笑又好气，只得回他一声："那个吃？你们这些家伙，有食了连觉都不睡，四个钟头过了又要走呢！"

什么也不管了，马上闭起眼睛，死了一样睡到大家起床时，才由梦中被起床号惊醒。自睡时到起床，连一动都没有动呢。

聂都游击队的记述

张云逸[*]

（一）聂都镇的地理形势

聂都是江西省西南比较人口繁多、生产丰富的一个市镇，东连粤北之南雄县境，南连粤北仁化县之城口镇，西与湘东之桂东、汝城两县比邻，北接赣西南之南安[1]崇义，位于粤湘赣三省交界的地方。四周有巍峨的高峰环绕，与青绿的森林密布，连绵的山脉纵横数百里，地形非常险要，的确是很好的一个游击队伍行动的地区。因此敌人虽屡次从各方来进"剿"，可是，我们的游击队是始终纵横驰骋，行动无阻，好像鱼游泳春水一样。这当然是得到地形的便利，同时也是由于群众爱护的结果。这也给我们证明地形条件与游击队的生存和发展很有密切的关系。

---

[*] 张云逸（1892—1974），广东文昌（今属海南）人。早年加入中国同盟会，参加黄花岗起义、辛亥革命和北伐战争。1926 年加入中国共产党。1929 年参与领导广西百色起义，任红七军军长。后率部进入中央苏区，历任粤赣军区司令员、红军总司令部和红一方面军司令部副参谋长兼作战部部长。抗战前期，参与新四军的组建、整编。皖南事变后，任新四军副军长兼第二师师长。解放战争时期，任新四军第一副军长兼山东军区第一副司令员、华东军区副司令员兼山东军区司令员等职。中华人民共和国成立后，曾任中共广西省委书记、广西省人民政府主席、广西军区司令员兼政治委员、中南行政委员会副主席，1962 年任中共中央监察委员会副书记。是中共第八至十届中央委员。1955 年被授予大将军衔。

[1] 南安，今并入大余县。

（二）聂都游击队的产生

聂都游击队原是南雄游击队的一部分，它是在一九二七年革命时，国民党叛变革命后，农民暴动中产生的。它有八九年的斗争历史，部队中的阶级意识是非常坚强的，充满着艰苦奋斗的精神。这从每个队员一言一动中都可充分表现出来，这是值得我们万分表扬的。

它在这一基础上面，经过多年的苦斗，曾经创造红军独立师团送到主力红军去，扩大自己的阶级力量。还有一部分，在南雄、信丰、大庾一带发展游击战争，与数十倍的敌人作战。在这样严重的斗争环境中，据各队长说："敌人从四面八方日夜不断的来进攻，游击队无论日夜都在枪林弹雨与高峰深山中过生活。敌人虽用一切力量来对付我们，而我游击队终于以布尔什维克的坚强性勇敢性，将一切的困难，都克服下去，特别是在下大雨大雪的时候，更加精神百倍，因为那些凶恶的敌人，亦利用雨雪的时机来袭击或包围我们呢！在这苦斗中，每个战士更明显的认识，只有中国革命胜利才能救我们自己，救全中国，大家没有一个不愿意用一切牺牲来为中国革命斗争到底的。

在残酷战斗中，南雄共产党，坚决率领游击队向外发展，创造新的区域。将原队伍分为三队，一向聂都，一向三南[1]，一留原地区域活动，以分敌势。决定后，各队首长均率领队伍分向目的地前进，执行新的任务了。

（三）向聂都前进的经过

南雄党县委书记，为了坚决执行党的决议，就亲率游击队向聂都进发了。据他们说：在这次都是夜间行动，都是得了沿途很多群众帮助与拥护，不然是摸不到路的。因为我们是走小路，夜间更加困难。

---

[1] 指江西南部的龙南、全南、定南三县地区。

有一天夜间，我们走了几十里路，肚子饿了，也渴了，找到了一个人家，我们就叫门，但是他不开，我们说明，我们是过路人要水喝，他们还是不开，也不做声。我们走得脚也疲倦了，不管怎样，就决心在这里休息的时候，队员们互相谈论，前天打白军的情形，屋内的人好像听到我们的谈话了，内边就发出不甚响亮的老人的声音，他问："你们是什么人呢？"我们答："分里（广东人的称号），我们是做买卖的过路人，走错了路，请你告诉我们！"

他听了我们的答话之后，又问："我听到你们说话，不是做买卖人吧？到底你们是什么人呢？"

在这时候我们不能掩饰了。就大胆的拿出我们的红色招牌来说："我们是红军游击队，是来帮助你们打土豪分田地解除贫苦人民痛苦的。你们不要害怕，请你开门，告诉路给我们走。"

说完话没有好久，里头就有木履的声音，呀的一声门就开了。

他现出极欢喜的态度说道："你们是红军先生吗？你们为什么不老早说明白呢？因为我们这里经常有土匪民团来叫门扰乱，所以我不愿意开门，还不知道来的是红军，门开迟了，累得你们等了好久，对不起先生！请你们进来坐坐，吃点茶再走，好吗？""好！"我们大家同声说了以后就进到屋子里来，那老人家就叫他的老婆起来，烧茶煮饭给我们吃，他又继续的说：

"我在几年前就听到红军是为穷人打不平的，我听了真是欢喜，但总没有见过红军呢！现在才看见了，真是不错。先生！我们这里时常有土匪民团来，你们要小心放哨，免得那些狗东西来胡闹！"

"是的，谢谢你的盛意！"我们答谢了那老人之后就出来看，那老人也跟着来，他一边指一边说：那条路通那里，那条路要注意。谆谆吩咐我们要小心，好像教他的小孩出门一样的诚恳。

我们吃饭和喝茶以后就向目的地出发了，我们给他钱，他不要，经我们再三说明，他才收下。我们走了，他们二个老人同声的说："好走！""再来！"他们睁开四个老眼睛一直送到我们走完止，才关门进去，表示对我们有无限的关心与爱护。

这是我们到新的区域，群众对我们红军游击队的态度。

（四）到达聂都地区以后斗争的情况

聂都游击队通过敌人几道包围线后，最初就在南雄、大庾的大道以西地区，开始进行群众工作，建立了许多秘密的做纸工会贫农团，消灭一些地主武装，捉到不少土豪，没有半月的光景已发动了当地群众的斗争，筹得数千款子，队员的生活改善了，斗争的情绪也提高了，对向外发展的胜利已被事实证明，队员们更有胜利的信心了。这时党县委书记等同志看了游击队员，已经彻底的明了只有坚决执行党的路线，才能发展。他们对党的正确策略，已有深刻的认识，不久县委书记就率一部队员又回原游击区去了，全队还留在那里继续努力发展游击战争，来完成自己所负的光荣任务。

党县委书记走后，游击队即按着预定的计划向聂都方向发展游击区域。经过了四个月时间，游击区扩大至纵横三四百里之广，游击队本身也扩大了，政治影响扩大到整个粤赣湘边境，给敌人以很大的威胁，特别是对于进攻老游击区的敌人。敌人曾有数十倍的兵力进攻我游击队，费了一年多的时光，他以为我们红色游击队完全肃清了，可以将革命力量镇压下去了。但是事实恰恰相反，我游击队较前更加扩大了，游击区域迅速发展到粤赣湘边去了。反革命的报纸天天歌功颂德，进行无耻的欺骗宣传，某处的"共匪"消灭了，某处的"匪区"肃清了，但是事实给他们一个无情的嘴巴。被消灭的倒不是什么"共匪"，而是反动统治阶级自己的武装力量，这套假面具老早被群众识穿了。试听一听当地人民的讲话，就可知道：

"国民党的军官，没有一天不说那里红军消灭了，那里红军没有了，但是别方面，又不断的报告某处有'共匪'数千攻城，某处发现'红匪'数百捉人，弄得整天手忙脚乱，胆颤心惊，这不是奇怪了吗？"

（五）游击队过去工作的检查，新的行动方针的决定

参加过他们的工作检阅会，我们听了他们的工作报告以后，认为过去的工作，已创造了许多光荣的成绩，知道他们在发展游击战争，特别是群众工作方面，只限于偏僻地方。在会议中，我将党最近的策略与任务详细告诉他们，并提议加紧向比较大的市镇去发动群众，特别是坚决消灭自己力量所能消灭的地主武装，来武装自己，同时要加紧部队的政治教育，以提高队员的政治与文化水平，使每个队员，都成为共产党政策的宣传者、组织者与执行者。这一提议得到全体一致热烈通过后，并决定了具体的行动纲领、步骤执行。

（六）百顺游仙圩两次战斗的胜利——游击队执行党的新策略所得到的成绩

此次会议之后，游击队坚决执行党的新策略，得到很大的发展，不论军事与群众工作方面，都有大的进步，特别是表现在袭击粤之百顺的战斗中。这次战斗我游击队一夜间走了一百二十里，乘敌不备将敌全部消灭，缴获枪数十枝，捉了许多土豪，并捉了白军卖鸦片的所谓禁烟局长一个。我游击队将没收土豪的东西完全分给贫苦群众。同时将敌人出卖的鸦片烟，当着众人完全烧掉。这个时候，该市附近群众无不争先恐后的来看红军——我红色游击队，群众都喊为红军——

我游击队地方工作组就抓紧这个机会,开了一个群众大会,分发东西给群众,揭破国民党军阀以及豪绅地主的罪恶,宣传共产党工农民主政府的主张与游击队的任务,并号召群众起来参加革命,打倒国民党军阀和豪绅地主以求自己的出路。群众听到我们宣传,都互相谈论,称赞不已。在会场中,有一个大约四十岁的工人这样对人说:

"他们(白军)说人家是杀人放火共产共妻的。我没有看见红军以前(因为游击队第一次到的)总以为是真的。在今天看来,他们说的完全是谎人的鬼话。我活了四十多年,从来没有看到这样好的军队。中国的军队假若都像这样,那中国绝对会隆盛起来,我们穷苦人也就都有翻身的日子了。我希望红军能不走就好了。"

不久又袭击赣南之游仙圩,这次战斗是冒雨夜袭的动作。当黄昏出发时,队伍集合完毕,由队长政委宣布夜袭游仙圩之敌的意义。全体队员虽说在大雨之中,但是杀敌的精神,大家都表现得非常紧张,每个队员,都在摩拳擦掌待命出动,大有痛饮黄龙之概。

讲话完后,部队就冒着雨向前面的高山前进了。这时天也黑了。我因病后体弱,不能随队行动,留在后方,只是眼巴巴的盼望他们明天的捷报传来,我坚决相信有这样情绪很高的队伍,必定能将敌人打得落花流水,凯旋归来。并且敌人队中,还有我们党的工作。敌人兵力虽大些,但是以勇敢善战如狼似虎的游击队乘雨去袭击毫无准备的敌人,胜算一定是操在我们手中的。

次日薄暮时候,我们在后方的几个同志忽然很紧张的对我说:前面高山上好像有穿白匪衣服的人发现,恐怕是敌人来袭我后方吧!要立即准备应战才好。我得这消息,一面通知大家准备应战,并捆好东西,押土豪候令,一面我与后方主任就出去看。的确穿白军衣服的人来了,可是再详细来视察,前面好像有穿黑衣的人,后面也随着穿黑衣的人,只中间有穿灰衣的人一队。我们正在怀疑中,前面的队伍,已经越来越近越发看得清楚了。在我的旁边有一个青年同志就高声喊道:"啊!我看清了,我们的队伍,送俘虏兵回来了。"我再用自己的半花的眼睛仔细去看,哈!的确是我们的队伍,得胜凯旋回来了。一场险恶的空气,霎时变为无限喜欢的声音了。大家都很热烈的欢迎我们战胜回来的同志,庆祝他们的胜利。但是被捆的土豪先生们,都一个个在那里愁眉叹气,自怨命苦!

没有好久,他们已下了对面的高山向我们这边来了。我们在后方的同志,都站在青黑的森林里的茅草房子前面路上欢迎他们。没多会儿,我们战胜回来的同志和由白军来的新同志到了,大家都表示无限的快活与欢呼。"欢迎新同志参加红军!""红军胜利万岁!""共产党万岁!"这些口号震天的响。这时各个同志队员都互相谈话,特别与队长和政委,谈作战经过概况。政治委员说:"我们出发后整夜下雨。为了行动秘密,一概走的小路。越过了几个高山,穿过了两个森林,雨大路滑,前头跌的刚爬起来,后面又跌下去。跌了十多次的同志几占半数,但是我们的队员精神都是绝顶的兴奋,只要能打垮敌人缴到枪的话,任何牺牲都甘愿忍受。一夜走了十二点钟,只走了六十多里路,假若没有利用手电来照亮,恐怕拂晓还不能到达目的地呢!"

队长接着说:"我们刚黎明时候,就到敌人哨兵位置了,因为雨声混和着我们的足响,一直逼近到敌人面前,他还未知道。我就率领前队一直冲进去,先将敌人的哨兵刺死,继续冲进敌人驻地。敌人在梦中惊醒起来,东跑西撞,有些有枪,有些没有枪,都乱跑出来了。我们只管叫缴枪不要紧,敌人方面也有人叫是红军来了,快缴枪,不要紧,并有路费发,不要打枪。没有十分钟,敌人的枪已缴到六七十枝,内中并有两挺机关枪。已经缴枪的士兵和官长,都关在房子内,派人守着,我再率队去追逃散的敌人。"

"逃散的敌人以后怎样呢?"经我这样问后,他继续答道:

"如果我们后队由左边包快些,可以完全消灭敌,可惜!可惜!……"说着表示很发气的样子。

政治委员从旁又说了:"这是我们没有协同动作的缺点。但是我们总算取得了大的胜利了。这次战斗,我们缴获枪枝有九十多枝,机关枪两挺,光洋数千元,俘敌官兵百多人。这一胜利,是我游击队空前的胜利,是我们坚决执行党的路线的效果,同时也是我们努力进行白军士兵工作的成绩。我们只费了数十颗子弹,没有损失一个人,得到这样的胜利,这还不好吗?"

"政治委员说是对的。"我说了以后就接着问:"你们对俘虏怎样处置呢?"

政治委员说:"我们将俘虏来的官兵,集合起来清查以后,就进行宣传工作。其中有一个收捐税收租的民团队长,群众恨之最深,我已宣布枪决了。所有俘虏,除将表示愿意参加革命的新同志带回来外,其余经过宣传以后,都每人发光洋五元,给他们作路费,打发回家了。俘虏们自己的东西,完全给他们,没有发生一个搜腰包的事件,负伤的也给他上药发给伤费十元,他们一霎时都把很恐慌忧愁的面孔变为欢喜高兴的容颜。有一个士兵这样说:'假如没有某同志(我派去做白军工作的同志)要我们不打快缴枪的话,我一定要打枪,那赶糟糕了呢?'这样看来,也就知道,白军士兵,受我红军游击队的影响,是多么的大!"

听了他们这样处置,都是正确的执行党的争取白军的策略以后,继续问道:"你们对群众的工作如何?"

政治委员说:"因为有一部分敌人跑了,恐怕这些残敌回去报告,有新的援兵来反攻,因此我们只作了半天的工作,地方工作组都动员了,调查和没收了两家土豪,并缴获了白军与民团的许多东西,大部分都发给贫苦群众。也有很多人自动的来要东西,都分配给他们。群众热烈欢迎我们,都痛骂白军不好,我们开了一个简单的群众和红军的联欢大会，写了许多标语，十一点钟，我们就回来。若是没有敌人来援的顾虑，能多留一天更好了。在这样的短促时间内，没有好好的进行组织工作，这是一个缺点。"

我和他们两人谈这样，说那样，不知不觉到九点多钟了。因为他们走了一夜路，加上作战，都感到劳累，我不愿再疲劳他们了。只商定我们明天，准备开一个庆祝与欢迎新同志的大会，来宣传胜利的意义，大家都分头休息去了。

在这个战斗中，我们充分看到红色游击队为革命奋斗到底的苦干精神，他们只知道坚决消灭阶级的敌人，不知道什么大雨路滑的困难，同时又证明白军士兵，已深刻的受到革命影响的，如积极进行争取与瓦解白军的工作的话，那么白军参加革命运动是很有可能的。

（七）军事根据地的设备

游击队的临时后方（军事根据地）是收容伤病人员与储藏军械粮食之所，也是游击队员休息的地方，它对于发展游击战争以及提高队员的战斗情绪都有特别的意义。

我聂都游击队，对于军事根据地的重要意义已有充分的认识，所以在自己行动区域内首先就建立临时后方。这个后方，建立在一个很险要的高山上的森林中，是一个极秘密的地方，敌人绝对不容易发觉。现在让我将这个军事根据地各方面的情形，说明于下：

（1）它的形势

甲、它是建立在高山顶一块平地上，长宽各约五六十米达，旁边有一条山谷，四季都有川流不息的清水，夜后静听水流的音响，好像坐在海边的楼阁中，神志清爽极了，谁都不觉得是处在一个偏僻的军事根据地呢。

乙、背靠着很高的山峰，前面有许多石垒，前进时，如不当心，就会粉身碎骨于万丈沟底，真可说是"一夫当关，万人莫敌"，的确是一个军事要地。

丙、它的周围都有很密的森林，最易隐蔽目标，同时气候温和，最适宜于伤病员的休养。

（2）它的设备

甲、有两所比较宽大幽静的茅屋，一个是预备队员回来休息和训练住的，另一所四壁用纸糊的很精致，这是伤病员和休养员的休养地址。此外还有一所木屋，四周以很大的树木堆起来，这是用来关土豪的地方。

乙、还建立了一个简单的运动场和秘密储粮食与军械的地方。

丙、通敌道路，与险要的地方，都有工事的设备，以便对敌人袭击时，好来抵抗。

（3）后方人员的生活

甲、每天都进行军事政治课，文化运动等工作，经常开党的会议，政治军事讨论会，讲话会等。

乙、每天每人发二角伙食钱，隔两天都有鱼或肉吃，打土豪时更好些，衣服都是很整齐的。

丙、对于押的土豪，都施以强迫劳动，如写标语，教队员认字，砍柴担水洗衣等。此外还把我们的宣传品与革命的书报，给他们看。

这里我记起一件很有趣的故事了。我们捉到一个民团（地主武装）团长的儿子，押了两个多月，看了我们的宣传品与书报，非常表示同情，并向其他土豪说："我们中国非革命不可，红军的主张是不错的。"此后他们家里送来罚款，我们放他出去，他不肯走，并要当红军参加革命工作。他很坚决的说："我的父亲是吃人肉剥人皮的土豪，他是妨害革命的罪人。我参加了革命，愿意带路去捉杀我的父亲，也可以说杀我的敌人。"我们看他表现好，允他作向导去捉他的父亲（反革命最坚决的分子）。不凑巧，他不在家，只没收了他的财产分给贫苦群众。这个土豪儿子很不错，竟然在他的乡中公开宣传革命的好处，土豪的坏处，并指出他的父亲是革命群众的敌人。大众都奇怪起来，我们也很奇怪，他对于革命认识的这样快。以后调查明白，才知道他的确是一个受家庭压迫最深的青年。

（八）游击队与群众的关系

我们聂都游击队，没有半月的光景，就有很大的发展，这因为它完全是站在广大群众利益上来行动，它能站在阶级立场上去奋斗的结果。

我们的游击队，究竟用什么方法，与群众发生密切关系呢？

（1）它坚决执行党的阶级路线与群众路线，在群众中建立起了很好的威信。

（2）没收土豪的东西，分给劳苦群众，能严格遵守群众纪律，对工农群众东西，不许侵犯一针一线。

（3）对群众的态度和蔼，一切行动，都以群众的利益为自己利益，因为这样，群众与游击队好像亲兄弟一样！

我们的后方，虽在偏僻的地方，但是我们的粮食与日用必需品，都是由群众秘密代买送来的。我在那里养病的时候，因移动地方走不动，有两个老百姓自动的来抬担架，并在他家里找出许多农产品，来慰劳我们。但是我们的游击队很有纪律，不要群众东西，一齐退回他们，可是他们总不允许，结果按价付给他们的钱，我们才收下。

后方周围的侦察与警戒，都是得了许多群众力量的帮助。一发生任何消息，各方群众都能自动来报告。我记得有一次敌人出发了，有一个六十多岁的老婆婆，到我们的交通站报信，她表现出非常热心和诚恳。这可见游击队与群众关系密切的情形了。

泥菩萨

小　朋

　　虽然今天没有下雨，然而昨天那场大雨之后，地面上的一切都洗涤得干干净净，绿色的树叶更显得深绿，青葱的嫩草，倍加油青，大路上没给人践踏过的石板，已洗得油光满面。因为没经过太阳的蒸晒，一切都尚带着潮润，水银似的雨点，圆滴滴的残留在草叶上，只有山麓的泥路越洗越糟糕，泥和水已混淆得糊里糊涂，尤其经过这么大的队伍，几千双长征的铁脚的践踏，更加泥泞载道，如果鞋子不稳，就要使你拔不出来。

　　一个广东籍的小同志（大家叫他广仔），正在途中走，一时不谨慎，"哗啦"一声，跌在泥巴里了，两脚向前一溜，跌得一个屁股都糊满了泥水。

　　大家笑了："还没到休息，你就坐下做什么呢？"他赶快爬起来，一面用手巾揩去泥巴，一面继续走着。

　　老曹忽然想起他曾吹过牛皮说，广东的地方好（此地是广东边境），就立刻说："广东好，走路有汽车坐。"（谈笑时说滑倒了是"坐汽车"。）

他不服气这一批评,就毅然的回答说:"天下雨跌交也怪得地方不好吗?"

"好!真好,走了这两天,每天都爬高山,江西、福建的山上了一个就是一个,并且不是在最高的地方上过去,但是你们广东山,上了一个又一个,都是在最高的山背上爬上去的。"老曹更进一步的攻击了。

"这两天还算很小的,据群众说今天要过一个三十里路的大王山,那更不得了呢!"我也参加他这攻击。

逼得广仔没办法了,只得故意掩饰的说:"在边界上当然有高山,今天这个大王山,老百姓说又不是广东的,是湖南的啊!"

前面又看到一个挑着担子的运输员跌倒了,把公文箱跌的"轰隆"大响。大家都大笑起来了,于是这一阵笑声,便结束了这一争论。

下午四时,靠拢大王山下了。因为山上更滑溜得不好走,队伍不时拥挤一堆走不动,而那些挑着担子的运输员和炊事员,更加艰难,肩上是挑着公文箱和铜锅,一手要拉着担子,脚下是滑溜溜的,还要一手攀着道旁的树枝,从又陡又溜的路爬上山,这当然是困难的很。这时谁不掉队呢?可是因部队这样多,中间一个掉队的,就阻止了后面几百几千人不能进,尤其天色要晚了,在这样的路上走夜路,是最糟糕的一回事,于是大家嚷起来了,"跟上跟上哟!等会走夜路更糟糕,找队伍都找不到呢!"

大家都恐怕今天走夜路,脚杆儿更用劲的往山上爬。

小广仔真怪,原来他争这个大王山不是广东的,现在他看见并没有好高(高的还看不见)就又承认了,突然很高兴说:"你们看这个山有好高?我说了广东的山是不高的呢。"一边说一边把小小的食指往山顶指。

他这一牛皮吹得大家都不满意,就异口同声的说:"好,不要争,等下看,如果不止这样高,就抓着你打!好不好?"

打,他当然会吃亏,且他还没有把握知道这个山究竟有好高,不敢说好不好,就马上抓住这个"打"字来反攻:"为什么要打呢?红军不讲打人的,难道你们欺侮我小不是?"他很神气的向大家这样抗议。

老曹很得意的说:"我知道他一讲打,就是没有办法。以后他吹牛皮,就不要争,同他讲打好了。"

说完大家都哈哈、嘻嘻的笑着。

已经上完了一个五六里的山了。到山顶时,见前面又一个更高的接连着立刻又要上,只见前面走的沿着山脊直爬,这下更难走了。但是长征的英雄们两腿已经锻炼成钢铁般的了,还是接连不断的沿着山脊的路蜿蜒而上,那些挑担子的,走得掉下来了。

上了一个又一个,连上完了三个山顶,才算是上完了,天也黑了,今天并没有出太阳,所以这时已处在"密云遮星光,万山乱纵横"的情景当中了。这时前面怕走夜路,已走得很快,自然我们也是跨大两腿,不管它三七二十一的往下跑,总以为不久就要下了这大山,到宿营地好早点休息。

越走越快,完全是跑步,天也越黑,尤其路旁树荫已遮得没点光,更因水洗过了的泥土,更加墨黑,伸手不见掌,不知道何处是路,一时碰到路边的山壁上了,知道碰了壁,赶快往低的地方去;一时又跑到柴草里去了,知道是走错了路,又赶快摸到烂泥巴的地方走;前面的人因看不见稍微停一下,后面也看不见踏了上去,啊!原来踏到前面人的脚跟了,被踏的人立即"哎哟!还走不动,为什么踏来?"但是因为看不到,谁会故意踏你的脚跟呢?

前面后面都不时有人"哗啦、哗啦"的"坐汽车"了,本来跌交是很好笑的,但是这时谁也不敢笑谁,自己正笑时也跌倒了,并且找路都找不及,那里有神气来笑人跌交呢?

"哗啦",后面又一个人跌了。他立即埋怨似的说:"这里一个缺,为什么前面不讲一讲呢？以后要讲才好！"

大家都赞成他的意见，前面一发现有些什么障碍时，马上就打通电了："注意呀！这里一个洞！""注意呀！这里一个缺！"……第一个人这样唤，第二个人也这样唤，第三个人也这样唤。……每一个人到了那个位置都这样唤，这样就减少了很多人跌交了。

广仔忽然误走到荆棘里面去了，"哎哟，走错了，那刺真厉害，脚都刺破了。"一面赶快摸回路上，一面这样讲。

为了克服后面看不见，不能跟前面走的困难，有人发明了一种好前后连络的办法，要大家把一条白手巾挂上各人的后面背包上，作为符号，这样后面的人可以跟着前面的走，避免踏脚跟，只看前面的白手巾走左也跟左，走右也跟右，不动也不动。

到底夜晚总是夜晚，虽然想了一些办法，避免了一些跌交，但总不是夜马，还是不行，更加上这样的路愈走愈小了，又不平又有烂泥，更有树根，大家还是"哗啦！哗啦！"的跌个不止，尤其是那广仔跌的更多，最有趣的是他那"连放四炮"。……当他跌一交时，老曹就说："再来一炮"，走两步果然又一交，老曹又唤："连放三炮"，不一会又一交，老曹又唤："连放四炮"，又跌了一交，笑的大家肚子都笑痛了。

因为牵他，我也跌交了，一共跌了两交，跌得满身的污泥。

好不容易的下了山，见到远远有一点火光了，也听得打房子的在唤着："这里来！"这下谁也高兴的很，巴不得一脚跳了前去。

宿营地到了——就是在山边边上的一个小孤立房子，两边是老百姓的卧房和厨房，进去三四个人就转身不得了，中间一个厅子，面积不过八九平方公尺，除此之外，再没有什么可憩宿的地方。这里就是一个房子，也就是我们驻此，其他的部队及宿营地也不知是东是西。

"今天就只这一点房子，大家要拥挤住，里面没有办法，一部分到门口空坪里利用树荫露营……"前站人员怕人家说空话,首先这样同大家讲,大家当然毫无怨言,只是找睡觉的地方就够了。

于是铺晒席(南方晒谷的东西,用篾编成的,很大)呀,摊稻禾呀,搁门板呀,……一下子大家的"行军床"都摊好了。

大家走到灯光下看时,呀!每人都遍身泥巴,枪机也给泥巴糊住了。有的问:"你们跌了几交?"有的说:"真糟糕!我跌了五六交!"有的说:"我一交都没有跌。"

小广仔突然在外面走进来参加这一算帐会议:"我跌得不多,只跌了十二交!"说完又提起脚,捏起袖子给大家看:"你看!他的手、脚都跌破了!"嘴巴是那样说,手是那样比,似乎很有功劳的样子。他未讲完,大家哄哄大笑了:"跌得不多,一十二交!"

老曹一手把小广仔抓到灯火的最近处,手指指着说:"你们看他满面满身都是泥巴,像不像个泥菩萨?"大家同意似的说:"呀!广仔是泥菩萨!""泥菩萨!""泥菩萨!"大家哄笑起来了,广仔自己也忍不住,哈哈大笑了。

"吱……"的一声哨子,管理员催大家睡觉了:"大家到房子旁边的水沟里洗面洗脚,洗了睡觉!"这一下大家争先恐后向水沟跑了,口里还不住的嚷着,"泥菩萨","泥菩萨"……

大王山上行路难

加 伦

为了消灭九峰圩的广东敌人,为了突破汝城城口的第二道封锁线,部队今早三时就出发了,跑了一天,路上很少休息;已经跑了一百多里。

夜是从四面袭了下来,毛雨不断的洒下来,人们的胡子上眉毛上好像加上了一颗颗的珍珠,战士们的雨具很多在战斗中丢了,这时候只有光着头皮抵抗。有的头上罩上一把稻草,远看去好像农民放在秧田里吓麻雀的草人一样;有的罩上一片布单,特别是炊事员同志顶着铜锅做斗篷,五光十色,都在和无情的雨做斗争。

雨越下越大,路越走越滑,个个提心吊胆的一步步的前进。

夜是黑的可怕,没有星光,又没有月亮,对面不见人,伸手不见掌,一切都被黑神吞没了。前面停止了,后面仍低着头向前钻,结果和前面的碰起来,才知道队伍走不动停止了。

一分钟,两分钟,五分十分,时间是过去了,队伍仍然不动,雨愈下愈大,路上水愈流愈多,坐又不能,站也不好,冷风一阵阵的吹来,令人非常难受。队伍中嘈杂起来了:

"怎么还不走呀？"

"又饿又冷，还不走，难道在这里过夜吗？"

"一定是 AB 团捣鬼！"有些人着急了，你一句我一句这样怒骂着。

"同志们！闹什么，前面在爬山，走不动，谁愿意故意不走呢？革命的同志要忍点苦耐点劳，都是为了自己，为了群众，何必要骂什么！"一个小同志（青年团员）向战士们解释着。

队伍开始前进了，吵闹声也渐渐平息了，刚走十来步脚，队伍又停下来了。

"怎么又不走呢？"

"老爷！快点走呀！这样不饿死也会冻死！"吵闹声又起来了。

"你们总是爱闹，谁愿意站着淋雨，路上滑走不动，实在没有办法，耐心点吧！"党团员又在解释着。

"这几只家伙专会讲坏话，革命的人，这一点苦也吃不得，打土豪吃猪肉就哈哈笑，跑路吃点苦就讲坏话。你还记得在家里土豪劣绅逼债逼得你流尿吗（流尿即流泪）？"

反对讲坏话的舆论充满了，火力都对着这些讲坏话的。

前面传来了命令："有火的点火！"大家的火都点起来了，有的打电筒，好像闪电般的闪动；有的擦火柴，擦一根走两步；有的把身上带的纸来烧，甚至于连识字本日记簿也拿来作照路灯；还有些人更聪明，把洋蜡截断，放在茶缸内，提着柄子，口向前，底向后，好像一个小手灯，这样不怕风，同时还能照前面几个人。

一条火龙盘旋上去，成了一座螺丝形的火灯塔。昂起头来看上去，好像在天空一样，走的最远的几盏灯，好像几颗散乱的星子。

队伍是零乱起来了，很多掉了队，有些衣服太单薄的，支持不住，在路旁烧起火来烤，炊事员和挑担的同志把担子放在一边，也睡起觉来，政治工作人员耐心的鼓动他们跟上队伍，大家又慢慢的前进。

大概是爬了二三十里的高山，脚下是渐渐低了，路是特别崎岖，路旁都是万丈悬崖，脚下的泥已经有一尺来深了，每人都是提心吊胆地撑着手杖（每人预备好的树枝）一步一步的下去，有些地方连脚都站不住，好像体育场小孩坐滑梯样的，一溜就是几丈，鞋子草鞋多是离开了自己的脚，陷在深泥中了。"砰"的一声，前面的跌下去了，后面的大笑起来。笑的人嘴还未合拢，自己又像滚西瓜般的溜下去了，有的是跌下深崖去了，在崖底下呻吟，马也掉下去了，饲养员站在路旁哭，战士们都成了泥狮子。

前面一堆堆的火光，人声嘈杂得非常厉害，大家高兴得叫起来："同志们！到了，快跟上呀！"

速度一时加快起来，不管他怎样，大家总是拼命的赶去，到了那火光的面前，才知道是一个小庙，很多人在争找火把，找到火把的又继续走了，大家看了这里情形，大失所望，"还要走呀！不晓得走到那里去，日也走，夜也走，不饿死会走死！"

很多人不高兴的又讲起坏话来了。单讲坏话知道是不行的，还是找几个火把再讲，大家一拥，把一堆禾草抢光了。我也做了一回不道德的事：有些战士将火把放在门口，自己在庙里烤火。我悄悄地拿了一个就跑。刚走十来步，后面叫骂起来了：

"那个偷了我的火把？"

我们一声也不敢响，拼命的往前面奔去，怕他们追来，真是有些难为情。又走了十多里，到了一个小庄子上，两三间茅屋，挤满了人，火把也点光了，人也疲劳万分，肚子饿得发痛，再走是不行了。宿营地大概是还有二三十里，大家议论纷纷，都主张就在这里宿营，明早再走，于是我们这个单位都进房子休息起来了。人是挤满了，那里还插得脚进去？恰巧工兵连的同志要走了，于是我们就接替了他们的位置，围着几堆火坐了下来，背靠背的打盹。外面有个部队架好了铜锅在煮饭，饭的香味一阵阵的冲入鼻孔中来，更使人难受。铜锅的周围，站满了人，大家都眼巴巴的望着锅内，垂涎欲滴。饭熟了，一个冲锋，就冲得干干净净，炊事员七手八脚，应付不赢，一面骂着，一面拦着，两个炊事员，怎能拦住那群饥虎呢！

饭是那么香，口水自然会流了出来，可是怎么好意思去和战士们抢呢？总算事出意料，他们指导员送了一盆子进来招我们吃，虽然是没有菜，我们几个每人也吃了一碗，可是饭总是嫌少，再想第二碗是想不到了。

雨还是不断的下着，风还是不断的吹着，找不着房子的战士们仍继续前进着，照样的摸索，照样的跌交，茅屋内的人们却围着火堆沉沉入睡了。

占领古陂圩

艾 平

是占领了白石圩[1]的第二天。

大约是十点钟的时候,我们的队伍奉命向古陂圩前进。夺取古陂圩,完全突破敌人第一道封锁线,是我们第四师,尤其是先头团——十一团的光荣任务。

战斗员们、指挥员们,精神抖擞,勇气百倍,抱着必胜的决心,一定夺下古陂圩的勇气,洪亮的唱着胜利反攻的新歌。

扼守古陂阻我们前进的,是广东的军阀军队,一个团与司令部及其师直属队。据谈:古陂是一个宽大热闹的市镇,是我中央革命根据地南线敌人之第一道封锁线。

路是不很远,从白石圩到古陂仅五十里的行程。太阳还没有完全落下去的时候,我们已迫近了古陂。

迎击的敌人约一个营,并没有什么顽强!与我稍一接触就开始退却了。半点钟左右,敌全部被我十一团击溃,十一团乘胜占领了古陂河的左岸一带街道。敌利用河的险要,与我隔河对峙。

天黑的像墨一样,咫尺不可见,这是多么黑的一个夜晚。

---

[1] 今湖南宜章县白石镇。地处粤汉铁路郴州至广东韶关段要冲。1934年11月11日红军在这里突破了国民党军第三道封锁线。

大的战斗是没有进行，因地形不熟，没有进行夜间战争，但并不是怎样平静得很，终觉是与仇敌对峙着。

"啪！啪！……呼！呼！"冷枪夹着手榴弹也零星的在那里放，敌人还企图夺回失掉的阵地，曾向我们施行反突击，但终被我们打破了他的企图。

午夜的时候，闪灼的星光，少许突破了漆黑的天空。这时候平静的很呀，冷枪也听不见了，空气像死样的僵硬，除了在最前线与敌人对峙的以外，尽都在草地上、山坡上，呼呼的睡去了，养精蓄锐静待拂晓大杀一场。

有时寒风吹来，身上打着寒噤，天空的星光，也只剩下一个亮睛睛的悬在东方，象征着拂晓快要到来，红色的英雄们苏醒过来。

"喂！喂！起来！起来！快些……集合啦！"

满山满地到处发出这样的声音，战斗员们、指挥员们，东一团西一团的，战前五分钟的战斗鼓动，以连为单位在举行着。

步枪声、机关枪与手榴弹声，震天动地的响起来，拂晓的总攻击开始了。十团之一部从左侧配合着十一团，向敌人猛攻过去了，随着枪声炮声，敌人溃退了，所有堆成山样的夹军衣、弹药，全部后方都被我们夺得了。

古陂圩被我们占领了，第一道封锁线被我们胜利的突破了。接着十二团的跟踪进击。多么热烈的群众咯，放着鞭炮欢迎红军。

溃退的敌人，沿着马路向安息圩退走，我们也就顺着马路向安息圩追下去了。

那才狼狈呀！沿途抛弃了许多的军用品、武器、弹药、物品、食物、香烟等。青天白日的军帽、臂章、军官的符号、毯子、鞋子、雨具、衣服、包袱、文件、箱笼……给白色的马路糊上了一层红红绿绿五光十色的颜色。只顾追击敌人，谁也没拾一样东西，但是武器、弹药谁也不愿意让它摆在马路上。多谢,不应责骂陈济棠,"太没有礼节了!"

敌人不顾命地逃跑着,我们也不顾一切地猛勇跟着追。狼狈溃退的敌人连前面两只脚都放下,也无法逃脱,终于被我们追上了。

"老表!我们缴枪。"许多跑乏了的敌军士兵,一堆一堆地坐在马路的旁边,高举手里的枪械武器,这样对我们哀求着:"跑不动,我们也不愿意跑了,知道你们红军是为我们穷人的……"

"士兵弟兄们!缴枪不打人,不要害怕。"

"是的,我们知道你们好,为我们穷人……"

"我们都是穷人,实在没法才来当这个受苦兵啦!"

"……"

就是这样沿途收缴枪械,子弹,轻机关枪,迫击炮,捉俘虏兵,搜集军用品……一气追了七十余里,终于追到安息圩。虽然,我们没吃早饭,中饭,但是没有一个感觉到肚皮饥饿,连想也没有想到吃饭这回事了。

"我们的师长在昨天夜晚就逃走了。"一个敌军的连长,将他的驳壳缴给我们以后,用广东的普通话告诉我们:"丢他妈!打起来了,丢我们就预先溜了,留我们来送命了……我们都是穷人……哈哈!哈哈!不嫌弃的话愿跟你们……"

"没有到敌人呀!"

斯　顿

向敌人第二道封锁线前进。

热水是江西到湖南的必经之道,从热水到益将、汝城、大来圩、宜章,是敌人的第二道封锁线;热水到益将为乌龟头,斩断这乌龟头,更便利于突破第二道封锁线。

"斩断乌龟头!"我们的胜利的粉碎了第一个乌龟壳的第四师的每个指战员,下了决心。

是午饭后的时候,我四师的前卫团——十一团到达了热水的附近。地形是便利于我们:热水是在一个大山的脚底下,背后还有道河沟,我们对于热水恰是"居高临下"。

机会是很好的,敌人连瞭望哨也没有设置一个,又逢热水逢圩,街上人声嘈杂得像打雷一般,所以我们前进到街头附近,敌人才发现了我们。

敌人并不多,无正式军队,约一百来民团。这些守家狗,那里算得一个"兵",机关枪一响只恨少了两只腿,全不抵抗,四散奔逃,淹死的确是不少,跑不快的被俘虏了,逃的快的逃出了乌龟壳逃命去了。

我们的队伍是一连、一营、一团的继续不断进入热水。

"喂！我是热水。"十一团的王政治委员[1]利用敌人的电话，同益将的敌人说话："没有什么。"

"热水到了共匪吗？"敌人的团长这样的在电话中与我们的王政治委员讲话。

"没有到敌人呀！"王政治委员哄着敌人。

"……"

电话从此不通了。

热水距益将只四十里，那里乌龟壳里驻有敌一团，十一团派出向益将警戒的营，在距热水十五里通益将的小山正与敌人遭遇。

---

[1] 即红三军团第 4 师 11 团政治委员王平。

彭军团长炮攻大来圩

艾 平

　　拂晓以后，我们四师十一团的队伍，就接近到敌人的堡垒下面去了。一切都准备好了。指战员下定了攻下大来圩堡垒的决心。子弹上了弹腔的步枪，紧握在每个战斗员的手里。站在最前面的，拿着手榴弹，步枪上装上了明晃晃的刺刀，等待着炮声一响，敌人乌龟壳一炸裂，立即投入冲锋。

　　事情有些不大妙，炮声是轰轰的响了四五下，然而敌人的堡垒仍然依旧无损地直立着。

　　一些战斗员等的火起，细声地愤怒地咒骂着炮兵的射击手，"真没有卵用呵！"

　　"为什么把炮架这样远！"彭德怀军团长亲临前线，看见炮架的太远，火起的着急的说。

　　"他们说近了不好发射。"一个指挥员不待他说完，这样的回答他。

　　"快移到这里来！"彭军团长命令着："距离太远怎么能够命中？再打也是空的。"

彭军团长炮攻大来圩

炮从我们指挥阵地后面的一个山头移到距敌四百米达的地方,又是打了四炮,仍然以前一样地没有击中目标。

真是使人有些火起了!

"等我来!"一个半旧的牙刷,插在皮包外面,半新不旧的军用皮包挂在左肩下,右肩下还挂着望远镜,背上背着一个半旧的斗篷,彭军团长急促的走到炮兵阵地,瞄准一下,"真是不中用!偏差这样大,还打的中吗?"

"要他们准备好!"彭军团长一面弄着炮,一面命令十一团首长:"一打中就冲!"

"轰!"刚中在敌堡垒的角下。

"轰!轰!轰!"于是炮声连发起来了。

"冲呀!冲!"彭军团长高高举起他那个破了的红军帽子,在空中不停的指挥着大喊起来了:"前进!都前进!消灭他干净!"

犹未减当年炮轰赣州之威风。曾记得,在一九三二年在江西中央革命根据地红三军团攻赣州的战斗中,敌人在南门城楼上,架起重机关枪,妨碍我军攻城,在我们彭军团长亲自射击之下,只见那城楼一坍,满天乌黑!人呀,枪呀,子弹呀,木板呀,灰土呀,不着地飞腾天空。

今天,也是该乌龟倒霉,赣州南门城楼的轰毁,又重演于湖南之大来圩。

这下可美了!步枪也叫起来了,手榴弹也发起威来了,"冲呀!""杀呀!""捉活的呀!"红色战士们连叫带吼,犹如猛虎扑羊群一般的冲过去了,就是这一下,这一线乌龟壳都打破了。

多谢何键的大礼,又送了我们不少的轻机关枪啦,步枪啦,驳壳枪啦,手榴弹啦,军用品啦……

胜利的微笑,从每个红色英雄的脸上呈现出来,不约而同地,兴

红军长征记：原始记录

高采烈地在高唱着：

> 共产党领导真正确，
> 工农群众拥护真正多。
> 红军打仗真不错，
> 粉碎了国民党的乌龟壳。
> 我们真快乐，我们真快乐，我们真快乐！
> 亲爱英勇的红军哥！
> 我们的胜利有把握！
> 上前杀敌莫错过！
> 把红旗插遍全中国！

占领宜章城

斯 顿

直到我红三军团第六师出发的时期，大雨仍是下的不停。全体指挥员战斗员，个个精神抖擞，冒雨向宜章城前进。虽然路很泥泞难行，然而在昨天走了一百二十里路的第六师，毫没表现疲劳。"完成任务——夺取宜章城要紧。"

大概是下午三点钟的样子，他们已到达距宜章三十里的一个市镇，二百人的民团拦住去路。

担任前卫的十六团的战士们，举着上了刺刀的步枪，不打话的杀上去了。

"仇人见面，分外眼明。"一阵噼呖啪啦打起来。前进呀！冲锋呀！骇得敌人屁滚尿流，溃乱的向宜章城退却了。

"追呀！"我十六团丝毫不顾情面地猛勇追下去了，脚跟脚一步地也不放松，接着敌人的屁股，追、追、追、追……一口气追到了宜章城，被追的民团很快的窜进了城，城内的敌人骇的紧闭城门。

"攻不攻呢？"为减少攻坚的损害，最后等待炮兵来了再协同攻击。于是东门一队南门一队把个宜章城像铁桶般的围的水泄不通。

红军到了，附近的劳苦工农群众都来了，热烈地帮助红军。热情高最积极的，要算城外三百余被何键军阀强迫来修筑道路的工人。掘的掘坑道，搬的搬树条，扎的扎梯子，配合着我们，紧张地进行攻城的准备。

拂晓的时候，城门大开，城内的群众，男的、女的、老的、少的，成群结队的欢迎我们红军进城，他们说："你们（指红军）昨天追了白匪三十里路，晚上又四方八面攻城，把那些家伙骇的不得了，昨晚半夜就跑了……"还有些群众告诉我们："白匪惩的我们厉害呀！平时的穷凶极恶，无恶不作的事情，不要讲他，单只昨晚他们，可恶的白匪走的时候，还要搂我们的……什么都搂完了！……好！你们来得好！我们欢喜，我们得救了。"

宜章城就这样"不攻自破"的占领了。

进了城以后，没收豪绅地主，东西财物，堆的山一样。我们采取了下面的办法，处理了这些没收来的豪绅地主的财物。

召集了一个三千余人的群众大会，把这些财物完全分发给劳苦群众。这样一来群众更加欢天喜地，个个都说："红军真正好，为我们穷人。"特别是那监狱里放出的犯人，感恩不尽，他们不管红军拦阻，就在地上跪下，叩了几个头。他们说："我们实在感恩不尽，不是你们（指红军）大军来，知道那一天我们才得出来，还有今天重见天日的机会吗，……"他们真是感激得连泪都流出来了。

最后突破湖南军阀何键防守的第三道封锁线，这个光荣任务，给与我们第六师——中央模范县的兴国群众组织的"兴国师"完成了。

"干事去!"

加 伦

三军团拿下了宜章,我们(指一军团——编者)也到了白石渡。蒋介石的第三道乌龟壳又被打得粉碎了。

白石渡是宜章属的一个小市镇,是粤汉路必经之地。由于建筑铁路,生意也一天天的热闹起来。

铁路开工是有好几个月了,有些地方已经辟好了路基,有些地方还正在开始。由于地质不好,石头太多,工人却很费力。

工人的数量在三四千人左右,湘南人占多数,因为本身遭了水灾,又加上军阀的苛捐杂税,弄得很多农民破产,不得不远离了他们的家乡,抛下自己的儿女,到这地方来做工。其次北方人也不少,也是由于逃灾来的。他们分成若干篷,一篷有十多人的,或二三十人的,每篷有一个工头,由工头去包来一段,工人就替工头做工,每天工资三毛,天亮起床,一直做到天黑,整整要做十二个钟头。工人有病,工资是没有的,而且医药费也要自己出。他们的篷子,是用松树架成的,上面盖了很浓密的松树叶,床铺也是松树架成的大铺,全篷人都睡在一块。用具很少,每人只有一条破棉被,锅灶是在篷门口地下挖成的，吃的都是一些粗菜淡饭，很少有猪肉吃。工人成天的流着血汗，不但没有钱寄回家去养家眷，连自己的生活都维持不下去，很多工人想回去，但又找不到盘缠，不得已只有忍痛的做下去。

红军来了，公司里的办事人也跑了，剩下一些工人，连饭都找不到来吃，工也停下来了。

我们立即开了好几个工人群众大会，散发了很多传单，实行对失业工人的救济，散了很多谷米，发了猪肉，发了衣服物件，有些急须回家的还发了路费，并发动他们起来为改善自己生活而斗争。工友们的斗争情绪是大大提高了，每天总是一大群一大群的到街上来，政治部的门口总是挤得水泄不通，很多自动的报名当红军。我们组织了扩大红军突击队，动员了全体指挥员、战斗员、政治工作人员，到工人群众中去进行宣传鼓动。篷内篷外，一群一群，一堆一堆，围满了我们的突击队员，演讲的声音，到处荡漾着。

"同志！我去！"

"同志！我也去！"

工友们都自动报名了，有的自己去邀伙伴，一来就是十个八个，甚至几十个。

年纪老的流着泪，向我们说："同志！咳！可惜我老了，不是老了没用的话，我也要跟你们去！"

"我活到这样大的年纪，从没有看到这样好的队伍，从没有看到这样真正为民众谋利益的队伍，你们一定要成功的呵！"

"干事去！"成了工友们自己的口号。突击队员一批一批的把新战士带来，战士自己又一批一批的去邀来，挂了红布条的人是充满了街头巷尾。不过两天的工夫，扩大了四五百人，在工友的欢送中，同我们走上革命的征途。

粤汉路旁

小　朋

爬得大家满身污泥的大王山，虽然已爬过了，但是第二天继续爬来的五王山，也不会有多少逊色。每天仍在那万山纵横当中行走。加之连绵的细雨，大家身上的泥巴已是有加无已了。整天在泥巴里过活的两只脚，洗也洗不干净（也没有时间好好去洗），已染上了赭黄的颜色。

今天听说是向粤汉路前进了。同志们听到当然是兴奋的很，因为一方面是到了铁路边上，总不致有这几天这样的高山爬；另方面铁路边总是比较好的，东西有卖，土豪也有打，红军更可以扩大，或许到了那里又有休息的机会，可以使久劳的两腿得到休息，尤其是那些没有看见过铁路的同志，更觉得有味道，因为可以开开"洋荤"——看铁路"究竟是铁的还是泥的石头的呢？"

走下山来，就是一块广大的田野。这个田野虽不过数里，但是连在深山行走的我们，一下就看到这个地方，不免有些希奇的。同志们高兴起来了，唤叫起来了，"呀！到了大地方了，赶快看铁路去！……""从此可少跌几交，少沾些泥巴！"……

离铁路二十里，总支部就来人传达工作了："今天到白石渡，那里是铁路旁边,有很多工人,各部队要动员去扩大红军,进行比赛。"指挥员一声动员,除地方工作组,当然担任这工作外,其他很多同志也就自动的报告赶到部队前面去扩大红军。一下子,轰轰烈烈的扩红突击队就往前面跑了,大家都等到宿营地来听他们的捷报。

离白石渡还有十里,就看见很多的修路工人。因为老板走了,正在过着饥饿的生活,听到红军到来,都喜出望外的排列在路旁。虽然是在饥饿着,但是他们看到自己的军队——红军来了,都露着喜悦的笑容,好像是在说:"我们的救星红军到了!"

今天的目的地——白石渡在四面松山包围中的不过三里的田野里出现了:傍着东方的松山坡下,建立着许多房屋,大约在二百家以上。靠我们的来处,还耸立着两个碉楼,是防我军的,待红军到时,守碉楼的民团已逃之夭夭了,碉楼已为前卫部队放火烧了,现在正火焰冲天。

在西端横着一条街,虽没有多长,可是还不错,有几十家商店,并有照像馆、妓院等。通过一田垄,就是著名的粤汉铁路横跨其间了。铁路尚未修成,只是一条高出田垄五六尺的黄土路基。

街上巷子里,商店里,工人住宅,到处都是来来往往的谈谈笑笑的红军同志了,那些群众也到处围着我们,报告土豪的,报名当红军的,陈述他们苦楚的。各处路上,已有许多群众带着我们的人去捉土豪了。这些群众,尤其是工人,因为受豪绅地主老板"民国政府"压迫剥削的太厉害,不得不这样干。

忽然听到有人说在街上分某某大土豪的东西,群众们真的是高兴欲狂了。过去要哀求恭拜他的土豪,现在竟可无代价的分他的东西了,于是做工的,耕田的,担挑的,男的女的,老的少的,从各家各户一致争先恐后的向那个土豪家里去了。顿时满街上挤得人山人海,一下子一批一批的群众从土豪家里拿了东西出来了,拿的拿衣服,担的担谷子,搬的搬家具……嘻嘻笑笑的拿回家里去了,个个都很高兴的谈着:"红军真好,打土豪发东西给我们,真是从来没有见过这样好的队伍。"

扩红突击队带着五六个新战士回来了,大家都亲爱和蔼的招待他们,向他们宣传呀,给饭吃呀,打水洗脚呀,送慰劳品呀,拿衣服给他们穿呀,弄得新战士应接不暇。一大群穿得衣服褴褛的工人,一下子就成为穿上新衣服的新战士了。

正在大家商量如何再去扩大红军,争取竞赛优胜的时候,忽然煮饭的老黄炊事员带着一个工人,高兴得不得了,走了进来:"哈哈!你们看我也扩大了一个新战士,成份还是工人呢!"本来整天辛苦的炊事员同志能扩大红军,是一件很希奇的事情。为着更提高他的热情,大家都齐声称赞:"好!老黄真努力,再去扩大几个!"他得意的走了。

事真凑巧:往日都在崇山峻岭行军的,今天突然到了平地,走了平路;往日都是整天霏霏细雨,今天则天朗气清;往日两腿整天的奔跑,司令部已下命令,明天在此休息了。这一个消息传来,谁不高兴!因为纵使只明日一天休息,久疲的两腿,可以得到憩息的机会,可以大洗一场,把衣服和身上的污泥洗净,可以把泥菩萨的名字洗掉。

大家第二天一起来,都进行清洁运动了,洗衣服,从外衣洗到里衣,从帽子洗到鞋子,羊毯包袱干粮袋,身上由头洗到脚,擦武器由枪枝擦到子弹、手榴弹。吃了饭后,只见井旁边河岸上,水沟上,到处挤满了洗东西的人,而屋角上,草坪里,树枝上,也晾遍衣服毯子了,红的黄的白的黑的,顿时把这个白石渡弄得花花绿绿了。

休息的一天很快的就过去了,第二天经过宜章县,仍向目的地前进。因为昨天各部队都扩大了很多新战士,队伍已扯得更长了。

由临武至道州

耿 飚[*]

一 嘈杂艰苦的一夜

十一月的十六日,清早起来散步,刚一出门,就接着了师的出发命令,立即准备行李和吃饭。正是雨后红日东升,放出那灿烂的光辉,晒着青草上露珠,倒也有趣。部队集合好了,开始出发,向着道州前进。在暖和太阳下整整的走了一天,在八十里左右,肚内觉得有些饿,眼望前面的村庄,未知是否我们的宿营地?

忽然通讯员送一个命令来,上面是这样的写着:"为达到迅速取得道州[1]的目的,着各部于本日(十六)继行四十里,到达雷家祠宿营。明日(十七)五时仍自行续进,到达祠堂圩待命。"即时将继续行动的命令传出,只见后面整整齐齐的队伍突然向着路旁的小树林中

---

[*] 耿飚(1909—2000),湖南醴陵人,1928年加入中国共产党。1930年参加红军。长征时,任红一军团第一师参谋长。抗日战争时期,任八路军第三八五旅副旅长兼副政治委员兼参谋长、晋察冀军区副参谋长。解放战争时期,任华北军区第二兵团副司令员兼参谋长等职。中华人民共和国成立后,调外交部工作,曾任我国驻瑞典、芬兰、丹麦、巴基斯坦、阿尔巴尼亚等国大使,外交部副部长、中共中央对外联络部部长。1978年后,历任国务院副总理、中央军委常委、秘书长、国务委员、国防部长、全国人大常委会副委员长,是党的第十一届中央政治局委员,在党的十二大、十三大上被选为中央顾问委员会常委。

[1] 今湖南道县。

一哄跑散,有的叫"快",有的叫"冲呀",有的叫"这根是我的",有的叫"不要弄死了群众的树","不要犯纪律"。见此情景,以为这时候(十七点半钟)未必还有飞机来捣乱?啊!原来不是荫蔽飞机,是折树枝做拄手棍。他们为什么每人要折一支呢?因为:

(一)昨天晚上下了大雨,又加路的土质是黄泥,滑的很;

(二)是下弦月亮,要在下半夜才会出现;

(三)战士在经常的夜行军中间有经验,手中拄一枝小棍,对夜行军有很多的帮助。

队伍沿途坐地休息了十来分钟,又继续前进。走了不到五里地,天已黑了,转一回弯,就同友军合路并行。道路狭小又滑,天又黑暗,人多拥挤不开,只听到前后乱叫"走右边""西城(一个团的代名)的靠左边走""跟上……"。各向前跑,不远就分开了路,约有四里,都还听得后面在闹个不休。前面远远的隐隐火光出现,用镜子一看,才知是一个村庄,好像是有部队进去要宿营的样子。好容易走了两个多钟头,到达距村庄约百米达的路上,听到"是不是'西城'的呢?"我就很快答应"是的"。那个通讯员又叫"到这里和友军一起宿营。"只听见后面队伍中唱"呵……到了……到了……到了宿营地!"

过了一段田畔,进入村庄,见满屋都是挤得满了的。找得一个群众来问,才知这里就是雷家祠,前面的村子很少,肚子十分饿,看了看表已是二十四点钟了,只得找着他们的首长交涉,在这村内来挤驻一夜。马上就进入房子,洗了脚,睡在宽凳上。只听得外面闹纷纷的……切菜、砍猪肉、劈柴,及战士要水,炊事员不肯而吵嘴等等的嘈杂,睡不熟。不久就是窗外透出那微弱的光来,这嘈杂的艰苦的夜就过去了。

二　二百里的急行军逼近道州城

由雷家祠出发，约三十里，到达祠堂圩待命。休息不到五个钟头，就接着了师的命令。命令的内容如下：

"薛敌（薛岳）率五师之众在我野战军后尾追，湘、桂两敌向道县、蒋家岭前进，企图配合薛敌截我于天堂圩、道县间。道县无大敌。我野战军为迅速先敌占领道县，渡过潇水，转入机动地域，打击敌人的目的，着该部立即由此地（祠堂圩）出发，经天堂圩，限明日（十八）拂晓前相机占领道县城，并拒止由零陵向道县前进之湘敌任务……"阅毕立即召集各级干部传达，一方面集合部队来说明任务与任务的伟大，和执行任务的注意事项，及进行鼓动，以提高战士的战斗情绪等。另要先头部队，加强火力，加强行军侦探警戒，干部位置要伸前一些，以备在遇敌时求得迅速了解敌情地形，得以迅速下定决心，准备完毕后出发，在沿途进行道路反两侧路线和敌情的侦察。

将五十里，爬上了一个小山，山下来了一群人，内中有穿长衫的，穿短衫的，有挑着担、担着篮的。我们就休息下来，利用这时间来问一问消息。首先叫他们坐下，看他们的脸色，好像是有点害怕的样子，于是以温和的态度，并给以纸烟吸，就开始问他们往道州去的道路、地形及情况等。这些群众在我们的宣传中就争先恐后的一五一十将所问的一切都详详细细告诉我们，又拿了些宣传品之类送给他们，并深深的致谢他们的指教。这些群众连忙的答礼说"不敢当……不敢当……"内中有两个挑着担的群众，走了几步，又放下担子走来说，"官长！我还告诉你一点：道州有一座浮桥，这里去进城要走桥上过。这桥是船做成的，链子牵好的。你们要先抢得这桥，才能过去。他（指守城的敌）知道你们去，会把桥拉过对河去。你们就要夜晚扒水过去，把桥放过来，才能进城。"可见群众了解红军是工农自己的武装，对红军的关心。因此就拿出几角大洋，特别称赞他和奖励他，他再三辞谢，后来终于接受去了。

将刚才所得情况，如数告知尖兵连，并嘱以迅速袭击手段，取得浮桥与城门，为最要之一举。一般战士均是奋勇的又继续前进。下了山就是一段平地，过了一道小街，买了些食品。成千的群众拥挤在路的两旁，附耳谈论。他们的脸上都带有欢迎称赞红军的笑容。一盆盆一缸缸的开水，放上大把的茶叶，放在路边上，大家都一个个舀了一碗，一头走一头吃。又过了几个小山头，见前面有一个高高的塔，塔下有一个村庄，近前时一问："同志们！这里到道州还有多少路呀？"群众回答："还有一百里呀！你们今天会走到呀？"看了看表，正是十一时，回头见队伍是很整齐的，一个接着一个气昂昂向前迈进。又走了约五十里，在一个路旁树林中休息了。旁边战士说："卫生员，请你拿点药出来擦一下我的脚。我这脚起了几个泡，痛得很！"我近前一看，果然在脚板下走起了五六个拇指大的血泡。他们的连政治指导员走来说："同志！走苦了你了，上药后你跟在后面慢慢的来！"那边又有几个战士说："我的脚痛了，大约也是起了泡。"这时战士对着指导员说："不。我的脚是起了泡，但还是能走。我们担负伟大的光荣任务，要坚决的艰苦的执行，我不掉队，也不走后面。我是共产主义青年团员，我要做模范，为战胜困难而奋斗！"大家都称赞他，钦佩他。忽然后面有一个青年同志，不过十五岁上下，高声呼喊着："学习×××同志的模范行动！""我们要能吃苦耐劳呀！""要坚决执行上级所给予的光荣任务！""坚决夺取道州城！"大家也随着喊。

在这口号下，又继续的走，过了两段树林，经过一处大村庄。这村庄的房子真漂亮，白白的粉墙，新色的瓦，门窗都紧闭着。庄外站

红军长征记：原始记录

着十多个扎袖露腿的人向我们望着。后面的通讯员，就在研究这村庄的主人是什么人？这十多个群众是什么人？有的说："这房子有这样漂亮，一定是一只土豪。"有的说："恐怕不一定是土豪？或者是大商人的也不定？"有的说："这房子不是土豪就是商人，不是商人就是做官的人家。工人农民总没有这漂亮房子住。这外面的人，一定是这家里的长工。"大家都你说我笑的，又走了十余里，问了问群众，说：还有三十里！

又通过了一个大树林，走上了一段约五里路宽大的平地，远远的看见一个人向我们飞跑，用望远镜一看，却是一个军人，手中拿了一封信似的。又见前面的尖兵在大路两旁埋伏起来，将手向后面下落，好像是要后面的队伍荫蔽的样子。于是队伍就荫蔽起来，待前来的那人走近时，突然把他抓住了。他还在逞强的说："不要乱抓，县长派我去有紧急的公事！"战士说："你说清楚：你是由什么地方来，到什么地方去，去做什么？我们就放你去！"那团丁问："你们是什么人的队伍呀？"战士答："我们是中央军！"他又说："是不是蒋总司令派来的？"战士答道："是的呀！是派来追共'匪'的！"团丁答："我是道州来，送信到天堂圩去，要天堂圩的民团星夜到城内来守城！"拿他的信一看，知道县城内只四十名团丁，三十多枝枪，前天化了一万元请广西派来一连兵守城，都没带行李。当时我就问他："你知道我们究竟是什么军队？你知道红军要来吗？"他就目瞪口呆的半天才说："我——不知道……你……你们是什么军队？"再看脸上变了色（由红的变成了青的），上下的牙齿在互相发抖，不由的身子也抖起来，看他这样子真可怜，又可笑，只好把他送往师司令部去，又继续向前迈进。

转了几个弯，过了几段开阔地，约在十七点钟的时候，到达了道县附近，见道县的城墙上有几人在那里走动。为使措不及防，而迅速取得道县，就一个跑步，占领城南的街道。因守敌将浮桥先拉了过去，所以无法过河。前兵即隔河向城射击，前队营就在河的下上游布置警戒，进行渡河点和攻击点的侦察。一方面部队进入村庄休息，睡眠造饭，另方面前队营布置火力，设置夜间射击设备，选择水手架桥，爬城的部队，找云梯，于是就结束了这二百里的急行军。

三 占领道州城的经过

夕阳西下，时近黄昏。全部队伍均进入了宿营地。有些正在吃饭，有的在睡眠，而道县城内的敌人却是恐慌万状。只见城上隐隐一伸一缩的露出头颅，不断的向着我们及城外窥探。这真是像乌龟一样，并且向我们连续不断的打枪，射来的子弹都在空中飞过。

我们的战士一个个拿着自己的武器，利用着天然的地形地物，将身体荫蔽得好好的，一枪也不放，只是对着隔有四百米达宽的河岸上的敌进行革命宣传工作（喊口号劝告白军中国人不打中国人）。

城外的群众一点也不恐慌，还是成群的站在河岸上，参观他们自己的武装——工农红军。

天已黑暗，我们的战士正在轰轰烈烈的擦枪擦刺刀，做云梯，找绳子，准备扒城与巷战。

我们的指挥员，每个人拿着一个望远镜在进行侦察。

一轮明月，照耀河水，白亮亮的放出光辉。我正在用镜子照看城墙上的敌人一排排一队队站在城上向我们这方眼瞪瞪的望着，忽然后面一声报告："政治委员请你！"回头看时，原来是一个通讯员。便随着转到司令部去，将一进门，就见电铃响个不停，原来师部亦到了，距道州城十里地宿营。我坐着吃了一碗茶，将侦察的情形与政治委员谈了一下，即在电话上报告请指示动作。当在电话中得到陈师长的指示："道州城内敌人既只一个连和几十个民团，同时他是无任何守备的准备，在我来估计：这敌人今晚或拂晓前必然向蒋家岭逃窜，已令第五团在河的上游三里处立即架桥北渡，在拂晓前攻袭道州城西北门。你团（第四团）立即开始动作，先以水手浮水过去，架好浮桥，或是先放几个船过来，在五团未开始攻击以前，积极行动，一方面偷渡道河，在不奏效时则强度攻城。另方面佯攻，意义在协助五团成功。"等等。将这一指示转告政治委员，立即计划部署，二十四时开始动作。处理完毕后，吃了几个柑子，稍为休息了一下，又跑到河岸。此时我们的工兵排，攻城突击部队（第一营）都来到待机位置，火力配备好了，工兵开始浮水过河。首先由工兵排长王友才率工兵一班副班长及二个战士下水，经过几分钟的时间，连一点响声也听不见了！忽见城上火光一冒，"啪啪"的一连数枪向我们射击，后就由西门向蒋家岭逃窜，再看我们的浮水的四个英雄，已经到了河的中间，忽然沉下去了一个，连续向上冲了几下后，就见不到出面了！

　　天已将亮，浮水的已上了对岸的船，船夫忙手忙脚的拿了几套衣服给他们穿上，当时城门旁边的群众很快的跑到河边来帮助我们的工兵架桥和撑船，不上十分钟的时候，架设好了一座四米达宽可以通过四路纵队的大浮桥。

　　突击部队（一个营）开始过桥，由南门的城墙上面向东西各分一个连，沿城前进，其余的一个连及营部直出北门，并占领在东北两门外之堡垒，向通零陵方向警戒。当时我五团，亦由道城河的上游过来，占领了道城的西门，及西门外一带阵地，向蒋家岭方向警戒着。本队入城经过搜索后，即派出步兵二连，由李参谋长率领，向零陵方向前出一日行程侦察，向敌行动，并利用沿途电话通讯，待命撤回。待侦察部队派出后，进入了北门城外村庄，荫蔽休息，待将前面的地形及道路侦察完毕，详密的配备了警戒，预定了警急时的处置，向当地群众进行了宿营的宣传解释后，各部队开始进入宿营地。

后面的部队（师直属队及友军）继续不断的开入道州城，忽隐隐的闻"轰……轰……"的声音，全军的司号员到处发出对空警报号音，部队的动作真快，不上十分钟的工夫，都蔽到树下，草里，屋中，水沟内，一点形迹不现。敌人的飞机来了，飞到道城及其附近的天空，忽高忽低的向地下侦察，经过半小时之久，才向东飞去。

集合前进的号音一发，由各草堆树林屋子里走出了红色战士，整齐的又按序前进。

休矣飞机！

艾 平

嗡嗡的声音，又在天空中响起来了。正在向道州城前进的红五师第十三团的队伍，在一声飞机号音下，迅速的离开了道路，荫蔽起来。防空部队也占领了阵地，准备打他一架下来。

嘟嘟！飞机改变了它的声音，飞的高度也就更接近了我们。"这一定打中了！"不约而同的，从许多红色健儿的口中发出来了这样的呼声。看看飞翔得越来越近越来越近，哗喇一声，几乎吸得你离开了原地，是多么大的风呀！就在这一下，活的变成了推也推不动的死的，卧在道旁的草地上。

两个像猎人一样打扮的飞机师，面如土色，跪在飞机旁边，一边作揖磕头，一边惊慌失措的哀叫："老总！不要杀我呀！救我一条狗命罢！"多么卑鄙无耻哟，那摇尾乞怜的样子。

一队队的红色战士，端着上好白晃晃刺刀的武器从四面八方杀过来了。

这下可不好了，这两个狗飞机师，手足无措，跪在地下，像神经病样的，不住的磕头作揖，好像在捣米一样，真把人肚子都笑痛了。

休矣飞机!

"你们是技术人员,"苏政治委员[1]说话了:"不要怕,我们不杀你,你们想想!杀了你们两只走狗,无名小卒,又有什么用呢?"

许多红色战士,大家磨拳擦掌,跃跃欲试,都想给他一顿饱拳,泄泄恼恨。"以为你飞得高,……也有今朝呀!还不是把你捉着了!……"

两只面如土色,呆如土鸡的走狗,终于苏醒过来了,摇尾乞怜的说:"我们做梦也未想到会被你们中央军(他称中央红军为中央军)捉到,以为捉到一定有性命之尤,如蒙大恩真不杀我,我痛悔前非,跟队伍大军去,……嗯嗯!只要大军愿收留我……真是恩同再造啊!愿效犬马之劳,以报不杀之恩!"说完话,他们又像捣蒜样的磕头。

"他的头真不化钱去买?!丧你老狗祖蒋介石的德哟?!"

这架飞机是南昌飞来柳州专打红军的 No. 709 号战斗机,驾驶员一个是广东人,一个是江西零都人;缴获两挺机关枪,五千余发子弹,还有两件皮衣,两架风镜,两个表,两枝派克自来水笔等。多谢蒋介石又送我们飞机一架,日用品也不少。

红军所到之处,群众热烈欢迎。飞机打下来了,更提高了这一带群众欢迎红军的热情。附近的群众,老老少少男男女女,笑嘻嘻,兴高采烈,提着饭,担着茶,拿着红薯……热烈地来慰劳红军。

"红军真不错!"一个年老的胡子,举起他的大指:"飞艇都打下来了!这一份的(表示第一的意思)!哈!哈!哈!"

当飞机来的时候,队伍都全部荫蔽起来了,防空排也沉着的准备着开放,秩序井然,没有紊乱、恐慌的表现。骡子马匹,既没有像骑兵样的训练,兼之又"动摇",本来一听见飞机,它们就想逃跑。当飞机中弹后,越飞越低,叫的声音也越发怕人,"动摇"的骡马,惊的满地跳,跑,跑,跑了五六里,并且拼命的"嗯嗯"的乱叫。

旁的没有什么事,累了我们饲养员同志们,追得大汗淋漓,口里

---

[1] 即红三军团第5师13团政委苏振华。

不住的骂:"动摇怕死鬼,老子不打死你哟!"有些骂的更有趣,"那个要你来当红军哟?这样动摇怕死!"

引得旁边战士们哈哈大笑!

队伍继续出发了,两只"狗"自然带起走,然而损坏了的飞机呢?毁坏了它不成问题。

工兵排的王排长,奉了团长、政治委员的命令去烧飞机。

真是"土佬"。他把包袱毯子,一身行李都放在飞机的上面,然后再态度自然的去放火来烧。损坏了的飞机,弄得满身是汽油,当然火一发到处都燃烧起来了,烧得王排长的头发身上的毛,都变得焦黑一样,如果是有胡子的话,连胡子也会烧焦。包袱行李用不着说,自然是一并变成了灰土。

从两河口到马蹄街

艾　平

在长途行军中间，往往因行李的笨重，妨碍行军与战斗，所以从中央革命根据地来，差不多天天都在减轻行李，清查担子，直到轻到最低限度。今天又开始了这一工作，减轻，减轻，还要减轻行李，所以我们红四师政治部就大烧其文件，什么登记表啦，统记表啦，通令报告啦，不必要的报告啦，报纸啦，多余的宣传品啦，……书籍和文件，都大烧而特烧起来，尤其是把宣传队的小鬼们急的跳脚，这样演剧的化妆品也不愿意丢掉，那样的道具也舍不得丢，这个说："这件小姐儿穿的旗袍很好"，那个说："难道那件绅士的黑缎子大衫又丢了吗？"……就是这样吵吵闹闹地，终于弄掉了。

人说广西军阀的飞机，虽不像蒋介石这个乌龟头子的飞机厉害，如果你不荫蔽伪装，包管有些时候会碰着一个炸弹，所以我们还是在夜行军。

据情况估计，知道明天才有可能同阻滞我们路的广西的敌人作战，所以一路行军，还不觉得寂寞，尤其是四师政治部宣传队的"火线剧社第四分社"那些小鬼，真是天真烂漫，玲珑活泼，兴奋异常，沿途歌唱不止。我们的步伐无形中合着歌声的拍节，合组成了一个大的军乐队。

前面一个传一个的传下来了，绑带解下来，袜都脱下来准备过河。

一条大约百米左右宽的河，横在我们的面前，一眼看去，河水并不见得深。一个同志告诉我，这就是两河口，走在前面的同志们，有些已经过去了，有些才正在过，我们呢，正在准备过，大家把裤子卷得高高的，绑带解下来，鞋袜也脱下了。

月亮还没有出来，火把又不准点，黑暗得看不见路。大家手牵手，你拉我，我拉你，跟着前面同志的路线跟下去了，旁的什么都没有，只听见水的啊啊啊的响声，和人们的笑声及说话声。

每个人都要同样的动作起来：在河的那岸要脱鞋呀，袜呀，绑带呀，直过到河的这岸来，就要恢复原状，重新穿起来。

因为地形上不利于我军作战，所以我四师有两河口以东掩护全军团及整个野战军通过两河口的任务，这是多么严重的一个任务呵！十二团为前卫，开始向两河口以东之某村移动了，不期而遇，在半夜与敌人遭遇，敌人被我击溃，某村是被我占领了，然而，敌人究竟是多少，直到今天我还没有弄清楚。

既然发现敌人，也就不容我们忽视了，事实恰是成了一个反比例，除派了一营兵力的警戒外，以为什么事情都完了，因此拂晓在前哨与敌打响了，连团的首长还在睡乡里，做着他的蜜梦，增援前面队伍也来不及，所以好好的一个阵地，被敌人占了去。这下我十二团当然处于不利的地形条件下与敌人作战了，不得不又要求进攻敌人，夺取失去的阵地。

十二团的战士们不服气，全体指战员都说："在革命根据地时我们是三军团的模范团呢！"所以他们在干部的"同志们，拿出我们模范十二团的精神，恢复我们的失地"的口号下，雄赳赳气昂昂，端的端步枪，拿的拿手榴弹，一个冲锋，那才快呀！不顾一切的冲上去了，敌人也就随着坍下去了，阵地终于恢复了。

广西军阀相当的顽强，比起何健的队伍，似乎要强些。它善于使用侧击、包围及迂回的战术。我十二团在恢复了这个阵地以后，在敌人两团以上兵力的攻击下，忽视敌人的包围，不得不放弃阵地，撤退过了一条深沟，再退过一个山背，与我四师主力相接合。

不死心的敌人，也跟上来了，于是与我十团、十一团相对峙。

同敌对峙了一晚，正式的战斗又重新开始。敌人的力量，也有了新的增加，如果说昨天与我作战的敌人是三个团，今天已有了五个团，估计敌是两个整师，没有增加上来的，用不着谈他和计算他。

"同志们！我四师两天掩护的任务，已完成了一半，今天是比昨天来的更加严重，战斗更加来的厉害，但是，我们不害怕，不畏惧，我们要完成上级给予的任务，一定要完成！"在个个连队里，或者以营为单位，都在开始进行战斗的鼓动。

"让他来吧！尝尝老子们的子弹，手榴弹！蒋介石的我们也不怕呢！"各线上的战斗员，具着沉着、坚毅、勇敢、壮伟的大无畏的精神，雄壮而响亮的回答着他们的指挥员。

战斗开始了，的确，敌人是凶猛一些，侧击包围的战术，仍像昨天的一样施展起来。然而我军是沉着的很，每每当敌人攻击时，我们一枪也不响，等待敌人投入冲锋时，我们一阵手榴弹、机关枪弄得敌人不得不坍下去。是侧击吗？我们的第二梯队往往用反突击，使得敌人侧击的企图成为无效，就是这样防御、突击，互相配合着，使敌人的凶猛、侧击、包围，无以用其技。

敌人越聚越多了，兵力也雄厚了，方法也狡猾起来了，敌人鉴于几次攻击不得逞，"黔驴技穷"，采取了火攻，当敌人将要进入冲锋出发地时，即在我们的防御的前线及四周放起火来，这样使得我军受火的威迫，无法与之恋战。

因为是掩护的任务，没有必要去与敌人决战，我军也就在敌人这样的火攻下面，放弃了马蹄街。两天的掩护任务，终于胜利地完成了。

我们的队伍，即在放弃马蹄街的傍晚时候，沿着军团主力行进的道路，向牛头岭进发。

牛头岭是在一个山峰，直入云际的大山的半山上，从山脚望上去，人家的灯光，好像不甚明亮的星光儿一样，挂在天空。

老远望见这一个大山耸耸地立在我们的前面，这使得我们"未爬山，先冷了三分心"，因为与敌人作了两天战，已经疲乏了，还要爬这样高耸入云的大山！

"同志们！"站在路旁的一堆年纪轻轻的小同志们中的一个手舞足蹈地在说话："我们掩护的任务，已经胜利的完成了，……为着迅速脱离敌人，赶上我三军团主力，又要加速的行军了！"

谈话完了，接着就是一阵口号声："继续完成掩护任务的精神！""不怕疲劳，不怕辛苦！""加强行军速度，赶上主力！""为反攻的胜利而奋斗！""……！"

口号过去了之后，一个较大些的青年同志，声音洪亮的向爬着山的指战员说话："这两天来辛苦了吗？"

"不辛苦！"一声响亮的回答，像雷鸣般的震动山谷。

"对！"他又谈话了，"爬到牛头岭就休息，吃晚饭呵！"

我们的疲乏，就随着鼓动棚的小同志们的洪亮而清脆的歌声渐渐消失了，两只腿也更加有劲了，这些小同志，也加入在最后队伍的行列中，向牛头岭前进。

他们一些不觉得疲劳，随走随唱着《工农解放歌》。

烧死了两匹马

艾　平

大地被黑暗笼罩着，天空中连一颗星子也没有，简直暗的连什么也看不见了，然而，灰色的一条地一条地好似长蛇的队伍，仍是在蠕动着。虽然，有时好像因为路不好走而又停止下来，但不久又继续着在向前移动了。

"长冈铺还没有到啦？"带着不耐烦的声音从我的后面发出来。

"还有多少路还不知道呢！"接着带着失望似的声音在响应着。

"……"他们声音渐渐的低了，谈的什么也听不见，最后只听到一句："同志哥！管他妈的，休憩下吧！"拥塞着大路拥挤不通，火光烧的像烧野火样，从各处燃起来照的满天红，一块偌大的草坪照得通光亮，像黑地狱样的黑暗空气，也被冲破了，看的很清楚：队伍是一队队地各向自己的宿营地奔流去了。

"主任，"师司令部的管理员站在路的旁边用手向我这样的一指，"政治部驻这边的房子。"吵闹得很，虽然经过了一天又半晚的长行军，并没有任何一个人表示是疲乏了，特别是宣传队的小同志们，东奔西跑，还在那里弄些东西吃呢。因为，他们的肚皮大概是饿了，其余一些，都开始钻进毯子，走入睡乡去了。

* * *

"啪、啪、呼、呼、呼、……"一阵枪声乱响，把人从睡梦中惊醒过来了。

"走呀！逃呀！"一些人连喊带吼的四面向外跑了。

"烧到这里来，我的……没有了啊！天呀！""……"

"又是反革命放火捣乱啊！"有些人是这样在谈论，有些群众像木偶样呆在那里叹息。

"一律向南走！"这是指挥员的命令，于是一下这些从庄子里出来的人们，都应声地向南走去了。那才拥挤不开啊！你抓我，我拥你，挤做一团，有的年纪小而身体瘦弱的同志，被挤的倒在地上，狂呼乱叫。

"停止！"又是指挥员命令下来了，"都在空田里集合！"

长冈铺的火光冲天，青烟接云，熊熊的火继续着猛烈的发展，越发烧的厉害了，火里烧着子弹、手榴弹，啪啪，轰轰，像在进行剧战。

"找了你半天哟！"黄政治委员仓忙的说；

"还以为你们还没有出来啦！"

"火一烧我们就跳出来了！！"我答应他。

"糟糕！糟糕！糟糕！主任，"黄政治委员又说话了，"真糟糕，眼镜丢掉了，怎么办呢？"

"真的，"我望他的眼上没有架眼镜，"那真糟糕，近视眼怎么走路呢？还不要谈打仗？"

"唉！真糟糕！糟糕！！糟糕！！"黄政治委员不断的焦急叹息。

"老表！"我对黄政治委员的特务员说："你再去找一次！如果没有眼镜，这瞎子怎么办呢？"

"同志！快弄水来！一齐救火呀！"

广大的群众在一声号令下，都动起来了。真好笑，还有人用自己吃饭的碗装水去扑灭那熊熊的火。"同志们！救火也要坚决，勇敢！来呀！无论如何打熄火光！"所有的群众都来热烈地勇敢地继续救火，但"杯水车薪"，何济于事呢，偌大的一个庄子，毕竟烧去了一大半！

* * *

"一定又有反革命捣乱！"群众们根据向来的经验，估计失火的原因，狂叫起来。

"快清查！查出来杀他妈的头！！"

政治保卫局的同志们，四方八面布满了，严密地清查放火的反革命分子。一个穿短衫的鼠头鼠脑的人被抓来了。

"抓着这个狗儿子！不要让他走了！"许多群众都围拢来了，虎视眈眈，简直想立即把那个人吞下去。

"打他这个狗儿子！打！打！打呀！"一声高叫，千声附和，几千个拳头同时举起来，几十个拳头如冰雹的落到反革命的头上或身上。

"抓过来我也来打他一顿"，围在圈外的群众，男女老少还不知有多少，磨拳擦掌，狂吼乱叫。

政治部与保卫局的许多负责同志尽力对群众解释：反革命应该问他的道理，把他反革命的事实，阴谋，来向大家群众宣布，叫群众们不要再乱打了，……看他是受着什么人的指使，或者还是主动的……如是工农劳苦群众出身，受反革命欺骗利用的，就不应该这样对待他……主要的要去对付那些真干反革命的家伙，……

保卫局的同志们，配合一部红色战士四方八面出动，尽力维持秩序。

"同志们不要打了！让我们带去审问明白！"保卫局的同志们把他带走了。

放火的反革命家伙，流血了，现出了一个血淋淋的面孔。群众们愤怒才稍许平静了一点，然而女的小的，仍是哭声遍野！叫着妈的，也有哭着爸的，叫着这下不得了呀！也有在谈住也住不成了啦！同时，余火仍是在无情地燃烧着，被烧死的猪和狗的臭味，真要冲昏人们的脑神经。

宣传队也四方八面出动了，有的在宣传，要他们不要哭，也不要伤心，我们红军是为工农劳苦群众谋利益的，反革命烧了他们的房子，我们红军还可以救济他们；同时指出反革命的阴谋毒计，揭穿反革命的阴谋伎俩等，而有些在群众中调查，那个人被烧掉了好多房子财产，准备着明天赔偿。宣传队的小同志们很有计划有步骤的，热心在进行着他们的工作。

天也大明了，我们的部队也在清查着失火的损失。被烧了一些子弹、手榴弹，以及个别同志的被毯、衣服等物品。

"我们政治部别的没有损失，"总务科长这样的向我说，"只烧死了两匹马，主任！你的一匹和一匹公用的。"

道州城的一瞥

加 伦

　　三道封锁线突破了以后,部队进到了临武蓝山一线,并继续向西前进,我们的目标是湘西。

　　事情并不这样简单,困难又摆在我们面前了,一条潇水阻住了我们的去路,它在军事战略上是占了重要的意义。

　　要过潇水一定要夺取道州,因为这是一个重要城市,是一个军事据点,因此我们常打先锋的二师四团又担任了夺取道州的先头任务。

　　由蓝山县到道州,相隔二百四十里,前面有广西部队,后面有追击部队,由江西跟来拣破草鞋的国民党周浑元、吴奇伟纵队又到了宁远,都离道州不远,第二天有到道州的可能。上级命令限四团要在第二天中午前后占领道州,否则整个部队行动就要受到极大困难。问题是这样严重的摆在面前。

　　在短促的时间内又进行了简单的鼓动,战士们了解了自己的任务,根据他们一路来的经验,都毫不在乎的表现非常有把握。

　　"三道封锁线都突破了,难道一个小小的道州还拿不下吗,二百四十里算什么?"

战士们是抱定了这样的信心，他们饱餐一顿，在夜晚七时出发了。

照例的爬山过水，照例的穿过森林村庄，照例的一切自然界在黑暗中模糊地过去，照例的静寂无声。夜间动作已成了我们战士们的家常便饭了。

经过长时期的静寂，大家都有些倦意，睡魔袭上身来，前面的忽然站住了，后面以为休息，见前面的站着又不坐下来，注意一看，才知道他打瞌睡，前面很多人已走得很远了，大叫一声："嘿！打瞌睡掉了队呵！"打瞌睡的同志被吓一惊，提起步子，飞跑的赶上去了。

天亮了离道州大概只有二十多里，忽然听见震天地的响声："嗡……嗡……"七八架飞机正由后面飞来，指挥员一声口令："散开荫蔽！"刹那间偌大一个队伍好像孙悟空摇身一变样，一个也看不见了，敌机盘旋了一回，无聊的在前面的云端里消失了。

一声"前进"的口令，又好像摇身一变，雄赳赳的战士们又一路一路的在路上飞速的前进了。在队伍中又荡漾着一种他们经常唱的歌谣：

"飞机，飞机，

可恶黄的（因为敌机黄色的驾驶技术好些，多给了战士们的威胁，所以大家痛恨它），

天晴就来，

落雨也不休息。"

有些同志忿忿的说："这些飞机师不飞去打日本，单飞来打红军，有一天捉到，要剥他的皮，抽他的筋！"大家哄然一笑。

前面打响了。敌人真没有用，一打就坍，马上就占领了河的东岸，敌人退过河去了，桥也拆了，城市在对岸向我们微笑，招引着我们，吸引着我们。

"谁会浮水，去把船弄过来？"团长这样问。

"我去!"一个战斗员跳出来。

"我也去!"又一个战斗员跳出来。

"我也同去!"另外一个战士也跳出来。

河是很宽,水是很深,要浮过去,确是不容易,于是我们这边配合着火力轻机关枪,掩护着这几个英雄过去。敌人站脚不住,立刻逃了,我们浮水的同志也有两三个牺牲了,其余的终于过去把船弄过来了,于是我们就胜利的夺取了道州城。此时正是下午三点钟的时候。

红旗飘上了道州城头,群众们欢天喜地的欢迎着我们,街头巷尾,人海人山,千万条的视线射在每个战士的身上,他们惊叹着红军的英勇,他们羡慕着红军的精神,他们观察着红军的武器。

"嘿!有机关炮呢!"一个小学徒指着说。

"蠢东西!机关枪就机关枪,什么机关炮,真是乡下佬!"

一个店伙这样讥笑着小学徒。

"子弹都不多,真奇怪,怎么总是打胜仗,真有本事!"

老头儿摸了摸胡子这样说。

"他们日走一千,夜走八百,刀枪都打不入,他们还靠子弹打仗?"另一个老头儿很神气地说。

前面一群钉了镣铐的人来了。后面跟了很多看热闹的,周围的人也围拢去。那些戴镣铐的骨瘦如柴,头发蓬松,衣服是烂的不堪了,放出一阵阵的臭气。

"老刘!你们怎么出来了?"一个店伙问。

"沾红军的光,把我们放出来了!"犯人们这样的回答。

"红军是救国救民的军队!"谈论起来了,囚犯们像出笼之鸟,欢天喜地的过去了。

"到城隍庙看戏领东西去呀!"几个青年这样叫着,全城轰动了,一批一批的向着城隍庙奔去。

一个戏台前面的坪上，挤满了几千人头，几千条视线都射在台上，小孩子爬到树上去看，妇女们缩在角落里。

红军代表讲话了，大家目不转睛地静听着，讲到他们的痛苦，大家点头称是；讲到豪绅地主军阀的罪恶，个个咬牙切齿，讲到红军的主张，大家鼓掌叫好；千百副的表情，随着演讲人而变，台下高叫起来了：

"红军万岁！我们的红军万岁！"

新剧开幕了，群众不断地叫好，掌声不断地在台下轰动，闭幕了还要求再演。

最后是散发东西了，衣服、布匹、用具、一簇一簇的往下面丢。得了东西的笑迷迷的回去了，没有得着东西的苦苦站在台前要求，有的两三人还在争一件东西，经过红军中同志的解释，分给了一些东西，大家才欢天喜地的回去了。

队伍都继续前进了，在月色中离别了道州城市，离别了道州群众。千万群众的脑海中，留下了对红军深刻的印象。

苗人的神话

彭加伦

今天队伍没有动,在此休息,此地是广西全州的文市,地方不很大,有几十家店铺,东西也不很多,早被前面的部队买光了,走遍了全街,没有买到一包纸烟。

刚吃过早饭,卫兵带来了一个老百姓,说是来找"红军大人"的。此人不很高,身体肌肉很饱满,脸部稍带黑色,眉毛很粗,头发差不多生到了眉毛边,眼睛又圆又大,上边遮满了一线睫毛,嘴唇红红的,露出一排黄色的牙齿,一个大辫子盘在头上,上身的汗衣打上了几块补钉,肩上一个大洞,露出他的肌肉,下身裤子白的,变了黄色,还溅上了不少的泥浆,脚是赤着的,手里拿着一个斗篷。

他一进门就深深作了一个揖,笑容满面的连声喊"红军大人",我们小勤务员倒茶给他吃,也很恭敬的作揖,也照样的喊"红军大人",他开始说明来意了:

"听说红军大人来打富救贫,替天行道,我们苗家弟兄非常欢喜,我们天皇特派我送一道公文来,愿同你们联合,你们也是红家,我们也是红家,大家都是一家人,哈哈哈哈!"

说完，他的口袋内掏出一张黄纸来。这纸是像和尚的表率一样，开头是写了一路大字，"太上天皇×××××致红家弟兄……"大概内容是说时代不好，奸贼当朝，人民痛苦，已达极点，只有大家合作同心，打倒压迫人的人，百姓才能解放，天下始可太平。特别是说到他们苗家的痛苦，受尽了汉官财主的压迫，要求红军帮助解放他们一类的话。文字是汉文，词句多土话，后面还有很多符咒，都是用朱笔写的。

我们很诚恳的向他表示愿意和他们联合，说明了我们的主张，指出他们苗家的出路，说明我们是来帮助他们打倒汉官财主替他们求解放的。他听了更加喜欢，同时又叨叨不绝的告诉我许多他们的情形，他说：

"我们天皇在几岁的时候，有一天满天红光，金光万道，忽然一面大旗由半空中掉下来，掉在天皇门口，旗杆插入土中很深，很多人去拔，拔不起来，天皇跑去，不费一点力气，就拔起来了。这旗和你们的一样，都是红的，不过中间的花不同，你们的是黄花，有五个角，我们的是一条黄龙，我们都是一家，也是这个道理。后来天皇去看牛，忽然一座石山崩裂，出现一座大屋子，天皇跑进去，一个百多岁的老人，授给他一套兵书宝剑，天皇出来后，石山又合拢去了，所以后来天皇能知过去未来，当你们还在广东边界时，天皇就算到你们会到这边来，算定了我们苗家出头的日子到了；当你们快要来的时候，汉家财主来向我们要租要债，衙门里也来要款，我们等拢了几个人，和他们打了一架，我拿起一把单刀，杀了他十来个，现在他们不敢到我们庄子上来了。说来真气人，我们的田地都被他们占去了，派款，我们苗家特别的多，修碉堡、派差事，也总是我们苗家吃亏，这样的世界，再不拼命，也是不得了的，我们下了决心，联合你们去干！"他的笑容是收起了，表现出满腔仇恨，咬牙切齿地诉着。

我们给了他一番解劝，写了一封回信，办了很多菜，请他吃了饭，并送了很多礼物给他带回去，他又笑容满面的作了无数个揖，欢天喜地回去了。

　　苗民的痛苦，确是到了极点，受尽了汉族豪绅地主军阀官僚的压迫，他们进行了不少原始式的反汉官军阀的斗争，但总得不到援助，以致终归失败。他们虽然迷信很深，对红军没有正确的认识，可是他们总知道红军是替民众谋利益的，是他们的救星。他那知识的闭塞，虽然可怜，但他那天真烂漫忠诚英勇的精神，确值得佩服，少数民族的工作，是怎样值得我们注意呵！

紧急渡湘水

李雪山[*]

已经是十月的天气了，中央红军远征到达湖南的湘水，野战军前部已过去了，只有五军团还在离湘水百五十里的地方，掩护整个野战军渡河。这时桂系军阀已经追上来了。五军团虽然在每天打掩护，走夜路，急行军，受风寒，饿肚皮，像这样的疲劳状态中，加上天空敌机的轰炸，地下敌人四面八方的攻击，迂回包围，但是最艰苦最顽强的十三师，依然能抗战到底，使敌人无可奈何，掩护全军的安全渡河。

这样和敌人打了大半天，太阳西斜了，十三师才开始撤退，向着湘水前进。走了五六十里，已经是夜晚九点钟。才说要宿营做饭吃（一天都没有吃到饭），前面又传来"敌人积极向湘水我军渡口进攻！"这时十三师离湘水还有九十里！

为了争取渡河的胜利，虽然打了一天仗，已经走了五六十里路，没有吃到一顿饭，但最能忍受这样艰苦的阶级战士们，在一个动员之

---

[*] 李雪三（李雪山）(1910—1992)，河南修武人。1931年参加宁都起义。1932年加入中国共产党。长征中，任红五军团三十八师政治部宣传科长。到陕北后，任红十五军团统战部部长。抗日战争时期，任八路军一一五师团政治处主任，新四军三师八旅政治委员。解放战争时期，任东北野战军第二纵队四师政治委员。第四野战军第三十九军副政治委员兼政治部主任。中华人民共和国成立后，任中国人民志愿军第三十九军政治委员，志愿军后勤部政治委员，中国人民解放军总后勤部副政治委员兼政治部主任，后勤学院副政治委员。1955年被授予中将军衔。

下，把自己的东西完全牺牲了，只背着枪械子弹炸弹，个个抱着"无论如何要过湘水的决心"！

天色苍茫，黑幕笼罩着大地，高高低低的大路，十三师紧急向着湘水前进了。"不掉队！""不落伍！"一口气跑了九十余里，天还未亮，已经到达湘水河边。湘水悠悠流着，秋风凉气袭人，但是阶级的战士们，不管他水凉流急，大家毫不犹豫，把鞋袜脱去，扑通跳在水里，河水冰凉入骨，还听得"嗳呀来！……""嘻、嘻、嘻！"的战士们唱出的兴国山歌和欢笑声，他们心里说："争取渡河的胜利了！"

太阳东升了，映着湘水通红，隔江的敌人那里能追得上呢？又走了二十多里，这时还没有吃到饭。北面的敌人（何键的）来得好快，已经达到我们的渡口来了。百战百胜的、钢铁的、无敌的五军团十三师，还是要打起精神，忍饥挨饿的，一面抵抗，一面西进。这样又经过一天一夜的奋斗，终究使敌人掉了队，落在后面了！

在重围中

莫文骅[*]

这是一个很严重的环境。当我们野战军到达湖南道州附近及广西全州、灌阳之间的时候,敌人布置了极严密的封锁线来防堵我们,而且追击的周纵队追得紧紧的,右翼截击的薛纵队已到达全州,左翼截击的广西部队又从灌阳、桂林而来。

屈指一算,敌人四面八方兵力足够了三十至四十万了!空中来来去去的飞机还不算在内。

有一天,湖南敌人的飞机掷了好几个炸弹之后,随即散发了一些传单,表现他们有百分之百的把握扑灭我们,传单中有几句是:

"共匪们,我们奉总司令的命令等你们好久了,请你们快来!

来!来!来!

来进我们安排好了的天罗地网!"

我们知道又是一场恶战了!这是几省敌人的精锐,更利用天然的地形,有名的湘江,布置好了的封锁线,比任何一次封锁线都来得凶。

---

[*] 莫文骅(1910—2000),广西南宁人。1929年参加百色起义。1930年加入中国共产党。1931年随红七军到达中央苏区。长征中,任红八军团宣传部长、上级干部队政委、干部团政治处主任。抗日战争时期,历任抗大政治部主任。八路军后方留守兵团政治部主任。解放战争时期,历任东北野战军第四纵队政委、第十四兵团、第十三兵团政委。中华人民共和国成立后,任广西省委副书记、广西军区副政委、东北军区政治部主任、解放军政治学院院长、装甲兵政治委员。1955年被授予中将军衔。

这算是突围后第四次剧战了。在长征的战斗历史中，我们叫做"第四道封锁线"。

年轻的红八军团，它是突围时产生的。它的产生，即突围的开始。几月来，数省的转战的战争中，都是担任侧卫，扫平侧方敌人，而屡表它的新的铁拳的力量，在几次初试的战斗中力量还表现得不错。

这一回，它因由湖南之永明入广西灌阳之任务改变，奉命折回经道州附近，日夜兼程的归还主力。那时，追主力的敌人和八军团平行前进，走了两天两晚，没有吃，也没有休息。才赶到主力时，主力正在与追击的敌人剧战中。因为没有担负战斗任务及早脱离敌人的原故，我们便在枪林弹雨中穿过空中的飞机轰炸，不管三七二十一继续前进了。

我们当晚在水车宿营。水车的景色听说还不错，因为夜晚才到，天明便出发了，没时间也没心思去鉴赏它。

天未明出发，随九军团前进，担任左翼，水车留有五军团之三十四师掩护。

那天是突破敌人封锁线的开始的一天，亦是严重战斗的一天！

行军中听到右翼枪击剧烈，飞机数架，在空中投弹，我们知道右翼主力兵团正在突破敌人的封锁线了。我们相信，虽敌人层层封锁，四面包围，但主力无论如何是能突破的。正在其时，水车方向枪响了，知道三十四师抗击追敌的掩护战斗也开始了；同时又听到前面打了一些零碎枪声，但不知究竟，然而不管如何，赶快前进，突过敌人的封锁线，才能便于机动，并且前面是否有障碍还不知道，于是急急的前进，途中休息的时间也缩短了。

因为是在九军团的后面跟进，起先虽然听到一些零枪，但仅仅是零枪罢了，没有继续。

"拍！拍！"继续而起的"嗒！嗒！嗒！"的声音，步枪声机枪声，突然起自前进路上百米前面的山腰丛林中！只听"哟"的一声，尖兵排长负伤了！队伍于是就地散开，因为敌人已占领了阵地，前卫团长即指挥占领阵地，并侦察敌情。

这真是咄咄怪事了！九军团才过去为什么又有一支兵从中间插进来？原来九军团过去一个多钟头，这支兵是从灌阳才到的广西军队，先听到的零枪，是他们打九军团的落伍的同志呢！

要攻击前面的敌人，扫清障碍，才能前进，不然后头的追敌，将三十四师压下来，则我们前后受敌了，于是下令攻击。但是啊！敌人已占领了主要阵地，而后面后续部队又纷纷赶到，多少又不很清楚，也难于短时间消灭敌人，何况当时的任务不是消灭敌人呢！问题又来了：如果不扫清去路，又怎样办呢？九军团已经走了，择路不到，右翼枪声亦已稀疏，而且越打越远，大约是冲破了敌人的初步封锁线了。正当其时，三十四师后面的枪声大作，接近着我们！

那时已是下午三点，指挥的首长正在商量。

突然飞机两架来了！离地面不过三百米达，其声"咯咯！"当时除战斗部队外，行李伙食担子马匹担架四散在山上各寻荫蔽的位置，而不可得，飞机更显它的威风，机关枪连续的扫射，但是，我们在百忙中仰头看飞机的翼下原来已没有炸弹了，机关枪是不足害怕的。

正面不能通过，已是无疑的了！但是如何归还主力呢？在估计右边的情况中，已知主力得胜了，不只枪声渐远，而飞机也在比较远的地区旋转，虽然相隔好几十里，但应迅速从侧方去会合方算上策，不然天晚难于动作了。于是后方部队、行李便在飞机去后集中了向主力的方向而去，战斗的部队，还在与敌人对峙中。

后方行李马匹……连夜的走，战斗部队亦在黄昏时撤回，沿行李后方部队所去的路前进，我那时是随着战斗部队。

好在月色朦胧，平坦的道路行时并不感到很大的困难（当然是疲劳的打瞌睡，这不过是指比走崎岖山路好些）。一直走到天快拂晓，来到一条马路边的平坝子,四面火光,好似有许多部队在宿营,我们分析是后方部队了,觉得很欢喜,但未见哨兵又奇怪!再走,遇见了一匹马在路旁向我嘶了几声,啊!原来是我的马呢!旁边睡的是饲养员,我叫他起来,他于是睡眼朦胧的向我一看。我问:

——你们都在这里么?

——不,伙食担子走了。

——你呢?

——我等你,还有军团长等他们的马,都一齐在这里等你们。

——附近是什么部队,宿营这样多火光?

——不,都是掉队的!

——哟!……!

于是督促了掉队的大部分前进,我们骑在马上打着瞌睡跟队伍前进,在这样的环境中,好不舒服!

再走二十多里,到一个小街,天已是明了。狗叫鸡鸣催着睡熟的人们早起,但是狗呀!鸡呀!那知我们走了约两百多里还没睡哟!很漂亮的街,有些同志都想睡一觉再走,但是街子很好,而不是久居留的地方,查清了前进道路之后,知道主力已过了湘江了,离此约四十里路,于是不得不再向前赶!赶到麻子渡,渡河。

一出街口,在初出的微红的太阳映照之下,看到了马路旁边这一堆那一堆的军事政治书籍。有的原本未动,有的扯烂了,有的一页一页的散发满地,有的正在烧毁。里面有列宁主义概论,有马克思主义政治经济学,有土地问题,有中国革命基本问题,有战略学,还有许多地图、书夹、外国文书籍等,这些都是我们思想上的武器及战争中必须的材料,现在不得不丢了,烧了,可惜呀!

我知道了,前面还有更大的战争,因为敌人企图在湘江附近消灭我们呢(虽然他是梦想)。最后的封锁线还在前面,前面的部队为了便于行军作战而减轻行李担子，因此将大批宝贵的书，不得不烧了，丢了！

马路上的行军，四十里路本来好走的，但太疲劳了，觉得太远了，饥了，想睡了，但又不得不再鼓勇气，到达渡河点，以抢渡湘江，因为如果不能渡江是会被敌人截断了，因主力大约已过了河。

各连队的政治工作人员沿途利用一些最少的可能利用的时间，向一般战斗员解释，鼓动，说明抢渡湘江的重要，与我们的前途：因为现在还是处在敌人的重围中，不只抢渡，而且要担负掩护战，因为三十四师已另走别条路去了，殿后的便是我们八军团！

晨八时，离麻子渡约十里（这是广西省了）正走得非常的疲劳时，忽而飞机沿马路来了，呀！没有荫蔽地，也不能有充裕的时间了，因为要抢渡呢！给它打吧！不得已的时候，才稍靠两边闪开。在敌人的空中的机关枪炮弹下行军却是一件万难的事，然处在这样的环境，任务又是重大的，只好抱着最大牺牲的决心，其他通不能顾到了。同时我们知道飞机虽然能杀伤我们一些人马，妨碍我们的行动，但不能活捉我们，亦不能解决战斗的。

在马路的附近，还有部队不断的向麻子渡急进，这表明着渡河还没完毕，担任掩护的八军团至此再不能前进了。

那时得来的消息，前面主力已将敌人打坍，冲破敌人最后封锁线，还在追击中，战斗中；左边界（离麻子渡三十里）已到敌人，友军某部在那里和它打掩护战；右边由全州来的敌人，亦正向友军掩护阵地猛攻。这严重的任务摆在年轻的八军团同志的面前了：使主力完全能够彻底消灭敌人，冲破它的封锁线，同时使左右的友军部队不至受两方的夹攻。于是八军团后卫的掩护是严重任务了，因为局部的运动防御战的胜利（能够相当的阻止敌人便是胜利）才能保证与配合主力的进攻的彻底胜利。于是便布置警戒，准备迎头痛击可能追击的敌人，保证整个战略——突破敌人第四道封锁线的完全胜利。

至此将部队布置警戒及休息后便煮饭吃，但后方部队还不知到那里了，于是随便的各单位派人煮，没有菜也吃，也觉得很有味的，没有碗筷的随便用手用帽子装来吃，也不觉得什么不干净！这包含着什么内容？很简单，饿了几餐，而且还要准备行军战斗啊！

主力已冲破了敌人的封锁线了，左边接着枪声若断若续，然而右边枪声却剧烈起来，那时除了一些落伍掉队的人员外，部队都已渡河去了。

"来了！来了！后面敌人来了！"枪声突然而起，一个通讯员急急的报告军团首长。那时队伍除警戒部队外，都在甜睡中，被枪声所惊醒，急急的登山抵抗，给敌人以痛击。飞机也来了！给我们以轰炸。这一场剧烈的掩护战，依靠着全体同志的勇敢，与敌人肉搏数次，剧战一小时，将敌人打坍，相当制止了敌人。

敌人本来并不强，不过八军团的任务不是消灭他们，再，队伍已全数渡过湘江了，掩护的任务已完结了，于是节节抗退，卒能安全渡河，艰苦的完成了掩护的任务。

过湘江后，全州方向的敌人向我右翼友军阵地攻击更猛，但不能占领友军阵地，我们则安全的通过，随主力向兴安县附近之越城岭山脉前进了。

至此三十一—四十万的敌人，对我们的四方八面围攻，现在都落在我们的后头了，敌人的天罗地网，被我们冲破了！

现在我们可以回答湖南敌人几句话：

是的，你们等我们好久了，你们请我们快来，我们来了，你们为什么又走了呢？

最后的一道封锁线

谭 政

一个月零八天的时间，浩浩荡荡的长征英雄，冲破了敌人的重围，突破了蒋介石在湘赣边及湘南无数道的所谓战略上的封锁线，跨过了湘赣两省，到达湘桂边境。此时人们心目中的问题：便是最后的一道封锁线了。

由于我们的西进，引起了敌人的极大恐慌，同时也就暴露了我们的行动目标和战略上的企图，而给广西军阀以时间，作应有的准备，配合湘敌粤敌和蒋敌的行动。他们是怎样的布置，他们的企图是怎样的凶恶残毒呢？周浑元纵队由宁远经天堂圩，向道县尾追；粤敌三个师及李抱冰之一个师由湘粤边境，直逼临武、蓝山；薛岳纵队继周纵队之后跟进；湘敌何键三个师扼守全州；广西敌人，则集中兴安、灌阳。这就是他们的所谓追击，截击，堵击，企图前后夹攻，利用湘水的障碍，希望在全州、灌阳、兴安之间，给我以严重的打击，甚至全部歼灭我们。

突破敌人最后封锁线，确是长征战役中一个严重的关头。中央政治局给我们的指示，给我们以很大的兴奋鼓舞。从跋山涉水风尘仆仆中，神经又突然紧张，牺牲决胜的决心，又呈现在每个战士的心坎上。

为了控制道县，拒止周纵队，掩护我主力之集中，我第一师于十一月二十五日受领任务在道县城河的西岸阻敌，虽然敌周纵队于二十六日由白马偷渡，于午后四时占领道县，然经我几次抗击，敌人在三天时间之内，终不敢越雷池一步。因为我们阻敌任务，已胜利的完成，旋于二十八日星夜出发，奉命赶赴全州作战，以一天半晚的时间，日夜兼程的速度，到达了全州附近，突破最后封锁线的决战，便从此开始了。

担任抗击全州敌人的任务，为我第一第二两师。第一师任左翼，第二师任右翼。头一天战斗，敌以全力出击，向觉山猛攻，从拂晓到黄昏，敌人占领觉山，我则在水头、下陂田集结。第二天继续战斗，向敌猛扑，恢复了昨天的一些阵地。是日敌三个师全部出击，敌机六七架，不断的在空中盘旋，向我掷弹，敌之步兵亦不断地向我正面猛扑，我两个团在左翼，一个团在正面，敌即以全力向我正面出击，我第三团在下陂田附近，与敌反覆冲锋五六次，敌未得逞，敌遂转攻为守。此时我们部队，因连续四晚未得睡眠，一天多的时间未吃饭，战士体力不免有些疲劳，也未向敌出击，因之正面战争便告沉寂。大家正在谈笑，突然间，后面发现枪声，因四面几十里路都是浓密的森林，丝毫不能展望，此时右翼的枪声，却越响越近了，判断敌人从右翼向我迂回来了。结果我第三团之两个营，被敌包围，一个营急忙从左边冲出，与我一二团会合；另一个营则从右翼冲出，正当敌之来路，越过了森林，到达了马路上集结。此时大家迷失了方向，只听得营长在人丛中大声地在说："同志们不要着急，我有把握，政治委员告诉了我，如有紧急情况，要我们向左边的大山靠，我们现在……"话未说完，敌人成四路纵队从马路上冲来，我们的队伍正在紊乱，营连长来不及掌握，即一哄而散，好在大家都自动的依着营长所指示的目标向着左翼大山靠，结果未受若何损失，经过了几天之后，便相率归队了。

此时敌之主力向我左翼蜂拥而来，从侧面向我一二两团施行重重迂回，我一二两团也就次第轮番的施行掩护，有组织有秩序的退出战斗，到达瑶子江附近，即利用瑶子江隘口扼守，结果，敌人只得从隘口外面"望洋兴叹"，全州战斗至此便告结束。

全州战斗，是长征战役中，比较剧烈的一仗，也是突破封锁线最后的一仗。全州战斗虽然没有给敌人以创钜痛深的打击，歼灭其有生力量，然而在天然的地形和人为的困难的条件下面，七八万人的行军，从敌人重重封锁，重重配置的火网中，从容不迫地过来了，又一次的证明了红军无坚不摧，和其本身之牢不可破，宣告了敌人之无能与追击堵击截击计划之破产。全州战斗我们在战略上是完全胜利了。这一胜利，在长征历史上，永不失其光辉的意义。它开展了胜利的前途，奠定了在云、贵、川活动，和从此转入川西北之顺利条件。

广西瑶民

郭滴人[*]

一　山瑶

从湘南转入广西的灌阳、兴安了。几天来，我们见了不少背着索纲似的袋子，穿着草鞋，赭赤的脸，黑的手脚的人。

他们在那"羊儿站不住脚"壁立似的山上耕种着。

蜿蜒的"蛇"路，竖梯般的岭，他们不喘气的飞跑着。

深远的山上，矮小的木房子门口，男的女的大的小的……在那里凝神地俯视山脚下奔流的人群。

奔流的人群中，发出粗大的呼声：

"瑶家弟兄：下山来打李家粮子[1]去！"

"分汉家团总的东西去呵！"

山上耕地的人伸直脊骨了，梯子岭上走路的人回首了，木房子门口的人也浮动着——但是没有回音。

---

[*] 郭滴人（1907—1936），福建龙岩人。1926年加入中国共产党。1928年，与邓子恢等发动龙岩后田暴动，1930年当选为闽西特委书记，是闽西革命根据地的创建人之一。1933年春，被"左"倾中央领导划为"罗明路线"的拥护者，受到打击并被撤销职务，进中央党校学习。长征中，随红三军团行动。到达陕北后，任中共陕北省委宣传部长、中央局组织部干部科科长。因病英年早逝。

[1] 瑶人对广西李宗仁军队的称呼。

我们的同志起兴了，跑向山上去找他们。

到宿营地不久，找来了一个瑶人，深圆的眼睛，短阔的下颚，赭赤的脸，粗黑的手脚，挺露着肋骨可数的胸。

同志们殷勤地请坐请吃茶，从衣袋取出纸烟请吃烟，但他不回答，也不接受，沉默地把背后的木烟斗抽出来，从容的装上烟。燃烧着，坐在门边的石头上。

"我们是红军，不是李家粮子，不怕！"一个同志首先发言。

他鼻孔里出烟雾，点着头。

"你懂得汉话吗？"

"不懂得汉话，我就不得下市镇去买东西。"他打着相似湘南腔的汉话。

"你的衣服同汉人差不多。"

"没有穿这衣服，我们就不得到市镇上来。"提了一下他的蓝短衫。

"是的，我刚才看了一张团总的布告：'照得山野瑶民，风俗鄙陋，往往奇装异服，走入村镇，实属有碍风化，以后瑶民，走入村镇，须穿汉服，违者拘缉！'"那个找他来的同志这样背书式替他证明。

小同志端着饭来了：

"瑶家兄弟请吃饭！"

他不客气的接过去就吃。

周围的人，凝神看他吃饭的动作。小同志耐不住的发问了：

"你家里吃什么？"

"吃包谷！"

"为什么不吃大米呢？"

"山上种不得！"

"为什么不到村镇上种田呢？"

他嚼着饭，眼盯在小同志的身上，露着惊异的苦笑。

二 红瑶

这天我们在中洞附近休息。我到村庄的角落，走进木房子去。一个老年的瑶人，在地板中间的火盆旁烤火，口里吸着旱烟管，浓浊的烟气，和着房子里另一种气味，在寒冷的空气中，紧围着我们。老人很和蔼的招呼我们一齐烤火。

"我是红军，要来找你们做朋友的！"

"是的，我很早就听说红军要来。红军同李家粮子不同，不杀人，不派款，好的很！"

"为什么镇上有些人跑走了呢？"

"这里的团总、保甲长要我们跑，说不跑的就是通红军，他们回来后这些人全家都要杀……我们家里人这几天也不敢下村镇来看你们，恐怕他们说我通红军。"

老人说着，随又回转头向隔着木板的小房子内叫唤泡茶。不一会一个青年少妇端着一碗茶送过来。

莹耀的眼，红润的脸，丰满的肌肉，穿着边上多种颜色的宽大的衣，团团围叠的裙，打着赤脚……呵！瑶婆姨；山村的美妇人呵！……

（本书编齐后，一个同志送来这篇稿子。文章显然还未完，但滴人同志却在四个月前永远搁笔了。——编者）

老山界

定 一

听说要爬一个三十里高的瑶山,地图上叫越城岭,土名叫老山界。

下午才开始走,沿着山沟向上。前面不知为什么走不动,等了好久才走了几步,又要停下来等。队伍挤得紧紧的,站得倦了,就在路旁坐下来,等前面发起喊来了"走走走!"于是再站起来走。满望着可以多走一段,但不到几步,又要停下来。天色晚了,许多人烦得骂起来,叫起来。

肚子饿了,没有带干粮,我们偷了一个空,跑到前面去。

地势渐渐更加倾斜起来,我们已经超过了自己的纵队,跑到"红星"[1]纵队的尾巴上,要"插""红星军"的"队",是著名的困难的。恰好路旁在转弯处,发现了一间房子,我们进去歇一下。

这是一家瑶民,住着母子二人,那男人大概因为听到过队伍,照着习惯,跑到什么地方去躲起来了。

"大嫂,借你这里歇一歇脚。"

"请到里面来坐。"她带着一些惊惶的神情。队伍还是极其迟慢的向前行动。我们便与瑶民攀谈起来。照我们一路上的经验,无论是谁,

---

[1] 当时中央一级机关纵队的代名。

不论他开始怎样怕我们，只要我们对他说清楚了红军是什么，无不转忧为喜，同我们十分亲热起来。今天对瑶民，也要来试一试。

我们谈到红军，谈到苛捐杂税，谈到广西军阀禁止瑶民信仰自己的宗教，惨杀瑶民，谈到她住在这里的生活情形，那女人哭起来了。

她说：她曾有过地，但是从地上给汉人赶跑了。现在住到这荒山上来，种人家的地，每年要缴特别重的租。她说："广西的苛捐杂税，对瑶民特别的重，广西军阀特别欺侮瑶民。你们红军早些来就好了。我们不会吃这样的苦了。"

她问我们饿了没有。这种问题提得正中下怀。她拿出仅有的一点米来，放在房中间木头架成的一个灰堆——瑶民的灶上，煮粥吃。她对我们道歉，说是没有米，也没有大锅，否则愿意煮些给部队充饥。我们给她钱，她不要。好容易来了一个认识的同志，带有米袋子，三天粮食，虽然明知前面粮食困难，我们把这整个的米袋子送给她，她非常喜欢的接受了。

知道部队今天非夜行军不可，她的房子和篱笆，既然用枯竹编成的，深怕有些人会拆下当火把点。我们问了瑶民，知道前面还有竹林，可做火把，就写了几条标语，用米汤贴在外面醒目处，要我们的部队不准拆屋子篱笆做火把，并派人到前面竹林去准备火把。

粥，吃起来十分鲜甜，因为确是饿了。我们也拿碗盛给瑶民母子吃。打听前面的路程，知道前面有一个地方叫雷公岩，很陡！上山三十里，下山十五里。到塘坊边，我们现在还没有到山脚下呢。

自己的队伍来了，我们烧了些水给大家吃干粮，一路前进，天墨黑才到山脚，果然有很多竹林。

满天是星光，火把也亮起来了，从山脚向上望，只见火把排成许多之字形，一直到天上与星光连接起来，分不出是火把的火光还是星光。这真是我平生未见的奇观！

大家都知道这座山是怎样的陡了，不由混身紧张，前后发起喊来，助一把力，好快些把山上完！

"上去啊！"

"不要掉队啊！"

"不要落后做乌龟啊！"

一个人的喊声：

"我们上天了！"

大家听了笑得哈哈的。

在"之字拐"的路上一步步上去。向上看，火把在头顶上一点点排到天空，向下看，简直是绝壁，火把照着人们的脸，就在脚底下。

走了半天，忽然前面又走不动了。传来的话说，前面有一段路，在峭壁上，马爬不上去。又等了一点多钟的光景，传下命令来，就在这里睡觉，明天一早登山。

就在这里睡觉，怎么行呢？下去到竹林里睡，是不可能的。但就在路上睡么？路只有二尺宽，半夜里身体一个转侧不就跌下去么？而且路上的石头又是非常的不平，睡一晚准会痛死人。

但这是没有办法的，只得裹了一条毡，横着心睡倒下来，因为实在疲倦，竟酣然入梦了。

半夜里，忽然醒来，才觉得寒气凛冽，砭人肌骨，混身打着战。把毡子卷得更紧些，把身子蜷曲起来，还是睡不着。天上闪烁的星光，好像黑色幕上缀的宝石，它与我是这样的接近啊！黑的山峰，像巨人一样，矗立在面前，在四围，把这个山谷包围得像一口井。上面和下面，有几堆火没熄；冷醒了的同志们正在围着火堆幽幽地谈话。除此以外，就是静寂，静寂得使我们的耳朵里有嘈杂的，极远的又是极近的，极洪大的又是极细切的，不可捉摸的声响，像春蚕在咀嚼桑叶，像马在平原奔驰，像山泉在呜咽，像波涛在澎湃。不知什么时候又睡着了。

老山界

黎明的时候被人推醒,说是准备出发,山下有人送饭上来,不管三七二十一,"抢"了一碗来吃。

又传下命令来,要队伍今天无论如何越过这座山,因为山很难走,一路上并须进行鼓励,督促前进。于是我们几个人又停下来,立即写标语,分配人到山上山下各段去喊口号,演说,帮助病员和运输员,以便今天把这笨重的"红章"纵队运过山去。忙了一回,再向前进。

过了不多远,看见昨夜所说的"峭壁上的路",也就是所谓"雷公岩"的,果然陡极了,几乎是九十度的垂直的石梯,只有尺多宽,旁边就是悬崖,虽不是很深,但也怕人的,崖下已经聚集着很多的马匹,都是昨晚不能过去,要等今天全纵队过完了才过去。有几匹马曾从崖上跌下去,脚骨都断了。

很小心的过了这个石梯,上面的路虽然还是陡,但并不陡得那么厉害了。一路走,一路检查标语,我慢慢的掉队,顺带的做些鼓动工作。

爬完了这很陡的山,到了平梁,我以为三十里的山就是那么一点。恰巧来了一个瑶民,坐下谈谈。知道还差得远,还有二十多里很陡的山。

昨天的晚饭,今天的早饭,都没有吃什么。肚子很饿,气力不加,但必须要贾余勇前进。一路上,看见以前送上去的标语已经用完,就一路写着标语贴。疲劳得走不动的时候索性在地下躺一回。

快要到山顶,我已经落得很后了。许多运输员都走上了前头。余下来的是医院和掩护部队。医院这一部分真是辛苦,因为山陡,病员伤员都要下了担架走,旁边有人搀扶着。医院中工作的女同志们,英勇得很,她们还是处处在慰问和帮助病员,一些也没有疲倦。极目向来路望去,那些小山都成了矮子。机关枪声音很密,大概在我们昨天出发的地方，五、八军团正与敌人开火。远远的，还听见飞机的叹息，大概在叹息自己的命运，为什么不到抗日的战线上去显显身手呢！

到了山顶，已是下午两点多钟。我忽然想起，将来要在这里立个纪念碑，写着某年某月某日，红军北上抗日，路过此处。我大大的透了一口气，坐在山顶上休息一回。回头看看队伍，没过山的，所余已经无几，今天我们已有保证越过此山。我们完成了任务，把一个坚强的意志，灌转到整个纵队每个人心中，饥饿，疲劳，甚至伤病的痛苦，都被这个意志所克服，不可逾越的老山界，被我们这样笨重的队伍所战胜了。

下山十五里，亦是很倾斜的，我们一口气跑下去，跑得真快。路上有几处景致极好，浓密的树林中间，清泉涌出像银子似的流下山去，清可见底，如果在此筑舍避暑，是最好也没有的了。

在每条流溪的旁边，有很多战士们，用脸盆、饭盒子、口杯，煮稀饭吃。他们已经很饿了。我们虽然也是很饿，但仍一气跑下山去，一直到宿营地。

老山界是我们长征中所过的第一个难走的山。这个山使部队中开始发生了一种新的习气，那就是，用脸盆、饭盒子、口杯，煮饭吃煮东西吃，这种习气直到很久才能把他革除。

但是当我们走过了金沙江大渡河，雪山草地之后，老山界的困难，比起这些地方来，已是微乎其微，不足道的了。

放火者

陈　明[*]

一　到苗山

长征的铁流，冲破了敌人第四道封锁线（汉水与湘水之间），胜利的渡过湘水后，继续向西北运动，进入越城岭山脉，越过有名的高山——老山界后，进入苗山苗民区域。

苗山就是南岭山脉，它由云南东来，沿广西贵州二省之间，东向湖南广东二省交界，出江西福建。在广西贵州湖南这一带又名越城岭，山峦重叠，树木茂密，东西延长六百余里，南北二百余里，苗民被汉族的统治者从长江流域的平原驱逐至这丛山中栖止，所以又名苗山。

苗人聚居此山，因树木茂盛，多以树木板片沿山架屋，互相接连，很多由山脚下一直接连到山顶。这种屋子，一经着火，如无新式防火工具的消防队，简直无法挽救，只有任它完全烧毁全村庄了！所

---

[*] 陈明（1902—1941），福建龙岩人。1925年加入中国共产党。1928年3月任中共福建省委代理书记，组织闽西农民暴动。1931年入中央苏区，任红一方面军总政治部宣传科长，后任红军大学教员。长征中随干部团行动。抗日战争时期，任八路军一一五师政治部宣传部部长，随军挺进山东，建立鲁南抗日根据地。历任中共山东分局党校副校长、中共山东分局政府工作部部长。1941年冬在反扫荡作战中，指挥一一五师直属机关在大青山与日军周旋，同年11月30日在大青山陷入日军重围，壮烈牺牲。

以我们开始进入苗民区域，就有了相当注意，在开始的几天来，也没有发生什么大的火灾。那些小的火灾，如塘坊边唐洞山底木桥的着火等，经灌救后，也就没有什么问题，所以"火"还没有使我们发生恐怖。

二　尖顶的火

越过老山界的第四天，我们中央纵队到了山坳。干部团还要前进五里路，到一个叫做"尖顶"的苗人庄子宿营。那天我们走了一百里路，而且是当后卫，所以到达山坳时，天就昏黄，再走到尖顶时，天已完全昏黑，只知道从这山顶上去再下山的半里路后，就进入庄子，而这庄子是在半坡上。团部住在进口的房子，其他各营和上干队还要下去，至于整个村庄的形势，是不知道的。

疲劳迫着我们，并且明天一早还要前进，所以我们打好铺，洗脚吃饭后，就准备睡觉，忽然屋外有人在喊"失火失火！赶快救火！"我们赶快跑到屋外一看，在我们住房下边的第五个房子着了火，火光冲天，照耀全村。看见我们这庄的屋子，是建立在山窝的半山上，屋子是从半山脚架起，一直接连到山顶上的一片木屋子，这火可以一下子把它全部烧完，而且从下向上烧是很快的，火从这一屋子很快地就跳到那个屋子。这给了我很大的恐慌和威吓：因为第一如果把庄子烧完，我们将怎样赔偿群众这巨大的损失，而给敌人以红军杀人放火造谣诬蔑的借口；第二要使我们马上没有地方宿营，而且会使部分的同志被火烧死。所以我们当前的任务是马上就跑下去，喊叫大家来救火。

但是救火，第一要水，第二要有工具，把水运到屋上去。刚好离着火屋子三十米达地方有一水池，但木桶很少，经大家分头找寻后，找至十几个木桶，把人分路排队，由水池一直到着火处，一个传一个递上去，但杯水车薪，不能把这样凶猛的火扑灭下去。救火是我生平第一次的工作，是毫无经验的，但我们是马上学会了，要扑灭这猛火，使不致蔓延，不仅是靠水，而主要的是要把可能蔓延到的地方预先截断，使火无法蔓延，而以水扑救火势不大的地区，才能奏效。我们采用这种办法后，经过差不多一点钟的时间，群众集体的努力，才把这漫天的恶火扑灭下去，把这庄子从火灾里救出来。共只烧了三个半屋子，赔了群众一百多块大洋，到十二点钟以后，大家才得睡觉，休息，而且还把火的恐怖，带到梦里去。

三　防火

谁是放火者？这是我们要追究和考察的。首先起火的地方是五连三班学生隔壁的空房子里，当时学生已入睡，空房子无人住，怎么会起火呢？一般的老百姓都不在家，是谁放火呢？是我们红色战士失慎呢？还是有个别反革命分子混在我们队伍里捣乱呢？当时是找不到真正原因，但无疑的这火不是"天火"，是人放的。从此我们对防火的戒备是加紧了。我们把防火的工作提到政治的水平，我们从干部和全体学员中宣传火对于我们的危险和严重性，我们要以最高度的政治的阶级的警觉性来对付放火者，我们采取专门的严密的组织，使火不能发扬它的威力成为火灾，如每连指定一排为救火排，每营组织救火队，排和班中组织运水组，挖拨组，每到宿营地，首先就要提积必要的水和水桶，火把不准拿进房子去，晚上以营为单位组织巡查消防队等。所以当时把火当成为我们的主要敌人，防火是我们的中心工作，把我们的注意力集中去对付火。我们的上级干部队，除了背枪外，还背一个救火的工具——水龙，走。

四　龙坪的火

离尖顶的第三天，我们到了龙坪。龙坪还是苗山区域，是广西龙胜县管的一个镇，有四五百人家，是苗民的另一种——僮民。僮民比其他苗民看来要进步些，道路是用很平滑的花冈岩石铺的，快进村的道路两旁有很多的水车磨面，碾谷子，田坝子也比较宽大，房子，虽然同样是木房，但比较高大，这地僮民据说就是从江西吉安搬来的，语言和生活的样子，与汉人无大异，不知这种僮民是明朝人被清朝的压迫屠杀跑到这里来的？还是同其他苗民一样被汉族统治者赶来的？

那天我因领导一个突击队，到第三营突击整顿纪律。第三营是先头部队，所以我到下午二时左右就到了龙坪，住在村口的几排大房子里，团部和军委直属队是住在那边镇上，因为开会检查纪律，和进行各种的防火工作，虽然是很早达宿营地，也没到镇上去。下午傍晚时，当后卫的团部和各营队伍已经到达，我们才吃完晚饭，忽然听到外面喊叫"救火救火！"我跑到外面一看，看见左边镇上烟焰冲天，映着满天通红。我即喊三连学员随留一部警戒外，一部过去帮助救火。我赶到那边镇口城门边时，火已到城门边，全镇有四五处起火，火势比尖顶更凶猛，蔓延很快，而且离水很远，我又不明了镇上街道位置情形，所以当时茫无办法。忽碰到团部的人，说火势猛烈无法扑灭，要第三营派一连到对河警戒，其余人员集结到山上空地待命。火势益狂，满天通红，不到一点钟时间，全镇几百家木房大部化为焦土！赔了群众几千块大洋，火对于我们的恐怖达到极点。

五　放火者

谁是放火者？据目睹者说：起火是在工兵连隔壁的无人住的草房

放火者

子里，接着有其他几处同时起火。当这些地方火起时，即有人从火内跳出来。这些人不像平常住家的老百姓，而是短装凶悍的恶汉，所以当时给我们捉到几个。经审判后，他们承认火是他们放的，他们受了团总和广西敌人收买派送，有计划的来放火。他们的目的：第一要制造他们所说的"共匪"杀人放火的事实材料；第二破坏红军与居民的关系；第三扰乱红军使不得安定休息，甚至烧死我们。这是何等毒辣的阴谋呵！阶级斗争的残酷，更引起全体战士对敌人的高度愤怒。被我们捉到的三个放火者，在黑夜行军中曾被跑脱一个。第二天，我们的朱总司令听到这事时，余怒未息的说：

"为什么让这些恶贼跑了，不留着给群众看清楚国民党的罪恶！这些恶贼，丧心病狂，甘心受人利用，胆敢到处放火，不杀了他们做什么？人家说我们共产党红军杀人放火，而我们的同志都太过诚实，捉到这样的敌人，还让他跑了！"

经贵州苗山

谢扶民 *

今日行程已七十,不是上山就是下山。地无三里平,真是一点儿也不错。前面还有一个小苗山,上下是五十里,才到今天预定的宿营地——大苗川。部队正在大休息,政治工作人员立即下连队到班排进行解释工作。整天又不断地下着毛毛雨,天无三日晴,又是一个证据。

部队休息四十分钟过后,继续前进了。在翻过小苗山时,歌声的起落在高空旋转,太阳已被西面的一个无名大山吞没了。天就幔登登地黑下去了,上下五十里的山已掉在我们的后面,这时正是八时整,到了今天预定的宿营地—大苗川(这里是很大的一条川,我们就叫它做大苗川)。天一黑,满山川都是火把,是各照着去找自己的宿舍,莫约九点钟火把就逐渐的少了,大概部队都进房子了。

师政治部住的是一幢较大的房子,有楼上楼下。正在九点钟左右的时候,各单位都到政治部来报告,全川一个老百姓都找不到,部队明早没有粮食怎么办?当时师政委钟赤兵同志也在政治部,和主任唐

---

* 谢扶民(1911—1974),广西田东人。1929年参加百色起义,1931年加入中国共产党。曾任第七军政治部青年科科长,长征中,任红三军团政委、军政治部副主任等职,被誉为"红色宣传员"。抗日战争时期,任三八五旅政治部副主任。解放战争时期,任东北吉东军区政治部主任。中华人民共和国成立后,历任军政治部主任兼梧州地委书记、市长,广西省委组织部部长,省委副书记,全国人大民委主任委员,国家民族事务委员会副主任。

天际同志正在召集科长同志们商量此事。钟政委说:"告诉各单位不能着急,请各单位煮夜饭吃了睡觉,此地是少数民族地区,不准乱动一点东西,各单位要严格检查。"

在科长会议上研究决定先找群众回来,才有办法。就决定政工人员分散上山去找群众回家,决定后就散会了。群众怎么去找呢?这是一个问题,说话又不懂。政治部工作人员正在准备火把上山去找群众,这时宣传队的小金带来了一个(抱一个小肥猪的,约有六十来岁的,但身体很壮的)老乡,推进我们的门房(我与杨大昌胖子在一起)。"报告科长同志,有一个老乡给我们送来了一个小肥猪。"小金说。"很好",我说,"请他进来谈谈"。老乡一进门就跪下,这使得我不知所措。这位老大爷叽哩咕噜的说了一大半,我一句也不懂。正在为难之时,小金在旁边听了眯眯的笑。"小金,你笑什么?"我问。小金就滔滔不绝地说:"这位老大爷就是这幢房子的主人,他姓韦。他说他什么也没有,只有这只小肥猪。刚才有特务连的同志来要买他的猪,他不卖,现在他就将这只小猪拿来送给'长官大人'",小金笑了笑。"小金,你怎么懂这位老大爷的话?"我问。"大概我也是与这里是同族吧!"小金答了这么一句,这时我即把小金拉过来,拍了他的肩膀,同时也把那位老大爷拉过来了,握了握他的手。"谢谢你,老大爷。你的小肥猪我们不能接受,你把它拿回去放着喂大好卖钱。"我这么说了以后,又继续说:"我们是毛主席、共产党领导的军队,是工人农民及各民族自己的红军队伍,不能乱拿群众一针一线。"小金给他翻译以后,老大爷流了热情的眼泪。这时,我想:要找群众回来就得在这老大爷身上找。我们就开始谈起来了,最后老大爷叹了一口长气说:"大家不懂这么好的队伍,是自己的军队,所以大家跑上山了。"但他又肯定地说:"可以叫回来,但夜了无法去叫。"小金的嘴很快,他说:"夜了不怕,我们同你一路去叫。"(小金翻过来又给我说)老大爷点点头,表示同意。当时即叫宣传队李队长同志来，带上十个宣传员，全副武装，以防而不备，备而不防是也。李队长走了出去，老大爷也把小猪抱回去了。我们大家动作都很快，刚六分钟，我们就准备好了。这时正是九点十分，有韦老大爷带路，开始就跋山。随着一条模模糊糊的小道前进，我们有五支火把，走了大约有八里路，已到十点钟的时间。开始韦老大爷以苗语叫，又大声地喊，也无人应声。这时有的宣传员说："空喊有什么鬼人？"有的说："注意大虫，野猪、打它一个回去明天做干粮。"有的说："不要乱扯蛋。"大家正走正说之间，在不远另一个山头哄隆的响了一巨声，这是一声火药枪的声音。这时大家都有些紧张，李队长说："大家坐下，以'防而不备'，把'照明灯'也放低了。"大家只有眯眯的笑。韦老大爷又呼呼呼哩哩叽叽咕咕的喊叫了一大串，又停下来。不到十分钟，在我们左前方不远有树枝吱吱作响，韦老大又"卡咧，卡咧"的叫着，左前方有人应声了。"三个人"，李队长肯定的说。马上在我们面前站立着一个手执着枪，两个手握着马刀，共三个人。开始他们有些害怕，经韦老大爷与小金叽哩咕噜的说一阵以后，他们三个人与韦老大爷和小金拉起手来了。后经韦老大爷的介绍，我们也全都与他们拉起手来了。我要小金给他们说我们到山里来的目的，他们也点了点头。手拿马刀的一个小伙子立即吹起牛角号，三分钟的时间，各个山头也都响同样的牛角声，并有四面八方的人都向我们照亮的火把这里跑来了。不到十分钟，挤满了人，看来不下一百人，每人手里都拿一件家伙，（不是枪就是刀、就是长矛）。开始韦老大爷讲话了，后又小金也说了几句，最后我也讲了几句话。因为在山里时间不能待得太久，明天早部队还得吃饭才能行军。这样我们待在山中不到四十分钟就走回了，跟我们回来的老乡有七十五人，另有廿多人又到各地去叫其他的群众回来。我们回到宿营地已是十一点半了，这时四方八面的群众也都点着明亮的火把从各个山头回家了，群众回来后已深夜了。十二点钟已过，政治部与各单位的政工人员，（政指、支书）又得做一番工作。就与群众开始座谈会，联欢会，等等。搞到下一点多钟，群众都纷纷的将鸡、鸭、蛋、菜干、干鱼等送给部队所住各房东的单位。但各单位经过解释后，都拒绝了。在这种情形下，群众都异口同声的说，不懂得你们是什么军队，而跑上山，对不起，都客气起来了。群众也都纷纷拿出粮食出来卖给部队了，不到一个钟头各单位的粮食都买到了，六块大洋一百斤，可是其中又发生一个问题，各单位买到的粮食都是糯米，有的单位不愿意要，说糯米吃了脚软不能走路，经了解后，这大苗川只产糯米，别无他粮。好吧！大家只说说笑："就算过一个年节吧！"

第二天部队七点钟出发，苗族同胞也早起，在各道口，路旁招手表示欢送我们。宣传队的任务又被分散到各房东去检查纪律，到每家问，每家都说："自己队伍，太好了，没啥说的，祝同志平安。"

手榴弹打坍了一营敌人

艾 平

"龙安河一定要控制在我军手中,因为这是保障顺利渡乌江的一个屏障。"

偌大的一条河呵!水深不可测,流速也很大,在河的我岸是很开阔的河坪,而彼岸是连绵不断的小山坡,有利敌人的扼守,不利于我们的渡河,要渡过去,自然增加不少的困难。

渡河的船虽然只有一只,然而,渡,是不成问题的,担任首先渡河的十二团,开始渡河了。

"趁敌人还未到,迅速渡过去。"

首先渡河的一排人,把重机关枪架在船头上,每个指战员的枪都是子弹上膛,个个都是精神紧张地注视着敌岸,在河的这边,由团属机关枪连,占领阵地,掩护渡河部队的渡河。

安全的很,一船一船地,一排一排地渡过去了,先头渡河的第七连,是渡完了。

已经渡过去的第七连,刚刚上了山坡,就与敌人接触了。

"同志们!"七连的政治指导员进行鼓动了。"我们背后是河,不能退，退就等于死！坚决！勇敢！打坍敌人！"

"冲呀！退就等于送死！"全连的战士，连冲带喊的冲上去了，这时我们的机关枪也响起来了，协助我孤军冲锋的第七连。

"呼！"手榴弹向敌人掷过去了。

"唉哟！这是啥子炮呀！"从敌人的队伍里，发出来的声音。

"呼！呼！"接连掷了几个过去，在敌人的阵地里，应声而倒的有好几个，敌人的先头不支持地坍了下去，敌人后续还未展开的队伍，在先头的影响之下，跟着首先向后转了。

"敌人坍了！"七连政治指导员又进行鼓动了："不顾一切冲过去呀！坚决！勇敢！消灭敌人！"第七连的队伍，勇敢的冲下去了，后续渡河的队伍，跟踪追下去。

枪声渐渐地远了，缴获的胜利品，遍山都是，除步枪外，还有烟枪！

渡乌江

刘亚楼[*]

向着乌江进

突围北上抗日之野战军于年底(一九三四年)到达黔东南黎平、锦屏、剑河、施秉、台拱、镇远各县城,所向皆捷,连攻连占。据军团长政治委员面告:"进抵黔北,夺下遵(义)桐(梓),发动群众,创造新的抗日根据地,是野战军当前之战略方针。"

据群众报称,遵义是黔北重镇,桐梓则是贵州烟鬼主席王家烈及其"健将"侯之担巢窝,漂亮异常,其以南之所谓"天险乌江",实为遵桐天然屏障。板桥附近之娄山关,是地理上有名之地,据险可守,欲下遵桐,必先除此两险,才能说到攻城。

我师(第一军团第二师)在奉令攻占老黄平(黄平旧县城)后,有担任先头师迅速突破乌江攻下遵桐之任务。干部受领了这样的伟大

---

[*] 刘亚楼(1910—1965),福建武平人。1929年加入中国共产党,同年参加武平农民暴动,队伍被编入红四军。长征中,任红一军团第二师政委,率部担任先锋,取得强搜乌江、智取遵义、勇夺娄山关和四渡赤水等一系列重要胜利。1938年,任抗日军政大学教育长。1939年初,赴苏联伏龙芝军事学院学习,参加了苏联卫国战争。1945年回国。解放战争时期,任东北民主联军、东北野战军参谋长,参与指挥辽沈、平津战役,中华人民共和国成立后,任中国人民解放军空军司令部、国防部第五研究院院长、国防科委副主任。是中共第八届中央委员。1955年被授予上将军衔。

任务后，都知道遵桐是当前必取之战略要点，我们又当先头师，为了执行党的路线，完成军委战略方针，无论什么"天险乌江"，重要的娄山关，都非摧破不可。怀着这样的决心，马上开始了情况的搜查，准备着政治动员。

"同志！（对群众）此地到贵阳（贵州省城）多少路？！""贵阳好打吗？"

"只有一百八十里！""王家的人（指王家烈的兵）不多的，你们红军大队去打，那一定要开呀，那里还抵得住啊？！""是！我们就要去打贵阳，把贵阳省打开来好不好？""好呀！贵阳打开了，免得王家烈榨取，榨得这么狠呀！"这样，我们进攻贵阳的扬言，已经在老黄平到处发出去了。

先头师（中路）出发了，目的向着乌江进，天半行程，到达了乌江南百二十里之猴场。该地区公所及由余庆方面被我右路（第一师）击溃之敌一团，早已闻风而逃，群众夹道欢迎，讯问乌江情形，都称"乌江是天险，水深流急，不能通船，江那岸早就有侯家的人（指侯之担）把守"！

长征中的过年

年底的最后一天（三十一日）照例是要开盛大的同乐会，庆祝一年来所得的胜利，检阅一年来的战斗和工作，游艺会餐，极其热烈的（如在中央革命根据地时）。但今年的过年是在长征中，会餐游艺都是比较小的单位进行，最主要的精神是集中在前面的战斗，所以特有另外一种紧张的气象。连队的晚会，都进到报告和讨论军委当前之战略方针，鼓动突破乌江之战斗，"突破乌江""拿下桐梓""完成军委所给先头师的战斗任务，""到遵桐去庆祝新年……"是当时的中心口号。

部队经过军人大会，支部会议的动员后，都极其紧张。"四道封锁线都一连突破"，"乌江虽险，又怎能拦住红军的飞渡"，是当时每个人共有的胜利信念。

乌江的侦察

新年的第一天，是乌江战斗开始的一天。前卫团已逼近江边之江界河（渡口），进行威力侦察，结果是江面宽约二百五十米，水流每秒一米八，南岸要下十里之极陡石山，才能至江边，北岸又要上十里之陡山，才是通遵桐的大道，其余两岸都是悬崖绝壁，无法攀登，站在沿边一望，碧绿的乌江水，墨黑的高石山，真所谓天险乌江！原来南岸有几间茅房，但敌人怕为我利用，已放火烧尽。我先头部队已到达离江边三里，对岸敌人未发觉，先头团长（耿飚同志）即化装到江边先行侦察，敌仍未发觉；只是在对岸拼命做工事。敌人的布置是在渡口（大道上）配备有连哨；渡口上游约五百米远处有条极小的横路，与渡口大道相通，勉强可走人，但两岸少有沙滩，很难上岸，敌人在此配备有排哨；在离江水百余米之岸上筑有工事，大道上一个庙里住有预备队；其大预备队则在离江边五里之后面山上，约一个团。我们前进占据离江边数百米之一个油榨房，敌开始发觉，"乒""乓"向我打枪了，"双枪兵（贵州军队极多吸鸦片烟，很多都在步枪之外还有烟枪，因此称为双枪兵）呀！看你又倒霉了！看你守得几时？""乌江不知道到底有几宽？！这两边的石山的确相当险要哩！这里到遵义不知还有好远呀？！"战斗员正在这样议论着。

先头团的干部及师长政委都亲来侦察过了，这时（中午）遂下了这样的决心：渡口大道是敌人极注意之处，工事实力都比较厚，上游五百米处，彼此两岸均能上下，而敌人没有大注意，其余则无处可上下岸。决心佯攻大道,突攻其上游点,并立即派部队搬架桥材料到渡口边,表示要在此架桥,以吸引敌人注意力,果然敌人在渡口对岸赶修工事,不断向我方射击。

水宽水急,无筏无船,我工兵部队即赶制竹筏,以便强渡及架桥;另动员部队中善于游水的指战员十八人,以备游水过江,驱逐敌之警戒,掩护后续强渡。这十八个红色战士虽在严冬冰天,为了完成战斗任务,无一不勇气激昂,经过师政治部进行政治鼓动后,都说:"为突破乌江,完成军委战略方针,气候寒冷,是不能战胜我们的战斗热血的!"

一次强渡

密云微雨,冷风严寒,强渡决定在今天(二日)。一切都配置好了,九点钟光景,渡口方面佯攻开始了,敌人慌忙进入工事,不断向南岸射击,大叫:"快点!共匪要渡江了!来了!打呀!"这方面打得很剧烈了,主要方面的机关枪迫击炮也叫了,我游水过江的第一批八个英勇战士赤着身子,每人携带驳壳一枝。"卜通"一声,跃入江中,那样冷的水里,泅水极感困难,十几分钟后,才登彼岸,荫蔽在敌警戒下之石崖下。此时敌之警戒恐慌万状,大叫"来了,""过来了!注意!"但可惜交他们游水时拉过去的准备架桥的一条绳因水流太急又宽,无法拉得过去,一方面泅水过去的同志受着寒冷刺激,已无力气,另派人继续以竹筏强渡,第一个筏子撑到中流,受敌火射击沉没了。此时虽有八人已登彼岸。亦无济于事,只得招这八个人泅回。其中一个赤身冻了两点多钟,因受冷过度,无力泅回,中流牺牲了,第一次强渡遂告无效。

"水马"在乌江

一次强渡虽告失效，但完成战斗任务的决心丝毫没有松懈，而且更加紧急了，一个办法不成，二个办法来了，问题是无论如何要突破乌江。后即决定夜晚偷渡，以避敌火射击，减少死伤。工兵迅速赶快制造双层竹筏，部队进行另一动员。黄昏后选定担任偷渡之第四团第一营，沉着肃静，集结江边，除江水汩汩声音外，毫无声响。敌人在对岸对我稀疏的打零枪，竹筏撑手都配好了，第一连的五个战士首先登筏，并约定靠彼岸后以手电向我岸示光，以表示到达，并等齐一排人后，才开始向敌警戒袭击。第一筏偷偷地往江中划去，敌人并未知觉，仍然沉寂，只断续的打枪；第三连连长毛正华同志率传令员一人（马枪一枝）、轻机枪员三人，机枪一挺，登第二筏再往江中划去；第三、四筏是在望着登岸后再去，但二十几分钟之久，竟无电光显示，是否已靠彼岸，实难测了，疑迟稍久，不好再划。一个多钟头后，第一筏的五个战士沿岸回来，据报因水流太急，黑暗里无所指向，至江中即被冲流而下两里许，才顺水流靠此岸，弃筏沿水边摸索而回。这种情况下，第二筏是否已靠彼岸抑被水冲走，则更难预料了，但不管如何，有再划一筏试试的必要，但第三筏划至中流，不能再划，不得不折回。此时第二筏毛连长亦毫无消息，这样当然不能再划，偷渡又告无效而停止。

坚决突过去

时间宕延，敌情紧张（蒋贼之薛岳纵队尾追我军），军委电促迅速完成任务。忠实于革命事业之指战员具备着誓死为着党的路线奋斗之决心，虽强渡偷渡接连失效，但毫不灰心丧气，只有再思再想，想出更好的方法来完成任务，结果决定只有再行白天强渡，一面好使用火力掩护，一面便于划筏。

在两天来隔河战斗中，在"红军水马过江，火力非常猛烈"（守江团长给其旅长的报告中这样写着）的威胁下，敌人增加来了一个独立团，果然今天（三日）大道上面及强渡点背后山上都增加了哨篷，并有迫击炮向我岸射击了，沿河仍在加修工事。一个是无论如何要抵住，一个无论如何要突破。抵住吗？突破吗？问题只有在战斗中才能解决。

九点钟（三日）强渡又开始了。我对大渡口只以少部佯攻。上游五百余米处，在我浓密的火力掩蔽之下，装好了轻装的战士三筏（十余人）一齐向敌岸划去，敌人虽尽力向渡筏射击，但在我火力威胁下，不敢肆意射击，三个竹筏在划到中流以前，都未遭死伤，一个划手同志竹篙连断三根（三次被敌枪打断）也不管敌火如何，只有坚决继续强划。两岸火力正酣密时，三个强渡筏子快靠岸了，第二批正要由我岸继续渡了，敌人也极其恐慌了，拼命向强渡者射击。谁知道正在敌军士哨的抵抗线脚下石崖里，突然出现了蠕蠕欲动的几个人。在敌人只看得见来了三个竹筏，而并未顾及脚底下埋伏了有人。这下子接近着敌人军士哨的地方，有轻机枪开始对敌人抵近射击了，接着一个手榴弹，把敌人的军士哨打得落花流水，逃之夭夭。从石岸下上来的几个人，迅速占领了敌军士哨抵抗线，我三个竹筏上的部队就乘机登岸了。这时的确大家都有些奇怪，那从石岸下上来的几个人是谁呢？"这个好像是毛连长他们呀！我看一定是呀！""他们五个人果然登了岸呀！"指战员是这样的估计。"双枪兵该死了，我们的先头上岸了，"战斗员这样议论着。"同志们！准备啊！继续渡过去，要把对岸敌人肃清，才能算胜利！"政治指导员支部书记在后续部队中鼓励着。

毛连长

　　战斗在开展着,强渡在继续着,这且搁下再说。提前说一说我们的红色英雄怎样在敌人脚下过夜!—毛连长于二日晚偷渡时,率战斗员四人登第二筏,这个竹筏不知怎样竟然靠了彼岸。在他们登了岸后,总是望着后续再渡,却都不见来(虽然用了一根火柴示光,但因离敌太近,不好过于现光,而我岸竟未看见,因此两岸都无从推测),只听的清清楚楚(离敌人只二三十米远)敌人的声音在说:"快做呀!今天晚上无论如何要做好!'共匪'明天必定又要强过的!""要做厚一点!'共匪'炮火太厉害了!"一下子巡查哨的排长来了:"三班长!工事做好吗?要注意呀!怕他的'水马'晚上弄过来啊!"

　　这个情况下,我们的毛连长只得等着机会来动作了。我们的一个战士在那江水旁边冷风下耐不起冷,对连长极细声说:"连长!痢痢贼个!(江西会昌之土语)他们不来姐,弄个弄绝个!(指倒霉)他们没来姐!让般所啊!(指怎么办)"毛连长坚定的告诉他:"不要紧!他们会要来的。如果今晚不来,明天会来,如果实在不来,我们躲在这里也不要紧,自然有办法,你不要着急吧!"此时只听得敌人士兵在谈:"这个红军真厉害,昨天上午那些水马真不怕冷啊!泅水过来,好在没有过来几个,否则糟糕!""我听排长说:这是他的先头队伍,再两天大队来了,更要不得了!"我们的战士向连长提议说:"我们去打坍这上面一班人吧!有把握!"毛连长不主张:"我们几个人去同敌人打,固然可以把这一班人打坍,但并不能解决问题,特别会泄露秘密,甚至反遭损失!"毛连长只招呼着四个战士在一块,忍着过夜,虽然冷风袭袭,丝毫未使他们丧气惊慌。过了一回,一个战士(轻机枪班的)偶然不在此处,几个人到处摸索都不在,天黑不辨咫尺,又不能发声叫喊,亦无可奈何。毛连长警惕着在这极恶劣的环境下,这个战士（因为不久才从白军中俘虏过来的）有可能投敌告密。毛连长急忙告诉其余三个战士；"万一敌人发觉，我们只有极坚定的待敌走拢后以手榴弹对之，打死他一些后，实在胜不过他，只有投江。我们是红色战士，我们应该死不投降，投江而死是光荣，投敌而生是耻辱。"我们的毛连长真是沉着英勇警觉的红色英雄呀！再过了一回，这战士摸了转来。他说："我摸那边痾屎去了。"毛连长说："痾屎就在这里痾不好？走出去怕敌发觉！""连长，这里会臭！"连长说："不怕臭，可用泥盖着啊！"过后五个英雄战士就大家围在一堆，在这江水浩浩，冷风袭袭的乌江边石崖下过了一夜。

江边剧战

好！回过来讲战斗情形吧：第一批强渡的十几个战士与毛连长等会合了，在占领了敌军士哨抵抗线后，继续向敌人排哨仰攻，连接几个手榴弹，在轻机枪掩护下，刺刀用上去了，敌人排哨抵抗线夺取了，一个排死伤过半，往上坍去。到我们的强渡部队进击到那壁陡的壁路下时，敌人的援队来了（今早又增了一个团，由侯之担的亲信健将林秀生旅长指挥）。敌共有三个团了——第三团、教导团、独立团。敌约一个营，居高临下的反攻，我十几个战士无法再追进，敌人虽然想由陡壁小路下来，但因我岸火力掩护着，不能下来。有趣极了，我防空排长的（他在湖南道州时曾打下敌飞机一架）重机关枪一扫射，想下来的敌人一个个像山上滚石头样往江里滚，终于使敌人无法下来。同样大渡口边的我军也在用竹筏作强渡的准备。

过去了一排人，并派了共产党总支部书记（林钦材同志）保卫局特派员（周清山同志）去领导政治工作，第一营营长（罗有保同志）也过去了。这一排人一下子冲锋了，把敌人打退了，一部前进，到了半山，但因为石山太险，不能散开，极不便接近，终于又停止，没法前进。侯之担的"健将"林秀生督队反冲锋了，我最前面的几个战士，在敌人火力下，大部死伤了。在敌逼迫下，前面之一个班，无法站住，退下来，敌也企图追下山来，我们的政治干部鼓动着："同志！退不得！后面是江，退就是死！"后面一个班增上去，扼住了敌人。因为地形关系双方只得相峙。

真正是无坚不摧

在这样的地形限制下，战斗无法进展。后续队在继续筏渡。正在敌我相峙不下中，我强渡指挥员察觉了在我左侧的一处石壁可能攀登上去，旋即派一个班缘此处攀登而上，经过那巍峨峭壁，竟占领敌右前方之一个石峰。在这一个班的火力猛射下，敌人站不住了。我军正面猛冲，敌开始动摇（此时强渡部队已过去一个连了），旋即猛攻，夺得敌主要抵抗线。此时大道渡口之敌听见这边的冲锋号，喊杀声，手榴弹声，炮声，知道事情不好了，亦开始撤退。我先头的一个连即跟踪猛追，把敌人全线击溃。天险的乌江，就这样的被突破——首先过去的，只有二十二个红色英雄。

一个连猛追三个团

敌人受创伤，直向猪场逃窜。我最先头一个连，并未停顿等待后续即跟踪猛追，弄得敌人三个团鸡飞狗走，草木皆兵，不惟不使他有时间来整理部队，掩护或反攻，就连歇气的时间也来不及，使得这些"双枪兵"丢的满路烟枪，那稀烂的装备，官长的行李，公文，抛弃殆尽，沿路溃散在山林中。一个所谓"三八式连长"（他一连人都是三八式，是侯之担的基干）负重伤，用绳捆起四手四脚，像抬猪一样来抬，也抬死了，更因天雨路滑，跌死了很多。

猪场是敌"江防司令部"所在地。那个江防司令林秀生从江边逃回，连司令部的文件电稿等什么都不要了，就带起三个团不要命的往遵义逃窜。我追击的一个连当即于下午五时占领猪场（离江边四十里）。据群众报告："双枪兵"们都说"红军的水马真不怕死，不知道怎么，乌江都过来了？！特别是红军的铁锤炸弹（即木柄手榴弹）十分厉害啊！一打来就要几个对付他！"林秀生的所谓"江防工事，重垒而坚，官兵勤劳不懈，扼险固守，可保无虞！"（林秀生给侯之担的电报）结果只是"莫道乌江天堑，看红军等闲飞渡"！

红四师强渡乌江的故事

艾 平

乌江又称黔江，是贵州的一道大川，从西南贯通贵州中部，向东流，整个的贵州被它隔成两半，号称贵州第二大城的遵义，就位于乌江以北。

我们还没到乌江的头一天，就听着当地群众告诉我们关于乌江的故事：乌江水深不可测，水势急流，鹅毛也要沉入水底。除塘头以下有小船外，只有苗船可通，除在渡口乘渡船以外，是没有别的法子可以渡河。

当我们问当地群众，是否能够架桥的时候，他们带着失望的神气告诉我们：架浮桥更加办不到，因为前几年王家烈与犹国材打仗的时候，架了好几天都没有架成。并且最后他们还说："看你们红军的本事呀？"

不管乌江是怎样的厉害，难过，然而渡过乌江，夺取遵义，是没有价钱可讲的，"不过去就不行。无论如何要过去"。这是我们的口号，是不能打折扣的。

"茶山关架桥，控制乌江的渡河点"，这是我军团先头师的第四师的严重任务。

乌江毕竟是天险！河的两岸是矗入云际的高山，山路也是崎岖难走，兼之河之对岸，还有王家烈的军队筑了野战工事堡垒，控制着渡河点，扼阻我军，渡船不成问题是没有的。

渡乌江当然不是很容易的事了！

为的克服这些困难，完成渡江的任务，我们用了最大的力量，在部队中进行政治动员与战斗准备，每个指挥员都抱定了决心，不顾一切的牺牲的决心。

我们开始向对岸的敌人攻击了，开始强渡了，大雨仍是没有停止，天色已经夜了。我第一梯队团十团冒雨逼近乌江河岸，但并没有看见一个敌兵，只剩下一些敌人的工事，满山遍野都是，同时在河的对岸的高山上，发现了许多的火光，东一朵西一朵，有的在移动，有的是静止着不动。我们估计：这一定是扼守渡河点的敌人了。我们的队伍，渐渐的集中，在河的我岸的高山坡上，与敌人隔河相对峙。

这时候，从山上的居民得到以下的消息：

"前两天河的两岸都驻着敌人，昨天才渡过河去，一只小船，也被敌人打坏沉到河底去了。"有一年老的还愤恨的说："他们（指王家烈军队）前几天就驻在这里，硬要我们老百姓帮他掘壕沟，砍树儿搭棚子。还说：'你们有的通通拿给我们吃，吃了好打"共匪"（指红军）。'哈哈！不中用的家伙，说大话的东西，昨天一听到你们大军（指红军）到了，他们连夜就退过河去了。"

其他的渡河方法是没有了，只有强攻，把敌人驱逐了才好架桥，于是机关枪迫击炮，对准对岸的火光，一阵乱放，同时，一部分队伍又就下山迫近河岸，敌人的火光都已熄灭了。

这样，并没有什么结果，夜已深了，我们仍与敌保持着对峙，准备拂晓强渡。

真是出乎意料以外，到第二天拂晓的时候，我们异常紧张的准备着战斗，然而河对岸的敌人连人影也看不见了，昨夜敌人放弃了阵地逃跑了。这种敌人太不中用了。

这就是给了我们架桥的好机会。

事情并不是那样的简单，浮桥的确难架起来，乌江的水冷得不得了，并且水又很轻，浮动力又不大，树子不能做架桥的材料，因为很容易沉下去。结果花费了一天的时间，才把桥架合起来。

我们可以说，这里强渡乌江并没有进行什么战斗，然而友军团，是的确费了不少的力气。

瓮安之役

张山震[*]

一九三四年的当儿，正值残冬的时候，贵州东南大陆上，一支部队雄赳赳气昂昂向着西北开进着，吓坏了鸦片大王王家烈，拿着烟枪在发抖。这是谁呢？原来就是抗日红军第一方面军将士们！

可怜的干人儿

有钱的富人们，正在筹备过年，羔羊美酒陈列着，烤着浑白的炭火，吃着上熟如玉的白米，"贵州也不错"，这是我个人的思忖。

正在思索的时候，"红军先生沾个光，讨个钱儿，我们是干人儿。"咦！这是什么一回事呢？使我好不惊奇，原来是一个枯瘦如柴脸似周仓样的青年男子与二个十八岁的姑娘，裤也未穿。难道是不穿裤

---

[*] 张震（张山震）（1914—2015），湖南平江人。1930年转为中国共产党党员，参加红军。长征中，任红三军团第四师十团三营营长。抗日战争期间，任新四军四师参谋长、十一旅旅长兼淮北路西军分区司令员。解放战争期间，任华中野战军第九纵队司令员兼政治委员、华东野战军第二纵队副司令员、一兵团参谋长、第三野战军参谋长、华东军区兼第三野战军参谋长。中华人民共和国成立后，曾任中国人民解放军第二十四军代军长兼政治委员、中国人民解放军军事学院院长、武汉军区副司令员、中国人民解放军副总参谋长、总后勤部部长、中国人民解放军国防大学校长、中央军委副主席等职。是中共第十一届中央委员会候补委员，第十二、十四届中央委员。1955年被授予中将军衔，1988年被授予上将军衔。

打破封建吗？我怀疑的追问着！某同志回答道：不是呵！他是可怜的穷人，靠挖煤赚饭吃，所以满脸都是黑，弄到几块钱又被王家烈苛捐抽去了。

你不知道吗？干人儿就是我们湖南所谓的穷汉哩！阶级分化这样显明，使我更进一步的认识。到现在我还记得"红军先生，我是干人儿！"哩。

大败子弟兵

由黄平出发，不几天就到瓮安附近了。左路军（四、五、六师）负有攻占瓮安任务；老一老九（一、九军团）是右路军，攻占猴场；军委纵队，也就在他们后面，老五（五军团）在最后面掩护。

第四师是先遣师，十团又是先头团，大家多么起劲，因为负有战斗任务，谁也高兴。我率侦察排，在第二营先头行进，行抵离瓮安四十里的高山路上侦察，不久听到鸣枪了，接着就是乒乓的声音震动了我的耳膜，原来是该处什么子弟兵集中了十余人在那里把口子，企图阻我前进。英勇战士也不管三七二十一的猛干，吓得他们背着白包袱逃之夭夭了，只恨他爷娘少生了两个腿，我们因其是可怜农民故未加追击，没有耗费一百发子弹，"大败了子弟兵"，胜利地占领了堕丁关[1]。

倒霉的王司令官

堕丁关是瓮安的一个屏障，我们没有费多大力量占领了。大家在吃中饭，冷的白米饭，配着残暴的北风，加上行军急促未带着菜，但大家也不觉什么难吃，谈谈笑笑，很快的吃饱了，没有一个表现不高兴的。

[1] 即垛丁，今瓮安县永和镇。

命令来了，二营部的声音传来了，团长要我们前进，师长给我们任务是相机进占瓮安。大家精神突然紧张，身上的冷魔也被吓退了，大踏步向着瓮安前进。

到了离瓮安二十里之黄黎平天快黑了，停止的口传命令后面传来，原来是夜了，不是解决战斗，宿营呵！拂晓再前进哩！

我带着了二个侦察员，到黄黎平西北七里处之高地（系通瓮安要道）配置警戒。正在计划之时，忽然听到许多人笑谈而来，一看是敌人来了，有一个排的样子，离我仅二三十米达。我因众寡悬殊，仍退回侦察排主力。我二三营也来了，向着大路两侧高地前进。只听得前面叫道："我是王司令官的不要打哩！"红军战士们把机关枪似燃鞭样的放着。"不管你王司令官猪司令官，非让开道路不行！"战士高叫着。

倒霉的王司令也吓得魂丢了：急急如丧家之狗，率着二百余人向着牛场逃去了，我们即在该处安全布置宿营地。

鸡团鸭团，也打他鸡啼鸭跑

素以强悍善战之王家烈第五六团（代号鸡团鸭团）恃着瓮安甚厚的城墙，以为高枕无忧，岂料无坚不摧的红军于十二月二十九日清晨，在大雾笼罩下荫蔽地接近了城厢，仅费了三发子弹，驱逐了他的一个小哨。我第二营与团属机关枪连占领了城东高地瞰射瓮安，截断敌退路。一三营奋勇地尾追敌人，直逼城下，激战一小时敌弃城而逃。

雾呵！在接敌时利用你遮蔽了敌眼，减少我损害，你实在可爱。但最后呢？还是吃了你的亏。如果不是你笼罩着，遮蔽了我们眼睛，敌人在山脚退走，我二营也一定看到，多半是可截到一部。

另外是向导不熟悉道路，离马路仅四百米，还不知马路在那里？致使动作不能协同与配合，多么可惜。这也是反攻途中的一个教训。

进城后询问居民，才知溃敌系王家烈什么鸡团鸭团，这一次打得他鸡啼鸭跑。

胜利的占领了瓮安城后，师部还令通讯员要我们停止攻城，候雾散再攻，因不易侦察，恐受到伏击。谁知在我们神速地攻占了，真是出乎上级意表。主力十二时才到。

过新年，干人笑哈哈，土豪大倒霉

进了城的第二天，就是旧历年节了。大家都很热烈，还实行了团体拜节。这里首先是土豪倒大霉，准备过年的物品，也送了红军与干人了。每单位还杀了两个大猪，加上羊肉鸡肉，吃了六大盆菜，举行会餐。

"沾了光，"干人儿们口里喊着："红军先生，如果不是你们来了，我们连年饭也吃不成哩！还有这样阔气吗？你们救了我们干人儿的命呵！"

为什么他这样说呢？我沉默思索着。不错，如果我们不来的话，土豪一定要向穷人逼债，躲避也躲不赢，那里有这样阔气呢？今天我们到了，土豪吓跑了，免除了逼债的痛苦，加上发了土豪财物，所以干人们也笑哈哈了。

土豪呢？当然倒霉了。

遵义日记

何涤宙[*]

我记不清那一个月那一日[1]，只因为遵义十天的生活，是在长征的行军生活中划分出来的，所以到现在还是深刻的记忆着。这十天中没有行军的事，没有打仗的事，享受着城市小资产阶级的生活，是一年另一个月的长征生活中一段特殊生活。

第一天　进遵义

因为昨夜赶到团溪已经下半夜，又是住在王家烈的一个政训处长家里，吃的东西太多，大家直闹到天明才睡，团部允许我们，只要我们今天到遵义，因为第二师昨夜已经进了遵义。从团溪到遵义只有四十里路，所以在下午一点钟我们才开始向遵义前进，到遵义已经将近黄昏了。

---

[*] 何涤宙（1908—1942），浙江临海人。黄埔军校第二期学员。原为国民党第五十二师少校工兵营长，1933年在国民党对中央苏区的第四次"围剿"战役中被红军俘虏。后任瑞金红军大学教员。长征中随干部团行动，在突破乌江战斗中是架桥的主要功臣。到陕北后任红军大学教务部主任，1937年离开延安回家休假没有归队。后在国民党军暂编第二师任少将参谋长，不久去世。
[1] 红军干部团随军委纵队进驻遵义的日期是1935年1月9日至19日。

萧队长[1]说：我们乘这个机会，带学生逛街[2]，省得明天学生藉故请假出来逛街。谁不想看看遵义全城情形，忘记了腿酸，忘记了疲倦，整起队伍，齐着步伐，从新城到老城，从大街到小巷，将遵义走个遍。

遵义确实不坏，大街上的铺子一间挨一间，只是比较大的铺子，家家门口挂了"溃兵抢劫暂停营业"的牌子，从被刨坏的门板里，还看见柜台里零乱狼藉的模样，似乎要我们替他向王家烈算帐的神气。

以后由团部派来的通信员到县衙门宿营。

第二天　进街上馆子

早起无事，学生们正在拭枪洗衣服，就约同萧、冯三同志去逛街，买了一些应用的东西以后，大家不约而同的找东西吃，问了老百姓，知道有个川黔饭店，规模最大。到川黔饭店，因为过早未开张，同掌柜商量，掌柜很客气，让我们上楼到雅座，代我们点了他们的拿手菜辣子鸡丁，醋溜鱼，血花汤等六七个菜，一边同我们谈着王家烈的苛捐杂税，弄得商人没法做买卖，我们也告诉他红军的主张，不一时菜来了，一盆辣子鸡丁，堆得满出来，味道确不坏，大家都很满意，吃完算帐，三元多，我们唯一的土豪[3]S.T.同志没有来，在座几个人谁也当不了这阔"主席"，于是大家凑钱，伙计看了很诧异。

夜晚团部送来一件皮袍给我做大衣的，S.T.也是一件，都是打土豪来的，我们商量做大衣的事，并告诉S.T.发现吃辣子鸡丁的馆子。

第三天　在土豪家

今天团部分配两家土豪家的用具为我们用，上午队长派我率领

---

[1] 即萧劲光（1903—1989），时任干部团上级干部队队长。
[2] 干部团原为红军大学，此时仍沿用原来的称呼。
[3] 对部队中掌管经费的干部的戏称。

了二十多个学生去搬。我们去的那家，已经没收委员会初步的没收和检查过，屋子里有点零乱，用具很多，足够我们四十多人一个单位用的，群众很多挤进屋子里来看，我们将不需要的，多余的分给群众，并要求他们替我们搬送，大人们要鸦片烟的心比要其他东西的还要切，搜出来的三罐鸦片，分了两罐，一枝烟枪，转眼就不见了。在贵州，鸦片烟比现洋还通用，这是有使用价值的"货币"，军阀们抽不种鸦片捐比抽种鸦片捐还重，老百姓不能不种。在贵州吸大烟比上海吸纸烟还要普遍方便，这样不要说是禁烟，连子子孙孙都预定了是个大烟鬼。

今天我们搬到一个蒋师长的公馆去住，在遵义算得数一数二的漂亮洋房子。土豪家的东西搬完，已是中午，随约S.T.去川黔饭店吃辣子鸡丁，今天人很多，而且都是我们的长征英雄，店伙计忙的不可开交，直等到下午二时才吃完午饭。

"红军之友社"满街贴了标语，欢迎朱毛，街上很热闹，已不像昨天那样冷静，在"溃兵抢劫"的铺子，我们同样可以买到东西，伙计说王家烈的兵从来没有对他们那样客气公道。我们在街上逛了一会，就回来布置房子，我住在楼上，可以瞭望全个遵义，算是蒋公馆里最好的房间。

晚间坐在洋房子里，烧着白炭，靠在摇椅上，看土豪家拿来的画报，我是布尔乔亚了。

第四天　欢迎朱毛

早起街上闹哄哄的，挤满着人，知道是欢迎朱毛的。今天因为房子没有布置就绪，所以学生们不上课，我们还是逛街。丁字路上人挤不动了，都是想看朱毛是怎样三头六臂的群众，一个小宣传员站在桌子上向挤满着的群众宣传,"娃娃都说得那样好,红军真是厉害"听的群众惊奇的私语。

十一点多钟,队伍都来了,都是风尘仆仆的,一列一列过着,"朱毛来了没有?"群众问着,谁知我们的毛主席,朱总司令,正在前面经过,只怪我们的毛主席朱总司令,为什么不坐四人轿,不穿哔叽军衣,使群众当面错过。

中午同S.T.上川黔饭店吃辣子鸡丁,人还是很多,辣子鸡丁已没有第一次那样丰富,用白菜作底,大概生意太好了。

下午同S.T.去找裁缝铺做大衣,缝衣机都给供给部集中去做军衣,后来在一家不很高明的铺子里承做下来。

第五天

上午向学生复习了些课。

中午同S.T.去看大衣样子,又到川黔饭馆去吃辣子鸡丁,竟有一半是白菜,未免欺人,向伙计论理,他说明天一定做好。

看大衣回来,即到团部开会,直到深夜才结束,开的人头脑发昏。

第六天　群众大会篮球比赛

今天开群众大会,成立遵义革命委员会,午后,队伍都去参加。同S.T.又去吃辣子鸡丁,不但没有起色,反而发现有猪肉冒充,欺人太甚!我们问伙计是猪肉丁还是炒鸡丁,伙计着了忙,再三赔不是,只要不当我们是"土包子"就好,辣子肉丁也还可以吃。

大会场在中学校的操场,人挤满了偌大的一个足球场。委员会产生了,一个红军里的遵义小同志也当了选,接着是朱毛的演说,群众今天才真正看见朱毛的庐山真面，"毛泽东原来是个白面书生。"有的群众说，原来他以为朱毛一定是国民党所画的那样青面獠牙的，那末今天也许是个小小失望。

大会结束，台上宣布遵义学生与红军比赛篮球，并传知要我出席参加比赛，好久没有摸球，手原有些发痒。大会一散，篮球场已挤满看客，穿着高领细袖裹身长衫的遵义学生队已一条一条如鱼一般地在场上往来练球。自然双方都是一时之选，初次比赛，谁也不肯示弱，我们还是以前在中央苏区打熟的一队，球艺彼此知道，传球连络，素称不差，银笛一声，双方开始正式比赛。红军打仗是百战百胜，打得学生队只有招架之工，没有回手之力，W.T的远射，更使遵义队无法应付，W.T矫捷，更使丈二和尚摸不着头绪，两场终结，十二与三十之比，红军胜利了。大概是W.T在场上英文说得太多了，当我们出球场时，听得学生们纷纷的私议说："他们都是大学生呀！"

打球打得太剧烈，晚上睡觉全身骨头酸痛。

第七天

上午讲了两堂课，下午同S.T.去裁缝铺取大衣，小得不能穿，问他为什么不照量的尺码裁，裁缝说皮子不够，真是岂有此理！一件长袍子，改做大衣，袖子没有皮，长只到膝盖，岂有不够的道理，至少赚了一件背心的皮子去。貂皮的一件背心也抵得很多钱，但是未免太过分了呀！剥削得我大衣穿不成，同他争论，又无证据，只得在胁下两条加做棉的，裁缝愿意赔布，大概他自己不好意思。

回来又同S.T.到川黔饭店吃辣子鸡丁，太不成话、少得连盘子底都铺不满，并且大部份是猪肉，大概认为"红军先生"可欺，同S.T.

决定以后不来吃了，伙计看我们有点像发气，又来赔不是，答允明天一定做好。

第八天　同乐晚会女学生跳舞

今天大家都兴高彩烈，因为我们晚上开同乐晚会，并且又有女学生跳舞。学生们忙于布置会场，我们的政治教员 Y. 同志特别起劲，跳进跳出，指挥着学生布置。

晚上并准备会餐，可是中午的饭菜竟特别坏。S. T. 约我还是去吃辣子鸡丁，看看是否有转变，结果非常失望。

下午很无聊的坐在房子里看画报，Y. 同志带了七八个女学生到我房子来参观，她们都是"红军之友社"的，今天来参加我们的晚会，并且表演跳舞，这是遵义的摩登女子，同画报上比比上海的摩登女子，摩登程度至少相差十年。抽了我两包纸烟，就到其他房子去参观了。

五点钟，晚会开始。Y. 同志做了简单的报告以后，游艺就开始了。照例的魔术双簧过去以后，最精彩的女学生跳舞出台了。穿着红绿舞衣的女学生，从幕后走出来，一阵鼓掌，"可怜的秋香……"就开始了。最后的"……可怜的秋香"以后，我们还是热烈的鼓掌，因为听说这两位，还是遵义有名的舞星。这一场舞，实在令人失望。我们大家要求萧队长来一手，萧队长平时轻易不肯露相的，今天似乎是要使女学生开开眼界，竟是一请就登台。莫斯科带来的高加索舞，虽然个子大些，但是舞起来竟非常轻巧。这才是艺术的跳舞，女学生算是今天开了洋荤。我们后来又请女学生再来一个，她们不肯，结果她们无法，唱了一个歌。

一直到会餐以后，她们才走，Y. 同志直送出大门。

梦里倭冬瓜的秋香，坐在地上不起来，莫非冬瓜生了根？

第九天　准备行动

下午有一架飞机在空中打了几个旋。取大衣回来，得到命令，随时准备行动，于是将几天来布置的房立即改为行动的状态。在遵义住了十天，有点厌倦，特别是辣子鸡丁，也吃不成好的，直到临睡，还未见出动的命令，依旧在这漂亮的洋房里过了一夜。

第十天　别矣遵义

半夜来的命令，拂晓就出动。天没有光，就起来收拾行装，土豪家搬来的东西，完全送给了群众。依旧是十天前进遵义时的装束，穿上到遵义的纪念品"大衣"，在八点钟走上去桐梓的马路，又开始我们的长征了。

我失联络

李月波

一九三五年二月底在土城[1]作战后，急向长江边推进。七天七晚急行军，又下大雨，路程难行，身体又有病，局长命我到四师帮助工作。结果四师已出发了，没有跟上队伍，只好随友军行走了数天，同后面收容队配合做收容工作。有四个新兵连掉队的，还有事务长一名一路督促他们赶上队伍。那天命令到木宜宿营，结果队伍没有宿营，一路向海坝前进。只留下一连队伍等着病号。那天我走到下午八时才到木宜，连队正要出发，对我们说队伍向海坝前进了。当时我们肚中饥饿，就在木宜弄了饭吃，以后就跟着路条前进，不觉走了四十里，就到了营盘山。哪晓得迷了路，没有赶到。第二天是旧历正月初一，家家户户闭着了门，路上并无行人。走了里余路，遇到一老汉，就借问走海坝的方向。当时我们心中就恐怖起来了，怕民团搞我们的鬼。我将自己的手枪套子扯丢了，只留光手枪插在腰里，上了顶头火准备着。走到离营盘山八里路的地方，有一间小茅房。大家商议：这里人家少，好弄饭吃，吃饱了饭，有精神好赶路，我说："再走数里更好些。"他们不同意，我也没法子，就同他们几人进到房子弄饭吃。那

---

[1] 贵州赤水县土城镇。

茅房的东家姓张，我们向他宣传了，那姓张的非常高兴，说："红军在这路已过了三四天了，对我们百姓好，红军真是救我们贫苦人的。"当时就弄饭给我们吃，一边说到海坝的道路。还没有一点钟的时候，就听得大路上有人飞跑的脚步响，好像向我们来的样子。我当时对大家说："不好了，外面有情况。"话还没有说完，只听得外面来了民团十余名。都拿着枪，一声呐喊："快缴枪来！"各个把枪瞄着我们，不准我们动。当时那些新兵就缴了枪，把我的包袱也拿了去，我只背着一个皮包，当即要我们到外面去，他们也都出了房子。为什么要我们到外面去呀？因为是正月初一日，讲封建，不能在人家家里用枪打死人。那民团队长手拿着一枝盒子枪，站在大门边，叫我快出去。我就说："弟兄们，都是在外面当兵。"民团说："你的枪快交出来，就无事了。"我说："没有枪，我是病号掉队的，那里有枪？"民团就不再把枪瞄准我了，只要快出去。那时十分危急，生死关头，我心中暗想："一定是没有活命，只有与他拼了再说，一个换得一个，也不蚀本了。"我一面与他们说好话，手插在腰内，就望外面走。只见他们在用绳子捆人了。我出门时，民团队长还是手拿着盒子枪，拦门站着，我当即掏出手枪，一枪正打着胸膛，由背上出去，他就倒到地下。我两眼一望，只有左前方有一条小路上山，没有人放哨。三十六计走为上策，拔腿就跑。那些民团一连放了两枪，我连回他三枪，他们就不敢急追了！那时我两条腿无力了，将帽子皮包都丢了。民团看见丢了东西，就去捡起来再追。右边来了一个民团，没看见我，我一枪打去，他就倒在地下。那时拼一死活，民团随后追着大喊连天，放枪也打不中我。跑到前面有个树林，我迅速通过树林，那边有座大山，就上山向小路逃。那时我实在不能跑了，就在路旁二百米远的茅草里躲着。身边取出子弹装满了手枪，准备与他拼个死活。民团找不到我，就是我的生路。正想着，只听民团向山上飞跑追赶，大喊大叫。我望见有十多人，还听见有人说:"走得这么快,追不到了。"还有些说:"跑到哪里去了,除非上天。"我就不停地转移地方,转到茅草窝里,刚刚藏好了,那些民团转回这山上,找来了百余乡兵,还带着十几个狗搜山,好比打野兽一样,乱七八糟弄了几个钟点。天色已晚,民团各自回家。我看见民团走了,心中好比开了一把锁,好比又出了一回世。那时我昏昏沉沉的,不知往哪边走,赶队伍是不可能的,天色黑沉沉的,我便横山而行。

群众是我们的

连过了好几个山头,到半夜时,也不知方向,坐在山顶上,只听得山中野兽叫起来,吓得心惊肉跳,拿手枪准备着。远听山下有狗咬的声音,不知多远,我向那狗咬的方向去,不觉又走了五六里,有些种玉米的地,就知道不远有人家了。沿小路而行,不久就望见一茅屋,周围附近都没有人家,就是单独一家。我轻轻的摸到门边听听里面有多少人,说些什么话。只有一个老婆婆,年将八旬,有二个男子,一少年妇人,谈的都是家常话,烧了一炉火烤着。我叫了一声,内面就问:"是哪个在外面呀?"我答:"大哥,逃难的,请开门让我烤烤火好吗?"当时那妇人就说:"你到别地方去,我们这里不能烤火,别处人家多些!"我苦苦哀告,说了半点钟之久,那妇人的丈夫才开门问:"你是哪里来的,穿的一身军服,莫非是红军吗?"答:"我是民团缴枪给红军的,逃走回家迷路在此。""你家在那里?""在贵州。""哪一县?""遵义府尚溪场。""你家有些什么人?""父母、妻,子只三岁。"那少年妇人就问:"你吃了饭没有?"我说:"没有。"她弄了些玉米馍馍和菜给我吃,我说:"多劳大娘做好事,修着你的儿女身上。"这话说得他们非常高兴。我就问:"大哥贵姓,此地叫什么地名?"答:"小姓黄,此地叫做黄家沟。"他又问我姓什么?我答:"小姓不能高攀，也姓黄。"他说："你什么排字？"我说："我父名福字，我是得字号。"这句话撞正了，他说："不错，我们都是平辈人，一笔难成二个字，我们字辈排来，是财满福得星五字。"又说了些家常话。我问："大哥家有几个公郎？"他说："命苦，有一男一女，共计六人吃饭，家无寸土，在此租人家的地要还租，一年不够一年吃，真不得了，难以养活一家人，也是没法子。"当晚不谈了，把我送到楼上睡着，他说："新正月间，我们这里没有什么人，这些小事情有我。"第二天是正月初二日了，早起来弄了些高粱馍馍青菜。等大家一齐同吃了饭，又谈当地情形，民团怎样不好的话，我也没答他。他又说红军怎样好，分地分房分东西，给贫苦人取消苛捐杂税，打富济贫，那样这样，说得很多。他又问："红军是由遵义那边来究竟怎样，是不是分东西？"我答："红军在遵义分了田地房屋给贫苦人是实，确实的打财主救贫人。"当时黄大听得很高兴。他的老母听得叹了一声："我家穷了几代了，如若有这样世界我死了也甘心。"黄大到外面去了，婆婆移到我身旁来，细细声问："你到底是不是共产党呀。"我答："不是。"她说："你对我说实话，我也宽宽心，我家忠良世代，并不妨碍你。我今年八十一岁了。如若你是共产党我设法救你，日后你们得到天下时，与我后代分些田地就是。我们这里的百姓都愿共党来。"于是他全家都来了，站在我身旁，那黄大说："我看你也不是当兵的人，一定当排连长。"我说是当兵。黄大说："你是共产党请放心，如若害了你，我全家人都讨不到好处。"当时我就说："我是共产党。"便将因为怎样情形找不到队伍，迷了路不知去向才到此地等语，并将共产党主张怎样分田地等说了一些。他们大小都叹一声："可恨营盘山保卫团。"黄大说："我与你打听消息，看红军到什么地方去了，我告诉你，好去赶大队。"又说："你穿的军服不好，我与些百姓衣服给你，如若有别人问你的时候，就说是我家来的亲友，这样好在我家休息几天。"不觉在他家过了五天光景，那日黄大听得消息，石湘子有千多红军过河，就带我去到石湘子去。初六一早启程，化装是拜年客。一路不谈，不觉到了，地名叫天福庙，那个地方很多民团。黄大就带我到他朋友家里休息。不久外面来个民团的队长，当即就问："是哪里来的？"答："在红军当伕子。"又问："你是哪里人？""遵义府人。""你不是遵义人说话，好似湖南湖北的口音。"我说："怎样不是？""你是遵义人，我就问你遵义几个地名。"他说了一些，我一律答之，结果就检查我身上的东西。那时我的手枪，还在身上藏着，他来检查时，我把衣扣解开给他看，说："队长，路上一来检查数次，如若有东西还留着做什么？送给你不好吗？"当时对他讲了几句客气话。他说他姓何，我说："何大哥，这就遇着贵人，请大哥给我一路条，愚下也好通行。"他说："不要，这周围附近几十里百余里，你说是何队长怎样与你谈了话，都没有关系。"并送给我盘缠铜元三吊，我说："多劳兄长照顾，日后兄弟相见面谢。"石湘子是不能过河了，敌人多了不能去。那日就在本地客栈休息一晚。初七日晨不知向哪边走，又听说古蔺县有红军，我又向古蔺走。那日走了一百四十余里，离古蔺六十里名叫道草铺，我没有从街上过，弯了小路，走到那山上一望，大道上很多敌人队伍正向古蔺推进。我心中想，如若那里去，好比送羊入虎口，我想这次要想找到队伍，除非革命成功。我向山下走，遇着了一个收烟灯捐的。说是由古蔺来，那里边防军多得很，正在拉伕，向水田塞前进。我听得这话，又向道草铺走。看前面很多人，我把手枪放到那石崖下藏着，从那街上通过。当时有个李区长的儿子把我捉到，说我是共产党，要把我杀在这坪里，才出得他的气。这话是什么原因？因为李区长被我们保卫局捉到杀了，共计在那街杀了三个反动，打了五家土豪，所以他要随便杀几人来报仇。当有数十个老人家和妇人都来劝那个凶恶李区长的儿子，"李少爷，你父亲杀了怪不得这个逃难的客人，他又没有杀你父亲,何必结下无故的冤仇呢?"当即把我扯出来,我谢谢他们的救命之恩。在这街上受了惊吓,不敢走大路了,就找小路走。照原路找到我的手枪,再藏在腰里又走。不过十里路样子,走到山坡里遇到二个人,一个年约二十岁,一个约四十岁,大叫一声:"哪里来的!"答:"逃难的。"他叫我站着,要检查我身上。我说:"大哥,我身上没有什么东西,检查数次了。"他一定要检查,我身上还有二十余元光洋,他搜出来了,我说了很多好话,要他还我五元做盘费,他还要杀我。我想:这正是个土匪,一定是初出茅庐的东西。当即拿出手枪给了他一枪,那二十岁的倒在地下,四十多岁的就跑,我又一枪打到他腿上,也滚到地下。我把钱夺回,跑了五十里都不回头,一直跑到硬地街。我把枪放在山上,然后才到街上去找人。一进街口有个大庙,庙里有我们三军团卫生部的伤兵二名。一个是湖南人,一个是博生县人。三人说了许多痛心的话,我就同他们住在一起。不觉到了初十日了,一个负伤的同志说:"你给我要口鸦片烟,我实在痛疼难受!"我就到一家烟馆去买大烟泡子,有四五个人谈起红军的事情:"红军真是好,我们这街上有红军寄的伤兵七八名,都要我们招待。担架伕是可以,只怕白军来把他们杀了,以后红军来了,怎样对得起红军。我们大家设法子,搬到哪里去才好,与他请医生调治。"那一个老汉说:"只有把他们送到不当大路的地方,就好,如若不保护他们,我们的良心坏了。他们负伤也是为着共产,都是南方人,回家去路程远,使他们快些好,赶到大队去,要尽力帮助医治。就是没有钱,也送点菜水和饭给他们吃,使他们好得快些。"

开小差的下场

我在硬地住了三天后,听说石湘子又有我们的队伍,于是我又去赶，走到营盘山、木宜之间，有一饭店，店老板姓孙。我走进客房，看见有二个人在里面哭起来，我就进去问："你们是红军吧？"他说："是的。"我问："你是哪里人？"他说："江西。道路数万里，不得了，回不得家，一定死在这地方了！"我问："你们为什么不与红军一路去？"他说："红军里苦。"我问："在红军好些，在这里好些？"他说："我们现在想回到红军里去，但是怕杀头！"我说："为什么要杀呀？"他说卖了一枝枪，一把大刀，二人都是一样卖了八十个银毫洋，又被民团拿去了，现在吃饭的钱都没有。我问："怎样办？"他说："只好讨饭回家。"我问："你家在江西哪一县？"他说："你没到的，说起你也不知道，我家住会昌县，原在红军炮兵连当兵。"我看他们身上穿的破衣服，虱子满了，睡在草堆里，饭店主人要用棍子打他们出去。外面正在下大雪，冷得十分厉害。我就强迫着带他们归队，并向孙老板说："谢谢你，日后还清吧。"我们一同到麻仙保归队。

向赤水前进

谭 政

虽然已是严冬的季候，但在贵州的北部，靠近长江南岸地区，仿佛像江西二三月的天气，一点也不感觉寒冷，大家喜气洋洋，兴高采烈，沉闷的情绪已经过去，部队格外表现得活泼可爱。因为在半个月来，已经完全摆脱了敌人的尾追，粉碎了敌人的拦阻，打得侯之担走投无路，占遵义，陷桐梓，横扫黔北，如入无人之境。四乡的干人儿，天天总是围绕着我们，不是说王家烈苛捐杂税抽得怎样厉害，便是讲财富老爷压迫的如何可恨，每天总是成十成百的跑到红军里面来要求留红军；而在另一方面却呈现着"风声鹤唳草木皆兵"的情景，豪绅们今天搬家，明天逃难。侯之担的部队这里逃跑，那里退却，惊心丧胆，颠沛流离。两种完全不同的情景，点缀了当日黔北这幅图画。

这时我们的红四方面军，已粉碎了敌人的三次"围剿"，把敌人几百里的堡垒线完全突破，刘湘在前线的部队均受挫折。此时我们的计划，准备趁此时机，由黔北转入川南，跨渡长江，配合四方面军行动。部队遂于占领遵义之后，继续下桐梓，攻松坎。一路虽然有川南边防军的阻挡，但一点也不感觉费力。我们占领松坎之后，在松坎附近休息整顿了四天，这是从江西突围以来，休息时间比较长久的第一次。然而在这短短的四天中，却给我们很大的帮助，解决了许多重要的问题：休养了体力，料理了行装，准备了给养，改编了我们的部队。我们还总结了突围来三个月的政治工作，揭露了我们工作中的许多弱点，寻求了产生这些弱点的根源，定出了今后的工作的方针与方法。短短的几天时间，把部队整理得精神焕发，呈现一种新的气象。

部队向赤水前进了，经温水东皇殿[1]到达了土城，战争便也一直的从温水打到土城。土城一仗，侯之担集结了三个团，先我占领了阵地，似乎要和我们拼个死活。这样的好机会，自然我们也不会推辞，因为在乌江战斗以后，侯之担总是向我挡驾，每次战斗，只要枪声一响，便飞也似的逃跑。他们的腿生的长，我们真"望尘莫及"！枪声响了，土城附近山上，都堵满了敌人。人们都以为今天的侯之担，一定要凭着土城，作孤注一掷呢。我们两个营向敌前进了，一路跑步，便接近了敌人的山脚。谁也不料侯之担仍然是不"过硬"，整营整团的像泻水般溃退下去，早就架好了浮桥，从浮桥上成四路纵队退入赤水河西岸。大约还有一个连的左右，来不及渡河，便沿河下游向猿猴[2]逃窜。此时浮桥已被敌拆断，隔河望着敌人在一个不宽的正面和倾斜很急的山坡上，凌乱不堪，大家只顾逃命，他们的长腿子，此时也不中用了。他们吓得进一步退两步，一个指挥官，骑着白马，从凌乱的人丛中由西跑向东，又由东跑向西，时而上，时而下，此路不通，彼路又不通，不知如何是好。机关枪一响，满山的敌人好像茅厕里的粪蛆，翻上翻下，煞是好看。

我们的战士们，看着气愤了，拼命的去修理浮桥。不消四十分钟，浮桥修好了，大家争先恐后的渡过彼岸，可惜时间太迟，已经来不及追击了。这一仗只缴获步枪数十枝，子弹炸弹二十余箱。

土城街上遍挂红旗，到处张贴了欢迎红军的标语，什么"欢迎朱

---

[1] 东皇镇，今习水县政府驻地。

[2] 今赤水县元厚镇。

毛军长"，"欢迎打富救贫的红军"等。街上一堆一堆的人，踱来踱去，看传单接受宣传。大家睁着眼睛注视了我们的全身，从上身到下身，从下身又到上身，显示着特别自然、亲热，仿佛把我们看作"王者之师"，但却也奇怪，似乎我们也和普通人一样，并没有一些特殊样子。

到达了望龙场[1]，离赤水城只有九十里了。打听得赤水城只有一个团的兵力，城内有修械厂，又有电灯（多久未见过电灯了），大家眉飞色舞，一心只打算进赤水城。经过七田坎到黄陂洞附近，我第三团即与敌遭遇。因尖兵动作不迅速，敌先我占领了右翼高地。敌即以此高地为支撑点，并凭藉左翼堡垒，对我施行火力封锁，使我一师人的兵力，限制在一个仄狭的正面，不能展开作战。此时我即以全力夺取右翼高地，将敌人压下去，可是受左翼堡垒机关枪及炮兵火力的侧射，终不能超出葫芦形的口子。敌人稳住了脚，依该地阡陌的高低起伏，拼命挣扎，后续部队不断的增援上来，遂使正面战斗成对峙局面。敌人杀过来，我们杀过去，双方均有死伤。我第三团排连两级干部，大部伤亡，然而我们的战士，将不成建制的班，加入别一班作战，自动的代理指挥员，继续进行战斗。此时我右翼的一个营，正向敌进行包围，在极端不利的地形下面，连续几个冲锋，将敌人牵制部队完全击溃，打到了敌人的左后方，预料他们的骡马大行李动摇了，必然影响及于他们的正面。不料这个敌人还有几分顽强，将他们的炮火集中和转移向着我们这个营了，预备队也全部使用了，结果，我们英勇的这个营，在不利的地形条件之下，被迫退回来了。

正面战争，又紧张起来，机关枪声炮声手榴弹声，搅成一团。他打过来，我打过去，又是一场恶烈的厮杀。我们花费了很大的气力，总杀不出这个葫芦形的隘口，三个团都堆在一个山头上。大家着起急来："今天这个敌人打不溃，如何是好呢？"许多人都主张以少数兵力钳制正面之敌，主力则从侧翼绕到隘口的后面。主意虽然是打定了，

---

[1] 今赤水县旺隆镇。

究竟从那一点打下去呢？一番侦察，又一番侦察，可恶的地形，生得这样凑巧，这里没有路，那里也没有路，到处都像悬崖陡壁一般。"反动派的寿命该得延长"，战士们发出诅咒的话语了。

远远的望着通赤水的马路上，尘土飞扬，愈走愈近了，敌人约一个团的兵力，成两路纵队，从马路上奔驰而来。今天这个形势，便无法恋战了，只得偃旗息鼓，宣告停战。

我们下了山，到了马路上，敌人便装腔作势，沿着马路一线山头，猛烈向我来路延伸，似乎要与我们取平行路，截我归路。我们自然也不轻视，节节向后抗退，到达七田坎，天色已是晚了。从七田坎后面山上，几排枪打下来，只见手电光芒四射。这是敌人的迂回部队呢，可惜来得太迟，我们已完全通过了。

病员的话

加 伦

在长征中,我们没有固定的根据地,当然也谈不上固定的后方,因此我们的伤病人员轻的随队伍走,重的只有寄在群众家里。

当部队到达黔北的时候,党的战略方针是由川南强渡长江,争取与四方面军汇合。在这一行动中,沿途寄留了不少的伤病员。

由于敌情的变化,此一战略决定没有能够实现,部队是由原途折回来了的。

有一天经过川黔交界之猿猴地方,一个六十余的老婆婆站在路旁大声高叫:

"红军!红军!(贵州民众都称我们红军)把你们这位哥子带回去,他的病已经好了!"接着她跑回家里领了一个青年来,她笑咪咪的把青年交给我们。她还很客气的说:"红军!对不起,你这位哥子在这里没有好招呼!请不要见怪呵!"她又跑到房里拿了五个鸡蛋,十多个包谷巴巴送给我们青年同志。我们向她表示感谢,并送她几块钱,她坚决不要,她很慷慨地说:

"红军!我们是一家人。我不是为钱的呵!你们辛苦,都是为了我们干人（穷人），帮助你们，是我们自己的事。假使是王家的人（即贵州军阀王家烈的人）我们尿也没有他吃。王家兵整得我们好苦呵！"我们只好再三道谢和她分别了，我们走了很远，她还在站着望我们。

到达宿营地了，很多寄在群众家里的病员也一批一批的回来了，一个个吃的很肥很胖，军服是都换了，大家都穿上了老百姓的衣服，几乎都不认识了。我们开了一个茶话会，欢迎这些病愈归队的伤病员。

"你们这次在群众家里还好吗？"我们问。

"群众好得很。队伍过的第二天，民团就回来了。他们到处搜索，群众把我藏在一个放草的屋里，结果被民团搜出来了，团总马上就要拿我去杀。这家群众全家跪在团总面前求饶。他们假冒我是他们的儿子，痛哭流泪的苦苦哀求，结果团总也没办法，去了。我此后也能公开的在他家里住起来。他们一家人待我特别的好，天天总要弄点好菜给我吃，并请医生来，把我的病几天工夫就治好了。我走的时候，他都不舍得，大家还流了眼泪呢！"我们一个青年干事这样说。

"我们那家群众也非常好。因为我负了伤走不得，他们把我背在一座大山里，搭了一个小茅棚，派了一个他的儿子陪着我，每餐都送饭送茶来。有一天夜晚，民团把他们的家里包围起来检查，他们立刻派人又把我背到另一个山上去。像这搬动，不知经过了多少次，结果我们仍是很安全的在那里住着。替我医治的医生也很好，他从没有要我一个钱，并且还送了我几块钱用，送过很多东西给我吃。他们很喜欢听红军的故事，天天总有很多人来听我讲。他们很羡慕革命根据地，他们也愿意坚决干，他们说王家烈实在把他们整得太苦了。"另外一个战士这样接着说。

他们都你一篇他一篇把他们经过的情形讲得很详细。

人民的红军，到处都取得广大群众的拥护。虽然困难不断的加到我们的身上，然而有了广大的群众，一切困难都战胜了。这恐怕是敌人难以理解的吧！

娄山关前后

雪 枫*

一　二郎滩的背水战

在回归遵义的途中。

这一次是赤水河的再渡，一路来浩浩荡荡，然而当前横了一道河，名叫做二郎滩。遇水造桥的任务就摆在先锋两个团（十二团十三团）的面前了。

环境并不那样的太平，倘若敌人在对岸凭河堵击，事情可就麻烦了，而且事前又得到一个情报：说敌人有以其主力阻我渡河之模样。

"争取先机呀！"一面集合红色工兵搭浮桥，波浪作了他们斗争的对象；一面使用红色水手们乘船渡河，首先是占领阵地，其次是远出游击。船仅三只，每只能装三十人，一来一往，大费力气，战士们

---

* 彭雪枫（雪枫）（1907—1944），河南镇平人。1926年加入中国共产党。1932年春指挥二师参加宜（黄）乐（安）战役，荣获"红星奖章"。1933年任红三军团四师政委，率部东征，进逼福州。11月在浒湾八角亭战斗中身负重伤。长征中部队缩编为红三军团十三团，任团长，指挥夺取娄山关。到陕北后任红一军团四师政治委员。抗日战争时期，任八路军总部参谋处处长兼驻晋办事处主任，中共豫皖苏边区委员会书记，新四军第四师师长兼政治委员，淮北军区司令员。1944年8月指挥所部进行西进战役。9月11日在河南夏邑八里庄指挥作战时不幸被流弹打中牺牲。

急如星火，然而只有"等"。

一个营过去了，机关枪过去了。游击队派出了，阵地占领了。忽然远方传来了零碎的枪声，接着送来了轻重机关枪声，最后渡河部队的报告说，我游击队与敌接触，敌番号兵力不详，但估计约在一团以上。每一个人的思想："增援！增援！"然而浮桥才架起了五分之一，船仍然是三只，每只还是只渡三十人。

"赶快呀！""赶快呀！"

终于渡过了两个营，劈面是个高山，三步缩做两步拥上去。部队展开了，敌人的子弹从耳旁飞过，炮弹一颗一颗的落在前面或者脑后。

这是一个背水阵。

敌人是那样的不行，我们的冲锋部队还隔着几个山头，他们就溜，而且像流水样的溜了；追过去，追下了悬崖，敌人从悬崖边跳下去，跌死或者跌伤，一个窝里就跌了三四十。胜利者不能像那样的跌下去的，所以只得弯了路。敌人就乘这个机会跑得无影无踪了！满山遍野的背包、衣服、手榴弹、军用品，以及敌人死者伤者身上的枪枝、子弹，在今天统统换了主人。据俘虏说，他们是侯之担的两个团，而且是个什么副师长率领的。

黄昏之后宿营了，准备着第二日重上征途。

二　乘胜直追，目标向着遵义城

长征以来遵义是最使战士们想念的一个城：那比较繁华的街市，那相亲相爱的群众，那鲜红的橘子，那油软的蛋糕。然而现在那凶恶的青天白日的旗子是插在遵义城上！

此次在向云南途中的"回师"，遵义是我们的唯一的目标。大家心目中的敌人，除了不在眼下的王家烈之外，还有自江西出发就跟在屁股后面拣破草鞋的周浑元。"打倒王家烈！消灭周浑元！"这口号每天挂在人们的嘴上。

渡过赤水河，二郎滩战斗胜利之后，遵义更加接近了，两条腿分外来得有劲儿。

沿途的民众们"多谢"国民党的苛捐杂税的"恩赐"，十八岁的大姑娘没有裤子穿，五六十岁的老头子，屁股总是露着半边，成群结队站在大道两边欢迎着他们的红军。随便喊一声："当红军来哟！"壮年们就会跟着走的。那个时候，每个团一天总要扩大百儿八十个新战士来的。

有一天微雨途中，丛林中突然出现了一个上半截披的如像棉袄，下半截烂了裤的汉子，拦住马头跪下，双手送上一张状纸，开头一句是"启禀红军大人"，内容是因受某劣绅的欺压，逼其妻又索其女的，新仇旧恨，请求红军伸冤。状纸还没看完，他那里已泪流满面了！希罕哪，包文正大人常常干的那一套，居然今日重演了！

经过政治部的调查，所谓某劣绅确是当地一个大土豪。向导，自然是他自告奋勇，捉来之后，第一个拳足交加的就是他，复仇的痛快叫他忘记了裹在腿上的烂裤子。经过人们的劝阻，他的余恨终究未消。

大军驻在回龙场休息一天。大的干部会中，毛主席做了报告。大会中军团政治部提出了三大号召，把消灭周浑元纵队吴奇伟纵队的勇气提得更高了！

三　娄山关

从川南到黔北的遵义，桐梓县是大门，娄山关是二门，主要的还是娄山关。倘若占领了娄山关，无险可守的遵义县，就是囊中物。所以娄山关便成为兵家必争之地了。

娄山关雄踞娄山山脉的最高峰。关上茅屋两间，石碑一通，上书"娄山关"三个大字。周围山峰，峰峰如剑，万丈矗立，插入云霄，中间是十步一弯、八步一拐的汽车路，真所谓"一夫当关万人莫开"。

守关，王家是懂得的。在我们占了桐梓之后。抢夺娄山关这一光荣而严重的任务，便交给十三团了。娄山关上的一攻一守，十三团单独担当。浴血大战的英勇气概，仍然不减当年。

还在中央革命根据地的时候，一九三三年的东征，即有名的东方战线上，我们的十三团和十九路军的三百三十六团在福建延平县青州地方来了一个遭遇战。不过两三点钟，我们的一团把他们的一团消灭了。据说三百三十六团在上海和日本作战的时候，是顽强的一个团，是出风头的一个团，是缴日本兵钢帽最多的一个团，然而这一团的钢帽又转送红军了。

在反对蒋介石对江西革命根据地的第五次"围剿"中，有名的"高虎垴万年亭战斗"就是十三团配合友军进行的。不管那时的战略指导怎样错误，十三团在这一战斗中的英勇顽强的精神是永远值得学习的。那是空前的残酷的战斗。敌人汤恩伯、樊崧甫两个纵队六个主力师，配合炮空两军，气吞山河似的向着我石城县驿前以北之高虎垴防御阵地攻击前进了。敌人欺负我们没有空军缺乏炮兵，冲锋部队总是集团的一个团。最前锋是戴草帽、穿蓝衣、佩着驳壳、马刀的法西斯蒂蓝衣社匪徒六七十人。七架飞机在空中投弹，几十门大炮扫射，烟雾冲天，杀声震地，使你听不出机关枪和步枪的声响。沉着抗战的我们十三团的第七连，坚强的守着堡垒，等待敌人接近工事了，首先报之以机关枪，继投之手榴弹，敌人排山倒海样的躺下去了，最后还之以出击，敌人血肉横飞的滚下去了！点把钟的时候，又是同样的冲锋，同样的轰炸，同样的杀声，红色战士们同样的坚强，同样的投手榴弹，同样的出击，结果，又是同样的排山倒海，同样的血肉横飞，同样的躺下去，而又滚下去！这样连续了六次。

漫山遍野的痛哭哀鸣，死者伤者堆满山谷，竖一条横一条。总计敌人死伤四千余名，连排长干部四百多名，而我们的第七连，也只剩九个人了！

敌人这一次惨败，两个师完全失掉了战斗力，一个多月，钻在"乌龟壳"内不敢越雷池一步。然而最后，终于硬着头皮还是来了。侦察地形以后下了作战命令，命令里提出赏格，谁夺下我军阵地，赏洋两万元外，还要报告"蒋委员长"擢升团长当师长。

"究竟谁来担任呢？"大家低头。

"到底那个去呢？"还是低头。

"你们究竟怎么样呢？"

"请师长下命令吧，该着那团，还不是那团！"大家这样的说。

据说，那位陈诚将军，为这事，也曾头痛过。而且在早，还率领着将官们向"蒋委员长"请愿要去"抗日"呢！而蒋介石的答覆是"言抗日者杀无赦"！无奈只有"执行命令"！

如今娄山关摆在面前的严重任务，使大家，全体指挥员、战斗员，不约而同的回忆着当年的历史，而且慷慨激昂，在行进中，唱着当年的"高虎垴战斗胜利歌"。

"发扬高虎垴顽强抗战的精神！"

"发扬东方战线上猛打猛冲猛追的精神！"

一边高喊，一边谈笑，把人们的思想，都牵到江西革命根据地去了！

昨日下午，先遣营兵临桐梓城下，夜间友军赶到，拂晓占领桐梓。桐梓到娄山关三十里，娄山关下山到板桥四十里，板桥到遵义八十里。为了夺取遵义，已经说过娄山关是个唯一的要点。

共产党员青年团员们，立即在连队中活动起来！

"同志们！为了夺取遵义，必定占领娄山关！"

"不要忘了我们十三团过去的光荣啊！王家烈比得上十九路军吗？"

"鸦片烟鬼王家烈，领教过了！"众人嘻嘻哈哈的仍在谈笑着。

特别是活泼健壮的青年团员，短小锋利的警句刺着红色战士们的心：

"潇水渡过去了，湘江走过了，乌江飞过了！苗岭爬过了！一个娄山关，同志们，飞不过吗？同志们，难道飞不过吗？"

"飞过去哟！闯过去哟！"一连人传过一连人的回答。大家好像已经都生了翅膀。

"猛打猛冲猛追呀！"

"多缴枪炮，多捉俘虏呀！"

大马路上，浩浩荡荡，人声鼎沸，这是向着娄山关的进行曲！

忽然娄山关方向来了几个老百姓，大家互相问询：娄山关有没有白军？有多少呢？

他们连声的回答："有，有，有！娄山关的来了，往桐梓来了！板桥住满了，说是还有一个师长。你们来的好，你们来的好！"带着慌张去了。

立即，挨次传下来："走快！后面走快！一个跟一个！"这是历史上的习惯，将要接近敌人了，即使没有命令，大家自动的互相催促着，两条腿也自然而然的轻快起来了。几千只眼睛，远远的望着娄山关上尖尖的山，朵朵的云，云裹着山，山戳破了云。一幅将要作为战场的图画啊！

第二次又传下来是："不要讲话，肃静！"这才是正式命令。立刻无声，一列没有声息的火车继续向前奔跑。众人这时仅仅一条心准备战斗!

将进娄山关十里路的地方,在山上,遥远的送来一声既清又脆的子弹声,接着又是一声,接着了……接下去了,这明明是敌人了。

预期的遭遇战斗,是要夺取先机的。一向以敏捷迅速出名的第三营飞奔左翼的高山,并不费事抢了敌人企图占领的制高点。红色战士们在轻重机关枪火网之下钻到敌人的侧翼,光亮耀眼的刺刀,在敌人阵前像几千枝箭飞过去了。

山脚下是团的主力,在不顾一切的沿着马路跑步前进。指挥阵地的前进号音,冲锋号音,挥动着战士们努力抢关!

途中由俘虏口里知道敌人的主力昨夜赶到板桥宿营,两个团伸出娄山关,其中的一个团又由娄山关向桐梓城前进,一个团巩固了娄山关的阵地。正是午后三点钟的时候。

在地形上说,我们是不利的,娄山关给敌人抢到手了,而且有一个团在固守着。另一个与我们接触的团虽然向后转了,然而每一个山头都成了它顽抗的阵地。为要抢关,就不得不"仰攻"了,更何况我们主力还在桐梓未来呢。

"无论如何要夺取娄山关!"这是自高级首长以至普通的战斗员全体一致的意志。

右翼的山,一律是悬崖绝壁;中间马路,敌人火力封锁了;左翼的山,虽然无路,然而还可以爬!先派一个坚强而又机动的连,由最左翼迂回到娄山关之敌的侧右背。主力则夺取可以瞰制娄山关的"点金山"。点金山之高、之尖、之陡、之大、之不易攀登,是足以使敌人恃而无恐的。

限黄昏前后,夺下娄山关!这是命令,也是全体红色健儿的意志!抢山,夺下点金山,这一艰巨的任务给了第一营。

第一梯队进入冲锋出发地,第二梯队在不远的荫蔽地集结,火力队位置于指挥阵地中对着敌人猛烈射击。冲锋信号发出了，喊声如雷，向着敌人的阵地扑过去，一阵猛烈的手榴弹，在烟尘蔽天一片杀声中夺得了点金山。

登临点金山顶，可以四望群山，娄山关口，也清楚的摆在眼前，敌人一堆一堆的在关的附近各要点加修工事。娄山关，虽然不远，然而仍须翻过两个山头，而这两个山头，都被敌人占据着。机关枪连续的向着我们射击，这是敌人最后挣扎的地方了。

将近黄昏，加以微雨，点金山的英雄们并未歇气就冲下去。疲乏、饥饿控制着每一个人，然而并未减少他们的勇气。在团的首长直接领导之下，组织了冲锋，配备了火力，一阵猛烈射击，一个跑步，敌人后退了，但不等你稳固的占领这一阵地，他们又呐喊着反攻回来了，阵地又被敌人所恢复。第二次第三次第四次，终究不能奏效。大家看得清楚，有一军官，在后头督队（以后俘虏说是个旅长）。他的士兵坍下了，又被他督上来。他异常坚决，马鞭子赶，马刀砍，士兵们只得垂头丧气的跑回来。

"弟兄们，打死压迫你们的官长啊！"

"白军士兵们，你们拼命，为的那个呢？看你们官长，再看看你们自己！"

红色战士们于冲锋之后休息的空隙，向着白军弟兄们喊话。

"打死他吧，我们的特等射手。"指挥员的命令，于是集合了四五个特等射手，集中向着那位官长瞄准，一声"瞄准—放！"军官倒了。冲锋部队乘机冲上去。敌人好像竹竿之下的鸭子，呼哈、呼哈滚下去了！

娄山关的整个敌人，因之动摇，自取捷径各自逃去。

娄山关占领了！娄山关是我们的了！

四　长追

　　这时主力在桐梓，一部在桐梓与娄山关之间。由于电话不通，午夜，他们才得到占领娄山关的消息。

　　因为关上没有房子，而且落雨，所以留了一个营，对通遵义大道四十里的板桥警戒，主力在娄山关下的八九里处，靠着桐梓方向宿了营。

　　次日拂晓，大雾，对面不见人。睡梦中听到娄山关上密密的枪声。传命起床，刚要吃饭，娄山关警戒部队报告，敌人以密集部队沿大马路向我反攻，军士哨被敌占领，小哨在危急中。饭后集合将毕，又是一个报告，小哨失了，敌人逼上了娄山关口。那里只有我们两个连！

　　还是昨日建立功绩的第三营，口头命令他们去增援："跑步！同志们！正是消灭敌人的机会！"

　　沉重的脚步声，嚓嚓的刺刀声，夹着战士们的喘气声，恐后争先的跑向娄山关增援第一营。面前的枪越密，使他们的腿跑得越快。途中遇见了负伤下山的战士们，简单的报告他们关上的情况，上气不接下气的："快呀！快呀！敌人快要到关上了！"

　　那是板桥来的敌人，企图恢复娄山关。以其最精锐的第四团，集团冲锋，火力之强，扑打之猛，使你不相信那会是王家烈的部队。

　　第一营——他们辛苦一夜了，看到第三营——生力军赶来了，更加沉着应战。第三营汗透了衣裳，紧张了面皮，在第一营的举手狂呼声中，居高临下投入冲锋了！大雾迷漫，枪刀并举。便是所谓精锐的第四团吧，怎么能拦得住呢？没有流血的，只有向后跑。第一营架了机关枪，对着背后一阵扫射。似乎并不麻烦，一齐倒地了。鲜血流入于马路两旁的沟里头。

然而这并不足以警戒敌人的官长,敌人组织了第六次冲锋,轻重机关枪是抬着前进,手榴弹是由大个子投。红色战士向他们摆手:"来哟,欢迎你们上来哟!"刚刚接近于手榴弹投掷距离以内,并列的手榴弹一齐抛下去!翼侧飞出了出击部队。震天动地的杀声中,死尸堆高了,小河沟里变成了红流。"好啊,请你们再来试试哟!""第二个高虎垴啊!"

突然从敌人阵地跑过来三个士兵,背着枪举着双手,表示投降的姿态。战士们热烈的欢迎。其中有个年青的抢着首先说:"我是六军团的司号员(即号兵),经过清水江时有病掉了队,叫王家烈捉住了,在连上补了名。前天从遵义开来打你们,我听了十分欢喜,今天带他们(手指其余二人)过来了。"

人们听他说是六军团的,说不出的高兴,更加倍的亲热起来,争着上前牵着手,问长问短,连打仗都忘记了,那个司号员周旋一下之后说:"他们跑了!跑的快的不得了!打死好多,丢了更多的伤兵,你们还不赶快的追!"

同一个早晨,敌人的主力三个团,由板桥出发,企图迂回侧击娄山关的左侧背,倘若奏效,娄山关必然不保。正是娄山关正面我们的第一营与敌人的第四团来回打得火热的时候,左侧翼发现枪声了,听去有十多里远,浓雾未开,只听响声,不见队伍。正因如此,所以更着急。

军团首长的决心:以十二团接替十三团第一三两营的任务,配合左侧主力消灭板桥之敌。军团主力——十三团、十团,出左翼,迎击板桥来敌,十一团从中央冲出去。

第十团十二团十一团他们昨未赶到,胜利只给友军获得,早已磨拳擦掌了。真是所谓"黄河之水天上来",隐约发现了敌人向山上爬来。战士们万马奔腾,英勇地冲下去。你想,敌人来势虽猛,如何挡得住这一下？于是像池中的鸭子，乱竿打下，只有拖泥带水，边飞边跑，"仍从旧路归"了。那走头无路的，索性坐下，缴枪是最好的办法。战士们立即分出追击队、截击队、缴枪队、安慰俘虏的宣传队。黄昏以前到了板桥，俘虏们恭恭敬敬的排在马路边的坪上。稍息之后战士们实行长追。

夜间没有秩序的队伍，摆在马路上，活像发了大水的河，前呼后流，向遵义行。虽然打了一天的仗，翻了一天的山，而且又要走夜路，可是并没有谁觉得疲劳，胜利的欢喜，挂在人们的面上。马路两边的山谷里，反应着歌声、吼声、笑声。前后左右，绞在一起，成了一笼蜂。人们简直疯了！

五　会战十字坡

梦中，电话铃声叫醒了。那是军团邓参谋长的话：

"昨天娄山关被我击溃之敌是六、四、二十五、十六，共四个团，残部连夜退回遵义。据说遵义城南有第一团及第三团。

"我军跟踪追击，以占领遵义为目的。你们立即起床、吃饭，出发。

"十一团为前卫，你们随后跟进……"

黑夜行军，众人肃静些了，天刚见光，就又不太平起来，又是议论纷纷。前卫十一团，都恨没长翅膀，拼着两条腿，跑啊，追啊！张着大口，准备吞下敌人。经过敌人昨夜休息的村庄，是那样的不成样子，狼狈的景儿，又好笑，又好气！

一带短山横断了马路，山上摆着敌人，而且还响着枪，十一团的首长估计是敌人的掩护队。"这不一口吞下去？"两个营还没展开，先头营就冲上去了，然而敌人不打算走。

"你总会跑的吧！"大家这样想。集结两个营，又冲上去，然而敌人依然如故，而且轻重机关枪更猛烈了。终于因为后续部队赶不及，敌人乘机反冲锋。因为过于狠心了，张政委一个人跑到最前面的连里，敌人一个营实行反冲锋，这个连寡不敌众，又无地形利用，于是坍下来了，落在后尾的张政委不得不打手枪。边打边退，敌人是边打边进。

当他们前进的时候，一个青年战士同着他的哥哥并行着。半路上他的哥哥被一颗子弹打死了，他并不回顾一下，仍然奋勇前进。现在退回时，张政委回头又看见那个青年战士跟在后头。敌人紧紧追来，大喊呀！"小赤匪不要跑，捉住你！"大概是想"生擒"吧？我们的青年战士从从容容的一边夹着短马枪，一边闪一闪身回答说："你来呀，你捉我的鸡巴！"

可爱呀，我们的坚决的沉着的红色青年！

六 遵义终于拿下了

探报，敌人薛岳所部的周浑元、吴奇伟两纵队已渡乌江，明天或者后天，有到达遵义的可能。在他们到达遵义之先，占领遵义是目前迫切的任务。高级首长，而带焦急而又坚毅之色，决定夜间攻城。

那天下午，在十一团担任的一面，战士们接近城墙了，城里无动静，隔几分钟放一冷枪。大家好奇心胜，来一个"冒险的尝试"。架起人梯一个挨一个爬进城去。在城外的万目睽睽提心吊胆的看他们。不久，又一个挨一个的爬出来了。原来里面还有一道更高的城墙。

黄昏以后，遵义的新旧两个城顿时改了面目，变了态度，既无光又无声，活像一座荒城，间或听到一声冷枪。

攻城部队决定十三团十二团。天气黑的很，对面看不见人。两团各派出两个连为爬城队，后头的接着前头的衣襟，一条蛇蜿蜒着，依照白天指北针对正的方向摸向城边来。

突然间一阵猛烈的枪声，夹杂着吼声，既没看见预先约定的信号枪弹，又没有看见放火，究竟进去了没有？大家在黑暗中望着。

原来首先进去了一个排，敌人于黑夜之间，不晓得来了多少人马，何况又都是惊弓之鸟呢？于是措手不及，有的找了暗处换了便衣，有的沿着走熟了的出城门的街道挤出去了。偌大一座城，继续进去两个连，简直不中用，而后续部队又联络不到。大家只得摆一个"麻雀阵"，东两西三，一堆一堆的对着敌人退却部队黑暗中射击。只听见敌人慌张的脚步声，相撞之下抛弃的轻重声。继续三四个钟头，天将拂晓，红军的大队进城了，白军的尾子还没有完全离开城门口哩！

遵义终于拿下了！

那是一九三五年三月的事。

第二次占领遵义城

艾 平

一　拿下遵义城追悼邓萍同志

　　黔省第二个大城要算遵义。红三军团从十字坡追击敌人，一鼓而追近遵义城，占领了遵义城外的街市与村落。是在一个阳光炎热的下午，为着逼近城墙脚下侦察与布置夜间攻城的一切准备，三军团在军团参谋长——邓萍同志直接率领与指挥之下沿着城北的马路，绕过小坡，通过田垅，利用一条小河畔的荫蔽地形，向遵义的老城（遵义城面积很大，分老城与新城，一条不大也不小的河流成为老城与新城的天然界限）前进着。

　　距老城约四百米远近的地方，地形是异常开阔，不便于军队的运动，这一地带正是为老城敌人火力所箝制，而城上守城队伍连珠箭似的向这里不断的发射。被太阳晒得满头流汗，又进行过两天战斗及击退敌人行军一百里路的十一团不得不在河畔的荫蔽地停止下来了。

　　前面派出的团属的侦察排，一个一个跃进距城墙十余米达的小河对岸的水沟里去了；但因受地形的限制，这一排人都一动也不能动。

十一团政治委员张爱萍同邓参谋长带着温和的商量式的口吻在谈话。"我们去到前面去看看吧？"邓参谋长一面说一面开始向敌方移动去了。

"好的，"张政治委员同意了邓参谋长的意见，他又向他们参谋长蓝国清同志与政治处主任王明[1]同志说："蓝参谋长！同我们一同到前面去吧！这里队伍归你指挥着，王主任。"

他们沿侦察的前进道路，照样的一个一个地跃进去了。在河的左岸，约距流水五十米达的水沟的旁边，一个可能容下三个人荫蔽的小土墩的草丛中，荫蔽着他们三个人。邓萍匍匐在中间，张爱萍在邓的左边，蓝国清在邓的右边。他们都挤的很拢地匍匐在草丛中，各自举着望远镜对着自己所要观察的目标注视着。

沉静而精明强悍的邓萍首先发现了便利队伍运动的道路。他对张、蓝说：

"首先派一个营从河的跳墩上过河去，沿着独立树的小坡坡就可以接近城墙。"

"呃！是的，蓝参谋长！调第三营来吧！"

望远镜好像有什么胶质一样地老是胶在他们眼睛上，没有一刻脱落过。从他们到这小土墩直到现在，口里虽是不住地在咕噜咕噜地说着话，并没有一个人放松了他们的工作——观察与指挥。过了一会儿，张爱萍又说话了：

"邓参谋长！第三营还没有来。我想要侦察排马上过河向老城通新城的大桥边警戒着。这可以防止敌人发觉我们后，扼守渡河点；同时过河去更可以安全地控制渡河点在我们手里，并且第三营过去以后须要向这边派出警戒，保障他的侧翼与归路，否则敌人先机占领了那里就不好搞了！"

"可以！要侦察排去吧。要迅速呢！"

---

[1] 即王平（1907—1997），曾任中国人民志愿军政治委员、总后勤部政治委员。1955年被授予上将军衔。

侦察排的战士们一个一个地，像猴子跳墩一样地从那小河的跳墩上跳过去了，很机警灵活。一到了目的地，就紧张地在布设障碍物，向通敌人的方向！你们用那桌子板凳门板，快得很，瞬间的工夫构筑了一个简单的障碍物。

"敌人在那里打枪吗？"邓萍用望远镜望着，"城墙上似乎没有敌人一样，你们看……"

蓝国清不等邓萍说完话，就把话接过去了，他说："那不是？东北城角的墙垛子内只见个敌人。"他停止了他的说话。不一会儿，他带着谨慎的口吻又说："我们应该转移一个地方才好！在这里好久了。"

"用不着！只有这里还比较安全。"

邓萍用很着急的口气自言自语的说："那一个要他们去爬城？张政治委员，你看！你们第三营好像有一部分在爬城的样子，但第一个是那一个？"

"没有那个要他们爬城！真糟糕！乱搞了一场！那一个爬城墙的是蔡爱卿同志，第七连的政治指导员。这家伙胆子大得很，打仗很勇敢，每次都在前面呢！这次他……"

"模范连的指导员还不勇敢吗？"蓝国清插嘴的说。

张爱萍并没有因为蓝国清的插话终止了他的说话，他说："怎么办呢？邓参谋长！"

蓝国清又说话了："他们又一个个的爬出来了！"

"蓝参谋长！"邓萍把望远镜挂在胸前，稍微把身子露起来了一些："你把任务告诉清楚没有啊？你们第三营一定把任务弄错了。"

"那里话！我亲自告诉第三营营长：'要他们接近城墙荫蔽起来。'那个要他们去爬城呢？"

天快黑了看不很清楚了，邓萍又把望远镜放在自己眼睛上去了，说着话，他的头被他的两臂撑得比先前要高些，不断地注视着望着第三营的动作。他又继续说下去:"第三营与侦察排都在现在位置不动,今天晚上就从那里爬城,军团是决定今天晚上攻城的,一定要在明天拂晓前占领遵义城才行,因为估计增援遵义的敌人——薛岳部明天有赶到的可能,你们看怎……"

"报告!政治委员!营长说:'是两堵城墙,我们三营爬进去了一连多人又出来了。'"一个年少活泼的战士跑来报告。

"你是谁?"邓萍首先这样的问。

"嗨,我是三营通讯员咯。"

"告诉你们营长:队伍不要撤回来,把这信带去就行了。"

"准备今晚上爬城啊!"蓝国清对那小通讯员说。

"敬礼!"年少活泼的通讯员藏好了信,行了一个军礼,飞跑去了。

城墙垛子内的敌人看见这个通讯员暴露地在飞跑着。"砰!砰!砰!"不住地乱放他那"九响棒棒"。邓、张、蓝他们三个还是匍匐在那土墩上继续进行他们的工作。

"咦!"他们三人不约而同的喊出来,"枪打到这里来了!"蓝国清还加上了一句:"你瞄准些个!你妈的!"

"唉……哟!"邓萍同志忽然倒下去了。

天色也渐渐地乌黑起来了,夜色已在向人们预告:天快黑了,你们也应该暂息一会,养精蓄锐,今夜好奋勇夺城!王家烈是不中用的,包你们能够缴两枝枪,九响枪和鸦片枪。好几个战斗员奋勇地在那土墩旁抬着个蒙头盖面的红色英雄的担架,急驰地跑过去了。许多的红色指战员们一个个愤怒地喊着:"为光荣牺牲的参谋长复仇!继续邓萍同志的英勇牺牲精神!坚决拿下遵义城,消灭王家烈来纪念邓萍!"同时电话的声音也在同时响动起来,这是张政治委员在向军团的彭军团长、杨政治委员报告军情与邓参谋长牺牲情形。当他报告观察的情

形与第三营爬城的经过以及他们最后的布置时,他嗓子也提高起来更加激昂地说:

"……邓参谋长牺牲了!……我们一起在那土墩上观察,他忽儿倒在我的右臂子上……是九响枪的子弹打中的……从前额打进向后脑壳出来,血流的很多,我的手臂都染红了……现在已经送到军团了……政治处已经在部队里进行了解释与鼓动……口号是以坚决夺取遵义城来纪念他为中心啊……还好!一般情绪很高,并没有因他牺牲降低战斗情绪……是的,很好的一个同志……干部和战斗员们都说是同军团长一起在平江暴动就参加红军啊!都说我们又失掉了一个好的领导者……我们也是说拿下遵义后,再开追悼会……"

二 遵义城外打援兵

经过昨夜的夜战,遵义城终于全部被红军第三军团占领了。

是占领了遵义第二天的早晨,太阳刚从那鹅绒的天毯中爬出来,微睁着它的眼,俯视着人间。楼房高耸的遵义城的各个街道巷尾都是拥挤不通的人群,戴红五角星的灰色军帽的红色军人更多,这里一群那边一群,好似穿花一样,人声嘈杂,依然是一个热闹市街。

带着胜利的微笑的红色军人,一队队地从城内纷纷向城外在移动着。城内到处充满着声音洪亮的胜利之歌声、口号声,人们都随着一队队的红军从这一道街到那一道街,从北门到南门;成千成万的红军沿着南门外的马路向烂板凳与才溪(鸭溪)方向移动去了。红花岗的附近的密林高山,一堆一堆地聚集着戴着红五角星帽子的人群,有的在擦枪,有的在细声地开着五分钟的会议,有三五成群的从山上到山脚的小溪提着一壶一壶的水,准备机关枪发射时用。他们一切一切的战争准备行动,都是很秘密,所以歌声也听不见了,口号声也没有了,他们只有一条心，消灭增援的国民党中央军。

"啪！啪！啪！……"

向才溪方向追击的十一团与敌人接触了，首先是第二营把遭遇的敌人先头部队打坍了，但敌人很快的就利用一带小溪沟与第二营相对峙。这时枪声响的越加紧起来了。一支敌军约有一营，沿着小溪的下流上流荫蔽地风驰电掣地向十一团第二营的左侧攻击，企图配合其正面队伍攻击第二营夺取十一团的全部高地，更进而占领红花岗箝制遵义城。

"同志们！我们是模范营呵！消灭侧击第二营的敌人！"第三营的政治教导员，高举着驳壳枪，精神紧张地对着他自己的部下在讲话。"前进！我们一起冲锋呀！"七连在前，风驰电掣地前进了。

"坚决勇敢冲锋不要落后啊！"声音从第三营的各个连队中喊出来了。队伍一面前进，一面攻击，看看与敌人不远了就冲锋。"走！跟我来"的喊声以后，立即像雷鸣般的"冲呀！冲呀！"从战士们的口中吼出了。队伍就在这喊声中冲进去了，敌人是坍下去了。缴获不多，俘虏的好几个白军士兵，在红军指挥员问话时这样的回答了：

"来了多少？"

"共有两师，增援遵义城的。"

* * *

暴露在正面与十一团对峙的敌人已有一团，后面还是一队一队的飞也似的在继续不断地增加上来，集结的预备队渐渐地从一团增加到两团以上，偌大的一个土坡后，荫匿着的树林中，挤满了戴青天白日的灰色军帽的白军。

"轰……"

敌人的炮兵开始发射了，接着又是"轰！轰！……"乱轰起来。被炮轰后的尘土与炮烟渐渐地升高起来。好似墨云样笼罩着战场。这时候连步枪的声音都听不见，只是"轰……"的炮的吼声与"啪啪啪……"的机关枪的叫声。

炮与机关枪刚一停止，"杀！杀！冲！冲！"的声音又吼起来了，配合着炮与机关枪的是敌人步兵冲锋。

"同志们！坚守着我们的阵地，我们师的军团的增援部队很快就会到的。"从十一团的各个连队中到处可以听到这样的政治指导员的鼓动声音。

"机关枪瞄准好，敌人一动就打。"

敌人连向我军冲锋了几次，终未得逞。这时双方处于对峙中，战争似乎在停止稍息的状态。敌人仍在不断的向我们这方面移动。在十一团前面的敌人愈集愈多，我十一团抱着与阵地共存亡等待增援到来的决心，虽受强大敌人的压迫，并未后退一步。敌人看见正面不得逞，渐渐地向我十一团的右侧移动，企图进行侧翼的攻击。正在这时，一部友军从右侧的老鸦山增加上来了。

"轰……"

敌人又开始向十一团的右侧与老鸦山友军的接合部攻击。敌人的两连已攻到半山，我军一枪也不发。当敌人飞跑的前进到距我二三十米达处，我们居高临下，一阵手榴弹驳壳枪手提机关枪如大雨一般的向敌发射，敌人像半山滚南瓜般的连滚带爬的滚下去了，死的不计其数，躺在半山坡的野草丛中。

"弟兄们！抢下这个山头，二千块大洋！"从山下敌人的队伍中喊出来的声音。

"不要怕！要坚决，同志们！为革命流最后一滴血！"山上的红军队伍中到处在喊。

"白军弟兄们！缴枪过来当红军啊！"

"白军弟兄们！士兵不打士兵！中国人不打中国人！"

"白军弟兄们！不要替军阀当炮灰！"

"工农不打工农！打压迫人的狗官长呀！"

"……"

"共匪！土匪！"法西斯分子想以咒骂污蔑来混淆白军士兵的耳目，对抗红军士兵的战线上的喊话。

"白军士兵们！打死压迫你们的法西斯分子！"

"打死不发饷的法西斯分子呀！"

"政治委员！"王明同志欢喜地带着笑容用手向马路旁边指着，对张爱萍同志说，"增援的队伍来了！"

"啊呀！多得很呀。"那些小通讯员都拍脚打掌的兴奋起来了，喊起来了。

张爱萍同志看了后，即兴奋地对王明同志说："派人进行鼓动吧！我们增援的部队来了，准备配合友军突击敌人！"

"与友军冲锋比赛！"站在指挥阵地的司号长刘建生同志精神地大叫起来。

"十一团司令部在那里哟？"一个通讯员气喘嘘嘘的连跑带喊的过来了。

"十三团彭素来的信说他们带炮兵营来了，协同我们消灭敌人；十二团沿着马路从他们右侧包围敌人。"蓝国清同志从通讯员手中接过信来看后，这样兴奋紧张的说出这样一段话。

"轰！轰！……"

"打得好准咯！正打中敌人的白旗子！"

"敌人乱了！乱了！"

冲锋号音，机关枪声，炮声，夹杂着战士们的吼声，合组成冲锋的壮曲，随着猛烈的"冲锋呀！冲呀！冲……"的喊声，十一团、十三团风驰电掣地冲过去了。

"前进呀！敌人坍了！"

"缴枪比赛呀！捉俘虏比赛呀！"平时在冲锋时喊惯了的话，在冲锋的部队中到处喊起来了。

我军的炮兵仍是不断地在"轰！轰！"猛打，正面的敌人抵挡不住，全部溃退了。我十二团沿着马路，成四路纵队也飞跑过去了，他们正截止了退却的敌人，把敌人困在核心里。这时枪声越发响的剧烈。就在这样紧张的一刹那除逃脱的一部敌人外，全部缴械了。我十二团并未停止就跟着逃跑的敌人尾追下去了。

天色渐渐昏黑起来，枪声炮声也渐渐地和缓下来了，追击敌人的枪声渐渐地从远处消失下去了，在我左翼的友军也在同时打坍了敌人，并向乌江河边退却的敌人连夜追击去了。

集合的号音，四处乱鸣，自晨至夜的战斗结束了，增援遵义的国民党中央军吴奇伟部两个师从此覆没了，蒋介石从江西送到贵州来的礼物，我们红军一点也不客气的收下了。

遵义追击

舒　同*

除贵阳外，遵义要算贵州第一号城市，街店相当繁荣，居民稠密，有新城老城之别，隔乌江有二十多里，直通大马路。几天。我们第一次攻破该城时，曾经驻了好几天。

因为战略的转变，我们由云南四川折回遵义来了。敌人柏辉章九团兵，由桐梓开始败走，天险的娄山关既已失守，红花围再被挫折，于是最后便困守遵义城了。

红三军团攻占老城之后，接着围攻新城，两昼夜，敌人已如釜底游魂，逼得迅电向他的薛大人求救。

第二天不到八点钟的时候，接到情报，薛岳已指挥他的吴（奇伟）纵队周（浑元）纵队及贵州军阀王家烈残部，分三部向遵义前进，企图解围，再夹击我们。

情况突然紧张了，预备队的一军团即时动员起来，开会讲话。在"消灭敌人增援部队，活捉薛岳，消灭中央军（贵人称入贵的蒋介石

---

* 舒同（1905—1998），江西东乡人，1926年加入中国共产党。1930年参加红军。长征中，任红二师政治部宣传科长、政治部主任。抗日战争时期，任八路军总部秘书长、晋察冀军区政治部主任、中共山东分局委员兼秘书长。解放战争时期，任华东军区政治部主任兼社会部长。中华人民共和国成立后，任山东省委第一书记兼济南军区第一政委，陕西省委书记处书记，军事科学院副院长等职。是中共第八届中央委员，中国书法家协会第一届主席。

军)"的口号下,全部激荡和鼓舞着战斗的热情,队伍像风驰电掣般的动作,从老城街上兵房里成几路纵队飞快的向着敌人前进。

城内敌人,眼巴巴的希望好有配合的出去。果然不上两个钟头,敌人增援来了。

红三军团以迎击的姿势等候着,一部仍箝制城内敌人。一军团的任务是:配合三军团侧击,断绝敌之退路。

战斗十分紧张了,机枪、大炮、飞机、敌人所有的武器,都在极大的发挥它的作用。开始,似乎形势不利,我右路军十分吃紧,部队退了下来,然而在最后机动灵活的指挥和百折不挠的战斗勇气面前,终于转危为安,转败为胜,不上一二个钟头,右路军即将正面敌人完全击坍。一军团以有生力量,从侧面突击下去,敌人如流水一般的全线冲坍,吓得屁滚尿流的纷纷向乌江逃窜,我们从错杂的矮山里面冲到大马路上来。

"冲呀!杀呀!敌人坍了呀!猛打猛追呀!不让敌人逃跑一个呀!缴枪捉俘虏比赛呀!"震天价响的口号,遍地遍山遍岭遍路高喊起来,胜利的战神,在我们每个指战员面前发笑。

太阳快要落土了,马路上一片胜利的歌声,三五成群的人,正在那里东奔西走,照料俘虏兵和伤兵,处理战利品。

队伍走远了,时间已经很晏,周围逐渐黑暗。军团首长命令,要我们不停留的尾追,记得有这样一句:"宁可疲劳死,不叫放走一个敌人!走不动爬过去!"这命令把疲劳之神驱逐了。

"追呀!猛追呀!不顾一切疲劳,追得敌人到乌江吃水呀!缴枪就在这时候,谁能克服疲劳,谁便能有更多的缴获!"这口号,立即在部队中喊起来。首长工作人员,直到连队中鼓动;英勇的铁的红色战士,虽然从早上到这时还没吃饭,但大家不觉饥不觉脚痛,为着上述口号,又继续猛追。

敌人被打得七零八落，东跑西窜，失去了控制力量，我们的文书炊事员同志掉队落伍的，都可以随处碰到他们，随时缴得到他们的枪，捉到他们的人。

马路上的十几路纵队争先恐后的猛追，夜风觉得在耳边呼呼的响，马路上大步的跃进，也没有什么黑暗的顾虑，开始是喧吵，过后是肃静。

打散了的一些敌人，有的迷失了方向，混杂在我们队伍里跟着跑。他问我们的战士："你是第几师呀？"我们的同志回答："不要管，老子是工农红军！"结果把他吓跑。

一直追到刀把水，敌人的后方担子正在这里烧火挑水造饭，似乎和平常一样的宁静。他们还不知道前线起了什么变化，或者正在祈祷和盼望捷报飞来呢！

当我们把他们捉起来，这些烧饭的伙夫还以为是开玩笑，把头一摇手一撇："不要捣鬼嘛！我的饭还未烧好。""谁和你开玩笑！"转过头来，才知道是红军捉他们，不是开玩笑，于是他们的神情就紧张起来。

敌人三路纵队已经溃不成军了，吴奇伟纵队大部被赶到乌江河里吃水。

一天
——再占遵义城

莫 休*

的的打打……

的的打打……

清脆的号音，冲破了寂静柔和而醉人的春晨，从各个低矮的门洞内，吐出了担子马匹和高的矮的人，拥挤着，嘈嚷着，塞满了小小的一条街心，街被挤得像孕妇的肚子一样，要破裂了。大地也呈现了突然的紧张。

像喧闹的蜂群样的渐渐肃静了下来，担子，马匹，人，都从各方向集拢来，由于习惯的规定，推着挤着，各自插进了他所应有的位置，纷乱转成了秩序，散乱着的一切，成了整齐的行列。

"同志们！静一点，"矮胖的××长训话了，话像箭簇一般，从那硬帮帮的胡子包围得像刺猬样的嘴里射出来。

"今天要进城，大家把服装整理好！"

---

* 徐梦秋（莫休）（1895—1976），安徽寿县人。1925年入上海大学，同年加入中国共产党。参加过北伐战争。1927年去苏联学习。1930年8月回国，抵达江西苏区，任中革军委秘书长。长征中任红三团团宣传部长。到陕北后，任总政治部宣传部长，主持《红军长征记》的编辑工作。因长征中冻坏双脚被截肢，1937年11月赴苏联治病。到迪化后被盛世才留用，任新疆教育厅副厅长兼新疆学院院长。1943年盛世才投向国民党，将毛泽民等共产党人逮捕杀害。徐梦秋叛变革命，投靠国民党军统特务组织。1949年6月，解放军渡江后，被捕归案，关押于老虎桥监狱直至去世。

一天

接着便是刺刀碗类的唏哩哗啦声，衣服斗笠干粮袋的褶碎声，夹着"排在这一边！"……"毯子再捆一下，打成背包"的斥责纠正声。从嗡嗡叽喳的杂声中，听到争执：

"不准打赤脚，鞋子穿起来！"

"我草鞋绊子断了，冒[1]鞋子穿。"

"你前天在桐梓城买的那双新鞋呢？"

"……"

原来前两天连续落了几天雨，现在路上还有积水和泥沼，有人怕将还未上脚的新鞋子溅污了，故宁愿打赤脚。

"不行！不准破坏风纪！"

"进城要穿漂亮一点呀！遵义有格多女学生，女学生不爱打赤脚的。"

大家恣意的为难着那个人，七嘴八舌的在笑谑，一幕趣剧又划破了大地的静寂，微微波动了已就序的行列，害了矮胖的××长跳来跳去，忙乱了一阵，才算平息了这小小的骚动，终于勉强着那个人穿上他那双心爱的新鞋。

太阳投下它那不着边际的光圈，被覆山岭树梢和鲜艳诱人的白的赭紫的罂粟花，绘出一幅美妙绝伦的春景画。润温的泥土被蒸得浮出秋云一般的轻雾，夹杂着室人的怪味儿，人们都在迅捷地轮番两腿迈进。汗从额头流过了眉毛，渗进眼角里，有人在感到刺辣的难受，用污脏的毛巾使劲在揉揩。为着春郊美景的迷诱，又受着不容自由的快步行军所束缚。一个紧接着一个，像水车板子样，逼得人丝毫也不能缓慢一下步子，喘息着静默着在走，不，简直在跑步了。突然一阵哄笑打破了这个沉默紧张的局面。

"咦，漂亮啊！"

"你捣乱！溅我一身泥！"

---

[1] 湖南方言"没有"之意。

"把脚抗到肩膀上走呀！你看到城里没有漂亮鞋子了！"

那个被强迫穿上鞋子的人，因急不择路，把他那双唯一心爱的鞋子陷在泥淖里去，湿淋淋的，大家又在取笑他，于是又演出一幕短短的喜剧，阵线又微微乱了一下。但因受着行军速度的催迫，以及疲倦得有些失去厮闹的兴致了，于是喜剧又迅速的收场。

虽然一个多月前也曾经过遵义城，那只是目不敢旁瞬的仅仅通过新城的一角，不但著名的令人谈起垂涎的"醪糟儿"和"公抱鸡"未能尝到滋味，就连马路究竟比桐梓怎么样还不知道，所以现在虽然跑得令人难熬了，但终于美妙神秘的遵义城在心里像海上幻影样浮动着，招引着，这多少使渴望心驱走了两腿的疲酸，大家仍喘息着前进。但幻影的遵义城是有把握瞻仰的，目前的疲乏，确实有点逼人难受，因此一个已屡次踏入水淖泥坑中，脚力已多少有点不济的人终于喷出他的怨懑！

"为什么要走这样快？快廿里了，还不休息？！"

"为什么要快走？你不记得在四珠站板桥×主任留的那些字？"

第二个提出了昨天黄昏时，大家满以为宿营了，突然看见漆黑门板上的粉笔字："××部同志，努力前进，敌人已全部溃退，今晚一定要赶到遵义，做城市工作。"那些×主任留下的话，来解释今天要跑步进城的原因。自然我们行列里更有不少"久经战阵"的"老红军"，他们更忍不住要卖用本领了。

"冒卵用，走这点路就累了，二次'围剿'打白沙时，朱总司令叫我们一口气跑步四十里，缴到郭华宗的一旅人枪[1]，没有一个说累了走不动！"

这样老资格的训诫话摆出来，不是没有影响的，因为大家想到了现在要赶路的原因，同时也感觉到为着胜利，为着工作，我们是要战胜一切困难的。所以这种"摆老资格"，也倒有了一点刺激兴奋的作用。

---

[1] 1931年5月19日，红一方面军在中央苏区第二次反"围剿"作战中，在江西吉水县白沙追歼国民党军第47师一个旅的残部及47师一部。

一天

"捣什么鬼,不准插队!"

"你碰到鬼……"

我们又同×军团的教导营插队了。本来他们走在我们的前面,有四五里,但被我们赶上了,挤在一起平行着,照着五六尺宽的马路,二路纵队行进,是不成问题的。但名字是马路,实在蹩脚得很,粘重的黄土,没有什么碎石或炭屑的培壅,受到雨水的冲洗,车轮的硬轧,一个窝洼,一个水坑,实在不容易下足,因此在五六天的贵州马路上,二路纵队行军,也成了问题。大家都想拣没有障碍的路间走,而障碍又偏偏不断的出现,于是纠纷是来了,我碰了你的手,他踏了他的脚,担子横过来横过去,拦住了两旁人不能前进,马虽然不必与人争路,但因大的蹄子卜通一下,落在水坑里,泥浆四溅,前后左右起码有几个人身上或脸上着了斑点,随着便飚起不亲爱的怒斥声:

"死马夫,你捣什么鬼,吃冤枉!"

"你倒撞了鬼,你推咱的马干什么?"

为了抢路,大家成天挂在嘴皮上的"同志"两个字也不用了,简直挚爱变成了仇视。大家拥挤着,咕噜着,争抢着走,虽然我们先锋队起过了教导营的先头,但回头一顾,后面的"尾巴"折断了,担子没有来,就是许多工作人员也不见了,只是在远远地蠕动着的人中,还送来"不准插队走""快一点""你碰到鬼"……的嘈杂声。

流了一大身臭汗,总算度过了这一段"难关",活的抢路人没有了,但又遭遇死的争路的人,仰着的,俯着的,四肢扯开像大字形的,蜷屈得像团子的,一个或数个的躺满数里大道上。虽然在火线上爬过多年的人,死尸倒是"司空见惯",但那一个个黄肿的脸(王家烈兵十有九个半抽鸦片)一堆堆褐色的腥臭的血块,从腰间头上流出的白的红的花花绿绿的东西,不得不使你要绕几步路,这很可以想像,昨天自娄山关一直追击到遵义城(八十里),王家烈亲自指挥的全部"老本钱"八个团被打得那样狼狈溃败的可怜了。

两旁街铺，有些还是"财门紧闭"的，可是开着门的商店，买零食的街摊，一切都挤满着戴红星帽花的顾客。

石条铺成的街路，宽阔的，悠长的，两旁夹峙一些古香古色的店屋，虽然这是古老的旧街道，但比那"土包子"桐梓城马路上走起来，倒反新鲜舒适的多。饱受两旁村的俏的高的矮的男女老幼"检阅"了许久，行过三里的街路，到达了新城的福音堂。

趁着忙乱的讨论毕了工作后，我溜上街心，西城外山岭上传来稀疏砰砰的枪声，商人有些伸头缩颈了。×军团长自东向西来，步子是忽乱的，脸绷得紧紧的，眼直瞪着枪声的方向，因长征出发后数月未见面，突然出现在眼前，那种瘦削憔悴的脸孔，刻划出他数月来的劳碌，我照例的敬了一个礼，他只把已陷在颧骨下的眼斜瞟一下，点了点头，急促的走过了，我识出了他的心中交织着许多的计划和命令。此时街上的人，已不似来时那样熙来攘往的多，呈出了显然令人惊愕的严肃。突然从老城方向，街的西口，涌来了黑压压的人流，担子担子，八路纵队的，四路纵队的，拥满了宽阔的街路，个个宽窄圆长不同的紧绷的脸上，浮现着忽遽和惊恐，但一点没有吵嚷，只是一些丁东哗啦的箱子铜锅之类的碰击声，和沙沙的草鞋踏着街石声，没有什么混乱的现象，我知道不会有什么意外。但他们是昨夜进占老城，为什么现又撤在城外呢？这一转问，使我愣住。×主任、×局长出现在人丛中，疑团给他们打破了，敌吴（奇伟）纵队三个师来增援，现已在城西十里处接触。

煮熟了一锅糯米饭，找了一撮白糖，忙乱快准备来填塞久已告急的饥肠，忽然飘来急促的出人意外的紧紧的哨音，大家又知道这是出发。这一次来的消息，已将人们欣慰的宁静的心扰乱了，而机关枪声又填补着步枪声的间隙，空中不间歇的浮荡着紧响，这又是使不静加上了惊疑,在整理刚展开的东西时,尤其仓忙失序,自然每个人的心都是忐忑不安,怀疑猜想。

"怎么回事?"

"怎么回事?出发!"这是笼统然而正确的答覆,但正确是不着边际的,人们还不能了解这一出发的原因,还不能解消从许多方面都可听到的"怎么回事"的惊问。

近午的太阳,把仅有的几株街树影子缩得像伞样,人们带着一颗疑惑的心,走完了数里不大热闹的街,面前又展开了青的绿的草和树,白的红的黄的花,但人们没有诗人的闲情逸致,来赏玩这大自然的美丽,只是踏着不整齐的步伐,缓慢的把影子推向前去,田畴,房屋,山坡愈来愈远地丢向后面。

有人透来了消息:"到鲤鱼坝。"[1] 那是上次休息过三天的地方,那些新样古式的地主的庄屋,避"长毛"时筑下的小城[2],那亲爱的农民和小孩……那一切都不是不高兴再去领略的事,这又改变人的心情和话题了。"我们要住上次住的那栋屋",这是一个多管闲事的提议,但立刻吸引来很多人的注意力,接着便将那儿的地形,建筑等等,从各个人的嘴里吐出来,自然更要发挥到前次在那里的私生活的范围上去。

队伍又在几座破烂的房子前停下了,停了很久,有的在吃菜盒中的冷饭白斩鸡,有的在煮什么,有些则借着草堆或板凳发出了鼾声,虽然枪声又补上迫击炮声,但大家紧缩的心弦,反被枪炮声震得弛松了,这是历次作战时人人共有的心情,在接敌运动时,人的心弦紧张到极点,简直透不过气,甚至在兴奋中夹生些微的恐惧;枪声响了,惊走前此的些微恐惧,换得了猎人寻出猎取物那样的快慰;由哨线接触进入决战,人们的心情又一变了,此时更是渔人见到鱼在自己网中跳跃挣扎那样的快乐。今天的此时此景,也不是例外。

---

[1] 今遵义市礼仪镇。

[2] 清同治元年(1862),太平天国翼王石达开率部西征,于当年五月由四川涪陵,秦江南下进入贵州境内,转战川、黔、滇三省边区。次年进军川西,在安顺场失败。

但事态是有层出不穷的、出人意外的,进入福音堂时,绝不料马上又要出发,满希望旧地重游时,但进距鲤鱼坝不数里,又因虾子场[1](遵义东六十里)有敌人,又后队当前队向后转。

太阳已移过西天,把人影拉长了。鸟的鸣叫,虫子的幽吟,一切都钻不进人们的耳孔,全被轰隆的炮声,哗剧的枪声占去了。人有的爬到村后的小阜上,手搁在额头上,用眯成一条缝的小眼睛,探索那城西郊的山岭,有的身子扯得死蛇样,软瘫瘫地躺在地板上,任凭出进的人从身上跨来跨去,但终竟有些能战胜疲乏的人,在问着"参谋会议",议题仍逃不出永不会得出结论的"我们到里去"那一套,但不管怎样,每一新转移,总会补充这一老议题的发挥的内容,所以人们也就不会因得不出结论,而对这老议题阻兴。

"我看这次打坍敌人,我们一定会在这里住下,实现赤化川黔边的任务。"

"那也不一定,听说川军又到新站(桐梓北)了。"

"我们准是到湘西去,会合二六军团。"

"你怎知道?"

"×××已有了决议。"为证实他的揣测,他又撰出有了决议的揣测。

永恒没有结论的讨论会,在"前方有信来了"的惊呼下结束了,大家涌着来看前方的来信,坐在远地方料理什么的和看不见围在后层的人,焦灼不能等待了,不耐烦的高叫:

"念出来大家听!"

"又要闹,念出来听!"

等到念完了"敌九十三师已被解决一部,现正在猛攻中……"简略的几个字后,人们鼓掌了,欢呼了,跳跃,开了一个短短的祝捷会。

对火线的悬念是冰释了,但另一问题又擒住各个人的心:"在此

---

[1] 今遵义县虾子镇。

宿营呢，还是再要出发呢？"这在刚才简略捷报中未曾叙及，指挥阵地究在何处，无法派遣通信员去询问，人们在胜利的快乐中又焦愁不安了。

惯例提示了人们的智慧，也促进人们的自决心，不管行止问题尚在渺茫不可知中，但"啪……啪……啪"大家在纷乱着劈竹子扎"火把"了，一个个挺直的火把，悠长地斜倚在檐下屋角，太阳被威吓缩向西山背后了，天已逼近黄昏。

夜幕吞噬了山林，田野，房屋，一切都消失了。尖锐的哨子音又从院落吹到场外去，人们从各个角落里——床上地板上席篷下蠕动着，摸索着，喧闹驱走死寂，闪烁的电筒，吐出红舌头的火把，开始与暗魔搏斗，一面持扎着扩大光明范围，一面拼命地逼拢来，这是人类斗争的象征。

"为什么？""不知道。""到哪儿去？"没有答覆，只是艰难鱼贯着走。为了紧跟前面的火把，只能不管脚下的高低泥水，跌跌跄跄的维持着不掉队，因步子稍慢一下，前面火光走远了，就叫你有简直不敢举步的危险，须得碰巧有后一个火把赶来时，你才能脱险。

北极星深躲在墨样云的背后，指北针没有，只是践踏着泥水石子草根，盲目的走，却谁也不知这是什么地方去的路，自然人们是有权利猜想的，因每个人能根据他自己的，或别人的猜想，至少可以填补他空虚的心。有说这是回转鲤鱼坝，反对的说这是南走，其实"南"只是他的假想，根本谁也不知是什么方向。白天那个会推测要与二六军团会合的人，听说现是向南走，更有把握的来证明他的话，"对，向南走到团溪。对，由猴场过乌江那是前次 × 军团来的路。"

事实胜于雄辩，当更易战败悬念。蜿蜒数里的提灯游行般的火龙，突然冲进了恶魔口样的门洞，卷入被对峙房屋约束的街道，人们的智慧来临了，异口同声的："这是新城大街。"

熊熊的火舌照着两旁什么"楼"什么"馆",什么"……"又穿过记不清两个或三个黑洞洞的恶魔口,缓缓地火龙缩短了,停下了。一条狭窄的街,被浓黑的烟幕充塞着,恶辣的气息室人要眇闭眼睛或索鼻涕。但人们仍是愉悦的轻松的休息下来。

休息是多么可喜的一件事,大家全是疲乏的,何况又泛起了另一希望:"该是宿营吧?"或许"现在是分房子。"纸烟的星火从各处燃起了,嗡嗡的细语汇成震荡的繁响,击打着人们的耳膜,听不出一切,人们有的把头埋在两臂里,发出响亮的鼾声。

从对面的方向吧,在模糊的光亮里,卷来了一群黑影,蠕动着逼近了。"是那部分?"好奇而关心的人在没有对象的问,"是新同志(俘虏兵)。"目力敏锐的人自信的说。"新同志"三个字是瘾民的烟泡子,不着边际幽语着的,眯着两眼的,就连打着鼾声的……一切人都耸起了,无秩序的涌向前面去,于是访问开幕了:

"同志!你是那个师?"

"九十三师!"

"你呢?"

"勾石西(九十师)。"这是一个"广仔"新同志的答覆。

"你,同志……?"

"十三师!"

"……"

"第八团(王家烈部)。"

一边问着,一边答说他的队属番号,一边在检阅,一边在踯躅跟跄地过去。"九十三师全完啦,保不准师长也来啦,——他的马打坏啦,我看到。"

"咱从信阳走到这里快两月啦,说是到鲁班场(茅台附近)就到师部了,王八羔子想去。"十三师的新兵,一个青年小伙子,不是答复人而在自语。

新同志过完了,"走啊""走啊"的讨厌声音,又从领队的口中叫出了,熄了的火把又吐红舌头了,火龙又向西爬行了,踏过一个大石桥,哗哗的水声送来了寒澈的夜气,浸袭人的肌肤,起了不安的瑟缩,死蛇样的暗影已扔在背后,眼前显出了黝暗的辽阔,又出城了。"火把熄下","火把熄下",一个一个向后传递着,浓烟缭绕着人,地下一堆一堆的喘息的火炉还在最后挣扎的吐出它的微弱的光焰,黑暗紧逼着人的眼,不让你透视到五步以外。右前方的暗空里闪烁着一些篝火,传说最高山岭有一营敌人待解决,这时人都明白下命令熄火把的意义,才逐渐平息"捣什么鬼,不准点火"的怨言怨语。

爬过了很长的,不知是路是田是山坡,只是草鞋上泥滑滑的,有时还是一些刺刷着脚掌的草和树根或树枝,现在只觉得步子要抬得高一点,如果照平常跛步的水平高度,那脚趾就要碰到阻碍,使得你就是不两手趴下去变成四足的动物,也要扬起来幌一幌,低喊一声"嗳哟",同时周身的毛孔里要送出几点汗粒,这样人们是会意识到,"又上山了"。艰难了很久,步调又相反了,移前的一个步子,要尽力伸下去,探索一下,有时像跳高一样落下去,后面的第二个影子,似乎你的头只能平他的肚脐或膝头,而前面的一个暗影却相反,你尽力低下头,才能看到他在蠕动,这就是"上山容易下山难"的味儿,何况这又在"伸手不见掌"的午夜呢?

下面又见到移动不定的火光了,电筒也在暗空里突然划出一道闪光,随着人们的眼帘又增加了昏茫。"××火把点起来",人们又在想起火把的可贵了,喊着前或后一个人,但听到的回声是"不准点火时就丢掉了",这是多么后悔而恼人的声音,飘散在暗空里,夹着一些艰难的欢息声消逝了。

火光向各个地方分散隐没了,这谁也知道是各部纷纷投他的宿营地，我们的前途在那里？看不出"路标"，没有接引的通信员，黑黢黢的一切，疲乏又敲打着急抢进房子，这是多么令人难耐的时间！情急生智，也许是焦急无奈大家愤怨的喊叫了，意外的发生了效力，"在这里，向这里来"的声音，把我们牵向一个方向去。在两间破烂的屋前，满积着泥水的檐下树底，大家躺着蹲着伛偻着，安置下每一具大小不同的全被疲乏浸蚀透了的身子，泥污湿润以及一切的粪秽，都不在人们的意念中了。

村鸡已在喔喔的报晓，我们挣扎完了二月最后的一天，同时也是皇皇大员的王家烈由其小皇帝的国民党省主席走向上海瘾民的一天。

由桐梓到遵义[*]

黄克功[**]

红花园战斗
打坍黔军三个团，巧妙夺取娄山关

　　红一方面军在党中央领导"创造黔北苏维埃新的根据地"策略下，于二月间由北回师东向遵义。坐刮地皮的军阀王家烈在卖国贼蒋介石的指挥下，曾派其小走狗柏辉章（伪黔军第三师师长）亲率主力部队三个团，布置在险要阵地娄山关，红花园一带，企图阻止我军东进。

　　英勇无敌的红三军团为前纵队，十三团为前卫，仰攻娄山关（敌一个团固守）。战约数小时之久，英勇果敢的十三团全体指战员在素有战术素养与战斗经验的有名的指挥员彭团长雪枫的指挥下，迭次向该敌冲锋。吓得敌人胆裂心惊。当时因天色已晚，未能当日攻克。是晚与该敌对峙，不时派出佯攻部队向该敌骚扰。吓得敌人梦寐不安，警

---

[*] 本文写于1936年9月，原来未收录，今据中央档案馆存件整理。
[**] 黄克功（1911—1937），江西南康人。1927年参加革命，1930年参加中国工农红军，同年入党。历任连长、营政治教导员、师政治部宣传科长、团政委。长征中，在二渡赤水的娄山关战役中立大功。延安时期，任抗日军政大学第二期第十五队队长、第三期第六队队长。1937年10月5日因逼婚未遂，枪杀陕北公学学员刘茜。事件发生后，中共中央在毛泽东的主持下召开会议，决定将黄克功处以死刑。1937年10月12日，经陕甘宁边区高等法院判决后执行。

戒诚惶诚恐。

　　我军主力因天色已晚，同时因本日行程过多，精神疲劳。更因地形不熟，未便当夜攻击，于是战备姿势宿营于红花园。是晚，全体英勇的红色指战员们加紧一切战斗准备工作，完成了各种政治动员。次日拂晓，我军奉令大举进攻娄山关，并有消灭企图侧击我军的柏辉章主力三个团、占领娄山关的任务。晨曦未吐的拂晓，一线一线的蛇形似的队伍，高举着鲜红的旗帜，由马路上向着娄山关前进。十团任前卫，后续部队有军团司令部、十一团、十二团。

　　前进了约莫五里路之处，马路上有军团政治部及十团政治处布置的色彩美丽极有战斗鼓动意义的宣传鼓动棚。沿途张贴有些战斗鼓动口号，我们还记得这样写着："以战斗的胜利夺取娄山关！""发扬运动战的特长，消灭柏辉章的主力！""实行打胜仗比赛！"棚的旁边站着两队小小宣传鼓动家，一队唱歌的，唱《上火线歌》。洪亮的歌声发出："炮火连天响，军号频吹，决战在今朝。我们红色战士们，英勇武装上火线，坚决与敌决死战。"一队口号队，高呼着"实行打胜仗比赛！""消灭柏辉章！"另有讲演员讲这次战斗的意义。红色指战员们经过鼓动棚时，被歌声口号激励得摩拳擦掌，踊跃前进，并回答口号："我们有胜利把握，柏辉章不是敌手！"

　　约八时许，进到红花园阵地，主力展开。柏辉章亲率主力三个团企图占领红花园一带，岂料我军先机占领。约莫八时二十分，左右先头部队与敌接触，当即将其击退。左翼有敌两个团企图包抄我们，被发觉后我十团即以全部力量向敌猛攻。英勇的十团第一营以勇猛的冲锋，在机关枪火力掩护下，几个手榴弹打得敌人呜呼哀哉，象西瓜样全线滚下阵地。我们消灭其一部，缴获甚多，残敌狼狈向板桥逃窜。我军乘胜追至板桥，抓住敌人的后卫（无组织的）。红色战士们齐声喊着"杀，杀，杀！"，吓得敌人魂飞魄散，弃枪而逃，大部向遵义败退。我军继续乘胜追击，经过新站街（遵义通桐梓的汽车站，有一条小街）。街的两旁站满了干人（贵州穷人称干人），队伍经过时，个个群众鼓掌欢迎。有的喊："红军吃茶吧，你们真辛苦。"有的高呼口号："百战百胜的红军万岁！"红军战士们在经过小街时情结更加提高，越追越有劲。大家回答群众："我们是为工农谋解放的，要彻底推翻国民党政权，实现苏维埃新中国。"

天色已黑了，先头部队追至了娄山的龙虎垭。此地有几家小商店和膳宿铺，来往过客到夏炎天气，多休息于此。山峦层叠，阵地颇佳。虽然人户稀少，但足够先头团宿营。于是十团即宿营于该地，派出哨兵向遵义方向警戒。

宿营后，有的洗脚擦枪，有的研究今天的战斗优缺点，有的赞扬某同志的英勇。大家围着煤炭火炉，有的说我今天缴得几支枪，有的说我今天捉得几个俘虏。有的说：明天再来个捉俘虏缴枪比赛吧。嘈嘈杂杂的议论着。

夜半的时候分派了一个排向遵义方向汽车道上的一个小村庄游击，有溃敌宿营于斯地。游击部队打了几枪，掷了几个手榴弹，吓得敌人手忙脚乱地紧急集合，闹得他们彻夜不安。

董公寺战斗
王家烈失守董公寺，大红军陷落遵义城

第三日的拂晓，我军继续红花园战斗的胜利，高举着红旗向董公寺，遵义方向攻击前进。十一团任前卫，后续部队是三军团主力。

早晨八时，先头部队到达距董公寺约三里处。啪，啪，啪几声枪响，呵，是柏辉章部的败兵约二个团、犹国材部约两个团布置于该地，企图阻止我军东进。我先头团以猛烈的突击打坍敌之前哨，占领有利

阵地。后续部队继续展开，查明敌情后，实行全线突击。当时因阵地关系，动作配合有缺点，未能一次奏效。

火线上战斗激烈，遵义城危在旦夕。王家烈见势不妙，即乘汽车亲临前线督战。岂料英勇无敌的红军越战越勇，几个冲锋将其全线击溃。王家烈大败而逃，是役敌死伤颇多，残敌退守遵义城。我军缴获大批人枪，胜利占领董公寺，乘胜追至遵义城下。新旧两个城城门都闭了，未能当时进去。我军采取四面包围，把遵义围得水泄不通。城内敌人恐慌万状，当晚由新城收缩至老城。老城里敌人拥挤不堪，更加恐慌。

是日夜，我红十三团充分准备后，以夜袭动作将梯子靠上城墙。掩护的机枪火力一开始就爬上城去，几个手榴弹打得敌人警戒部队落花流水。我军占领老城，缴获机关枪、迫击炮、长短枪及各种弹药甚多。城里敌人狼狈逃到城外山上，敌人的公文及辎重遗弃遍山皆是。

遵义战斗
大败援兵三个师，薛岳差点作俘虏

我军占领遵义的次日，部队进入城内布置宿营。全线的警戒（连哨、小哨）尚未配备完善，战士们有的上街买东西，有的看热闹，有的在清查战利品。大家都以为昨天战斗胜利了，今天大概是太平无事了吧。岂料"中央军"鼎鼎有名的健将薛岳总指挥在蒋介石指挥下，率主力三个师配合王家烈残部反攻遵义。大概九时许吧，劈啪几声枪响进入到每个红色指战员的耳朵。大家惊奇道："莫非是敌人的反攻吧。"于是"嘀嘀嗒嘀嗒"的紧急集合号吹了几遍，红色指战员们背起了自己的全副武装，准备再上火线去。大家议论着"今天来打胜仗比赛吧"，"为巩固自己的胜利而战"，这就成了大家的口号。

将要出发了，部队已经集合整齐。政治工作人员在进行战前鼓动，全体指战员都生气勃勃，在那里摩拳擦掌，恨不得一下子就要消灭敌人。

讲话完毕了，部队踊跃的登山占领阵地。是役我军部署三军团担任遵义附近的正面钳制敌人，十团担任老爷山（遵义城外山）的守备，一军团担任突击。部署好了，倒霉的薛岳指示他的部队向我开始攻击。未正式攻击之前，炮声隆隆，像是春天的雷鸣一般；又好似什么迎神赛会样响得热闹。战士们议论："好吧，你不要打了，替我们节省些炮弹（意思是等会要被我们缴获的）。"

正式攻击开始了，正面来了两个师。首先以三个团两次向老爷山突击，被我守备部队反突击将敌打坍。最后以一个团向我十团突击，因守备地区过宽，我兵力薄弱，十团撤出老爷山到二线阵地。敌向我攻击时，十团参谋长英勇地为苏维埃流尽了最后一滴血。

当最危急的时候，十团政治处全体政工人员以身作则，做火线上全体指战员的模范，以最顽强的精神守住老爷山二线阵地。不多时，干部团前来增援，巩固了阵地。侧翼有我红一军团，以全部的力量侧击敌人。三番五次的冲锋杀得敌人呜呼哀哉，不多时将其全线击溃。敌军狼狈败至乌江边，红军含尾追击至乌江边时，敌人疲劳万分，情绪极为低落，大家都酣睡在房子里。我追击部队一进房子，几声大喊："喂，起床吧，缴枪缴枪！"敌人慌忙答道："啊，红军来了！枪在这里，手榴弹在那里，你拿去吧，我们老早不愿意打了。"

是役计缴获长枪约三千余支，机关枪、迫击炮甚多，子弹十数万发。侧翼及后续部队已被消灭，正面之敌怎么样呢？他们见形势不妙，于是在黄昏时从八牛水（小市镇）慌忙向仁怀退去。

扩大红军

翰　文*

"云贵川，川云贵，扩大红军有成绩。"这是扩大红军的口头禅。

在经过贵州的贵阳、龙里一带的时候，我也实际的参加了扩红工作。

当部队出发的时候，各部队地方工作组，飞鸟似的先走了，跑到部队的前头，有时走到尖兵的前头；整天的没有休息，也不知疲劳，看见路边有庄子，更起劲的飞跑的走进群众家里，找他们讲话；如遇路边有群众，更是眉飞色舞，争先恐后的叫喊起来："掌柜，过来，我和你讲话。"接着连走带跑的，走拢群众的身边，轻言细说的去做宣传鼓动工作。很多的新战士，就是这样一会工夫就扩大来了。这是我在扩红工作中目见身经的一般普通情景。

现在来说几个扩红的实际例子。

---

* 谢翰文（翰文）（1908—1942），湖南耒阳人。1926年加入中国共产党。1928年初领导水口山铅锌矿工人武装起义，组建中国工农革命军第一师独立第三团，任团党代表。1928年4月率部随朱德部上井冈山，编为中国工农红军第四军独立营，任营党代表。长征中，任红三军团政治部宣传部长，为红军编写了许多行军快板，对鼓舞部队士气起到了很大的作用。到达陕北后，任红军大学校务处长。抗日战争时期，任八路军前方总部后勤部政治部主任。1942年在山西武乡反"扫荡"作战中英勇牺牲。

"你如嫌我太老了，把我的儿子送去同你当红军"

一九三五年四月五日，我们部队开到开江县属的高寨的时候，在中途碰着一个老百姓在那里作庄稼，身穿烂衣服，面色黄黑，皮起皱纹，手脚粗黑，志气昂昂，声音洪亮。当我走到他身旁的时候，如见故友，亲爱非常，连忙把锄头放下，邀我请坐，二人对坐长谈。当我谈到军阀王家烈的苛捐杂税、拉夫抽丁的痛苦的时候，他便酸鼻，愤激填胸，因为他自己亲身受过那种强拉夫役、非人剥削的悲惨痛苦，所以他自己非常雀跃的愿意来当红军。我又感觉他年过四十几岁，有点太老了，故不同意他来。他遂自荐的说道："你如嫌我太老了，把我十八岁的儿子送去同你当红军。"经我赞成后，便摇身一转，向家里跑回去叫儿子，没有几久，便由一个矮而又小的茅棚里钻出二男一女来了，笑嘻嘻的由远而近的走来。他们对儿子的告别训词是："你跟这个同志（指我自己）去当红军，要听指挥，要时常付信回来。"儿子笑说："是。"我看他们这样热烈欢送儿子当红军，把我背的一袋米，送给了他，从我身上脱了一件衣服，给新战士穿。父母儿子同声说道："红军真好，的确是穷人的救星。"

老汉鼓动群众当红军

四月七日，当我们的先头部队将抵龙里属之崖脚时，有一堆很大的群众，站在一个离部队行进路一里许的山坡上蹲着，注目相望。我即投身而去，叫了一声："掌柜！"他们自起虚惊的连二接三的向山顶上爬之大吉（大概是误为拉夫的来了）。我越前进，他越走远，当时把我气煞了，但我坚持"良机莫错过"的宗旨，不计一切的尽管连走带喊："掌柜，不要怕，我们是红军，保护干人（即穷人），不拉夫，向你们来讲话。"结果,一个白发苍苍的老汉,接受了我的宣传,站在半山等着,我不知何等欢喜的走拢去,向这老汉苦口婆心的说了很多的话。开始这位老汉装聋不闻。经过多番宣传之后,便一问一答的对谈着。当我与这位老汉谈话的时候,那一大堆群众在距我半里之许站着,好像等候什么似的,并且见我和老汉讲话,讲得津津有味,大起羡慕,自愧站得太远了,只能看而不能听,于是一个个的逐渐向我处走来,经过这位老汉的壮胆与促喊,那十多个群众,一哄而来,我又讲了一些革命的大道理,与工农当红军的重要。陡然从群众中出来一个青年回答我的要求说:"我去当红军,谁同我去?"这个老汉更作有力的鼓动说:"如果我不是年纪太老了的话,我也要去当红军,你们这般青年应该勇敢当红军去。"在这一得力的鼓动下,便有五个人志愿当了红军。

送郎当红军

四月八日,我们部队开到龙里县老巴乡的那一天,我在途中一个小庄子休息着。这家大小三人——一个年纪三十岁的男子,一个年约相等的妇女,又一个小小的年纪的青年。当我走进他家时,男的捧冷水相送,女的劝吃包谷饭不要钱(我未曾吃她的)。于是触动我宣传男子当红军的念头,开始我向他讲,红军是什么人的军队,要做什么事,工农为什么要当红军。这个男子含笑不答,我见他的征象,似乎接受了我的宣传,其所以不坦白承认者,大概是"怕老婆"的原因吧!于是我把他叫到外边去谈话。他的老婆以为我就是这样一直带走了,连忙说道:"同志!他去不得,家里靠他过活。"我回答了几句安慰话,还是把这个汉子带到外边来了,二人对坐在一棵树下谈话,讲的是工农为什么要当红军,说的是军阀侯之担与"周、吴纵队"压迫干人的痛苦，鼓动他，男儿志气高，不要怕老婆，干起革命来，大家得快乐。于是他再三思索了一番，复问我道："当红军后是否准回家？"我答道："当红军是志愿的，而不是强迫与拉夫来的。今后你必要回家时，可向上级请假，经许可后，可回家来。"从此他当红军的决心定了，要求回家一趟，安顿家务。老婆开始很留恋他，不准他走，结果他说出"舍不得娇妻，成不得好汉"的俗话来。老婆听了笑道："你真的要去当红军，要时常写信回来，这条手巾和鞋子你带去用吧！"这个新战士，这样欢天喜地的离开了他的贤妻幼子同我当红军了。

"我去当红军，对家里的伤兵要好好的招待"

四月二十一日，经过兴仁县观音山那一天的早晨，白雾层层，毛雨纷纷，虽穿夹衣，犹觉凉寒。天到中午，拨开云雾见青天，一轮红日照天空，这时热度增加，寒气骤减，精神爽快多了。

前面草坪里这个放牛的人，定要争取他来当红军——这样自思自谈的想着，转瞬之间，便到达这个人的身边。我照例向他说了一大顿。他只是听了，似乎还不十分关痛痒，犹豫的承认当红军。我再进一步向他解释，他的思想突然改变了，很乐意的同我来当红军，但要把牛送回家里去，须到家里，招呼大小，安排了家才能走。当时我对他的估计尚有些不足，认为他是敷衍塞责的漂亮话，或者他家中妻子儿女看见了，一定不准他走；站在另一方面着想，如不准他回家一走，只能强走他的身，不能巩固他的心，必生不良结果，于是我决心的同去他家，以便及时补做宣传解释工作。恰好他家，真是贤妻良母，正在安排我们留寄他家的三个伤员。这个同志果真忠实坚决，对他的妻子说："我去当红军，对家里伤兵要好好的招待。"便与我同来了。这一天利用他的线索,在途中扩大两个红军(连他三个)。

在以上几个实际例证中,已足证明云、贵、川广大工农劳苦群众(其他地方也是同样情形)参加红军的热烈了,——虽然还赶不上主力红军东征时半个月扩大八千红军那样的热潮。

小茅屋
——贵州西北边境的贫民生活写真

曙　霞

小茅屋，

矮茅屋，

入门要低头，

睡卧难伸足，

起风檐欲飞，

雨来漏满屋。

门前野草迷山径，

屋后荒山暴白骨！

绕屋凄凉无所有，

日暮但闻小儿哭。

寒冬聚围小煤炉，

火焰常灼小儿肤[1]，

茅屋梁上少包谷，[2]

---

[1] 原注：小孩们虽寒冷也没有一线布遮体，常被煤火烧得周身起泡。

[2] 原注：该地只产些包谷（即玉蜀黍），存粮无处收藏，多挂在梁上。

家人下体多无裤[1]！
借问贫穷何至此？
苛捐杂税如狼虎！
兄弟流离爹娘死，
卖儿鬻女偿不足，
何如参加红军去，
拼将热血换幸福！

---

[1] 原注：当地姑娘十七八岁，还多是没有裤子穿。有的身无寸缕，终日睡在草堆中，出门时用一块烂布"遮羞"。

残酷的轰炸

小 朋

已是第二次占领贵州的大城市——遵义了。在击溃吴奇伟纵队、凯旋遵义的第二天，为继续消灭周浑元部队，红军即第二次向鸭溪前进。

获得大胜利后的红色战士，已是兴奋得无以形容，今天出发再去争取战争胜利，当然战士的勇气，再高也没有了。遵义的群众，已两次得到他们的朋友——红军的恩惠（为他们肃清了敌人，为他们分得了衣物），这回又在红军取得大胜利（也是他们的胜利）后再去打胜仗的景况下，也高兴的不知怎样才好。当我们开始前进时，就预祝我们的胜利。当前进时，大街上，城门口，马路旁，均满满的排列着他们，露着笑容，目送着数万赶赴前线的红色健儿。他们的心坎中，都怀着无限的希望，希望红军再消灭周浑元，来保障他们从军阀豪绅地主的重重压迫下解放出来，在刚上山头的太阳光照耀下，在这无数群众的欢送与希望下，数万个红色战士，便沿着马路迈步前进了。他们也怀着无限的希望，希望伟大胜利的取得，来回答广大劳苦群众的拥护与希望。

沿马路走了十里，便分右边走乡路了，因为鸭溪还未通马路。

平素以飞机威胁和轰炸我们的敌人，在他受大挫折战争失败后，更是会以他的飞机来拼命，这是老练的红军战士从斗争得到的经验。在这样的情况下，在这样的天气下，为大家所痛恨的飞机，一定是要来的，因此，还在马路上就提防着那可恶的东西的到来，到小路后，虽然比马路上更好荫蔽了，沿途有些松林和树木，但是因为队伍的拥挤，也还很讨厌，万一飞机来时，发现了目标，那就更糟糕！

的确，在八点钟左右光景，为大家所痛恨和所预料的敌机，从辽远的空中，将嗡嗡的声音送来了，送到迈进着的战士们的耳鼓里。在响声传来的远空，隐约的看见三只乌鸦似的敌机，正向着我们的上空飞来。

的的的达达达……的飞机警戒号，从前后的队伍中发出来，大家的精神都紧张了。本来在路上走得整整齐齐的队伍，一会儿就荫蔽起来，挤满着人的小路上，一时就没有人迹了。藏在树林里，蹲在田沟里，伏在田坎下……大家都找着他的"保险公司"，希望敌机不要到自己的上空，到了不要在此盘旋，盘旋不要发现目标，发现目标不要掷炸弹，掷炸弹不要掷到自己的身旁。

当时我们正走到一个小松林旁边。在这平旷的田野里，有这松林来荫蔽，当然是好地方。队伍进入树林时，三个怪物就分散在上空盘旋了，只得就在树林旁边的一个洼地卧了下来。虽然过去的经验，飞机是注意打树林的，可是已来不及离开了，只得"听天由命"任敌机所为。

战士们都哑口无声了，只是各人伏在各人的地方，都望敌机快点走开。血脉是急促的跳，怒愤是更加增高，最着急的是因为敌机的捣乱会妨碍我们胜利的取得，可是并没有别的办法，仍是忍耐着。

这时一切都寂寞的，只是三只飞机的嗡嗡声音，噪得天轰地动，一切都是停的，只是三只飞机在上空狂乱的翱翔。

残酷的轰炸

盘旋多回，大概已发现目标，"轰隆"的一声，在开始掷炸弹了。大家的精神更紧张了，脉膊更急促了，怒火更加上升了。这个炸弹是炸在前面的森林中，据旁人说，是在教导营的附近，并听到了被炸伤的同志的呻吟。接着又"轰隆！轰隆！"的两个炸弹，就炸在我们自己的队伍中。在那附近的同志，因为感觉地位的不安，向别的地方奔跑了，受伤的同志，又在那里呻吟起来了，在飞机的噪声下，听得更觉凄惨！

姚同志弄得满身泥灰，面色灰白的匆忙跑来，细声而急促的说："糟糕！两个炸弹都打在我们队伍中间，我们的班上已打到三个，队长也打到了，我因为卧下了，所以只打得一身泥土，真是……"话未说完，又"轰隆！轰隆！轰隆！轰隆！"的几声，稍抬头看时，又是在我们的队伍中。这时黑烟弥漫了整个松林，碎片，泥土，树枝，以至被炸战士的衣肉，均纷纷飞起来。"哎哟救命！……"的声音，很凄惨的在受伤同志的口中唤出来，真是听了又伤心！又恼恨！

本来就感觉现在躲的地点并不保险，而且就在危险地带，但在这时候，大家都起来乱跑，反更使飞机发觉，大家站起来跑，目标更大，更能使碎片有效力打到跑的人，特别怕看飞机的我，飞机还在打圈时，总不敢抬头看它，因为看到它飞在自己的头上，特别是看到丢炸弹下来时，更加害怕，所以只紧紧的抱着头卧在地下，似乎要和穿山甲一样，立即向土里钻了进去。

受了伤的阴大生、郭承祥摸着伤口蹒跚走了过来，满身都沾着泥灰，面孔已是现着青色，衣裤已为鲜血染得湿透了。他凄凉的对我说："我负伤了，请叫卫生员来上药……哎哟！"我听了他的说话，见了他的形容，更加难过了。飞机仍是在上空飞旋，大家都已跑得稀散了，那里找得到卫生员呢？只得安慰他说："不要着急，现在卫生员不知那里去了，你且就在这里卧下，飞机去时，就找卫生员来上药……"

"轰隆""轰隆"的炸弹又爆炸了,都在前面的松树林里,他俩就赶快的忍痛卧下了,我也紧紧的卧在地下。

炸弹没有响了,飞机的叫声逐渐小了,"可恶的王八蛋走了",旁边的同志恼恨的说着。这时大家都从各人的"保险地"走了出来,大家的颜色都表示着一方面是对这残酷轰炸我们的飞机无限的痛恨,一方面是表示对受轰炸而牺牲或负伤的同志无限的怜悯,均纷纷的慰问负伤的同志,为他绑着血管,扑净泥土,找卫生员,为他服药,扶着他在树荫休息。

"的的打打的……"集合号吹了,部队仍继续的前进,去完成战斗任务。经过刚才敌机轰炸的刺激,精神更紧张了,痛恨敌人的情绪更高涨了,巴不得立即跑到敌人面前,把他消灭个痛痛快快,来回答他的残酷手段,来为被轰炸而牺牲和负伤的同志复仇!

我们的这个部队,是轰炸得最厉害的一个,大部的炸弹,都是爆炸在我们的部队的中间,因此我们便不能够按次序跟着他们前进,要在这里处置牺牲和负伤的同志。

集合号响后,走散的同志均回来了,大家均嚷嚷的埋怨着:
"今天就是教导营的队伍发现目标的。"
"队伍是没有,就是那个饲养员,飞机来了,还牵着马在路上跑。"
"是炊事员同志的担子没有荫蔽得好"……

走到被轰炸的地方,真是使人目不忍看,耳不忍闻,炸伤的同志是在辗转反侧的叫痛,是在可怜的哭啼,是在要求同志们对他的帮助。他们手足断裂了,头脸破烂了,身体炸伤了,他们的鲜血,仍在不断的流,然而在同志们安慰时,仍表现他们为革命的决心,不因负伤而稍减其坚决志气,相反的更加痛恨我们的阶级敌人。他们说:"不要紧,你们不要着急,万恶的敌人总有一天会消灭在我们的手下的!"
牺牲的同志,则更是为革命而献身,为工农大众利益,为民族独立解放而粉身碎骨。他们的知觉失去了，身体破碎了；有些头颅已经破碎，脑浆流在地上；有的是手足已经炸断，残缺不堪；有的是身躯已经溃烂，五脏分裂；甚至有些炸得体无完肤，炸得骨肉碎裂，撒在地上，而肢体竟被挂在树枝上，鲜血淋漓，带着的破碎衣片，尚燃着火冒着烟；很多尸体，已认不得是谁了。战斗员的枪也打断了，子弹也烧炸了，炊事员的铜锅打破了，菜盆子打烂了，运输员的公文担子也打碎了。地面是打得几个窟窿，松树也打得倒下很多，树枝、枝叶也混着牺牲战士的血肉，武器、行李、泥土撒得满地，一丛绿森森的松林已经成为脱叶萎枝的枯柴一堆，很好憩息的荫地已成为血肉横飞、尸体狼藉的血腥场所了！到此的人，没有不痛心疾首，禁不住的滴下泪来，巴不得立即捉住那飞机师，来千刀万剐，生咽其肉。

大家动员起来了：有的拿铁锹埋葬牺牲的同志；有的扶着伤员进茅棚休息上药；有的砍竹子做担架；有的收拾枪枝子弹、担子行李……直到下午四时，才处理就绪。但是很多负伤同志要抬起来走，他们的枪枝子弹行李要搬起来，负伤或牺牲了的运输员炊事员的担子要担起来走，因此，除了请群众帮助外，只能发动大家来负担了，抬的抬伤员，挑的挑担子，背的背枪，黄昏后，才到达宿营地。一直到梦中，仍然没有忘记今天万恶的国民党飞机对我们的残酷轰炸，且希望明天的战斗，把万恶的敌人消灭一个痛快，来为同志复仇。

茅台酒

熊伯涛*

我是一个非常喜欢吃酒的。虽然吃的不多,每见到土豪家里留下的茅台酒,空瓶子上写着:酒味纯正浓厚,曾参加美洲巴拿马展览会,得过奖励。这种香闻几十万里的茅台酒,无疑义的是有它的特点。止不住咽喉被口津所侵而不断的蠕动,唉,想什么法子尝得一口茅台酒,来满足我的愿望啊。

鲁班场战斗,军团教导营担任对仁怀及茅台两条大路的警戒。在这当中,除了侦察地形和进行军事教育以外,时常打听茅台酒的消息——特别是没收土豪时。但是所得到的答覆常是"没有"。

"老X,你的时运来了,你所最喜欢吃的茅台酒的产地——茅台村,离此只有五六十里了。"在苦想中的我猛得到老黄给我的这个兴奋,不由的立即问他:"往茅台去吗?""茅台有敌人。"他答。当然我的兴趣被这一句回答扫干净了。

鲁班场的战斗未得手,已决定不继续与敌对峙。撤向其他机动地

---

* 熊伯涛(1904—1975),湖北黄陂人。1926年加入中国共产党。入冯玉祥部军官学校学习。1931年12月宁都起义参加红军。长征中,任红三军八师参谋长、红一军团二师参谋长。抗日战争时期,历任晋察冀军区第一支队兼第一军分区参谋长、第四支队兼第四军分区司令员、晋察冀军区司令部参谋处处长。解放战争时期,历任中原军区第二纵队参谋长、东北野战军第十二纵队副司令员、第四野战军四十九军副军长。中华人民共和国成立后,任北京卫戍区副司令员等职。1955年被授予少将军衔。

区与敌周旋。

黄昏前,军团来了一对三个"十"字三个"圈"的飞送文件(是命令):"茅台村于本日到侯敌一个连,教导营并指挥二师侦察连立即出发,限明日拂晓前占领茅台村,并迅速找船只和架桥材料,准备于工兵连到后协同架桥。"

"老黄,你不是说茅台村有敌人,我们才要到茅台村去吃酒哩。"我不由得从高兴中给了老黄一个诙谐的报复,同时我是非常神秘的如信士子弟拜一般的企望着。

可恨的天气在黄昏时下起大雨来了。在对面看不见人的夜里,部队仍是很紧张的前进。就是有些人打火把、电筒,仍然免不了在上山下岭的泥滑路中跌交。每听到叹息的声音就叫道:"糟糕,跌倒了!哎哟!""同志,不要紧,明天拿前面的茅台酒来滋补一下"的安慰和兴奋的话就接着来了。点火把打电筒走了三十里左右,一律禁止点火把打电筒。当然更是不断有跌倒的。而安慰的话各有不同,大多数是以茅台酒为中心。

大雨泥泞的黑夜,所有人员非常紧张神秘的前进着,终于在学员模范精神,二万五千里的铁脚钢腿和艰苦斗争的精神下,于拂晓前赶到了茅台村附近。

啪!啪!啪!在一夜雨泥中奔驰,疲乏饥饿神思昏迷的行进中,这种尖锐的声音的刺激,把极宁静的环境中行进中的人们突然紧张严肃起来了。到处汪汪汪的狗叫声,见到一个侦察连战士向连长报告:"报告连长,前面已发现敌人的步哨。我们排长已将敌步哨驱逐,并继续猛追去了。"连长很庄严的说:"快去,要排长带这一排人猛追!这两排我立即带着来了。"有几个战士鼓着掌,带笑说:"走呀,吃茅台酒去啊!"

连长亲率着后面两个排,除派一班人占领茅台后面有工事的阵地外,其余飞也似的突进街中。立即派一部搜索两面房子,主力沿河急奔而下的追去了。

追到十多里后,已消灭该敌之大部。俘获人枪各数十,和枪榴弹筒一,并缴到茅台酒数十瓶,我们毫无伤亡。战士的阶级友爱和胜利的热忱,欣然给了我一瓶,我立即开始喝茅台酒了。

此时教导营已在茅台村搜查反动机关和搬运架桥材料,侦察连担任对河下游的警戒。我们的学员和战士在圆满的胜利,在该地群众的慰问中,个个都是兴高采烈。见面就说:"喂,同志,吃茅台酒啊!"

最使我永远不能忘记的,"义成老烧坊"的主人是当地有相当反动政治地位的人,听说红军来了,早已逃之夭夭。恰巧我们住在这酒坊里,所有的财产一律没收了。当然酒也没收了啊!

"义成老烧坊"是一座很阔绰的西式房子,里面摆着每只可装二十担水的大口缸,装满异香扑鼻的真正茅台酒。封着口的酒缸大约在一百缸以上,已经装好瓶子的,约有几千瓶。空瓶在后面院子内堆的像山一样。

"够不够你过瘾的?今天真是你的世界了!"老黄带诙谐和庆祝的语调向我笑着说。

真奇怪,拿起茶缸喝了两口,"哎呀,真好酒!"喝到三四五口以后,头也昏了。再勉强喝两口,到口内时,由于神经灵敏的命令,坚决拒绝入腹。因此除了鼓励其他的人"喝啊"以外,再没有能力和勇气继续喝下去了。

这种不甘心的观念,驱使我总不肯罢休。睡几分钟又起来喝两口,喝了几次,甚至还跑到大酒缸边去看了两次。并深思熟虑的到底想什么办法来保障经常享受这种醉梦生活呢?但终于想不出办法来。第二天出发,用衣服包着三瓶酒带走了。在行进中不断用手去摸,拿鼻子去嗅。小休息时,就揭开瓶子痛饮。在这时更显示它的滋味的奇美了。

到底携带的是不耐久,不到一天,就在大家共同欣赏之下宣告完结了。虽继续向别人讨着喝几口,但是不能满足酒欲,也在一二天内,茅台酒绝迹了。

特别是在绝迹以后,对茅台酒的想念更甚了。从此每见到茅台酒瓶,或每次谈起茅台酒的事来,在我的脑海里常常是把口津当茅台酒一口一口的吞下去,拿回忆来当作下酒菜而已。

喂,要想再一度的痛饮茅台酒,除了革命斗争的胜利以外,"义成老烧坊"的主人绝对不会自己拿出来满足世界人类的需要啊!

倒流水四个连控制敌人三个师

陈士榘*

倒流水是贵州仁怀县经长干山、枫香坝、才溪至遵义的大道,是敌人当时主要封锁线之一。倒流水在长干山与枫香坝之间:西距长干山二十五里,东距枫香坝十八里;站在附近高山山上,可以遥望长干山、枫香坝附近敌人所筑"乌龟壳"。当时敌以三个师扼守长干山、倒流水、枫香坝一带,构筑封锁线,企图拦阻我军南进。

三月三十一日拂晓于潮水接军团首长命令:"我野战军决于明一日由长干山、枫香坝、才溪一带突破敌人封锁线南进,教导营及第二师工作连归教导营首长指挥,应以迅速秘密坚决手段,袭占倒流水,继续向两翼延伸,突破封锁线,掩护与迷惑敌人,保障我野战军安全通过。"

早饭后整装出发,派出尖兵,上着白光闪目的刺刀,一路翻山过岭,向目的地进发。红色健儿雄赳赳的都表现着活泼高兴的情绪,抱着光荣牺牲的决心,无论如何要完成这一任务,把敌人赶进乌龟壳里

---

* 陈士榘(1909—1995),湖北荆门人。1927年参加秋收起义。同年加入中国共产党。长征时任红一军团教导营营长。到达陕北后,任红一军团四师参谋长,参与指挥直罗镇战役。抗日战争初期,任一一五师三四三旅参谋长,参加平型关战斗,后任一一五师参谋长、山东滨海军区司令员。解放战争时期,历任华东野战军参谋长、第八兵团司令员、南京警备司令部司令员。中华人民共和国成立后,任工程兵司令员,是中共第九、十届中央委员。1955年被授予上将军衔。

去。"捉乌龟",每人心窝里都在这样想,口里也在这样的一路谈着。

沿途的群众因过去受过红军经过的影响,都表示对红军非常的欢迎,帮助带路,报告消息,送茶送水,卖东西给红军……只有反动的土豪跑了精光不见影。为着保守军事秘密,绕了一段路,到了下午五点钟的时候,在一个村庄旁边树荫下休息。"这里到倒流水还有多远?"一个战士这样的问群众。"二十五里,还要翻个十五里路高的大山,红军先生。"群众这样的回答。"我们已经走了七十里呀,差五里一百。"另一个战士这样说,"怕什么?再有一百里也要跑到!"又一个战士这样的回答。大家正在吃着所带的干粮,说说笑笑,忽然前面"啪!啪!啪!啪!"打了几枪,我们在前进号中继续前进。

原来刚才所发生的枪声,是敌人由倒流水派出来抢粮的十多个兵,发现我们搜索的尖兵,打了几枪,不要命的往倒流水方向逃命了,我们尖兵跟着赶去,追到山顶,天已黄昏,追的敌人也不见了。"休息!大家准备好上刺刀!本晚口令'坚决',记号:'把右手袖子扎起'前进。"这是后面转来的命令。

很肃静的沿着一条弯弯曲曲、不平的石头小路下山了,前面发现火光,大家的血沸腾着,怕是敌人了。第二班去了,沿着路边稀散矮小的树林和深草、田沟,很轻巧的摸拢去,原来是一间小茅棚,内面住着两公婆,躺在铺上吸大烟。"老板,我们是红军,保护干人的,不要怕!"群众开腔了:"这个茅棚前去不上半里路便是长干山下来的大路。白军这几天几百几千,整天不断的上来下去,今天快要夜都过了几百人下枫香坝。倒流水昨天是扎了兵,今天不晓有没开差。长干山、枫香坝都扎满了,说是杨师长的,我的儿子都被他们捉去挑担了。红军先生,请坐!"

问完后继续前进,途中捉到白军四名掉队的病兵,内面还有一个班长。据说:"第五师第二十七团在倒流水一带驻防,今天下午听到后面山上很远的地点打了几枪，过了一会，紧急的开往枫香坝去了。我们师部及直属队率一个团，与四师全部、纵队司令官及纵队直属部队，都在长干山。第八十七师全部及五师一个团住枫香坝。今天第十七团开去，又增加了一个团。"

忽然在一个茅棚门口听到"快来！"一道黑影像"狂牛"般的拼命一动，"在劫难逃"的法西斯分子终于在一个黑屋内边擒着了，原来是政训处派在第二十七团的政治训练员，好，跟我们走。最后到达倒流水，捉获四个士兵，缴四枝枪。

翌日（四月一号）拂晓前对长干山布下了"司鱼网"样的警戒，准备"捉乌龟"。果然天亮后由长干山方向送粮的、送枪的、送猪肉的、送信的、归队的"虾兵蟹将"一群一阵，大摇大摆的迎面而来，不客气的一个一个都迎接到了（因为捉的技术很好，捉前面的一个，后面并不能发觉），在半天的工夫，共计收到五十余人（副连长司号长副官特务长都有），五十枝步枪，子弹二千余发，二十发新式驳壳枪一枝，子弹百发。

当日下午一点钟左右，由长干山方向，大概有一连人马向我开来，气势汹汹，我们同样的准备欢迎，不料与我们刚一会面，不战而逃，经我们追去，直抵长干山脚才停止。

第三天（四月二号）我野战军全部已由枫香坝以东与才溪之间地区安然的通过了，于下午三点钟召集新来的白军士兵开了"欢送茶话会"，并给每人路费钱三块，很高兴的送他们回去了。下午五点钟光景，我们也离开倒流水南进了。

南渡乌江
（一九三五年三月二十一日）

萧 华*

原定的战略方针是由宜宾过江入川，但后来情况不利，川军尾追，周浑元、吴奇伟纵队堵击，造成了对我野战军新的围攻线，紧缩了我军机动地区，逼得我军不能实现在川贵边创造革命根据地的目的，因此提出了以大规模的游击战争来调动敌人，最终达到入川的战略计划。南渡乌江，就成为完成这一计划的先决关键。

我随三团在受领了先遣任务后，一个夜晚急行军，就袭占了牛场，这里的群众夜晚开店欢迎，生意也非常热闹。这时尚弄不清乌江河对岸敌情，因一个月来，对岸敌人断绝交通，没有来往行人。稍休息后，我们即飞快向着乌江边前进。

一片石崖绝壁，暴水警鸣，隔断着我们前进路程。这时似乎来了一个很惊奇的沉静，前面细声传来一声："同志们！到了天险乌江边，不要说话，对面石壁上就是敌人！"我们侦察后，估计敌人沿几个渡口

---

* 萧华（1916—1985），江西兴国人。1930年参加红军，同年加入中国共产党。1933年在中央苏区组建"少共国际师"，任政治委员。长征中，任红一军团第二师政委，指挥强渡乌江、大渡河战斗。抗日战争期间，任八路军鲁西军区司令员、一一五师政治部主任兼山东军区政治部主任。解放战争期间，任南满军区副司令员兼副政治委员，东北野战军第一兵团政治委员，东北野战军特种兵司令员，第四野战军十三兵团政治委员。参加辽沈、平津战役。中华人民共和国成立后，任解放军总政治部主任，全国政协副主席。是中共第八、十、十一届中央委员。1955年被授予上将军衔。作有《长征组歌》歌词。

约有一营人,构筑了堡垒,来了差不多一个多月的光景。万恶的敌人呵,将船只道路全部破坏。对面石壁上凿出的一条小道,直悬险崖,似乎是看不很清的梯阶形。从地下爬上去约三十米远,便是用两根树木所接成的悬桥。桥旁边一个石洞,驻着敌人扼堵该处的守兵,约有一班人,随时准备抽了这两根木头,想使我们覆灭乌江边,无路可南进。这真是"一夫守口,万夫莫敌",天险惊人。我三团第一营前卫,伪装前进,终于欺不住敌人,步枪从石壁上向我射击。"同志们!我们是负着伟大战斗的光荣先遣任务呵!不怕敌人与天险,我们为了胜利,情愿死在乌江边!实行强渡比赛,你们来吗?"齐声呼应:"当然赞成!"二三营即全部动员做竹筏,一营详细交待了敌情。渡河处在这紧急情况下,大家仍然兴奋得要命。竹排弄好了两个,火力分配好了,开头下去一排人。在开始爬时,大家都下了一个决心:"只有奋勇打坍敌人,回来或犹豫,都等于自尽。"因水急,一个竹筏需要一个钟头才来一次,敌人用猛烈火力射击,用手榴弹投掷,滚石头,日间强攻不成。黄昏了,天气忽然变了常景,大风大雨又雷鸣,守兵以为乌江天险,又加上天气墨黑大雨,当然可以放心,谁知正给我们袭击的良机。在夜晚十时,这一排人就抓着石壁上细草细枝,用米袋一个一个向上吊,吊上去三个人,在墨黑风雨中摸到石洞旁边,投下一个手榴弹,敌人哨兵措手不及,大喊救命。这一排人就占领了这险路。但因风雨大,河中两个竹筏难过,那边早已打过去了,这边还未得音息。一直到早上三时,大部分才过去。后面工兵连即努力架浮桥,主力乘胜前进。迂回下游几个渡口,守敌都消灭在乌江边。走到八里路,忽然遇到由息烽来的白军师部传令兵,拿了一封万万火急信,要守兵营长,无论怎样要死守渡口,等待援兵。我们得到这情报,即以一部巩固渡口,主力向着婆场前进。出去五里,遭遇敌人增援兵一营人,一个猛冲,即将他大部消灭尽,活捉了营长,俘虏了士兵,掩护野战军主力安全向南进,向着贵阳城。

夺取定番城

陈士榘

紧张的一天

夺取定番[1]的前一天（四月九号），记得曾经通过贵阳城附近至龙里的马路，这是敌人构筑的封锁线。

蒋介石在贵阳亲临前线督师，企图于云贵川间消灭红军，却不料行动敏捷的红军打来贵阳城边了，骇得蒋介石恐慌万状，宋美龄将地图（十万分之一的）抛到厕所里，拍十万火急电，四路调兵，星夜来援。

天还未明，我们部队很肃静的起床，吃了早饭，在集合的号音后出发了。快接近到黄泥哨马路边时，大概已到七点钟的光景。"飞机快要来了，部队赶快通过马路，找地区荫蔽休息！"一个军团司令部的参谋，在这样的叫着。这时，贵阳城方向步枪声、机关枪声，打得十分激烈，大概只有几里地远的样子。枪声愈打愈近，不多久我们的来路已被敌人截断了，但我们的部队确已通过了马路。

这天也难怪，天上一点云头也没有，一早晨天气便很热。讨厌的嗡……嗡……嗡……的声音传来了，七架敌机飞来了。"荫蔽呀！荫蔽

---

[1] 今贵州惠水县。

好呀,不要跑了!荫蔽!"许多部队指挥员在这样的喊着,一方面自己也找好了适当的位置荫蔽了。轰!轰!轰!轰!像泻肚子样的,炸弹狂叫着,地皮都震动了。没有经验的人,真有骇坏的危险,但红色战士大家却很沉着的,没有丝毫的惧怕。

龙里方向在前一天的晚上,与我师第一师部队接触的有一个团(滇军)。今天枪声愈打愈激烈、愈近,过后才知道是由龙里又增援来敌人两个团,与我军第一师掩护部队接触。

西南方面又发现敌人约四个团,向我侧翼迂回,与我友军团接触。

我军部队本来是通过性质,未准备决战,故不停止运动,又走了四十里,翻过了两座大高山才宿营,敌人只有在后面叹气。

晚上找宿处

教导营因房子不够,只有继续前进去找房子。沿着广阔的山脊,两面都是壁陡的石崖,不能下去,又不见有村庄。走了三十里,找到一个破旧的房子,又被军委直属部队先宿了营,连外面的草坪里树下都挤满着人,有的已睡着了,有的还在开铺,或烧水洗脚。除听到无线电充电机的声音不间断的叫着外,听不到其他任何响声,大家很疲倦的休息去了。

在一个小房子内找着了朱总司令、毛政治委员、周副主席,大概是在布置明(十)日的行动大计。他们指示:"为着避免部队露营疲劳,为着容易找给养,还是再前进几里路找房宿营为好,该地的房子是准备留给干部团的。"于是我们又继续前进。

又走了大概八里路,找着了几间小小房子,分散了休息,已是半夜一点钟了。派了一班人到三里路地点去打土豪,征集粮食,抬了两只肥猪回来,倒还不错。

夺取定番城

一个通讯员的谈话

这时正是旧历三月底,那位常伴着我们行军的可爱的月亮,在天快明的时候才能起来。灿烂的星光,被那万恶的乌云遮盖了。山路又小又不平。一天未停脚,还是天亮前吃了饭的人儿,到这时足有十分的疲劳和饥饿了。但可恨那国民党万恶的飞机,妨碍了我们的行程。"我们是红色的健儿,负有解放中华民族的革命使命。钢一般的意志,是不能为任何艰苦困难疲劳所屈服与动摇的,要同敌人拼到最后一口气,要流尽最后一点血,要争取最后胜利……"一个小鬼通讯员躺在地上这样自言自语的说,不久,他也睡着了。

在进行中

四月十日,东方刚开始发白,接到总司令部命令:"一军团教导营,应马上出发,经赤城镇,向定番前进,占领定番城宿营。定番至贵阳六十里,注意向该方向警戒。"我们便很快的起床,吃早饭,土豪的猪肉,味道还不差,但辛苦了炊事员,忙了一夜未睡觉。饭后出发,走了四十里,一般的是下山路,当时又有战斗任务,一点也不感觉疲倦,很快的到了赤城镇附近。这里地形开阔,人烟稠密,沿着河边走,水车叽喳叽喳的声音,与红色战士胜利歌声相配合;满地麦秧,铺盖着大地,显现出一片绿色;微微的风吹着河边柳树,摇头摆尾,现出安乐的神态:这些给行路的人们以无限的兴奋和乐趣。

忽然一个骑白马的经赤城镇向西飞一般跑过。是区公所的吧?赤城镇区公所门口还飘着"青天白日"旗帜。飞机来了,大家散开荫蔽,飞机在头上盘旋了几个圈向西去了,大概是没有看清目标。我们接着上了马路,尖兵打着由区公所取来的"青天白日"旗帜,队伍成双行前进,倒还整齐。一路上群众叫我们"中央军",我们向他们解释我们是"中央红军",但群众毫无一点畏意。

在离定番城还有二十里的地点,便望着定番城附近,成千成万、成山成海的人群,不整齐的集结着,瞻望我们。反动县政府及国民党部等人物,以为我们是他们国民党的"中央军",却不料是真正救中国人民的抗日主力——"中央红军"。

占领定番城

到了城墙脚桥边,靖街团哨兵向我们打了一枪(大概已被发觉是伪装的),大群的反动人物拼命乱跑,靖街团警察狗子手忙脚乱的闭城门,登城抵抗。此时伪装未奏效,决心以坚决手段强攻。我英勇的红色战士,便紧跟脚坚决果敢爬城,打他个措手不及;结果只打了十多枪,我第一连的第一班英勇的上去了,将守城团匪当场击毙两名,全部敌军便"屁滚尿流""落花流水"似的坍下去了。警卫团,警察队,土豪劣绅,反动分子,共约百余人,出西门狼狈向长寨方向逃去,定番城即被我军胜利的占领了,反动县政府财政科长大胖子被捉到了。

红色战士又是宣传鼓动家

红色战士的特点,不但善于用枪杆子打坍敌人,而且是宣传鼓动家,占领了定番后便分头向群众宣传解释,宣布国民党罪恶,揭发它的欺骗,不到一点钟的时间,全城挤满了群众,热烈地来看自己的红军,到了天晚才散去。

翌日(四月十一日)军团首长命令教导营留定番城工作,其余部

夺取定番城

队向长寨[1]、紫云方向前进。约当日下午,我第二师第四团趁胜占领长寨城,我第一师第二团占领紫云城,将驻紫云城之白军一营击溃,缴获甚多。我军二天占三城,开展了野战军由南转向西进的有利局面。

本日在定番城召集了城乡群众大会,将土豪反动分子及反动机关抢夺劳动群众得来的财物,偿还给劳苦工农群众。群众个个都欢天喜地的说:只有共产党领导的红军,是真正救穷人救中国人民的。

四月十二日野战军已全部通过定番,我二师刘政治委员率领的最后掩护队到达定番城时,已不见我们的踪影了。

---

[1] 今长顺县。

五颗子弹消灭了一连敌人

艾 平

一个迷雾的清晨,大地的四周被那灰色的烟雾笼罩着,人家的炊烟,在各个屋顶上散布着,野外的植物身上厚结着滴滴的水露,春风微微吹着中和了那凛烈的寒气,象征着不热不冷的和煦,春天已经到来了。

偌大的一个市镇——狗场的街道上拥挤着灰色的人群,他们个个都在欢笑歌唱着,没有丝微的忧闷,荷枪束弹一行一行一队一队整齐不紊地在各个街道上排列着。

"打的打嗒打嗒打的!……"出发的号音响了,一队一队戴着红五角星灰色军帽的行列蠕动着,走出了狗场沿着马路向贵阳前进了,首先是十二团先行。

"喂,红军兄弟们!慢走呀!快些转回来啊!"沿街站立着的劳苦群众在红军战士与他们道别的时候,他们带着微笑的脸色,欢欣鼓舞的双眼望着那正在行进的来自江西省的红色健儿们。

沿街站立着的工农群众中的一个中年的先生,用自己的右手把他头上的瓜皮帽动了一下,摸着头张开两张嘴唇,两只眼皮也在一张一

五颗子弹消灭了一连敌人

合地大笑起来了。他说:"多客气,多文明,多有礼节的兵队呀!秋毫无犯,还送把我们百姓不少的东西财物。"他停止了一下,挥着双拳,带着愤怒的神气,又开始发表他的宏论道:"哼?'国军',为国为民还不是说得好听!啥子哟!人民也惩够了!"他气愤地走开了。

"看!"尖兵中的最前面的一个在说话:"一个挑水的白军!"其余的几个都本能地在道路旁边荫蔽起来了。

"一定有敌人。"又一个在说话。

"他还没有看见我们,把他捉起来。"另外一个在探头探脑地张望着前方,"不要声张,秘密一些!"

三个红色战士手提着枪,形成一个包围的形式迅速地奔跑过去了,挑水的白军伙夫,如青天霹雳骇得把水桶放在地下。"老爷!我是伙夫呀!队伍在那庙子里。"他用手指着对面约二百米远的半旧的庙子。

"有多少?"

"一连人,只有五十多个。"

后续部队这时也赶上来,因为盘问这个俘虏,都沿途停止了,十二团的团长——谢嵩同志与政治委员——苏正华同志都赶到前面来了。

"想不到这里还碰着了敌人",谢团长自言自语的继续审问被俘虏来的伙夫,"你们从那里来的?多少人?做什么的?"

"我们昨天夜晚出来说是什么游击,只有一连人,真的只有五十多个!"

"你们一连人现在在做什么哟?"苏政治委员急促地不耐烦地追问着,"快说吧!"

"昨晚一夜没有睡觉,现在他们都在庙子睡觉了。"

"第三营快把庙子围起来!迅速些!"谢团长对他的部下发命令了。

"不要打枪,要秘密些!"苏政委补充他对第三营营长说,"侦察排准备从这里冲进庙里去。"

"砰！"

十二团侦察排从庙门口掷了一个手榴弹进去。

"缴枪呀！杀呀！"

"啪！啪！啪"敌人从梦中惊醒，不住乱放枪。

"杀呀！缴枪呀！"从庙的四周吼出来这骇人的雄壮的声音，包围的部队也不住的连珠似的发射了五枪。

"我们缴枪了！"

"把枪放在庙里，统统空手跑出来！"

枪声停止了，戴青天白日军帽的灰色的一群，两手空空的羔羊似的从庙里走出来。

"欢迎白军士兵弟兄当红军！"欢迎的口号声震天价地响彻大地。

蒋介石九十六师的一个连完全缴械，从庐山军官训练团毕业的连长变成了俘虏兵，轻机关枪三挺，二十粒连放的驳壳枪三枝，步枪四十五枝，子弹四千多发，电话机一架，手榴弹及其他军用品，由青天白日旗的队伍里，输送到打着锤头镰刀的旗帜的队伍来了。

这是五粒子弹的代价。

看谁先到

艾 平

马场[1]毕竟为十一团首先占领了。

这几天来,因野战军全部向贵阳逼近,骇得王家烈手忙脚乱,调兵遣将,掘壕筑垒,整天忙个不休,布防贵阳,不遗余力。

看看红军一天近似一天,贵阳附近的市镇——牛场、狗场、猫场[2]等悉被红军占领,虽蒋介石亲居贵阳坐镇,也不能镇慑贵阳人心。

被红军占领了的地方的土豪劣绅,终年吸吮贫苦人民血汗的大人先生们不得不向贵阳逃"难"。一般贫苦群众,是欢天喜地,几千年被人压迫剥削痛苦不堪,现在好似再见天日,忽地里从万重地狱里爬翻起来了一样。红军所到之处,大为群众所欢迎拥护。

有一天红十一团旌旗飘荡,一路浩浩荡荡地风驰电掣般杀向马场而来。

"同志们!加快地行军呀!无论如何要首先占领马场,有友军也要今天占领马场呢!"

在距马场四十里的地方,据群众说,昨晚马场到有敌人,是王家烈的,多少不明。于是加强前卫警戒,向马场侦察前进,又令侦察排

---

[1] 今属贵州平坝县。
[2] 狗场,今贵阳市西郊金华镇。猫场今属龙里县。

全部化装，身穿白军衣，头戴青天白日灰色军帽，扯起青天白日旗，在全团的先头行进。

　　大约是下午四点钟的时候，十一团全部到达了马场附近，并没有发现有什么大的敌人的动静。

　　"恐怕扑了一个空吧？"

　　"还怕是敌人跑了，抑或是受了骗呢？"

　　"管他妈的三七二十一哟！侦察排向街上搜索前进！"侦察排仍是打着青天白日旗，戴着青天白日军帽，在十一团首长的命令下，迅速地向街道前进。

　　"啪！"枪只响了一声，再也听不着了。

　　"不要跑！我们是中央军。"十一团侦察排看见住在马场的团练带着枪拔脚逃跑时，不住地打招呼："我们来帮你们打红军的！"

　　"是的！打有青天白日旗呢。"团练停止下来了。

　　"贵军来了多少？"站在团练中的戴着瓜皮帽穿着蓝色青衫，外套大缎马褂的一个中年人现着卑鄙殷勤的样子说："有失欢迎，哈哈！"

　　"多得很咯！不要客气！"

　　"快点排队呀！"那中年的睁大眼睛，骄傲的对团丁们喊起来了："欢迎中央军！快点！统统都来！"

　　十多个团丁们都背着枪不自然地顺着狭隘不清洁的街道排成一个横队。

　　"那位是区长先生？"

　　"咳！鄙人便是，咳！咳！不敢不敢！"那中年的这样应了，很自得地站立着。

　　侦察排的战士们在排长的一个眼色下，迅速地把那些团练围困起来了，后续的部队也陆续地追到街上来了。

"缴枪！我们是红军。你们知道吗？"

"哎？老爷们饶命呀！"一下把那狗区长拿下了，引得大家都大笑起来了。

"啪——"

"啪！那里打枪？"蓝参谋长首先听到了。

"啪！啪！"

"恐怕是敌人来了吧？"张政治委员急促地一面走一面说，"我们到前面看去！参谋长！"

枪声再也没有继续响了。据警戒回来的侦察排的陈排长说是第二师的先头部队，他们也化装白军，引起我们哨兵误会打了几枪。后来因彼此都听见说话是江西口音以及他们看见我们是红军装束，枪也就停止了。

"好在没有发生误会！"

"听他们说第二师今天也要来占领马场的。"陈排长这样的说。他们一路说话，一路向宿营地走去。

"主任！"蓝国清同志兴高采烈地向王明同志说话，"毕竟是我们先到了！第二师现在才到呢！毕竟是我们先到了！"

"我们是先到了！"王明同志这样的回应了一声以后，他又对张爱萍同志说："政治委员！马场昨夜到了敌人有一营多，从龙里来的，今天一早就开向贵阳去了。"

天色快要夜了，十一团的队伍都继续不断地进入了宿营地。第二师的队伍连绵不断地在黑夜中从街道穿过去了，多得很，直到我们吹熄灯号后，还在继续着从这里过。

北盘江

邓 华[*]

我们占领长寨之后,军委的战略方针是迅速渡过北盘江向云南前进。我们(第二团)奉命为先遣团,担任夺取北盘江架设浮桥的任务。第一天便占领了紫云。

紫云是个很小的县城,不过三百家人,几十间小商店,原住有土著军队一个营,营长姓张,是当地民团改编的,二百人左右,尽是坏枪。我们到长寨后,他即有准备,沿途还埋了地雷,我们一路所得到的情况都是这样的,故决心以一天行程(一百里)赶到紫云,免得延长时间,增加困难。约莫午后四时光景,便到了城边,敌人已先进入阵地。经过点把钟的战斗,将敌全部击溃,缴了几条单响枪,便占领了紫云城。群众很好,满街都插了红旗,欢迎红军,都打开了铺门做生意,敌人做了二百套军衣未拿走,缝工也报告了我们,我们除了厚给工人工资外,不客气的打了一个收条。当晚扩大了十多个红军,筹

---

[*] 邓华(1910—1980),湖南郴州人。1927年加入中国共产党。1928年参加湘南起义。长征时任红一军团第二师第二团政委。抗日战争时期任八路军一一五师三四三旅六八五团政委,先后参加了平型关战斗、百团大战。解放战争时期,任东北野战军第七纵队司令员,指挥四平战役,参加辽沈战役和平津战役。后任四野十五兵团司令员,指挥解放海南岛战役。1950年赴朝鲜,任中国人民志愿军第一副司令员、司令员兼政治委员。回国后任沈阳军区司令员、中国人民解放军副总参谋长,是中共第八届中央委员。1955年被授予上将军衔。

到二千多块钱。只住了一晚，第二天又取道保保树，继续向北盘江前进。出四十里，便是彝民区域。由于过去的民族仇恨很深，已走向激烈的武装斗争，汉人的行商走贩亦多被抢劫杀害，甚至白军的小部队，也难通过（紫云群众所谓"土匪"），所以行人稀少，有些圩场都已成为焦土，沿途异常荒凉，简直走一天都碰不着一个人。大概上午十点钟的时候，接近开始的一个彝民庄子。前面发生枪声，两面山上到处叫喊"呜呼"。我们为要争取时间，所以采取驱逐监视的手段，求得迅速通过，沿途霹霹拍拍一直打到黄昏宿营地。便衣队进房子，敌人（彝民的民团团总姓曾的）才发觉。最前面的一个侦察员，还被他砍了两刀。又经过战斗，占领最高山之后才宿营。第二天又照例沿途打了大半天。到下午四时，离保保树十里的一个庄子，有一个彝民放哨，被我们捉到。进行了宣传工作，谈红军对彝民的主张，说明我们这次是过路，红军纪律很严明，绝对保护你们的利益，要他回去告诉彝民们。不一刻满村子的群众，不但不走，都跑到路边上来看我们，并送了几桶开水出来，表示很亲热。我们同他们谈了几分钟，他们已先派人去通知，并派那被缴枪放回的哨兵，替我们带路。走了点半钟，便到了保保树，该地七八十家人，还有一个小教堂。村子是围墙围住的，有步枪十余枝，其余是土枪梭镖。城门口还设了两个卫兵。我们队伍一到，大大小小男男女女都跑出来。他们的生活习惯装束与紫云汉人无多大差别，并且还有两个是中学毕业的。经过同他们负责人交涉之后，他们很好让出了房子，并送了我们些粮食。当晚我们便住到教堂内，与他们负责人和小学教师谈了许多话。他们把附近的敌情地形及北盘江的情形，都详细的告诉了我们，并恳切的叙述汉人的豪绅反动派如何的压迫他们，他们决不屈服，坚决反抗到底。他们最困难的是子弹问题，要求我们送些子弹给他们等等。以后又同他们进行了些宣传工作，并送了子弹给他们，他们非常的高兴。

保保树到盘江还有四十里，中间还有一个彝民的寨子，是石头筑成的，很险要。因为他们这两个村子的首领有冲突，所以第二天刚到庄边，他们又打枪。经过我们交涉之后，又让我们通过，顺利的到了北盘江边。

北盘江是珠江的上游，水面差不多有金沙江那样宽，不过不深，流速平缓。河的西岸就是个二十多里的大高山，上岸很陡。东岸距江五里许有个村子，附近有很多竹林，我们主力便在那里集结。因无敌情可顾虑，故放心的架桥。经过部队中的动员，为着完成架桥任务而战斗，发动了搬材料竞赛。全体指战员异常紧张，虽然天气酷热，汗流浃背，然而高度的努力，克服了任何的疲劳与困难。将近黄昏时分，一座浮桥宛如长蛇般的在江中荡漾着，一队队的红色健儿，在那里通过。夕阳西去，水波不兴，晚风微微的吹来，大地的虫鸣与红色健儿胜利的歌声，正相配合着。

抢渡北盘江的前后

艾 平

一 "司令派兄弟欢迎大军"

"十一团为先遣团，于明日十二时赶到北盘江，控制渡河点，并架设浮桥。"

"同时，占领白层河渡河点，掩护全野战军渡河。"

"行程约一百八十里，沿途有彝兵与民团，无正规敌军。"

这是十一团在占领广顺城后第二天夜晚接得红三军团军团长彭德怀、政治委员杨尚昆的抢渡北盘江的直接命令。

交夏时候的雾烟荡荡地盖着了天地，凉风微微的吹着的早晨和夜晚，使人不时打起寒颤，尤其那些身体瘦弱的人儿身上还披着棉衣。东方已现出鱼肚白的灰色，象征着天色是快要明了。

天色微明，拂晓的时候是到了。担任重大任务的先遣团的队伍从宿营地慢慢地向那弯曲而狭窄的羊肠道移动着。

太阳渐渐地从东方出现了，照例，农夫农妇应该是在田园中忙碌的劳作着，然而却一个也不曾遇见，这些彝民，都在王家烈狗家伙的欺骗下跑到山林内隐匿着，打起埋伏，好在有人做向导带路，我们并没有因而迷失了道路。

翻了一座山，又过了一条沟，就是这样的爬山下山不停的在走，迅速地在向前进。一百八十里路要在明十二时赶到，沿途还要打仗，就算不打仗吧，也是相当难走的。"十里一小休息，三十里一大休息"的事情自然是办不到。这是特别的任务特别的环境，应该用特别的态度特别的行军——急行军来对付。十一团的全体指战员们都懂得这个道理，所以没有一个表示疲劳勉强与不愿意的神气，并且沿途雄壮的唱革命歌。"好呀！再来一个！""哈！哈！哈！""来呀，兴国山歌！""我来同你比赛！"不断的进行着行军娱乐工作，热热闹闹的洪亮的声音震动了山谷。

陪伴着我们的太阳，似乎也有些倦的样子，它渐渐地、渐渐地从东方移动到了西方，它的光芒也不像在正空那样的灼热。

"也应该休息一下了！"从拂晓出发没有休息过的十一团的队伍，沿着村子路边休息下来了。这时大家都很口渴了，很有组织的每个单位都派了二三人到村中去找水喝。

一个年老的彝人，在我们宣传之后恍然大悟似的对我们说："啊！你们才是这样好呵！那我们不怕。"他把头点了几下，接着他又说："我们的妇女人家都怕，娃娃也怕，他们都躲了！"

"到北盘江有多少路？"我们这样问他。

"噫！一百三四！"

先头的前卫部队又开始移动了，大家都在向这彝人道别。我们的队伍还没有走过这个村庄，有些人在说彝人还是好办交涉，也有说非走夜路不能如期到达，现在王明同志把头掉后来这样的说："前面就是民团王司令的区域了。"

"夜间有些不大好办。"蓝国清同志接着王明的话。

"是的，真有些不好弄！"张爱萍同志这样的说："民团倒不怕他，问题是人生路不熟的夜行军。"

"就是这点讨厌！我看……"

"啪！啪！"对面林里打了两枪。

"咳！说着说着，就来了呢！"

带路的向导，沉着的说："官长！他一定是王司令的兵，等我来打一个招呼。"他不等我们回答他，就喊起来了："呜！兄弟们！这是红军不打我们的……大家都是一家人，不要打咯！……"王司令的兵来了。他们告诉我们前几天由周浑元（蒋介石"追剿"红军的总指挥）派来一个代表，要王司令堵截红军，王司令没有答复。他们刚才发生了误会，不知道是红军，以为是国民党中央军……等我们也向他们讲了许多，进行了一阵宣传以后，他们又"呜！呜！"一个个很快地跑来了。

队伍很快的通过了田垅，走出了山沟，他们一边走一边不绝地互相谈论着。一些特务员说："噫，这送来的是什么人？"

"报告！政治委员！"一个通讯员带着两个戴瓜皮缎子帽的二十多几的先生装束的人向张爱萍敬了个举手礼，"营长要我带来的，说是王司令派来接头的。"

"我们是司令派来的弟兄欢迎大军的。"一个年纪稍大一点的行了一个鞠躬礼说。

"我们不知大军今天到此，没有远迎，哈！哈！请原谅原谅！"另一个也把头点了两下。

彼此客气一会，互相谈论一些关于北盘江的敌情，沿途道路等等事情。

天已经夜了，因为从早出发远没有吃中饭，走了一天大家都须要休息一下。同时只有九十里路了，于是队伍就在王司令让出的房子进行大休息。

政治处的主任——王明同志与保卫局特派员——吴信全同志任"外交大使"与王司令进行交涉谈判,结果甚为圆满。

由王司令派了一个副官带路作向导,并沿途与各隘卡交涉。对红军后续部队也不加以任何阻拦,并且慰劳红军许多白米与猪肉,使我们的部队在夜间在各关卡"通行无阻"。

二 迅速徒涉过去,占领对岸阵地

经过昨天一个整天与一夜晚的急行军,终于在今天十一时赶到了北盘江。

北盘江的水的流速不大,宽不过二百米,照水势是可以徒涉的,但水究竟有多少深,我们还无从测量。河的对岸矗立着高有十里的大山,由此向下游走五十里便是白层河比较热闹的一个渡口。从此地去白层河的中间五里处,有名叫孔明坟的地方,相传当年诸葛亮死后埋葬此处。

"听说贞丰城这几天有兵队开来。"

"冬腊月是可以踩水(即徒涉的意思)过,而今不知。"

"要在白层才有渡船。"

我们从一个王司令派来驻守北盘江的连长(只有三枝步枪)处得来的这些情况,相信是可靠的消息,因为王司令派来带路的副官先生与他交涉了,要他无论如何帮忙红军。

队伍是拥挤在河岸的河滩上,大家都拼命的喝水,因为走了四十里的山路全没有一口水,连泥水也找不着来喝,所以一到河边,都你一碗我一碗的饱喝了一顿。

这时北盘江还没有到敌人,所以很太平无事。

"试一试！"张政治委员踌躇后毅然的说，"浮水浮得好的同志，先探一探，不过去不行呢！"

"是的！"王主任有些着急的样子，"假使敌人到了就糟糕！"

"我先去，会水的跟我来！勇敢些吧！同志们！"蓝参谋长把衣服裤子脱得光光的，手里拿了一根木棍子首先走下水去了。

"机关枪连占领阵地！掩护渡河。"机关枪在河的我岸展开了，准备一发现敌人就开始射击。

"行哟！"蓝参谋长徒涉到河的中间，喜欢的喊了："政治委员！可以徒涉。"

"陈排长！"张政治委员在蓝参谋长刚要徒涉到彼岸的时候发出了命令，"侦察排首先迅速徒涉过去，第三营也开始徒涉！小孩子留下来，待桥架好再过去。黄营长迅速徒涉过去，占领对岸阵地，如发现敌人坚决的打坍他！"

"掩护渡河！"

"同志们！"王主任提高了嗓子，走到第三营的队伍中大声地说，"我们的任务才完成一半，主要的要靠这一下趁敌人还没有到，迅速的徒涉过去吧！"

河里的水不住地在响，裸体的红色英雄们，都做着一样的动作，左手举着枪，右手举着子弹衣服和行李，一个靠一个嘻皮笑脸的欢欢欣欣的向河的彼岸徒涉过去。侦察排过去了，第七连八连九连……都接连着在渡河。

"侦察排与第三营迅速地爬上山去！"张政治委员站在河这岸说，"本部占领那个阵地！"侦察排在前，第三营在后，一队队地很迅速地向那山顶上爬去，其余的继续着在徒涉着。

"对了，侦察排到山顶了。"

"啪！……"

当侦察排刚爬上山顶，当第三营隔山顶十五余米远的时候，敌人恰与侦察排相遭遇。还有一些敌人风驰电掣般在从山脚往山顶爬上来，被我侦察排的轻机关枪配合着手榴弹一打，像死狗样的坍下去了。第三营也赶上来了。侦察排在上面，第三营在右侧面，从上而下的压下去了，敌人像水样的坍下去了。接着就是一个猛追，直追到二十余里，才收兵扎营。

据俘虏来的俘虏兵说：敌人一个团从贞丰城开来这里，扼阻渡河点，阻滞红军过河，因为他们知道这两天要从这里过云南。

"险些不好弄呢！如果敌人早十分钟来占领了这带山。""终竟我们争取了先机之利！"

三　还是假打一下吧

在到北盘江以后，即由蓝参谋长率领十一团之第一营经孔明坟沿江而下占领白层，控制白层渡河点，以便军事委员会直属队与第五军团及其他部队渡河。

白层是北盘江的重要渡口，为贞丰兴仁的门户，常驻有重兵把守。

是黄昏以后的时候，第一营到达了白层。所有的渡船与商船都停泊于彼岸，为犹国材之一营派兵看守着。河水深不可测，自然也就不可能徒涉了。并且由河岸到贞丰城必经过一个干口（从大山中间凿了一个口好像城门一样），这就增加了我军渡河的困难。

"不管他三七二十一，把机关枪架起来打了再说。"蓝参谋长这样向田营长说。

"啪！啪！啪！……"

河对岸的敌人并没有还枪，只是把卡子以及河岸的灯光完全弄熄了。敌人并没有什么动静，于是我军休息下来了，除在沿河布置了警戒外，到处征集架桥材料，准备拂晓强攻。

"除了强攻，是别无他法了！"

"报告！"一个小哨的排长向田营长报告情况，"河中间过来了一只船，不知道做什么的！"

大概是晚上十点钟以后了。守白层的敌军营长震于红军的声威，不敢与战，派了他的副官来办交涉，探听我们的行动。

"只要过河，什么也不要！"这是我军向副官提出的，当然还是带着些外交式的客气。经过以实力作后盾的宣传之后，得到了这样的结果：把船给红军渡河，借路给红军过。

"究竟我们为什么……"那副官多少带着些不好开口的样子，但他终于说出来了，"上级有命令，就是这样的过去，似乎不大好，还是假打一下吧。"

半夜的时候，渡船一只一只地从河的那岸摇过来了，同时间对岸敌军（似乎也是"友军"了）的灯光也燃起来了，但那灯光慢慢的向这处移动了，我军也就不客气的驾上船一船一船地渡过去，依约假打了几枪。可是那些队伍太不沉着了，一听到枪响有些灯光又打熄了，队伍也紊乱起来了。

我军就在这样"还是假打一下吧！"的情况下安然地渡过去了，白层的渡河点就这样不费吹灰之力控制住我红军之手。

"控制北盘江渡河点的任务胜利的完成了！"

四 "机关枪多得很咧"

胜利地渡过北盘江以后，为封锁铁索桥以迟滞关岭、安顺之线的敌人，使我西征红军顺利通过贞丰、兴仁，越过七磐山进入云南地域，十一团（缺第一营）于渡北盘江之次日奉令经者相、坪街向铁索桥前进。

沿途道路崎岖，高山峻岭异常险恶，人烟稀少，树木丛生，为人迹罕到之处。在路的两旁，除高矗云表的石山一处，便什么也没有。要上山了便是爬了一层又一层再一层，要下山了便一直下又下再下，真有"一夫当关，万夫莫开"之概！这是从江西出发以来，没有看见过的高山峻岭，所以四十多里的行程我们足足的费了六个多钟头。

第一天到达了者相宿营。

是第二天的十三点钟以后，逼近了坪街。经过约半小时的战斗，击溃了驻守坪街之敌，占领了坪街。据俘虏的白军犹国材的士兵说：驻守坪街的敌人是一个营，还有刚刚由铁索桥开来了国民党中央军一个营。这一营正开头煮饭的时候，就是我们红军向坪街攻击的时候。敌人听见打枪不问青红皂白地就开跑了。所以使我军没有受到损失的攻占了构筑有防御工事的坪街，并缴获了一些，虽是不多。

坪街是关岭城[1]铁索桥到兴仁必经之道路，所以经常有重兵扼守，并有电话联络。因为敌人退得异常狼狈，所以电话机仍是好好的没有动，供给我军与敌人暂时联络的工具。

"等我来试他一试吧！"张政治委员说了，就开始试与敌人讲起话来了，"喂，我坪街啦……你那里？"

"我关岭咯！"关岭城敌人这样的答了。"坪街怎样了？"

"没有什么，"张政委假冒敌人的回答了，"只几个土匪来扰乱了一下，已经被我们打跑了。"

"啊！你们要注意呢！"关岭敌人异常关心担忧的问，"有一个营到了没有？"

"没有看见到队伍啊！"

"快到五点钟了，"敌人大概看了一下钟点后，很放心的说，"等一下也许就会到的！"

---

[1] 坪街即今贞丰县平街镇，关岭今属镇宁县。

敌人说完这话以后，把听筒一挂走了。

我们这面也同样的停止了通话。

"铛！铛！铛！……"

电话机响起来了。总政治部巡视员周碧泉同志接电话："我是坪街……还没有到啦……是的，天快晚了！……没有什么事……好，到了打电话报告你。"

过了一会，关岭城的敌军师长又从电话中问他说："关岭县长报告坪街到了'共匪'（称红军）。你们说没有，究竟怎样的？"

"那有的事呢！什么也没有。"王主任在电话中回答他。最后敌军师长发脾气地说了一句："狗县长真造谣捣蛋！"

以后我们从敌人的电话中，听到住在龙场的一个敌军团长打电话给关岭城的敌军师长。他说："坪街已经早被红军占领了，驻坪街的两个营，被击溃散乱在四处山上……"

"有多少'共匪'（称红军）呢？"关岭的敌军师长惊讶的问。

"一千多两千人……机关枪多得很咧……"

"咳！我们也很多呢！"关岭城的敌军师长丧气的回答，从此电话也不通了。

我军乘夜向着铁索桥前进，又一连夺取了敌人守铁索桥的两阵地。后来因地势十分险恶，而敌人又占领优势地形，我军也不得前进，敌人也无法夺回他的阵地，就这样与敌人相峙一个整天及两个整夜。

铁索桥虽然没有占领，然而由于坪街的占领，截断了关岭与兴仁、贞丰的敌人，使我主力得顺利地夺取了贞丰、兴仁两个县城。

禁忌的一天

童小朋

大概是贵州和广西边境吧，在那里正是少数民族地区——苗区的当中。四面是那样高大的山，沿途很少村落，的确是一块"地广人稀"境界，尤其是那些从来没有看过军队的苗民们，一看到这许多的队伍来，就"逃之夭夭"了，更增加了我们行军中的许多困难。

为了急于赶路到达新的地区，急行军已经两天了，明天还要这样做。

上山下坡爬岭过峡，走了一天还只走得六七十里路，宿营地没有到。虽然天已黑，肚子饿，眼已酸，神已疲，仍然继续的向宿营地前进，不然在大山上停止，既没有房又没有粮，不但要露营，而且还要挨饿，就有粮食也根本没有办法煮熟。

夜深了，弯弯的月亮，已经高到天顶，始到达预定的宿营地（不用说是露营地）。整个的直属部队，只十几家房子，所以只够煮饭用，队伍就在那村子的河对岸的稻田内露营，一些患病和体弱的同志与炊事员们就进了房子。

露营是我们经常的事，尤其是在这热天，更为大家所乐为。在那里把稻垫在地下,雨伞撑在上面,不感觉热气逼人,也不觉得蚊子吮吸,连露水也沾不到,真是一个很好的睡觉地方。

睡到大天亮,正在席坐用餐时,忽由司令部送来通报,说今天行进的途中,因系深山密林,时有瘴气,水含有毒,禁止在途中喝冷水,以免中毒,并由各部先派员到途中烧开水,出发前须带开水。这一来,大家都觉到非常奇怪,将信将疑的。"瘴气究竟是什么?为什么过去爬过更大的高山,走过更密的树林,从没有听到说什么山上有瘴气,水里有毒?""或者因为在深山密林中空气不流通所致,""莫非那些水是由有毒的地方出来的?"……各种不同的猜想在大家的中间嚷着或想着。然而大家相信司令部的这种通报是有根据的,虽然有许多同志都不相信,莫明其妙,但也不得不要想办法来对付,不然万一是真的中到毒,在这些地方是很危险的。

各部队的负责人,均分别在传达了。每个战士听到后,均万分惊奇,然而大家都怕这是真的,于是每人都争先恐后的用水壶、葫芦(贵州特产的一种瓢瓜,形似葫芦,去其中之瓢及子,即为水壶)满灌开水。很多平时惯于喝冷水,从来不带开水的同志也带起来了。开水完了,河里的冷水也带它一壶,因为这条河的水尚不在禁忌之列。

山越上越高了,天气越来越热了,大家都汗流浃背。这时不吃水是不行的,但是带的水只那样一壶,路上的水又不敢吃,到大休息烧开水的地方又还那样远(三十里),而口又干的那样燥,没有办法,只得开始喝带来的水。但今天就不同以前了,如果在以前这样热的天,一回喝一壶还不够,而今天就只能喝口把两口,稍微使口润润就够了,真比起喝人参汤都还要宝贵。有些同志以为"现在还未到毒的地方呢!"想早喝点路上的水,而把自带的保存起来,但是这禁令,谁容许你呢?谁让你去喝水中毒?碗还未解下时,大家就已经吵着阻止你,使你不得不暂时忍耐,不敢去冒险。

上山上到最高的时候，太阳正当顶，正是天气最热的时候，也是汗流得最大、口最渴的时候。谁禁得住不喝水呢？喝那一口，连嘴巴也打不湿，于是很多同志开始禁不住，一口又一口的喝，不几回就喝得精光了，然而山仍是那样爬，天气仍是那样热，口仍是那样渴。

我是最相信的一个，我生怕中了毒，口渴了，把口水润润嘴巴，或想些自己骗自己的办法："到大休息喝开水的地方不远了，多忍耐一下。""前面山上有杨梅，吃杨梅就可以止渴"等。这虽然是在心理上来解决的办法，但却有些效果，尤其是想到杨梅时，口水就津津而来，相当可以敷衍一下子，到不得已的时候，才喝口带的开水，因此我到了休息的地方，那葫芦里面还存留着开水呢。

才下到半山，发现一流清冷的泉水了，这时真使大家难过。喝吗？又恐怕中了毒，在这大山上走不得怎么办？毒死了怎么好？不喝吗？口里已渴得连口液都没有了。这时的决心真比高级司令员下打大仗的决心还更难。

有些"勇敢"的同志，便不管他三七二十一，解下碗来就喝。比较"犹豫"的同志，就也随着去喝，不过少喝一点。那些"动摇"的同志看到他们去喝了。一边喝一边"大概没有毒吧"的讲，或者解开碗，走去给人阻止又折回，或者把水漱漱口就罢了。这是一批人。另外一批便是"坚决"的了。最"坚决的"就是坚决的反对他们喝，阻止他们，喊住他们。比较"坚决"的就自己不喝，仍忍耐着的向前去。至于负着领导责任的同志，一方面是较"坚决"，一方面是要以身作则来管理同志，所以多不敢去喝，只是阻止其他同志，自己仍旧忍耐着。仍是在大山里有几间小房子的地方，就大休息了。房子里树荫下，到处挤着身疲似渴的人，房前房后也架着正烧得火气腾腾的行军锅。开水一送来时，大家都像饿鬼拾馒头一样，不怕热也不怕烧的，舀着就喝，甚至有些同志喝得太慌了，连舌子也烙痛了，喝了一碗又一碗，似乎路上没有喝，在这里要补充，而且要准备明天的水分一样。

　　正在喝得高兴时，忽听得收容队的同志来说："某团一个战士喝了水，肚子胀的很大，过了几个钟头才好。"这一消息传来，使在路上喝过水的同志，又惊又喜，惊的是恐怕也中了毒，喜的是他们喝了水现尚无恙，大概是不成问题了。午饭后仍继续前进，但至夜深仍是在稻田露营，不过今天——危险的今天，禁忌的今天过去了，喝了水的同志仍安然无事。

　　今天这一谣传究竟是怎样，至今仍是莫明其妙！

长征中九军团支队的断片

王首道[*]

一 九军团掉大队了

我中央野战军运用了非常巧妙的机动,实行第二次渡过乌江时,军委电令,留九军团在乌江北岸牵制敌人,起特别游击支队的作用;后来又奉军委命令,日夜急行军,赶到乌江边上的沙土,掩护野战军渡河。我们因有特殊任务,没有渡过河去,当时有个同志说:"九军团掉大队了,我们是不怕困难的,愿意随着中央红军打遍全中国,死也不愿掉队,脱离我们的朱总司令呵!"后来我们找他谈话,他才知道我们是担任了特别支队的作用,不是掉队了!(这是四月初的事。)

---

[*] 王首道(1906—1996),湖南浏阳人。1926年加入中国共产党。湘赣苏区创建人。长征中,任军委第一野战纵队政治部主任。到陕北后,任红十五军团政治部主任。抗日战争期间,任中共中央秘书处处长。1944年任三五九旅南下支队政委,率部南下鄂、湘、赣、粤等省。解放战争时期,任中原军区副政委兼政治部主任,东北行政委员会财经委员会主任,工业部部长。中华人民共和国成立后,任湖南省人民政府主席,交通部部长,中共中央中南局书记处书记,广东省委书记。是中共第八至十一届中央委员,第五届全国政协副主席。

二　老木孔山林内伏击犹国材

大约是四月三号，我们得到农友的报告，知道了犹国材五个团从鸭溪向老木孔我军进攻。我们马上埋伏在离老木孔二十里的山林内，佯为溃退，等到敌人不备，摆着一字阵前进的时候，我们便从右侧向敌人突击，猛虎扑山羊似的从中截断敌人，使他首尾不能相应，只得被我各个击破，大败而退。结果我们将敌人五个团完全击溃，缴获步枪百余枝。每个战士都笑嘻嘻的说着："今天何跛子（指政委何长工）罗胖子（军团长罗炳辉）指挥得好，不然我们要吃大亏呵！"

三　瓢儿井千人儿分盐

在我们占领瓢儿井（毕节属大市镇）的前一天（四月七日），我们伪装为国民党中央军，结果不响一枪，将长岩民团反动武装七十余枝枪全部缴械。当日继续夜袭瓢儿井，将该市敌军大部缴械。次日天明，没收反动首领盐庄，一小时之内，号召了一千多人分盐，如山如海的干人儿争着要盐，闹得非常热闹。附近许多苗人也来要盐。往来背盐的人好像蚂蚁一样忙个不了。

四　贵州苗人的歌舞

我们由瓢儿井到八坝[1]一带，沿途有许多青苗，因为他们知道红军好，分了盐给他们，所以他们对我们不但不害怕，而且都出来看我们。仅在沿途喊话中，便有九十多个苗人，随我们到宿营地来。我们政治部请他们会餐，并向他们宣布红军对弱小民族的主张。他们热烈

---

[1] 即今瓢井、八堡镇，属大方县。

的赞成我们的主张，痛骂国民党军阀的苛捐杂税，马上组织了苗民自救会，成立了苗民自卫军。我们发给他们十余枝枪，他们都很高兴，其中有几个更开通的，唱着苗民的山歌，跳着苗民健身的舞，还奏着苗民的笛，使我们感觉有一种特殊的风味。据当地熟知苗民生活者说，苗民朴实耐劳，文化落后，与汉人言语难通，受汉族军阀官僚压迫剥削非常厉害，生活甚苦。风俗习惯与汉人大有不同，头上结发，妇女穿裙子，不穿裤子，全家同住一室，不分老幼男女。传云，男女结婚不用媒婆，男女到了结婚年龄，在牧场上互相歌舞，认为合意的便订为夫妻，但须至第二年才能由男家请了许多打师傅，将新娘抢回去，才能正式成为夫妻。女人出嫁前，以私通男子愈多愈为荣耀，认为青年妇女引人爱是好的，没有人爱，反认为不好；但女子出嫁以后便不能与人私奸，原来女子在未结婚前与另一男人有私情的，女子便送一疋苗民的粗布给男子，叫做断郎礼。

五 渡过北盘江

四月二十九号我们接到军委电令继续西进，渡过北盘江。当时前后都有敌人，情况是很紧急的，同时北盘江水势很急，号称小黄河。在我们拟渡河的地点已经有了敌人的重兵，只得找农民另寻渡河点。得到农民的引导，经过一条奇形古怪的小路找到一个渡口。河中有许多高耸的大石头，我们采了一些木棍，将木棍架在两个大石头上，然后接着一个个爬过这条恶水，骡马则请农民带从另外一个小口子（仅仅有这一个口子），浮过来了。许多战士说，这奇怪的水生了这样的石，我们从这奇怪的桥爬过来，真是从有生以来没有见过的。

六　过宣威

经过了困难和危险，我们到达云南宣威的好地方了。首先于四月二十五日占领板桥，半夜袭取宣威，敌人逃走，我们即于二十六日拂晓入城，没收了一家反动的大土豪。他家的火腿堆满了几房子，我们这些红军是吃不完的，就是顶有名的宣威罐头也没有拿得完，后来大批的分给群众，有许多贫民一个人分得了两三个火腿。宣城及附近群众争火腿得非常热闹。许多人说：云南有名的火腿，这一次总算给我们红军和老百姓吃够了。

七　东川民众的革命潮，扩红潮

云南宣威、东川一带干人儿对于红军是非常热烈拥护。当我们进攻东川，在离东川城三十里的者海休息的时候，便在散发积谷的号召之下，不到一点钟就扩大八十多个红军。等我们围攻县城时，更有许多干人儿向我们报告消息，说"我们都欢迎红军的，只是县长杨茂章压迫我们守城。城内只有民团三百余，他们都不愿守城……"。我们得到这个消息，便一面宣传和写信，进行外交方式的工作，一面准备攻城。至下午三时（五月四日），城内派人出来，答覆五时准我们入城，但是可恶的县长，仍要压迫民团死守。我们便提出只杀反动县长一人，决不伤害一个老百姓，结果人民欢迎我们进城，东川巩固的城，不攻自破了。我们到城内，红军纪律真是秋毫无犯，并根据群众的要求，逮捕县长杨茂章、最大土豪恶绅刘"二老爷"，经过将近万人的公审大会，把他们枪决了。全城内外民众，都说红军为民除害，男女大小都说从来没有看过这样好的军队。我们因为敌情紧张，仅仅在这城内驻了一天半，散发了一万多石土豪的谷子，筹款六万余元。干人儿如山如海似的涌入红军，不到一天半的时间，便扩大了八百多个红军。这是我们从来没有听过的白区扩大红军的成绩。

八　云南边境一带的凉山人（彝民）

九军团支队进入四川披沙、松林坪一带。这一带大多是彝民，当地称"凉山人"，多居山地，生活非常痛苦，性情非常强悍。当我们由松林坪通过到普格县时，途中掉队的被彝人杀了几个。后来经过我们的耐心工作，才争取一部分彝民回家，并有三处彝民送牛羊慰劳红军，我们也送给他几枝枪，他们非常高兴，便送我们几匹马。经过许多送礼招待的关系，我们接近了这个被国民党认为野蛮的民族，后来帮助他们成立了彝民民族自卫委员会，并扩大了三十多个彝民当红军。

一个团与一个师谁胜

艾 平

昨天上午八点钟的时间我十一团已迫近白水城。

白水为云南沾益县的一个分县,城墙已倒坍。我军胜利地占领了白水城。

为要掩护我红三军团在白水宿营起见,十一团在占领白水以后,由白水向平彝县前出十里处警戒,与已被击溃之敌相对峙。

大概九点钟以后,敌飞机高翔于白水城附近一带天空,大施轰炸。正在这时候,恰遇我军团司令部及直属队到达距白水城二十余里之地域。此地域,地形开阔,除些许树林外,别无旁的荫蔽地,因此被敌机轰炸遭受了相当损害。军团政治委员杨尚昆同志,也在敌飞机轰炸之下,足部受微伤。

因为从平彝增援白水之敌军未赶到,所以,这一天无大的战斗,就是这样平静地过去了。

夜晚,增援白水之敌,到达了距白水二十里之某圩场宿营(距十一团警戒地仅十里)。据我侦察排侦察敌情所得,敌人约二师之众。估计敌人可能于今晨向我攻击,企图恢复其昨日失去之白水城。

今晨五点钟以后我三军团主力继续原有任务，经白水向沾益方向移动了。占领白水只是为扫清前进道路的目的。当然，十一团就是担任着继续掩护的任务。前线炮声隆隆、枪声啪啪，与增援白水的敌人进行顽强的战斗，后面部队加速地在运动。

因为在马路上运动队伍速度比较快，所以军团主力的一部（其余一部已于前天超过了白水），在十三时以后，已全部通过了白水城。

敌人是六点钟的时候就开始向我攻击。

估计敌人兵力五倍于我，同时我军又不是与敌进行顽强的抗战，因此采用了运动防御的战术与敌人相周旋。

战斗开始时，我军布置了很宽（约三里）的防御正面，这就迫使敌人不得不将队伍大量的展开。展开在我正面的敌人有三团的兵力，后面还跟随着尚未展开的后续部队。

真有点可笑！敌人的指挥官上了我们的老当。我们仅仅只一个营构成了约三里宽的正面防御阵地，敌人竟以为我军是大部队与之作战，所以规规矩矩地展开了偌大的兵力向我施行正规的攻击。

说也有趣，当敌人兵力正展开，刚向我攻击时，我军又不顽强抗战，而自动撤退。这样敌人又不得不集结其已展开的兵力。

就这样展开、搜索、集结，又展开、搜索、集结，使得敌人兵力疲惫，浪费精力与时间。而我军呢？毫无损害，既没有伤亡，又没有什么疲劳。所以直到十五点钟后，敌人才前进了十三里地，占领了昨天失守的白水县。

敌人的胆子异常小，当我自动撤出阵地后，他老是不敢大胆前进占领，也更加说不上跟踪追击了。敌人每占领一阵地，必须经过炮轰、机关枪射击、尖兵搜索，然后一班一排一连一营……的集结。在集结后继续前进时，又必须经过那一老套公式。假使没有经炮轰、枪关枪射击、搜索的公式，他的主力老是不敢轻举妄动地前进一步。

的确敌人这天的弹药消耗了不少，然而，我军却没有丝毫的损害。所谓蒋介石的中央军，不过"如斯而已矣"。

"五一"的前后

莫文骅

（一）

正是四月，转战万里的红色干部团（即红军大学及步兵学校合编的部队）的长征英雄们，在酷热的干燥的太阳暴晒之下，背着枪弹、包裹、粮食，向北迈进着。汗珠儿滴滴地流出，衣服湿透了。钢帽发热了，有些赤足的脚也发红了起来，开着口，喘着气，他们在艰苦的行军！

很疲倦的时候，遇着零星树木，便休息一下，拭一把汗，喝两口冷水，精神又恢复了，继续的走，且引吭高歌"炮火连天响……"。

四月二十九日的那天，干部团前进至离天险的金沙江（即长江上游，是四川与云南交界处）二百八十里的彝民地区，接到军事委员会的命令，着干部团"五一"夺取金沙江！

这是与整个北进战略方针的完成有决定意义的任务，因为只靠这一渡口渡河，其他渡口均被敌人占领了；敌人扼守对岸，而且烧毁了船只；这一渡口的敌情又不很清楚；在那时敌人以十多万兵分三路向

"五一"的前后

我们追逼,如果夺不到这一渡口,则前无去路,后有追兵,将不知有几多的艰难险阻呢!

接到这一命令,谁个也知道是危险艰难的任务,但是大家都相信,在共产党中央的正确领导之下,已经克服了许多的困难,这虽然是艰难危险的任务,一定可以完成的。我们可以战胜天然的和人为的一切障碍。

未明的三十日早上,稀少的晨星,还在闪灼,在黑暗的宇宙里,慢慢地稍能看出一条淡黄色的曲折的原始道路。那时,前卫连——政治营第八连的同志吃饱了饭,勇敢而活泼地向北前进,去担负伟大的而光荣的任务了。

政治八连,均是青年的政治干部——亦即是最好的共产党员与青年团员。

行行,天明了,再行,天热了,又行,啊!炎酷的天气迫人太厉害哟!可是那一群英勇的大有希望的政治干部,虽然有些才十六岁,他们依靠着政治上最坚定的意志,和万里的长征中锻炼过的两条腿,克服了沿途的一切困难,整天走了一百里!

连日行军已觉辛苦,而今又赶路,的确疲劳了,脚也酸痛了!那被汗所沾污了的衣服有些酸臭的气味。

"明天还有一百八十里呀!"他们的连长这样说,并叫大家快些休息。于是大家赶忙的用热水洗脚,喝开水,并吃了饭,都休息了。

正在睡得很舒服的半夜,他们被起床号吹醒了,急忙忙地吃了饭,整理武装又出发。

"我们要夺取金沙江纪念五一!""夺取金沙江北上抗日!"这是半夜出发时的政治鼓励口号。那一群英勇的只知为党的路线奋斗而不顾自己生命的青年政治干部们,齐声拥护誓死夺取金沙江,并唱着红军胜利歌,为自己的胜利前途预祝。

战斗姿势的一百八十里的暑天急行军，行—休息—爬山—下岭，大家互相鼓励着前进，直走到天色将黑，听彝民说，只有五十里了，这给了大家以很大的鼓励。因为已走了一百三十里了呢！再走，天慢慢黑了，又过了五个钟头，天已二更时分，从一个高山陡直的下去，那是在广漠黑暗的太空里，除了半明不灭的淡月和初起的稀散的几颗微星外，一切都是黑暗死寂的！人们的脚步，也轻轻的走着，生怕惊动了寂静之神似的。一会儿，不远的前面，随着微风慢慢地送来"沙……沙"的声响，突然打破了战士们在黑夜里行军的寂寥！"听！——细听呀！这是河里浪涛的声音！难道这就是金沙江河畔不成？"一个小同志，惊讶地注意地一面走一面说。

　　前进哟！大家同意小同志的判断，而抖擞精神地前进！因为河水的声音，是万里长征中的他们的经验所易于判断出来了的。现在，一百八十里的长途，被他们坚忍不拔的毅力所征服了。

　　的确金沙江已映在他们的眼帘，急流的水，滚滚的波涛汹涌澎湃地宛如万马奔腾。真是："浩浩长江水，莽莽向东流！"在黑夜里，只见月影在波涛里抛去抛来，河中景色，看不分明了。

　　突然间，迎面来了几个人，有一个携着一只灯笼。"大约是敌人的巡查吧！"他们这样想。因为想得到情况的缘故，要捉活的，于是迅速的将一班队伍散开埋伏，其余队伍停止。来近了，近了，正要动手，再一看，啊！原来是熟人！——是派在前头的便衣侦察呀！

　　侦探告知了敌情与渡河点，于是迅速秘密的接近河边。那时正横着两个小艇，他们当时好似哥伦布发现新大陆，喜欢到了极点，差不多要大笑起来，但是又忍住了。

　　渡河，两只艇可以容三十人，于是一排人先渡过去，撑艇的是我们先预备了的好手，轻巧玲珑的小艇，在那约三百米远宽的急流中，飘忽的过去了。在浪涛中，有些被水花溅湿了衣服，有些头晕了，然而一到岸也就好了。

黑沉沉的夜半,不知道船靠岸的地方,只管靠岸就算了。一上岸走了几步,忽发现一个黑影在几米的前面,见着向后便跑。战士们跟着便追,不到十米,到房子外,那个黑影将房门乱打,急急的叫着"开……门!"什么原因是说不出的。追到了,一把捉住,原来是一个守河岸的哨兵!那时里面听到打门,很不高兴的骂:"见鬼么?半晚来打门!"说着便不应。即时又听到另几个人的声音:"白板","三索"……从一线的火光射出的门隙中,看出是打麻将的,同时阿芙蓉的气味随着微风袅袅地浮出,触鼻生香,战士们开始拍门了。

——开门哟,先生!

——干什么?

——过路的。

——过什么路?明天再来。

——我们过路来纳税的。

——纳税么?好!好!

里面听到"纳税"二字,急忙的有一个人出来开门。因为这里是厘金局,红色战士们到门时,便在黑暗里模糊地看见了招牌,所以叫纳税。厘金局的人抱着满腔的希望,以为可以抓一手钱了,可是事情往往是难想像的,超乎他们的意料之外,才开门就被捉了。

继续的一、二、三、四、五……捉了这个房,又捉那个房,赌牌的、抽大烟的、睡眠的都捉他妈的一个精光,共六十多人。内中有三十多武装兵,没有打枪便被捉了,真正饭桶!

厘金局剥削来的税款共五千元,亦被没收为抗日基金了。

不费一枪一弹,不损一人,也不掉一个队——当然脚是走痛了——垂手夺取了天险的金沙江,开辟北上抗日的前进道路,创造了战争史上光荣的一页!胜利的纪念了红"五一"!艰难危险的任务,就此宣告完成！

写到这里，我怀想到抢渡金沙江的领导者中的霍海源、林芳英二同志，他们到陕北时均任团长，后在残酷的战争中牺牲了！

霍、林两同志的英名，和金沙江战争的光荣历史永远并存于世！

（二）

"真是危险得很！"

捉得许多俘虏之后，从俘虏口供里知道，明天便有一营兵前来扼守，并着令赶快破坏船只，断绝交通，因为知道"共匪"可能渡河的。于是有些同志，听了便叫起来，如果真的来了一营兵，破坏了船只，真是仙人也难渡过那惊涛怒浪的金沙江！

干部团的主力陆续赶到了，急忙忙的连夜渡河，但随你如何的急，一次才能渡三十人。船过去的时间不到十分钟，转回非半点钟不可。

又是一个大问题了，河水之急，河面之宽，没法可以架桥，那两只小艇爬来爬去，整天和一夜只能渡一千三百二十人，那末，渡整个方面军，则非一个月不可了，这还了得！于是分头派小部队弄船只，结果，弄来了六个船，经过我们的宣传、鼓动，许多同情于红军的撑船工人，纷纷的替红军撑船，这又是一件成功的事。

啊！扯远了，回转头来，说到当晚的情景。因疲劳极了，除了必要的警戒外，都在沙滩露营。一觉醒来，天已大亮，转头回顾，万山重叠，高插云霄，峭壁悬崖，令人惊心动魄！树木稀少，零星的枯草，点缀着光山。那齐天大圣的子子孙孙（猴子），在石壁中攀去攀来，忽而对人们看，忽而害怕似的躲进石崖里去了。红日初出，映射在沙滩上，一片光沙，闪着黄金的颜色，金沙江之所以出名，大概就是这样来的。

一群战士在河边洗脸，因为河水清凉，大家吃他几口，全身凉爽，不是"饮马长江"，而是饮人长江啊！

无线电转来命令，干部团又要履行新的任务了，即刻出发向北进，占领离河岸二十里的通安。这是一个重要的据点。于是留一个连维持渡河秩序，其余出发了。

"蜀道之难难于上青天！"进四川的第一天，不得不使我们回忆起古人的诗句。瞧！闪电形的石山路，只可容一人，曲折盘旋，崎岖险恶。为了要抢登山顶，以免被敌人先机占领，所以抖擞精神的向上爬。

上了两点多钟，快到山顶了，路更为险要。

"啪！……啪！"山顶的隘口向我们的前卫连打枪了，这真糟糕！然而我军不顾一切的，把每人之间的间隔距离拉远一些，继续前进，因为大家都知道，只有前进消灭敌人，才有生路，退后，便是死路。

"哗啦！……哗啦！"呀！山上的石头，从队伍的中间滚下来了，滚时是大块的，越滚越破，结果成炸弹一样，四面飞下来，好不厉害！中了，打中了我们好几个同志，有的中脚——走不得了；有的中头——破了；有的中身——肿了！有的……！那时前面打枪，中间滚石头，前卫连表现着踟蹰，难于应付，想找别条路，又是没有的！

那时，两个问题尖锐的摆在前面：退后或是前进。没问题的，退后是不可的，问题只是如何战胜困难。有了！用机关枪掩护，还是一个一个的跃进，团部于是继续的吹前进号，并派员督促领导，政治工作人员也起劲的鼓励，于是又前进了，那时，正所谓"千钧一发之秋"呢！

战士们跃进时，看看石头滚下，便向石壁一闪，待石头滚下去了，又迅速勇敢的跑步通过危险界，待敌人发觉滚下第二石块时，已跑到了相当距离，到可以隐藏的地方了，那时又要注意前面敌人的枪和石块，每个人都是这样。费了一些时间，才运动一个尖兵排到离隘口约一百米远的一个"死角"集结。那时，敌人的枪更密了，我们的机枪也快放了，后头部队也继续的跃进，只听"啪！啪！……"的声音和"哗啦！哗啦！……"的声音，互相交响，同时应枪而倒及被石打得头破血流的我们英勇同志，也被我们看到了！

冲锋号一吹，一个个英勇的同志，各个利用一些稍为可以利用的石崖，纷纷地爬着向隘口攻击。剧战一些时，我们同志虽有伤亡，但不顾一切牺牲，卒将有险可守的敌人打坍，他们向通安逃走了。虽然如此，但到底还不知敌情，因为没有捉到敌人。

（三）

山顶被我军占了，这是离通安十多里汉彝杂处的地方。前卫营不顾一切的跟踪追击，跑步到了通安。主力团为要在山上布置警戒以防万一，所以前进时已离前卫营约十里了。

通安是靠在山边的一个普通的小街，前卫营到时，一个猛攻，便入街了。敌人四散向后山逃走。当时我军缴获了一些枪炮，因为兵力薄弱及敌情不明，只见右边山头似有增兵的样子，于是将队伍迅速退出街道，占据山顶，以待主力。

主力到了，重整阵容，布置攻击。那时，敌人因我军退出而恢复了通安，占了几个据点。

"同志们！"我们进行战斗的鼓动了，"我们坚决消灭当前的敌人，以掩护主力渡河，开创新的革命根据地，一营和三营冲锋比赛好不好？""好"轰然的一声，惊天动地！于是选定了突击点，布置了掩护的机关枪迫击炮，分二路集团的冲锋。那时正是十六时三十分钟的模样。

冲锋号"啼打"……的吹了，迫击炮"轰"……的响了。机关枪"嗒嗒……"的放了，一群戴钢帽，上刺刀，拿手榴弹，雄赳赳的英雄们，飞速的不顾一切的向敌人猛扑。

退了，敌人溃退了。乘胜的前锋队，将敌人压下山去。敌人拼命的节节抵抗，但无论如何是不行的，只得三十六计走为上计，可是又是不行，因为那种腐败的军队，不能同万里长征的英雄们跑步赛的；再抵抗，则越来越近，到肉搏时，只听手榴弹不断地响，刺刀闪来闪去，看到了血肉横飞！

结果，敌人完全败北了，伤亡遍地，被俘六百余，其中有团长一只，其余四散走了。那时才知道敌人有两团，其中有一个副师长。

奇怪！因为我军的勇敢，一往无前，所以虽然这是一场恶战，结果才伤八人亡四人。有许多被敌弹打中了头脑的，但因有钢帽遮着，所以安全无恙。

通安战斗，我们又胜利了！

红色干部团的威名，在通安战斗后，更为大家所嘉赏。军事委员会下令奖励；同时，更振动了全国——特别是川军，听到戴钢帽的红色干部团便望风而逃！

这是一个谜，现在在我们朋友及敌人的面前开这个谜吧！人们以为威声赫赫的干部团不知有多大力量。其实，在数量上说，通安战斗时参加战斗的也不过四百条枪呢！

由金沙江到大渡河
——一页日记

莫　休

一九三五年五月五日

　　今日只行三十里，虽因房子问题，延些时间，但还有半日的休息。天气既凉爽，村前又有清洌的河流。连日急行军，大家多少都有点倦意，然而不能再忍受汗液的浸渍，于是仍然一群一群地跑到河边去，浮沉在骄阳下的河流里，领略那说不尽"浴后一身轻"的轻松舒畅。

　　下午得消息因金沙江对面有敌一营扼守，渡船被烧去，江面阔有五六百米，水流又较急，虽然准备好了一些材料，屡次派遣善水者和放骡子泅水，但因敌人的射击和急漩的飘荡，不能达彼岸。浮桥架不成，只得改向东行沿江下，至军委纵队过河处用船渡。

　　消息传布后，大家都有些不快之感。原因是既要多走路，而且又走在各纵队的后尾。这种当后卫的掩护，在我们军团是长征后的第一次。这样就使素来轻视×师的意识又发展了。"没得用，当一次前卫就架不起桥，害的我们当总后卫！"这种抱怨声在有些战士中沸腾起来了。为着消灭这种不良意识，特通知各部在行军中深加解释。

五月六日

六时半起行，沿昨日来小河北下，两翼受丛杂而重秃的小山环拱。河两侧敞平，居民掘渠道河流灌田，早插的秧苗已碧绿如毯，新插的尚作鹅黄色，甘蔗亦青葱过膝。农民男妇已成群的在田中劳作，见我们过，似无惊慌不安的神色。二十余里即至金沙江边之龙街（小圩场），居民百余户，半数被民团威胁过江。至此休息，有两少妇自半里外汲井水来，大家争饮，酬以钱坚不受。

出龙街数里即上山，峻而高，无树木，间或乱石峥嵘，马不能乘，登不久即口渴气喘，汗涔涔从额头胸前脊背滚下来。战斗员有疲而怨恨对岸阻我的敌人，戟手指骂的。上升十余里始达巅，横山脊行，无滴水，求树荫亦不得。缓步行，又数里略降，得一村，寻水仍不得。过村复上山，此时除口燥外，饥肠复作辘辘鸣。行久之下至半山，得一涧，有水略作赭色，大家争往取饮，但入口有苦味，不知含何矿质，虽口液已干，亦不敢饮。下至山脚后，即沿江唇行，山石受河流和山洪冲激，乱杂地塞满进路，江面有时被两岸石崖约束，宽只一二百米。

十四时至一村，古树数十株，荫甚浓，大家争息其下，取江水溶以糖，饮之甚甘。后行即渐凉爽，平坦地亦渐阔，田畴渐多，但因山流少，江水又引不上来，似有旱象。二十时至白马口宿营，因已冥冥，居民亦多躲避，故村中详状不知。

从元谋县以来，居民多种甘蔗，用土法榨汁熬糖。糖不作散粒，均范以瓦缶，成小馒头形，间或范成拳大瓜果状；因提取不精，溶水后满浮杂草及沙泥、渣滓、沉淀物，味亦不甚甘，但在炎暑中行军，取此糖溶江水饮水，亦凉爽宜人，故大家都携带甚多。

五月七日

此次未能直接过江，又须绕道，致有人怀疑或将不能越此天险，又将复尝强行军、急行军滋味，加以个别的动摇者和反革命分子从中造谣，说什么"过江后有八百里大山，无人家，粮食没有，连水都找不到"。我们未能抓住这点深入解释，致在部队中发生很坏的影响和情绪，今早直属队逃了几个担架员。

迟至七时才出发，行十余里，因前途江岸多崩坏，马匹集中绕右翼大山上行，我们仍循江唇前进。崖石崩陷者甚多，碎石排列如刀锋，甚难落足，时或大石垒垒，上倚峭崖，下临江流，俯视悸人。用手攀石矶，许久方能移步，稍一不慎，手滑脚脱，即有断胫裂腹或坠入江流的危险，大家翼翼小心的爬进，真感着"行路难"了。挣扎约十里，方渡过此难关。后即行江滨细沙上，陷足没胫，挣蹬甚苦。风起处沙卷起如浓雾，颈项耳孔填满沙砾，闭目驻足，任风沙侵袭，俟风过沙落，方敢张目举步，情状宛如行大沙漠中，不同者有"取之不尽"的江流随伴耳。此时行军序列已紊乱，随行随取饮江水，沙受江流荡漾，映日闪闪作金色，虽然地理上称金沙江边居民多淘沙取金，但趁取水之便，细心检视，只是满握沙砾而已。十三时至一渡口（或说是太平渡），大树数株，憩其下，取江水溶糖进午餐。对面岸上有一船，并隐约见人影蠕动，取望远镜视之，中有荷枪者，知为民团，呼久之方应，戏嘱其放船过来，彼亦甚客气，只答："你们到下面过啊，这里没有船。"许多人已疲不能行，在此候马，予以缓步饶有趣，仍步行前进。十六时经一较大村庄，屋多作平顶，上覆泥土或石板，这固因农民生活贫困、无力购瓦，另方或许风多关系。对岸在两峰怀抱处，亦间有一二人家，凿田成梯形，承泉水，映苗碧绿可见。

"行行重行行",天已入冥,摸索行沙滩上,至二十一时即留沙岸上露营。上弦月已升空,踏月赴水滨洗濯,掠过波面的夜风,特别凉爽。大家一群一群地展卧具于轻软的沙面上,仰视弓月,细谈着本日行军中的闻见,不甚繁响的江流,如细嘤着催眠曲,不久即把人们都送入黑甜乡。

五月八日

因传出今日可到渡江点的消息,大家都兴奋地从甜蜜的睡眠中睫着惺忪的睡眼爬起来。在大地只作鱼肚白的湿润晓气中,据沙堆上进了早餐,即匆遽的起行。天明绕过一个小村庄,江流将崖石刷成削壁,路改绕右侧大山上行,早日又放出炎威,大家又汗流气促了。以后或山脊或沙滩约三四十里,又上一峻直的高山,因已接近目的地,大家还是不休息地拖着两只疲酸的腿前进。十三时过鲁车渡,有船一只,×团即留此过江。我们又登数百米的小山,于是大家欢呼了,随着许多手所指向的辽远前方,错乱山峰夹峙的低处,有明彻的一条白纹,并每隔一二十分钟即有树叶样的小黑物在白纹上浮荡过,大家都在争抢着说:"啊!那是渡船啦!"

十八时方至绞车渡江边。广阔的沙岸上,塞满了黑压压的人群和马匹辎重,数十个船夫(每人每天工资五元)划着五个或大或小的渡船,把一群群底长征英雄向北岸输送,于是又蜿蜒地蠕动着隐没到北岸山口中去。

奉主任命令负责在此维持过江的秩序。在兴奋快乐的情感下,也忘记行过八十里的疲劳,成碗的溶糖江水吞下后,也忘记了饥饿。"这个船只上三十个!""马牵在船尾上呀!……"呼喊着,奔走着,有时为着制止超过载数而顽强抢渡的人,一足或双足插入江水中,拖下一个或两个人。渡着渡着，天已入夜了，两岸燃起大堆的火，汽灯也点起了，江岸、江面都照得白晃晃地（这样不分昼夜的槽渡已五天了），继续着一船一船的过。至二十四时，直属队已渡完，确已疲得不堪了，将维持秩序的任务交给舒同同志，附船过江。摸索到灌木丛中本部的露营地，卧具尚未展放好，又淅淅沥沥落起细雨，破烂的油布，拦不住雨滴的侵袭，而斜坡上又流来高处的余水，于是卧具上下都给潮湿了，把自己的身体缩得像"刺猬"样，勉强睡下了。

此次我军抢渡金沙江本选定三点前进，我军团和右路的三军团均因架桥未成，不能渡河。只中路军委纵队由刘参谋长亲率干部团以敏捷灵巧的手腕夺得了几只船，并英勇地击溃了对岸会理来的援敌，夺得了这一要点，全部由此毕渡。这是突破天险金沙江的经过情形，是长征史最光荣的一页。

当我军主力从贵阳（贵州省城）城边以强行军急行军进入云南边境时，敌人已多少估计到我们要北渡金沙江、大渡河（这是四川的两道天险外围）入川。但此时云南的主力部队都因增援贵阳被我们掉在后面很远，云南全境空虚。同时我们又以一小支队急趋至昆明（云南省城）城边六十里处之杨村。因此慌得国民党省主席龙云手足无措，只能到处调兵守昆明，而分不出也来不及派遣部队扼守金沙江，只雷厉风行的发命令，派了一些专员，不顾人民生命财产的威逼金沙江各渡口一切材料均焚烧，甚至民房都要拆毁或烧去。我们这次东西两路未能达到渡江的目的，多少是由于敌人这一政策。

闻刘参谋长率领干部团执行争取渡江点的任务时，曾连续日夜急行军三百五十里。当将到达江边时，适敌人区公所秘书（曾任过县长）正在办理文件，严限速将绞车渡船只焚去。我军得此信后，即至江边喊船，并与管理这带渡口的彝人土司接洽。先头部队赶至口岸已午夜。北岸有一个国民党抽收苛捐杂税的厘金局，卡勇三十余人，枪十余枝。我们巧妙的抢得了船渡过尖兵去，大模大样的进入税局，在局长卡勇奉烟奉茶的恭敬招待下，我们缴了这十几杆枪，俘虏了五六十个吸血鬼。于是一面警戒，一面招呼后续部队速渡。拂晓干部团除留一连人维持秩序外，其余部队向通安大道挺进，扩大警戒线。行约十里刚上山时，发现左翼大道上有敌约一营向我前进，而右翼山上亦发现有敌扼守，因山道极小，两旁又为削壁，敌人用机步枪射击外，更滚放大石，极不易仰攻。我们以极迅速的跃进，结果一个排接近隘口，在刺刀手榴弹猛烈冲锋下，敌人溃散了，接着两营敌人全退却，我们取得了扼要的山口，成为渡江的坚固屏障。此时地方群众来报告，又有两团敌人由通安向江边前进，此时我主力部队最先头尚距渡点有半日路程。这样只得以一小部巩固渡口，以二个营迎击通安的两团敌人，经过一小时的战斗，敌人便被冲得落花流水。虽然敌人是很狼狈的溃窜了，但我们因力弱未能穷追，只俘得团长一营副一连长二，士兵六百余名，缴长短机步枪八十余枝，迫击炮一门。这一战斗，表现着红军的无上英勇，而这一渡点巧妙的夺取，也只有神速机巧的红军才可能。

五月九日

有些部分因粮食携带不足，今早无饭食，就是我们也只得半饱，加以连日急行军（每日都八十里以上），自然难免疲劳现象的发生，所以今早出发时参差零乱，行军序列紊乱不堪。入山口数里即上山，马给加伦同志骑，我一颠一簸一弯又一弯的向上爬，因我是采用"宁缓勿息"的走法，所以行至半山，我已超过了一切大队的先头。约二十里至山顶，过此即四川境。横行山脊上，正感口渴，迎面一农妇以瓦罐提水来。连饮两碗，问其价，"每碗两个大铜元"，摸索袋中，只有三个铜子，不免踌躇起来了，适刘部长赶至，要渠代为补足，方免此小小困难。不料前进只二百米，在路转角处，即有细泉涓涓出，前妇人水即由此取。此农妇确是个机灵的投机商，然而走半里路，一碗水即要两个大铜元，这对红军未免有点"捉麻老板"了。下山后，遇五个农民。为了彼此探寻什么，或者说为了亲爱，于是我们的脚步合拢了。他们"表功"似的叙说着昨日怎样劝了三个人来当红军，又指点着右翼的山阜，五日前红军怎样在那里打败了刘元璋（刘文辉侄，守会理）[1]的两团人。以后他们在山上怎样埋死尸，并清到了一门迫击炮和一些子弹。进了通安街口，连接着摆列一些茶水和浓乳样的白米粥，旁均横挂着"欢迎'四川'同志吃稀饭"，并有些小鬼同志呼喊着："同志们辛苦了，吃稀饭呀！""四川"是友军五军团的代名，他们大部还正在后面渡江。这时我的饥肠在提议了："冒充一个'四川'同志吧！"于是在一个谷壳满地的小屋中，摆出"四川"同志的架子，喝了两碗稀饭。因为队伍还未到，房子未找好，顺便到一个师政治部，又蒙他们招待了一次，说了一点宣传部门工作后，便借振武同志铺，如死蛇样躺下了。

通安是滇蜀商业交通的孔道，市场还发达，货品主要是鸦片、糖、盐，所以吸民血的税局门面特别修得堂皇。

五月十一日

十时半行抵会理城南十余里处，因不知前梯队确在何点，特顺便转入路侧军委寻问。承（周）副主席详细告知，应到达地点和进路，并告我在此将有几天休息。于是在辞出后，又顺便到总政治部，藉访几个熟人，并探问工作，寻得后只（萧）向荣同志一人在，因此在吃罢一顿香肠及云南火腿后便辞出，冒着正午的炎蒸，贲息赶

---

[1] 守会理城的是川军刘元瑭部。

队伍。当时三军团正在围攻会理城，故我们绕城西小路北进。不久从村庄林树的间隙中，即可窥见城垣，城边正冒着浓烈火焰和烟雾，闻系守城敌人防我接近城基，故今早派人冲出将附近民房一律纵火烧去，同时又以密集火力射击，不让我们施救，以致我们只得眼看着数百家民房变成焦土！当我们每经过一村庄，都有男妇指城恶骂刘元璋（瑭）的酷虐，而督劝我们速即扑灭此獠，以除民害。当赶及部队后，见敌机数架飞行甚低，因小道均从平坦的田畴中穿过，不便荫蔽，向领队者提议索性休息荫蔽，俟敌机去后再走，未被采纳。以致行未数十米，敌机即来。队伍忽散开，又集合，经过一小时，前进还不过二里后，卒在稀疏几株小树的土阜上，被敌机寻准了目标。敌机低飞至百米，驾机人和机关枪以及翼下悬垂的炸弹，均历历可见。予趁敌机越过的一瞬间，急趋离开人丛数十米处一水沟内，屏息不久，便见炸弹连贯落下了，土石飞溅，烟雾吞食了树林和一切。在敌机三次回旋投下六个炸弹后，本部受轻伤两个；警备连死伤四个。我的特务员未随我逃开，他手提的菜盒、马灯被洞穿了几个大孔。今天的损失，完全由于领队者无计划所致。十八时半抵会理城北约十五里之瓦店子宿营。

五月十二日

为着寻求安静清凉地点，便于写教育材料和开干部会，特步往距驻地约半里之孤庙。入门见有一堆集而尘封的课桌，知为学校，至侧室遇一面橙黄浮肿而却有点"斯文"气的老烟鬼和一店员样的青年，自说他们是这学校的教员，现在学生都因为农忙回家做"活路"去了。为着探知这一带的状况，便在南风徐来的当门，和他们坐谈了数十分钟。据云：由此至冕宁（约五百里）为平坦谷地，两侧荒莽丛山中均

"倮倮"杂居，汉人不敢入。"倮倮"极凶悍，不事生产，专以抢掠汉人为生，从前常出来烧杀抢劫（这是汉人一贯传统的对落后民族压迫、屠杀的反感。——记者），近一二年前因邓旅长"镇抚"有功，这一带汉人才得安居无事。

又说："刘元璋是刘文辉的侄子，到这里还不到一年（刘文辉被刘湘赶出成都后才占有西康及这一带地盘），'款'要的太厉害，什么都要钱！这一带老百姓简直被闹得不得了，你们（指红军）来了，就好了。这是老百姓的救星。"

晚在此开直属队干部会，由朱瑞主任报告"渡江胜利的意义和今后的任务"。

五月十四日

我们的主要任务是在：接近或汇合四方面军（他们现正在嘉陵江岷江间胜利的活动着），创造川西北新的抗日局面，因此须趁敌人防御未周时，迅速抢渡第二道天险大渡河。这样便于上午匆匆地结束此地三天的地方工作，大致是：扩大红军工作，兄弟军团较有成绩，而地方组织方面，我们是较好些。

总之在这样好的群众条件下，工作都不能算作满意。

为着凉爽和避免敌机扰乱，这段路程，决定夜行军。十七时出发，两侧均大山，大道尚宽坦，依山傍河行。初冥黑略感颠踬苦，不久下弦月即排东山出，夜风凉爽，月朗星稀，经夷门、白果湾，均为小圩场，大铺、杂货店数十家，因在深夜，闭户寂无人。二时半转入路左山脚露营，居民三两家，询一老媪，知此村名孔明寨，对面约二百米高之山名孔明山，说因诸葛亮南征孟获时曾在此山扎营，故村和山，因此得名。

五月十五日

　　上午整个时间被睡眠占去。十七时出发，山势渐逼狭，路亦起伏崎岖。至摩沙营，安宁河自东北来，我们来路之小河汇入转西南角下经易迷处注入金沙江。后此山势又渐宽朗，田畴渐多，所经村庄房屋亦较整洁。过永定营，有已倾圮的城廓。金川桥街，路系三合土筑，商业似尚发达。出街过铁索桥（铁链四条，横架河上，两端埋入石堆中，铁链上覆板，两旁亦有铁索，作扶栏，人行其上，摇摆如软索，甚怖人，胆弱者有爬行的。此种桥四川最多，云南亦有）。至土坝宿营，已鸡鸣四时矣。

　　川省赋"天府"之名，现在虽尚未履腹地，但此数日所经之重山西南陲，其土地之肥沃，物产之丰富，居民之生活之较优裕，已驾凌黔滇所谓富庶区之上，"天府"或算名符其实。

五月十六日

　　早饭后，见刘连玉同志还未到（因在会理附近腿部被炸伤），忙着派人牵马去接他，以后又作"黑甜乡"游。十七时出发，十里至铁匠房过安宁河，转小路。因前面半站营有敌一团尚未驱逐，×师须绕左翼，爬大山，侧击敌后方，致队伍均停止在沙滩上。时弓月已上，为着免除战士们的枯寂疲劳，特派人至各单位教前日过江时所编的歌，于是渺茫的沙滩上，浮起了一片歌声，冲破夜的沉寂——"金沙江流水闪金光，胜利的红军来渡江，不怕它水深河流急，更不怕山高路又长，我们真顽强，战胜了困难，克服一切疲劳，下决心我们要渡江"。——这个快乐而轻松的歌，很快便在各单位唱熟了。

　　二十三时得命令即留河边宿营。待进入房子展开铺后，又忽传

"走！走！走！"，不安了片时，方得确息，我们又留后梯队，明早行。

五月十七日

四时启行，遵河西岸小路北进。过半站营（在河东岸）见两山夹峙，险要天成，如有强敌据守，我们势难飞越。约六十里至德昌（西昌分县）附近，停止休息做饭。闻昨夜我军攻半站营时，敌由河东岸向西昌溃退，未通知德昌之敌，今早我军至德昌，敌人尚在睡梦中，被俘获人枪各三百余。

十九时继续行，大风撼屋拔树，砂砾被卷起，扑面如子弹。过铁索桥，长约十丈，大风震撼，摇摆，不敢移步。过桥后，路甚坦平，惟冷不可受。直属队全部马匹集中，在最后过桥，适×军团队伍马匹又由东岸西渡，双方至桥中端相值，因板宽只二尺，彼此同进即不能，退亦不得，后从街上取门板来，另从铁链上铺一路，方获解难，以致马匹落伍甚远。白日睡未成眠，现行路又较远，屡思马而不见来，勉强行，疲倦困顿为从所未有，是后简直在梦中行。经麻栗寨，至黄水塘宿营。

五月十八日

黎明好梦方酣时，忽闻人惊呼飞机来，因街面放满担子马匹，并睡满了人，恐被发现目标，故大家匆忙起赴街外林下和小屋中躲避。予至一茅屋中，主妇替烧茶做面甚殷勤。

十七时出发，经黄土坝、马道子，时夜深人倦，又忽大风雨，但路旁房屋均被先头师和友军住下，行久之方至西昌城东南方之小村中宿营，已次早三时矣。西昌为金沙江大渡河间首称富庶之区，附近盛产稻米骡马，现有刘元瑭（刘文辉之侄）[1]两团人扼守，亦依会理办法，将附城民房均付一炬，我们到时，尚遥见火光熊熊红彻半天。

五月十九日

我们和宣传队，地方工作部以及一部分炊事员共数十人，塞在一个炮楼下的小屋中，拥挤嘈杂不堪，寻梦既不与，醒亦不能做事，只得找村农闲谈，以消永昼。据一老农云："北起大渡河，南至金沙江，原为南蛮地，孔明征南蛮时才开辟的。汉人只在这一狭长的盆地中，两旁山中现仍为蛮人。西昌城边现尚有孟获殿，为孟获称王时所居，但昨日为刘元瑭纵火烧去。"以历史考之，此老言或近史实。数日来所经，凡有三五人家的小村庄，即有一炮楼，多有至五六个的。炮楼作立方体，高约四五丈，内以板隔为数层，四围墙均尺余厚，由散土筑成，留小孔甚多，可以瞭望和放枪。问之居民云为防"蛮子"用，由此可知汉彝仇视之深。这一带村边田畔多桑树，间亦有辟田成林栽植的。多为原生桑，未经接植，但亦知剪条，故叶子亦颇厚大。居民几每家都饲蚕数箱，自然都是老旧的土法，不过抽丝后不是为出售或织绸缎，多是自备纺线用，因这一带不见棉花。

十七时出发，田野中骡马驴子三五数十群的远近皆是。过河让路，行甚缓。二十里至过街梁，已午夜，但居民半数以上均手擎油捻或蜡烛，鹄立门口，替我们照路。并有提壶携盏，亲爱的缓声的招呼吃茶。夜神被赶走了，半里的长街，成了光明喧闹的白昼。过此以后，宽平的大道在坦荡的青绿的田野中，无际向北延伸。河流声，草虫声，在迷茫神秘的午夜，入耳均成细乐。微渺的残月，映着秧苗上的露珠，晶晶发光。大地的一切，都使人"心旷神怡"。隐约中见出了礼州（西昌分县）的雉堞，更增加了愉快，因预定在此宿营。走入不高大的

---

[1] 守西昌的是川军刘元璋部。

城门，踏入坦平而宽长的街路，嗒……嗒……嗒，大家都不自然的合着脚步，快步前进，走完了里余的长街小巷，广渺的田野，又展在眼前了，于是有人在含糊地也不希望有人答复的问："到什么地方去？"幸行至四五里，即弯入路左一围墙高耸深堂邃室的地主家中宿营。时针已指翌日的一点。

五月二十一日

昨日十七时由礼州附近出发，今早二时方抵泸沽。泸沽在清时属"泛"治，驻有武职的泛官，夹河两岸有长街两道，墙壁多用板，商店多而大，繁盛远超贵州之剑河、紫云，云南之马龙、禄劝等县。队伍决二十四时出发，我们拟二十一时先行，后因中央来了许多人，打"急手快"做东西吃，又与一位由成都来的失联络的女党员（她丈夫现禁在西昌狱内）谈了许久，直至二十三时才动身。过石塘桥，居民多从睡梦中起，捧茶相敬。拂晓经沙坝街，偌大的圩场，不久前被一幼童放爆竹燃起大火，夷为平地。休息时过一老妪，狡猾而善谈，频称颂邓旅长[1]之"功德"。原来这数百里两侧山中均彝民（居民称呼为"倮倮"或"蛮子"），彝分"白彝""黑彝"。"黑彝"属土民，汉人多呼之为"黑骨头"，体壮性慓悍，四时跣足，攀山越岭，迅捷如野兽。下着裤，管甚大，如布袋。上披无领袖之自制毛毡，色灰白或黑褐。头缠白色或灰色之毛线物。喜踦踞地上，食物不用箸，多以手捧。烈酒为酷嗜物。有识汉语者。食物多是"蕃薯"和"荞麦"。由白彝耕作。白彝为汉彝混血种，为黑彝之奴隶（称娃子），黑彝俘得汉人之未杀者，即留作奴隶，初恐逃脱，常系以索，使之劳作。因山深路少，且如逃走，即捕获后更酷刑制死，故被俘者多怖而不敢逃。此等俘虏久之驯伏后，黑彝或妻以彝女，以后生子生孙，均为此主人后代之奴

---

[1] 即川军刘文辉部彝务指挥官邓秀廷。

隶，此白彝之所由来。凡一切耕种，架屋炊爨，伐柴，牧羊等等贱役，均由娃子任之。每家黑彝几乎都统治有若干娃子，而强大的"码头"（即土司下的首领）且有娃子多至数百者。屋均用木材，竖木编条为墙，架梁覆木板作顶，上压石块，防风吹覆。寝无床，多数拥披毡席地卧，亦有支石尺余高，架板作床的。无厨灶，只以三石支地，上置锅釜。对这三块石脚，异常尊敬，如有移动或加以污蔑的，有被主人殴死的危险。无文字，不与汉人通婚，间或以其猎取的兽皮等出与汉人换取盐或布。汉人的官吏、军阀、地主、绅士们，以及他们的政府，都是一贯的蔑视、虐待这些落后弱小民族的，除以种种狡诈欺骗诱取他们（彝民）的财物外，更为着迫使他们缴纳苛捐杂税，时常以大兵肩着"安边""宣抚"或"开发"的大旗，去杀捕烧房子牵牲畜。这样就积下彝民（其他一切落后小民族都如此）的恨怨，也不时成群结伙，到汉人区域来抢杀，来报复。正因为他们是反压迫掠夺的斗争民族，所以更养成他们嗜杀不驯的"野蛮"。彝民内部亦因支派人口的多寡，势力的强弱，而分出许多互相对抗的宗支，彼此亦仇视，并时常格斗抢杀。邓旅长父为汉人，被虏为奴隶白彝后，娶彝女生邓旅长。因此邓旅长精通汉彝语言，并深悉彝民中的族派矛盾。他逃出后由土匪而收编任旅长，便以"做官"来收买利诱，分化各彝首，常以委为营长作饷饵，诱某"码头"扑杀另一"码头"。为唆使其最有力"码头"之弟，谓如能杀其兄，则委为团长，此人果杀其兄，携首来献功，邓即将其扣押。又恐彝众为首领来报复，又复向彝众扬言："某人不义杀其兄，彝民应除此败类"，俟挑起彝群对此杀兄之人恨怒后，又将此人杀去。这种"授刀与彝，以彝杀彝"的政策，不两年，把彝族首领杀死数十，余下的亦惴惴不安，有躲入更深的大山中的，有几个较大的"码头"，则逃在雷波方向去了（那边彝民更多）。剪除了头脑以后，削弱了彝民自卫的力量，于是邓旅长便继以大军"进剿"，威逼彝民交军款，此时彝民失去了头脑，彼此支族间又加深了仇恨，失去一切反抗力量了，只有俯首帖耳，任凭汉人军阀宰割，连自卫的力量都减弱到几乎没有了，当然不能再出山"骚扰"了。这即是邓旅长所以得到"歌功颂德"的本领和由来。

五月二十二日

昨夜行了一通宵，今早六时方到达冕宁城。城在丛山怀抱中，周围均约有二十里的平坦地，因河渠交织，土地生产力亦不甚贫瘠。虽然通宵未合眼，且行七十里路，但一入城门，即受群众的包围欢迎，因此失去了一切的疲倦，仍然精神奕奕地招待着一批一批的来人。询问着讨论着地方情况与建立革命组织问题。据一党员谈，此地只有几个党员，多数是失业的小学教员，且很久已断绝上级的指导，所以活动的范围和效能都是狭窄微弱的，不过在我们的影响下群众则甚多。动员了一切人员和力量，上午即开盛大的群众会，成立"抗捐军"，除已有基本数十人外，当场又自动报名的近百人，于是推动这百余基本"抗捐军"队员广泛活动。在下午就成立了县革命委员会，并吸收了几个彝民参加委员会。因为有着这样好的群众基础，又有正在斗争着的彝民群众，所以中央决定抽留得力干部，并由红军中抽调人员，配合"抗捐军"组成一强大游击队，在此开展更大的抗日运动。

下午得消息，我先头团因未能很好的与彝民接洽，以致刚入彝境时，受到某支彝民的袭击。工兵连被捉去三十余人，但取去一切武器和财物——连衣服都脱去了——后，又赤条条的放回来了。后刘参谋长亲与某支首领晤会，详细解说红军对他们的同情与援助，于是在联合打"刘家"（刘湘、刘文辉）的口号下，消蚀了隔膜敌对，并与其首领饮血酒宣誓（彝民必以此方信为真诚不渝），又赠以礼物和红旗，因此才顺利的得通过前进。

五月二十三日

六时出发，行十余里刚过平坝，忽对面走来十多个男女，有赤脚的，有光臂的，有以一块烂麻布遮覆下体的，但每个却都是面庞肥白红润。趋前问之，方知他们都是冕宁城内的商人或绅士流，数日前随国民党的冕宁县长率一连兵逃窜，甫入彝民境，即被数千彝民包围，一连人的枪缴去了，人也作了俘虏。县长和一切"老爷"们都捉去了。他们也当然不能幸免，在饿了两天后，又把衣服剥得精光放回了。此时他们方懊悔，不应该逃走吃这个亏。

过大桥，上一山约十里，过此即彝民境。下山后使人起一种异样的感觉，山多峻拔不可攀登，天然林木也特呈荒莽；路侧小阜或平坦地亦甚多，可开辟耕植，但均野草灌木丛生，只在彝屋左右邻近，始有数块熟田，但亦因缺肥浅耕，在杂草丛中，有几株蕃薯和稀疏的荞麦。行数里，忽路旁擎出红旗，上书"中国彝民红军沽鸡支队"，旁有披毡荷枪者数人，盖前日我们所组织，今日特来接送我们的。过此彝民即渐多，三五成群，夹立道旁，远处尚有呼啸而来的。在冕宁时我们本已在部队中动员每人带一件礼物送彝民，但今日因人数过多，又得之不厌，只是雄赳赳地伸两手，操不纯熟汉语，"钱—钱—钱"如沪上偷鸡桥之"瘪三"样把你包围起来。更不客气的则直接来摸索荷包，罄所有掬去。至此大家有些窘了，取钱付之，则两袋已空。若怒斥之，又恐触其怒。只得强颜浅笑地敷衍，同时加紧两足移动的速度，行久之方"冲出重围"。过拖乌，彝民虽不同我们为难，亦不接近我们，只将羊子赶上山，人亦躲入丛林中，不时探头探脑窥视。又行十余里，四山云合，天亦晦冥，即留路旁彝民板屋中宿营。室内空无所有，只三石块支成的灶及蕃薯一堆。此地或名泸坎，今日行约一百一十里。

五月二十四日

六时起行，大雾甚冷。十余里，山渐向两侧展开，不见板屋，但两侧山岭上树荫下都满布着彝民，远近呼啸相应，忽啸聚忽散开，间有负枪者，且渐向路边逼近。恐其袭击或劫夺我们的落伍者，乃将部队集结休息，派宣传队卸下武装，携宣传品向两侧迎去。初时见我们去，则后退，不能接近。后乃依其习俗，将两手高举（表示手中无武器，我们要亲爱）并仿其啸声，方有数人迎来，能懂汉语。告以红军的主张，及愿意与彝民联合打"刘家"，彼亦表示对红军欢迎，并无恶意，只想来看看。嘱其不必看，后乃远近呼啸响应着退去。过此即升分水岭的高原，腐树败草，不易识路，后即行河边，土石崩陷塞路，山均闭塞不可登。又数十里过筲箕湾，彝民数十成群立道旁。闻昨日先头团过此时，几发生冲突，所以今日特别戒备，先派人宣传，并缩短行军距离。见有年老者，更给以银元数枚作礼物。因此平顺地过去。过此约三十里出彝境，黄昏至岔罗附近之百子路宿营。今日行约一百四十里。但通过了彝境，每人心中都如释去了石块般的挤压，轻松畅通得多。

五月二十五日

由此至大渡河旁有两路：一直北经岔罗下至龙场渡口；一西北行，越山至安顺场渡口。全军团分两路进，我们进西北山路。八时起行，出村不久即上山，峻坂斜坡，十余里，忽大雾迷濛，峰峦回环，路作"之"字拐，上下左右均闻人语和武器撞击声，但咫尺不见，颇有"空山不见人，但闻人语响"的幽致。下山过新场，售胡桃的甚多，贱而美，购而满储袋中，随行随取石块敲食。复上山，至顶即见远远山脚下一条白练，即大渡河。下山后即坦平，路在白水盈盈的交错秧田间。数里至安顺场街头，见箱笼桌椅杂物，倾斜零乱的堆满各水田中。奇而询问居民，盖敌已料我由这一带过河，故下令沿河百余里各渡口均须将房屋焚去，以困阻我。此街已举火待燃，故居民将一部家具搬出，免全部化为灰烬，不料昨晚红军突然到来，一营白军不及纵火即遁去，全街得幸免。居民称感红军不置。

宿营毕即至河边观架桥，一面在扎排劈竹，一面用船渡。河宽虽只百余米，因地势倾斜度大，水流奔腾湍急，时速每秒在四米以上。每舟用船夫十二名驾驶（每名每日工费十元，外给鸦片），此船只能乘十五六人。由此岸放舟时，岸上用十余人线纤逆流上，后始放舟随漩流直下，十余船夫篙橹齐施，精神筋力都紧张到极高度。顺流斜下，对岸又均石壁，靠时一不慎，舟触石角即粉碎，放来此岸亦如此。当船至漩流中心及将及石岸时最危险，见之心悸。大渡河即古诸葛亮南征"五月渡泸"之泸水，此时犹如此难渡，在当时汉人还未至此的"不毛"情形下，其困难当更可想见了，无怪《三国演义》上描写当时死了那样多人！

晚寻萧华同志（他随先头团行），询问夺此渡点的经过。据云当先头团行近安顺场时，即得群众报告，该地有敌一营，已破坏船只，并准备烧街屋。当即派选精干前卫连跑步下山，急趋街口。此时对岸有敌一营，沿岸居高临下，已掘好数线的散兵壕，街上有一营长，率兵一连驻守，河岸尚有渡船一只，是营长留下准备渡河的。我尖兵连以极迅速的动作进入街口后，被敌方发觉，当即一部围攻敌人于一大房内，一部夺取了渡船。本队赶到后，即将此困守之一连敌人解决，立即准备强渡，驱逐对岸之敌。但此时对岸敌有一营，伏壕中以强烈火力射击，船又只有一只，河流漩急，一次只能渡十余人，再渡即须三十分钟。不但船在中流有被敌击沉危险，而在绵密火力与急流的匆忙下，船也有不能靠岸的顾虑。特别是渡过后，后续部队又不能立刻赶到，已过的少数人，更有覆没的危险。但决心既下，必须求得冒险的成功，于是先商量船夫（因如此急流非在此处老操舟者不能胜任），在宣传与重赏之下，他们允诺了。此时部队中涌出最光荣的十七个英雄（大部分是党员），自告奋勇渡河。于是我们集中六架重机关枪及几枝自动步枪，集中了上十个特等射手，以密集连连的射击，打得对岸壕沟内敌人不能抬头，来掩护强渡。虽然敌人的火力未能被完全压倒，但船已安全放至中流了。此时大家在不可名状的快乐中，正欢呼着，忽急流冲船向下流直下，不能靠岸。稍下数十米，河面愈宽，且直当敌人火网下，彼处更危险，此时大家直跳起，几乎失望了。但经船上人尽最后的努力，卒将船靠了彼岸，而十七个英雄如生龙活虎样跳上去了。于是我们"冲呀！""光荣的英雄们万岁！"……高呼着，跳跃着，鼓掌，叫。十七个英雄便在机关枪声，步枪声，手榴弹爆炸声，以及硝烟尘土的弥漫中抢得了敌人的第一道战壕。我们还未渡完一连人，他们已将一营敌人打得落花流水逃窜了。我们只缴得十几枝枪，俘虏几十个人。这一战斗，不仅在长征史中，即在红军六七年的战斗史上，也是创新纪录的光辉和伟大。

五月二十六日

早起即大风，甚冷，云雾封失了山岭和大地的一切。某师仍继续用船渡，余均在此休息。上午往架桥处，见竹排已编齐大部，篾缆船丝亦准备好，但据架桥司令言，流急牵索击排即断，曾以二号铅丝八根缉缆，只击上三个竹排，即被急流冲断，现拟悬空牵缆架绳桥，成功与否，还不敢定。

下午与一老年商人闲话，据云此地原名"紫打地"，太平天国名帅石达开即在此处兵败被擒。传闻石渡过金沙江后，深得彝民欢迎，为之带路至此。无舟楫，乃用蛮藤布帛牵缆架绳桥，已渡过万余人，因后续部队尚远，有尚在拖乌以南的。石恐孤军在北岸有危险，乃又下令渡回河南，俟大队到齐后才渡。不料渡回后，连日夜大雨，河水暴涨，绳桥被冲毁，以后因材料缺乏和水急，架桥不易。迁延久之，而大队又均集中，此地粮秣告缺，人心浮动。此时石又疑彝民故带其至此绝地，乃开始虐待并杀戮彝民，于是激起彝民愤怒，断绝石军的一切粮秣来路，并群起围攻，从各方面与石军为难。而四川清军又大举合围，石军更加溃散解体，因而纵横南中国赫赫一时之名帅石达开，便全部溃灭了。这些是否信实，只可作"姑妄言之，姑妄听之"罢了。

五月二十七日

想了许多方案和试验，浮桥迄架不起，因改变方针，以已毕渡之一个师组织右路军，余全部为左路军，夹河而上，直趋泸定桥。七时出发，过一铁索桥，越一山约三十里至海罗瓦，街道甚整洁，卖食物者甚多，居民亦极亲爱。出街行数里，因对岸有敌一连，散布许多点，瞰射大路，乃改行左侧山上小路。初草树蓊郁尚荫蔽，后行暴露山腹，对岸敌密集速射，弹着点均在左右数米处。路旁有数牛，忽一着弹惊跳，幸未伤人。后复上大山，路鄙而小，草树苔藓，被满路面，极难行。约二十里方下山，抵田湾宿营。此间有敌一营扼守，被我先头团击溃，缴枪四五十枝，营长亦被俘。现先头团已星夜向泸定桥追击前进。

五月二十八日

因部队须急行军，赶至前面作战，我们又留后梯队，迟至九时才行。数里上一小山，虽不甚高，但两侧均不易攀登，只一条峻直的路。昨日敌人有一连守此，被我击溃。过此时详视山势与敌壕，觉得我军固然英勇，而敌军却真是最低级的无用。过此复上猛虎岗，山势更险而高，沿途伏尸数十具，想见敌人在此的惨败。山上敌人做围墙散壕甚多，但勘视数处，不但目标太显露，特别是前面死角太多，射击视线均在三四百米外，再接近则火力全失效力，敌人愚蠢，一至于此。

行完二十余里萧瑟荒凉迥无人烟的谷地，于是又登山了。天忽大雨，山多土而少石，人行后泥沼深尺余，足插入往往不易拔出，而灌木浓密，有时须批拂许久方得前进。山之大而高，为所经六七省所未有。颠踬至山脊，已冥冥入夜。下山路沙多泥少，显白色，易辨识，加以峻直，故大家多跑步行。十余里，至山腹，略平处，有居民数家。时雨势愈大，后续队伍尚有三分之二在山上，梯队指挥者泥守命令，坚欲前进至摩西面（距此尚有十五里）。强争之始留止宿营。询问一老者，知今日已行一百十里。

五月二十九日

六时起行，四围山巅积雪皑皑，云雾荡漾，时隐时现。朝日透过云雾映积雪上，晶莹耀目，一幅美丽的雪景，令人不肯移目。十五里抵摩西面。此处有敌两团，被我击溃。一天主堂甚壮丽，教士二人（一西班牙人一法人）均未逃，并附有医院学校。入街择一茶室休息，茶颇清香可口，因此地距雅安不远，故有此好茶。店主婆四十余岁妇人，颇健谈，为我们滔滔叙谈此地的交通及生活情况。此地西北至康定（打箭炉，西康省城）一百二十里。中越一数十里雪山，四时积雪，行其上多晕眩呕吐（想系海拔高，空气稀薄缘故），如以白糖和水饮之即可免，因之此地卖糖的特多。但来往行人大多畏此途，往往宁愿多绕一百二十里弯经泸定桥。出街后东北行，上五里石山，至顶，又闻澎湃声，大渡河又显脚下。五十里至亏乌，闻前面稀疏枪声，谅系在作战。因天气亢热，留休息甚久，后即行河边，农作物有玉蜀黍蒿麦及少许稻子，只在山脚略有平地，山上均濯濯无草树。对岸见有三五落伍人员，知右路军亦已过此前进。黄昏至土泥坝即留宿营，已行一百一十里。

五月三十日

六时出发，初尚宽阔，十五里山忽紧缩，路在山唇上，长约数百米，下视浪花飞溅，急漩如沸釜。左侧光滑的山，土松石碎，不可着足。对岸一村庄，很大，名冷碛。村沿散布着一些散兵壕，此处若敌人以少许兵力扼守，则我们无法过此，否则亦将受绝大的牺牲。又十五里即至泸定桥。桥东西横跨大渡河上，较德昌桥略短，惟两旁各自两条铁索作扶手，行其上摆动较小。西桥头有一长街均饭铺小零卖商，县署及主要市场均在桥东。昨夜先头团抵此时，敌一旅人守此，将铁索桥上木板均拆去，并架机枪于桥东头，攻取极不易。后我某连以二十二人从铁索上爬行前进，后续人即携板铺桥，刚冲至桥头，敌人又在桥头纵火。将桥亭及街屋燃起，阻我前进。我爬上铁索上的一批人从火堆中冲出去，占领桥东岸。后续部队方铺板过桥，一面救火，一面与敌人巷战，终将敌人击溃。敌人在此匆忙中溃窜，遗弃辎重甚多，同时并留下大批奸细，到处放枪并纵火。因我过桥部队不多，忙于进击，警戒，搜索，又要东跑西奔救火，各方面应付不及，以致最繁胜街市中段，被烧去店铺十余间。敌人的狠毒竟至如此。

此地为川康唯一交通要道，四围均大山，林菁深密，悬崖绝壁，四时多积雪。少人家，只产少许玉蜀黍，粮食极困难。一切主要食用品，均仰给汉源、雅安。由四川输入西康的食粮及工业品，及西康输出四川的藏货，均须经此。故此地不仅是川康军事要地，同时更是商业中枢。

从金沙江到大渡河

一 氓*

一 金沙江

长江的主源是金沙江，和岷江在宜宾（叙府）会合后，以下才称作长江。原想从泸州，后来想从宜宾渡江到四川的企图没有实现，弯了一个大弯，终究从金沙江过来了。这一大的迂回，对全世界的军事学家，都是一个奇迹。就是亲自订这个计划，执行这个计划的同志们，今天想来作一个战略的说明，都是不容易的。就是在这个队伍中的许许多多的战斗员，我就是一个，在那时，在迂回当中，都看不出想不出行动的方向来。神妙不测的迂回！

金沙江上搭浮桥，历史上还没有这样的事实。涤宙[1]同志努力指挥架桥，第一个筏子还不曾拴得稳，便冲走了。只有槽渡。由路南河（云南元谋县属）直驰一百二十里，太阳落坡的时候到了江边。热得发

---

* 李一氓（一氓）（1903—1990），四川成都人。1926年加入中国共产党，同年参加北伐军，任总政治部秘书。1927年参加南昌起义，后转到上海中央机关工作。长征时，任红军总政治部宣传部科长、干部团教员。抗日战争时期，任新四军军部秘书长、中共淮海区党委书记、淮海区行政公署主任、苏北行政公署主任。解放战争时期，任苏皖边区政府主席、中共中央华东局常委兼宣传部部长、中共旅大区党委副书记兼财经委员会书记。中华人民共和国成立后，历任中国驻缅甸大使、国务院外事办副主任、中联部副部长、中纪委副书记、中顾委常委。

[1] 即何涤宙。

昏，在江南岸的小村里买了一根甘蔗解不了渴，在渡船上，取一瓢水饮，这才心里清凉一下。同行之队，有渡过后继续前进的；有留南岸警戒的。我住到北岸，坐在江边，在金沙江内濯了足，用金沙江的水洗了脸，吃饱了涤宙同志替我们准备下的金沙江边生长的鸡，回到窑洞里睡觉。这是理想的飞机荫蔽部。可是，两岸的高山夹着金沙江，故流在江面的，是一股一股的热风，加之闭在一个人造岸洞里，蒸得气闷，无从睡起，便和涤宙同志扯山海经。

"怎么占领这个渡口的？"

参谋长刘伯承同志带领干部团，前天晚上到达河边。拂晓就捕了一只船，很早很早渡过去一排人，预先侦察清楚，晓得在绞车渡刘文辉并没有什么人马，只有一个收税的厘金卡子。首先就去敲这个卡的门，那些家伙还在梦中。敲门的时候，当然不十分客气，似乎扰了他们的清梦，还大发一顿脾气才开门。等到一开门当面站着一群武装的不速之客，才惊讶着哪里来的红军。刘文辉发下的要船都靠左岸的通令，还原封不动的没有打开。

占领了渡口就准备架浮桥。水的流速倒不大，困难问题是很深，没有办法抛锚，架桥材料也难得找。江的宽度有六百米达，筏子没依托，后来企图架门桥，但竹片子没有劲，布拉的纤绳也不够力。涤宙同志把上下游，南北岸，都跑了一遍，也没更好的适宜搭架桥的渡河点。桥架不成功，最后的决定还是用槽渡。船还大，一次可以过一排人，一共有六只船。原来大家对于金沙江的知识都很缺乏。即四川同志中，也很少过金沙江的。至多是在宜宾望过一望那与岷江交汇的汪洋大流，上流是什么样子谁也不得其详，结果便是道听途说，甚至有说有好几里宽。实际看来并没有这样宽，只是其急不能架桥，其深不能徒涉。浩浩荡荡，显见的是长江正源罢了。

原来一三两军团，还分在绞车渡的上下游，各自去占领一个渡河点，但因为敌人预先有了准备，或者是把船沉了，或者是把船靠在北岸，都是望洋兴叹，没有占领成功。后来就是一个渡河点，六只船载过了红军全部。只有九军团是从另一个渡河点过来的，他自从渡乌江隔断后，现在重新会合起来。

红军就是这样过了金沙江，说来或者有人不相信。

二　到通安

渡过了金沙江的第二天，早晨还没有出发的消息。天气是继续热下去，石洞也住不了，转移另一个"石洞的回廊"去，有轮船上一样的窗眼，实在是枪眼，可以通风稍微舒一口气。多几个蝇子也不在乎，铺起油布睡觉。干部团在河南岸的一部分也来了，回廊上增加了雪峰、仿吾。我们昨天还住在不同的省份四川和云南，有一衣带水之隔。

还没有睡得满意，出发命令来了，听说有芭蕉买也来不及去买，急忙整装走路，说是到通安，五十里。

到通安是顺着一条沟上去的，在沟里还可以喝点清凉的涧水。一爬上山，山名"火焰山"。"之"字拐的小路，整个山越上越高。没有半点水，没有半根树，没有半点风，太阳丝毫不放松的照着，颇有沙漠的感觉，不知比《西游记》中的火焰山何似！据说沙漠没有山，试问山不山有什么关系，反正是没有水喝，没有风吹。在休息的当中，有"老百姓"顶一罐涧水上山来，他投机的发了一注财，大家是争着喝了半碗水。休息了又爬，又休息（找水喝），又爬。大约有四十多里路了，前面嗤嗤的响着枪声。敌情不明了，虽然怎么打仗不关我的事，打到如何程度，却不得不问一问。这时太阳已经落坡，热的感觉已变成看打仗去的情怀了。

再爬一个小山坡，到干部团的指挥阵地。阵地上前后左右，挤满了人。除了附近迫击炮阵地的射手和团的指挥员（陈、宋）[1]及其他少数参谋司号员通信员之外，一大部分是"观战"的，我构成其中的一个。首先得清楚敌情，敌人之两营，或说一团，属于驻会理刘元璋（瑭）部，在干部团尖兵连到达通安街上的时候，他先一步脚进入通安街，正在休息。我们乘势一个袭击，就把敌人压出通安，缴了他两尊迫击炮。就在这个时候，据另一报告说，敌人向干部团阵地右侧移动。团的指挥员恐怕孤军深入，受敌人的包围，同时怕和绞车渡本队失联络，就没有乘胜追击，还把队伍撤回来路距通安两三里的山上，占领阵地，一变而为防御的姿式。这就是我上到指挥阵地观战以前的大略情形。

敌人向我方右侧移动，企图包围的消息，并没有证实。还是从正面反攻过来。对面山上隐约的浅白色的人影，跑来跑去。枪声很疏，子弹飞过而发出嗤的声音，没有把严重紧张的空气带进听觉中来。忽然我们在敌人阵地的山脚下的几个连从几个方面仰攻上山去，枪声依然很疏，夹杂着一两个手榴弹的炸声。不上五分钟，已经得手，敌人缴械的缴械，逃跑的逃跑，在指挥阵地上看得很清楚。我以为要有什么追击，再来一个反突击，再来一个包围，就是看不见，听听密密的枪声也好。号音响亮的吹彻山野了，我听不懂，问别人是什么号，大家都说集合号，这似乎是战斗结束了。

从自己的阵地到敌人的阵地，不算什么恶战，说不上什么尸横遍野，血流成河。山腰到山顶，躺着一个一个的，两三个的淡白色的军服的人，军服上染着红的血在不同的地方。看不清究竟子弹穿过的洞是在腰间还是胸上。有些角上没有人，摆着子弹带，摆着背包，还四散着步枪的机柄，不规则的。东西是有人拾着，尸，望他一眼，让打扫战场的明天再来招呼吧。还有一两个似乎痉挛的动着的，但事态十分明显，他已不在希望的门内了。营长，由三个灿烂的黄金色的五角

---

[1] 即干部团团长陈赓、政委宋任穷。

花依然横在领章的左右认识出来,亦躺着。走过他面前的人,不过惊异的以胜利的口音叫出一声:"啊!打死一个营长。"

山坡的那面,政治科首先守着几十个俘虏,许多人围绕着他们问话。人多口杂,听不出一个端绪来。只晓得来了一个步枪营,配合一个工兵连,是刘元璋自己带来的。他们并没有什么后续部队来增援,也没有更多的部队要包围我们。假如审慎的判断一下情况,不退到后来的阵地,一进通安便猛追下去,虽不活捉刘元璋,但胜利必不止此,论战术我是外行。

通安市上,没有直起的暮烟,山色却在四围渐渐的黑暗下来,想遮没这一幅战后的图画。顺着一条僻径我们向通安去,俘虏也不得不向他们的同僚作最后的离别,俘虏在政治科学生的后面跟着下了山。前面一阵扰嚷,击溃的散兵再缴出两枝驳壳枪来,俘虏的行列中又加进去两个数目。

进通安街,找着宿营地。那真是"找",因为设营员,岂有此理的不肯带路,倦意已经压上眉尖,虽然还余有胜利的兴奋,和一餐晚饭的怀念。

三 会理郊居

在通安休息了两天,这是南渡乌江后仅有的休息。五月九日进至距会理十余里路的地方。会理城今早已为友军包围,但真实情形,尚不明白,干部团自己的任务方向,也没有弄清楚!宿营地一连搬了几次,十日下午才搬空。

十日夜,强攻会理城。强攻和以后的爆破我想另写一段。在会理城郊附近,自九日起,共作六日勾留。

会理、西昌这些县名,在四川人的耳中,是含有生僻边远的意义,不是什么好地方。虽然隔大凉山的"倮倮"不远,但自望城坡以下,两侧高山,中间夹一不小的平平谷道,树木翁荫,田畴阡陌,村庄繁密,殷实的内容,有些出于意料之外。老百姓都说城里很不错,商业还有些。因为是和云南交通的要道,许多轻工业品(布,纸烟等)都从云南运来,四川由此对云南输出糖。宿营地搬了好几次,住过的房子有土豪的,有商家的,还有贫苦农民的,都还可以。群众都很好。刘文辉的苛捐杂税已经把农民剥削到只剩一张皮,一副骨头。群众不仅是参加红军踊跃,并热烈报告城里的情形和希望我们打城。一个老头儿,就同我们住了六天,跟着跑了两个晚上,预备进城时带路。

  城,敌刘元璋之第六师守着。初到的一天,驻离城很远,只从半天的红光中,晓得会理城大烧房子。第二天下午搬到附近,爬上一个山头,望一望要攻的会理。长方的城垣在谷道正中,雉堞一串,沉默的堆在上面。所能看见的,只是满城的房屋,用几千百万瓦建缀的遮盖着,分不清街道。高耸出的天主堂的钟楼,也寂静的不敲一声。南面有一个空场,仅有稀疏的人影在奔驰。要是没有枪声没有烧房子的烟和火,几乎疑为一座死城。刘元璋为着扫清他的射界,为着预防我们迫近城墙进行坑道作业,对附城周围建筑,特别是北门外繁盛的街道,用煤油棉花,一烧而光。烟幕冲上天,和天上的云连接起来,中间闪烁着火星,四散的飞去,火焰不断的从屋顶上冒出来熊熊的燃着。不仅一处放火,无数处木材崩裂,墙土倒塌,更紧张了视觉和听觉,几乎失掉分别。带着无情的火,下了山头,回到宿营地。

  四川的五月,天气应当是热的了,晚上只能盖遵义纪念品三友实业社的毛巾毯子。蚊子还没有出来,苍蝇可多的怕人,同云南一样的多。我们的宿营地,太阳一出来总有好几十万,比飞机还讨厌。飞机总是每天来两次,但都在会理城附近的天空盘旋,一方面对城里的守城白军投掷信袋,一方面把几个炸弹来轰炸我们围城部队。它抛得再多,飞的再低,可是我们没有什么损伤,打塌些民房庙宇是唯一的成绩。

六天当中,为上级干部队上了几次课,两天的晚上去看攻城,其余都是闲时。热的闷人的午间,可以倒头一睡;下午太阳落了山,可以望望会理城的烟火;也可以到雪峰处去谈谈地洞挖得怎样了;或者一同到溪边林下去采桑子吃。会理有芭蕉,在金沙江岸上是看见,但都被别人买完了。在会理是听见说别人买来吃了,根本连看也没有看见过,但把桑子聊当水果。苏进同志还请了我们吃了一回四川菜,是一个邛州人动手的,四川味道也有限得很。戏是我点的,家乡风味却不够,还不如自己弄点小玩意儿有意思。把糯米粉做成汤圆,或者和些黄糖进去一蒸,便是很甜的年糕,买个鸡来杀,鸡汤内煮菠菜。就这样弄东西吃,也花去时间不少。

六天的时候,在没有秩序的生活中过去。对于会理城强攻既不成,爆炸也未奏效,进城似乎是已不必强求了。五月十五日的下午六时,远望着四方黑压压的城,城里外的烟和火,在青葱浓郁的四围山色中,在古道垂杨疏散的斜透出夕照的图案似的线条中,在无端的怅惘情绪中,离开了会理。

四 强攻和爆炸的两夜

十日,灼热的太阳下了山坡,从它的对面,升起一弯月,几点星。就是这样的星月黄昏,也不能带来幽静的氛围。因为刘元璋放的火,通红的照彻一个半天,会理城上还送来零乱的枪响。就在这样紧张的气氛中,传遍了今天晚上要攻城的消息。

赶早的吃完晚饭,赶早的整装待命出发。灼热的太阳已下了山坡,从它的对面升起一弯月几点星。我们从宿营地经过四面插满秧苗的田埂上,荫蔽的爬上山头。下午我远望会理城的山头,这就是今儿晚上攻城的指挥阵地。我翻过山头，走向山前斜坡上坐下来。晚风呼呼的，带来初夏的夜凉，有时还使人打一个寒噤。烧房子的烟火更清楚的逼到面前，连城垣上雉堞间奔跑的黑影都照红了，连因风动摇着的树枝都照红了，连遮满全会理城的瓦鳞都照红了。赤化的会理！

迎着风望着赤化的会理，期待着攻击信号的发布。

一声迫击炮响，轰向城里，无异一个晴空霹雳。接着的便是繁密的步枪声，嗤嗤响着，中间更夹着更繁密的每秒钟几十发的轻机关枪声，从四面八方射向城去。攻击开始了，城里的枪声也同样繁密起来。夜间射击的目标是缩小了，乱发着，一排一排的连放，作火力的比赛。指挥阵地的上空，有时也飞来几声嗤嗤的子弹，不知落向何所。迫击炮弹，我们射向城里的，以及敌人射向我们的，交互的轰着，增浓了夜间战斗的紧张空气。一九二七年围攻武昌的往景，急速的掠过我的回忆中。一声手榴弹响，打碎了这一个回忆。迫击炮弹也爆炸了。沿着城垣雉堞，一路的照明，那是防我军架云梯爬城的，在爆竹似的枪声中，明明灭灭的不定，有如天空的星粒。我们是静悄悄的接近，静悄悄的放射步枪、轻机关枪、迫击炮，静悄悄的攻击。敌人是相反的，叫！吼！吵！闹！在城墙上，听说刘元璋连小学生都动员上来了。成千的人嚷成一片，真像汪洋大海中一只沉没的轮船，无希望的向天呼救。有时是整个城墙一声叫，有时是一路叫过去，此起彼落的，无意义的呐喊，如同一群狼嚎，一群犬吠！

城西南角的天空一闪，由信号枪中射出的发光弹，一颗红的，又是一颗绿的。

"啊！进城了，进城了！"大家都如此说。

攻城部队，谁先进城就谁打红绿枪，是原来约定了的，那还不是攻进了城！萧劲光同志带起他的队伍就走，叫着向导领路，一直向西门去。枪声还是响着。迫近西门的时候，在田野中一条上百人的影，城墙上是望得着的，子弹嗖嗖的在头上飞过。大家立刻对攻进了城的信号弹的红绿闪光，要打一个问号。急速的通过，到一列民房下荫蔽起来，侦察个究竟。红绿弹的闪光靠不住，城墙上一直飞下来子弹。停止在民房下近十分钟，没有证实已攻进城的事实。队伍只有向来路回转去。消息传来，强攻未成功，战斗的时间已经很长，决定不攻了。攻城部队已经撤下来，我们也就用不着再回到原来的阵地。

枪还是在放，人还是在喊！雉堞上的照明已灭了一大半，只有烧房子的火，愈烧愈有劲似的，冒着烟，飞着火星。一路走向宿营地，一路回头望望，已是耿耿星河欲曙天了。

十一、十二、十三日，全线平静无事。坑道作业在两处异常忙碌的工作着。十四日下午连炸药的埋塞都完成了。爆炸就在今天晚上。

黄色炸药，黑炸药，这些东西，这里是不容易得的，这几天尽了一切的努力，来收集硝磺，但据说数量并不足够。提起炸药，抗日先遣队在福建缴获的卢兴邦的炸药从瑞金运到湖南，已无法再搬运走，因为运输员的补充发生困难。现在可找不着那样好的炸药了。但是炸会昌炸沙县的经验和胜利，使我们有炸开会理的信心。

同样的黄昏，同样的晚风拂拂，星月依依，同样的队伍，跟随指挥阵地的转移而转移，到另一个山头。更接近城了。迫击炮阵地也在附近。首先是钳制的方向，即是指挥阵地这个方向，开始佯攻。迫击炮、步枪、轻机关枪对着雉堞上有照明、城墙上有喊哗声、火和烟继续燃烧着的这个广大的目标——会理城射击过去。一时就热闹起来。城内也回敬了无数的步枪子弹、轻机关枪子弹、迫击炮弹。那只快沉没的轮船上的呼号更加惨厉；甚至于压倒枪声炮声。我们知道这仅是今天晚上攻城的序幕，惊心动魄的崩天裂地的轰响，还在后边。

大家期待着，红军期待着，会理的工人农民也期待着；风期待着，云期待着，星和月也期待着。

迟之又久，差不多都等得不耐烦了，终竟响了那一声。有似绝大的陨石，自天而降，还加以陡然的地震，轰响和动摇连紧起来。这瞬间，整个夜战的参加人都埋沉在一声中，全部神经都集合在一点。爆炸开了吧，可以攻进去了吧，突击队行动了吧？一连串的思想过程，没有停留的自流的向前发展。而敌人呢，所有枪声，炮声，呼喊声，都突然绝灭，轮船已沉没到海心了！那时他们的思想过程应该是该没有炸开吧，红军该没有进城吧，快些丢了枪跑吧。沉寂的时间是很短的，不过半分钟，每个的思想过程，都得到他自己的结论。

城墙上重新响着枪声，依然奔驰着叫！号！信号枪也不见放出他的颜色闪光，爆炸是没有奏效的。还是爆破作业不好呢？还是有了爆破口而突击队不行呢？当时不知道。就是一年后的今天也无从考据了，反正这不是战史。但是有两处坑作业，一处爆炸不成，不是还有一处可以爆炸吗？看第二回吧。又等了相当时间，第二处爆炸了。从爆炸声听来，就是未奏效的。声响是小的很，连第一次所引起的那种刺激震入每个人耳心的巨响，和从西面山反应出的更大的回音都没有。

"大概坑道口塞得不结实，向外面炸了。"这是工兵专家的推测。

枪稀疏的响着，城垣上的呐喊，也似乎柔弱无气了。在攻者和守者间，都已由紧张的战斗转入松懈的状态中。

自黄昏到晓时，已经很久了，风，星，月，都疲倦似的吹得无力，照得无光。回到宿营地时，背后依然是几天来一直燃烧着不熄灭的火和烟。

五 八个晚上的夜行军

攻会理，是不坚决的。不仅是客观上敌人以逸待劳，我们已近一万里路的长行军，兵力疲惫，难以攻坚；在作用上说，也没有必要的战略意义。后面靠金沙江，前面横大渡河，两侧是彝民区域的崇山峻岭，仅此会理西昌一个谷道，殊非必争之地。会理既不下，西昌也用不着攻。就是冕宁越巂两城敌人如以重兵扼守，我们也不必一定占领它。主要是争取先机，过大渡河！

过大渡河，由会理出发，有一条路是经过西昌，翻小相岭，从越巂到大树堡渡河，对岸是富林。这是走成都的大路。另一条是经西昌至泸沽后，向左走到冕宁，经过一个"倮倮区"，直下大渡河边的安顺场。这是不容易走的小路。第一条走不通，敌人已在富林、大树堡布置了重兵堵截我们，只得选定后一条。对第一条路，则采取佯动，由五军团占领了越巂，作欲强渡富林模样，以迷惑敌人，而大兵径趋冕宁！

由会理出发到冕宁，共是八个晚上的夜行军，计程五百二十五里，都是沿安宁河左岸直上。安宁河自小相岭发源，南流入雅砻江，再流入金沙江。就是这一条八九百里的流域，形成一个平坦富饶的谷道。沿河市镇，为甸沙关、摩沙手营、金川桥、黄水塘、礼州以及泸沽，都是有上百户人口的地方，虽然是夜间通过，看不出什么来，但三合混凝土的街路的平滑，铺面排列的整齐，告诉出贸易状况应该是不坏。大部分居民都跑了，加之夜晚，街上寂静得落叶可闻。但也有人还做点半夜的生意，卖汤圆、面饼子。

夜行军，主要原因当然是避免飞机的侦察和轰炸。有月亮的夜还好，上弦和下弦，就一片漆黑，足下没有高低。我顶怕这些时间来夜行军，在江西、湖南、贵州多是打火把，远远望去，颇为壮观，因山势之起伏蜿蜒，活如一条几十里路长的火龙。这八天是正在月圆时候，用不着火把，每天晚上都在月底下走，星底下走。太阳落坡时出发，一直走到东方发鱼肚白。虽然疲劳些，一边走，一边看夜景，还不错，颇有苏东坡"江上清风，山间明月"之感。那风可不算是清风，而是狂风，吹得劲儿真够大。拨面吹来，既不冷也不刺，可是受不了。行路时我把斗篷取下来，作挡风的盾用。据向导说，孔明借东风，借到金川桥为止，所以要过了金川桥，才没有风。真的，金川桥北的风势是好些。这也只好姑妄言之，姑妄听之。不知是哪一晚上，被风一吹，都起恶心，翻腹倒肚的呕吐，一个一个的掉下队去。这一队人马，简直散了夥，到达宿营地好久好久，才收拢来。他们晚上的好菜，是桐油炒的狗肉。原先不知道那油是桐油，竟上了一个大当，就是没有风也要作呕的。

军队生活的单调是事实。孔圣人还说"饮食男女人之大欲"，军队中男女既没有，一切的"欲"都寄托到饮食上了。夜行军已够疲劳，但第二天早晨到了宿营地，还未肯即去寻梦，一定要设法弄个好东西吃。但桐油炒狗肉可是最倒霉的东西！八天当中，至今犹堪回味的，是宿营黄水塘的凸凹那天。夜行军走了好几十里路，走的个个都精疲力尽的，一休息坐下来就是瞌睡。虽然夜半的寒气侵人，也顾不得许多。陈宋自己也未尝无此同样要求，便下命令大休息，放心睡起觉来，等天明了再走。天明走了几里路，进入宿营地，是一座土豪房子，已驻扎过我们前面的友军。飞机光顾了一个炸弹，打得灰尘积寸，好象久未住人的古屋子。

一座四川式的大院，正房是四合头的建筑，右侧连接一个两厅一亭的花园，点缀起鱼池盆花。但终究不脱"土"气，一切都不整饬，花园里长着乱草，堆着木材石灰，找不出一点"风雅"来。正房上随处都堆着一囤一囤的由佃户处勒逼来的租米。一个书房，锁了两柜子。恶劣板木的线装书，夹杂一点高小中学的算术，历史，动物，化学的教本。翻来翻去，只找出一部石印的《桃花扇》，尚可消遣，这已经是不容易获得的读物。在行军中。可是除了米之外，饱口腹的东西倒不少，虽然前边的部队打过了土豪的，剩余不要的东西，已经有二十八九只火腿，一大坛油泡香肠，好几坛冰淇淋样的蜜糖，一大筐一大筐的蔗糖，藕粉，花生，还有上品的普洱砖茶。云南名产的火腿到通安时已无余，今复得此补充，安得不喜。就是这样东西还成为后来在松、理、茂时代的黄金回忆。大米之多，毛儿盖无论已，今在陕北，亦只能嚼黄米糊子。涤宙同志要赶路到大渡河边去，试作架桥作业，他刚到宿营地，又马不停蹄的随伯承同志走了。给他一只油鸭子作路菜。火腿是分给整个干部团，公家的菜便是油腻腻的煮火腿，糖冲藕粉，泡普洱茶，炒花生，油煎糖饼子。炊事员是忙着，学生也忙着，我也忙着，把菜盒子，一格一格的装满油鸭子，香肠，蜜糖，忘记了夜行军的疲劳，就是在那花园的厅子里，还翻着《桃花扇》。

六　过冕宁

最后一天夜行军，已入下弦时候，月起的很迟，再加上一天云，濛濛的仅能辨着路影。由石龙桥五十里到冕宁，五月二十三日早晨九点钟才到。

冕宁敌人仅一个连，已闻风远扬。我军先头，唾手而得。我们住城南一村庄中，距城尚有十里路，到达宿营之后，照例铺门板，解马装，洗面，洗足。冕宁是江西红军入四川后第一次取得的县城，会理既攻而未下，我又久已没回四川，照例事完后去县城看了一看。

四川的县城，在以前只是生长在彭县，读书在成都，到成都路过新繁，以及离开四川时由岷江船行，实际上岸到了乐山、宜宾、泸州、江津、重庆；一共九处，今得冕宁而十。在四川会理西昌已不足道，冕宁之荒僻衰落，一进城去，印象便不佳。连西昌坝子也不如。

城垣低低的，且薄，进南门，一条大街通到北门；东西一条街窄窄的，比南北的一条更不象样。在两条长街相切的十字路当中，一座高耸钟楼，恐怕在全城算是最高的建筑物了！于是把两条长街，变成四条街。街上的店铺，一列的平房，并且没有什么气势恢宏的，都是矮矮的益显得卑微。很少有三间门面的商店，一般是一间或两间的，红油铺板都褪了色；更看不见有什么黑漆大门、八字粉墙的土豪的房子。街上已经没有啥东西可买，或者是怕"共产"藏起来了，但就不藏，也不见得有何殷富。不通大道，僻近蛮区，已决定了这个城市发展的限度。本来不想买什么，反正要买，就只有买吃的。打听着有一家糕饼店，鸡蛋糕非所望，能够买几个芝麻饼子也好。去问一问的时候，又已经为捷足者早搜罗完了。做新鲜的，要从调面粉等候起也大可不必。别寻出路，街上有卖豆腐的，有卖莴苣的，有卖萝卜白菜的，弄顿饭吃也好。

我们停足在一家草药店门口，以买两毛钱"六一散"为名，借故同掌柜的说东话西，就拉扯上了。这个掌柜是阆中人，他惊异的表示着红军真怪，哪里来这样多，随处都是，他家里阆中也到了红军。我就和他开玩笑，老远从阆中跑到这儿来做生意，以为是躲过红军了，那里晓得在冕宁也免不了，这下可无处去了。他笑了一笑。最后问到冕宁上面的"蛮子"也谈不出什么名堂，没有吃的住的，要准备两天干粮，要准备露营，但问题中心并不在此。赶快兜到正题上来，就是我们拿钱来买些莴苣、豆腐、萝卜、白菜，由掌柜奶奶替我们弄顿饭吃。天气热得慌，还是煮稀饭吃吧。承情得很，掌柜的一口答应下来，我们便在他店里放倒门板，睡一觉。昨晚夜行军，靠的着今天还是半夜出发，吃的问题有了把握，还得需要寻梦。口渴吗？掌柜的在八仙桌上，还送了一大壶清茶呢。

在半睡眠的状况中，过去了一两点钟，等掌柜的把我们吵起来的时候，已经把一大盆又白又浓的稀饭，四盆素菜，摆在桌子上了。连掌柜的在内，各据一方，吃起来。油腻的东西天天吃，今天这么来一下,换个口味,真痛快。尽情的吃,最后向掌柜的道了扰,走回宿营地去。正午是过去了,可是太阳的灼晒的光线,并不减弱一点儿。

一路进城,同着吃这餐饭的是萧劲光,冯雪峰同志。

七 "倮倮"

在四川的时候,只晓得灌县有"蛮子",大凉山也有"蛮子"。其实灌县出来的"蛮子"是松潘、茂州等地来的。大凉山的"蛮子"散布的区域,不仅限于大凉山,大渡河、金沙江、岷江这个地区的大山中都有。并且这两种"蛮子",在人种学上是不同源的。据我的猜想,松、理、茂的番民,是出于西藏民族,而大凉山的"蛮子",则原来是长江流域上游的土著,被汉族封建统治者赶到这个穷山僻壤来的,恐怕和湖南、贵州、云南、广西的苗、瑶族是同族。我申明我是猜想,正确的结论,待之将来无产阶级的人类学专家。戎马仓皇,今天不容我多所饶舌!

冕宁的"蛮子",本地土人称之为"倮倮"。对于"倮倮",他们是言之色变,抢杀汉人,无所不至。汉人对遇"倮倮",只要捉着,也极尽残酷,冕宁有专门关禁"倮倮"的监狱,无论男女老幼,都是上了镣铐的。民族仇恨之深刻,不知几世纪了!对于冕宁监狱中的"倮倮",不放,我们便不忠实于党的少数民族政策;但放,冕宁群众是反对极了。经过对群众的解释,我们还是全部放的。可是当天下午大桥就告警,幸好我们先头部队赶到。"倮倮"才跑了,不然大桥是有一场火。

早上两点钟出发,昏暗中经过冕宁城,到大桥、北岩堡时,已近正午了。这以后鼓起足力,翻上一个高山,那便是"倮倮国"了。"倮倮"是盘踞在这一个山脉上,这个山脉名小相岭。那边下山,就是大渡河。两日行程，共二百四十里路，除了前后约一百里的汉人区域不算外，纯粹的"倮倮"区域，由南向北，约有百零十里路长。这一个山脉，上面有类高原。这个高原上有什么矿产，地理书上没有提起，毫无意义。土地是很贫瘠的，自然林都不大丰富，加生产技术的落后，农产品是无甚可观了。我现在所能想起的，只有荞麦，马铃薯，很少的小麦。水草却随地皆是，畜牧是应该有的，但恐亦不甚多。因为这样，生活资料的不充足，而从掠夺上来弥补这一部分，他们的"财政赤字"是很自然事情。有时成群结队的下山来抢，有时是拦路打劫过路客人。据说，杀人却不甚杀，但抢劫时是把被抢人的东西完全抢尽，连穿的裤子都不留。我们占领冕宁后，冕宁"县大老爷"的一群，逃往"倮倮"区域，除"县大老爷"被杀了之外，其他的人衣服都脱光，甚至于一位科长"太太"也得裸体跑转来，"赤条条来去无牵挂！"他们内部的部落关系也不甚好，部落间互相抢劫也是有的。

　　因为要劫掠别人，同时要防止别人对自己的劫掠，武装的价值就大了。在这方面，就大有进步，已不是石器时代的石斧、石刀，虽然一部份还拿铁器的刀矛，但大部份是拿的火器了。明火枪、毛瑟枪、七九步枪，而且会使用，瞄准极准确。两天的路程当中，他们一路都排成上二三百人的队伍，站在我们行军队伍的旁边，看我们前进。对于我们那么精致的枪，是羡慕得了不得。在初次接洽"假道"的交涉当中，我们送了他两百条枪；我们行进时，有个"倮倮"看见驳壳枪很小巧，一定要。我们给了他一枝步枪，他大为满意。

　　这些"倮倮"们除了武装观念很浓厚之外，货币观念也很浓厚。就在站队参观我们，通过的这一群一群的人多少，他都要，而且面孔上似乎表现着强要的样子。对这个问题，我们曾经有过准备。就是大家预备一些东西来给他们。有的给他们钱，有的给他们一两尺颜色的棉织品，或丝织品，有的给他们一两块四川盐。钱一给光了，因为要钱的人是连续不断的伸着手。忝为四川人，但不会说"蛮子"话，一路我只好用手势做给他们看！钱，站在前头的几个，我给了他们了，现在空口袋了，完啦。其实我也还得留下几个子儿自己花，货币对于这些"倮倮"有何用处？糟糕！他们也不得不和商品经济接触了。拿着钱，就可换他们需要的布啦，线啦，针啦。这些东西，他们是没有的；粮食自己还不够吃，也没有农产品可以出卖，拿钱可以去买他所需要东西。

因为"倮倮"成群结队来看我们，我们也就看了他们。大部分是赤足，有的穿麻鞋，身上是布褂布裤，各样各式，不伦不类。外罩一件羊毛手织的披衫，那倒是真正土产，没有袖子，领口小，展开很大，这样一裹，就是这样简单。刀子，烟管，挂在身上，同松、理、茂的"蛮子"又差不多。女人是百褶裙，羊毛披衫，亦是那么一件。

不是听说还有什么"白骨头""黑骨头"，即白彝黑彝的吗？站的这一排排的人丛里，谁是白彝？谁是黑彝呢？怎样分别呢？可看不出来。据说"白骨头"是奴隶，而"黑骨头"是主人，（大概就是地主土司吧！）"白骨头"可以作为商品来买卖，而且"白骨头"永远是白骨头，即奴隶永远是奴隶。白黑彝不通婚，有私通的，"白骨头"要遭残杀。汉人也有被俘虏去作"白骨头"的。抢东西，抢货币，只能消费一次就完了！而抢劳动力，却能使他再生产，只需给他一点活命的食物。如何进行"剥削"这件事，"倮倮"也晓得的。

"倮倮"就是这么一个社会。假如有人高兴，爱异国风情的话，这该算是一个异国情调吧。与东京、巴黎、伦敦、纽约，仅有时代上的差别。民族偏见、阶级剥削、要武器、要货币，我们读了实体的社会进化史的第一章。

八　安顺场怀古

在"倮倮国"行军的第二天，那天整整一百四十里。一出"倮倮"区域，天就黑了，下大雨，又是下山路。我们的行军序列前面，刚好又是迫击炮连，走不动，只有站着淋雨。找着三间茅房可以停足时，已经午夜早过，两点钟了。经过岔罗、洗马姑，到了"农场"（大概以刘文辉的团长李光明在那儿建立了一个"光明农场"而命名吧）便是大渡河边。大渡河，土人称之曰"铜河"。沿河右岸上行三十里即达安顺场，一个近代史上有名地方。

洗马姑驻了一夜，牙齿正痛得说不出来话。农场驻了一夜，却奇怪，牙齿又不痛了。就在农场，涤宙同志归回建制，大渡河架桥，和金沙江一样，没有可能，工兵专家对此天险，也无用武之地。听说大渡河上流，只有富林这一个渡口，水才比较平稳。在这里，甚至连槽渡也不是好办法了，金沙江的水虽急，在绞车渡船还能过直角，而在大渡河农场处，并安顺场一处，船要顺水冲成斜角，才能渡过。渡一次，来回要一点钟，这是最快的速度。并且船很小，也很少，农场四只，安顺场两只，驾船不慎，两处各破坏一只。容不下多少人。渡不了多少人。两处的船，也不能集中，因为滩险水急，上游的船，放不下去，而下游的船拖不上来。这真是棘手的事。所幸农场、安顺场两处的渡河点是抢在手中了，总有办法想。

安顺场渡河点的对岸，敌人是一个营。首先我们得到了船一只，船上载十七个红色战士，不顾敌人的火力，在那样汹涌的波涛中抢渡。我们把所有的一切，成功或失败，都交给这只船和十七个英雄，都交给轻机关枪和手榴弹。结果安然的渡过左岸。敌人一个营，溃散了！我们十七个胜利了！胜利的十七个英雄！无产阶级队伍里的十七个英雄！

但是浮桥难以架起，而槽渡又浪费时间，于是整个野战军沿河右岸直上，抢过泸定桥。仅以干部团随一师后渡河，分在农场、安顺场两处，掩护全军通过，同时迷惑敌人，使敌仍以为我们是从安顺场渡河。方针定下了，我到安顺场的时候，军委纵队已经整装待发。刚好在那个时候，飞机突然来袭，我在冯文彬同志处捧了满两手的枇杷，也顾不得吃，便从场口跑出来，寻觅下一个适当的荫蔽地方。嘘——嘣！炸弹炸在河边上，我很担心安顺场里几十匹马，拴在街上，那样大的目标呀。

军委纵队出发的时候，我也由安顺场渡河过到对面的安靖坝。

安顺场，要是不到这个地方，也不会知道这个地方。我是说从历史上来知道这个地方。太平天国的史籍，我相当的看了一些。特别在1931年"九一八"事变时，我那时正旅居北平，每天到北平图书馆，都是翻的太平天国史料。但安顺场这个地名，却生得很。后来才记得薛福成的《庸庵文续编》里的"书剧寇石达开就擒事"提到它。石达开就在安顺场这个地方全军覆没的。时同治二年四月间事，阳历便是五月，和我们渡大渡河的时间相同，亦历史巧事。但是对于这些英雄末路的悲剧的史实，有几点很是值得怀疑的。我不是说那些"倮倮"土司拿了石达开的钱，又出卖石达开的事。那是可能的。但把石达开作为一个很好的战略家来看的时候，安顺场的失败，是不应该的。据《庸庵文续编》所载，石达开的队伍，本已由安顺场渡过河一万人，天就晚了，后续部队不能再渡。石达开以为他一贯用兵谨慎，今天把兵分隔在河的两岸，使兵力分散这不大好，重把已过河的一万人渡转来。这里有几个漏洞。既然天已晚来不及渡后续部队，那末又哪能把已渡过的一万人渡回安顺场呢？这个时间哪里来的呢？有渡这一万转来的时间，为什么不继续渡第二个一万人过去？从安顺场渡河点的水势来看，天近晚还能渡一万人，那船非有二百只不可，一只船一次渡二十五人渡两次。但那个地方，很难一齐摆下两百只船来，同时还得有一千六百个熟练的船夫。我们两只船把沿河两岸的船夫请完了，也只三十九个，还夹了几个生手。

结果还要撞坏船，押船的政治科学生和船夫自己还送了命，只有两个船夫爬起来。石达开那时，那里得来两百只船，一千六百名船夫？同时一个渡河点，河那边没有兵力扼守，假如对岸为敌人占据时，如何可以渡河？既已渡过去一万，又渡转来，这简直是岂有此理的事！这样粗浅的战术，以太平天国名将见称的石达开不见得不知道。要是薛福成所记是实事，那才奇怪了！就是后来大雨水涨，以致对岸为清兵所得，难于渡河，为什么不沿右岸直上，进入西康？为什么不向下走，到大树堡拐回西昌坝子？或者再向下走，弯到大凉山东的岷江沿岸？机动地区还很大的！我想那时石达开的兵力尚不少，士气亦可用，而计不出此。一世人豪，径自在安顺场束手就擒，作阶下囚，我是不大佩服。可是历史的安排同样奇怪，终竟完了！就是李秀成在南京孤军奋斗，也没有希望了。今天所能看见的，只有"乱石崩云，惊涛拍岸，卷起千堆雪！"欲从田夫野叟，一寻翼王遗迹，以供凭吊，那里是！

更奇怪的百年而后，出了震动全世界的朱毛红军，又来到石达开碰钉子的地方。蒋介石、刘湘、刘文辉等高兴得很，以为历史的事件，是一个铸定的模子，在安顺场消灭红军，是十拿九稳的。然而不然！不仅有在安顺场强渡的十七个英雄，而且刘文辉的泸定桥也不守了！只可惜我没有去一看那长半里路的伟大的铁索桥工程！

河对面的安靖坝，石达开没有过得去，而我们是过去了的。怀古幽情，且暂为搁起，首先得找定宿营地，把自己安顿下来。这里那里，都在缫蚕丝，苍蝇成千成万的满天飞，结果住到供奉关圣帝君的冷庙里边去，至少苍蝇少些。安靖坝住了两天。这地方盛产蚕桑，成为这里农民的主要副业，丝是自己缫的，因卖茧子交通不便，还在路上就会出蛾了。销路是四川丝业中心的嘉定（大渡河与岷江合流处），远着呢。可是该地土质并不好，玉蜀黍已挂须了，才长三尺来高，茎是细的，同高粱秆一样，怎比得产在川西坝子的玉蜀黍，和甘蔗一样粗，比人还要高。两天来实在没得啥事，看河那边的红军络续的向泸定桥前进，看大渡河水涨，因为下雨，请特务员多劳点神买两个鸡，买了又要杀，杀了又要炖！吃了鸡去可以说话的地方一坐，发表我的高论。

既然怀古，安可无诗：

澎湃铜河一百年，红羊遗迹费流连！
岂有渡来重渡去，翼王遗恨入西川！
检点太平天国事，惊涛幽咽太伤心！
早知末路排安顺，何不南朝共死生！
十七人飞十七桨，一船烽火浪滔滔！
输他大渡称天堑，又见红军过铁桥！

九　大渡河边

　　大渡河，我们不仅是渡过便罢了，整个在四川行军当中，几乎无处不与它会面。野战军沿河右岸上行约三百里，抢过泸定桥。掩护部队的干部团沿河左岸上行二百里，在龙八埠与野战军会合，才向化林坪前进。这才脱离了大渡河。但后来在彝民区域中的大小金川，穿来穿去，正是大渡河的上游。大小金川留在后面说吧，这儿只摄取由安靖坝到龙八埠的一段印象。

　　五月三十日十三时，由安靖坝整队出发，目的地挖角坝（汉源县属），行程六十里。一路荫蔽一下飞机，休息休息，天就阴下来了，似乎要落雨的样子。高高低低，路都凿在峭壁上。蜿蜒曲折的小路，由于山势和崖石的阻碍，有时上，有时下，总在山的侧面。山地行军，速度亦不快，且渐渐的下起细雨来了，更难走。然而时间已下午过去，接近黄昏。一边走，一边念着陆放翁的诗："幅巾筇杖立篱门，秋意萧条欲断魂！最是嘉陵江上路，冷云微雨湿黄昏！"那时景象，后两句，真恰如其分。

问一问走了好远！"三十里"。快黑下来了，设营员已经把团部的宿营地安排在三十里路的那个小村庄上。六十里路是不会有的，但我们还要走足四十里路，才有地方住。大渡河边，两岸高山，紧夹着一溪急流，要找出一块平坦的河滩，实不容易。一个很小的平地，已经叫什么坝，几间小店子，就算一个市镇，数椽茅屋，就成一个村庄。走了十里路才到，雨还是淅淅沥沥的下。两间茅屋挤了一百多人，能够找着门板，摆下自己的行营，已是如天之福了。吃不吃饭，真是满不在乎，且横下来听雨声度夜！

五月三十一日晨七时出发，目的地得妥（泸定县属），计程七十里。但先得经过挖角，补足昨天未走完的二十里。天可晴了，二十里路很快就到。在挖角休息约一小时，等队伍到齐。这时得着消息，野战军全部已进占泸定城及泸定桥，可以安全渡过左岸。石达开没有渡过安顺场，我们却舍安顺而不渡，泸定铁索桥，又宽又稳，那些想把历史当成数学公式的将军们，怎得不在红军的威名下宣告失败！到得妥，是由挖角右行上山，得离开大渡河边。山是大相岭的余脉，说大不大，说小不小，一共是三座，就是七十里。山里面亦有"倮倮"，比较大凉山上的是要进步些。抢劫，土匪，这些东西是没有了，并且还能多少说几句汉语。我们通过的时候，男女"倮倮"都在田里，农业技术的进步，或者是耕地面积的扩大，二者必居其一，保证了他的生活资源。有一家正在炖牛肉，还有人进去买了他们的牛肉吃。我在路上，还用汉语来问了他们到得妥还有好远。三重好山，既是汉人都不要的，路也就可想而知。山上自然林极丰富，一片绿，依着山峰的起伏，垒成乱山纵横的调子。路是少人走过的，远年的败叶陈枝，朽烂在地下，兼之雨后，和着泥，极不好走。翻到第三层山，雨又下起来了。在山上已能够远望着大渡河的线流，但转来转去，总在那个山坡上，似乎距得妥还不很近。等到从山的斜坡上溜到得妥时，雨更大，而且天快晚了。进了宿营地，清查掉队的可是有点多，我总算没有落伍，但已疲惫到不想再多走一步路，就住在队部里过了一夜。

六月一日晨九时出发，目的地沈村（泸定县属），计程五十里，从得妥前进，重沿大渡河左岸逆行。河幅到此已稍窄，但流速之急，恐怕比下游是有增无减。浪花冲刷在河中的礁石上，嘣的一声溅到一丈多高，还没有落下来，第二个浪花早又冲到了。大大小小的浪花，一河都是；奔腾澎湃的惊涛骇浪，掩盖了一切，几乎说话都听不清楚。飞机来的时候，轧轧的声音，一定要掠在顶空上，才能够听得到。

今天的出发命令，本来是三十里到家眷[1]一个小镇市。十三时到达。宿营已经布置都好了，甚至于肉丝菠菜面都吃过了，准备睡觉了，又来第二个出发命令。前进二十里到沈村宿营，十五时出发。这几天来天气完全不对劲，午后照例下雨。一出发雨就飞起来，越来越大。路是小路。雨天黑得很快。还不到二十里路，距沈村还四五里，前面一个绝壁，路被几天雨一冲，塌下去了，要是白天还可以整理，天黑了，什么也看不见，没有办法过。只有向来路的小村庄找宿营地。这可费劲儿了，山腰的河岸三家村，那里摆得下大队人马，东拼西扎，分散在三四处，总算塞进去了，但已午夜的二十四时。今天的疲惫，比昨天更甚。

六月二日晨八时出发，目的地化林坪（汉源县属），计程二十里。早晨起来，胡乱吃一顿饭，先派人请当地群众去挖出那被雨冲塌的一段路，队伍随后出发。在宿营地的村庄中，有树杏子，买了几十个，颜色倒好看，红红的，可是味儿却酸酸的，聊以解馋。幸好天晴，雨后的山，洗过了的，绝绿，四川的山，都是有树木的，大渡河两岸，巉崖峭壁，长松短柏，危挂在岩石上，缩成小景，颇似爬壁虎的青藤在墙上。而土质完全说不上，和安靖坝一样，只产很坏的玉蜀黍及马铃薯。到了沈村停下来，才得到今天行动的命令是向化林坪前进。在沈村的半天任务，是向来路警戒，要到十五时才出发。因此宿营布置

---

[1] 今泸定县加郡乡。

是临时的。把马装解下来,在一家店中,翻转两个半制品的棺材盖,作我的卧榻。细雨飞着,无事消遣,煮马铃薯吃。

预备号后是集合号,踏着雨后的泥地,出发了。我们向前走,野战军过泸定桥后,沿河左岸向下走,龙八埠是集合点。大部分已走过去了,我们到龙八埠的时候,驻扎在街上的,是三军团之一部。自到龙八埠后续向化林坪(《庸庵文续编》上也提到这个地方)前进,这才完全脱离了大渡河。这二百里,一路急流,沿河留意水势,真个无一处可以安放一个木板,遑论架桥,要真是没有泸定桥,过河确成问题。泸定桥成于清康熙时,石达开何乃见不及此!化林坪是在山半腰,一个比较大的街市,三军团和军委纵队,在那里扎住,我们只好又退回五里,到盐水溪宿营。

小楼一角,一个囚牢似的窗眼,睡得头脑昏昏,怪难过。玉蜀黍马铃薯之外,别无出什么!

大渡河这沿河山径,今天要我再去走一趟,那简直说不大愿意。假如当风景看,确实要得。逆行这二百里路,算是看了一幅中国山水画的长卷。

后　记

我本以金沙江为题,拟专写长征中的四川的一部分。今年一月便动笔,但十个月来,仅仅在宜川、甘泉的巡视工作中,算成功了一点。这以后便一直未写得一个字。原想写完后再寄出,但这"写完"谁也不知道是什么时候的事。现在录出最先的九节,以答复尚昆同志的号召,改冠以《从金沙江到大渡河》的名字。

一氓,一九三六、十、二,环县何连湾

渡金沙江

曙　霞

初夏的太阳，
烧灼了砂砾的山地，
行人的热汗，
沿脸浃背地流滴。
远征负重的健儿，
在黄昏后才跑到
一座村落的边沿休息。
"努力吧！第八连的诸同志！
无论如何要走一百八十里！
为着要完成我们底任务，
为着要达到我们战略机动的目的，
我们今天要走一百八十里！"

黑夜的幕已垂罩着金沙江边，天险的长江原来如此天险！
羊肠小道在高山向江的斜面

蜿蜒而下，
对河山洞内炮孔枪眼挖遍。
倾泻的水流，
像万马奔腾，
深黄的江水
谁知深浅！
此处虽不是"蓬莱弱水"，
只"一夫守御"，
怕"万众莫前"！

蒋该杀[1]起了倾国之兵，
说："要把江西漏网的大鱼捉起！"
粤，湘，桂，黔，也都调兵遣将，
呐喊摇旗！
一路来"追""抄""堵""截"，
一路来败北披靡。
遵义一战[2]
咬得捉鱼者双手鲜血淋漓。
日本占领了东北，
蒋该杀却把"国防"大兵调到西南，
说是："抗日必先剿共！"（？）
"攘外必先安内！"（？）
他孝敬日本的礼物，
是中华半壁的河山；
他所得的头衔，

---

[1] 原注：江西革命根据地人民都喊蒋介石为蒋该杀。
[2] 原注：中央红军第二次进占遵义，打坍王家烈部八个团，周，吴两纵队也被我们全部击溃，直追到乌江江边，缴获极多，是长征以来第一个大胜仗。

渡金沙江

就是卖国汉奸!

蒋家大兵也曾东追西截,
这条"大鱼"却"神出鬼没",
一会向贵阳直撞,
一会向昆明奔逐,
曲靖坝鏖兵佯战,
吓得龙云急去抱佛[1],
这条"大鱼"却大摇大摆到金沙江畔,
这才见灵活的战略战术。
彝民的土司,来替红军带路,
说是:"只有红军能解除我们的痛苦,"
"江边还有五只小船未烧,"
"聊当我们微小的礼物。"
铁流般的一队,
已到金沙江中,
对岸山洞内的税吏,
还在做他们"作威作福"的迷梦,
静悄悄地收缴了税警的枪,
惊醒的税吏惊呼着:
"啊!从那里飞来的天将军!"
蒋家大兵追到金沙江边,
"望江兴叹",
龙云的部队对着急流
侥幸地惊赞;
周(浑元)薛(岳)打电"告捷",

---

[1] 原注:当红军鏖兵曲靖府大坝子上围攻府城时,龙云以为将直捣其老巢——昆明,急电召其主力,星夜绕道回昆明布防,昆明城一夜数惊。

说是:"大获全胜——
缴到烂草鞋半只。"
龙云伸舌头,摸着脑袋,
还捏一把冷汗,
背地说:"早知是这样,
我就备下船只送他过江。"

万里长征,
历尽了风霜雨露,
忆连年血战,
破敌军屈指也应难数!
任大江峻岭强敌坚城莫能阻,
谁说"长江天险"?
看红军等闲飞渡!

刘文辉接到紧急电令,
说是:"朱毛红军已到金沙江畔,
如果同通南巴西进的
红军汇合,
怕要赤化了川康。"

刘军长急忙调派虾兵蟹将,
开江边堵防,
谁知"五一"节那天正向江边开拔,
就大败于通安[1]。

---

[1] 原注:通安镇在金沙江北约二十里,刘家兵于"五一"即那天由通安南下,被我红军先头部队干部团大败于通安。

渡金沙江

胜利的红军,
已渡过了天险的金沙江,
前面"两大主力红军会合的灯塔"
放射出万丈光芒,
高举起我们的红旗向前往,
"无坚不摧"的红军谁敢当!

东洋的暴浪,
已吞没了华北半壁的河山,
救国的男儿,岂肯仰天空叹!
我们的长征为那般?
为的是北上抗日,
挽救民族的危亡,
突破重围,
长驱北上向前往,
看我们直捣白山黑水收复旧山河,
才早餐!(白山指长白山,黑水指黑龙江)

鲁车渡寻船

艾 平

就是在渡过天险的金沙江的一个下午,一支队伍顺着金沙江的左岸沿江而上。

"同志们!天险的金沙江,我们是胜利地过来了,现在我们又担负着重大繁难的任务,中央革命军事委员会命令我们这个营沿江而上,到鲁车渡龙街接应我一军团,我们一定要完成这一军委直接给予的任务,我们能够完成!张政治委员领导我们去。"十一团第二营营长萧桂同志,出发前在营面前讲话,解释他们的行动任务,最后他又这样地问:"能够完成吗?同志们?"

"能够完成的!"像雷样的响亮的回答了一下,队伍也就开始出发了。

倾盆大雨后黑无光,四周黑暗得咫尺不可见。天雨后路更加泥滑了,人们还是一个跟随一个,后面的猜摸着走前面的人的脚步声,不停息地在前进着。

"同志们!爬山比赛吧!"

一个战士忽儿叫喊起,但并没有得到任何的回答,过了一会好像还是同一样的声音,又喊着:"爬山比赛那个来?"

"来吧!"

"来!大家都来!不来的做乌龟。"

接着就像一窝蜂似的,大家气喘嘘嘘地争先恐后往山上爬,许多年纪青的一些同志们,口里还在不断的唱着:"金沙江流水闪金光!"

吵吵闹闹,八个山是上去了,可是又来了一个重叠的山,山真有相当的高,但是休息一会,又继续往上爬去。

"往后传:一道石壁没有路,爬上去。"从前卫尖兵一个传一个的传达来了,队伍于是慢慢慢慢紧缩拢来了。有的说路走错了,有的说弯路去吧,有的说硬爬上去……你一句过去,他一句接过来,闹得一团。最后还是张政委肯定说:"硬爬上去:轻机关枪背在身上,枪一律大背起,无线电和行李用绳子吊上去,骡马丢掉算了!"

好在悬崖峭壁的地段并不很长,差不多费了两个钟头的时间终于爬上去了,骡马当然无法子爬上去。

天是更黑了,悬崖峭壁的山道,更增加了夜行军的困难,走着走着,"扑通"一声又跌倒了一个。抬无线电的同志有本领,他们始终没有跌倒。

是半夜十二点钟的光景,终于到达了金沙江边的一个村庄,据村内群众说,这就是鲁车渡了。

到达鲁车渡不过十分多钟的时间,河的对岸发现大的队伍,打着火把,沿江而下。估计一定是一军团的队伍,于是用号音与他们联络。出乎意外,号音一响之后,河对岸的火把一个个的迅速的熄灭了。经过半点钟的时间,终于联络到,得到他们的号音,知道这是一师的队伍。但被金沙江的流水声所阻,隔江不能传话,火把仍然继续地沿江而下了。

第二天早晨经过多方的探问,知道鲁车渡原是一个渡口,在前两天还有四川军阀刘文辉的队伍在这里守着。他们为防止红军渡江,曾将所有的渡船打毁,沉到河底去了,只剩下一只小船弯到一个悬岸的石壁下停着。

他们停这只船的方法,是乘着另一只船,将这一只船从河中拉到上游的石壁下停着,然后再把乘的这只船打毁沉到河底去。我们经过半天的工夫,也没有法子把这只船弄到手。从山上用绳子吊人到船上吗?山又高耸入云。泅水到船上吗?水的流速又很大,不可能从大水泅到停船的地方去。别无办法。最后还是采取后一个办法,坚决地从下水泅到上游去。经过了十多人的泅泳,看看要达到船边,结果又被流水冲下来了,时间已耗去了两点多钟,始终无法与船接近。

最后,终于把这只船弄到我们的手里来了,法子是这样的:一个侦察排的王班长,他的泅泳术还不差,他用一根绳子束一把刺刀在头上,当他泅到距船还有一丈多远的地方,就靠着石壁用刀戳在石壁的被水冲裂的石隙中,慢慢慢慢地,一步一步地向上流移动,终竟爬上了船。

就在这一霎那间,沿河两岸的欢呼声,震天价响起来了,庆贺我们的成功。

费尽千辛万苦弄来的船,终竟在金沙江的河中漂动起来了,一军团的一部分,也就依赖它,从金沙江的右岸渡到左岸来了。

敌人的诡计,终竟不能战胜转战万里百战百胜的英勇无敌的红军。

火焰山

艾 平

十一团之侦察排及其第二营,在完成鲁车渡接一军团之任务后,继续完成军委电令:经江驿[1]到达龙街对岸,阻止云南之敌。

在占领江驿分县之后,为警戒后方的安全,留一个连驻守江驿(江驿距龙街河岸六十里,为我去会理与主力会合必经之道)。其余在烈火般的太阳光的照耀下,向龙街继进。

由江驿去龙街的行程并不很远,只六十里,上一个十五里的高山,下一个二十里的大山,经过十余里的狭长山溪就到了。

这一个大山就叫火焰山。

据江驿城外的老年人说,从前也是不经常下雨的,现在更是很不容易遇到下雨,田里的禾、粟等植物,经常都干枯得不像样子,所谓火焰山真是像烧火一样热咧!(老年人的话)。

"是不是孙悟空过的火焰山?"一个同志这样取笑地问一个乡下的老年人。

"咳呀!先生!你们也晓得孙悟空过火焰山吗?"老年人带着惊奇的神气说。他不停止的说下去:"听到先前辈的老人这样说:孙猴子

---

[1] 即今云南元谋县姜驿镇。

过火焰山毛都烧光了，所以而今猴子的屁股和脚板上都没得毛……"

不等那老年人说完话，一个中年的汉子插嘴来说："说是这样说，不晓得是真不是真。那里越热的凶哩！河沟里常常是没有水的。听老前辈们说，孙猴子被火烧的那年起，河沟就不流水了。"

这里的群众告诉我们的，确实有些不差，虽然传说是不可靠的神话，气候确实有这样的怪。

我们队伍从这火焰山过的时候，十五里的高山，在我们转战万里的红军看来，并不算什么，所以没有费什么力气，爬上去了。山顶上有一间小小的店子，静寂得很，除一个中年妇女和一个少年女人外，什么人也没有。因为军阀刘文辉把龙街的渡船烧空以后，已有十余天没有客商打这里经过，小店子的老板已被由龙街退入会理的白军拉伕拉去了。

起初这家很害怕我们，后来经过我们的宣传，说明白我们是红军，送给了她们我们从江驿县得来的土豪财物和县长老爷的白糖及其他食品，对她们的态度很和蔼，吃过了冷水都给钱，她们渐渐不害怕我们了。中年妇女说红军真好，对她很相亲。她恳切而愤恨的对我们说："就是前几天啦，龙街来的二十八军，别的不说，连她，我的独女，一个独命根咯！都赶得她哭起来了，……还是跳下岩去，才躲脱了呵！你们看她脸上脚上的伤还没好咧！"

她几乎流出眼泪来了，站在她旁边的女儿羞涩地就走开了。

"叨扰你们了！……"

"嗳呀！说什么叨扰哟！一口冷水你们也把钱……回来时我一定烧一碗茶你们解渴！……"那中年女人，背后跟着她的女儿，和蔼地向我说。最后她又很关心的说："天还早，慢慢走也还走拢的！"

下了火焰山，并没有感觉什么热，人们随着微微的凉风，慢慢地在一个狭长的久干无水的小河沟里行进着。

火焰山

　　这久干无水的小河沟，只有四五十米达宽，弯弯曲曲地十五里来长，两大山的石壁把它夹在中间，好像两道墙中的巷子一样。石壁之高，高出云表，石壁上无草木，也没有旁的植物。

　　这时快到下午四点钟了，虽是夏天，照理天气总不会像正午那样热。但在这从孙猴子被火烧那年起就没有流过水的河沟里却正成反比例，热气逼人，比别地方的正午还要厉害，热得人们淋头大汗，从头上脸上手上身上往下滚，窒息的空气使人们的脑袋发昏。"难怪孙猴子过火焰山把屁股毛都脱了！"

　　一个年纪青的、人们叫他"调皮骡子"的小鬼，一面拭着脸上的汗水，一面指着一个长着短短胡子的同志嘴巴取笑说："你比孙猴子还厉害呢！你的胡子还长着没有被烧脱！"惹得大家哄堂大笑起来。

一个人带一根绳
——由冕宁到大渡河

曾 三[*]

大渡河是一定要过去的,石达开故事的重演,是国民党蒋介石对我们的估计。可是我们不是石达开呵!我们要估计到困难,我们还能克服困难,大渡河是天险,但是我们要把桥架起来。

当我们在冕宁休息的时候,虽然离大渡河渡口还有二百余里,但是命令是这样传来:一个人带一根绳,三个人带一根竹,大家动员起来,带到河边架桥去!

于是大家讨论起来了:

"刚才打的那个土豪家里,不是还有很多苎麻吗?可以拿来打绳。"

"不够的,再去收买,……"

"竹子呢?……"

大家为着一定要渡过天险的大渡河,动员起来了。不消说,有了红色战士的拥护,有了党团员的领导,这个计划是完成了的。

---

[*] 曾三(1906—1990),湖南益阳人。1925年加入中国共产党。红军和中央苏区的无线电通信事业创建人。任苏区中央局电台政委、台长,兼红军通信学校政委。1936年西安事变后在西安任红军联络处电台台长。抗日战争时期,从事地下联络工作,任中共中央直属机关党委副书记。1946年冬,中共中央机关开始疏散转移,负责将中央机密档案安全转移到河北平山西柏坡。中华人民共和国成立后,任中共中央办公厅秘书处处长、秘书局局长、国家档案局局长、中央档案馆馆长。后担任全国地方志小组长、中国地方志指导小组组长。

早晨二点钟出发,除了照例背米以外,又加多了一根绳,三分之一根竹。虽然负担是更加增多了,精神却都是更为兴奋。

"你驮了很远,轮到我来驮吧!"

"用不着,我可以多驮几里。"

"我的体力较好,给我来驮。"

"我驮,你休息……"

这是路上各个同志各逞英雄互相帮助的情形。

天明了,我们到了大桥,大桥的群众见着我们走向"蛮子"("倮倮")区域去,又每人带一根大绳,也有带竹的。"这有什么用处呢?"怀疑的神情,差不多每个群众的面孔上都流露出来。

"你看!那不是一群疯子吗?"一个同志这样叫,因为他看见了几个不挂一丝的农民,从前面走来。

"呵!"大家注目了,大家在议论了。

"这样不是太难看了吗?……"

我们前面的同志,已经和这些裸体人谈起来了。他们似乎是很凄惨的在那里诉苦,我们的同志,似乎是在安慰他们。最后,我们的同志,有的给他们一件裤,有的给他们一块布,并且还给他们一些钱,他们表示着很感激。

我们更怀疑了。"为什么?""他们不是疯人?""他们是穷人,穷得连裤子也没有吗?""比贵州的干人儿还干!"我们又议论起来了。

他们渐渐走近了,我们问了他们,我们的指导员又来向我们作了解释。我们知道了,原来他们是帮助我们的先头部队送担子的,他们回来经过"倮倮"区域,被穷苦的"倮倮"把衣裤剥光了,所以只好一丝不挂。他们说话的时候,认为"蛮子"是野蛮到了极点,非常痛恨那些"蛮子",当然他们还不知道"蛮子"为什么会这样"蛮"的。

他们注意到我们的装束了,似乎与别的军队,甚至与我们先头的部队都不同，"你们为什么一人带一根绳呢？""你们去捆那些'蛮子'是吗？"他们自己问了，又自己这样答了。我们只回答了一个"不是"，他们就去了，也来不及说得更详细一些。

上山了。上山就是"倮倮"区域。这座山的确有相当的高，六月行军，还远远看见一座雪山呢！山中间没有什么平的可以耕种的地方，很稀散的房子，一些种了马铃薯的土地，一群群穿着破烂不堪的衣衫的"倮倮"，这就是我们要经过的"倮倮"区域了。

这些"倮倮"见了我们，只是点头称"好"。我们送给他们的布呀！衣呀！糖呀！针线呀！他们真是高兴得不得。我们说："大家打刘家去吧！"他们很快的回答："好呀，我们后面来。"他们恨刘文辉入骨，对红军却有些认识，所以很是客气。

"倮倮"也注意我们一人带一根绳，表现着奇异。勇敢的懂得汉话的青年，竟提出疑问来了。我们的回答是"架桥"；他们还不大懂得，因为他们不相信，那里有这样一个去处，要这些绳子来架桥呢？一个青年战士倒有趣，他说："这是备来捆刘家军的！"他们连声道好，表示庆祝我们的胜利。

这一天路程太远，走一百里以上，又遇着路不好走，天又下雨，周身透湿，我们摸了一半夜路。竹呢！绳呢！谁也不敢丢，谁也不愿丢。我们的意志是铁的，用不着再去说明了。

到了大渡河边石达开失败的安顺场。因为有了十七个英雄，强渡了大渡河，拿得了船只，所以绳子是拿来编草鞋，竹是拿来烧饭了。我们的精神是愉快的，因为我们的目的是要渡过大渡河去。

从西昌坝子到安顺场

文　彬[*]

在微明的月光之下，我们几个人骑着马在西昌坝子中走着，向着左面右面前面望过去，看不到山岭，一片平地，所谓是西昌大坝子。几天夜行军没有睡眠的我们，昏昏沉沉走了五六个钟头。到达礼州，经过了一条很长的街，继续向前走，去找寻军团司令部。大概是下半夜三点钟的时候，开始休息了。

第二天上午，在红热的太阳之下，我们又开始走了。在弯曲不平的石子路中，经过了不少的村庄。这些村庄的群众，都摆着摊子卖糖、饼、点心，特别多的是杏与其他水果，虽不十分好吃，但在此时行军路上还是不差。下午两点多钟的时候，已走到了先遣团——红一团住地之泸沽。

街上的店铺都还开着，满街都贴着"欢迎红军"的条子，插着"欢迎红军"的旗子。

开了干部会，进行先遣团任务的动员后，正在团部休息，有一个二十多岁的妇女跑来说：她的老公是共产党员，于今年一月间已在成

---

[*] 冯文彬（文彬）（1911—1997），浙江诸暨人，1928年加入中国共产党。1929年参加红军。长征中，任红一军团政治部组织部副部长兼巡视团主任，后任红军陕甘支队第一纵队一大队政治委员。1936年任共青团中央书记。此后长期主持党的青年工作。中华人民共和国成立后，任团中央书记、中央党校副校长、中央办公厅第一副主任、中央党史资料征集委员会主任、中央党史研究室副主任等职。是第一届全国政协常委、中顾委委员。

都被捕入狱了。她因生活关系，到此亲戚家里，要求同红军行动，在红军中工作。我们因为有先遣任务，所以交给后头的政治部处理。

一晚九十里到冕宁

晚上九点钟的时候，集合号音吹起来了，在历史上有过不少战绩的红一团，在指挥员率领之下，一队队在月光之下集合了。只听得满街的脚步声音，嘈杂声，咳嗽声，是后续部队已到了。

走到二十里的地方，见满街点着挂着红灯，写着"欢迎"的字样，休息一下，无数的群众都围拢来了，拿着茶壶、茶杯，和蔼的叫着："先生吃茶。"有的拿着点心、糖，请我们的战士们吃。战士们都笑迷迷地不敢接受，硬要拿钱给群众，说着："同志，你不要钱我不吃，我们是工人农民的军队，公卖公买。"

休息后又开始前进了，沿途濛雾中见着被土匪烧了的村子与街道，过了不少的桥，个个战士们都在不停脚的走着。"天明了，休息一下，大家把服装整理好。"团长在说着。

到冕宁城。霹雳啪啪一阵爆竹声，只见满街挂着红旗，贴着红绿标语，写着"欢迎为民谋利益的红军""拥护共产党""红军万岁"等口号。一进城，街上民众，见我们笑嘻嘻的拱手为礼，有的口里说着"官长先生辛苦辛苦"，有的见了轻机关枪、迫击炮说："这是机关炮""这是大炮"。忽然来了三四个蓬着头，打着赤脚，披着麻布破毡子，耳朵上挂着红条的彩石，面带黄黑的彪形"倮倮"，见了我们立即跪下作笑，表示欢迎致敬之意，我们连忙两手把他扶起，他欢喜不已。

街上店铺照常开着做生意，有杂货店，有茶馆，有摆小摊子的，还有卖肉包子的。他们说："昨天下午已知道你们要来，县长带了二三百个民团已跑了，昨晚一晚城门都没有关，大家等着你们来。"……"听说你们在泸沽对老百姓都很好,公卖公买,打富济贫,保护穷人商人,所以我们大家都不怕,没有跑……"

队伍在街上休息,吃了点心后,又继续前进了。我们到天主堂休息,弄中饭吃。中国传教师很客气,招呼我们坐,五个外国妇女亦来,都请他们不要走,问问消息与情形。"倮倮"见了酒马上就喝,几口便把一大酒瓶吃得精光,一下子吃醉了。请他们吃饭,更加高兴的很。

到"倮倮国"边地的大桥

在弯曲不平的乱石子路上走了不到十五里,忽然满天布上了黑云,雷电大作,暴风雨袭来了,即在路边一个小亭子中避了半点多钟。再走了十余里,到山脚下,地方工作组在打土豪。见"倮倮"穿了土豪的长袍子,笑嘻嘻的,见了我大叫几声,表示欢喜,并向他穿着的土豪衣服看了又看。

队伍于下午已到了大桥。恰巧在部队刚到大桥的时候,"倮倮"有几百名聚集来大桥抢群众的东西,见红军一来,马上四散而走,当时捉获十余人。据当地群众说:这是离此十里之"倮倮"罗洪家,经常来汉人区域抢东西。今天"倮倮"准备来烧大桥的,红军一到,救了他们,他们高兴的很,送酒啦,帮助煮饭啦,杀猪啦,大家都高兴的拥护红军。

我们对俘来的"倮倮",一面用酒饭优待他们,一面给以宣传,说明:"红军是保护穷人利益的,'倮倮'与大桥群众都是穷人,应该联合起来打土豪,不要自己打自己。"经过宣传后放回去。

进"倮倮区"

第三天早晨,在清晨的太阳下,开始前进了。走了十里路上山,上山约有十里，见赤身露体的男女三三两两一小群一小群的走来。他们见了我们，个个都胆战心惊的发着抖，并假说是小商人，特别是女的，洋烟吃得瘦成鬼样子，低着头在队伍的旁边过去了。以后听说这就是冕宁县政府的官员及刘文辉部下的一个团长的太太们，在经过这个山的时候，被"倮倮"缴了枪，他们是侥幸放回的。

我们的向导（带路的）说："县政府及刘文辉对待'倮倮'很凶，要抽他们的捐，每年叫'倮倮'送牛及羊、骡子，到县政府去进贡。常常将他们的头子捉去坐牢，冕宁城里就关有百多个。不卖东西给他们，有时捉去了杀掉几个，表示威胁。这次这些官员听说红军来了，同一团人要想逃到西康去，到'倮倮'区，被'倮倮'包围消灭了，还打死了很多。"

队伍继续像铁流一样走着，不停脚的爬着山。走了大约有二十余里的地点，正在一个山凹森林中，尖兵长跑步回来报告说："前面巴马房有几个'倮倮'不准我们通过，怎么办？"我立即带着向导到前面去看，见两边山上坐着"倮倮"，见我过去，大家都跑了，到处只听得大叫"呜呼""呜呼"。用了很多方法，做了很多宣传，经过汉人的翻译，找来了几个"倮倮"，向他们解释，讲了一个多钟头，结果他们说："娃娃（即白彝，为黑彝的奴隶）们，要点钱让你们通过。"我说："要多少？"他说："要二百块。"马上给他二百块，大家一抢而散。又用种种方法找来了几个代表，我们又向他解释了许多话。他说：刚才的钱是给罗洪家的，我们沽鸡家，娃子亦要给他点钱。又给了二百块大洋。

正在进行宣传与交涉的时候，啪！啪！啪！后面打起来了。据后面来的报告说，昨天我们刚到大桥时，企图火烧大桥的，就是罗洪家。因昨天被我捉住的几个人，今早虽已释放，尚未到家，所以打起来了。我们为了自卫起见，不得不把他们打退下去。结果，我们后面工兵连的几个战士衣服被脱去了。

　　后面还在打。我们仍在不断的同"倮倮"沽鸡家宣传着，告诉他们："同红军联合起来打倒汉官，打倒压迫你们的刘文辉，打汉人的财主，分财主的衣服粮食。"经过了这一次宣传以后，有一个说："我去找爷爷来。"过了一回，来了一个很高很大的汉子，打着赤膊，围着一块麻布，打着一双赤足，披着头发，左右后面跟着背了梭镖的十几个一样装束的青年，见了我即坐下，又谈了一些话后，他自说："我是沽鸡家的小姚大[1]，要见你们的司令员，我们大家讲和不打。"我一面派人去告诉司令员，一面带着他走。他带着娃娃一块儿走着，翻过一个凹，过了一个森林，见了我们的队伍，拿着枪上着雪白刺刀，站着在担任警戒，他又不愿再走了。顾其意好像是怕我们把他捉去，经过解释，他还是靠着山上走，不肯走路。

　　经过了森林，到了一个坪里，有一个清水池塘，名为海子边，见我们的刘司令员（刘伯承同志）来了，我马上介绍给小姚大，他立刻双手鞠躬行礼，即在塘边坐下。小姚大问："你是司令员？"刘答："我是司令员。"又说："你姓什么？"回答："我姓刘。"他即说：今天后面打的不是我，是罗洪家，并说要同司令员结义为弟兄。刘司令员马上答应可以，小姚大叫娃娃到家里去拿一个鸡子来。

　　太阳快已下山，一个"倮倮"用碗在塘里舀了一碗清水，一只手拿着一只鸡子，一只手拿着一把刀，口里念着："某月某日，司令员、小姚大在海子河边结义为兄弟，以后如有反覆时，同此鸡一样的死。"念完，立即用刀把鸡头一斩，鸡血淋滴在冷水碗中，以后即将血水分作两碗。小姚大要求司令员先吃，刘司令员拿起血水碗大声说："我刘司令员同小姚大今天在海子边结义为弟兄，如有反覆，天诛地灭！"说了一口而干。小姚大一面大笑说好，一面亦拿着碗说："我小姚大于今日同司令员结为弟兄，愿同生死，如有不守这事，同此鸡一样死"，

---

[1] 即小叶丹。

亦一口吃干。

经过了这样吃血宣誓之后，小姚大及"倮倮"才大放心，带了十多个娃娃，牵着一匹黑骡子，背着梭镖及缴来的枪，同我们一齐下山。

回到大桥

我带着小姚大他们十几个"倮倮"下山，经过汉人住在村子，男女老少都站在路边看，插着"欢迎红军"的红绿旗子，摆白米饭酸菜，送给我们。我们个个战士都给钱买吃，但"倮倮"见了，拼命的吃，亦不说一句话，吃了就走。汉人便骂，我们给以解说，并代他们付钱。

进了大桥街上，只见满街已挂着"欢迎红军"旗子，见了我带了小姚大回来，大家便高兴称奇，都说："好了好了，小姚大亦捉来了，把他关起来。他很狡猾，不要让他跑了！"有的说："杀了他，害人的家伙！"老太婆说："该死该死，阿弥陀佛！"这里可见在汉人财主贪官污吏的压迫下所造成的汉人与"倮倮"之对立现象。

我们听了这些群众的话之后，马上告诉各连队及地方工作人员与宣传员，到群众中去解释，说："这些'倮倮'他们亦是同我们一样的穷人，同我们一样的受财主的压迫痛苦。他们常常同汉人对立，是汉族的反动统治者对他们剥削和压迫的结果。我们要说服他，用打用杀是不行的。"经过了按户宣传后，群众才懂得这些，有的仍不服气，经过无数次解释才了解。

晚上，我们办了一些菜，买了一些酒请他们吃。大家说说笑笑很高兴。吃完饭之后，小姚大见司令员说：明天他要沽鸡家的"倮倮"到山边上接队伍过去，愿意帮助去打罗洪家，"如明天罗洪家再来，你们打正面，我们从山上打过去，打到村子里，把全村都烧光他！"

我们又向他解释穷人不打穷人，自己不要打自己，他不服气的把头脑一拍："我小姚大不怕他！"

出"倮倮区"到筲箕凹（一百二十里）

第二天早饭后，我带着"倮倮"小姚大在尖兵六连后头走，爬上头一个山凹时，见十几个沽鸡家的"倮倮"拿着红旗，背着长枪，口里叫着"呜呼""呜呼"，表示欢迎。上了山顶，他们带我们一同到了他们村上的门口，见他们已排好了队，每个都拿着枪镖，打着赤膊，赤足围着麻布毯子，见了我们，大家笑迷迷的站起来，来看我们的队伍。他们今天见了我们的时候，已同昨天完全不同了，好像已经是自己的人一样了。老的小的年青的，都笑嘻嘻的来接近我们，不像昨天这样的害怕我们了。

我们队伍到了村庄面前休息了。小姚大告诉我们，他不能再走了，因为前面已不是他们的地方了。他准备派四个娃娃送我们到前面的村庄，并要挑选二十个娃娃到我们队伍里来学习军事，准备学会了回来可以打刘文辉。我们送了他一枝手枪，他更加高兴，把一匹高大的黑骡子送给司令员。我们不肯接受他的礼物，他反而不高兴，表示认真。

我们的队伍又要继续前进了，一路经过卡纳、啊尔那些阿回、阿红等地方，经过"倮倮"的交涉后，都能顺利通过。一个村庄交换一个"倮倮"带路，真好像是中央革命根据地的乡政府一样。我们经过这些"倮倮"村庄的时候，有的在山上叫"呜呼""呜呼"，经过带路的"倮倮"回答之后，就不叫呜呼了。有的站在路的两边看我们的队伍，有的笑迷迷的夹着队伍同走，见了红色战士身上的手巾鞋子，马上向你讨，或者抢了就跑。见了坐马的指挥员过来的时候，即拱手讨钱，这可见他们生活的困难。据带路的向导说：他们吃的是包谷，没有菜吃，除了缴纳苛捐杂税之外，还要帮助刘文辉担任无代价的劳动，帮助军队抬粮食、挑东西。

战士为了要完成先遣任务,个个都不顾疲劳,不停留的走着。大家都抱着一个决心,就是要夺取天险大渡河的渡口。

太阳已快下山了,一路还没有看见一间房子,可是大家还不觉得什么,只在想着到大渡河还有多远呢?忽然满天笼罩了乌黑的云,一下子风来了,雨亦来了,战士们都戴着斗篷,拿着伞,仍是不停的走着。在斜风细雨之下,战士们的草鞋,袜子,有的衣服都被风雨打湿了,在油滑的污泥路上继续前进。

天已快黑了,前面发现了十多间又小又低的草屋。司令员已命令前面的队伍停止,决定就在这一个村子中宿营,后面队伍亦继续到达。因为房子很少,大家只好挤一下,后面的队伍还在雨下露营呢!我同政治部同志住在一间低矮厨房里,地上虽有些污泥,但比起在雨下露营的已经是好得多了啊。

我们住的那一间房子内,有一个八十多岁的老人家,我就同他谈论起来。我问:"老汉这是什么地名?"他答:"是筲箕凹。"问:"这里到过刘家军队没有?"他答:"在几天之前,开来有二三百,已向西康省去了。"问:"早先在这里经常过队伍没有?"他答:"很少过,只在长毛时候,石达开的队伍在这里扎了几天。听说生了太子,办酒席,挂灯结彩,打锣、打鼓,很热闹呢!"问:"你们这里刘家来抽捐税吗?"他答:"什么都要捐,名目多得很,还要派差,带自己的粮食去帮他运米到西康省去。"一直问了点把钟,他的精神真不错,我因这几天没有很好的睡,谈着谈着就睡觉了。

到岔罗吃白米

在云雾未散的清晨,我们又向着目的地前进了。战士们不停脚的穿过了无数的森林、果园，见了桑子大家在采着吃，有的吃得一口是黑的。

个个战士的枪都上了膛，上了雪白的刺刀，都准备着去消灭敌人，占领渡口。个个都抱着胜利的信心、决心，爬一个山飞快的过去了。红军的老习惯，要打仗，没有一个落后的。

走了五十多里路，刚刚爬上山，只听得前面的一个山头上在大声的叫着："你们是那里来的，是什么人？"司令员用镜子一瞧，是放哨的，队伍就荫蔽停止了。

前面派了几个便衣侦察员，又派了一个连，连接着前进。前面山头上仍在不停的高声喊问着："你们到底是那部分的？派代表来！"我们回答："中央军从冕宁回来的。"我们的部队一面在回答着，一面飞快的跑步前进。

"啪！啪！啪"打了几枪，队伍已到了岔罗[1]街上了。只见街上都插着"欢迎"的旗子，区公所的区长还在办公室内，街上的店铺也照常开着在做生意。商民、贫民、男女老小都一个没有走。

队伍进街后，休息了。我跑到一家杂货店的门口，要了一碗茶，买几个铜板的核桃，坐下在吃着，并谈问着街上的情形。

据当地的商民与群众说：刚才打枪的是当地民团，他们开始见了我们的时候，以为是国民党中央军，因为听说这几天中央军要来这里，所以我们大家都在准备欢迎着哩。

一刻，见宣传员带着一个身穿长衫，戴着秋帽，穿着软底鞋的年约三四十岁的人来找我。他一见了我即拱手作揖。当据宣传员介绍，才知该人即是岔罗区公所的所长。当即安慰他不要害怕，告诉我们河边的消息，我们不难为你的。他经解释后，亦很了解。

当地的群众、商民，第一次见了我们的红军，写着是为穷人的标语，宣传员及战士们都找当地群众在不断的宣传着，个个都公买公卖，

---

[1] 今四川石棉县擦罗乡。

所以连饭及菜都拿了出来卖给我们吃。

等一会，地方工作人员回来报告：这里有刘文辉的兵站，里面有几百包白米。马上派人清查，一部分分给群众，一部分通知各部队带走。

抢船

河边情况已弄明白了，渡口只有一只船，白天放在对岸，夜晚放在这边，所以非夜袭不可。各部都已吃了中饭，由此到河边（安顺场）还有七十里路，时间已经是下午四点钟了，太阳已向西斜，我们的队伍又开始前进了。

一出街翻一个沟，马上就要爬一个高山。只见队伍沿着山路，弯弯曲曲的，不断的在爬着，远望过去像一条长龙。

走了二十多里，天已黑了，天上笼罩着雾，看不见月亮。因为我们担任着夺取河边船只，保证架桥、抢渡的重大任务，所以黑夜急行军，带着袭击的性质，要采取秘密迅速的手段。

"不准咳嗽，不准点火打手电，不准讲话。"这是前面团长传下来的命令。个个都很静肃的，在高低不平弯弯曲曲的石子小路上慢慢的走着，遇到了缺口狭路，有的用手摸着跳过去。

到了山顶，只见云雾迷迷，山下有微微的灯光，听说这就是大渡河的边上，只听见远远的叫着"喂，开船过来"的声音。下山了，小石子路更斜更滑，只好慢慢的一脚一脚的爬下山去，一只手拉着后面的一枝小柴子，一只手拉着前面的树枝，前脚踏着实后，后一只脚才跟下去，这样一步一步的摸下去，心在不停的跳动着。

"碰！碰！"打了两枪，我们的先头部队，不顾一切的向着河边跑去。大家的决心，就是抢船。一刻即来报告，已夺到了一只船。敌人的张营长带了十多枝驳壳枪，来不及走，已被我们围在一间土豪的屋子内。

据当地群众说：刘家军已知道你们要来过大渡河，到四川去，他们在河对岸守着。这几天强迫我们这里的老百姓搬家，说要把这一条安顺场都烧光，使你们来没有房子住。今天下午听说你们已到了岔罗，预料你们明日可到这里，准备今天晚上就要烧了，所以在各屋附近都堆着柴，准备着洋油来点火。你们真来得快，营长没有烧得赢。群众因免去了烧他的住屋，很高兴，一句一句的同我们说着，一面把自己的家具又一件一件的重新搬回到家里去。

十七个

天已亮了。河对岸的敌人约有一营多人，在沿河的山上构筑了简单的工事守着，见了我们的人，一枪一枪的打过来。司令员决心强渡。

当地群众因为受了刘文辉的种种剥削压迫，他们对于刘文辉是非常痛恨，特别是这次要烧房子，使群众更加愤激，所以我们只要进行简单的宣传，不到一小时已找到了二十多个水手，都自告奋勇，愿在枪弹底下抢渡。

没有听过枪炮响的船夫，经过谈话解释，已准备好了。船上的一切，都已准备好了，参加抢渡的是一团二连自动报名的战士。

我们的机关枪达达达响了，迫击炮亦轰轰轰的打起来了。十七个战士在党的支部书记领导之下沉着的下了船，箭一样的开出去了。

敌人的枪瞄准着船上打，船仍不停留的流着。河水急，不留意已把船流到河中间的沙坝上去了，敌人的步枪、机枪，更加密集向着船上射击，船又必须从新拖过沙坝，向着逆水倒转去。这真是危急，但战士们都抱着有敌无我的决心，仍然坐着船拿了上着膛的枪，取了保险盖的手榴弹，准备着冲上去。

此时开机关枪的特等射手，向着敌人的工事瞄准着，不停的打，特别的是有名的炮兵射手，在中央革命根据地温坊战斗得到极大赞扬的炮兵营长，炮炮掉在敌人的阵地工事中间，使敌人不敢抬起头来。

船已拢岸了，十七个英雄不慌不忙的上了岸，立即向着敌人仰攻。一个冲锋，敌人动摇了。我们的战士乘着这一机会，一连打上去几个手榴弹。冲锋号响了，十七个英雄像猛虎一样的冲上去了，敌人溃了，不要命的跑了。

敌人虽已溃败下去了，但后面沿河这一线还有一团人防守着。十七个英雄在第二船渡过去之前，他们不但能够仰攻敌人，冲溃敌人，占领阵地，不仅能够乘胜追击敌人，而且能够在敌人反攻时，背水守住已得的阵地。

在很急的流速之下，一船一船的渡过去红色英雄，渡过了三个连。继续前进了，扫除了沿河四十里之内的敌人，保证了渡河任务的完成。这种英勇坚决顽强的精神，在中国革命历史上写下了不可磨灭的光荣的一页。

不管敌人用追击、袭击、堵击的方法，用超过于我们数倍的力量，依靠着天然的险要障碍，堵住我们的去路，但英勇的无坚不摧的红军，在共产党的领导之下，为着北上抗日的任务，是能够克服一切困难的。这种伟大的成绩，让我们的敌人发抖吧。

朱总司令在长征中的生活

队伍已到了一天，根据当地群众的报告，打了一家群众很痛恨的土豪，东西已全部没收分给了群众，群众的斗争积极性更发动起来了。被我们围困住的张营长，在临逃走时还想把房子烧掉。我们立即动员部队把火扑灭,并拿钱救济受损失的店户。

群众报告我们在几里路之处还有一只船,并帮助我们拖来;又找了一批木匠,修好了一只坏船。第二天船已增加到三只了,撑船的水手亦到了八十多个,这表示群众对红军的拥护热情。

大渡河因为河底有许多石块,所以水流很急,每秒钟有四米达以上之流速,船夫异常吃力,一只船须有十多人撑船,每人只能撑几次,马上就要换班。

一船一船不断的在渡着。朱总司令来了,和蔼可爱的我们的领袖——朱总司令,见了我们战士,笑迷迷的问着抢渡的经过、现在渡河的情形与每次时间快慢。

总司令的老习惯,见了群众总是笑嘻嘻的,做宣传工作。他看见了船夫坐着休息,他亦坐下去,同船夫去谈话。他很通俗的用着他本家的四川语句,问着当地的情形,并告诉这些船夫说:"刘家军是保护大地主土豪劣绅的。他们都是要压迫剥削我们穷人的。我们穷人很多,一百个人里头有九十九个是穷人,只有个把两个是有钱的人。所以,只要我们穷人团结起来,是能够有力量把他们这些剥削人的混账王八蛋打倒的……"句句说的船夫点头称是。

谈了之后,我们一同到房子里坐着,谈问着当地的情形。总司令说:"这些水手很好,大家努力宣传几个当红军,放在工兵连,将来在四川行动时是有用处的。"

正谈之时,时间已快到十一点了,特务员走来说:"今天政治部打土豪,杀了几个猪,分给了群众。送给我们的还有一个猪肚。怎样弄中饭吃?"总司令马上回答:"你把它切好,我来炒。"

不到一刻钟,总司令已把猪肚子炒好了。大家一面在吃着总司令炒的猪肚子,一面在谈笑着肚子炒得好。总司令说:"我很会炒肚子的,以后你们找到肚子,准备点辣椒,我再来帮助你们炒吧!"

中饭吃完了,继续谈着闲话。总司令又说着安顺场的故事。他说:"我问了这一带的群众,都说石达开入川是在这里消灭了的。因为生了王子,不能前进,大排酒席,大吹大鼓,弄了好几天。结果后面追兵一来,'倮倮'又反对他,全部消灭了……"

另一个同志又说:"我听群众说:石达开以后化装了一个老百姓,背了一把雨伞,过了河到了四川,还有人见了他呢……"

大家说笑了点半钟,后面的二师亦来了,决定二师继续向西去抢夺泸定桥。

十七个

加 伦

　　四川的大渡河是著名的天险，两岸高峰，形同峭壁，水深无底，流急如箭。诸葛亮祭泸水，石达开之全军覆没，都是在这里。大渡河之险，真是名不虚传了。

　　红军不是诸葛亮，更不是石达开，大渡河虽是天险，那里能挡得住他呢！

　　部队向着大渡河前进了，这是与红四方面军会合的重要关键。千万人的意志，千万人的决心，不怕艰苦，不怕疲劳，用大无畏的牺牲精神，坚决的要战胜这一困难。我们模范的一师一团担任了强渡大渡河这光荣伟大的先头任务。

　　我们的一团，他们是火线上的模范英雄，在国内战争史上曾写下了不少的光荣战绩，尤其是在敌人五次"围剿"中，在江西的山甲嶂、猫嘴峰、雪山岘的顽强抗战，不怕敌人十几架飞机，几十门大炮，三四个师的人马，炸弹炮弹像冰雹般的打下，机关枪步枪手榴弹像暴雨般的飞来，集团的冲锋队伍，像野兽般的卷土而来。阵地打烂了，他们又做，做了又烂了，烂了又做；子弹打得精光了，他们续之以石头刺刀；他们的同伴一个一个的倒下去了，一班人剩一两个，一排人剩三四个，一连人不上十几个，他们是毫不动摇，他们誓不退却，他们要奋斗到最后一个人。敌人的尸体，堆满了他们的阵地的前沿。在他们巧妙的反冲锋中，敌人终于像水鸭儿一般的坍下去了。这种英雄顽强的精神，敌人曾经闻风丧胆呵！

我们的一团不但善于防御，而且还长于进攻。天险的乌江，就是一团的英雄夺取的。像这样的英雄，大渡河又能奈我何！

他们经过了几天的急行军，通过了"倮倮"（少数民族）区域，沿途进行了艰苦的争取工作，不然的话，不但无法过大渡河，连"倮倮"区都恐怕出不了。

离渡河点（安顺场）一百里，他们用一晚的急行军就赶到了，一个袭击，活捉了敌人的哨兵。知道敌人有一营长带一连人驻在街上，同时河边还留下了一条船。首先派了一部分队伍夺取了那只船，同时猛力向街上猛攻，把敌人从梦中打得鸡飞狗走，捉的捉了，跑的跑了；有一部分企图固守房子，也终于被消灭了；营长老爷是侥幸逃脱了狗命。渡河点的安顺场，就在东方发亮的时候终被占领了。

河的对岸，有一营敌人在把守着。山上一排排的堡垒，河岸一线线的工事，河岸很突，石崖又陡，简直没有路可以上去。

水声是哗啦哗啦……响得对谈都听不到语声。站在岸上看去，波涛奔腾澎湃，河深水急，令人见了心寒。队伍准备强攻了。

火力配备好了，部队中送出了十七个英雄。他们的英勇，在那饱满的肌肉上，和那坚毅的表情上显露出来。他们的热血沸腾着，整个部队的热血也在沸腾着。

怎么强渡呢？浮水是不可能的，渡船又只有一只，水手又很怕。没有本地水手，船不但撑不过去，而且船不被冲翻也要冲下几十里。但群众总是热烈拥护红军的，经过耐心的宣传，水手抱定了决心，不

十七个

怕一切牺牲，无论如何，要把我们撑过去。

枪声是像放鞭炮一般的响起来了，打得河水四溅飞扬。我们的炮，我们的机关枪，也向着敌人猛射，口号声震动天地，十七个英雄迅速的一跳登船，船像飞一般过去了。我们的军委刘参谋长（伯承）在河岸高呼："勇敢冲锋！冲过去呀！你们是光荣英雄呀！无论如何要渡过大渡河！"

船拢岸了，十七个英雄飞身一跃就上了岸，接着一排手榴弹，夺取了河岸上的工事，接着又攀藤负葛，爬上石崖。敌人在上面猛烈扫射，手榴弹拼命的打下，他们终于爬上去了，又是几排大枪，又是几排手榴弹，把敌人打得鸡飞狗走，高山的堡垒，又被我们十七个占领了。后续部队继续一船一船的过去，敌人被追的屁滚尿流。天险的大渡河，就被我们十七个英雄战胜了。国内战争史上又写下了光荣的一页，模范的十七个，永远光荣的十七个！

泸沽到大渡河

刘　忠[*]

占领小相岭：二十号由泸沽出发，一百五十里的路程要一天赶到。小相岭有五十里高山，人烟稀少，很险要，悬崖峭壁，并有川敌杨森部扼守隘口。我二师的侦察连，不顾一切的向敌人攻击，爬过悬崖，把该敌全部消灭了。

越巂城情形：越巂地方，半数是彝民，半数是汉人。彝人又分生彝、熟彝两种。该城在我军未到时，有杨森部守城。我军来时，该敌闻风而逃，所以我们到达该城时，群众不管汉人生彝熟彝都来欢迎，并且热烈的参加红军，可说是长征来第一次的热烈。我们还做了充分的彝民工作。该地彝民是最受国民党军阀压迫的。彝人每家都要派一个人去坐监狱，做抵押品，在监狱内计有一二百彝民。红军在共产党领导之下，要解放弱小民族，要联合少数民族，当时即释放出来，所以得到了广大彝民群众的拥护。到第二天，向海棠[1]前进时，很多彝

---

[*] 刘忠（1906—2002），福建上杭人。1929年参加红军，同年加入中国共产党。长征时，任红一军团司令部侦察科科长。抗日战争时期，任晋豫联防军司令员兼八路军一二九师三八六旅副政治委员、太岳军区第二军分区司令员、晋冀鲁豫军区三八六旅旅长。解放战争时期，任晋冀鲁豫军区第四纵队参谋长、太岳军区司令员、华北军区第十五纵队司令员、第十八兵团六十二军军长。中华人民共和国成立后，任西康军区司令员、川西军区司令员、中国人民解放军军事学院副院长、中国人民解放军军政大学副校长。1955年被授予中将军衔。

[1] 属四川甘洛县。

民，摆着刀枪梭镖，有"倮倮"头领导沿途欢送我们出"倮倮"区域。

海棠战斗：由越嶲到海棠是一百四十里，也是一天赶到。将到达该地时，越嶲逃窜的敌人两个连，掩护着越嶲县的县长及工作人员，被我们先头部队全部击溃，大部消灭，县长及工作人员，就此活捉了。这一战斗，有该地方的彝人来参加。由于国民党军阀对彝人的压迫摧残过甚，所以被我们缴了枪的俘虏官长，又被彝人把衣服裤子剥的干干净净，沿途都有，真是有趣味的事呀！

晒经关：将要到大渡河边二十里处，有一晒经关，据说是唐三藏取经回来在这里晒过经。到达该地时，我们的侦察员，化了装，碰着了退却之敌一个收容队。他以为我们的化装侦察员是他们自己的散兵，故将大渡河边的情形说得很清楚，所以我们到达晒经关后，分路向大渡河边前进，袭击大树堡。

大树堡战斗的模范侦察员：杨森之一个旅，主力在大渡河北岸之富林，一个营在大树堡防守，通晒经关方向有一个排哨。我化装的四个侦察员，带着两个在小相岭缴枪的新战士，很技巧的坚决的把敌一个排哨打坍，占领大树堡，并活捉了敌之连长以下的官兵数十名，胜利地完成了伟大的任务。

"倮倮"投军

艾 平

越嶲为会理通大渡河之大树堡与泸定桥的冲道,是汉人彝人杂居的所在地,地瘠民贫,物产不丰,交通阻塞,文化落后,民性刚强,汉人与彝人常常发生械斗,小则大闹一场,大则打伤人命,甚至烧房屋,抢掳居民与牲畜财物。当地的汉人官僚军阀,更以大民族主义的思想,挑拨民族仇恨,以遂他们压迫剥削彝人与汉人工农的心,使汉彝民族仇恨有加无减地一天厉害一天。

太平天国石达开曾屯扎于此。后来石达开在大树堡、安顺场为清军所败。石达开的故事在这一带地方差不多大自老头子小至小孩子,都可以讲出几篇。

红军在跨过金沙江后,更要跨过天险的大渡河,浩浩荡荡地从越嶲向大树堡与泸定桥前进。

一天,十一团一营经越嶲城。这里群众如见救星一般的欢腾起来,沿大道的两旁,挤得像人山人海一样。还有许多携儿带女地跪在街道上,手里拿着写有"红军总司令大恩人麾下……"的禀帖,口里不住的呼喊着:"红军大恩人呀!……申怨求救。"这些在城外是"倮

"猓"投军

猓"族民众,在城内是汉人的工农劳苦民众。他们各告着不同的事件:一部是说那个白军团长或豪绅、官僚杀了他的儿子,她的丈夫,为出不了捐款,而倾家荡产;一部是她的儿子或丈夫,因为前年越嶲闹红军,被张团长(军阀刘文辉的一个团长)杀了(越嶲在一九三四年曾产生过红军与游击队。声势相当大,曾围攻越嶲城三次,后被军阀刘文辉派兵所镇压);一个是诉说"猓猓"怎样杀了他的人,抢了财物,或烧了房子;还有彝民诉说城内那个杀了几个"猓猓",抢了"猓猓"的东西,烧了"猓猓"的房屋……等。各诉各人的理由,各申各人的怨由。

后来,十一团的政治处作了详细考查,召集了群众大会,当群众指出过去坏人官僚军阀制造汉彝民族仇恨的侵略压迫与剥削的阴谋伎俩,告诉他们彝人与汉人的贫苦工农都是同一受压迫受剥削的人,汉人的贫苦工农与彝人应亲密的团结与联合起来,反对压迫者与剥削者的汉人官僚军阀,不应自己互相争打,上军阀官僚的老当,并指出只有当红军自己武装起来,才是出路,才能打倒压迫者与剥削者等。最后,又在群众的报告与拥护之下,没收了一家罪恶昭彰的土豪,将财物全部分给了当地汉人群众与彝人,并给予为当红军而被害的家属以抚恤。

数千年结的汉人与彝人的不解之怨,找到了正确解决的方法。这里对红军的认识,是更加清楚了,于是附近群众自动投入红军的愈来愈多,在二三个钟头内,加入了十一团当红军的达七百余人,就是"猓猓"加入红军的也有百余人。十一团各人各单位扩大红军成绩最好的要算第七连与团政治处。素以小同志见称的宣传队长赖子山同志个人也扩大了七十余人当红军。

彝人在生活上,言语上,以及一切习惯都与汉人不同,加入红军的彝民另外编成了一个连,一般群众称之为"猓猓连"。"猓猓"性情忠耿朴实，老穿着一件半旧的长不长短不短的褂子，像和尚样披着，头上像印度人样包着大堆的花花手帕。由于他们爽直的性子使他们不会虚伪。他们的文化程度异常差，一连人中间只有两人能够用彝人的字写他自己的名字，但大部分都会说几句普通的汉话。他们没什么虚假的礼节，但他们互相亲爱，与我们红军也是很亲爱的。

"倮倮"吃猪是生吃，并不煮熟，异常喜爱酒。他们向我们说：没有饭吃都不甚要紧，可是没有了酒吃就不得过，比没有饭吃还要来得难过。所以他们加入红军的第一句话是："有酒喝。"没得酒喝，哦（"我"他读成"哦"）不当烘军（"红军"他读"烘军"）。

记得有一天天下雨，夜晚异常冷，好似冬天一样，大家都担心着他们很冷，然而，他们同心一致的说："只要喝酒，冷也不怕。"

老娘也要戳你一杆子

艾 平

一个狂风暴雨的夜晚,象征着活该有事一样。时间是不早了,大概已经是晚上八点钟过后了,忽儿人声鼎沸,像狂涛般地一大堆人群都打着火把和油纸灯笼,没有次序的从街的一端涌过来了。几个红军和几个青年群众,推着拉着中年的像劣绅样的一男一女在前面走,后面跟着一大群拥挤的男的女的老的少的。他们嘴巴里喊的在喊,叫的在叫。土豪婆在哭。土豪在辩诉哀叫。人群的火把的火光把漆黑的天空照耀得像白天一样。倾盆的大雨依然在不住的下着,但他们并没有顾及他们是站在雨中。

"营长!把老狗捉起来了!"一个头发已成斑白的五六十岁的老太婆把张政治委员叫营长。她手里拉着土豪婆,气喘嘘嘘地带着胜利的口吻说:"我说这走狗没走好远,是不是?……咳!咳!真把人收拾够了啊!……争点把老娘累死了!累得老气都出不赢。"

"打!杀!"围在后面一些的群众们磨拳擦掌的叫喊着,你一句我一句的闹做一团。

十一团侦察排的陈排长诉说他们与群众一起捉那劣绅,同这些群众一起，天夜的时候已经到了距这里二十里的地方。

"同志们怎样啦？"

"营长！杀呀！""不杀，你们走了他又惩我们老百姓哟！"众口一声，都在喊着杀。

"说是要杀的就把手举起来。"

"杀！"所有的手都举起来了，有的举左手，女人们举两只手的也有。"叭！"那个头发斑白的五六十岁的老太婆一个耳光打在那土豪脸上，接着哭诉说："走狗！你把我收拾够了哇！""叭！"又是一个耳光。"你说我的儿子当土匪围越巂城，我的儿子一个独命根都给我弄来杀了哟！""叭！叭！"接着打了两个耳光。"老娘舍得命不要，同你拼了哟！"她指住土豪拼命的乱啃乱扯。

"娼妇！"她又摔着了土豪婆，"今天你碰到老娘的手哟！二婶！五姐！来呀！一起都来啊！"

六七个中年的妇人，一拥上，围着土豪婆打的打，抓的抓，一些年轻的女人，愤恨地站在旁边看着没有动手。

"好了大妈！拿去算了，大家难得等呢！雨越落越大了。"一个青年手里拿着一把大马刀，走上前来，把土豪和土豪婆拖起就走。人们的大群跟着向街外面急速地过去了。土豪和土豪婆的头、脸、手、身上到处都流着血，但他俩仍在卑鄙的乞怜着。

十分钟以后，两具尸首躺卧在保安营街东端的一个广场上。那五六十岁的头发斑白的老太婆从一个少年手里夺过一枝梭镖，她一面不住地在死尸上戳，一面在说："死了，老娘也要戳你一杆子！"

人们的大群气愤消除了，欢喜地走散了。有许多还在议论着："红军真好，为穷人，我们也跟去……"

一个忠实的革命"倮倮"

廖智高*

英勇的无坚不摧的中央红军,浩浩荡荡的渡过了金沙江,打坍川西南小军阀刘元瑭的部队,不数日就冲到并占领了越嶲县城。

好多的宣传员不疲倦的在通街的墙壁上门板上写着:"打倒刘文辉!""活捉刘元瑭!""取消一切苛捐杂税!""不交租不还债!""打土豪分田地!"等等标语,随着也就向老百姓解释了这些主张。

红军开始发动群众,打土豪分东西,很多群众分得了衣服和大米。红军买卖很公平,说话很和气,一般的群众都知道。

刚移到汉人地方居住的一个"倮倮"——王木冷听到了红军的这些主张,看见了红军的这些情形,特别是"取消苛捐杂税"这个主张,在他脑子里是一个很深刻的印象。在红军初到时,他是存在着恐惧怀疑的心理,现在开始转变过来。

---

* 廖志高(廖智高)(1913—2000),四川冕宁人。1934年4月加入中国共产党。红军长征到达冕宁后参加红军,先后任红军总政治部地方工作部、中央粮委、长征先遣工作团干事,中央直属警卫营地方工作组组长、党总支委员等职。1937年后历任四川省工委副书记,川东特委书记,中组部干部处副处长、代理处长,陕北中央支队政治部主任等职。中华人民共和国成立后,历任中共西康区党委、西康省委书记,西康省人民政府主席、省长,西南局书记处书记,四川省委第一书记,中共福建省委第一书记,省革命委员会主任,福州军区政委。是中共第十一届中央委员。

王木冷家里有七口人，自来就是租田耕种，每年收得的粮食，除纳租交款外，是不够全家人吃喝的。他经常还要到高山去砍柴来换米，卖短工一天只得工资大洋五分。他频年都是这样劳苦，才能勉强维持全家的生活。在红军影响之下，他那苦闷的头脑里发生了"红军是不是真正不要捐款？""不知道能不能为我们解除痛苦？"的一些问题。

　　"老板！红军不拉伕，不要捐款，红军是救穷人的，是穷人自己的军队。"一个红军见着他很和气的向他这样说。

　　"简直好！从前我们每月都要出款呢！"

　　"老板！你要不出款，你只有同我们一道去打倒刘文辉；要永远不交租，也只有武装起来去把豪绅地主的土地没收来大家分。红军里不打人，不骂人，穿吃大家都是一样的，你愿意当红军不？"

　　"愿意！"王木冷一边听着这个红军的谈话，一边想着自己全家七口人，都要靠着他维持生活，一年都劳苦，好日子也过不到一天。他决定了，他不顾家庭了，他坚决参加红军。

　　王木冷参加红军，首先就编在三军团四师通讯班。那天有两个"倮倮"也参加红军了，一个叫做魏自千，一个叫做古哈，他们三人都同编在一班里。魏自千抽大烟，红军每天都发给他一钱大烟。他们在红军中生活还觉得不错，因为每天都有肉吃有烟抽。

　　红军由泸定小路向着天全开发，他们担任了架电话的工作，每天到宿营地不得休息，要在滂沱大雨中架电话。夜深寒冷电话不通，王木冷也就很快的去修理，但是魏自千和古哈确感觉些不耐烦了，经常发出怨言。

　　在由越嶲到天全的过程中，没有土豪打，粮食非常缺乏，大家都吃玉米，又没有好菜吃。魏自千连大烟也没得抽了，他动摇起来，想把古哈和王木冷组织起开小差。

　　首先古哈被鼓动了，他们两个就向王木冷说：再前进就没有粮食，只有饿死，不如跑回家去，既不受饿，也不吃这样的苦。

王木冷对革命的坚决，不怕艰难困苦的精神，都在这时充分的表现和证明出来。他不但不听他们的鬼话，而且以同志的态度，来批评教育他们。

"你们想跑回去，就是怕吃苦。我们参加革命，要刻苦耐劳才对。我相信假如你们跑回去，还是一定要被豪绅把你们杀了。望你们不要胆大，我是坚决不干的。"

他们灰脸灰嘴的不敢继续再说下去，无精打彩离开王木冷走向旁边去了。

天快明了，王木冷正在梦里听着人呼叫，惊醒过来，有人问他魏自千和古哈到那里去了。他细想一回，气凶凶的说："泥滋模区！（"倮倮"骂人的话）他们一定跑了，把他们捉回来枪毙！"

铁丝沟战斗

邓 华

大渡河水深流急，无法搭桥，船渡又很慢，因敌情的紧张，故决心抢渡泸定桥。一师为右纵队，我们（第二团）奉命为先头团，沿河右岸溯流向泸定桥前进。利用休息，进行了政治动员，一般的指战员都很兴奋，不顾如何牺牲疲劳，一定要夺取泸定桥。

瓦坝[1]有敌刘文辉部一个团，是先一天到的，派一个营前出二十里向安顺场方向警戒，连哨伸出五里。大概下午一点多钟的光景，即与其连哨接触。沿途左边是大河，右边是高山，尽是险要的隘路，敌人即利用这种要隘节节的抗退。我们为了争取时间，不顾一切直向前冲。打到瓦坝附近，已是黄昏时候，敌人已先占领阵地。经过几点钟的战斗，敌人全部被击溃，向富林[2]方向逃窜。当晚即在瓦坝宿营。第二天拂晓，溃敌一排突围，因警戒疏忽，仅俘虏数人，大部被其逃脱。

饭后仍继续向泸定桥前进，翻了一个六十里路的大高山，到了妥德[3]。这是个小圩场，附近有几十家，相传诸葛亮南征，曾在此住过。该地有民团及被我们在瓦坝击溃之散敌，共百余人，经过点半钟的

---

[1] 今石棉县先锋乡。
[2] 今属汉源县。
[3] 即泸定县得妥乡。

战斗，被我消灭其一部，其余溃散。继续前进，天雨路滑难走。时已天黑，雨更大，路更滑，许多人都跌倒了。已经走了一百多里路，此时已很疲劳，但每个战士的心坎中，只有一个意志，要夺取泸定桥，不怕任何困难疲劳。经过点多钟的夜战，才将敌人驱逐，进入宿营地。

因炊事员全部掉在后面，第二天拂晓，有的连队煮了些稀饭吃，有的是饿着肚子，继续前进出发。走不到五里路，敌人又守住隘路，我们便接着攻击前进，一直把他压到铁丝沟附近。铁丝沟非常的险要，左边是很深很急的大渡河，波涛汹涌，如万马奔腾，右边是很陡的高山，峭壁千仞，高耸入云。敌人即利用此天险顽强固守，同时敌住龙八埠的一个旅的主力，已赶来占领了铁丝沟的最高山及其隘路。开始，上级给我们的任务是坚决驱逐隘路口的敌人，以一连向高山警戒，主力则迅速通过向泸定桥前进；后得教导营对河火力的援助，守隘路的敌人伤亡甚众，我们乘机以一部由路右山腰绕至敌人翼侧，正面同时冲击，决将敌人击退，占领了隘口，再追击前进。我们率前面的二营，折向铁丝沟的大高山佯攻，主力则由萧华同志率领，由正面迎击。背后是大河，前面是高山，敌人兵力地形都占优势，后退即有吃水的危险，只有往前面拼命，才是出路。此时真是千钧一发，危急万分。经过有力的鼓动，全体指战员奋起了拼死的决心。特别是九连一班人绕至敌人后侧，几个手榴弹一打，敌人即已动摇。同时三团一部已赶到，战士勇气更高。最后一个反冲锋，便夺取了敌人的阵地。二营此时已占领最高山。于是敌人全部退向龙八埠，我们取得了夺取泸定桥有决定意义的胜利。我们除一部占领龙八埠向敌警戒之外，其余主力则继续向泸定桥前进。到时，我们四团的哨兵已在那里叫"口令"！

真是"蛮子"

谢觉哉[*]

长征途上碰到的少数民族,最令我感兴味的是"蛮子山"上的"蛮子"。——从大渡河南,至小金川、草地、腊子口等地,我们都喊做"蛮子山"。其实大渡河北,我们所经过的地方的民族,是"番"不是"蛮"——"蛮子山"属越嶲县。我在路上拾得一残本《越嶲志》,载有许多诸葛亮征"蛮"古迹,判定山上"蛮子"当是汉时孟获之后。不到两千年,金沙江与大渡河之间,千里沃壤,悉为汉人所有,"蛮人"仅保其残种于高山丛岭之中。我从山下大桥市(汉人居留地的终点)听到汉人对"蛮子"的憎恨,在山上看到"蛮子"的悍直,恍惚眼前展开了强食弱肉的图画。

传来命令:要过"蛮子山"了,各人带足四天干粮,要露营,要尊重"蛮人"习惯,不进"蛮人"房子,不和"蛮妇"谈话——"蛮俗",认妇女和外人交接是莫大耻辱——如有事进"蛮人"房子的,不

---

[*] 谢觉哉(觉哉)(1884—1971),湖南宁乡人。1921年加入新民学会,1925年加入中国共产党。1933年到中央苏区工作,先后担任中华苏维埃共和国临时中央政府秘书长、内务部长等职,主持和参加起草中国红色政权最早的《劳动法》《土地法》《婚姻条例》等法令和条例。1934年10月参加长征,红军到达陕北后,任中央政府西北办事处内务部长兼秘书长、司法部长兼陕甘宁边区高等法院院长。抗日战争时期,历任党中央驻兰州办事处代表、中央党校副校长、陕甘宁边区参议会副议长。中华人民共和国成立后,历任中央人民政府内务部部长、最高人民法院院长、全国政协副主席,是中共第八届中央候补委员。著有《谢觉哉日记》。

真是"蛮子"

得用脚踏他架锅子的石头,这是他们所敬的神。又说前头部队派人和"蛮子"土司假道,三个部落欢迎我们,其余两个跑了。——五个部落,人口约万人。

炎热的晌午到达大桥。市民言:"'蛮子'凶得很,常常下山抢掠,遇单身旅客,连裤子都剥去,说不定还要杀伤。不久以前,刘文辉派一团人来打,打个大败,姓李的团长打死了。希望你们红军把'蛮子'杀'绝'!"出市即无人烟,约十里,上山,转几个坡,见十数"蛮兵"裹头跣足,持梭镖,也有几杆旧式快枪。人高大如山东佬,每人头上顶一张红军布告,并有一面红旗,在路上欢迎我们。欢迎的仪式,不是拍掌呼口号,而是伸着手向我们讨钱。给两三个铜子,就欢喜得了不得。

山上虽有些可耕的地,但"蛮人"不知耕种,仅产一种很小的马铃薯,煮熟卖给我们,一百钱两个。也有抱鸡来卖的,五毛钱一只。讲到穿,鞋袜终年不要,每人披一件毛毯,像毛布袋一样粗。据《越嶲志》上的考据,说即是《禹贡》上"西夷祗贡"的"织皮"。

沿途都有"蛮民"来看,有的蹲在山上,有的蹲在路旁,有的讨钱,有的不讨。一老"蛮妇"似乎是首长夫人之类,系百折白布裙,跣足,两耳各垂杏子大的两颗红珠子,披的不是毛布而是细毡,携一小女孩,有同志给她一块饼干,欢跃接去。

前面山上似乎来了一个人,越近越像,则是一丝不挂的男子,说是被"蛮子"剥去了,而且血流满面。这样的人,碰到了两三个。

我们在山上走三天。第一晚露营,第二晚大雨,幸一能汉话的"蛮子",引我们到一岩旁的房子歇宿,有几间平室。

山上气候较寒。由南上山,不觉得高;由北下山,似乎有一二十里,而且很峻。下山约五六十里,即安顺场,临大渡河了。

"蛮子"体格很健,面目也不凶恶。平情而论,汉人抢去他几千里的平原，他剥汉人几身衣裤，又算得什么。同时我又觉得"蛮子"所以能保全他一线种族，还是靠着他能够有"野蛮"的抵抗。诸葛亮大概是看准了这一点，知道越压迫他会越反抗，所以不得不擒了又纵。举个例子，在西昌的一个镇上经过，有一石碑，是咸丰年罚彝人建立的。上称某月日有彝人某上街，吃醉了酒，和人家吵闹，因此罚彝人头目出钱十串，给武庙演戏，议定以后彝人不得在街上喝酒，日落即须归山，不得在市上歇宿，并罚彝人头目建碑认错。这和帝国主义对付殖民地不是一样吗？那里的彝人不反抗，所以现在不仅没彝人在街上喝酒，似乎连彝人也在若有若无之间了。"蛮子"就不然，如有"蛮子"上街被欺负，他就非报复不可。山下的汉商汉官，尽管恨他，却也不敢轻易惹他。

又记得经过安龙时，和一小学教师谈话。据称安龙五万多人口，苗民占三分之二。苗人居乡，汉人居城市；苗人富的，读书的，大都改装改姓，不承认自己是苗人。这是加进了汉族土豪劣绅的群，为剥削苗人的帮助者，与现在中国的汉奸无异。然而"蛮子"里面没有此种东西。

然则对"蛮子"怎么办？

这不容易么！当我们对他宣布民族平等，他即欢迎我们，毫无猜忌，且有加入红军的。"'蛮子'诚可人哉！"

飞夺泸定桥

加 伦

安顺场的强渡虽然胜利了,但因水流太急,桥架不起来,架了无数次,被冲坍无数次。十二根二十四根头号铁索都被冲断,这当然是无希望了。桥不能架,船又只有一只,敌情又万分紧张,尾追的敌人已相隔不远了。整个野战军靠一只船来渡,不知要费多少时日,紧张的情况当然不容许再延时间了。怎么办呢?这当然只有夺取泸定桥。

部队分两路沿河岸前进:第一师为右路,由安顺场渡河,归军委参谋长刘伯承同志和一军团政委聂荣臻同志指挥;左路是由我们英勇的四团为先头,后随整个野战军,归一军团军团长林彪同志指挥。部队是这样前进了。

右路军一师前进的道路都是沿河而上,左面临河,右靠高峰,崎岖小路,真所谓羊肠一样,稍一不慎,就有"一失足成千古恨"的危险。

爬了几个大山,经过了一些"蛮子"的地方。小茅屋架在树上,好像一个鸟窝一样。屋旁搭了很高的架子,挂上了很多包谷(即玉蜀黍)。一二条大狗好像狮子一样,懒洋洋的睡在架了房子的树下,它并不吠我们。一切都很沉寂。经过半日的行程,和敌人接触了。地形很险,敌人都是在隘口上修了碉堡扼守着。我们在地形的限制下,完全没有什么阵地,一路都是仰攻的背水战。假使稍一失利,就有到河里吃水的危险。敌人沿途摆了两个旅,都是杨森的部队。有些口子是一营,有的摆了一团。地形是那样险,兵力是这样多,一道一道的难关都摆在我们的面前,然而铁的红军在无坚不摧的精神下,一道道的难关都被他冲破了。敌人屡战屡北,我们猛打穷追。右路军是这样的前进着。

左路军担任先头的四团,是五月十三号出发的。他们相隔泸定桥有三百二十里,上级限他们三天要夺取泸定桥。

活泼的政治工作,提高了战士的精神。他们决心要和右路军进行夺桥比赛,他们千百个人的心中,什么都抛弃了,只有一座泸定桥。

路也是沿河而上的,情况是和右路军差不多。大概走了三十里左右,对岸有敌人向他们扫射,路是不能通过,于是他们只好弯路,可是弯路就要爬大山,并且要自己当时开路。大概绕了十里多的光景,又绕到河岸上来了,敌人又在对岸打枪,他们只有勉强跑步通过,然而在敌人机关枪下,跑也不行,只好又弯路。这样弯来弯去,费了不少的时间。

当通过一个大山的时候,忽然和敌人一个连遭遇。敌人先机占领了阵地。满腔热血的四团的战士,好像猛虎见群羊一样,那里肯放过,只一个猛冲,就把敌人打坍了。这山有十多里来高,下山后一条小河拦住了去路,桥是被敌人毁坏了。河虽然不宽,但却很深,徒涉当然不可能。于是动员全体战士临时砍树,把桥架起来,才得通过。

打了胜仗,跑路更加有劲了,情绪也更加提高了。但忽然前面塞住了一座悬崖。崖的两边都是削壁,无论如何是爬不上去的;中间一条小路,好像一座天梯,抬起头来看,帽子都要掉下。山顶是一个小隘口，筑了碉堡，有敌一个营在扼守。正面不可能上；右面是靠河，无路可绕。时间是不早了，这到底怎么办呢？

"事到万难须放胆"，我们久经战斗的团政治委员杨成武同志在他侦察后，断定爬上左面的石崖，定可抄入敌人背后，夺取这一隘口。他一面鼓励着战士，一面指导着爬石壁的方法，**攀藤负葛**，一个一个的吊上去了。正面的仍在强攻，敌人是耀武扬威地，机关枪是一带一带子扫射。不到半点钟的时间，敌人后面的枪响了，敌人全部动摇起来。我们正面的乘势猛攻，敌人就这样坍下去了。一个猛追，敌三个连完全消灭，俘获一百余名，活捉营连长各一，缴步枪一百余枝，手机关枪三十多挺，其他军用品甚多，尤其是烟灯烟枪遍地皆是。人家说杨森的兵有两条枪，真是名不虚传了。

前进不多远，到达了猛虎岗。这是到泸定桥的最后一道关口。山高有三十多里，左右完全不能攀登，也不能包抄；只有中间一条小路，并且是壁立的；上面也有一个隘口，照样筑了乌龟壳，驻了烟兵。听说又增加了一个营上来。强攻不可能，包抄无办法，怎么办呢？问题又摆在前面了。

红色指挥员的机动，终于战胜了当前的困难，决定实行夜摸。

在黑夜中，一切都是沉寂。稀稀的冷枪，断续的由山顶乌龟壳内放射出来，战士们没有一点声响，悄悄的一个一个的摸了上去，山顶的猪猡们一点也未察觉，一排手榴弹，打得那些烟鬼鸡飞狗走，乌龟壳又被我们占领了。烟兵们的家私——烟具——又丢遍了满地。这样一路的险要完全被占领了。

第二天（十四日）的八时部队出发以后，接到一封军团的来信：

"王杨（团长王开湘、政委杨成武）：军委来电，限左路军于十五号夺取泸定桥。你们要用最高度的行军力和坚决机动的手段，去完成这一光荣伟大的任务。你们要在此次战斗中突破过去夺取道州和五团

红军长征记：原始记录

夺鸭溪一天跑一百六十里的纪录。你们是火线上的英雄，红军中的模范，相信你们一定能够完成此一任务的。我们准备着庆祝你们的胜利！"

此时已是十一点了，但离目的地还有二百四十里。照命令第二天（十五号）拂晓要赶到，那末要在十八个钟头内跑二百四十里，估计时间是来不及了，然而无论怎样是要完成任务的。于是立即分配政治工作人员到连队去进行动员工作，政治委员站在路旁讲话（因无时间集合讲话），战士们情绪更加提高了。

到达摩西面的大山上，有敌一营在扼守。经几次的冲锋肉搏，结果将敌人击溃，并随即乘胜猛追。到山下又一条小河，桥又被敌人毁坏了，只得又动员大家临时来架。这样一挨，到河边的一个街上，已经是天黑了，但距桥还有一百一十里。天是黑的十分可怕，大雨又像翻盆一样倾下来。战士们还是拂晓前吃了饭，跑了这多路，又打了仗，肚子是饿得难过。为了夺桥的胜利，于是决定不吃饭，立即又在连队进行鼓动。政治工作人员都跟各连队走，党团员和干部最先做模范，向战士们详细解释。全体战士一致高呼："不怕苦，不怕饿，一切为了夺取泸定桥！"

行李担子和走不动的人以及驴马都留在后面，派了一些武装和得力的干部领导。团长政委率领三个步兵营轻装出发。

天是这样黑，雨是这样大，路是这样滑，伸手不见掌，真是寸步难移。跌交的人不知多少。费了很多的时间，还没有走到一里路。对河的火光起来了，一线一线的像飞也似的向着泸定桥奔去。敌人是在对河和我们夺桥。情况是这样紧张，时间是这样短促，怎么办呢？点火吗？又怕敌人发觉，不点火吗？又走不动，明天夺桥，是成了严重问题。在这样的关头，我们的杨政治委员下决心了，立即传知部队全部点火。并告诉各连队，"假使对河敌人问我们是那部分的，就答他是某师某团某营今天被共匪（？）打败的。"我们这样欺骗着敌人，敌人听了也不怀疑。他们仍然点着火把在那边赶路，我们也仍然点着火把在这边赶路。两路的火，两路的人，各怀着不同的目的，在一个闷葫芦中前进！

时间是快到五更了，经过一晚的急行军，人是都有些疲劳了，肚子也十分饿了，衣服也全湿透了，在这又饿又疲劳的情况下，真是有点难熬，很多人都打起瞌睡来。团长政委也东歪西斜，几次险些掉下河去。有时忽然站着不动，被后面的冲撞时，忽然惊醒，而又踯躅地前进。在这样艰苦的情况中，直到天亮时，到达了泸定桥。

桥是铁索做成的。每条铁索都有普通饭碗般大，每根相隔的距离在一尺以上。两边有铁索的扶手栏干，桥的中间没有墩子，只铁索的两端埋在两岸。桥头的地下打了很多大的铁桩。铁索上铺了板子过人。河面有数十丈宽，由桥上到水面也有数十丈高。当你走到桥的中间时，桥会左右摆动得很厉害。假使你往下一看时，奔腾的水势，无底的深渊，真叫人毛骨悚然。泸定桥之险，于此可见。

桥板是被敌人抽了，只剩得几根光铁索。第二道桥是找不出来的。渡口也是完全没有的。对岸敌人在两旅以上。桥头及河边一带以及山上，都有重兵扼守。机关枪迫击炮，集中在桥头附近，不断地向我们扫射，向我们示威。迫击炮也像连珠般的掉过来，都打在我们驻地附近。他们耀武扬威的向我们高叫："共匪（？）过来呀！飞过来呀！我们缴枪给你呢！你们为什么不飞过来呢？"

我们的战士也高声的回答他：

"只要你的桥，不要你的烂枪！"

这是多么雄壮的回答呵！

经过详细的侦察，在桥头配备了火力，准备了板子。部队又进行了鼓动，进行了分工：第二连挑选了二十二个英雄，一概用短枪手榴弹马刀，由连长廖大珠同志领导为冲锋队，其余的用长枪随冲锋队前进；第三连搬板子，准备在前面冲过去时，他们铺板子，给后续部队过去。一切准备停当，团长政委亲到桥头指挥，全团号兵集中在桥头附近，夺桥的激战开始了。

冲锋号音响了，机关枪迫击炮声手榴弹声口号声震动山谷，战士们的热血沸腾起来，战斗情绪也紧张到万分。廖连长领导的二十二个英雄，在团政委鼓动的口号声中，冒着浓密的弹雨，一手扶着铁栏，踏着铁索，冲锋过去。刚到对岸桥头，敌人放起火来把桥头的亭子烧燃了。火焰冲天，无法过去，英雄们此时有些踌躇起来，徘徊不前了。团政委见此情况，高声大叫："同志们！这是胜利最后关头，拿出你们英勇的精神，冲过去，不怕火呀！迟疑不得呀！快冲呀！敌人坍了，你们是光荣的模范英雄呀！冲呀！杀呀！"

这一段鼓动词又把英雄们的勇气鼓起来了，他们不顾一切冲进火焰中去，衣服帽子烧了，眉毛头发也烧了；他们一切都不管，只是猛冲，一直冲入街上，和敌人进行长时期的巷战。敌人集合全力反攻，二十二个英雄的子弹手榴弹都打光了，形势是万分紧张，差不多几乎支持不住了。正在这样一个严重关头，团政委领导着援队来了。在这最后的决战中，终于将敌人完全打坍。烟鬼们屁滚尿流的四散逃命，泸定桥就这样胜利的占领了。除一部分部队追击外，其余部队就在泸定城（城在桥头）宿营了。本日的战斗，我们只伤亡三人，这是胜利中的胜利。

强渡大渡河泸定桥的经过

罗华生[*]

天险的金沙江，已于五月间强渡过了。敌人还鼓吹"共匪已进入了天罗地网，又是第二个石达开，要消灭在两条大河的中间"。因为过了金沙江，前面还有一条更险要，不能架设任何的浮桥，同时船只也未见得有，并且还有刘文辉部两个旅的兵力拦阻守备水深流急的——大渡河横着。

当时决定坚决的强渡大渡河。我英勇的红色战士不分昼夜的向着目的地前进。自安顺场出发，我团（红四团）为开路先锋，扫清前进道路上的一切障碍，消灭拦阻我们前进的敌人。行程约八十里，接近了田湾。敌（刘文辉部）约一个营的兵力，在那里堵塞要隘，企图拦阻我军的前进。与前卫营接触了。先头的第三营第七连，只用了一个冲锋，把敌人打得猛向后逃，就胜利的占领了田湾。乘胜跟踪追击，坚决消灭该敌，毫不停留的由田湾再前进。过街口小小的铁索桥。桥

---

[*] 罗华生（1910—1991），湖南湘潭人。1930年参加红军。1931年加入中国共产党。曾任红一军团二师四团政治委员。参加中央苏区反"围剿"和长征。抗日战争时期，历任八路军一一五师教导第五旅政治委员、新四军独立旅政治委员、八路军山东滨海军区第二军分区司令员。解放战争时期，任东北民主联军第二师师长、松江军区第一军分区司令员、东北野战军独立第七师师长、第四野战军三十九军一五二师师长。中华人民共和国成立后，任南宁军分区司令员、海军旅顺基地司令员、防空高炮指挥部司令员、铁道兵副司令员。1955年被授予少将军衔。

红军长征记：原始记录

虽然是摇摆着像软索似的，使人过时心惊，不能密拥过去，但在蓬勃的战斗勇气中，队伍也就迅速拥挤密集的过去了。再追到约十五里路的山脚下，该敌除集中全营之兵力外，另增有一个步兵连，一个团部的特务连，有所谓萧营长的督战，并构筑有工事鹿柴，堵守高山的隘口，企图作拼死的抵抗。当即决战约四小时，终于在我英勇战士的面前歼灭。黄昏了，战斗也已解决，共计俘敌约二百名，这个萧营长也被生擒，十余枝冲锋机关枪全部的拿到我们手里来了。敌残部逃窜于深山老林中。那时早就天黑了，毛毛雨儿也慢慢的大起来了，因此就在那个解决战斗的村庄宿营。当晚奉命于拂晓前（三时）继续行动，进到摩西面（约百二十里）。出发后，刚下了一个三十里路高的山，又要开始越过高四十里路的山。后面骑着黑色的马的通讯员急送命令来，展开一看，是给四团神圣的光荣任务：以高度的战斗勇气，克服一切困难，不怕任何的疲劳，今天要赶到并夺取泸定桥（约二百四十里）。当接到这一任务时，在党团员干部中，战士中，进行了飞行的政治工作，下了最大的决心，不怕峰险山高的路，不顾敌人在那边河岸怎样的捣乱（向我军射击），一直的向前进。在沿途还缴敌散兵人枪各二十余。刚经过了摩西面，天也黄昏了，雨更加下大了，那时就决定每个战士找二三个火把发光，再来继续前进。敌人在河的对岸看到了不怕任何艰苦的英勇红军这样的猛进，就手忙脚乱的又派一部分兵力拼命的增援到泸定桥去。敌人在那边河岸打了火把沿山脚拼命的增援泸定桥，我们英勇的红军也打起更亮的火把，奋勇坚决的在这边河岸，向着泸定桥前进。敌我两方好像运动大会竞走的一样，结果终于我们比他赶到更前面了。火把快完了，天也亮了，二百四十里的行程也达到了。泸定桥（铁链上面铺着小板子）那边桥头，就是泸定县城，敌一个旅的兵，并附有一个炮兵连，在桥头固守，还构筑坚固工事拦在桥头，并且把桥上的木板都收掉了，只剩下铁索链。因桥上的木板被敌人弄掉了，同时又是白天，所以当时没有冲，只派了一部分队伍，并附了一些轻机关枪，在桥头向敌方扫射，决定黄昏时实行强渡总攻击。天气快黄昏了，沿铁索链冲锋的二十二个英雄（只记得支部书记李友林、连长廖大珠、政指王海云等三同志的姓名，均四团二连的）也有更充分的准备，大刀刺刀，磨得更白，又更亮，架放在铁索链上的木板，也准备了。团司令部一声集合前进号音，全团的队伍，就运到泸定桥头的隘巷要口，以火力援助二十二个英雄沿铁链冲锋，并准备增援与全部强渡。那时二十二个英雄沿铁链快冲到那边桥头了，口中还喊着"只要你的泸定桥，不要你的烂枪！"守桥的敌人就恐慌万状，失了守桥的决心，放火烧桥头的凉亭，并延及附近的几间房子。那时二十二个英雄在铁链上与守桥的敌人肉搏，不怕敌人怎样的拼命与放火，以几十个炸弹，打得桥头工事内的敌人完全溃散，胜利的过了桥。桥头的工事，与人一样的高，也英勇的爬上去了。但工事上下周围，就是敌人放火烧的房子，在狂舞的红焰中，在红灼的砖瓦上，在狂燃的木料里，几丈远外，就要把活生生的人烤焦。他们是不能留停在那里，有些英雄的眉毛帽子被火烧掉了，但仍然继续迅速猛烈坚决勇敢的从火堆里向街上冲。后续队伍也趁机铺起板子过来了。计肉搏一小时，泸定桥便成了红军光荣的胜利品。说什么红军要做第二个石达开的人，他们也许要自笑是甜蜜的幻梦吧！

抱桐岗的一夜

觉 哉

过了大渡河以后,我们就向川西北前进,争取和红四方面军会师。在前进的途中,我们遇到了一个非常难走的地方——抱桐岗。

在岗下水子地停了一天,说是前面部队走不通。第二天午前九时出发,不一里,敌机来了,大家依树偃息。敌机去了又来,我们终是蹲着不动。

快正午了,才开始蠕动。呵,原来是上山,陡的草壁,窄的之字路,这样的路不是走过很多吗,为什么这样慢?转过一坡,树木渐丛杂了,因终年不见日的缘故,土都成了黑泥,就只能手攀着树根或枝,一脚跟一脚足踹着泥里的小石走着。太陡了,上不去,握着小竹,掉下涧里,从这个石上,缘到别个石上,又到树林里来了。有些密箐,像竹枝扎成的门,弯着腰走进,有新砍伐的刀痕,原来是先头部队开的。在山下时,老百姓对我说:"可以走,不过难骑牲口。"那知道根本没有路,只有些攀藤负葛的痕迹。

看看天晚了,据说到山顶只有一十八里高,但说是走不到。前面传来了声音:"宿营呀,宿营!"怎么宿法?拣得三四尺可以放下东西的平面,就是好的。大家知道这一夜是不易过的,非有火不行,枯枝倒是不少,一下子那一堆这一堆的火着了。我因为插过了队,被落在后面,虽然相隔不过二三十丈,但要下去找多难,况且黑烂泥上也无法睡觉。天公偏不做美,下起雨来。雨滴从树上哗啦哗啦的流下,人们都打着伞,烤着火,我借得一洋磁盆垫坐,许多同志坐着打鼾,我是彻夜没有睡。

很想弄点水喝,炊事员同志点着火下涧取水,约半点多钟,携上一桶水,正架着烧,不幸泼了。但是天刚亮,他们已煮好了两桶包谷糊给我们喝!

"走呵!似乎有了点日影,到山顶就好了。"站上山顶一看:哎哟!路是有的,满是泥泞,陡处呢,谨防"坐汽车"(翻滑下的称呼),稍平处呢,泥深没膝;泥中的石头不见了,有几匹马陷在泥里出来不得。

怎样走法呢?为要绕越泥淖,有的下涧,缘着圆石头走,有的攀树上岩;在涧不可下,岩不可攀的地方,就攀着路旁树或竹枝跃进。行行重行行,太阳当顶的时候,居然出了森林,望见许多人马在山下河里洗衣煮饭。路上泥没有了,但还滑,不幸得很,我偏偏在出森林后,坐了两回"汽车"。

到河里洗去脚腿上的泥,渴得很,一同志拿茶壶在烧水,"给我一碗水吧!"我说。他就倒上一碗,怪浊的,谁知是煮的骡子肉,没有盐,可是味特别鲜,至今还记得。

回占宝兴

黄　镇[*]

一九三五年六月，一、四方面军在懋功取得了大会合，红五军团从宝兴向着懋功胜利的前进了。这一段路已经在邛崃山脉里，两边的高山，沿河崎岖的小路，铁索桥……非常难走。走了一天，又要转回宝兴，要继续阻止敌人的前进，争取使我们两方面军大会合的地区更加扩大。前进我们高兴，向后转我们也高兴。吃了早饭，一口气走了四十多里。

我英勇的三十七团第一营二连第二排进到了宝兴，群众们争先恐后向我们报告："红军同志，快，南街头来了白军，正在庙里休息哩！"我第二排托着上了雪白刺刀的枪，拿着手榴弹，跑步冲去。南街头的白军原来是四川军阀杨森的两个连，冷不防被我第二排碰碰拍拍，杀打得遍地乱跑。敌人后面本队见势不佳，也向后转跑步走了。这两连人被我们消灭了差不多一半，追击得敌人退到了灵关场，我军又一次的胜利的完成了军委给我们的光荣任务！

---

[*] 黄镇（1909—1989），安徽桐城人。1931年参加宁都起义，同年参加红军。1932年加入中国共产党。曾任红五军团政治部文化科科长，中央军委直属队政治部宣传科科长，第十五军团政治部宣传部副部长、民运部部长，参加了长征。后任晋冀豫军区政委，八路军一二九师政治部副主任，太行军区副政委兼政治部主任，晋冀鲁豫野战军纵队政委，中央军委总政治部第一室主任，中华人民共和国成立后，历任驻匈牙利、印度尼西亚大使，外交部副部长，驻法国大使，驻美国联络处主任，中宣部第一副部长，文化部部长，对外文化联络委员会主任，中顾委常委。是中共第九至十一届中央委员，第五届全国政协常委。出版有《长征画集》等。

大雨滂沱中
——两河口的欢迎会 *

莫 休

消息的传来,已够两天了—× 副主席 [1] 要来。这比宝兴出发后,露营的雨夜里,午夜得到先头团已在大维与四方面军会合的消息,其刺激人的兴奋程度,不见得有什么微弱。自然,领袖的会晤与先锋队的见面,是有喜悦不同的内容,后者是抛开"老家"长征,突然异地兄弟相逢,是悲酸中的狂喜。而前者是尚未发现新大陆时航师们的大会议。从此可以寻出着陆点,这在狂喜中又有不可言说的慰安。

日子一展开,人们都表现出异样的兴奋。第一工作是欢迎会,会场的选定和布置,这是多么困难的一件事!四围蛮山老林,紧紧合抱着,绝不肯让出数十米的平坦地来。西北从梦笔山(雪山)、东北从虹桥山(雪山)送来两条卷石走沙、怒吼的溪流,雨季雪融,刺骨的寒流,泛滥如同黄河决口,盘据着所有低的平地面。会场布置在何处呢?经过邓罗两局长 [2] 亲自率领的察勘,只得勉强地选定东溪南岸一片稍大的山脚斜坡。

---

* 本文叙述的是红一、四方面军会师后,中共中央领导人在小金县两河口与红四方面军领导人张国焘会面的情况。但是会合后不久,张国焘即开始了企图夺取最高领导权和分裂中央的行动。

[1] 张国焘,时任中华苏维埃共和国临时中央政府副主席。
[2] 指担任中央政治保卫局领导的邓发、罗瑞卿。

这不过是不到百米方的斜度较小的山坡呀，不知名的灌木和荆棘丛生着，乱石又是猪嘴样拱出着，设计和修整，又须大费工程了。调来工兵连，伐木斩荆，抛石掘土……数十个红色英雄，快乐地又疲倦地工作了三小时。漂亮的会场出现了：上首就自然的土石削成了小小的方台，那是主席台。下面紧包着松松的沙土铺成的欢迎者列队的地段，右首凸出的一块平地，那是司号员集中地的乐亭了。标语呢？张贴就困难了，聪明的宣传队长把它们勉强地安置在路旁小树和棘条上；会场东首数米处，依着土坡，藉两根木条横路耸起欢迎牌，一些绿叶野花攒簇着，艳红的绸布上闪耀着，"欢迎红四方面军领袖×××同志"几个八分体字。

这是我们从来没有过的简陋，而又从来没有过的严肃伟大的欢迎会场。

临时架设的电话线，爬行向虹桥山方向的五里处，派出了守机的专员，报告到来的消息。

忙碌着，吆喝着，饥饿着，疲乏着，数千百只眼睛探视着东方。铃……铃……铃……电话催问回答着。等等等，日子已溜过了一半。

本来一早，天就哭丧着脸，似与快乐的人们怄气，现在又飘飘洒洒起来了。雨的助虐者低度的气温，又乘机开始了进攻。人们被风、雨、冷击打着，有些"四面楚歌"了。然而热望的心、亢奋的情绪，战胜了这一切四围袭来的自然敌人。欢迎的队伍整齐的鹄立着。

忽然像下"向右看"的命令样，每个头都转向西侧，在两河口的街口出现了一群人——毛主席朱总司令和中央各主要负责者。他们微笑的，阅兵似的走过欢迎者的队列，谈说着走向虹桥山的方向去，不远又停止了。在没有命令下，大家不自然的整一整队列，这是被在"快到了吧"的心情促动的。

突然大雨袭来了，简直狂放得不成样子。雨柱是那样的粗大稠密而有力,要穿破一切的雨具,击打到地上,像子弹样攒出一个个小小的窟窿。数分钟,人们被浸在海洋中了。山上林子中的水,猖狂地急促地奔向低处去,刷走了一切的败叶、断草、泥沙、小石块,情势要将人都卷入溪中去了。水花飞溅,一切雨具削弱或全部失去防御力,冰凉的雨水,濡湿了外衣,渗到肌肤,大地也冥茫了;但人们依然在抗战谈笑,快乐兴奋。

暴雨的袭击延续了约二十分钟,不能丝毫的动摇或少少紊乱欢迎者的阵容。雨的冲锋是失败了,因此它亦稍稍的敛迹,由密集雨柱的冲锋,转作了流落冷枪的戏战。而浓密的云层却卷来卷去,显然这表示它不是冲锋失败的退却,而是整理第二梯队,集厚兵力,作有机的再袭击。

抗战胜利的人们,此时高奏凯歌了:

> 两大主力军邛崃山脉胜利会合了,
> 欢迎红四方面军,百战百胜英勇弟兄。
> 团结中国革命运动中心的力量,
> 唉!
> 团结中国革命运动中心的力量
> 坚决争取大胜利!
> 万余里长征经历八省险阻与山河
> 铁的意志血的牺牲,换得伟大的会合。
> 为着奠定中国革命巩固的基础,
> 唉!
> 为着奠定中国革命巩固的基础,
> 高举红旗向前进!

(此《两大主力会合歌》编于宝兴,次日先头部队即在大维与四方面军会合。）

快乐亢昂的歌声，震荡着山林和大地。由会合的胜利，勾起了长征的回忆。于是强渡金沙江歌，遵义战斗胜利歌……一切都从快乐兴奋中唱出了。延长着很久的唱歌竞赛。雨仍是敲打着山林地面和人的头颅。

东侧围立着的中央的负责同志们移动了，阵容突然严肃起来，收下了一切雨具，行列整理成侧看一条线，司号员小同志们把号捏得紧紧的，喊口号的领导者们，腮帮鼓鼓地，数千百只的眼睛又贪婪地盯视东方了。

东方山脚林隙中，隐约的露出几个马头，渐渐走近了。在百余米外站立的航师们中，首先冲出去的是朱总司令，紧紧的握住了来的人群中一个人的手，随后便是大家围上去。混作一团了，说什么听不到，只是许多的手挥动着，似乎大家要狂吻起来。

"欢迎四方面军的领袖！"
"欢迎航师×××同志！"
"红军主力会合万岁！"
"×××同志万岁！"

口号声像暴雷般轰出来了，快乐冲击着每个人的心弦，过度的兴奋，血管暴涨起来了。雨声，拳头握得紧紧地，如同几千个铁锤样，随着每句口号一致挺直地举起来，要戳破低空的云层。

暴雨又不可抗拒的袭来了，这是快乐之泪吧！口号声，军乐声，暴涨的溪流声，织成震破耳膜的交响曲。这繁响声把一群人欢迎上了主席台。

口号停止了，肃静了，甚至屏息着呼吸。但猖獗的雨仍是倾盆样的倒着，模糊着人的视线，说话声音不甚洪大的朱总司令的介绍词，几乎都被这轰响的雨声全部遮断了。

"同志们！这是四方面军的领袖，我们中央政府的副主席×××同志……两大主力红军的会合，欢迎快乐的不只是我们自己，全中国的人民，全世界上被压迫者，都在那里庆祝欢呼！这是全中国人民抗日土地革命的胜利，是党的列宁战略的胜利。……"

朱总司令指着他侧边，比他不高，但比他横胖约一倍的人，在雨声中急促地说完了他的短短欢迎词。

被欢迎者说话了：

"同志们：……这里有八年前我们在一起斗争过的（指朱总司令——记者），更多的是从未见面的同志。多年来我们虽是分隔在几个地方斗争奋斗，但都是存着一个目标——为着中国的人民解放，为着党的策略路线的胜利……这里有着广大的弱小民族（藏回），有着优越的地势，我们具有创造川康新大局面的更好条件。

"红军万岁！

"朱总司令万岁！

"共产党万岁！"

猛攻猛打的雨，逼得说话者不能再继续了。队伍移动了一下，列出长长的人巷，中央的负责同志们愉悦地通过去。军乐声，口号声，唱歌声，在黄昏暴雨的洪流中震荡着。

这是有历史意义的一九三五年六月二十五日。

卓克基土司宫

觉 哉

卓克基是清高宗劳师伤财，费几年工夫，才克服的所谓小金川的七大土司之一。土司宫[1]设在几条河的汇流点，前临急流，后倚峻岭，一石块砌的四方桶子，高达八丈，宽广约十丈，前栋两层，后栋、左栋、右栋均四层，屹立万山中，俨然一座大建筑。

下层：上栋是大厨房，巨大的锅子几十口，左右为马厩和下人的住室等，中间的坪颇大。第二层大概也是些下人的住室，及收藏食物器具被服的屋子，有一些高大的木橱子。第三层就美丽了，有玻璃窗和雕缕而坚厚的木门与木壁。右栋数室，陈设颇精，有状若货架和壁相联的架子，分许多格，格内陈设一些玉如意、小玉佛、铜佛、磁佛，及其他古玩等；有床作长方形木池，无架；有精致的书案，均是坚木做的，这大概是土司的卧室。左栋为两大厅，有木坑，桌凳壁饰，都雅致。上栋为佛堂。第四层：上栋为大佛堂，有几面大铜鼓，藏经很多，黑底白字，像我们裱装的字帖一样，但墨色发光，纸亦坚致，佛幛很多，绸质的，壁画因年久，薰黑，看不清楚。佛外围有很多木轴，可以转动，这是卷"藏经"的，但上面已没有经。右栋一小佛堂。左

---

[1] 亦称卓克基土司官寨，在今四川马尔康县卓克基乡西索村，建于1918年，四层碉楼建筑。红军长征时，中共中央领导人曾在此住宿一周。现为全国重点文物保护单位。

栋是新装饰的佛堂，壁画新鲜美丽，马象狮虎、英雄甲胄等宗教图画，栩栩如生，连屋顶都是。这种神密的美术，我们看见的，除大维喇嘛寺伟大的美丽的壁画外，要算这里。前面一小客室，题"蜀锦楼"三字，是一位曾在广州大元帅府做过事的过客题的，还题了一首不大佳的古诗。前面平台，可容一连人的操练，屋顶佛幡颇多，有高达三四丈的。

现任土司叫索观瀛[1]，在成都大学读过书，刘文辉送了他两架机枪及若干步枪，又卧室里有几本《三国演义》，以及"蜀锦楼"的题字，可见此人已有几分汉化[2]。我们先头部队派人向他假道，被他杀了，因此把他打了一下。他率领百多藏兵，窜入深山。我们因其反动，把他财产没收，但宫里许多古董器具，群众不敢要，我们不能拿，仍是原封未动。

宫旁建一碉，系石块磊上的塔，比屋远高，各层有高尺许的洞，即炮眼。这样的碉，藏民地颇多。《圣武记》上说碉多么险，攻碉多么困难。有一对奏折上说："番人"（即藏民）十多天可建一碉，而"官军"攻下一碉，需时月余，牺牲士兵常至数百。但实际这种碉不像国民党筑的碉，在由顶及要害地，而是像内地土豪家筑的避土匪劫抢的楼子。我们在云南扎西地方看见很多，湖南也有，叫做箭楼；可以防小匪，不可以御大兵。红军经过藏民区，没有据碉来防御我们的。

藏民种的地，都是土司的，要向土司纳租。土司什么都派差，烧的柴，吃的肉，甚至门前守卫的都是居民轮派。藏民见了土司就跪下，等他过去了才敢起来。至于土司对地方做了些什么，只看土司宫前一条木桥"万古流芳"的捐名牌上，第一名索长官捐大树两根，其余是该村各户捐派的。看那些名字，知道有少数汉人在此寄居。

---

[1] 索观瀛（1900—1967），卓克基土司，红军长征经过其地，他曾率领部把守官寨，抵抗红军，失败后逃往绰斯甲。1949年拥护和平解放，并支持平叛剿匪。曾任省民族事务委员会副主任、全国政协委员，"文革"中受迫害病逝，1979年平反。

[2] 原注，据说四川军阀侵蚀土司，学了帝国主义勾结中国军阀的法子，时常把各土司调了去，一住几个月，吃花酒，坐汽车，看电影，抽大烟，使他们乐而忘归，渐渐就可以向土司地方进行各种剥削，同时送他们一些洋枪，使他们对土人有镇压反抗的把握。

芦花运粮

舒 同

在S山上的一个村庄，印象倒是很深刻的，但没有过问它的大名，仿佛离马河坝二十里，离芦花八十里。山上是一片雪，四时不融解，由卓克基到黑水、芦花，这算是最后的一座大雪山了。翻过S雪山，即是这个不堪回首的村庄了。村庄不很大，周围是油油的青稞麦，瞰居山腰，高出地面十数里。

红六团配合我们右路，由康猫寺向左经草地绕出松潘。在前进路上，遇着极端骠悍的骑兵，横加拦阻，既战不利，乃折回右路。第一步以四天到达S雪山上的这个村庄。因为粮糈已绝，茹草饮雪，无法充饥，饿死冻死者触目皆是，已山穷水尽，不能最后支持。生死完全决定于我们能否及时接济。

事情不容迟缓，在我们接到六团急电之后，立即来了一个紧急动员，筹集大批粮食、馍馍、麦子、猪肉、牛羊等。其实驻芦花的四团五团师直属队，每天都是在田里自割未熟的青稞麦而食，各人揉各人的麦子，各人做各人的馍馍，用自己的血汗去生产。经过整个一天的动员，经过干部和党团员的领导，好容易才把这些粒粒皆辛苦、处处拼血汗的救命麦子、牛羊、馍馍粉搜集起来了。

已是下午一时了，我还在五团帮助动员，师的首长猝然从电话上给我一个异常严重而紧急的任务，要我负责率领一排武装及几十个赤手空拳的运输队，运粮食到那山脚下，迎接疲饿待救的第六团。

义不容辞的我已慨然允诺，接受了这光荣的任务，即时从芦花出发。

这时已经是三点了，四点，五点了，估计要两天才能赶到，而今天还要赶三十里路，才找得到宿营的地方，否则露营有意料不到的危险，这问题一开始就威胁着我们。

天色像是要夜，乌云簇簇，细雨纷纷，我们这一大群人开始在路上蠕动，前后有少数武装，中间是运输队，背的背着粮，赶的赶着牲口。不上五里路，在一个桥头右边，山林深沉处，守河的一班人在那里搭棚子住着，他们是预定同去的。当我去喊他们的时候，恰好遇着他们都是面盆茶缸里满盛着羊肉和面粉，从它的香气中可以想象得到那滋味了，饿着肚皮的我，口涎差不多要流出来，不好向他们讨吃，只是催他们快点吃了同去。不上十分钟，他们就一边吃一边走，插入了行军序列。

"人马同时饥，薄暮无宿栖！"这诗不啻为我们这时候写照了。走到一个深山穷谷里，没有人影，没有房子，没有土洞石岩，参天的森林，合抱的粗树，没胫的荒草，不知好远的前面才找得到房子，我们就在这个坡路上徘徊了很久。

好吧！我们就在这里宿营。时间天气都不容许我们犹豫选择了，于是集结队伍，我亲自去动员解释，大家艰苦奋斗的精神冲破了这阴霾险恶的环境。把粮食放下，羊牛马集拢来，靠着几棵大树，背靠背的坐着，伞连伞的盖着，四面放好警戒，大家悄然无声的睡下，希望一下子天亮。

红军长征记：原始记录

    天是何等的刻薄呀！我们这点希望都不肯惠与，一刹那风雨排山倒海来了，我们像置身于惊涛骇浪的大海中，虎豹似乎在周围怒吼，雨伞油布失去了抵抗力量，坐着，屁股上被川流不息的刷洗，衣服全湿透。我同两个青年干事，挤坐一堆，死死抱紧伞和油布，又饿又寒的肚子，在那里起化学作用，个个放出很臭的屁，虽然臭得触鼻难闻，但因为空气冰冷，暴雨压迫，也不愿意打开油布放走这个似乎还有点温度的臭气。王青年干事，拿出一把炒麦子，送进我的嘴巴，于是就在这臭气里面咀嚼这个炒麦子的滋味。

    本来这些地方平常就要冷得下雪，在气候突变的夜晚，其冷更不待言。同行的许多同志，冷得发哭哀吟，然而我们很多共产党员，布尔什维克的干部，却能用他坚忍不拔的精神，艰苦奋斗的模范作用去影响群众，安慰群众。就这样挨寒、挨饿、挨风、挨雨，通宵达旦。

    天色已光明了，风雨也停止了，恐怖似乎不是那样厉害，大家起来，如同得了解放一样，相互谈笑，重整行李担子，一队充满着友爱互助精神的红色健儿，又继续前进了。一直走了二三十里，绕到高山上的几个破烂房子，停止休息。

    热度不高的太阳，破云出现了，我们放下担子，布好警戒，用了大力，才找到一点柴火锅子，烧好开水，泡点熟粉，就这样吃了一顿。

    "不是吗？刚才路上横着几条死尸，鲜血淋漓的驮马，听说是四方面军某部运粮，被蛮子猝杀的……蛮子啊！"

    "是的，开始五里路的桥头，以及那边都睡着死去不久的人，沿途的骷髅臭气，都是蛮子格杀的，真的危险啊。"

    "我们还要当心些，前面还有更险恶的地方呢！据说某师派到马河坝收集粮食的部队，警戒不慎，被蛮子杀了好几十个。我们的尖兵须得上好刺刀，拿好手榴弹，搜索前进才好。"[1]

    大家都在回忆着前夜，回忆着短短的过程，一部分正在咕噜咕噜

---

[1] 红军在藏区期间，当地藏族土司鼓动藏民袭击红军，杀害红军掉队和零星活动人员，给红军造成很大的威胁和伤害。

的睡着，恢复肉体上的疲劳。

山回路转，沿途都看不见人影马迹，这下子却有了我们的队伍开始往来，这使我们兴奋胆大，然而仅仅只是这一个地方，过此以往，那可怖的景象，又将在我们的面前展开起来。

"走吧！赶早，时间已过半了。"

"我们红六团还在那里望眼欲穿的等候着，我们早点去早点接济他们！"

哨子一发，队伍集合，于是又继续向着目的地前进。

河水骤然高涨起来，泛滥在两岸山谷中，一条小路，有时淹没得不见，排山倒海的流水声，伴着我们行进，小雨，路又泥泞，我们埋着头一个个的跟着。

离雪山只五里路了，六团先头的几个同志与我们尖兵相遇，大队亦继续赶到。

"哎呀！不是送粮食给我们么，我们的救星！"

"你们迟到一天，我们就要饿死，真是莫大功劳呵！"

"宣传科长！你们来了，真的来得好，救了我们的命！"一下子环境变得复杂，到处喧腾起来。许多六团的同志，围拢过来，争述他们如何过草地，如何打骑兵，如何冲破困难，如何望着我们接济。我不知道怎样应付才好，怎样安慰他们才好。除了把运来的粮食全部供给他们外，连我们的私人生活必需的几天干粮也零零星星的分送给了他们，就是最后的一个馍馍，也基于阶级的同情心，分给六团的几个同志吃了。

打鼓的生活

莫文骅

（一）

如果是非洲黑人赤裸裸在海边打鱼的时候，如果是广州布尔乔亚人们着绸衣服在荔枝湾爬艇纳凉的时候，打鼓附近便要着皮袄了。因为这是中国西部之高原，空气是稀薄的，寒风是砭人肌肤而至入骨！天空中每天浮着不散的一朵一朵的惨淡的愁云，屋顶及山头积着左一块右一块闪光的冰块！真正：

"瀚海阑干百丈冰，

愁云惨淡万里凝！"

几百米达便不能透视，人们好似处在广寒宫里，又似在梦魂中游泊荒凉的孤岛上！

红色干部团由仓德出发，就爬呀，向着离海平面标高约五千公尺的高山上爬！因为最近给养困难，所以脚是软的，手是小的，脸是尖的，眼睛也躲在眼帘里去了一些，爬山太觉吃力，爬山的本领锐减了一半。然能够鼓起战士们的劲的，因过了山便是打鼓，听说那里麦子已黄，粮食很多，能吃得饱，因此用力的爬！

越爬，山越高，空气越稀薄，越感觉寒冷。有几个同志，身体抵抗力弱的，头晕了，眼花了，脸皮白了，嘴唇黑了，不知不觉跌下地去了！有些人去搀扶，但好似酒醉翁一样，扶得东来西又倒，只得眼光光的看着他几人躺在冰天雪地中。哟！我们亲爱的同志啊！……！

费了极大的精神，才上山顶，只见满山积雪乌云盖天，其他什么也没有！

下山时，曲折盘旋，越下越暖，身体则转为舒畅，肌肉也灵活了些。积雪的高山，被我们不屈不挠的革命毅力所征服了。

（二）

到达打鼓附近时，满腔的热情竟成昙花一现！看到满山麦子青青，随风吹来，如河中水浪，很觉美观，但我们并不是游山玩水的诗人，而是希望着麦黄，得到粮食。到打鼓，问原驻的友军，他们说粮食困难多呢！民屋内亦没麦子，山上的又不能割，以前虽有，现在则没了，他们还是数麦而炊！糟糕！令我们失望了，脚又软了，好在已在打鼓宿营。

战士们因为出发时听说粮食很多，满心欢喜，现在适得其反，于是议论纷纷：有的说或者前面部队吃光了，有的说或许山上才能找到；有的……真是意见纷纷。此时政治工作太难进行了。只得向他们耐心的解释："在这样异常困难的环境中，所谓有粮食，也是有限的，何况部队驻过不少，吃的带走的。昨天有，今天不一定还有。我们是为中华独立解放的民族先锋的骨干，在共产党中央直接领导之下，已克服了许多的困难。任务的严重，须要以最高度的吃苦耐劳的精神才能克服的呢！不然国家沦亡，四万万同胞都成为日寇木屐下的奴隶了！冲破了困难，胜利是不远的。

"过去苏联在军事共产主义时期，内忧外患粮食不继，亦受过了极大的困难，依靠着列宁党的领导及人民与红军的坚忍，卒能克服而有今天！我们现在亦有正确的党中央直接领导，大家能团结一致的吃苦耐劳，还怕最后胜利不是我们的？同时，在这样困难环境中正是我们创造铁的干部的时候，希望彻底了解这一点！现在我们问题的中心，是如何解决困难，克服困难，不是谈什么长，论什么短的时候！"

好在战士们政治觉悟程度一般的比较高，一经解释而完全冰释了。大家转而谈论如何找粮食及如何争取少数民族的居民回家了，因为他们已被国民党欺骗强迫逃走一空。

（三）

本来我们一粒麦子也没有——事实上不能有——带来，期望着到打鼓吃一餐饱的，谁个知道又如此。但是怎样解决问题？这真是提得最尖锐不过的了，你望我，我望你，甲说这，乙说那，实际上都是束手无策。

"今晚吃什么呢？麦子没有了！"到宿营地后，各营连请"示"了！因为已是十五时。

"且吃一餐豌豆苗、野芹菜吧！"陈赓、宋任穷、毕士梯[1]及我商量了一下，便这样主张。于是下令了，各营连都派人到附近菜圃及山边去摘。

我因疲劳而且肚饿，于是将必要的工作布置了之后，便到床上睡了。心中自己打算，豌豆苗是好吃的吧？两广不是叫作龙须菜么？酒馆上六毛钱一卖（即一大碟），虽……想着，精神上很好过的样子，不觉睡着了。

---

[1] 毕士梯（1898—1936），朝鲜族，长征时任干部团参谋长。1936年2月在东渡黄河的作战中牺牲。

"起来吃饭了！"这好听的声音催我醒了。朦胧地爬起，打了一个呵欠，向特务员问："饭在那里？"他指："这便是。"我转头一看。啊！原来就是一碗豆苗、野芹菜！分明是这样东西，而却美其名为"饭"！

看着大家吃时皱着眉头，我知道不妙，将碗拿起慢慢地挟了一箸送进口中去。唉！如何吃得下！既没油，又没有盐，清汤寡水，一尽麻痹的腥气，我吃不下，即倒在床上睡去。

此时各个同志切齿痛恨国民党这个狗娘养的卖国贼，既不准我们北上抗日，而且压迫我们到这样不利的地区，还要欺骗压迫当地群众走了，使我们遭遇到这样的困难，真欲灭之朝食！

次日，给养问题还未解决，吃的还是豆苗野芹菜，我不能不勉强吃了！因为人命要紧呢！工作要紧呢！

还不算空手

周士梯*

昨天我们在中打鼓西端六十里的高山上，搜获一百四十六只羊，每个伙食单位分了三只。今天又要到东边搜山，团部特别优待，昨夜就发每人一斤炒麦子做干粮。

天还没有亮，我们由中打鼓出发，在山脚绕了七八里路，都不能上山。后来沿着一条水沟上去，就发现一丘半亩平方的麦田和一棵大树上有用树枝架起一个能睡二三人的架子。这个架子有点破烂，像很久没有人住了，但是无疑的是有人到过这个地方，大家都说："今天更有把握，争取超过昨天的成绩。"

再上七八里路，前面是比人还高的茅草，没有丝毫道路的痕迹，在指北针上找到前面的方向。钻过这个茅草的地带后，仍然是一片没有人或兽走过的满铺着草的斜坡，大家有点失望。

再走了十几里，寻到一段半明半昧的道路痕迹，并有一堆干牛

---

* 周士第（周士梯）（1900—1979），广东乐会（今海南琼海）人。1924年黄埔军校第一期毕业，同年加入中国共产党。参加北伐战争和南昌起义。长征时，任军委干部团上干队指挥科长、队长。到达陕北后，任红十五军团、红二方面军参谋长。抗日战争时期，任八路军一二〇师参谋长、晋西北军区参谋长、晋绥军区参谋长、副司令员。解放战争时期，任晋北野战军司令员兼政治委员、华北军区第一兵团副司令员兼副政治委员、第十八团司令员兼政治委员。中华人民共和国成立后，历任西南军区副司令员、防空部队司令员等职。是第五届全国人大常委，全国政协第三、四届常委。1955年被授予上将军衔。著有《周士第回忆录》。

屎，大家喜形于色，像哥伦布发现了新大陆。就沿着这条道路痕迹爬上一个小山，望见前面三四十里的高山上像有一群羊，大家高兴起来，脚也特别有劲了。有些人说由左侧包围，有些说要由右侧包围，有些人申述昨天赶羊的经验，说了一大堆计划。渐渐的这群羊是古怪了，动也不动，有些人怀疑是石头和雪，有些人说一定是羊，他引证昨天那一百四十六只羊，也是这样的远景。

因为我们的继续前进，这群羊的确的变为石头和雪了。为要观察那边山的情形，这群假羊，还没有失去我们前进目标的资格。

将要到达山顶的地方，碰着一大块草地，黄金色的水一滴滴的流下，矮草把泥泞伪装得很好，好多人都踏到泥巴里去。这半里路远的草地，费了一个钟头才通过。

"欲穷千里目，更上一层楼。"我们现在是尝着这个滋味了，西北方向的远山，都积满了雪，好像是银世界，蔚青的树林，夹杂其间，更把这个银世界映出特别洁白可爱。东南方是千百里的绿草起伏地，连一根树都没有，宛似太平洋的怒涛向我奔来，大家欢喜欲狂，忘掉了疲劳。

休息三十分钟，六七十人都不约而同的在青草上或石头上睡下，让太阳蒸发去脸上的汗和脚上的水，聊似上海洋大人在新式洋楼的天台上进行日光浴，所异者，是我们没有脱去衣服。

特别优待的一斤炒麦子都吃光了，成绩在那里呢？不特牛羊没有得到一只，连见都没有见面，甚至于小小的动物也没有看见一个。上山时看见那堆干牛屎，是今天唯一的成绩啊！大家都同意再走远些，另找一条路（其实无所谓路）回去，或者会碰着侥幸呢，故决定绕到北端的森林。

在林沿看见一个比野牛脚还大，不知道是什么野兽的脚痕，这个脚痕很新，是刚刚才走过的。我同一班学员跟着这个脚痕进入森林里去，到处都是小树和藤子阻住去路，但依着脚痕为行进目标，也不觉得什么难走。走约一里路，脚痕找不到了。为要取捷径快点跟上队伍，故由斜方向转出来，路也比较好走，走得很快。乖乖！越走情形越不同了，拦路的小树和绊脚的藤子都没有了，几搂粗的树木，一棵棵的竖得很高，枝上滋润得像要溜水出来。远年的朽枝烂叶，把泥土埋到更深的地层下去。一层层的绿叶，高高地遮蔽了天空，任何强烈的阳光也射不进来，一种难于形容的臭气，不断的向鼻孔里涌进。蜻蜓大的蚊子，一群群的飞来，和我们格斗。我们知道是迷到森林的深处了，东转西转，环境更恶劣起来。几棵十几搂粗的巨树，吓的我们心里一跳一跳，谁都不敢拢去。大家站着面对面的，"走那边呢？""天黑了就糟糕呵！"真的好着急呢！后来定出计划，"不论如何，都依着指北针向正南方向走。"树木渐渐地矮小和稠密了，间断的可以窥见一小块天空，身体一曲一直的钻出来了，沿着林边向西走了十余里，才看见队伍停止在一个小阜上等着。

一个洼地出现了野菠菜（大长如菠菜，但色淡和硬一点，朱总司令昨夜告诉我这样的菜可食，但他没有命名，故我定名为野菠菜），大家都很欢喜地争着去摘，总计摘了四五斤。

黄昏时回到中打鼓，毕士梯同志从第四层楼跑下来，站在门口，过一个望一个，最后就是我。"今天的搜山吃本。"我说。

"还不算空手！"毕士梯同志望着我手中的野菠菜。

吃冰琪林

周士梯

  天亮由中打鼓出发，宿营地是沙窝。一出下打鼓村子，就看见路旁一块木牌子，上面写"上午九时后，不准前进！"我们就会意是为着"由下打鼓到沙窝九十里，中间没有人烟，要翻过一个大雪山，如是过了九时，当天就不能走到，要在山上露营"而写的。

  这块木板牌子告诉我们今天是怎样的程途了！但是已经尝过夹金山雪山，康猫寺雪山神秘的我们，已没有过夹金山时那样的当心了。过夹金山时，老百姓对我们说："在山上不准讲话，不准笑，不准坐，若故意讲话、笑、坐，山神就会把你打死。"我们自然没有这样的迷信，可是已想到高出海水面五六千公尺的雪山上空气的稀薄和冷度了。今天的雪山总不会比夹金山高吧！

  距山顶还有二十里的地方，就看见前面的人群走的比蚂蚁还缓，像一条长蛇弯弯曲曲而上。我们的呼吸短促起来了，脚步也不知不觉地缓下去。

  我们踱上山顶，陈赓、宋任穷、毕士梯、莫文骅好多同志，已坐在那里谈天，我们也靠近坐下。

骄阳从天空的正中疏散地放出光辉,紧紧的吻着每个长征英雄的面孔。它在微笑喜悦似的接迎长征英雄们上雪山。它虽然把大地一切的景色照耀得特别显明起来,但没有丝毫的"炎炎迫人"的情境。这宣布广东俗语"盛夏太阳真可恶"的不灵。

我们周围的雪,洁白得十分可爱,令人回忆到"踏雪寻梅"的古典,而兴叹——白雪真可爱,梅花何处寻!?同时又加添了人类"盛夏赏雪"的乐趣。

萧劲光同志提议吃冰琪林,全体赞成。陈赓、宋任穷、毕士梯、莫文骅、郭化若、陈明、何涤宙、冯雪峰、李一氓、罗贵波和我十几个人,都持着漱口杯,争向雪堆下层挖。

"谁有糖精,拿出公开。"李一氓同志说。毕士梯同志的胃锁药瓶子,郭化若同志的清道丸瓶子,萧劲光同志的小纸包都一齐出现了。

大家都赞美今天的冰琪林,引起了上干队好多学生也向雪中冲锋。

"我这杯冰琪林,比南京路冠生园的还美。"我说。

"喂!我的更美,是安乐园的呢!"陈赓同志说。

"安乐园给你多少宣传费?"我给陈赓同志一棒。

"冠生园的广告费,一年也花得不少!"陈赓同志暗中回一枪。

"你们如在上海争论,我愿做评判员,这里找不到事实证明,结论不好做,这个结论留给住在上海香港的朋友做吧!"毕士梯同志这样结束了我们的争论。

瓦布梁子

拓 夫[*]

一 奉令筹粮

一、四方面军会合进至黑水、芦花后,第一件大事就是筹粮。因此,当时军委有筹粮委员会的组织,在毛儿盖与芦花城各设立一筹委,我是参加芦花粮委的一个。芦花粮委担任筹六十万斤粮食的任务,我们计划在几个出产粮食的中心区域,分头进行。我担任了瓦布梁子的一路。当天计划好一切,第二天便随一班武装匆匆的由芦花城出发了。

二 芦花城到瓦布梁子

芦花城到瓦布梁子,沿黑水东下,计三日路程。一路只闻水声,

---

[*] 贾拓夫(拓夫)(1912—1967),陕西神木人。1928年加入中国共产党。1934年10月参加长征,任红军总政治部白军工作部部长。1935年10月中央红军到达陕甘地区,受中央委托,负责陕北党组织以及陕北红军的联络工作。抗日战争期间,历任陕甘宁边区中央统战部部长、调查研究局局长、中共中央西北局常委、秘书长。中华人民共和国成立后,历任中央财经委员会副主任、国家计划委员会副主任、国务院第四办公室副主任、主任,兼轻工业部部长、国家经济委员会副主任、党组副书记、中央财经小组成员、国家计划委员会副主任、党组副书记。是中共第八届中央委员。

不见人迹，黑水两岸，皆峻岩绝壁，望之生畏；绿草道上，人烟稀少，感无限寂寞。当时，已疑我到了《西游记》里什么地方！头天我们到了以念，彭司令员在那里住，闲谈半晚，毫不疲倦！

第二天又循黑水前进，景象与前日无异！惟行至一处，不知何名，见四方面军有一排人住在对岸，正往来渡一"绳桥"。所谓绳桥者，乃一根粗绳，横贯两岸，另以一细绳悬一草篮，人坐篮中，由岸上数人用力抽拉，绳拉一下，篮进一节，约须一刻钟，篮才经此岸到达彼岸。此种绳桥，为我平生罕见，所以我在马上呆呆的看了好久，才离开那里。这天到维古宿四军政治部，吃了一餐其味无比的牛肉面条。

第三天离开维古，行不久，即弃黑水而南，爬上了高约二三十里的大山。山腰一段，树木遮天，寒风袭人，不得不下马步行。一路恐遇袭击，子弹不离枪膛，时刻准备战斗。上山行约三十余里，始到瓦布梁子，所幸一路无事！

三　瓦布梁子

瓦布梁子是一条很高的山岭，站在山顶向四周一看，但见黑水如带，万山纵横，黄绿田禾错杂其间，别有一番景致。瓦布梁子周围，有十几个村庄，**数百户藏民**。藏民所居房屋，均为石块建筑，二层，或三层，远望去有如上海之洋楼！此为黑水、芦花一带较富庶之区，产有大麦、小麦、乔麦、洋芋、萝卜、猪、牛、羊等，并产盐。因离汉地较近，通汉话者颇多，但风俗习惯，与芦花大致无异！

四　争取藏民

四方面军一部经杂谷脑入芦花，曾道经瓦布梁子。当时这里藏民，皆逃避于深山老林。后来找到一个通司（即翻译）名"七十三"者，曾到过成都。此人为我们出力不小，经过他宣传争取了一部分藏民回来。我到瓦布梁子以后，为了保证筹粮计划的完成，更用大力进行争取藏民的工作。我们出了保护藏民的布告，在藏民田里插了保护牌，责令一切部队不得任意侵犯。凡是回家的藏民，每家都发了保护证，使其安心生活。我们并派人到各村去召集藏民开会，经过通司翻译给藏民听，宣传红军的主张。这样一来藏民回来的更多了，对我们的态度也更进了一步，不但不怕我们，而且喜欢和我们接近，常跑到我们粮委会住的地方来谈话，问长问短，竟无拘束。他们对共产党红军了解的很模糊，但晓得我们对他们很好。送我们东西吃，帮我们补鞋子，也非止一次。我们一两个工作人员，在这区域走来走去，也未遇到什么危险。

五　藏民人民革命政府的出现

因为我们在藏民中影响的扩大，及藏民与我们关系的进步，我们就广大的宣传，号召藏民起来反对汉官军阀的压迫，组织藏民自己的人民革命政府。这一宣传得到广大藏民的赞成。于是我们就着手进行组织，召开各部藏民大会，成立人民政府。计前后组织了六个乡人民政府。用民主方式，推举了代表及主席。代表主席胸前都配着红布条，上写"某某主席"或"某村代表"。当主席及代表的均引以为荣，很出力帮助红军办事情，有什么事也到我们的地方报告讨论和解决。我记得有一次，不知那一部分把一个主席的牛赶去几条，这个主席就跑到我们粮委来报告，我们当时把牛交还了他。这主席感激的真不知怎样才好，一般藏民也都齐声说好。最后我们召集六个人民政府的代表会，成立瓦布梁子区藏民革命政府，并还准备建立他们自己的武装。于是瓦布梁子另变了一个模样,到处飘扬着自由解放的鲜红旗帜。

六　筹粮熬盐

我们在瓦布梁子一带筹积了不少的粮食。办法是采取向藏民中富豪之家"借粮"。藏民中有为大家所不满和痛恨的"恶霸",我们发动藏民去割他田里的麦,割下来藏民一半帮助红军一半。我们自己也组织了割麦队到各处割麦,割下再打出来。参加割麦队的同志,有二三百人之多,半个月就完成了筹粮计划。除了筹粮外,我们还在那里分三个地方进行熬盐。因人少,每天只能出五六斤盐。但这也给了部队很大的帮助,使很多部队没有断过盐吃!

七　藏民运粮队

为了供给前方部队的需要,要把瓦布梁子所筹积的粮食,除了经过部队带的而外,还要运到芦花万余斤。这件工作只靠我们部队是不够的,因此我们动员了六个乡的藏民,组织运粮队,帮助红军把存瓦布梁子的粮食运维古粮食站,再转芦花。参加运粮队的藏民有百余人,有男有女有大有小,共分两队,由两个路线运送。这些帮助红军运粮的藏民均表现积极热心,不辞劳苦,不要报酬,自带"粘粑"路上打尖!甚至有全家都来为红军运粮者。此种情形为黑水、芦花所少见。

八　离开瓦布梁子

当我们离开瓦布梁子时,许多藏民不愿意我们走,还有拿着酒壶来送行的。他们说:"你们真好,为什么就走呢?你们走了,我们不晓得将来怎样。"我们都一一抚慰了。在老衙门所存的几千斤粮食,我们走时,一下都发给了藏民。藏民有从一二十里路上来背粮的,十分高兴。我们虽然离开瓦布梁子,但是红军在瓦布梁子藏民中,是留下很深的印象了。

波罗子

童小朋

在毛儿盖休息几天了,为更能收集大批的粮食,准备新的行动——过草地,于是在天宇黯淡的一天向波罗子出发了。据说那里地方很大,粮食很多。在这个时候,只要向着有粮食的地方,不管他山高路远,谁也会愿意去了。

出门不远,就连翻几只大荒山,以前似乎是人烟绝迹的地方,很多地方连路也找不到,只跟着先头部队放的路标与踪迹前进。走在山下,又尽是湿润的草地,脚踏下去,草底下隐藏着的水,马上就浸没了你的脚掌,难走极了。因此沿途掉队的很多,队伍已不成队了,前前后后陆陆续续三五成群地走着。

越走越远,越走越荒凉了。下了山,就顺着河沟直下,但四边都是阴森森的密林包围着,一条小小的道路,跟着河流在密林中穿去插来,在其中行走,连天空也见不到一点。这种情景,的确使人有点害怕。这样的路约莫走了一二十里,才到达宿营地——卡英。

据说这里到波罗子仅三十里,然而第二天走了一天还没有到。这就是因为没有当地人民,不知道路途的远近。

再走下去，就的确有些与前不同了，沿途都有村庄（可是大都在山上）而且有特别的风味。同志们经常说今年尚未开过新，现在连看也没有看过的青菜、豆角、豌豆都开始吃到了；久未看过的汉文，也看见写成对子贴在门槛上了，尤其看见先来的队伍均来往驮着很多小麦，更使大家看了喜欢。

走了三天才到，真不错，在二条河的合流处，三边的山上均有大的村庄。洋房子似的，平顶两层房屋，在山麓上高低的耸立着。屋前屋后的木架上挂着层层的麦穗。山上河边的地里，遍种着菜蔬、玉蜀黍、麦子。特别是前面的部队均已收集得许多粮食、菜蔬、猪羊，这下更使大家兴奋了。

过对岸的桥梁已被破坏了，架了三天的桥，仍没有架好，只得就此徒涉过去。

河并没有好宽，也不很深，但水流却很急。当我们到河边时，虽只过去团多人，但已经被水冲下几个去了！在等前面部队过去的不久的时间，见三个同志正走在中流，就被无情的水冲去而牺牲了！旁边的同志，当然看了着急，然而谁也无法去拯救。

因为这样，所以就停止徒涉了，只是在骡马涉渡时，背上骑两个，头上拴一个，尾巴上扯两个过去，其余的人员担子即在河岸露营，待架好桥后再过。

我们百多人，在今天过的仅十余人，其他担子什么也没过来，因此挑水，煮饭，摘菜，煮菜都要由大家自己动手。于是我们十几个人，就开始了厨师生活，当班长，当炊事员，打麦子，摘菜，杀羊，挑水。趣味倒很有趣味，但是从未做过这套的我们，只做自己吃的饭，就一天忙得不能开交。早饭才吃完，又要准备午饭和晚饭的材料了。最困难的就是到数里路的山下去挑水！

第二天司令部就下了通令，每个人要准备三十斤麦子。这命令一下，大家都打主意了，要早点完成才好，不然便有饿肚皮的危险。于是大家都争先恐后的到打麦场中去，打的打，筛的筛，簸的簸，到田里割的割，晒的晒。本来是一支脱离生产的军队，突然就成为农忙时候的农民了，本来是一块冷冷静静的地方，也突然变为很热闹的场所了。

一个久不参加农事的军人，要弄到三十斤麦子是很困难的。因此便有人想起清闲的办法——找窖。因过去的经验，藏民多把粮食秘密埋窖，做夹墙。这两天曾听到其他的部队已找到有，而且有很多的东西。

老曹平常是最爱偷闲的一个。他听到这个消息后，马上就向我提议，去找秘密的埋藏。可以偷闲的事当然我也是赞成的，于是便开始了秘密埋藏的寻找。

楼上楼下，房前房后，草里面，牛粪中，神龛下……到处都找遍了，总没有看到丝毫痕迹。

突然老曹在牛栏里喊起来了，他高兴得要死，要我点火去看。火点去时，果然发现牛栏中间有扇由石头新砌的墙，上面糊的泥巴，似乎是没有好久的。走到外面看，这牛栏的外墙是很大，而它里面的空是很小，这就是里面有秘密的很好的表现。把那新墙拆开时，的确里面埋满了东西。

我们高兴得跳起来了，大概比哥伦布发现新大陆还要高兴些。很多同志也被我们这一高兴的声浪吸引来了。大家都带着不甘心的态度说："你们的任务就完成了，我们也去找一个吧！"

走进去时，真是手忙脚乱，不知道搬那样东西好。几口大铁锅盛着小麦、大麦、玉蜀黍、黄豆、豌豆，特别感兴趣的便是红辣椒。这是很久未曾尝过的宝贵食味。其他如铜器，铁器，马枪，大刀，也有很多埋藏在里边。这秘密的发现，不但完成了我的任务，而且给了其他的同志一个大的帮助。

由于大家的努力，不几天，就收集了很多的粮食：大麦、小麦、面粉、豆子、玉蜀黍、南瓜、豆角、辣椒、青菜、马铃薯以及猪羊……。因此便举行了一次大会餐，每人半斤面的馍，一共六大碗菜，大家都饱吃了一顿。这是很久没有吃过的，所以有些同志竟大吃特吃，吃得肚里发胀。

在此驻上十天，这一时期可算是丰衣足食。为得执行新的任务，就此离开了波罗子。每个人携带十五斤粮，可说是满载而归。然而便加重了每人的负担，回来时，更难走了。

刚过河来，藏民便接踵回来。想他们东西已一空，必会无限的怨恨我们。然而因为他们均逃跑，无法与之接近与交易，他们的损失，只有以后可能有机会时再来赔偿，而且一定要赔偿的。

波罗子

王辉球*

波罗子在松潘的东北,靠近黑水、芦花。那儿的藏民,与黑水、芦花的,在衣食住各方面都相同。

我们第二师奉命由卡龙向波罗子前进,行程只须两天至三天。同样是人烟稀少的路,经过两三天行军,见不到一个藏民。当然路途是山壁小道,爬的是老林,过的是河川。这种行军,虽然是艰苦的,但是已经老早就尝试过了的,并且都准备了干粮,所以全体战士是个个勇敢的跟进,不觉得怎样困难也就到了。不,还离波罗子十多二十里,我们第一师还在前面哩!我们在大山的腰上的庄子里(不知地名)住起来了。我现在回忆到那时候的波罗子,的确,使我脑子里不会忘掉的。

记得是在八月间吧!说起来应该是不怎样冷,但是在那些地带就不同,冷得很。地里的麦子,迟到这时候才熟。一眼望去,满山

---

* 王辉球(1911—2003),江西万安人。1928年参加工农革命军,1930年加入中国共产党。曾任红十二军一〇〇团连党代表、红一军团特务连政治委员、第九师政治部代秘书长、第一师政治部宣传科科长、第二师政治部宣传科科长,参加了长征。抗日战争时期,任八路军一一五师三四三旅政治部宣传科科长、冀鲁豫军区政治部副主任。解放战争时期,任晋冀鲁豫野战军第七、第一纵队政治部主任,中原野战军第一纵队政治部主任,第二野战军第十六军政治委员。中华人民共和国成立后,任第五兵团政治部主任,贵州军区副政治委员、空军政治委员、沈阳军区政治委员,是中共第九届中央委员、第五届全国政协委员。1955年被授予中将军衔。

满地的麦地,好像黄金世界。加上一层一层叠成的房屋,好像碉堡似的,有的像四五层的洋房。这种景象,拿卡龙来比,那卡龙是差得多哩。

那一带的藏民当然是跑得精光,粮食大部分搬走了。剩下的一点吧,先头部队那还会讲客气的。所以我们到那里的时候,首先一个问题,就是吃饭问题。在这种困难环境下,有钱买不着东西。为了保持部队有生力量,只有不顾一切,"割麦子去"!要晓得麦子是藏民的,麦子又熟了,藏民不在家,等待他回来吗?那只有饿死,等不及了。麦子不割吗?也是会掉落地上生芽的。此时不能不把从来没有违反过的民族政策和群众利益破坏了,自己动手,不讲客气的大家都割起来了。一天两顿青稞麦子,肚子没有问题了,但是这些青稞麦子,不是容易得来的,从指挥员到杂务人员,没有那一个不参加这一打麦运动,"不参加的请他饿肚子"!这种艰苦生活,不但是不削弱我们战士的情绪,相反的,由于我们从政治上去说明了这一些道理,全体战士是很起劲的。

藏民是弱小民族,它的风俗、习惯、言语、文字,完全与汉人两样。我们住了他们的房子,白白的割他的麦子,他们站在对岸的庄子里及山上望着,当然是不甘愿的。所以我们的部队在那些地带住着,时刻都要防备藏民的袭击,往来通信,非有相当的武装掩护着是不行的。就是连炊事员去挑水都要防备,不然的话,那只有遭受打冷枪而负伤或牺牲(在这方面我们有些同志被打伤或牺牲的)。以后我们也捉到他们几个,用我们请的通司(即会说藏话的)好好的向他们宣传,说明红军的主张,及对弱小民族的主张和帮助,促成我们来侵犯他们利益的,不是我们,而是汉奸卖国贼,我们是不愿意的。这种罪恶,应该归纳到卖国贼身上。我们只有联合起来,打倒汉奸卖国贼,才能得到我们的解放。另一方面好好的优待他,叫他回到藏民大众里去告诉他们再不要来打我们了,经过这样几次之后,以后就要好多了。

  部队虽然住在这种艰苦困难的环境下,仍然是进行各种军事政治教育,特别是提倡纪律六大要求:服从命令,动作迅速,遵守时间,爱护武器,讲究卫生,注意礼节。经过党内外动员后,战士的精神也更紧张了。这里说明只有红军,才能战胜一切困难,环境虽然这样恶劣,但红军是无坚不摧的,在思想上,行动上,是像铁一般的。

隔河相望

艾 平

在藏民地区的行军增加了我们不少的困难，道路地形既不熟悉，又没有向导，全凭不完备的、简略的、陈旧的军用地图做指导。

从在六月份仍积雪数尺的夹金山与红军第四方面军之一部取得大会合以后，红军第三军团担负着维护交通，与红四方面军主力取得会合的任务。

第三军团军团长彭德怀同志亲率十一团，为完成其艰巨的任务，从黑水、芦花出发，翻山越岭，晓行夜宿，竭尽艰苦，四天之后到达了维古、莫居与以念地域。然而，距石雕楼（敌人盘踞，预期与四方面军主力会合之地）尚有九十里，并且在维古与石雕楼之间横隔着一条水势险陡的大河。

维古是一个不成样子的村庄，当然，在当地还算是顶呱呱的上等货色。在河的右岸，背靠着崎岖险峻的高山。先头部队进占了村庄，后续部队还在继续的跟上来。

维古河桥被破坏了。远远地望见，三五成队的人群约十余人，急急地向我方前进着。渐近，慢慢地分辨出红军颜色与镰刀锤头的人们的行装,看着看着接近了,人们的面貌,都分辨得很清楚,但万马奔腾的河水阻止我们不能互相传话。

站立在对岸的同志的口张得很大,他们的样子是在同我们说话,我们也一样的在嘴巴张得很大,与他们说话,可是只见口动,不听人声。这样的传话,终于没有发生效力,虽然河宽只不过三四十米达。

天然的障碍,总不能战胜聪明的人,尤其不能战胜我们历尽人所不能身历的苦难转战万里的无敌红军。终于我们取得联络,知道他们是四方面军的先头团,而后续部队也正向这里前进着。

写好简短的信包在石头上掷过河去,河对岸的同志,也照这样掷过河来了。

这里——维古开始架设悬桥。

河的上游叫以念的地方,据说还有一道桥。彭军团长又亲率一部沿河而上,行程只有四十余里,经莫居只费一天的行程。

第二天绕过高山,到达了以念。

以念也在维古河的右岸,这里河比维古一段要宽些,原有的绳桥,早已被破坏了。两条绳(上下各一条)已被割断一条,剩下的一条也已沉于水中去了。

在到达以念的那天下午,红四方面军的一部,到达了河的对岸,因绳桥被破坏,也无法取得联络,彼此都知道是红军,然而究竟是红军的那个部分,终于无法知道。

在维古采用的联络法,用石头包好写的字条,抛过河去的方法,在这又重使用一次。

这里的河比维古要宽些,经过几次的抛掷,都落在河中,终不能达岸。当地人的臂力很强,结果是对岸的红四方面军一个带路的藏人把石头抛过来了。

十余分钟以后,接着这样的一个字条:"我是徐向前,率领红四方面军之一部到达了。"

"我们是三军团之一部,在此迎接你们。"署名彭德怀的字条,从我们这边掷过去了。

联络是取得了,然而,不能讲话,也不能从河渡过来,仍是隔河相望着。

一个绳桥渡人的筐子,用细小的带软性的树条编成的筐子,在河岸的树林中找到了。于是四方面军的一个同志,坐在筐子里将筐拴在绳子上,从河对岸一推,渐渐地,从一条绳子的绳桥上,荡过来了。首先便是徐向前同志——四方面军总指挥,以后也就照样地一个一个又一个的渡过来。

过两天,维古的悬桥,经红军一方面军与四方面军对岸架设,终于架成功了。

红四方面军的队伍,一队一队的连续不断地从这悬桥上渡过来了。

红军的一方面军与四方面军在川西北的少数民族地域取得了全部的大会合。

松潘的西北

莫 休

一 在毛儿盖

如果说在上海呆得时间久点的人，可以称作"老上海"，那么，"老毛儿盖"我是可以当之无愧了。因为我是随先头团最先到达毛儿盖，又是跟最后的掩护梯队离开它的。以时间计算，在那里足足呆了五十天。说起来，这是长征一年中前所未有的大休息，但不知别的同志感想怎么样，以我个人来说，对于这个休息，可以说是讨厌的，简直讨厌到极点。现在我还诅咒那个休息。

五十天的时间是很长的，自然可以叙说的事件也就不少了。如打仗、开会、部队的整理、教育，对番民的宣传与组织——这些要做一个详细的叙述记载，满可以单成一本书。我不打算那样做，我只报告一点在这异域情调的私生活。

过了夹金山的雪山到懋功，我们即受粮食威胁着。但在困难中还可以找到玉蜀黍，就是牙齿嚼痛了，有点不好受，但肚子总算免去时时咕咕叫了。进了番民区域后，从卓克基（小金川边）到昌德（黑水附近），饥饿的氛围就紧紧包围我们了。虽然每天还照例两遍或三遍吃饭号，但在每次号音后，大家所得到的，只是两个漱口杯的嫩豌豆苗和野菜。开始一天，豆苗嫩嫩的，还配了牛肉煮，吃来还不讨厌，或许还觉得新鲜可口。日子一久，那就不是味了。老豌豆茎硬帮帮地，嚼碎了，也只是满嘴的粗纤维。不咽下去，肚子在告急；咽下去，又担心不得出来。这时所有的一切人们，每天都只有一个思想：找点东西吃，使肚子不饿。赶快走，到有粮食的地方去。

听说毛儿盖是逼近松潘的大地方。大家饥饿的心都飞向毛儿盖了。从昌德两天路程，爬了两座三四十里雪山老林，七月八日我随先头团到达了我们理想中的"天堂"毛儿盖。行近毛儿盖，十余里坡上一块块快成熟的青稞麦，给了我们多么大的快乐！后来足以感到快乐的奇迹更多了，听到了鸡鸣，见到了老林中猪子的奔窜。先过的部队，因装取匆促，遗散的熟粉一堆一堆的在路边发现。这提高了人们的快乐，也更撩起了"无名怒火"。为什么这样"暴殄天物"？有人一方面可惜的怒骂，一方面蹲下去，将饱和着尘土和杂草的熟粉一撮一撮捧起来，装到自己干瘪瘪的米袋子中去。

我们一小队人马，被指定在一个山坡下的屋子宿营。却巧门口蹲着一条凶猛的猡狗，恶狠狠的对着这些"不速之客"露着牙齿。谁也不敢接近它，更不能越过它冲进门洞去。这时大家都在抱怨设营员是在故意同我们为难。同猡狗奋斗了许久，终于那根手指粗细的铁链挣断了，它窜向老林去了，我们胜利地得到安身之地。

这条狗，给了我们二十天的美满生活。因为它的护卫，先过的部队不敢向这幢房子问津，于是保存下了五六百斤熟粉、千多斤青稞麦和一些酥油[1]。这些东西是以前和以后极不易得到的珍贵食品。

我们这个小小的前梯队，人数只有十多个，拥有这一大批珍贵

---

[1] 原注：将牛奶煮熟，装在木桶中用木棒舂，到冷时便成为酥油，同舶来品黄油一样，是番民食品中主要的一种。

食料。当天晚上，又分到上百斤牛肉。此时部队工作少到几乎无事做，但我们却也忙，每天总有十几小时忙着吃。牛肉炖得烂烂的，配着烧饼吃，那是别有滋味的，虽然什么香料调和都没有。有时煮牛肉中加上面驼驼[1]，口味也不坏。饼子烤得焦热，擦上薄薄的酥油，那更有说不出的"洋"味。可是青稞麦粉是不易消化的，我们又那样漫无节制地不分顿吃，肚子自然要被胀的鼓鼓地。有时胀得坐不好，走不好，睡了也难过。幸好不久就发现了"蛮子茶"[2]，连枝带叶煮得浓浓地，牛饮一大碗，倒是消胀的灵药。有了这，我们更大胆的吃"粘粑"[3]了。

这个短短的时期，是在毛儿盖五十天生活中的黄金时代。现在还值得回味的，说起来还应该感谢那只守门的獒狗。

不久，我们的后梯队，大队人马都来了，随后就把坏的日子带给了我们。几百斤的熟粉，大伙儿一吃，每人又分了几斤作干粮。这样一来，我们的"粘粑"、"面驼驼"都吃不成了，还说什么有洋味的擦酥油饼子呢！好在我们还有几囤青稞麦，可不必到山上去张罗。讨厌的是，水磨子都被别的部分占去了，有了麦子，可是无法变成粉，只好整个儿煮着吃。那种一粒粒的青稞麦子，可就有点不是味了！我曾记得，当我永别家庭的那一年，我同二哥合伙养了二百多只小鸭子。为着要使那些乳鸭快点肥壮起来，我们就把麦子煮得半熟的，作为鸭的饲料。果然，不久乳鸭就被我们催肥了。可是现在拿这种煮麦子作人的食料时，不但不能像喂鸭子样，把人催肥，反而每天三顿，八九碗的煮麦子，把人们催得一天天瘦下去。此时我们的肚子又似乎特别馋起来，时时都在那告急，巴不得吃饭号响。但是号响了，饭来了，看到那清水中沉淀的一颗颗麦粒子，

---

[1] 原注：南方人不会做面条，只把调好的面做成团团，大家共起一个名，叫面驼驼。
[2] 原注：是一种类似茶的灌木，叶大梗粗，煮出后作红褐色，有涩味，专输出供给番民，我们名之为"蛮子茶"。
[3] 原注：藏文译音，用青稞麦炒熟磨成粉，调浓茶和酥油捏成团，叫作糌粑，番民主要食品。

大家的眉头就打结了。

我们宣传部的几位住在一个比较整洁的"经堂"（每个藏民家都有，专供佛像和藏经）内，神龛内除了成捆的藏经外，还摆列着许多供神的祭品：胡桃、枣子、几粒白米、乳酪……最惹我们欣赏的，是那些精巧生动的面捏人兽肖像。我们因为尊敬番民的宗教信仰，对于这些祭品，开始是一点不敢亵渎的。一天我到部队中打个转身，回来见这些面捏肖像紊乱，并且减少了，自然要询问加伦、兆炳等同志。他们只嘻嘻笑，不给任何答覆。加伦忽将一个小铜杯捧给我，满盛着豆沙一样的东西。香味冲进鼻尖，我本能的吃一口，松松地、腻腻地，不但香，而且甜，现在我还不能形容出那种适口的滋味。奚尧给我识破了，原来他们因饥肠的告急，不怕冒渎神祇，把那些祭品燔熟了。

我们这个新发现，当然是秘密的。宣传出去固然怕别人知道了，要来分一杯羹，更其是别人住的神龛内不让我们去搜罗了。这样每天到要吃饭时，不吃青稞麦子时，我们就取下几个人物，剥去外层红绿颜色部分，再将整个肢体放下铜锅内，向火上略略一焐，便成了精美绝伦的佐餐品。自然两碗青稞麦，也就更容易吞下了。有天文彬、荣桓两同志自四方面军巡视工作，回来路过。我们拿什么招待这两位"上宾"呢？便把这种燔祭品来献享。他们在极口称赞下，可不能名出是什么东西。这一次招待，他们吃了一点倒不要紧，秘密可被戳穿了。随着这个秘密戳穿，我们的生活又降到一个更坏的阶段去。

后来我被调到总政治部去，又同定一、伯钊、黄镇同志等合了伙。这时大队到了，有的是过路性质，继续开向松潘去，有的在这停下了。粮食呢，他们都是由黑水、芦花和打鼓一带向这边来就粮的，自然不会有什么带来。这里每个番民家去年存下的青稞麦早已吃完了，豌豆苗没有，野菜也很少，只有满山坡青油油的青稞麦，这是我们数万人唯一的"续命汤"。

麦子还是青青的，到成熟期至少还要个把半个月。但人们是不能挨着饿和死亡去等麦子黄熟的。我们发明了割取那已届饱硬的麦穗，放在火上焙焦，再耐心摩搓簸扬，于是可以得到一堆混杂着麦秆糠秕的青稞麦。然后再和水煮一煮，吃起来虽然满口是芒刺，但这是唯一度命的东西。在开始时因为不熟练，火候不到，麦粒揉不下，焙老了，麦粒又枯焦。不但焙有了学问，就是采也成了聪明人的知识了。用力少麦粒不脱，力大了麦粒揉扁了，浆子流出来，只剩了一点糠秕。为了这，我们还请了那些发明家权充指导员。因为有这样的麻烦，所以一个人尽了一天的时间，也只能得到一斤到两斤的含糠秕的麦子。如果不能全体动员，是不能达到每人每天吃一斤麦子的规定。后来不得已，实行了不劳动者不得食，每人每天要采两斤麦子交公，余外自己还要积够十五天过草地用的二十斤。这个规定，把定一、伯钊我们这一伙都赶到麦田里了。每天我们都在忙着抽麦穗，烤、揉、簸，两只手是墨黑的，不曾干净过。因为一劳作，肚子更易饿，采下的麦粒就成把的向口里送，于是脸也被染得乌黑的，每个人都变成了周仓。这时候不但粘粑或面砣砣成了梦想的山珍海味，就是没有糠芒没有胡焦气的老青稞麦，能得到一小撮，也就成了珍品了。

饥饿的袭人，逼得人们更加贪婪和粗野。一个多月见不到脂肪和肉类，盐自然也早已绝迹了。大家的一颗心、两只眼，只是想着看着什么东西是可吃的。于是牛皮被发现了。烈火上燎一燎，毛烧去了，皮也烧得焦而腥臭的。再送锅中用猛火炖，经过二十四小时或者再多些，于是可以咀嚼了。但人们还不敢那样的"浪费"，立刻就吃掉，还得晾干留作过草地的干粮。后来听说藏民的四五斤重的一只破皮靴，也被人拿去和牛皮一样烹治做干粮，虽然我没看见，但我不敢断言那是必无的事。

二　六天草地

第一梯队（中央纵队、一军团和四方面军一部）已经出发了，我又被调动，合着文彬、荣桓、周桓等数同志撑起了一个新机关——一方面军政治部，留在毛儿盖等着三军团的到来。队伍陆续到达了，又要揉麦子，作其他一些过草地的准备，自然我们这几位也要不分昼夜地参加着。

草地路程，听说有十五天。没有地图，从未去过草地的番民口中，也问不出头脑。十五天只是给人指望一个标准，说是没有人家，那已惹起人们的恐惧了，何况又说一点柴火都没有。我们的准备，自然适合前途的条件来进行了。首先是采足二十斤青稞麦，再来搬来几个手磨子（约是磨豆腐的小磨），分出一半麦子磨成粉，烙了几十个四两重的干饼。此外便是找到一根三尺长的棍子搭帐棚用，和一捆柴。自然，找到皮毛的还可以把两件单衣合拢来，缝一件羊皮棉衣，以及做一双四不像的牛皮靴，这种准备是普遍到每一个人。

出发对于每个人都是闺女出嫁时的一种心情，有着不可告人的快乐，也有秘藏内心的恐惧。在这种喜惧交集的情怀中，我们这最后的一队，于八月二十七日由毛儿盖出发了。

临出发时文彬、周桓同志等分随各团，在途中帮助工作。拓夫同志又由芦花回来，做了我们临时的伴侣，因此"牛皮公司"得不至塌台。因为他是"京调大家"，在以后泥沼的挣扎，他给了我们笑料不少。

由毛儿盖北行，初是至松潘的大道。过了一群"牛屎房子"[1]后，即转西北入山谷中。敌机忽来，向那个空毛儿盖盘旋侦察，害得我们

---

[1] 原注：牛屎房子是草地畜牧的番人准备下过冬的。顶盖四壁都用枝条编成，满涂牛屎，有二尺多高的小洞，人可爬进爬出，或称为"冬房"。

也要散开荫蔽,延误了许多时间。下午老天突然变脸了,黑沉沉地,随着便是狂风雨和冰雹。此时大家仅有的雨具已破旧不堪,三分之二的人们简直连一顶破斗笠都没有。碎石样的冰块把人马打得缩头缩脑的躲在灌木丛中,自然的暴力,简直比什么都可怕。在任何绵密的猛烈的弹雨中,人们都没有那样畏缩过。

　　暴风雨冰雹过去后,溪水暴涨起来了,膝盖以上深,穿来穿去。水的那种凉,刺到肌肤,简直是说不出的难受。本来已经被湿冷得可观了,过河时那种寒冷,那种旋流,冲激得简直站不牢。许多人被逼的呼天叫地得在河里作了冷水浴。我虽然幸免了,但也是牙巴子哒哒地叫。五点钟到了一个较宽的河坝子,叫作腊子塘,队伍停下了露营。虽然先行的部队已替我们留下了一些树棚子,但忙着忙着天就黑下来。糟糕的是雨又跟着夜神来袭击了,因为缺乏经验,油布张得不得法,烂斗笠也不济事。高处的水又流来了,大家闹得坐不能站不是,拓夫同志的京调也哼不出来了。自然我们是想烧火,但火柴是早已不见了,在毛儿盖又没有找到火石,此时只有向别个棚子告艰难。人家费了九牛二虎的力量燃起火,自然不能多分给我们。柴虽然有,可是全浸在水中,烧那堆火可够费劲了。这时我和拓夫、荣桓要各显神通,互争雄长了。每人都用尽了一切心机和力量,头都吹晕了,还不能吹起一堆火。见着别人围着火,口杯炖的开水,调着糌粑,悠闲的吃着,我们只有恼怒和嫉妒,夹杂着从中袭来的饿火。一直到了午夜后的一时,我们总算"有志者事竟成",把火烧起了。吃着开水和干饼子,倒也忘记了睡觉那回事。

　　一夜雨不曾停过,溪水更猖狂的泛滥了。拂晓起,出发号把我们引出树棚子,我们已在孤岛中了。四面都被寒冽的水包围着,虽然是那样寒冷,也只得咬着牙根冲出去。从此以后五天的草地,不管昼夜,我们的脚都不曾干过。

行不上两里就得过河，水急而冷，一些"小鬼"们叫妈妈了。挑文件箱、挑铜锅的运输员，很有几位被冲倒，随流三四丈，然后才爬起来的。

过河后，我们踏上真正所谓草地了。首先是山改了样，没有石头，更没有一根树木。原来自懋功北行进入番民区域后，大家对于老林是惊心疾首的。一行军，总脱不了要在森林中穿越。那数围的粗干、狞恶的树枝，如巨灵样在进路周围矗立着。地下是多年陈腐的烂叶，透出恶心霉臭，谁个不讨厌老林呢。现在这种厌恶转为留念了，每一座山都是光光的，绝难找出半尺直径的成丛的树。只有灌木几根，列在小河两侧，接触视线的只是草和水。平道是浸在水里，山坡上水也是涌出来。地面又是那样坦平，水自然无法奔向小河去，便停蓄，泛滥成为汪洋一片的长江和黄河的蓄水池。土质是例外松软，一插足至少陷半尺深，有时简直是无底的泥潭，人马一陷下，愈挣扎愈往下沉，没有别人的拖拽，永也莫想爬出来。这样的泥潭不一定在低洼处，表面也没有特别异样，相同一切的地面，都是被尺余或数尺高的草与水遮覆着，辨别是比较困难的。开始是有很多人吃过这种苦头，特别是那些抢先的人。后来谁也不敢粗心大意，都提着一颗颤颤的心，只敢循着人马行过的脚迹前进。就这样每步也得慎重的举起来，谨慎的踏下去。因为稍一不慎，也可能一足埋在泥水里一两尺，透出几粒冷汗，费点劲儿才能拔出来。

全天的行程都在这种水草泥沼中，下午又落雨，更加多困难。黄昏时前途出现散在各山头的不大的森林。说起露营，树林是求之不得的。但两腿是疲软到简直不愿多走一步路，要上山就林，谁个不踌躇呢？幸好队伍上山去，我们被指定在河边露营。不上山，即在河岸水滨布置行营了。地面虽然湿的，不过折点枝叶，再放上油布，可以勉强坐下去，雨也不似那晚那样狂暴的袭击，只是疏落的落了一些。自然，火也容易燃起。天尚未黑下来，饼子和糌粑我们都下肚了。荣桓同志似乎还感不足，又慷慨倒出一些油麦粉来。拓夫同志又捐出从芦花带来的牛肉粉，我自然不好白食，再凑上一点盐，于是大家动手煮了一面盆面驼驼，饱了一顿盛餐。

清晨出发前，下来命令，每人带一束柴，因今日露营处没有一棵树木。这是一个难问题，大家都像病床上初爬起来的身体，十几斤粮食和全副的装备，在这拔海四五千公尺的高原上行军，空气的稀薄已闹得"举步维艰"了，实在不愿再增加行军的负担。但一想到数十里的行军后得不到一杯开水润润喉管，"权衡轻重"，自然也就不敢违抗命令了。我下了大决心，拼着徒步行，捆了数斤柴在马背上。

行约十里，即盘升山背上。这是中国和世界的著名地质学家恐怕都不清楚的大分水岭——长江黄河的分水岭。我们昨夜露营处的河流，是东南趋南下，注入岷江，至宜宾汇为长江。过此分水岭以北，各河流则西北趋青海，入黄河。行至岭上时，四面都是草原土山，看不出边际。虽然起来苍茫之感，但也颇觉得自雄。我们作了一次实际的地理的查勘，足向一切地质学家骄傲，显示他们的贫乏。

下午所行路仍然还是水草和泥沼，但依傍着我们的小河，引起了我们不少的兴趣，倒也消了一些疲乏苦闷。因为地面特别平坦，河流不能峻直的急下，于是随水势冲刷出一条水道，就曲折得特别可观。在平铺的丛草中，河流像一条彩带扯成"之"字形，往往倒上数丈数十丈，或者往复弯曲数道，中间只有尺余土堤间隔着。但土堤亦不坍塌，仍然界划两条水势的对流。人工的巧造，亦不能如此的自然和美妙。这样的自然美景，有眼福来欣赏的，有史以来怕也只有抗日的红军了。

黄昏到后河，算是我们的宿营地。山坡上草是深深的，没有蓄

松潘的西北

水的地方，可也不能随便即得，还得费点功夫找。雨又作恶的落下了，因为已有了两天的经验，今天帐棚搭的巧妙些。虽然落雨，还可以四五个人蜷伏在草地上不受浸湿。一尺高的树木也找不到，想找一点枯草点火也不可能，此时方感受七八十里背来的数斤柴的"恩赐"了。

第一日出发的方向是西北，次日即直趋正北，昨日转向东北，三天行了一个大三角。今早出发不久又转向正北。松潘至阿坝（青海边）的商道从东南山口穿出来，同我们来路合拢了，成为横面十余里纵长的约五十里的色既坝。坝子是出乎意外的平坦，就是什么飞机场大马路，也难有那样统一的水准。满铺着野草，望不到头，水坑泥沼都没有。几天来两只脚都是浸在水里的，现在行这样的干燥路，特别舒适。似乎例外来了一种力量，催着两条腿特别轻快，行军速度要加强一倍。因为这是出草地的主要商道，在春夏季来往商队比较多。路形被踏得宽广，在丛草中尺余宽的白路，十余条二三十条并列着，线样的直，伸向南北望不尽的平原去。大家三天来紧绷的愁眉苦脸，此时都舒展开了。可爱的青年同志们，许久暗哑的歌喉，现在也闭塞不住了。雄壮的或者轻松的各种流行歌曲，在前前后后唱出了。"三月不知肉味"，我们是导行了"圣训"。但三月不闻乐，对于我们部队中的小鬼群，简直是三天甚至三小时都不可能的。

大休息约一小时，天突然阴暗下来。太阳躲起了，灰暗的云低低地涌起来，风也更可怕了。幸好雨还不曾落下来，再行十余里走完干燥地，可怕的小河出现了。虽宽只五六丈，但深在三尺以上。水似箭簇一样的奔流，冷的几乎要把人的肌肤咬去。架桥是空想，因为见不到一棵树，只好大家脱下衣服徒涉。力壮的就一个人闯过去，体弱的上十个牵成一群，中流可免被冲倒。或者三四个牵牢一匹马尾巴浮过去。"小鬼"们只有用马驮或由力大勇敢的同志背过去。我感谢一匹孱弱疲瘦的老马,将我负过了河。因为还有很多年青或者体弱的同志也过不来,这匹老马还得放过去。为着等马,自然我更有留在河边帮助指挥的责任。在河边停留约一小时,前后眼见着三个同志中流被冲倒,浮沉一两下,便永远成为我们心灵的伴侣了。已经过来的,如果体质太弱,也有被冻牺牲的。在我面前即有两人僵硬了。一个虽然还在抽搐,但已不能算入我们行列了。如果能够烧起几堆火,这些同志都可以得救的。但水草茫茫,何处觅一根柴枝呢?

过河后又陷在沼泽中。我总是"步行三五又回头"的回顾河两岸的同伴们,似在顾念、招引他们,又似在向他们骄傲——同志们,我已前进了。其实我是强制着说不出的心情。

此时我已落了伍,荣桓、拓夫同志等先行了不到一里。突然一个在水泥中挣扎的同志出现了。他全身佝偻着,上下身全都涂了泥水,一杆"汉阳造"已涂的像一根泥棍,但还握在手中。我起始疑他是跌倒了,想扶他起来。拉起后,他踉跄的移了两步,因他全体重量都依托着我,我有一点不济了。一放手,他一点也没有支撑和防备,便面团子一样蹲缩下去了。但"汉阳造"还紧握着,还是挣扎着想爬。我知道他也已经没有希望了,我不能再给他任何帮助,他此时需要的不是青稞麦或糌粑,他已经没有需要这些的可能了。我不能再站下去,心中无端的给一块大石头沉重的坠着,仍得赶队伍去。

又行十余里,队伍在山坡停下了。仍然一棵小树也没有,开水吃不成。架好棚子时又落雨了,大家蜷伏在蚌壳样的帐棚内,干咽一些炒青稞麦。我因脑子里浮现着那个没有希望的同志,尤其是那"汉阳造"始终紧握着的姿势,炒麦子更难咽下去。

昨天传出了一个无根无线的消息,说到班佑只有三十里,疲乏透顶的人，东方一发鱼肚白，都从来没有的活跃在远近十里的山坡上。没有开水，没有一星之火，好在天还未冷到结冰的程度。冷水调糌粑尚可以吞下去，干饼子也未到铁的硬度，随便也就啃了两个，于是高兴的又奔向前途了。

却奇怪，今天的行程除了过河，都在山坡上。如果在别一省的山坡上，例如福建、广西、贵州或者四川的南部，不管那是什么瘴岭苗山，却都有宽阔的石板路，而且在翁郁的竹树下走起来，虽说不上像林荫公路的舒适，但还有"选胜探幽"的别致。草地的山坡真叫人不敢领教！因它较着水草没胫的沼地，更有令人难受处。水是同样地流出着，外看是实土，踏下去仍然是泥沼。没有路形，在那六十度倾斜面上横着行，不是踏空了"坐汽车"[1]，便是一足滑下去尺多远，两手也要抓下去。因长期的给养极端恶劣，体质也羸弱到极点，有些人简直到了风吹即倒的程度。在这种极难走的山坡上，更是难上加难。跌交成为每个人势不可免的了，本来在行军中有一个跌交的，可以成为数里路的谈笑资料。可是现在谁也没有这种笑的心情，特别是笑的力量。一方面是自顾不暇，另方面自己也同样是笑的对象，因为几乎每个人都跌跤。

这可恶的山坡，"峰回路转"的一个个连续着，大半天我们都是在那上面跌跤子。

本来说是三十里到班佑，所以纵然跌几跤，大家也不大抱怨。因为心里都浮幻着、焦盼着一个着陆点，今天准可到有房子的班佑，睡几点钟甜蜜觉！可是三十里过了，再一个十五里，前途还是不大光秃的山，尺把深的粘草和晶明的水，这种失望真个比打一次败仗还令人难受。

再行十余里，山向两旁避让了些，坝子出现了。而且远看去还有密密的丛林。先头的队伍一群群投向林中去。自然这时我们也

---

[1] 原注：天雨路滑，一跤要滑走几尺远，我们喊做"坐汽车"。

不妄想什么有房子的班佑了，能够在这样密林中露营，已经如登天堂了。

地面是干干的，草是尺把深，极难得的天然的垫褥。繁枝密叶，看不出巴掌大的天体。天也特别的恩典，不落雨。谁个不舒开眉结，透出乐意的脸神呢？

既然班佑不远，大可不必"数饼而食"了，尽可让肚子例外的饱一顿。我的四两一个的干饼子，慷慨的一个不剩。拓夫同志的牛肉粉也撮着米袋底，尽所有倾出来。我们吃了漫谈，谈到草地已安然过来的快乐时，再吃，一直吃至十一时。

昨天是失望了，今天到班佑是有把握的。一出发大家的眼睛都瞟着前方，谁都想争得首先发现目的地的"首功"。虽然要过两道河，水既不深，一般路都是干燥燥的，自然没有什么不高兴。例外的到处发现了鹅卵石，大家都没有什么根据的判断这是到有人烟地方的象征。虽这是极不可靠的判断，但有极大的兴奋作用，鼓励着每个人的脚步更跨的迅速有力。

行过十余里，比色既坝更大的平原出现了，广阔的程度暂时还不能估计。北面、东面的远山，已远的只有模糊的轮廓，小得像镜面上几个豆粒了。一丢下小山，踏上这个平原的边缘时，在广漠的平面上凸出一些可以断定的建筑物。这时，一种得救的快乐，不知比哥伦布的孤舟将靠上新大陆时有什么差别？

"闻名强似识面，识面一见轻松"。我们对班佑是抱着如何高大的热望，一行至广原的中心，原来只是望不尽的荒草。所谓班佑，也只是周围占地数里的荒草，数百座零乱的"牛屎房子"。虽然比毛儿盖附近的牛屎房子要高明进步些，有的是用木柱架起的，镶着木板，再涂上牛屎的，但不能达到我们另一个最迫切的要求。此地除牛屎房子外，有的仍只是凄凄的荒草，见不到一粒度命的粮。我们这个梯队昨日即有不小一部分绝粮了！

　　土质是那样的肥美，黑褐色，饱含磷质的，但可惜没有垦植，只是荒芜的牧场。地毯样的茂草特别苗壮，可想出在这牧场上将有千万头怎样肥壮的牦牛[1]，虽然只看见到处堆集像小阜样的牛屎。

　　"牛屎房子"，齐膝头的茂草，茂草中爬行的污水沟，这一切看来都令人失望。但另外的发现，却带来一点失望中的满足。原来草丛中长着很多的野葱（叶似葱，花似韭菜，花可食，姑定名为野葱）。这是被人发现可以填塞饥肠的，也是在草地五天来大家都在搜寻没有到手的。现在还有什么希望呢？一片望不到头的青草，于是大家争着掠取野葱花了。

　　"我军于昨日在包座消灭敌四十九师两个团，敌之另一个团现正被我包围在喇嘛寺中。"这些木板上刺眼的字，突然出现在路旁"牛屎房子"的墙角上。人群中起了欢呼，跳跃的紊乱，忘去了饥饿，丢去了今晚不能吃开水的愁虑。快乐的情绪，撞击着每个空虚的心。

　　路忽然东转趋向山口去，艰难的跳过六七道污泥沟，人流被山口吞噬了。合拢的针松和各种阔叶树，孤独的或成群的矗立路旁。突然换来了另一个世界，全是依山傍涧的下坡路，二十里下降起码在三百公尺以上。有特别情调的"蛮屋"出现了，山坡上是黄的青稞麦、青的蚕豆、豌豆和萝卜，诱惑的每个人舌头下的涎线里冒出馋水来。两个小时以前，大家如获至宝样采来的野葱花，现在成束成堆的委弃道上，遭受着毫不吝惜的践踏了，我们到了阿西。

三　阿西

　　阿西换去了十天草地，阿西救了北上抗日的红军。

---

[1] 原注：番民中牛的一种，一切都与普通牛无异，唯遍体毛密，而尾似拂尘之犁牛尾，能负重，主要供食品。

红军长征记：原始记录

因为松潘西北的地区到现在还是中国地理学家的一个谜，找不出可以注明这带地文的地图，军用图那更不消说。我们找到的仅有的几个通司（能懂汉藏语的翻译）和藏民，对于这带地方的知识，也只是一些没有担保的传闻。因此我们从毛儿盖出发时，只知道至少必须经过十五天荒山积水的草地。什么地方有居民有粮食，没有任何人敢给一句有把握的回答。但当我们先头部队依据着唯一的"法宝"指北针，前进到班佑，因为布置露营的警戒，却意外发现一条东通的大道，根据路形的估计，似乎前途是有人烟的。于是扩大搜索网，意外之助，包座敌人似乎有意来接引我们这迷路之客，他们的侦察队却巧巧的把我们的搜索队诱引到了阿西。这一新路线的发现，给我们寻出了入甘的新道。再由班佑直北前进的十天草地，是由岷江源、白龙江源的数百里的有番、汉人的居民区换去了。这不但减少了直驱西北到达抗日最前线的时间，而且在以后可怕的十天草地中，在饥饿寒冷的袭击下，不知我们又有几多抗日英雄的牺牲，这也是免去了。免去了这种无代价的有生力量的牺牲，这是阿西救了抗日的红军。包座的四五个师是在蒋介石的得意指挥下，以为扼守这一军事要点，十拿九稳地拦住红军北上抗日的道路，把红军逼在只有水草的草地中全部消灭，但却意外的作了红军的向导，把红军引到阿西来，接上入甘的大道。这应当是蒋介石和当时坐镇松潘的指挥官胡宗南等现在还不愿回想的。

红军被敌人引到阿西后，立刻即以不客气的回敬，向包座之四十九师进攻。该师原是十九路军改编的，同红军是作了多年的敌人，也作过几个月的朋友。现在虽然全部官长都换了，但士兵中的抗日怒火是没有熄灭的。因此接触不久，两团多不愿做亡国奴的健儿们便与红军亲密的携起手来，一齐北上抗日。胡宗南以后大胆的拒绝蒋介石跟踪追击红军的命令，自然是不可思议的红军占领阿西与包座的战斗中，得到足以胆寒的教训了。

后　记

我原以《在番民区域》为题目，拟写由黑水、芦花到岷州。但写至阿西，便不能再继续了。余下的岷江源和白龙江边两段，只好将来有机会再补成。

绝食的一天

何涤宙

三天来没有看见一间房子，我们真是在大自然的怀抱里过日子，诗人们是要大大的颂赞这种日子，可惜我不是诗人，没有诗人那种高情逸趣，不但对这伟大的自然不发生兴味，并且还是恢恶，三天来的风吹雨淋，日晒夜露，任凭自然来欺凌我，不少脆弱的生命为自然夺了去，我们现在正是同自然奋斗着，谁还有心情去欣赏野草闲花？！

偌大的一条人流，在草地里，从南向北流着，如果以茫茫的草地来比较，真还不啻沧海一粟，这人流的每个细胞都是曾经二万里的长征英雄，他们为着革命，要经历人类罕有经过的地方——湿草地。

每个人都在一边走一边嚼着炒麦子，炒麦子的味道似乎还胜过巧克力糖。在目前吃的问题是占着人生的第一位，在愈没有吃的时候，是愈想吃，而且是特别吃得多，眼看我的十五天粮食计划，为着想吃多吃，已经破了产！

从毛儿盖出发，每人自己带足了十五天粮食。我的粮食是八十个、每个约有二两重的饼子，是用粗得像小米一样的青稞麦粉，自己在脸盆里烤成的。另外有两袋炒麦子，一小袋生面，不到二斤。计划着饼子吃十天,每天吃八个,最后五天吃炒麦子,生面是在可能找到柴水时,做面糊糊吃。

三天来粮食竟意外的超过预算,饼子还剩下二十四个,麦子已吃了一袋。如果长此下去,两天就有断粮之虑,草地谁也不能肯定哪天走完。即是走完草地,也不一定马上就有粮食补充。悔不该前几天太贪吃,以后无论如何要节省。自己觉得对于以前的浪费要加以惩戒,决定明天绝食一天,表示节省粮食的决心。

边走边想,肚子又有些发烧。明天即要绝食,今天一定要吃个饱。饼子留二十个也不为少,麦子还可装一口袋,吃完这个,就要一直等到后天才能再吃。主意打定,在休息时,又从马袋里补充完满。不久,这亲手做的又香又硬半生半焦的青稞麦饼,又开始吃起来了。

真想不到饼子的味道会这样好。虽然粉是粗些,饼里既没有盐也没有糖,更说不上有鸡蛋牛奶,但是从前也曾吃过广东月饼,罐头饼干,都没有这样美。大概烤饼子一定要在脸盆里烤,而且一定要烤得半焦半生,才会有这样美味!

不一时饼子吃完,又很自然的摸炒麦子吃。要不是被雨打湿的话,炒麦子真配得"香脆"两字,可是现在发软了,好像吃五香豆。

行行重行行,拖泥带水,也不知走了多少里,太阳还老高着就宿营了。不用分房子,各人自找干燥避风的所在,我在十分钟内架起用夹被撒开做成的帐篷。骤然间乌云满天,狂风一起,大雨随着来了。夹被帐篷里挤满了相熟的同伴,大家坐着,看人家淋雨,看树枝被雨打湿,说不上烧水洗脚。暮色笼罩着大自然,阵头雨改为毛毛雨,挤在帐篷里的同伴们,也就互相偎着追寻好梦。我为着准备明天绝食,摸出四个饼来,再饮餐一顿,在细雨霏霏的大自然的怀抱里,我们就这样又过了一宵。

从毛儿盖到班佑

必 武

从毛儿盖到班佑,是所谓小草地,我们一共走了六天,每天大约走七八十里路。出毛儿盖向北行,路在半山腰渐走渐平坦,到七里桥约二十余里。路的左边,有矮小草房,约莫百十间,远望矮的好像不能容人进出的样子,到了跟前一看,人不昂头亦可以进去。这些矮小草房,听说是游牧人屯牛的所在,所以叫作牛房。墙壁是用小木杠支持,隔成许多格子,格内涂上一些牛粪,不很坚厚,色是黝黑的。在壁旁烧火,壁很容易被火引燃。内面除牛粪外一无所有,不知牧牛的人怎样居住。过这里以后,连牛房也看不见了。经分水岭,系沿着一列的小山头,转过了一个小山头,又是一个山头,数目说不清,大约二十余个,下来才是草地边。

我们初听这个草地名字,以为不过是人烟很少,草木郁密的地方。谁知草地真是草地,在地上看不见泥土,只看见草和水,不但没有人烟,简直没有人迹,所以也没有路,没有树木。山上的树木也少,间或在绿茸茸的丛草间看得见这里一堆、那里一堆的黝黑的牛粪。草在水中,确是长得茂盛。

从毛儿盖到班佑

我们所经过的只是草地边。有时走一段地方,两边都是不很高的童山,有时或只一边倚山没有路。草是一丛一丛的长在水中,这一丛与一丛中间,就是很深的水,丛草在水中枯了死了腐了,就在这腐草上面生长起新的草丛来。茂密的青草下面,是重重叠叠的腐草,浸在水里,不知经过了若干年月。所以走在丛草上,脚底下是软软的,但也有点滑,走时若不小心,一踏虚了脚,即没有踏在丛草上面陷入丛草间隙中,要很费力才爬得起来,马竟有爬不起来的呢!山边也看不见泥土,也是重重叠叠腐草上生出的青草,走在上面活活动动,脚板觉得舒服。山上偶然有几片树林,我们宿营能找得着一片树林,那已是喜之不尽了。

离开毛儿盖,第一天,直到晚才走到草地边。我们在一处很好的树林里宿营。第二天也找着一处树林。以后几天,便是在灌木下搭棚子过夜。直到班佑,才在牛房里宿了一晚。有一晚在灌木下搭棚子,到夜晚找不着柴火,竟没有举火,只吃了一点干粮,就睡觉。

过草地边的那几天,天天都遇着雨。雨不小。脚在水草丛里走,不待说是湿的。有雨具的人身上稍好一点,可是带有雨具的人不多,没有雨具的人全身都湿透了。不下雨时天气总是阴沉沉的,风刮得厉害,气候冷,须着棉衣。我没有遇着一个熟习此地气候的人,不能一问,每年夏季,是否像我们经过的那几天一样每天都要刮风下雨呢?在草丛上走虽有点滑,比走泥泞路还好的多。

色既坝是一条河水流过的地方,河两岸稀疏的长了些树木,两边草地宽广的约一二十里,据说坝有一百里长,我们走过的约四十余里,觉得这块地方很肥沃,为什么没有一家人户?将来人口繁殖,这个坝子怕不能听其自然了。

草地大约高出海面在五千公尺以上,所谓雪线地带,气候是很冷的。我们夏天走这上通过,尚非着棉衣不可。一入秋冬自然更要冷些。

那里气候虽很寒冷，但草却能那样的茂盛，别种于人类有用的植物，一定在这个地方有能够生长出来的可能。不过我不是研究植物土壤学的人，不能详细来考究，行军中时仓卒一瞥，也无暇考察。革命胜利后，有专门人才来这地方考察一次，一定有许多适用于人类的东西发现出来。

通过草地

曙　霞

长征一万八千里，跋涉无数大江峻岭的我们，已觉到无所谓"行路难"了，李太白所谓的"蜀道难"，在我们所经过的川边崎岖小路看来也不过如此而已。早就听说松潘以西有一片荒凉千里无人烟的草地。敌军胡宗南等部固守松潘一带，构筑"乌龟壳"，企图与兰州构成封锁线，压迫我们投西。我们为了在战略上取得出敌意表的机动，不免要有绕道松潘抄到松敌后路的行动，因此我们也就早有了通过草地的准备。

据由通司间得的草地情况：松潘西边的草地，多有"蛮骑"出没，草地上经常浸水到膝盖边，四周围看不见人烟，连树林也没有，行人走这里过，非有向导找不到路，路上必须携带充足的干粮，准备充足的皮衣皮靴皮袜等，否则不冻死也会饿死；因为草地上没有人家，也没有树木，露营也无处搭棚，夜间寒冷，多雨露。话虽然说得这样厉害，我倒有点不相信。

由卡英筹粮完毕开到毛儿盖（这里有二三百家）时，我就到军政治部找一个同志，谈到草地情形。据说只有五天的草地是没有人烟的，再过去到夏河（甘肃的一个县），一路就有"牛屎房"了。他们都已准备了十天粮食，每人带条木棍，准备搭棚用，又带一把干柴，准备烧火。我回到校部后，也就立即通知了各部，照样准备，我们带了七天干米粮（炒麦子）八天生粮（麦子）。

第一天由毛儿盖出发，时间已经九点多钟了。因为前头部队拥挤走不动，经过七星桥（毛儿盖北二十里）再走十多里路，队伍就在一处小河边有稀疏树林的地方停止了。附近有些树枝搭的棚子，我们知道是先头部队在这里露营的遗迹。决定在这里露营，分配了露营地域时，雨刚刚停止，棚内漏湿得不堪，我们就在一间稀薄见天的棚子里烧火烤。我在棚边找到一处睡觉的地方，用油布垫地，打开铺盖，上面用一件皮衣（不镶布面的，皮上有油不易透水），盖着一件油布，头上打开雨伞遮着。吃了两碗用开水冲的炒麦粉，一块"巴巴"（即面粉做的饼子，里面没糖也没盐）之后，天已黑了。我也不管天雨不雨，就睡我的觉了。夜半雨滴由棚上青青的稀稀的树枝上滴下，滴湿了皮衣，只听到雨伞上点滴的声音。这种"草地露营逢夜雨"的味道，总比古诗人所听到的"雨打芭蕉"和"夜雨闻铃肠断声"的声音要悲壮些吧！？可是我已酣然入梦。

第二天，天亮后吃过麦子饭（用没有磨的整个麦子煮的），出发，经过腊子塘。一路上两边还是有高山，有小树，不过地上全是青草，走路有些不便。走了四十多里，路右旁发现一片丛树，"浓荫蔽天"。前面有二十多里处，有大烟冲天，知道先头部队已经在那里露营了。于是我们也就在这浓密而高大的树林内露营。雨暂时止了，夕阳在西边云朵中，露出无力的光芒，树林内湿得很。我搭了一个小棚，和一个姓冯的小同志同住，棚前没有烧火，冷得厉害。

第三天，天还没有亮，我们就起身，一直等了点多钟，直到天大亮。才集合讲话。刚刚雨像倒水，一点讲话的声音也听不到。讲完话出发，走了十多里，路旁木牌写着分水岭（先头部队写的）那里没有一点树木，更没有一家人家。又走了三十多里，走到一处河套中，附近有些矮树，我们就在那里露营。这一次大家因昨夜都没睡着觉，受到切身的教训，所以都鼓起劲来，搭好一座比较密的棚子。我到各科去看他们的棚子，骑兵科多用被单搭布幕，炮兵科用树枝野草等搭草棚，但盖得最密。我告诉各科，由科长、副科长、教员及能讲课的排长，先行准备一些材料——我们拟讲"防空"问题——分到各个棚内去领导讨论，然后回自己的棚内煮了一碗"疙瘩"（就是面丸），吃得很饱，又喝了一杯浓茶，才在棚边睡下。天上明星点点，这是过草地的第一个良宵。睡到半夜，天忽然被四周飞来的黑云遮住了，幸好还没有下雨。

第四天，天亮出发，这一天过的地方真是"草地"了，举目荒凉，一片草野，四周矮山也不长一棵树木。一路腐质土浸满了污水，没有草根的地方，脚踏下去直没过膝盖，马儿经过处，埋没了四蹄，有时还陷下去拔不起来。我们的脚，从出发以来，都未曾干过。望着天空，总是经常呈着灰黑色，看不到一个鸟儿飞过，也听不到一个虫儿叫声。我们一队走着，雄伟的走着，像是轮船在大海中，前面不见海岸，可是并不能减低我们前进的勇气，我们的勇气使得像大海一般的草地，一步步向后退去。在路上我和一个同志一路闲谈着走着，我说以后要怎样来描写这草地的情景呢？它的特点有点像沙漠，只"水草"和"沙"不同而已。沙漠多旱，没有水，渴得死人；草地多水，没有太阳，冷得厉害；如果有人说沙漠上可看到"蜃楼"，那末草地上却绝不能见到"海市"；过草地的人双脚未曾一时干，马的蹄痕也都埋在水草深处，地虽然平坦，走路却很吃力，滑倒的人倒也不少。下午到达色既坝，此地是三叉路口，右边可通松潘，左边到班佑。这里有很多草棚，草棚附近有屎堆，有死尸，我们都把他掩埋了，另外挖了厕所。"草棚"虽名着"草"字,却都是树枝搭的,我住的一个棚,比较大些,是靠着一棵大树,架了许多树枝,盖上一些树叶小枝之类而成的"树棚"。棚里睡了一个病员,他赤身盖着一张毯子,皮衣脱下做枕头,他已病到有气无声了。我们想要他搬到另一棚子里去,他不肯搬,自然只得让他睡在一起。费了许久的工夫,在滴滴雨滴之下烧着了一堆火,烧了一壶开水,给这个病员一碗,我自己冲了一碗炒麦粉吃。一个小同志烧热了一盆水,我和他同洗了脚,这是过草地四天中第一次洗脚。夜间晴朗,但起了极大的东南风,冷得非常。

　　第五天,天亮了,吹着"预备号"了,因为没有找到柴火,公家不煮饭吃。我用漱口杯烧了一杯水,还没有沸腾,"集合号""前进号"接着吹了,队伍已经开始前进,我只得把这杯生水冲炒麦粉充饥。大家都望着班佑前进。一路污泥很深,要找到有草根的地点,才敢踏脚上去,因此走了大半天才走了大约六七十里路。路上没有看到路牌,也不知是什么地名,或者简直就没有地名。天空中,一阵雨,一阵风,一阵太阳。到黄昏时,雨渐大了,前面只看到河边一大堆草棚,还不知班佑在那里。结果只得在那里再行第五夜的露营,我看与其说露营,不如说是"雨营"恰当。我和一个同志,及他底特务员,三人挤在一个小棚内,把他底油布和我底雨伞,盖在棚上遮雨。今天更加没有柴火,连热水都没有,晚上他底特务员冒雨到炮科去要了一盆开水,拿回时已经凉了,我和他各冲了一碗炒麦粉吃。原来只准备五天吃的"巴巴",这一下就吃完了。

　　第六天一早出发,到下午三时左右,才望到前面远远冒起火烟,草地已渐渐消失,路旁已有小山,并且路边开始见到石头,这使我们欢喜。大家都急着到班佑。可是弯过一个山口,又一个山口,越走越看不到房屋。又走了许久,才看到前面隐约有矮房子,正是起烟的地方。但前面部队,并不向着这个矮房子的方向走去,却向左转,向左

通过草地

边矮树林去。据前来的通讯员说,又要在此露营了。大家都感到潮湿与漏雨的威胁,可是两脚仍不自觉的跟着前面的人走。为了各人都要表现自己是吃苦耐劳的模范,谁也不肯说出怕苦的话来。路旁野花丛里,长着金红色的小果,有玉蜀黍的粒大,一穗穗的结着,又像金红色葡萄。有人摘取来吃,我也摘了几枝尝尝野味,的确不错,一种酸味,解却几日来不知五味的口闷。刚走了半里路,又报"到前面'牛屎房'去宿营",大家都欢跃起来。

到了班佑了,一片"牛屎房"——用牛屎筑的墙(这牛屎不臭。我们见过与住过最新式的士敏土筑的洋房子,住过砖墙,石墙,泥墙的旧式房子,又住过苗民区域的茅屋,也住过云南石板盖的屋子,现在住到世界上所少知道的"牛屎房"了。)里面约有四五十间,有一两间被火烧着过,据说是先头部队走后失的火。

在路旁遇到师长(他是有名的师长,被四方面军某部排演到戏文里面的),知道他们住在这里,他到"红大"去找政委。我只问他附近大路的情形,据说此去东二十里地名叫作阿西,有一二千户,粮食富足,房屋也好,并有一间顶大的"喇嘛"寺。于是我就跑去找一个同志,想在那里找些东西吃,因为今天路上没有干粮吃,肚子饿得厉害。可是找到了他,却令我大失所望。他们政委到阿西采办粮食去了,这几天他们都在摘青草做菜吃呢!

回到自己的宿营地,通知了各科注意火警,并且要明早出发时,派人专门检查及消灭遗火,一面告诉学员们,"已过完草地了"。

外面下着密雨,屋内烤起大堆的火,大家围着烤衣服和取暖。我用热水洗了脚,打开铺盖,觉着一身松暖,经过六天的草地,五次的露营,至此才再投到房屋的怀中,也至此才觉到房屋的作用与好处。想身居洋楼大厦的人们,是不会知道这个的,至少他们从没有梦想过没有房屋,又在千里荒芜,一片凄凉,遍地水草,四周无树木的草地中露营的滋味。这就在过过露营生活而没有到过草地的兵大哥们,也不会了解的。

我们过完草地了,我们明天要到阿西去看大喇嘛寺了。无坚不摧的红军,又一度打破天然界的困难,创造下亘古以来所未有的,大军通过千里荒凉的草地的新纪录。让那些草地的滋味留给跟踪"追击"我们的胡宗南等部的白军去尝试吧!

草地行军六天缩影

谢扶民

我们十三团接替四军向松潘警戒,掩蔽所有部队向草地前进。因之过草地是我们团为后卫了。

我们走出草山之际,右侧翼就出现了敌人的一队骑兵,延误了我们行军两个钟头。把敌人打跑了,我们就开始向草地前进。前面就是一片漫无边际的青黄大地。走着,走着,根本没有路,幸好前面部队给我们踏出来了一条路(正如鲁迅所说,路是人走出来的)。草底下还有过足背上和膝盖下的泥水,这些泥水是乌黑色的,腐烂的草泥,臭味特别大。第一天我们找到一片不大的树林宿了营。

今天到下午时正下着毛毛雨,今晚我们就在树下搭起帐篷和架起睡铺,帐篷大部分是以单被,小部是以油布搭成的,看起来还不错,这就是森林里的营房。我们的炊事员同志到睡觉的时候,上面是搭起了帐篷,下面是扁担架起的床铺。这种床铺是两头放着钢锅,中间横架一条扁担。睡下去是两脚落地,面朝星星。如有人问:"炊事员同志,这能睡吗?"他就不犹豫地答复:"能,很好,还可免得风湿病。"引得大家轰然一笑。

部队吃完晚饭（青稞麦）过后，各班就开始座谈会，检查第一天草地行军及明天继续向草地纵深前进的工作准备。接着各连进行简短的点名讲话，在整个森林里响起了一阵接一阵的歌音，继而嘈杂声之后，就听不见什么了。这时是十点钟，各人已入睡。

团政治处还在开会布置明天的工作，主要是研究草地行军的政治工作补充指示，特别是收容工作。因为我们是后卫团，这收容工作就显得更重要了。最后决定苏振华政委及我和俱乐部主任各到一个营去帮助各营，连的行军政治工作与草地行军的补充指示的传达。特派员陈福生同志率一个步兵连、一个担架排及部分工作人员作为全团后队督促，收容因病掉队落伍人员。

今晚已到了十二时才入睡。

第二天六时早起，七时继续向草地纵深进发了。今天过分水岭，这分水岭是草地水向前向后，顺流与倒流之分。部队在过分水岭之时我与一营营长同志拿出望远镜向前面大草原一望，"嗨哟，了不起，前面根本没有什么路，就从草上走过。"一营营长说。望望在我们前面走的部队，是一条长有几十里的弯弯曲曲的蛇行似在走动。从近处向远方看去，看见的人是从大到小，最前面部队只看到一条黑黑点点的在移动，就像一串长长的黄蚂蚁向前走一样。今天的草地比起昨天更难走了，沿途都是陷泥坑，不注意一脚踏进泥坑里去，咕的一响，稀泥水就会漂到你的鼻子尖。有的陷进去以后要同志们帮忙，很久才能拔出来。如果两腿都陷进去，那就难以想象了。如果两腿踩，越踩却越深，连你的头发也会陷进去。如果有同志遇到这不幸的事，只得用绳子把他拉起来，即可得救无忧。这是我们草地行军的经验。我们英勇的意志坚强的红军战士们，是在连续的与这些无形的敌人斗争着前进，夜宿晓行，连续走了六天。这几天的宿营地全是草地上，不过可以找到些地势较高的地方宿营。问题又来了，较高的地方都没有水吃，只有从低处去抬水回来吃,这算不了什么。

今天是最后的一天,我们十三团的主要问题是粮食问题了。我们在黑水芦花出发时,每人都带上足够十天的干粮(主要是青稞麦和一些牛肉干)。但我们过毛儿盖后,接替了四军向松潘警戒,掩蔽主力右侧,让我主力安全向草地前进。在这里警戒就去了五天,那我们的粮食呢?就只有五天了。但通过草地的路程呢?要六天的时间,到呵巴才有人家。这时的政治工作是非常艰苦的,因为没有粮食吃就不能行军,这是事实。唯一的办法是节约粮食,五天粮做六天吃。每天到宿营地时,各连队都派人去寻找可吃的植物了。有些野葱和草根与青稞麦合在一起煮汤,也很好吃。到第五天的晚后,团部命令把每个同志的粮食(干粮在内)集中在各单位,平均分配。明天早饭每人一洋磁碗炒过的青稞麦,由多的单位者抽,少的单位者补。军团又送来给我们一部分青稞拉平,真的每人分得一碗。在第一营一连里有些同志就这样开玩笑地说"这就是共产主义"。有的同志反驳说:"这不是共产主义的出现,如果共产主义每人才一碗麦子谁干,只能说共产主义的思想。"说得大家轰然大笑。指导员开口了,他说:"同志不要笑了,这是我们友爱的意志,阶级的团结坚强如钢的具体表现,也就是我们每个同志有着高度的思想觉悟,也就是同志们都有着共产主义的思想,才能有这样的行动,也只有我们在共产党和毛主席领导下的工农红军才能做得到。关于共产主义的实现嘛,总有那么一天,我们的奋斗目标就是要实现共产主义,那时候不是在草地上分一碗麦子的问题,那时就会在草地上起洋房,烧羊肉牛肉吃了,还可以吃上面包呢。(说得大家又一笑)不要笑,同志们,到那时不但如此的生活,全国人民都一样过着美好的生活,是多么的美满和幸福啊!"此时大家掌声齐起,这就是李指导员很灵活的一小段政治工作了。

第二天早晨,每人只煮一碗炒青稞(连麦带汤约有三碗),就继续第二天的草地行军。命令是行程七十里到牛屎房，见有人家，就宿营地。这是草地行军的最后一天了，号召大家勒紧裤带，松了再紧一紧，团结一致，克服一切困难，非达到目的，决不休止。走、走、走、走、在路上休息三次，大休息一次，下午三点到了牛屎房。牛屎房的确是有人家，可是房子呢，就是牛屎窝棚而已，不但是牛屎盖，墙也是牛屎垒起来的，有那么十来间，据说这些房子是游牧民住的，把牲口赶来，这里放牧一个时期，就另他移去了。

我们部队到了牛屎房以后，就看到了写的捷报上说："此地就是牛屎房，距包座尚有四十里，前面部队已在呵巴打了胜仗。消灭敌人两个旅缴获甚多，除了武器弹药之外，尚有大批白面、大米、糌粑。"这一来就给了我们部队精神上会了餐，好似肚子饥饿也好了些，精神上更愉快了。正在这时候团部下达了命令，部队今天还得继续前进四十里，到包座宿营。部队就此休息卅分钟，进行了简短的解释工作，在解释工作中，只是说明此地无粮食，必须再进四十里，到那里后部队可休息两天。这就样部队就继续前进了，走了一点多钟的黑路，晚八时多就到达了包座。肚子确实是饿得扁扁的、空空的了，幸好各单位的打前站人员及管理人员先到了营地，并得到前面部队的帮助，他们号好了房子，准备好了粮食。只消一个钟头的时间，部队已完全进入房舍，有的已得到了饭吃。这时我已由一营回到政治处。有的同志说："一碗炒青稞，走了一百一。到了宿营地，白面和大米，比青稞多么好吃啊！"有的说："还有一碗炒青稞，换来了胜利。消灭敌人两个旅，饭吃他一顿——白面和大米。"我团就这样结束了六天的草地行军。

番民生活鳞片

觉 哉

从宝兴、大维、懋功、抚边、卓克基、毛儿盖，直到甘肃边界，全是狭长沟地。水在乱石中急流，流花四溅，震耳欲聋。傍岩作路，狭而且危。有些地方，简直没有路。在悬岸上架几根木条，上支木板。有的路被水淹了，须手扶岩石，步步试水而过，稍一不慎，就有被急浪卷去的危险。记得到卓克基的那天，有一同志被水卷去，幸数丈外有大木横江，得阻住获救，然已淹得四肢无力了。这些地方即所谓大小金川。满清的"十全老人"（乾隆）曾动员二十多万兵，用掉二千多万军费，还杀了两个大臣（张广泗、讷亲）才得这些土司们称臣纳贡。但是这里的文化、生活，一点也没有沾染汉化。

先讲它的住吧：尺多厚的墙，筑个四方桶子，高的三四层，矮的两层，下层关牲畜，屎尿狼藉；二层较好，安厨灶；三层是佛堂，很干净。门窗壁柜，都很精致。逾北的地方，形式稍有不同，下层也住人，那只是一个土洞，墙厚四五尺，门形转弯，从屋顶漏下光来，没有瓦，覆以木板。总之藏人的住，并不见得比汉人差。

吃呢？粘粑调酥油，味道很不差。青稞麦炒熟，磨成细粉，叫作粘粑。临流有水磨，家中有手磨，两片光石，没有齿。可是藏人的麦粉，细得和洋灰面一样。我们在那里没工夫那样磨，连粗磨也来不及，青稞麦，囫囵煮，颇有点"吃不消"。蔬菜只萝卜马铃薯。但到了巴西包座等地，肥大的萝卜和马铃薯，比内地的还好吃得多。碗是木或铜的，陶磁器还没输入。木柴燃料，堆积成墙，三四十斤一块。猪很少，牛羊很多。牛是牦牛，尾如大扫帚，颇肥大。有一种饮料，是树的枝叶，不知何名，我们喊它作"蛮子茶"，烹饮可助消化，免得肚子胀。

藏民地高寒，麦熟较迟，但土肥沃，不亚江南，麦蔬豆等都很茂密。

穿呢？有各种毛布、毡子、毡帽、毡靴，羊皮毛很厚，硝制不良，一件大皮衣有二三斤重，只有藏人才能穿得起！

……

总之藏人尚全在"自给经济"阶段，只有盐及少数红布自外来的。虽然有贫富，但穿、吃、住等，似乎不大成问题。

保守性很重，基督教那样厉害，我们经过的西南丛山深洞，辄看见屹立的教堂，而藏人区域没有。鸦片烟云贵川普遍产物，而藏人不种。据说，邓锡侯曾劝藏民种鸦片，因其地肥，不种麦，拿鸦片到外面换粮食进来，可获厚利，但被藏民拒绝了。帝国主义的货品，本来无孔不入，但到藏民区域碰壁了，连汉人的货，除红布外，也找不出什么。这里看见的现代文明，只卓克基土司索观瀛，在成都读书，带回来的两架机关枪及若干步枪。

因为如此，所以也不容易接受我们的宣传，人躲在山里，不和我们见面。在卓克基找了几个藏民，经过通司和他们解释，他们懂得了，每天有二三十人，从山上运出粮食卖给我们，妇女们也来了，大都率直可亲。每人身上有把小刀，为杀牲割肉吃之用。

俘虏兵的一束话

周士梯

蒋介石阻止红军北上抗日，企图困死红军于松潘以西绝无人烟的草地。派四十九师[1]为先遣队，由平武方面兼程来占领松潘以北的巴西阿西一带要隘，结果被英勇无敌的红军消灭二个整团于包座附近。师长伍诚仁和我本是同学，他如不是快一点落荒而逃，也会在这里会面呢！总政治部派我和王盛荣、王观澜二同志到包座做俘虏兵工作。

七八百个俘虏兵，在包座南端空麦田里集合。我们讲了话后，就征求他们的意见："愿当红军的站到左边，愿回家的站到右边，依各个的家乡远近发路费。"

整齐的凹字队形，散乱和嘈杂起来了。有些打开共同的包袱，各取各的衣服与鞋子，有些欠债的在还账，有些互相送东西，过去是很好的朋友，现在都分开了，表现出他们的神圣不可侵犯的自由意志。

过了三十分钟的光景，站到左边的有十分之七，站到右边的有十分之三。当红军的编为三个连，愿回家的编为二个连，都在一个喇嘛寺里住下。

我和王观澜、王盛荣二同志住在正中的一间房子。他们俩都到

---

[1] 原注：四十九师原是张贞的军队。十九路军把张贞的军队改编与十九路军抗日先遣队合并，以抗日先遣队司令张炎为师长。一九三四年十九路军在福建失败，被蒋介石缴械改编，以伍诚仁为师长。

俘虏兵中去谈话，我在房子里和一个广东士兵（前在十九路军四十九师司令部当传令兵，现在团部当传令兵）谈话，渐渐地有十几个都是十九路军的士兵进来。

那个传令兵说话很多，大意是：在福建缴了枪后，就被武装兵硬押下船，经南京到武汉训练，不到两个月又开去打方志敏。此次是经西安来平武。前天打仗，不到二三个钟头，两个团都完全消灭了。师长在后面，带一个团走了。如是缓一点，那个团也是要缴械呢！我这个团死伤很多，二个营长阵亡，一个营长受伤，五个连长阵亡，二个连长受伤，一个连长失踪，一个连长被俘，团长与团副投河死了。我曾对团长团副说：红军不杀俘虏官兵。他们不相信，我拉都拉不住，他们二人抱着往河中一跃……

一个当班长的说："我在江西福建都与红军打过仗，知道红军厉害，打也打不过。前天我们这个连[1]守一个山头，枪一响，我就劝连长不要打，缴枪给红军。连长听了我的话，我们这个连一个人都没有死伤。如果打起来，还不是一样要缴枪，恐怕又要冤枉死了好多人呢！"

一个士兵说："十九路军排长以上的官长，都换掉了，放来的都是黄埔生。老团长奉乃武，不知道为什么事，被扣留在松潘坐牢。新团长才来二个礼拜，带来一批官长，又把奉乃武时代的官长换掉好多，真是军阀都是培植私人的势力。"

又一个士兵说："蒋介石不但不相信十九路军官长，就是士兵也不相信。我们在连上时常都有人监视，请假不准，开小差又要杀头，精神上是很痛苦的。生活上更不要说，每天吃二顿麦子饭，每顿每人分两碗，排长还要用筷子刮得平平，都没有一餐饱饭吃。就是杀头，天天也有人开小差，官长也有好多开小差的，我们的团副是开小差了。有一次派一连去运粮，连排长和好多士兵都开了小差，只

---

[1] 原注：就是第九连，连长卓权率领全连官兵缴械，得到特别宽待。

俘虏兵的一束话

回来十二个人。"

另一个士兵说："人家要卖国，还敢相信你这班在上海打过日本的人吗？我们回家没有饭吃，又找不到别个出路，跟着做走狗来打红军，想起来，真是可恨又可耻呢！打方志敏时，我们都是向天打枪，前天我一个子弹都没打。缴枪时，我叫红军官长看过我的枪筒。"

第一连长（原是一个湖南士兵，今天提起来当连长的）在外边吹笛子唤吃中饭，他们就散去了。

七八个士兵坐在喇嘛寺右侧草坪晒太阳，我也参加进去。

一个安徽的士兵，他是一个贫农，在家中派去做马路，被四十九师拉来当挑夫，后来拨下连去当下等兵。他说："我的连长说：红军三天才吃一顿饭，现在见红军是一天三餐，恰与他的话相反。他说红军捉到是割耳朵，挖眼睛，开肚子。过去我也相信，现在才了解他们的欺骗。我这个头脑真蠢呵！"他用右手向头上打一巴掌，七八个士兵和我都笑起来。

"连长那天说：红军没有饭吃，杀蛮子来吃，我也相信，我应该打几个巴掌？"一个士兵笑着向前一个士兵问。

"如果说相信他们的话，就要打巴掌，我怕那一个都要打几百个巴掌呢！"又一个士兵接着说。

"我就不要打巴掌，我是不相信他们的鬼话的。在武汉出发时，他们说的开去打日本，我就对班长说是假的，一定是开去打那个红军。在平武训话，说了十几个蒋委员长，你们都这样恭恭敬敬地立了十几个的立正，我就偷偷的休息。"一个湖南士兵站起来做立正姿势，又坐下去，继续来说："他们天天吃酥油，我们只是流口水。我们昨天吃了二餐酥油，今天又吃一餐酥油，如不是到红军来，我们的嘴巴一辈子也不会尝到酥油的味道呢！特务连长打断了腿，四个红军抬回来，医生又上了药。相信红军吃蛮子，挖眼睛，该打该打，你们再打打吧！"

他越说，声音越大起来；口水都喷到我脸上。

  十四个十五六岁很活泼的小孩子，有些是当看护兵，有些是当勤务兵。他们都是报名回家的。吃了中饭后，王盛荣同志邀他们到喇嘛寺后面山坡上去玩耍。过了一个钟头，我也去看看他们。走到半路，就看见他们回来。王盛荣同志远远的就对我说："他们都愿意当红军了。"

  "我要换一顶红军帽子。"

  "我也要换。"

  "我也要换。"

  "我跟你当勤务兵。"

  "我总要跟着你，我不到别处去！"

  "我不下连。"

  这十几个小孩子，喋喋不休地向王盛荣同志围攻。

  "好、好、好！……"王盛荣同志一边走一边说。

  "红军好不好？"我拉着一个当勤务兵的小孩子同行。

  "好。"

  "为什么好呢？"

  "红军不打人。"

  "还有什么好？"

  "官兵平等。"

  "还有？"

  "官兵都是吃一样饭，穿一样衣服。"

  "还有？"

  "教我们读书。"

  "还有？"

  "好玩。"

"还有？"

"没有了。"

就寝后，我要到各连看一看，出了右边的小门，看见二个俘虏兵在厨房里烤火谈话。

"人家走得，我们也能走得，为什么这样害怕。"

"不光是走路问题，我离家四五年了，我想回去看看。"

"路费也成问题，我想少是三块钱，多是五块钱，几省的路，怎样走得到？"

"讨饭我也要回家去。"

"我敢说你是回不了家的，半路又要去当兵了。"

"不论如何，我再也不当兵了。"

"我也相信，你不愿再去当兵的，但到没有饭吃，肚子要迫你去呢！"

"我就是当兵也不打红军。"

"话是这样说，那时候是不由得你呢！"

"你讲话真气人，难道说我还不知道红军好吗？我敢发誓：一打仗就送枪。"

"我们做了一年多的朋友，我总想大家在一块干事，你硬要回去，由你吧！"

"……睡去……"

一个往正厅——当红军的连走，一个往左侧矮楼上——回家的连走。

突破天险的腊子口

杨成武 *

自从党中央决定迅速到达西北抗日最前线的新的战略方针后，我野战军为完成这光荣伟大任务，都纷纷向北前进了。先头已于九月十四到达了白龙江边的莫牙寺。

十五号，暗淡黄昏中，师的通讯员又送来了一个继续行动的命令，我第二师为前卫，第四团为先头团，向甘南之岷州前进，以二天行程，夺取腊子口，并扫除前进道路上拦阻的敌人。我们接受行动命令后，即进行一切准备工作—找好更熟悉的向导，弄清沿途的路线，造好出发前吃的饭。

起床号音在整个村庄里吹着。在深夜的十一点钟左右，全团的英勇红军英雄，一群一群的向那前进路傍的草坪上集合了，在堆堆的黑暗中嘈杂着。战士们的议论："我们今天又当起先头团来了。""今天的前卫，无论如何，总走不掉了吧！"大家都异常的高兴。在复杂的声

---

* 杨成武（杨诚武）（1914—2004），福建长汀人。1929年参加闽西农民暴动，1930年加入中国共产党。长征中，任红一军团第二师四团政治委员，参与指挥强渡乌江，攻打娄山关，飞夺泸定桥，攻占腊子口等战斗。抗日战争时期，任八路军一一五师独立三团团长、独立一师师长、晋察冀军区第一军分区司令员兼政治委员、冀中军区司令员。解放战争时期，任晋察冀野战军第二政治委员、华北野战军第三兵团司令员、中华人民共和国成立后，历任北京军区司令员、中国人民解放军代总参谋长、中央军委副秘书长、福州军区司令员。是中共第十一、十二届中央委员。1983年当选为全国政协副主席。1955年被授予上将军衔。著有《忆长征》等。

突破天险的腊子口

音中宣布行动任务了："同志们！我们马上就出发了，我们是担任先头团，要以两天的行军，去夺取腊子口，扫除沿途前进道路，迅速到达抗日的最前线，完成抗日救国的光荣任务。同志们！能完成这个任务吗？"轰雷般的回答："能够！"在"坚决夺取腊子口""迅速打到西北去""不怕一切困难，坚决完成先头团的光荣任务"等口号中，和"打！打！哩打！"的前进号声中，英勇的红军健儿浩浩荡荡的向着腊子口前进了。

刚刚开始走没有五里，就碰到那崎岖的小路和独木桥，在这黑暗无星的深夜，这段路的确好不容易走呀！跌倒的真是不少。"爬起来呀！""注意呀！""起来呀！""后面的同志这里要小心呀！"这些话在队列中前前后后的叫出来。虽然这种崎岖难走的夜路，但每个红色的英雄没有一个表现不高兴的，他们的情绪还是异常活泼，都在谈谈笑笑的："我们这次打腊子口，看看那个连打的漂亮。"

又向那深坑老林里前进了，沿途都热闹的唱着各种各色歌曲，"上前线歌"呀！"兴国的山歌"呀！"反攻胜利歌"，等等，个个都表现着活泼可爱！在这种快活的前进中，不知不觉的就到了卡郎的大山脚下，听到连里中忽然有个人说："同志们我们又走了五十里了，现在上高山，我们来比赛吧！"大家都同声的说："来吧来吧！"一股劲，就爬上了四十里的高峰。正当到达山顶时，忽然西面飞来了一张黑云，把太阳掩没了，变成了黑暗的世界，不到三分钟就散下了无数珍珠和白糖粉（冷雹和雪）。大家都叫着："好呀！""真好看呀！""大家来吃白糖吧！"极高兴的叫着。接着就来了一阵狂风暴雨，我们也就开始下山了。在这狂风暴雨中继续前进，等到下完山，天已快黑了，路也差不多走了一百一十里了，仍继续走了十里。后即在这大风暴雨中，在班藏五福附近进入了宿营地，准备在下半夜继续向前迈进。

此时全体的战士为了下半夜继续行动，都睡觉了。我们的炊事员同志却在那里忙得一个不停——造饭吃呀！准备下半夜出发吃的饭呀！炊事员同志都说："我们今天的饭一定要造得好好的，使得我们的指战员吃得饱饱的，明天好去打开腊子口。""对呀！吃饱了饭打冲锋，走得快，冲得猛呀！"每个炊事员同志都为了争取战斗的胜利，积极的工作着。这只有红色的炊事员，才能这样的努力！

十六号晨两点钟，各连队的战士都吃了饭，又继续向腊子口进发。此时的天还是在继续下着毛毛雨，个个都披着雨衣，戴着斗篷，拿着拐杖，在那又小又滑的黄泥小路上走着，通过那密密的老森林。早上八点钟的时候，忽然先头营来报告："前面没有路了，这条路走完了，周围都是密林，带来的一个六十余岁的向导，她在十年前到过这里一次，现在此地路途都忘记了。"这怎么办呢？另找一个向导吗？这里根本是没有人烟之地，周围都是老林，仍然跟着这条路走去吗？路又没有了，停止吗？延误了时间，任务不能完成，真是急死人，进退两难，如何是好呢？"事到万难须放胆"，只好把指北针拿出来，对着那北面的大隘口走去。

走不到一点钟，先头又来了一个情报，说我们行进路的左侧发现有敌约一营，正在那里构筑工事。仔细一看是真的！并有一部向我侦察的样子。在此时即以坚决迅速的手段消灭该敌的决心，派一个营沿侧翼前进，隐蔽的接近到敌人的后面，以绝其归路，以二个连在正面突击。"啪啪啪！"的机枪声中，正面的部队已接近了敌人，轰轰轰的几声手榴弹，已打进了敌人新筑的工事里。一大群的白军连跑带嚷的惨败下去了。杀！杀！追呀！快追呀！在紧张的二十分钟内，进行了一个胜利的战斗，可惜我们的正面冲锋太快了，后侧的包围还未到达，以致没有把他完全扑灭。在集合号音中，队伍又集结了，在队列中的战士们都哈哈大笑着："打得真痛

突破天险的腊子口

快！""该死的白军，不经五分钟打！""可惜跑得太慢了，没有把他完全消灭！"为了执行原来之任务，队伍即掉转头来继续的向着腊子口前进。

将到黑朵附近时，我便衣队捉到敌之官探三名，审问结果，据说有敌一营在黑朵的前面埋伏在行进路的右侧，企图侧击我军。得到这一情报后，即以一个连伪装前进。一直接近了，那该死的白军仍看不清楚究竟是谁的部队，忽然一阵手榴弹声响了，乌鸦样的一营敌人，满地乱飞，所有一切的东西，都丢得干干净净。倒霉的鲁大昌，今天一天的工夫受了二次的当头棒了。我们打坍他后，仍跟着敌人继续追击。在追击中俘虏了敌十四师的副官医生等二十余名，据说腊子口不远了，最多还有十五里。腊子口地形是天险，鲁师长（即鲁大昌，第十四师师长）早就筑有很多碉堡，并配有守备的兵力。此时我先头营已前进很久了，到午后四点钟，接近了腊子口附近。枪声越打越密，队列中的战士们，都叫着："打枪的地方就是腊子口了，大家快跟上呀！""今天我们一定要占领这个腊子口呀！"全体的战士们，越走越有劲，情绪是紧张到了万分。一接近腊子口，仔细一看，这腊子口确是天险呀！鲁大昌依着这天险，用重兵扼守着，企图阻止我们野战军北进。鲁大昌以为这样天险腊子口的地形，又加上重兵三团的扼守，一定是高枕无忧了。

太阳西沉了，枪声仍在不断的密密的响着，我们即准备今晚进行夜袭。第一营的干部和师的首长等，开始去侦察地形和选择进攻点，另一方面即将全团的部队集结在后面的小森林里休息，与进行夜袭的准备工作。地形侦察的结果，与那俘虏来的副官长所说的是一样，腊子口的两边都是悬岩削壁，无路可通。周围都是丛山峻岭。中间一条三十余米的小河，这是白龙江的主源，河水深（三米以上）而流急，右边河岸是绝壁，河左岸有一条路直通岷州城。此路真讨厌，必须经过那长约三十米的险要隘口。可恨的鲁大昌,在这险要处筑有无数的碉堡,三团的重兵扼守着(是鲁大昌十四师的第一、二、四团。第三团被我们沿途打坍了,只剩到一部分退进了腊子口)。鲁大昌为什么要费这大的力来扼守这腊子口呢?因为这个腊子口是甘南和岷州的天然屏障,如果失了腊子口,那甘南和岷州就要受到威胁,他当然要用尽他一切精力来扼守的。这当然是不奇怪的。

夺取腊子口的决心在每个战士的心中都定下了。午后七点钟的前后,各连队在纷纷的讨论着"怎样坚决的夺取腊子口","用什么手段来完成上级给我们的任务"。活泼的阶级战士,都争先恐后的发表他们的各种意见。支部大会也开始了,每个党团员都说:"我们是共产党的党员和共产主义的团员,今晚的战斗,我们不但要自己坚决勇敢,我们的任务还要领导全体的战士们,和我们都一样的坚决勇敢。""我们的坚决心,今晚无论如何要夺取腊子口,以战斗的胜利,来拥护党的中央决议。"政治指导员的政治鼓动,也在那里进行着。全体的战士都气愤愤的沸腾着满腔的热血,恨不得一口吞下当前的敌人。在九点钟的时候,我模范的一、二连担任沿右边的石山上爬到敌人侧后去猛袭,配合正面突击的任务。一、二连的战士们,都在一个一个的运动过右岸去了(水深不能徒涉),向那石壁爬上去。壁陡的石岩,怎么爬得上呢?英勇模范的二连连长,他不顾一切的攀上去了,但后面的都没法上去,二连长即把自己的绑带解下来,慢慢的把一个个吊上去。十二点钟的时候,我正面袭击的二十个英雄的战士(第六连的),在杨连长(信相)率领下向那险要的隘口进发了,个个都持着光亮的大刀和炸弹。不到五分钟,隆隆的炮声,密放着的枪声,轰轰的炸弹声,越打越急烈,烟弹炮火打得一塌糊涂。坚决果敢的二十个英雄在枪林弹雨中奋勇的连续冲锋五次,但因地形的险要,和得不到右侧后一、二连的配合,因此五次都未奏效。原来规定在右侧后进攻的部队到齐了一个连，即打一枪白色信号枪；开始攻击时，打一枪红色信号枪。不料才吊上去一个连，它就错把红色的打出来，结果使得正面与右侧的不能配合。时间不早了，很快就要天亮了，如果再延迟不占领，敌人的增援部队可能赶到（据捉到的敌探说鲁大昌之五、六团从岷州来增援）。这时大家都很忧愁，恐怕任务不能完成。突然敌人右侧后炸弹连响了八九个，高山顶上第一连的冲锋号音，正在不断的吹着，大叫着："冲呀！快动作呀！"正面的英雄看到右侧的到了，也开始了第六次猛攻。在急烈的枪炮声中，双方配合着，杀进了天险腊子口的第一关。我宣传棚里的小同志们，热烈的唱"炮火连天响，战号频吹，决战今朝……开展胜利的进攻，消灭万恶的敌人……"的战歌。追了不到二里路，敌人又依着第二个险要扼守着，企图掩护退却。此时右侧石山上敌人还有一个营，退却不及，被我截断。第五连的同志担任消灭该敌之任务，配合着第一连（头天晚上吊上去的第一连）向敌猛攻，在连续的冲锋中，把那可恨的敌人压到悬岩绝壁上缴了枪。大部的敌军军官，跳到岩底下跌死了（因为他们还不知道红军宽待白军俘虏官兵，自己害怕起来）。英勇的一、五连大胜而回。扼守第二个险要的敌人，也在我第六连两次猛冲中和炮兵机关枪的正确射击下，全部溃败了。我们胜利的全部占领了天险的腊子口。英雄的红色健儿，真是无坚不摧！

敌之残部约二团，即分向岷州败退。我军以坚决猛追的手段，要求完全消灭溃敌。我一二营虽未吃饭，不顾一切的跟着敌人猛追，追得敌人屁滚尿流。沿途丢的枪呀！子弹呀！炮弹呀！伤兵呀！白面粉等粮食呀！漂亮的军毯军衣呀！真是遍山满地。战士们都唤着："猛追呀！不让敌人跑了！"沿途的路旁，也写着红红绿绿的鼓动标语："英勇的战士们快追呀！""我们今天决定追到岷州去！""不怕肚子饿，只怕敌人跑！"战士们越追越起劲。那溃败的敌人，仍然企图依靠大剌山的高山（有十里高，是岷州南面最后的屏障）掩护退却，以数门炮向我猛击。我军即分两路，绝其归路。敌看见部队运动，就恐慌起来了，掉转来不要命的就跑。我们仍然不放松的跟着追。该敌估计我军已经追了九十里路了，不会再追了，就在大草滩休息起来。刚刚一停止，我追击部队赶到了。短兵相接的猛击，打得敌人乱跑乱嚷，死伤满地，东逃西散，惨败不堪，我军又占领了大草滩。此时天早已黑了。

榜罗镇

定 一

　　昨晚的通知，今天清早五点钟，开全支队[1]连以上的干部会。所以挑选这样早的时间，是因为避免国民党飞机的轰炸。这些飞机总是九点钟以后在天空出现的。

　　濛濛的细雨，天还没有完全亮，一切都还是暗沉沉的，连稍远一点的房子都遮在阴暗的雾里，更不用说四周的天色。我们——支队政治部的干部们，在街上走，走到会场上去，通过鼓楼的下面时，有人把电筒打亮了。街上的许多房屋中露出灯光，住在那里的同志，大概已经起身，匆匆的到会场上去了。

　　"支队直属队的在那里集合！"

　　我们在一个小学的门口排起队来。司令部、供给部、电台等的同志们都来了。集合之后，我们走向会场去。

　　这是一个露天的空场，是晒麦的场子。四围围着矮的土墙，两个角上堆了两大堆麦草，两堆麦草的中间，放了一张桌子，几个小凳子，桌子前面就排着到会者的坐位。这是一捆捆的麦草，以桌子做中心排成弧形。那么一条的弧形，就像半个水浪，向外开拓出去，直到矮墙

---

[1] 1935年9月28日在甘肃通渭县榜罗镇召开的中国工农红军陕甘支队连以上干部大会。

为止。

一纵队（一军团）的同志们，已经先到了。坐得很整齐，占据了全会场的一边，正在吸着烟和谈笑着。

"你们过了时间。"他们之中有人向我们招呼。

"那里？还差十分钟才是五点。"我们也有人回答。

于是，久不相见的同志们，熟识的同志们，共同战胜了无数险山恶水雪山草地的同伴们，互相握手，敬礼，寒暄，直属队的同志们到处乱走乱坐起来。

"不行！不行！直属队的干部同志要守秩序！"

"坐到这边来，把那边让出来，给二纵队（三军团）的同志们！"

这样的喊声维持了秩序，余下一部分同志仍在谈着。

"五团昨天打开了土围子，只几个迫击炮，土豪就投降了。"

"昨晚我们听到炮声，还以为有什么敌情。你们打土豪围子也不发个通知。"

"哈达铺到这里的部队情形怎样？减员多少？"

"给养是大大改善了，四团他们差不多天天会餐。"

"……"

很冷，风挟着雨，扑到人们的脸上，钻进袖口和领口里去。许多人露出瑟索的模样，有些人却挺起胸膛，唱着歌。四围依然是苍茫一片。

二纵队的同志们，宿营在我们的后面，要走三四十里才得到。他们是半夜两点钟就集合出发，走过那极长的山脊——有七八里长，却很平坦，没有树木——因雨路滑，直到六点钟才到。

因为他们走在后面，给养上，没有走在前面的部队好。许多还穿着从藏人区域里带来的"氇氇"做的衣服。这种布是藏民用羊毛织成的，不软熟，很粗，有白色的、有赭黄色的、有清灰色的，做成军装和大衣。纽扣是用布包着铜元做成的。这种衣服，在今天恰是"当令"，因为透不进雨。还有些同志穿着用羊毛缝在布裹的"棉衣"，脚上穿着用一块牛皮裁成的"草鞋"，这些都是经过藏人区域的纪念品。

在会议上，支队政治委员毛泽东同志，司令员彭德怀同志，党的书记洛甫同志和副司令员林彪同志，都讲了话。好在飞机不能来，我们是尽有时间的。

"这样的会，是二次战争[1]以来所没有开过的。……我们经过了藏人区域，在那里是青稞麦子、雪山、草地，我们受了自有红军以来从来未有的辛苦。……我们突过了天险的腊子口。我们重新进入了汉人区域。我们渡过了渭河——姜太公钓鱼的地方。……现在，同志们，我们要到陕、甘革命根据地去。我们要会合二十五、二十六、二十七军的弟兄们去。……陕、甘革命根据地是抗日的前线。我们要到抗日的前线上去！任何反革命不能阻止红军去抗日！……我们出了潘州城以来，已经过了两道关口——腊子口和渭河，现在还有一个关口，就是蒋介石、张学良在固原、平凉的一条封锁线。这将是我们长征的最后一个关口。……同志们！努力吧！为着民族，为着使中国人不做亡国奴，奋力向前！红军无坚不摧的力量，已经表示给全中国全世界的人们看了！让我们再来表示一次吧！同志们，要知道，固然，我们的人数比以前少了些，但是我们是中国革命的精华所萃，我们担负着革命中心力量的任务。从前如此，现在亦如此！我们自己知道如此，我们的朋友知道如此，我们的敌人也知道如此！……"

庄严的空气，团结一致的精神，笼罩着整个的会场，这个露天的，毫无装饰的，风和雨在飞舞着的会场。人人在谛听着领袖们的讲话，热血沸腾着，寒冷悄悄的逃走了。

于是演讲者说到我们部队中的"毛病"，指出要整顿纪律，首先是军纪风纪。"我们在藏人区域，因为没有油吃，每个同志都是成天觉

---

[1] 指第二次国内革命战争，亦称土地革命战争。

得饥饿,成天在吃东西,坐了吃,睡了也吃,走路也吃,甚至上茅厕还在吃。脸上不是因为吃炒粉弄得满嘴白胡子,就是因为吃炒青稞麦,弄得满脸乌黑。这不过是一个例子,说明我们的纪律不好。现在环境不同了,要把纪律大大的整顿,要教育,要不怕麻烦,讲了一遍又一遍,要干部自己做起模范来!"

开完会的时候,已经是中午了。我们才回去,把早饭和中饭并在一餐吃了,二纵队政治部的同志们,受了我们的招待。吃饭的时候,我们谈着陕北革命根据地的事情。

贾拓夫同志,他是陕北的人,告诉了我们刘志丹同志过去的情形。我们那时仅在沿路取得的国民党报纸上知道一些陕北的事情。那边有二十六军,后来又有个二十七军。鄂豫皖来的二十五军像已与他们会合。山西的阎锡山从大连受了日本帝国主义教训回来的时候,竭力提倡"防共",说陕北革命根据地的共产党如何的了不得,有"不用武力而日益扩大之势"。还有所谓"开辟队","由一村而开辟三村,三村开辟九村,九村开辟二十七村"。这些神话,也帮助我们了解一些北方的情形。至少土地革命成了北方民众的要求,已经没有人可以阻止它了。

"报告!"一个通讯员大声喊着。

他送来一个命令,我们军明天进驻通渭县城。这是我们进甘肃以来占领的第一个城市。

二纵队的同志们辞别了。我们也准备明天出发。

过单家集

翰　文

单家集在甘省的静宁县西南,是一个较大且富的市镇,约有四百以上居民,悉是回民。

一九三五年十月一开头,就在部队中进行着广泛深入的争取回民的宣传解释工作,最主要的是号召全体红色战士,尊重回民的风俗习惯和宗教信仰。全体红色战士们互相劝勉说:"在回民前面不要说猪呵!""不要住清真寺呵!""我们明天到的单家集就是回民地区。"

五号的那一天,东方光露出鱼肚的白色,起床号频吹着,我立时爬起。虽有刺骨的寒风,地面有狗牙式的冰霜,大家也不感觉寒冷。

未几就出发了。我等数人,受领向单家集群众进行宣传调查的任务,先行出发。刹那间便走了二三十里路,进入了纯粹回民的地区。夹道群众笑嘻嘻的提壶送水,迎面而来,向我们慰问说:"同志们,今日走那里来,辛苦了,喝开水。""你们是帮助穷汉谋利益的,喝点开水不要钱。""今年七月间红二十五军经过这里,同你们一样好。""我们是小教。"(即回教)我等一面走,一面谈。"这一带回民群众,对红军的认识很好,受了红二十五军经过此地纪律严明的影响。遵守纪律,是争取群众的一个重要前提。"一个同志这样的说。

一步又一步前进三十里了,远远看见正前方房屋比栉,烟气接天,人山人海的群众,老的、少的、男的、女的,箪食壶浆,提茶荷水,拥挤成群。我们越走越近,越走越起劲,看见群众的热烈越兴奋,数里路的开阔地,俄顷就走到。我叫了一声:"穆斯林(称呼回民的)吃了饭吧?你们这里是单家集吧?"群众大笑答道:"是的。""我同你们来讲讲话。"观众蜂涌而来,注目倾听。我们说到借宿营地一事,众答:"前几天就知道了,红军会经过敝地,我们自己洒扫恭候!"说到向他们采买粮食菜蔬的时候,咸称尽有尽卖。说到汉奸卖国贼马鸿宾等对他们的欺骗压迫,更是怒发冲冠,巴不得红军把这些家伙一手生擒活捉,斩草除根。

我受一个年近耳顺的回民,邀入他的家中。他家大小鹄立熟视,长者请我上炕,幼者捧水上来,真是如兄如弟的亲热、和蔼。看看他们衣食住地的清洁,确为普通居民中罕见。没有面垢不盥,衣垢不洗的人。食物异常干净。用具有条有理。卖了两个馒头给我吃,津津有味。

大部队来了,满街塞巷的群众,霹雳拍拉的炮竹声,"同志们辛苦了"的慰问声,"为回民谋利益,争取回民的解放……"的回答声,连成一片。顿时间空气紧张,热闹喧天。回民对红军如此热烈,使最富阶级友爱的红色战士们,分外兴高采烈,喜跃欢呼,连一个"聋古"(即聋子)的运输员,都发笑不已,挑起担子走跑步。观众莫不称赞红军之和蔼友爱。

我们的朱主任(瑞)特请来了两员"穆斯林",身穿青衣衫,年近半百,嘴蓄挂胡须,体格粗壮,精神魁伟,能说汉语。与我朱主任谈的是共产党红军对回民的政治主张,以及回民的风俗习惯。因天将黄昏,这两员穆斯林,坚要回去,照常念经,不肯在部餐宿,遂欢送而返。

过了一晚,部队继续北进。红色战士们,照老例将借来的东西物件(如木板等)均如数奉还,地也打扫清洁,进行热烈的道谢。大家又亲爱的分别了。

吴起镇打骑兵[1]

莫 休

红军通过了陕甘大道的会宁马路,便被自井冈山以来八九年未离开过红军的毛炳文第八师"欢送"着。大概因为红军是中国人民救星的缘故吧,从它出生以来,便无时无刻不在国民党军队"欢送"或"欢迎"中。被蒋介石亲自指挥着八十万大军"欢送"出了江西。陈济棠总司令"欢迎"过了广东。何键主席又"食不下箸""眠不安枕"的"欢送"出了湖南。白崇禧将军也不辞"降贵",亲自"欢送"出广西。王家烈主席在被闹的将要下台过上海"瘾民"生活时,还不敢惮劳,来完成"欢送"出贵州的"礼节"。自然"欢送"渡过天险金沙江的"任务"是龙云主席战战兢兢地担当过了。坐拥"天府之国",享有"刘家天下"的刘湘主席又"欢送"红军出草地。出了腊子口(川、甘交界处),这一"欢迎"和"欢送"的任务,又临到了甘肃的朱绍良主任(绥靖主任)和他的喽啰毛炳文来不辞辛苦奔波了。终于同红军周旋久了的毛师长识趣些,在他送过了固原,当蒋介石苦心练出的自诩可与苏联骑兵比美的骑兵第六师被"回马枪"杀得"片甲不留"时,毛师长也就"知

[1] 本文原名"不识相"。

难而退"，将"欢送"的任务交给了"不识相"的马鸿宾、马鸿逵等三四个骑兵团来负担了。

红军杀败了骑兵第六师，给了毛师长的"欢送"以不"客气"的回绝，通过了环县附近的何连湾后，每天又被那马家弟兄的数千个螳螂样的骑兵"欢送"着。因为红军一贯是那样的"小气"，"不赚钱不来"，所以对这种"却之不恭"的"欢送"者，也就不愿伸出铁拳，给他们一个惨痛的"握别"。让他们每天在队尾奔跑着吆喝着，替我们作督队者，催促我们的落伍人员归队。这样"宾主不欢"的"欢送"，一直连续了四五天，终于把红军送到了陕北革命根据地的边境洛水起源的吴起镇。

但这些"螳螂兵"也"太"不"识趣"了，受到了红军的握手辞"谢"（下面交代）还不能看清眼色，自动的"抱头鼠窜"归去。不知是一定要领受红军的铁拳的"握别"，还是想到革命根据地来参观？因此他们还是依恋着这些不是"亲爱"的客人，停留在门外徘徊"不忍"去。

十月二十日红军在吴起镇西侧列出了不大的队伍，并鸣一些"礼炮"作谢绝"欢送"的表示。这时候，已不是什么"不赚钱不来"的"小气"了，也不是怕什么"螳螂挡车"的顾忌，只是觉得这些疲"螳螂"没有捕捉的必要，所以只作了这一点挥手的"不敬"的回示。然而这还不足以警告那些"螳螂"们，他们还在那里"摇旗呐喊"的要"捉朱、毛"。

昨天未打成，这对于长征英雄们是多么不高兴。"到家了，为什么不带点礼物送给闻名不识面的陕北弟兄们呢？……虽然这不是什么大礼物"。因为这种不敬的"欢送"，因为这种想"显身手"的雄心，每个人都在跃跃欲试，生怕这一群远来的"送客"等不到明天的"握别"，便趁夜"溜之大吉了"。

红军长征记：原始记录

因为没有必要的任务，所以昨天我只在十二大队阵地后山脚下"观战"。见到那些蚂蚁样的人马，从冲天的烟尘中爬上了山，又像竹杆下的鸭群样卷下去，自然我也是心头痒痒的。今天一早，我便讨得了小小的任务，夹着露营失眠的倦眼，拖着行过二万里的酸腿，在没有路形中，手攀着松弛的砂土草根，流汗喘息，爬上了二道川的高山。山上的鞍部，坐满了已枯坐终夜的红色英雄们。没有饥冻疲乏，大家只是喑哑的亢奋的抚摩揩拭那黑沉沉的"汉阳造""三八式"和"马克沁"。在静寂的秋气里，可以看出每个人的"冲锋不落后"的那颗心在跳动，激起了不安和焦灼。

这是多么不便作战的北国山峰啊！剃得精光的和尚头样的山顶，尽目力所及，数十里数不出上十株的独立树，没有巴掌大块的青色，冬耕农作物针样的几根麦苗，衔在黄土的牙缝里，露不出头。浓厚的秋云，像是送捷报的快马样奔驰着。天是哭丧着脸，这是预悼那些"螳螂"们"快升乐土"吧！

怕惹起尘土的飞扬，过早暴露目标，我们蹑手蹑脚地再爬上前面二百米的一个"和尚"头。啊！图画展开了：右前方头道川北岸山脊上，马是成群的散缰无笼头地悠闲的啃啮地下的枯草根，人是七横八竖地躺着，淡淡的浮起一些烟雾，不知是烤火抽烟卷或是"过瘾"。正前面较远处山头拱抱着一块平地，依照面积的估计，不下千余人在那里隐约蠕动，但目力已不能全辨清那是骑兵或步兵。左前方的目标更近些，但受了一个较高的山头屏障着，看不出全部；只从间隙处瞧出几个人在那里踱步巡哨。

鞍部坐着的人群，看见了这个景象，沉闷打开了，大小尖圆的脸上，一致的敷上快乐的容光，有些跑出了行列，探头探脑的，似在选择哪匹马哪杆枪应该他缴的。事情是突然的变了，左前方那棵独立树边飚起一阵尘雾，间隙处露出了更多的人和马，匆忙着上骑，挥动着马枪或者指挥刀，攒来攒去的。独立树下的山坡上，蠕动着灰暗的人影，一个两个，接着便是数不清的一大串，鱼贯着奔向敌人退路的那棵独立树。那种敏捷迅速沉着，谁都可以猜想出那是我们的迂回部队。

没有枪声，大地一切仍是死寂的平稳的，只是人影更多的更逼近那棵最高点的独立树下。"快啊！快啊！"我们急躁的狂吼，想把它藉着气流的传达，送给那些正在接敌冲锋的红色英雄们。

哒……哒……哒，轻机关枪耐不住发吼了，随着便是炽成一片分不清的步枪声，喊杀声，很快的左翼首先进入了冲锋。

右翼山上躺卧的人，悠闲啃草根的马，也不那样安闲了，被枪声惊得仓惶失措了。我们右翼队指挥阵地上送同了"帝帝达达帝帝帝"的冲锋号音，一群群的黑影拥上去。那些刚才还"太平无事"的人们，骑上了马的，便马上加鞭飞跑了，来不及骑马的，只好作"马下将军"，练习着三千米的赛跑！不到二十分钟，虽然那边山顶山腰山脚还三三两两的存留一些马，仍在那里啃草根，但是主人显然是另换一批了。

中路箝制队的红色英雄们，清楚的看到枪被别人肩起，马被别人骑上，眼珠凸出了，不能再忍耐下去。失去了统率，失去了指挥，失去了队形，从山顶、从山腹、从断绝地，从一切的地面上扑下去。

虽然骑兵跑的快，但在重绵叠亘的山峰上，必然会受限制的，人伤了，马丢下，马伤了，人赛跑，跑不脱，高高的举起手，要求来者的慈仁与宽大。敌人此时当然是"急不择路"了，快，取直线，不管什么峻坂斜坡，水坑，断绝地，冲下去，人仰马翻，像手榴弹轰炸样，飚起浓重的尘雾，腿断了，头破了，脚跛了，压在马的下面了。能够挣扎起来的还是跑（因他们是同红军初次作战，不了解红军对俘虏的待遇)……跑……跑……跑,一口气跑了五十里,当然这只是留在第二阵地的,拔腿快的三分之二人,也就是"识相"还不迟的那些人。

这一铁拳的挥动,终于辞退了苦苦"欢送"的四团骑兵。当着残存的三分之二的人们正惊恐喘急,马上加鞭的奔跑中,我们长征二万里的红色英雄们,从数十里的山头上,集中收兵。暮色冥茫中,浮起了毫不疲乏的,轻快得意的《打骑兵》歌声。

到了亲家

谢扶民

进了苏区之后,我们每个同志都称之为亲家,也真是亲如家人。

部队在吴起镇附近休息整训七天,苏区的群众从远近牵来牛羊,抬来肥猪,担来青菜,山羊蛋(马铃薯),到部队来慰问,表示欢迎。这时我们部队各连队都普遍地召开军民联欢晚会,有讲、有唱、有说、有笑。

会餐:杀猪宰牛羊,红烧猪肉,山羊蛋炖牛肉,萝卜烹羊肉三个大菜,心满意足,随你的便,爱吃者多吃,不愿者少吃。饭是三角麦面,小米香饭,随你选择,太好了。

这是北方,冬天下大雪,冬天快到了,部队七天除了军事政治教育之外就是卫生课,特别着重讲冬季防寒防冻的注意事项。防寒衣服呢?有的是苏维埃政府给我们送来了大批大批的,弹得松松泡泡的,雪白的羊绒和羊毛,我们同志们只得将现成的外衣和内衣合起来,把羊毛夹在里层做成了厚厚的棉衣,这是羊毛衣,穿起来比棉衣还暖得呢?这是我们的冬季装备。也就是苏区人民送给我们的礼物,没有这一下这年冬季是不好过的啊!

部队完成了整训工作,有了新的任务行动了。

长征中走在最后头的一个师

周碧泉[*]

英勇善战,无敌不破的五军团十三师,它在长征开始就担任了军委所给它从来不会有人想像到的,艰苦困难的掩护任务。不怕任何困难的十三师,它接受了掩护野战军安全前进的后卫掩护任务。它沉着应战,接二连三的用顽强抗战的精神,对那多我十倍的周浑元、吴奇伟两个纵队一共九个师,再加上湘、桂各省军阀的全部堵截部队,在行进道路的战场上,节节抗战与回击,给了敌人重大伤亡和损失。

紧张战斗的环境中一天一夜渡过湘江

在还离湘江一百多里路的文市,那一天上午就和尾追的敌人——桂系军阀进行猛烈战斗,同时和赶到的周、吴纵队及七架飞机作战。十三师为了完成掩护主力渡过湘江的任务,就在三面包围的环境中,

---

[*] 周碧泉(1910—1981),湖南平江人。1927年参加平江农民自卫军,后编入红五军。历任连长、团政委、红军最高军事裁判所副所长、军委总政巡视团巡视员、红五军政治部组织部长、师政治部主任、十五军团组织部长。抗日战争时期,任八路军一一五师留守处主任。后赴苏联学习,成绩优异。中华人民共和国成立后,任最高人民检察署华东署检察长。

与陆空炮配合作战的敌人战斗一天，使敌人整天无法前进半步。到了太阳快落山的下午六时，才开始从不必要再继续战斗的战场上，挨次撤退下来。

正因为这一战斗是突然的遭遇战，是以前进的行军队形首先与截击敌人作战的，以致全师的给养在后面被切断。因此先从战场上撤退下来的红色英雄，打了一整天吃不到饭。在一个有效的政治鼓动下面，不怕饥饿与困难的十三师，以一夜急行军跑了一百多里路，安全的渡过了湘江，使得尾追的敌人三天三夜都赶不上来。

一天两夜爬过了老山界

刚刚与很难渡过的湘江告别，又碰到一个恶劣的环境，就是过老山界。因为桂系军阀由南向北追击，情况万分紧张，沿途房屋和粮食全被敌探烧光，使后头的十三师在一天两夜完全断了粮食，但十三师就在紧张与饥饿的一天两夜中爬过了老山界，战胜了天然的困难。

辛辛苦苦过苗山

如果没有走过苗山的人，他总不会晓得苗山的苦。刚刚脱离了广西与湘南的紧急环境，又进到了我们不会估计到要走的苗山。

几天几夜的行军，沿途找不到一个老百姓，如果你想买点东西，那真是有钱无市。辛辛苦苦的跑了几天几夜，只是一些密林腐草与怪石。

因为苗人的思想简单，害怕汉人，特别是在国民党军阀的残杀和压迫之下，怕军队的心理更加厉害，因此军队一到，苗人总是跑得精光。前面部队把粮食什么都吃光了。在这样的环境中，也就使善于行军作战的红军,不得不要放下枪弹,在宿营地用门板手掌被毯和砖头来磨出红军需要吃的米,不然就要叫你饿肚子。在这样的情形下面,每一个人都要兼职去做伙夫的艰苦工作。所以每一个走在最后头的十三师全体军人都尝过了苗山的苦味。

长征前的红五军团

黄 镇

空前伟大的宁都起义产生了红五军团。

一九三一年十二月十四日的深夜,在充满了黑暗、沉寂的宁都县的城里城外,忽然翻天覆地的动起来了:枪声、口令声、大街小巷中一队队一阵阵忽快忽慢的脚步声。

天光了,呵!原来是在共产党领导之下,蒋介石依靠来进攻革命根据地和红军的主力之一,孙连仲所指挥的一万六七千人的二十六路军起义了!把宁都城上的国民党的旗帜撕得粉碎,高高的举起了灿烂鲜红的锤镰旗。

这天宁都城里城外的一切,都有了生气,好像都在那里发笑。过去天天苦着脸的人们,不管是工人、贫民、城郊的农民……今天都大不同了。一堆一堆的男女老少挤满了大街两边、城门口、大桥头。真奇怪极了,偌大的宁都城,过去几个月总是看不到几个人,怎么一下来了这些!人人欢天喜地的,有说有笑的,很亲爱的叫着:"同志,你们当了红军了,真是光荣极了哪。"

在前面另外又站了一大堆,穿着长袍马褂子的老爷少爷和红绸绿缎子的太太小姐，不，是昨夜城里的老百姓和我们捉起来的，他们是宁都广大劳苦群众的眼中钉，是地主豪绅反动和官僚，现任和前任的宁都知县，都在里面。

在我们的领袖赵博生、董振堂率领下，红五军团向着我们革命根据地的中心区域胜利的前进了。沿途无数的人民，一致表示热烈的欢迎，希望着我们拿着我们手中的刺刀、枪炮，为着他们的利益，为新中国奋斗，奋斗，奋斗到底！

在共产党正确的领导之下，红五军团是在不断的向着铁的红军道路上猛进。虽然发生了个别反革命分子阴谋叛变，但结果仅仅是造就了他们自己深重的罪孽，不但没有丝毫影响红五军团的巩固，相反的使红五军团在共产党绝对的领导之下，更加百倍的团结。

在长期的艰苦奋斗中，它是继续不断的增加它的光荣不可丝毫磨灭的战绩；这首先表现在起义后不到三个月赣州城边的战斗。我红十三军之一部一齐手拿雪白的马刀，赤着脖子，怒吼如猛虎一般冲入了罗卓英师的阵里，横冲直闯，切菜削瓜一样，杀得敌人屁滚尿流，横尸遍野，狼狈逃入赣州城。

一九三二年七月它在广东水口血战三昼夜，打坍陈济棠精兵二十个团。

一九三三年四月东陂黄陂两仗，消灭蒋介石主力的主力五十九、五十二、十一师，活捉了五十九师师长陈时骥，打死五十二师师长李明，打伤十一师师长萧乾，彻底粉碎了蒋介石的四次"围剿"，它起了极伟大的作用。

抚州的长员庙一仗，我以两团之众与蒋介石的精锐陈诚的十四师六个团肉搏竟日，敌人虽然几次集合官长冲锋，但终于被我们打坍了，最有力的配合了我三军团在枫山铺消灭了吴奇伟的铁军（？）和孙连仲的残部两团以上。吴奇伟的铁军（？）在我们铁锤面前，也只好变成豆腐军。

　　光荣的战绩太多了，这只是伟大的长征前主要的一部分哩！

艰苦奋斗的五军团

李雪山

中央红军自江西出发长征,一开始,五军团就担负着掩护全军的伟大的后卫任务!

老是在后面走

队伍太庞大了,前面的几个纵队,总是走不快,老百姓说:"过了七天七夜了,还没有过完。"但每天五军团总是在后面一步一步的由出发地挨到宿营地。

打着火把夜行军

为着避免敌机的侦察与轰炸,每天要夜行军,但漆黑似的夜里,高低不平的山路,只有打着火把,才能走路。五军团差不多每天是这样。

大路上宿营

夜晚前面稍微有一点障碍，全部队伍就走不动了。大家坐在大路上，把身体斜在山傍，就这样的，好像很甜密的睡着了。前面走了，大家揉揉眼睛再行。

打二次土豪

前面的部队已经把土豪打完了，土豪家中，尚留着肉和饭的残余，五军团就再打第二次土豪，捡残余的东西吃。

差不多天天和敌人开火

当后卫，不是碰到截击的部队来到，就是追击的部队赶上了。几乎天天都要和敌人打仗，给敌人以铁拳的回击，来迟滞敌人和掩护全军的行进。

在这样艰苦疲劳的急行军和饿肚子的状态中，阶级的红色战士，终是能忍受克服过去，每次都能完成他的战斗任务。

铁屁股

张际春[*]

他们是一九三一年十二月十三日宁都暴动突起的一枝。

这一枝在宁都暴动后就在中国共产党领导之下，紧密的与他们大兄弟——一、三军团手携手的为保卫苏区奋斗着。沉着顽强是他们诞生以来所创造的特有的战斗作风。在保卫江西苏区的斗争中曾经以大刀风味赏给罗卓英，曾经以顽强苦战击破周至柔以及其他许多敌人的围攻。他们已经成为铁的一枝。

冲破人类历史军事记录，震撼全球的中国红军的长征开始了，东线上、北线上的主力都已经陆续出动，他们是最后从西线下来的。军委在长征部署计划中给他们的任务是殿后，担任打击一切尾追的敌人。他们在领受这一任务后，曾经在党员中和一般战士中普遍的传达和讨论着，人们对于殿后任务或许要采取畏难或轻视，但他们对于这一任务不是轻视也不是畏惧，而是引以为光荣与自豪："坚决前进，反攻敌

---

[*] 张际春（1900—1968），湖南宜章人，1926年加入中国共产党，1928年参加湘南起义，1934年9月任红五军团政治部宣传部长，10月参加长征。1935年红一、四方面军会师后，调四方面军红军大学高级指挥科担任政治主任教员、代理政治部主任，抗日战争期间，历任抗大教育科长、政治委员兼政治部主任，八路军后方政治部副主任，中共中央北方局委员兼宣传部长。解放战争期间，历任晋冀鲁豫军区副政治委员兼政治部主任、中原军区及中原野战军副政治委员兼政治部主任、第二野战军副政治委员兼政治部主任。中华人民共和国成立后，任中共中央宣传部副部长、国务院文教办公室主任，是中共第八届中央委员。

人，把苏维埃红旗插遍中国全境！"的歌声，是在部队中不断的沸腾起来。

在前进中，前导着的弟兄——一、三军团及其他，经常在纪念他们，和关怀他们这一枝的一切，但他们并不觉得。虽然他们物质生活比任何一个部队都要恶劣，如像当他们飞越那越城岭时十余天不可能进入宿营地休息睡眠，虽然他们连绵不断的与尾随的敌人周旋着，需要进行不断的战斗。经常在关岭上风餐露宿，但他们有一个坚固不拔的信念，这信念是相信中国人民的保姆—共产党的正确领导，相信中国千百万同胞的拥护爱戴，相信他们的军事指挥机关军委的指挥天才，相信他们血肉的兄弟一、三军团及其他能够在前头击破一切障碍，打开一条血路。因此他们有着铁一般的决心，迎击尾追的一切敌人，不懈怠的完成他们每一战斗任务，保障殿后的巩固与安全。只要我们打开长征的战史一看，就显然可以看到：百丈岭、骑田、下关、道州城边的战斗说明着；蒋家岭、隔壁山、湘江河畔、枫树坳、千家市、两河口通道城边的战斗说明着；苗岭、乌江北岸、娄山关、羊场、底坝、沙寨、贵阳城边、金沙江南岸的战斗也说明着；荥经、灵官、宝兴、盐井坪的战斗也莫不说明着。这是不可磨灭的历史事迹！

长征在黔川边作了初步的总结，党中央和军委给了他们光荣的赞扬。这时，他们这一枝的中间也传出了一种共同的呼唤，传出一种对他们自己长征中战绩估价的呼唤，这呼唤就是一直到现在还在他们军营中不绝于口的："铁屁股"。他们心目中的"铁屁股"，不仅是说明他们那种厚大而坚硬，消极的能抵挡敌人的进攻。而且说明他们积极的能粉碎一切尾追的敌人。

"铁屁股"是他们这一枝长征中光荣成绩的描写，是他们这一枝在长征中拿血肉换取来的无上荣誉，他们是光辉的长征重要组成部分。

长征中卫生教育和医疗工作

李 治[*]

一 卫生学校的教育

（一）我们在中央革命根据地开办的卫生学校，有学生七百多名，分为军医班、调剂班、保健班和预科等。还有完备的附属医院、图书室、模型室、标本室、动物试验室、解剖室、细菌检查室和培养室，又有化学室及瓦斯预防研究室等，供学生实习之用。

军医班由一期至五期，调剂班由一期至四期，保健班有三期，看护班有七期，总共有七百多名学员，在中央革命根据地早已分配了工作，无用多说。因革命的发展，红军的扩大，所以需要的卫生人员亦多。在最短时间，造出了大批卫生人员，由各方面来考查，其成绩都不差。

剩下了二个军医班（六七期），和一个预科（八期）足足有二百多名学生：一律军事化，随着我们长征，随着我们部队向前进。这支

---

[*] 李治（1899—1989），江西永新人。医科大学毕业后，加入国民党军队任军医，在国民党军对中央苏区的第二次"围剿"中被红军俘虏。经过集训后，参加红军。在中央苏区参与开办卫生学校。长征中，任红军卫生学校教育长，随总卫生部行动，先后救治周恩来、贺子珍等领导干部。中华人民共和国成立后，任中国人民解放军军事学院卫生部部长、院务部副部长，1955年被授予少将军衔。

卫生人员的部队包含了担架队、运输队、救护队、教育队和休养所，随着我们的红旗，耀武扬威的前进。

我们学生和教员在路途中克服了一切困难，日夜行军百余里。在休息时，利用短时间，讲授各种科学给学生听。行路时，将药物学编成了各种各样的有趣味的歌曲给学生唱。到了宿营地，个个洗脚、洗澡，或在森林中睡眠，吸收新鲜空气，消除疲劳。每个学生带着许多的书籍，日间行军在途中上课，夜间行军在室中或森林中上课。

到贵州时，因急行军，遂将学生分配到各军团医院实习。

（二）遵义城的卫生学校开课

遵义是贵州大城市之一。当我们到该城的时候，满城贴着标语，城内的群众，成山成海的来欢迎我们红军。我们学生就在城内省立第二中学校宿营。第二天即致电前方各军团，调卫生人员，准备开学。约数天内，先后到了二百余人，书籍都齐备，排好了课目表，分各班上课。教育主任王斌，教员李治、孙仪之、俞翰西、胡广仁等，大家都努力的教授。在学生方面，没有一个不积极的学习，同时学生间优秀者帮助落后的，不仅医学文化进步很快，而政治教育亦是一样。各种科目择其要紧者和日常最易传染的疾病，为教育中心，所以在短时间，能创造了实用的红色医生，配合了革命的发展。我们不管寒天暑日，克服了客观上的一切困难，随时随地进行教育。

二 在长征中各个时期的医疗和卫生工作

（一）我们自从土城出发以后，成立一个干部休养连，凡是连长以上的伤病员，都在这个休养连休养，此外还有三个休养连，专收容普通的伤病员。

在这一次的长征中，经过二万五千里的路程，跋涉了天险的山川。在这一个长时期中,医疗卫生工作,得到良好效果,差不多百分之九十的伤病员健康归队。

(二)夜行军的医疗工作

我们医务人员和看护员等,在出发之前,早准备了外科的卫生材料,看护员上好了药,医生看好了病,发给内服的药。及出发时,每一个休养员随带一个招护员,便于夜间关照,凡有重的伤病员,则医生跟着,随时治疗,以免不测。

(三)日间行军的医疗工作

在日间行军时,先派二个看护员,在途中烧开水或稀饭,利用大休息的时间,即为休养员上药看病,没有大休息时,到宿营地上药看病。

在药品一方面,一概用西药,应用的内外科药品及注射针水,都有相当的准备。在看护一方面,可分为上药班、招护班、消毒班及司药生等。凡是小手术,医生常在临床时,随时切开或取骨片或取子弹,有骨折的,多用副木或固定绷带。

(四)途中寄在群众家里的重伤病员

我们在贵州时,常收容很重的伤病员,在急行军当中,往往担架夫不够,或因肠胃传染病,不适于行动者,而有几个寄在劳苦群众家里休养,并给他的休养费、伙食费及内外药品。以后由群众家里休养痊愈,归队者亦不少。

(五)第二次到遵义时的外科手术

当我们第二次到遵义时,住在一个广大洋房内,收容了娄山关(贵州通重庆的一个险要的关口)战役的重伤员(干部),其中有大腿复杂骨折者,有成盲贯子弹未出者。我们在两天以内,将骨折者行离断手术,盲贯铳创者,切开取子弹,效果佳良,没有一个发生意外的危险。

(六)休养连于黄昏时遇到飞机

我们休养连都是干部，大多数有马匹和担架，好似一个骑兵连的样子，从来对于飞机的隐避是很注意。不料有一天到了一个小地方，刚是下午六点钟的时光，大家估计没有飞机捣蛋了，连长的口令一下，马呀，担架呀，都在那小的村庄前半里许的开阔地，大大休息起来，谈谈笑话。忽然如蚊子叫的嗡嗡声由山背转来，大家举目一望，飞机就到我们的头上了。炸弹、机关枪，在我们周围打得一塌糊涂，我们又无森林遮蔽，遭受一部的损伤，死四人（看护员特务员等），重伤三人。这种损伤，就是万恶的汉奸卖国贼的毒辣手段，亦是我们自己忽视了的错误。

当时的救护：伤及头部和心脏部者，早已不及救了。重伤者，当时注射止血针和强心针，在创口部敷上升汞纱布或碘酒纱布，个个都救活起来，而且治愈了。

（七）夹金山高原的气候

我曾经记得过夹金山（在懋功附近）的时候，刚刚是六月间，未至山顶，忽然一阵大风刮来，雨雪交加，俄然又停止，云雾飞扬，弥漫于山顶上。一般同志尚未步及山顶，呼吸增加，成喘息状态，容颜苍白，行路困难，有倒地不能起者。究其原因，并不是寒冷所致，实乃高原空气稀薄，气压太低的关系。因我们平常久居于低的地方，气体很浓厚，气压亦高，不觉得有何变化。现在忽行在气体稀薄的高原之地，而体内与体外的气压高低不同，即我们体内的浓厚的氧和氮要与体外的稀薄氧和氮平均起来，而我们即感觉空气不足，发生高山病。体力虚弱者，亦有死亡的。

（八）过雪山的救护

我们到四川的西北部，除过夹金山高原外，还过了两座大雪山，时在六七月中间，雪积数尺，寒冷冽冽，人马难行，此雪山虽不及夹金山地势那样高，而空气仍是很稀薄。我们在过雪山以前，怎样来教育，免得冻死或发生高山病呢？我们预先有一个准备：

1. 多穿衣服；

2. 饱吃食物；

3. 运输员的担子减轻；

4. 每人要带强心药数包，及济众水一小瓶；

5. 过雪山时，不可中途过久休息及睡眠；

6. 此外医生和看护员在休养员后面救护；

7. 体力虚弱者，骑马或坐担架。

以上各点，在过雪山之前，则与休养员和工作人员准备好，所以我们休养连的同志，均未受到危险，个个很安全通过此山。

（九）藏人区域的治疗和给养

A 卓克基的治疗

我们到卓克基时，有三个休养连。干部休养连驻于土司营房内，普通休养连驻于喇嘛庙内，整个有四百多名伤病员，共休息了八九天。在这几天内，我们计划治疗和卫生的突击工作：

1. 病和伤的分类，对于伤和病分班休养，凡有传染病的，另外隔离休养，呼吸器的传染病和消化器的传染病，又分开隔处，免得蔓延；

2. 医生治疗，要诊断确实，每天往病房内问病人两三次；

3. 外科材料，要严密消毒；

4. 医生观察看护上药要细心；

5. 每天室外打扫一次，室内二次；

6. 经常有开水吃，病人服药，由内科看护授与，大小便和洗衣服绷带之类，由招护员负责；

7. 给养问题，每天吃三顿面馍，菜蔬少许。

以上各节都照执行了，所以重伤病减轻，轻的出院归队，计算有百分之三十治愈归队。至第九天准备出发前进。

　　B　过草地的治疗和准备

　　四川西北部，完全是藏人的区域，即所谓"雪山草地"自毛儿盖至巴西之间，有一大块著名之草地，周围有千余里，由毛儿盖至巴西的一段，有四百多里。这块草地，无半片茅屋，只见飞扬的烟云，和那一些二尺长的青草，到处是污水横流，又无禽兽，一片汪洋，举目无际；地面虽平，而地势却很高，气候亦寒冷，六七月穿毛衣。

　　这样的天险之地，我们负伤的病员怎样才可以经过，我们不得不首先来一个准备。

　　1. 粮食的准备

　　时在七八月之间，青稞麦子方成熟，全体动员，去割麦打麦，除重伤病员外，无一不去。约一周间，就准备了十天的炒面和少量牛肉干及乳酪。

　　2. 医疗工作的准备

　　医生材料在毛儿盖已经准备了，如"雷佛奴"纱布，"二百二"纱布及碘黄纱布等，一律消毒干燥，贮藏于大口瓶内。探针镊子及棉花等，一概用石炭酸水消毒，保存于瓶子内，以便临时应用。

　　3. 衣服的准备

　　因为个个同志都知道草地很寒冷，而且没有燃料（无一棵树只有青草），要一周时光才能经过这块草地而到巴西。因此每一个同志都做好羊毛衣，同时干粮能够十天之用，那么打破这天险的草地，就没有什么问题了。

　　4. 草地行军的救护

　　草地到处是污水和腐草，还有许多二三尺深的泥淖，表面现出青草，稍不注意，往往踏于泥坑中，全身淋漓，恶寒战栗，或呈冻死的形状，多么危险！此时卫生员的救护是怎样呢？即时将他的湿衣服解下，穿干的毛衣，同时全身行干摩擦，给以强心药内服，或注射强心针。

体力虚弱者，不叫他背东西，随带看护，在后面招护。有许多地方，马亦不能骑，都用竹杆木棍，探察路径之深浅，免陷于泥淖中。

亦有因身体十分虚弱，而营养不良者，牺牲于草地中。这都是没有救护员，或单独掉队在后面，无人招呼的原因。

5. 草地露营的治疗

我们休养连每日行军五六十里，到了宿营地，即选择高处草地，或无水之丘陵露营。大家架起围帐幕布，遮避风雨，看护员、特务员、招护员等，便去找一些枯枝腐草，来烧开水，冲冲干粮，或做面糊来充饥。同时准备外科卫生材料，餐后招护员及特务员，点起蜡烛火来，给看护员上药，医生上重伤。全体上完了药，医生再为病员看病、处方、发药。事毕，各自睡眠，不作长久谈话，以免妨碍睡眠。

长征中的女英雄

必　武

　　十三个月的时光，在不断的战胜敌人五百余次的堵截、追击、侧击、袭击战斗中，步行二万五千里，踏遍了大半个中国，历尽了无数的艰难险阻，这是英勇无畏的红军的创作，已为全世界人所惊叹为空前的奇迹了。我现在要说的是长征中的女英雄。

　　在中央革命根据地出发时，原调有三十多个女干部，最大一部分是送总卫生部，几个有病的养病，四个有身孕的在那里休养，做工作的约二十人。卫生部检查了这部分做工作的女同志们的体格，认为不适合于远征条件的留下了五个人，那时候被留下的五个女同志是多么的不高兴啊（后来有两个仍跟随别部分到了陕甘，毫无问题）！移到麻地（距卫生部原驻地六十里），整备行装时，有四个女同志"打摆子"（江西称疟疾），也被留下了。她们一个一个的都哭着脸，要同我们一块儿走。实际上她们病了走不动，又没有担架，结果，就违反了她们的愿望。真正随军出发的还不到三十个女子。

　　长征中，只卫生部一个蔡医生的老婆掉了队，她不是调出来做工作的，调出来做工作的妇女，没有一个掉队的。

病得很厉害的女同志，在长途中锻炼了一下，转而健康起来了。四个怀孕的女同志，都是在藏民旅寓中生产的。产后一晚半日就要行动，应有的休养和调理是得不到的。特别一个女同志在藏民区的下打鼓生小孩，那时连青稞麦她也不够吃，偶然分得一点羊肉，此外是没有什么营养可说了。产后将息了几天，经过草地，她也平安的到达瓦窑堡。

值得称述的，还是那些工作的女同志们，她们到卫生部是担任照料抬担架的民工和看护病员的工作，初出发时差不多有六十副担架，途中一个人要管理三四副。这是异常艰苦的工作。那完全是夜行军，又不准点火把，若遇天雨路滑，担架更走不动。民工的步伐是不会整齐的，体力不一样，没有抬惯，前后两人换肩走路都不合拍，对革命认识的程度又不一致，有的是在路上临时请来的。照料民工的女同志跟着担架走，跟得着前面一副，又怕后面的掉队，跟着后一副，前面又没有人照管。休息时候要防着民工开小差，民工可以打盹，她们都不敢眨眼。特别是每晚快到天亮的时候，民工的身体疲乏了总想打瞌睡，宿营地还隔若干里，前后队伍都催着赶快走，这时她们就在几副担架的前后跑，督促和安慰，劝说和鼓励，用一切法子，来推动民工往前走。有几次民工把担架从肩上放下来，躺在地上不动，无论如何都不肯走，她们体力健强的，就只好代民工扛肩。这样干的有四个女同志。她们是怎样的不怕困难，怎样去完成她们所负的任务，是许多男子所望尘莫及的！

做工作的女同志，绝大多数是自背行李，包裹一卸，马上又要去做群众工作，这些都和男子一样。有两个女同志真是步行二万五千里，连一下子马也没有骑过。也有一个女同志，在长途行军中骑过了十三匹骡马，到藏人区时，她的最后的一匹马也滚到山沟里去无影无踪，她还没有骑到目的地呢！其实她这个人，身体最结实，有马也骑得很少，扛担架，扶病人，在紧急时，把病人背上山去，她都出过异常的力！

长征中的医院

徐特立[*]

一、医院中有儿童、妇女、老头、病员、伤员五种特殊分子，我就是其中之一。首先就说到儿童。医院的看护，大部分是儿童，其中有些青年，数量很少。

我们行军大部分是强行军，医院也是一样。每日到达宿营地，看护马上就把自己的包袱、干粮袋、雨伞，向地上一丢，或迅速的挂在壁上，飞跑的去找门板，找禾草，替伤病员开铺，恐怕慢了一点，门板被别人搬去没有了。看护虽然是儿童，他们的脚特别长，跑步特别快，因为迟慢了工作，就要遭失败。眼睛也特别锐敏，将到宿营地，眼睛四射，路上经过的禾草门板，一根一块，都反映在他们的眼睛中。自此，他们养成一种特别的注意力。

铺开好了，伤病员可以减少痛苦了。但是上药的工具要消毒呀，伤病员还要喝水呀、洗脚呀、换药呀。快跑快跑，找柴火去吧！找水

---

[*] 徐特立（1877—1968），湖南长沙人。1913年任长沙师范学校校长。1919年到法国勤工俭学。1927年加入中国共产党。同年参加南昌起义，任革命委员会委员、第二十军第三师党代表兼政治部主任。1928年到苏联莫斯科中山大学学习。1930年回国后进入中央苏区，任中华苏维埃共和国临时中央政府教育部部长。参加了长征。抗日战争期间，任中共中央宣传部副部长。1940年创办延安自然科学研究院并任院长。中华人民共和国成立后，任中央人民政府委员、全国人大常委会委员，是中共第七、八届中央委员。著有《徐特立文集》等。

去吧！那里有桶呢？那里有锅子呢？医院中两三连伤病员，用的东西那里去找呢？快跑吧！捷足先得。炊事员叫着："开饭呵！"看护又忙起来，又叫喊起来，赶快洗，赶快洗！要拿洗脚的盆子打菜去！以上这些就是儿童们的宿营忙。

准备出发了，捆禾草送还原地，把门板送回原处上好，借的东西一概送还，打烂了的东西照价赔钱。一切准备好了，出发吧！还没有，昨天的绷带一大捆还没有洗，怎样办呢？在路上休息时去洗吧！洗好了，背在背上，或挂在伞把上去晒，好好的留意，宿营的时候要用呀！

"小同志呵！前面部队走不通，你们去找河沟洗脚洗脸洗绷带。看护员你另派二三人烧水，昨天还有几个伤员没有换药呢？"医生叫着。

"前途部队走不通，因为桥断了，还没有修好，还有两点钟休息，你们洗好了东西，上好了药，就来上课。"指导员叫着。

以上这些是看护员在行军中的工作。特别情况下的工作还不在内。如路上发生急症，担架发生问题，另有临时工作。至于背干粮背米，也是经常的工作。

二、妇女的生活及工作：

出发时组织了一个工作团，其中有二十个妇女两个老头。一个老头五十岁，当该团的主任，一个六十岁当副主任。我就是副主任。还有一个老头五十六岁，中途来的。二十个妇女都是干部，都是党校的学生，都是劳动妇女，都是步行二万五千里，并沿途做工作，从江西到陕北，没有一个掉队的。三个老头也一样，到达了目的地。

先把妇女的工作，可记录者写几件：

1. 她们的工作主要是：沿途雇担架民工，进行民工及伤病员教育和关照工作。但所雇民工不够时，自己也抬过担架。出发时担架总在后面等候民工，常常部队出发了两三小时，担架才开始行动。担架很笨重，常赶不上部队，有时天雨路滑，民工跌倒，尤其是上高山，过急水，转急弯，常发生意外危险。这些困难，招扶担架的妇女，首先遇着，但她们总由自己解决了，举出一些实际例子如左：

出发了。还有三个担架没有民工。怎样办呢？"主任有一匹马，连长也有一匹马，拿来给病稍轻的几个同志骑，还有一个担架，一面由刘彩香同志沿路去找民工，我和邓六金同志暂时来担着。"危秀英说。"不对！危秀英矮小，邓六金高大，一高一矮不好抬，我来吧！我和六金一样高。"王金玉说。秀英就在后面押担架，六金和金玉就自己做起民工来。这并不是经常的，但两万五千里中有过几次。

部队是照路前进。那雇民工的妇女同志，总是从路的两旁到群众家里去宣传鼓动。因此部队行五十里，她们就走了六十里或六十五里。在二万五千里中，她们就有二万五千五百里，或二万六千里了。

前面高山来了，李伯钊就带几个女同志和儿童，首先登山，在山上唱歌。喊口号，使所有的民工及伤病员，都愉快的翻过这高山。李伯钊是革命根据地艺术明星之一。她的歌曲，大部分是苏联学来的，十分雄壮。同时她也会唱小调，很艺术的革命小调，又十分优美。歌声一起，大家都忘却了疲倦，齐声呼："好呵！再来一个！"这也是经常的事。天黑了，全体部队到了宿营地，担架还掉在后面，妇女同志在担架后面跟随着。

三、老头，我是老头之一，就把我的行动为例写一下！

这次长征，我的精神上是愉快的，因为愉快，就克服了一切困难。为什么愉快，以后再说，先说困难：

夜行军的困难：我们有几十个担架，有二三十匹马，有几十个药箱子，集中起来，目标很大，行动很慢，飞机来了，就没有办法。跑吧！担架笨重。隐蔽吧！浅草灌木，不能掩蔽。因此，夜行军就成了经常的行动。

"天雨路滑黑暗,前头部队走不通,我们两人就在这小屋里宿营吧!明天早起赶部队,过茅台河。"一个同志叫我,我却不赞成。我们虽然是老头,自由脱离队伍,是不对的。我还是随队伍去。从十二点钟走到天明,整整的走了六个钟头,回头一看,小屋子还在旁边。那个同志早起从屋子里走出来,我还看的清清楚楚。因为每小时只走几步或几十步,或站一两个钟头不移动。

在过大渡河前两日,经过"倮倮"区域,一日行一百四十里,天黑下雨。饲养员不走,自己牵马,用一手拿着缰绳及雨伞,另一手拿着一根竹棍,在路上拨来拨去,作黑暗中的向导。经过悬崖,马不前进,用力拉,马骤然向前一冲,我就随着马的前足仆下了。伞呢?跌成两块,马上的被毯鞍子均落在地上。悬崖下河流澎湃,危险声在耳边鼓敲着。部队走了,掉了队怎样办呢?还有多少路宿营呢?不知道。从容不必着急,前面没有部队阻我,后面也没有人。我把马鞍上了,捆好被毯与被子,再向前进。足足走了一百四十里,在上干队指挥科宿营。房子小,不能坐或睡,站了几点钟,天明了前进,找自己的部队吧!天明路好走,饲养员也赶上来了,替我牵马,走了五里,他不愿走,停止了,没办法,他五十,我六十,他比我更弱,让他吧!我继续前进,赶上了部队。夜行军不算什么事,天雨路滑黑暗,也是经常的,我们成了习惯,可以抵抗一切。妇女儿童也有同样的抵抗力;并不奇怪,算不得什么事。

过雪山:一共过了三个雪山,第一次是在六月天过夹金山。过雪山的前夜,在山下露营。这时我没有伞,没有油布,也没有饲养员和马,晚上睡在两块石板中间,好像睡在棺材中一样,上面盖上一幅蓝布。晚上下雨,蓝布湿了,毯子和衣还是干的。半晚出发,走到半山上,雨雪齐下,披在身上的毛毯全湿了,衣和裤子也全湿了。毫不觉得冷,因为山陡,费力多,体温增加。天明已经下到了半山,雪止了,下行也容易了，但湿衣湿毯，感觉寒冷，用跑步前进。到山下时，衣裤完全干了。这一困难度过后，精神特别愉快，自己以为抵抗力超过一般的同志，不知不觉骄傲起来。多数同志称赞说我可活到九十岁。

最后过的雪山，是康猫寺前的一个雪山，上下八十里。在急陡的地方，我总是走十几步到一百步一休息，不坐下，站着休息。这样的休息法，可以节省时间，又不至过于疲劳。但一到下山，就不停的快步前进，赶到别人的前面了。达到康猫寺前一日，原指定在马塘宿营，只走七十里，我们在山上望见马塘，就在山上休息一下，摘草莓吃，因此落了伍。一到马塘，看见桥上一个条子"我前进三十里，到康猫寺宿营"。天已晚了，已行七十里了，途中没有人家，政治科有十余个同志，叫我在马塘露营。我认为我应该做模范，不应该掉队，我一个人单独去赶队伍。但大队伍也在半途露营，没有到达康猫寺。

长征歌[*]

十月里来秋风凉,中央红军远征忙,
星夜渡过雩都河,古陂新田打胜仗。
十一月来走湖南,宜(章)临(武)蓝(山)道(州)一齐占,
冲破两道封锁线,吓得何键狗胆寒!
十二月里过湘江,广西军阀大恐慌,
四道封锁线都突破,势如破竹谁敢当!
一月里来梅花香,打进贵州过乌江,
连占黔北十数县,红军成名天下扬。
二月里来到扎西,部队改编好整齐,
发展川南游击队,扩大红军三千几。
三月打回贵州小,二次占领遵义城,
打坍王家烈八个团,消灭薛吴两师兵。
四月里来向南进,打了贵阳打昆明,
巧妙渡过金沙江,浩浩荡荡蜀中行。
五月里来泸定桥,刘文辉打得如飞跑,

---

[*] 原注:《孟姜女哭长城》调.

大渡河天险从容过,十七个英雄姓名标。
六月里来天气热,夹金山上还积雪,
一四两个方面军,懋功取得大会合。
七月进入川西北,黑水芦花青稞麦,
艰苦奋斗为那个,为了抗日救中国。
八月积极向前进,草地行军不怕冷,
草地从来少人过,无坚不摧是红军。
九月出发潘州城,陕甘支队东北行,
腊子口渭河安然过,打了步兵打骑兵。
二万里长征到陕北,南北红军大会合,
粉碎敌人新"围剿",统一人民救中国!

定一、拓夫合编于吴起镇
一九三五年十月

工农解放歌

(彭桂生记忆)

F调 4/4

5. 1 1 1 1 —	5. 3 3 3 3 —	5. 5 5 3 5 5 3

那帝国主义者　　那国民党军阀　　那豪绅地主官僚政客

| 1 1 1 3 2 — | 5. 3 2 2 2 — | 5. 7 7 7 7 — |

都是剥削者　　他屠杀我工农　　剥削我穷人

| 5. 2 2 2 2 — | 5 5 4 3 4 5 — | 5 5 5 1 1 1 |

若不打倒他　　那痛苦受不尽　　来来来来来来

| 3 2 1 2 3 — | 3 4 5 — 6 5 | 4 3 2 5 5 |

用革命战争　　用战争　解放　工农救穷人

‖: 1 1 7 6 7 1 1 | 5 5 6 6 4 4 5 5 | 3 5 3 — |

看统治阶级经济　恐慌日趋崩溃矛盾　要加紧
看工农群众失业　破产饥寒交迫正在　要革命

| 1 — 3 — | 5 — — — | 1 2 3 4 4 5 3 2 | 3 2 1 — :‖

用　战　争　　　为着工农群众解放　要牺牲
用　战　争　　　为着中华民族解放　要牺牲

胜利反攻歌

(刘西元回忆)

C调 2/4

3 5 6 | 6 1 6 5 6 5 | 3 3 6 | 5 3 5 2 | 3. 2 1 |
战士们 高举着鲜红的 旗帜奋勇 向前 进 配合那

6 1 5 6 1 | 2. 3 5 | 6 5 1 6 5 | 5 6 5 3 | 2 3 1 2 3 |
全国红 军要实行 总的反 攻 创造新的 革命根据地

2 1 | 2 | 5 | 1 ‖
大家 要 努 力

红军入川歌

庄严 4/4　　　　　　　　　　　　　　　定一、戈丽*合编于泸定桥

5 5 | 3 5 1 2 1 7 1 2 | 5 4 3. 0 5 5 | 3 5 1 2 1 7 1 2 |
天险的金沙　江大渡河　蛮荒的大凉山

5 4 3. 0 3 | 3 2 3 5 7 1. 0 | 1 5 3 2 3 5 7 | 1. 0 5 6 7 |
"倮倮"区我英勇红军　真正是无坚不摧　占领了

1 2 1 1 1 1 | 0 5 6 7 1 2 | 3. 0 3 3 2 1 7 2 | 5. 0 5 6 7 |
泸定桥建大功　我们创造了　中国历史新纪录　我们

1 2 3. 0 3 3 2 1 | 7 2 5. 0 5 3 5 | 1 3 2 1. 0 5 3 5 |
取得了两大主力的配合　勇敢　前进　勇敢

1 3 2 1. 0 1 3 | 2 1 7 5 4 | 3 2 1. 0 ‖
前进消灭敌人革命万岁

---

* 李伯钊（戈丽）(1911—1985)，重庆人。1926年赴苏联莫斯科大学学习。1930年回国，1931年加入中国共产党。1934年参加长征，曾三过草地。抗日战争中，创作话剧《母亲》《老三》《金花》等。曾任中共中央北方局宣传科长、鲁迅艺术学校校长和党总支书记、中央党校文艺工作研究室主任。1948年任中共中央华北局文委委员、人民文工团团长。中华人民共和国成立后，历任中共北京市委文委书记、北京人民艺术剧院院长、中央戏剧学院院长、中国戏剧家协会副主席、全国政协常委、全国妇联常委。创作歌剧《长征》、话剧《北上》等。

打骑兵歌

轻快 4/4　　　　　　　　　　　　　　定一、黄镇合编于毛儿盖

3 1 2 3 1 2 | 3 5 3. 0 | 3 1 2 3 5 | 3 2 1 3 2. 0 |
敌人的骑兵　　不须怕　　沉着　敏捷　来　打　它

2 6 1 2 6 1 | 2 2 2. 0 | 5 3 2 1 2 3 2 | 1 1 1. 0 |
目标　又大　　又好打　　排子枪快　放　　易射杀

5 6 1 1 1. 0 | 6 1 2 2 2. 0 | 3 6 5 5 5. 0 | 3 1 2 3 1 2 |
我们瞄准它　　我们打坍它　　我们消灭它　　我们是无敌

3 5 3 0 | 3 1 2 3 5 | 3 2 1 3 2. 0 | 2 6 1 2 6 1 |
的红军　　打坍了蒋贼　百　万　兵　　努力　再学

2 2 2. 0 | 5 3 2 1 2 3 2 | 1 1 1. 0 ‖
打骑兵　　我们　百　战　要百胜

两大主力会合歌

快乐 4/4　　　　　　　　　　定一编于宝兴，一九三五年六月

5. 4 3 5 | 2 1 6 5 3 | 1. 7 6 2 | 2 - - 0 |
两 大主力　军邛崃山脉　胜利会合　　了
万余里长　征经历八省　险阻与山　　河

6. 5 4 3 4 | 5. 4 3 5 | 6 1 2 1 6 | 5 - - 0 |
欢 迎红四方　面军百战　百胜英勇弟　兄
铁 的意志血　的牺牲换　得伟大的会　合

6 6 6 5 4 4 4 3 | 5 5 5 4 3 0 | 6 6 6 5 4 4 4 3 | 5 5 5 4 3 0 |
团结中国革命运动　中心的力量唉　团结中国革命　运动 中心的力量
为着奠定中国革命　巩固的基础唉　为着奠定中国　革命 巩固的基础

5 6 1 2 | 1 6 5 - 0 ‖
坚决争取　大胜利
高举红旗　向前进

再占遵义歌

莫休作于遵义城边

$\frac{2}{4}$

| 6· 7 1· 7 | 6· 6 6 | 6· 6 6 | 5 6 |

遵义城边 的决战 我们胜 利了
遵义城边 的决战 我们胜 利了
遵义城边 的决战 我们胜 利了

‖: 4 4 4 4 | 3 3 3 | 2· 1 2 | 6 — :‖

打得烟鬼 王家烈 烟枪丢 掉
打得广仔 吴奇伟 两腿飞 跑
这是胜利 的开始 不要骄 傲

凯旋歌

D调 4/4　　　　　　　　　　　　莫休作于二次遵义战斗后

3 - 5. 5 | i - 2 | 3.4 5.6 5 4 3 | 2 - 5 | 6 7 i 7 6 |
高 举 起 来 我 们　 胜 利 的 红 旗　 看 日 本 强 盗 和

5 - 4 - | 3 2 1 2 3 2 1 | 5 -. 3 | 2 i 7 i 2 | 5 5 4 - |
汉 奸　　 正 在 死 亡 和 崩　 溃　 我 们 铁 的 红 军　 胜 利 了

3 2 1 4 3 2 1 | 5 - 0 2 | 6 7 6 5 6 6 | 6 -. i | 7 7 6 7 6 5 |
打 坍 了 卖 国 贼　 杀 开 条 抗 日 的 大　 道　 走 上 抗 日 的 最 前

5 - 4 - | 3 2 1 2 3 2 3 | 6 - 5 - ‖: 6 5 4 3 | 2 - 0 5 |
线 去　　 我 们 要 争 取 最 后 胜　 利　　 胜 利 是 我 们　 勇

6 7 i 7 6 | 5 - 4 - | 3 2 1 2 3 2 1 | 1 -. 0 :‖ i - - - ‖
敢 前 进 勇 敢　 前　 进　 红 军 胜 利 万　 岁　　　　　 岁

渡金沙江胜利歌

彭加伦 渡江后三日于四川理合

$\frac{2}{4}$

| 3 1 2 3 1 2 | 3 5 3 | 3 1 2 3 5 | 3 2 1 2 | 2 6 1 2 6 1 |

金沙江 流水　　闪金光　胜利的 红军　来渡　江　不怕它水深
铁的　红军　　勇难当　胜利的 渡过　金沙　江　帝国主义吓得
亲爱的 英勇的　同志们　伟大的 任务　要完　成　努力 再打

| 2 2 2 | 5 3 2 1 2 3 2 | 1 1 1 | 1 6 1 2 2 | 2 - |

河流急　更不怕山　高　　路又长　我们　真顽　强
大恐慌　蒋介石弄　得　　无主张　我们　真欢　畅
大胜仗　消灭更多　路　　的敌人　扩大　铁红　军

| 3 3 1 2 2 | 1 2 3 6 5 5 6 | 1. 1 6 1 | 2 2 2 |

战胜了 困难　克服一切 疲劳　　　下决心我们　要渡 江
革命　　运动　发展了个 新局面　　有把握夺取　川陕甘
争取　　群众　巩固我们 部队　　　最后的胜利　归我们

战斗鼓动曲

加伦作于毛儿盖

$\frac{2}{4}$

| 6 5 3 6 5 3 | 3 6 6 3 5 - | 3. 5 6 5 5 3 2 |

红色的战士 呱 呱 叫 万里长征不辞劳
天险的金沙江 大 渡 河 雪山草地粮食少

| 2 3 2 6 1 - | 3. 2 1 2 3 2 3 | 2 3 2 6 1 - ‖

艰苦来奋斗 吁嘟哎嘟哎嘟吁 艰苦来奋斗
一齐战胜了 吁嘟哎嘟吁嘟吁 一齐战胜了

提高红军纪律歌

加伦作于波罗子

$\frac{2}{4}$

| 5 5 | 6 5 6 5 | 2 2 | 2 3 2 1 6 5 | 6 6 |

英勇的红色指 战 员 们 百倍紧张 起来 呵
英勇的红色指 战 员 们 百倍紧张 起来 呵
英勇的红色指 战 员 们 百倍紧张 起来 呵

| 6 1 7 6 5 3 | 1. 3 | 2 3 2 1 6 5 | 3 5 | 6 1 7 6 5 3 |

提高红军 铁的 纪 律 保障战争的 胜 利
提高红军 铁的 纪 律 保障战争的 胜 利
提高红军 铁的 纪 律 保障战争的 胜 利

| 6 6 1 6 5 | 6 6 1 6 5 | 1 3 3 1 | 2 3 2 1 6 5 |

军纪 风纪 战场 纪律 平时好坏 关系战时胜利
上级 命令 坚决 执行 毫不动摇 毫不犹疑
遵守 时间 动作 迅速 整齐清洁 爱护武器

| 5 5 3 2 | 1 1 6 5 | 2 1 2 3 | 1 1 1 ‖

一桩一件 一时一刻 严格遵守 莫忘记
不打折扣 不讲价钱 彻底执行 要努力
注意礼节 积极努力 松懈散漫 要反对

到陕北去

彭加伦作于哈达铺

$\frac{4}{4}$

3 3 5 3.2 | 1 2 3 5 2 - | 6 1.3 2 1 6 1 | 5.3 5 6 5 - |

陕北的革命　运动大发展　创造了十几　县　广大的红区

3 3 5 3.2 | 1.2 3 5 2 - | 6 1.3 2 1 6 1 | 5.3 5 6 5 - ‖

陕北的革命　运动大发展　成立了十几万　赤色的军队

‖: 6.5 6 1 6 1 5 6 | 3 5 6 5 1.6 5 | 1.2 3.5 2.1 6.5 |

迅速北进会　合　红军二十五二十六军　消灭敌人争取群众

迅速北进会　合　红军二十五二十六军　消灭敌人争取群众

1.2 3.5 2.1 6.1 | 5.3 5 6 5 - ‖

巩固发展陕北红区　建立根据地

高举抗日鲜红旗帜　插到全国去

乌江战斗中的英雄

领导此次战斗的主要干部

一营营长罗有保，三连连长毛正华（得红星奖章）、机关枪连连长林玉式，二连政治指导员王海云，二连青年干事钟锦文，二连二班长江大标，二连连长杨尚坤。

泅水及撑排的

二师师部王家福，四团王有才，四团二连三班长唐占钦，六团机关枪连羽辉明，六团赖采芬。

英勇冲锋顽强抗敌的战斗员

曾传林、刘昌华、钟家通、朱光宣、林文来（新战士）、温赞元、刘福炳、罗家平、丁胜心。

录一九三五年一月十五日的《红星报》

安顺场战斗的英雄

强渡大渡河的十七个英雄

二连连长熊上林，二排排长曾会明，三班班长刘长发，副班长张克表，战斗员：张桂成、萧汉尧、王华亭、廖洪山、赖秋发、曾先吉，第四班班长郭世苍，副班长张成球，战斗员：萧桂兰、朱祥云、谢良明、丁流名、张万清。

六个模范特等射手

李得才　一营营部机关枪排排长
夏天海　团部机关枪连四班班长
邱神坤　团部机关枪连五班班长
刘桂子
袁行安　均团部警备排战斗员
宋远海

录一九三五年五月三十日《战斗报》

长征大事记*

陆定一

一九三四年

十月份

十二日

红一方面军改编为野战军，开始向西南移动。

二十一日　晴

一军团第二师先头占领金鸡，主力在大竹、双芫、金鸡地域，当晚向新田前进。

三军团先头占领百室，固守堡垒之铲匪第二中队百余人，全部被我消灭。第六师十六团十四时占领韩坊。军团主力在邱村温村一带，当晚向固陂前进。

五军团到太平新坡地域。

八军团在黄朱排，其先头师本晚由王母渡立赖圩之间渡信丰河。

---

*　《长征大事记》原件收藏于中央档案馆。据作者陆定一回忆，这篇大事记是在1935年10月红一方面军长征到达陕北后，在保安（现志丹县）由杨尚昆（时任中国工农红军陕甘支队政治部副主任）提供材料，并让他（时任中国工农红军陕甘支队政治部宣传部部长）追记的。本来还要写下去，因红军东征而停止了。《党的文献》1991年第6期首次整理发表了这份文件。

九军团之侦察连今晨占领龙布圩，主力在燕湾岗、龙尾口地域。

军委二纵队在仁风小溪。

野战军司令部在荷头。

二十二日　晴

冲破第一道封锁线，击败粤敌。

一军团攻占新田，第一师向石背圩前进，军团主力当晚进至新田。

三军团攻占固陂，第四师向石门追击粤敌，主力进至固陂。

五军团沿一军团道路向双芫前进。

八军团渡信丰河完毕，主力集中于大龙坳头。

九军团进至龙尾口曾村地域。

军委第二纵队移荷头。

野战军司令部移百室。

二十三日　晴

一军团主力与粤敌第一师在安息圩附近激战，俘获敌官兵三百余人，缴轻机枪二挺，步枪及军用品甚多。当晚主力向铁石圩石材圩前进。

三军团先头第五师在大塘铺将粤敌之二个连全部消灭，俘获人枪二百余。主力当晚渡过信丰河，在大江圩小河圩王庄地域宿营。

五军团到达小岔双芫地域，其一个团进至韩坊。

八军团全部到达凹头，以一部向龙回侦察前进。

九军团到达安息附近，监视安息之粤敌。

军委二纵队不动。

野战军司令部移至古陂东十里之杨坊。

二十四日　阴

一军团主力在石材圩休息。其第二师当晚二十四时向乌径前进。

三军团主力在小河圩大江圩休息。其第五师黄昏后向九渡水江口前进。

五军团休息一天。

八军团在凹头不动，向信丰警戒。

九军团到大坪附近。

军委二纵队移古陂。

野战军司令部在杨坊休息。

二十五日　晴

一军团第二师占领乌径。主力向乌径前进，到达老界子圩附近。

三军团第五师占领九渡水。主力向九渡水前进。

五军团到固陂附近。

八军团向新城前进。掩护野战军右侧。

九军团在一军团后向乌径前进。

军委二纵队在固陂附近休息一天。

野战军司令部到小河圩。

二十六日　晴

一军团主力经乌径到三江口。第二师在乌径附近监视敌人。

三军团主力经九渡水渡大庾河到达新城。敌人望风而逃。

五军团到小河圩。

八军团到贤女埠。

九军团主力通过乌径，一部接替第二师监视敌人之任务。

军委二纵队到小河圩附近。

野战司令部在九渡水宿营。

二十七日　雨

一军团主力经小溪渡大庾河，进至南溪青龙长江之线。

三军团主力到达新溪附近。

五军团到九渡水附近。

八军团向大摆坑杨眉寺前进。

九军团到达三江口附近。

军委二纵队到达九渡水潭塘坑之间地域。

野战司令部到潭塘坑宿营。

二十八日　晴

一军团第二师经石门口大龙山到义安圩及其以西宿营。主力随后跟进，在下坑石头坝之线宿营。

三军团一部占领崇义城。县长率"铲匪"百余人，二十六日急向大庾逃走。该军团主力在稳下横断地区宿营。

五军团进至新城附近。

八军团，二十三师到达大摆坑，二十一师在杨眉寺。

九军团到达凤凰城青龙圩青秋坝地区。

军委二纵队到达老池口池江街地区。

野战军司令部到达王村杨梅城。

二十九日　晴

野战军全部各在原地休息。准备迎击由大庾方面进攻之粤敌。

三十日　雨

各军团均在原地休息。

野战司令部到达新溪宿营。

军委二纵队到达杨梅城附近。

朱总司令命令：我军将进入湘南地区，粤敌现集结于南雄大庾新田地域，湘敌主力正向赣西及湘赣边境集结，六十二师主力正向汝城开动，周浑元纵队之四个师，正向遂川集结，似有在我军未进入湘南时，从两翼夹击我军之企图。

我野战军为取得先机之利，应于十一月一日进到沙田汝城城口及上堡文英长江圩地域，以突破湘敌在战略上的第一道封锁线。

为保障此命令之正确执行，要求全体指战员，要有最高度之努力。因此必须加强政治工作，注意行军中卫生救护和收容。

三十一日　雨

一军团分左右两纵队前进。左纵队到达聂都地域，右纵队到达沙溪。

三军团以第四师为右纵队，经黄竹洞古亭集龙，向汝城前进。主力到达新坪地域。

五军团到杨梅城，其三十四师进到横断。

八军团到达过埠石玉地区。

九军团黄昏脱离黄龙之敌，当夜进东坑石头坝，转至义安圩。

军委二纵队进至铅厂田心里。

野战军司令部到密溪圩。

十一月份

一日　雨

进入湖南。

一军团左纵队经九牛塘到犁壁岭。右纵队进到乐洞水湾。

三军团左纵队进至百担丘、塘口、铁炉湾。右纵队进至集拢。

五军团之左纵队进至铅厂。右纵队进至沙溪。

八军团到达上堡，向桂东大汾左岸方向警戒。

九军团主力进到聂都，其二十二师进到龙西村。

军委二纵队进至沙溪。

野战军司令部十三时出发，到达官田。

二日　阴

突破第二道封锁线。

一军团左纵队经雷岭到陈奢。右纵队（二师）向城口前进，二十时攻占城口。

三军团左纵队迫近汝城，并占领汝城东南之制高点。右纵队经益将，穿风坳，向汝城前进，沿途"铲匪"据险扼守，均被我山炮轰退。

五军团右纵队到官田，左纵队在沙溪地域，担任掩护军委两个纵队并抗击追敌之任务。

八军团进到猪头圩，樟溪地域。有掩护三军团右翼之任务。

九军团缺一个团，进至塘铺里洞地域，留一个团于聂都附近，掩护军委二纵队。

军委二纵队到达聂都以北地域。

野战司令部到文英。

朱总司令命令：迅速通过湘南边境之第一道封锁线，对于野战军今后行动的胜利，有决定的意义。因此各军团应坚决地执行战斗任务。各纵队后方部队及掩护部队，必须确实执行行军命令。在行军和宿营时，应成纵深的梯队，以便全部能于日间运动，使各梯队不致互相阻碍。

三日　晴

一军团左纵队经八丘田到三江口。右纵队在城口及其以西地区。

三军团包围汝城，以一部附山炮攻敌碉堡，占领敌堡二十余个，打开了敌人封锁线。

五军团向文英前进。

八军团向汝城前进。

军委第二纵队到文英官田之间。

野战司令部到百担丘。

四日　晴

一军团全部在城口及其以西地区。

三军团第四师占领官路下大来圩。主力在汝城西南。

五军团到达文英热水之间。

八军团到达汝城以北。

九军团向东岭岗子坳前进。

军委第二纵队到百担丘。

野战司令部到热水圩。

五日　晴

一军团由城口移新田。

三军团将围攻汝城之任务交与八军团后，即向文明司前进。

五军团到热水。

八军团接替三军团围攻汝城之任务。

九军团到达东岭地域。

军委二纵队到达热水鱼旺。

野战司令部到八丘田。

六日　晴

一军团经三载岐到麻坑。

三军团主力向文明司前进中。

五军团到鱼旺。

八军团转到汝城西南。

九军团向麻坑前进。

军委二纵队到八丘田。

野战司令部到新溪。

七日　晴

一军团经瑶山到上西坑。入广东边境。

三军团主力占领文明司。

五军团到新溪。

八军团到东山桥。

九军团仍向麻坑前进中。

军委二纵队到新溪厚溪之间。

野战司令部到厚溪。

八日　雨

一军团以一部攻击茶寮、九峰。主力在九峰乐昌小道上之上西坑。第一师蒋水源。

三军团到里田界牌岭之线。

五军团到新溪厚溪之间。

八军团仍留东山桥地域、向汝城警戒。

九军团到达麻坑地域。

军委第二纵队到大山、都木江地域。

野战军司令部到大山。

九日 雨

一军团因攻茶寮九峰未得手，主力由大小王山及砖头凹向九峰东北转进，到桃竹坑宿营。

三军团全部到赤石司集结。以第四师为右纵队，直出良田。以第六师全部经摺田袭取宜章。

五军团到大山都木江地域。

八军团向文明司前进。

九军团由麻坑转向石洞前进。

军委二纵队到文明司。

野战军司令部到文明司。

十日 雨

突破第三道封锁线。

一军团经官家桥到彭古岭。在唐村破敌堡五个，消灭当地团匪，缴枪十余支。

三军团第五师占领良田、黄泥坳，迫近郴州，切断郴宜大道，毁敌堡垒百余个。第六师迫近宜章县城，夜袭未得手。

五军团在原地休息。

八军团到达文明司以东地域。

九军团到延寿圩地域。

军委二纵队在文明司休息。

野战军司令部在文明司休息。

十一日 雨

一军团经狮子八奇到三界圩宿营。

三军团主力在赤石司、良田、黄泥坳之线休息。第六师拂晓占领宜章城。县长率"铲匪"向砰石逃窜。

五军团十三师在弯刀坳地域阻止追敌。

八军团到文明司。

少共国际师（十五师）在延寿圩与湘敌六十二师激战终日。九军团向延寿圩增援中。

军委二纵队到赤石司。

野战军司令部到赤石司。

中央革命军事委员会对于三军团首长及全体指战员在此次突破汝城和宜郴两道封锁线时之英勇与模范的战斗动作，特于本日电各兵团首长赞扬，并号召各兵团全体指战员学习三军团的模范。

十二日 雨

一军团经唐村到平田。

三军团在郴州宜章大道上未动。粤汉铁路工人大批加入红军。

五军团仍在弯刀坳扼阻追敌。

八军团向两路司前进。

九军团与第十五师脱离延寿圩敌人，向文明司前进。

军委二纵队到两路司附近。

野战军司令部到樟桥。

十三日　雨

一军团第二师到香花树下。主力在宜章以东之白石渡地域。

三军团第六师在宜章城内。主力向郴州迫进。

五军团仍在弯刀坳地域未动。

八军团到良田。

九军团到赤石司。

军委二纵队到廖家湾。

野战军司令部到黄茅。

十四日　阴

一军团第二师到小溪。主力在白石渡未动。十五师到宜章。

三军团主力未动。第六师由宜章西进至张公潭廖家洞地域。

五军团到达赤石司以西。

八军团主力进到天南溪。二十三师到宝和圩。

九军团到宜章城。

军委二纵队在廖家湾未动。

野战军司令部到安源。

十五日　阴

一军团主力经宜章移梅田，向临武前进。第二师到大坪圩。十五师在宜章未动。

三军团主力西移，进至清河圩宝和圩地域。第六师向嘉禾城前进。

五军团到黄茅。

八军团进至老铺上新铺上地域。

九军团进至牛头粪。

军委二纵队到安源。

野战军司令部到沙田。

十六日　阴

一军团主力占领临武城。

三军团迫近嘉禾城，在城南架桥，准备渡河。

五军团进到小溪，牛头粪。

八军团到嘉禾城附近。

九军团到达三公桥，电光铺之线，向蓝山前进。

军委二纵队到沙田。

野战军司令部到小湾。

十七日　阴

一军团在临武休息一天。

三军团渡河到清水新塘圩之线。

五军团到渡头、七地圩。

八军团到车头桥附近。

九军团到朱木铺大树脚。

军委二纵队到葡萄湾。

野战军司令部到楚江圩。

十八日　阴

一军团到羊牯岭坳。

三军团到楠木圩。

五军团未动，阻止敌人。

八军团渡河，尾三军团前进。

九军团占领蓝山县城。

军委二纵队到田心铺。

野战军司令部到雷家岭。

十九日 雨

一军团经太平圩到朱家坪。

三军团集结于永乐圩以南，甘露田以东及洪观圩西北地区，与由嘉禾城向洪观圩出击之敌作战终日。

五军团在楠木圩地域，准备参加三军团之战斗。

八军团在黄泥井黄泥铺一带，实行缩编。

九军团向江华城前进。

军委二纵队到蓝山。

野战军司令部在雷家岭休息。

二十日 雨

一军团在朱家坪休息。

三军团在洪观圩休息。

五军团在楠木圩休息。

八军团在黄泥井休息。

九军团占领江华城。

军委二纵队在蓝山休息一天。

野战军司令部到界头铺。

二十一日 晴

一军团经祠堂圩到天堂圩。

三军团到水源洞。

五军团未动。

八军团到新屋地。

九军团在江华休息。

军委二纵队到蓝坪圩附近。

野战军司令部到蓝坪圩。

二十二日　晴

一军团移白水塘。第二师到柑子园。

三军团到风门洞、岭脚、田家之线。

五军团到蓝坪圩附近。

八军团到下灌。

九军团继续在江华休息。

军委二纵队到四眼桥。

野战军司令部在蓝坪圩未动。

二十三日　晴

一军团占领道州城。

三军团在天堂圩附近，准备与周浑元纵队作战。

五军团在蓝坪圩下灌红岭地域，准备协同三军团作战。

八军团到宁善圩。

九军团继续在江华休息。

军委二纵队在四眼桥休息。

野战军司令部到新岩口。

二十四日　晴

一军团占领湘桂交界之蒋家岭。

三军团到桂里元、大欧。先头第四师到葫芦岩架桥（潇水）。在西元击落敌飞机一架。

五军团到四眼桥。

八军团在宁蓝圩拒止敌人未动。

九军团主力在江华休息。九团向永明前进。

军委二纵队到杨林塘。

野战军司令部到咀塘。

二十五日　雨

一军团经永安关到庵口。

三军团到莲花塘。第四师仍在葫芦岩。

五军团向葫芦岩前进，准备接替第四师任务。

八军团到新铺。

九军团在江华休息。九团占领永明。

军委二纵队到莫索湾。

野战军司令部到禾塘。

党中央与总政治部为渡湘江事，发出政治命令。

二十六日　雨

入广西省。

朱总司令命令：敌有阻止我军于湘江东岸，并由南北夹击之企图。我军为迅速前出湘江地域，并渡过湘江之目的，决分四路前进。（一）一军团主力为第一纵队，沿蒋家岭文市向全州以南前进。（二）

一军团之一个师及五军团缺一个师，野战司令部，为第二纵队，经雷口关及文市以南前进。（三）三军团、军委二纵队及五军团之一个师，经小坪郑家园向灌阳前进，并相机占领该城。（四）八、九军团为第四纵队，经永明县城三峰山向灌阳兴安前进。

一军团到文市。

三军团到小坪。

五军团在葫芦岩附近拒止追敌。

八、九军团向永明前进。

军委二纵队休息半天，尾三军团前进。

野战军司令部到高明桥。

二十七日　阴

一军团在文市休息。

三军团因郑家园至灌阳无路，改经永安关雷口关至车头新家桥地域。

五军团向蒋家岭永安关前进。

八、九军团到永明。

军委二纵队到雷口关茅铺。

野战军司令部到文市。

二十八日　阴

一军团经鞍山坝到石塘圩。

三军团第四师向光华铺前进。主力进到新圩及其以南。

五军团在蒋家岭永安关雷口关扼阻敌人。

八、九军团由永明折回，向文市水车前进。

军委二纵队一部尾三军团前进，一部尾野战军司令部前进。

野战军司令部到官山。

二十九日　阴

一军团由石塘圩、太平圩，渡湘江，占界首、绍水。第二师到朱塘铺，一部向全州迫进。

三军团第四师渡湘江，占光华铺。主力向界首前进。

五军团仍在原地扼阻敌人。

八、九军团到达水车。

野战军司令部与军委二纵队之一部，在官山休息。

三十日　阴

突破湘桂封锁线。（第四道封锁线）

一军团在原地未动。终日与由全州出击之敌人激战。

三军团第四师在光华铺及其以西抗击由兴安出击之桂敌夏威部。主力全部渡过湘水。

五军团主力到文市河西之五家湾。

八、九军团均由水车附近渡河，到青龙山石塘圩地域。

军委二纵队渡河进至界首附近之王家。

野战司令部渡河进到界首西北之大田。

十二月份
一日　阴

敌情：全州之敌，已占领朱塘铺。兴安之敌，已占领光华铺。灌阳桂敌两个师，已进占新圩。周浑元纵队，先头已渡过文市河。

我军星夜向西延山脉地区移动。

一军团经梅子岭到大湾。

三军团主力到洛塘路江圩。

五军团主力渡湘江到咸水圩集结。

八军团在咸水圩地域。

九军团到油榨坪。

军委二纵队到枫木山。

野战军司令部在澹塘。

二日 晴

一军团主力到油榨坪。第二师占领土地凹,扼阻由全州来攻之敌。

三军团主力到阜塘、雷霹州地域。第五师由路江圩扼阻界首方向可能来追之敌。

五军团集结于南宅、田川地域扼阻追敌。

八军团到胡岭。

九军团向土地坳增援。

军委二纵队到余家亭。

野战军司令部到枫木山。

三日 晴

进入瑶民区域。

一军团到四十田。

三军团进至千家寺。

五、八军团移枫木山、步竹冲地域。

九军团到小里五排、水竹铺地域。

军委二纵队向水埠塘移动,在老山界脚露营。

野战军司令部向塘坊边移动,在老山界顶露营。

四日 晴

一军团占领白茅隘，到站头。

三军团向中洞前进。

五、八军团过老山界。

九军团在一军团后跟进。

军委二纵队到塘坊边。

野战军司令部到塘坊边。

五日 晴

一、九军团进至社水沐水茶坪地域。三军团到中洞。

五军团进到水埠塘千家寺。

八军团扼守老山界。

军委二纵队随三军团后跟进。

野战军司令部到塘洞。

六日 晴

一军团到茶元。

三军团向河口前进，与桂敌激战终日。

五军团一部与突入千家寺之桂敌作战，主力撤塘洞。

八军团继续扼守老山界，与追敌作战。

九军团扼守红水东南阵地，掩护主力通过。

军委二纵队到塘洞。

野战司令部到花桥。

七日　晴

一军团主力在茶元阻止敌人。

三军团到河口、八滩。

五军团到中洞。

八军团到千家洞。

九军团在皮水隘阻止敌人。

军委二纵队在塘洞休息一天。

野战军司令部到江底。

朱总司令命令：连日桂敌派出大批密探，在我各兵团驻地，纵火焚烧民房，企图疲劳及嫁祸于我军，破坏红军在群众中的信仰。各兵团首长，及其政治部，应于到达宿营地后，及离开宿营地以前，严密巡查，并规定各连值班，一遇火警，凡我红色军人，务必设法扑灭，及救济被难群众。纵火奸细，一经捕获，应即经群众公审后枪决。

八日　晴

一军团主力经五塘到白竹坪。二师向通道前进。

三军团进到马蹄河口。

五、八军团进到江底。

九军团到鸡公界、水布蓬地域。

军委二纵队进至黄祥。

野战军司令部进到坳头。

九日　晴

一军团主力经广南城，到平等。二师向通道前进。

三军团到马蹄街。

五、八军团经黄祥,到东寨、水林冲。

九军团进至长安营。

军委二纵队到芙蓉寺。

野战军司令部到杨湾。

十日 晴

一军团主力经平溪至刘延。二师占领通道县城。

三军团到白岩、平寨、石村地域。

五、八军团到昌贝。

九军团到临江口木路口。

军委二纵队到广南城。

野战军司令部到龙坪。

十一日 晴

一军团主力经双江到金点。二师在通道休息。

三军团到长安堡。

五、八军团到麻隆塘。

九军团向通道前进。

军委二纵队到辰口。

野战司令部到平等。

十二日 晴

一军团主力经长古到新都。二师在通道休息。

三军团主力进到黄土塘辰口,先头师进到团头所。

五、八军团经辰口至麻隆塘。

九军团进到通道县城。

军委二纵队到芙蓉市附近。

野战军司令部到芙蓉。

十三日　晴

入贵州省。

一军团主力经新昌到平查所。第一师向黎平前进。第二师在通道休息。

三军团到牙屯堡，先头师到播扬所。

五、八军团到土溪。

九军团休息一天。

军委一二纵队在播扬所以北。

十四日　晴

一军团占领黎平。

三军团主力到播扬所，先头至洪洲司。

五、八军团向深渡前进。

九军团向锦屏前进。

军委二纵队到洪老塘。

野战军司令部到洪洲司。

十五日　晴

一军团到八漂。

三军团到中温、平铺地域。

五、八军团到平查所。

九军团继续向锦屏前进。

军委第二纵队到洪洲司。

野战军司令部到地情。

十六日　晴

一军团在八漂休息。

三军团向黎平前进。

五、八军团到洪洲司。

九军团向锦屏前进。

军委二纵队到地情。

野战军司令部到中赵。

十七日　晴

一军团在八漂休息，以先头师向柳霁前进。

三军团主力到鳌鱼咀，四师在黎平休息。

五、八军团进到中赵。

九军团占领锦屏。

野战司令部与军委二纵队到黎平。

十八日　晴

进入苗人区域。

一军团经婆洞到河口，先头师到柳寨。

三军团改向西北，到五胡、罗里、抱桐。

五、八军团进到黎平城。八军团进行改编。

九军团在锦屏休息。

军委一、二纵队在黎平休息，举行干部同乐大会。一、二纵队进行合编。

朱总司令命令：（一）鉴于目前所形成的情况，我野战军过去在湘西创立新的苏维埃区域的决定，目前已是不可能的，并且不适宜的了。（二）根据今后野战军在行动中能取得与四方面军与二六军团的协同动作，及在政治的经济的居民的条件上求得顺利创造新苏区，我野战军应取得川黔边地区，首先是以遵义为中心之地区。（三）在向遵义方向前进时，我野战军之动作应坚决消灭阻拦我之黔敌部队，对蒋湘桂诸敌，应力争避免大的战斗。但在前进路上若与上述诸敌遭遇时，应坚决打击之，以保障我向指定地区前进。

又令：为执行占领川黔地域的作战方针，我野战军部署如下：（一）一、九军团为右纵队，有占领剑河之任务，以后则沿清水江向上游前进。（二）三、五军团为左纵队，应经翁古垅到台拱及其以西地域。（三）野战军到达上述地点后，于十二月底，右纵队有占领施秉地域，左纵队有占领黄平地域的任务。

十九日　阴

一军团经南旁到柳寨，先头师向剑河前进。

三军团分两路进至罗里寨、八马寿地域。

五军团到地西地域，以一部在黎平掩护。

九军团向剑河前进。

军委纵队到勇寨、高常地域。

二十日　阴

一军团到南哨，先头师迫近剑河。

三军团进到南加堡、塘洞、苗光以北地域。

五军团进到罗里地域。

九军团向剑河前进。

军委纵队到上下八里。

朱总司令命令：我军连日在苗区行军，因房舍稀少，露营颇多。各兵团首长，应注意尽量找寻房舍宿营，以节省部队疲劳。

二十一日　阴

一军团占领剑河县城。

三军团进至松岭及其东南地区。

五军团进至小苗光。

九军团到剑河城。

军委纵队到大苗光。

二十二日　阴

一军团沿清水河南岸，向新城汛前进，经中斗，到上格东地域。

三军团到九宜堡、南哨、朗洞地域。

五军团到南家堡。

军委纵队到南寨柳寨。

二十三日　阴

一军团经乌鸦铺，到偏寨。

三军团占领台拱县城。

五军团到南寨柳寨。

九军团在剑河休息。

军委纵队进至上甲东，范排。

二十四日　阴

一军团在偏寨休息，收集渡河器材。

三军团在台拱休息，开团以上干部大会。

五军团到上甲东、范排。

九军团沿清水河北岸前进,限二十六号前占领镇远。

军委纵队到剑河城。

二十五日　阴

一军团欠第二师经平寨,到翁古垅。

三军团主力进至施洞口,向黄平前进。

五军团进至大田角、九坑。

九军团与第十五师会合,向镇远前进。

军委纵队到革东。

二十六日　阴

一军团主力占领施秉。

三军团向新黄平前进。

五军团到台拱。

九军团之第四十三团占领镇远。主力及第十五师向镇远前进。

军委纵队到施洞口。

二十七日　阴

一军团留施秉休息。

三军团进到黄标。

五军团在台拱休息半天。

九军团全部集中镇远。

军委纵队进至新城平寨。

二十八日　阴

一军团主力留施秉休息,以第二师向老黄平前进。第一师之第一团占余庆县城。

三军团攻占新黄平。第四师协同第二师,攻占老黄平。

五军团到平寨。

九军团留镇远,扼阻周吴两敌。

军委纵队到施秉。

二十九日　阴

一军团主力经孙家铺到老塘寨。

三军团第四师向瓮安前进,有相机占领该城之任务,主力留新黄平休息一天。

五军团到翁古垅。

九军团在镇雄关刘家庄之间,扼阻追敌。

军委纵队到带翁铺。

三十日　阴

一军团主力到余庆城。

三军团第四师进至蓝家关,主力到老黄平。

五军团到老黄平。

九军团在施秉附近扼阻敌人。

军委纵队到对牙铺,后洞。

三十一日　阴

一军团主力在余庆不动。第二师进至水老给,及其东北地域,侦察江界河的渡河点。

三军团第四师，攻占瓮安，主力由老黄平向瓮安前进。

五军团在老黄平休息。

九军团在施秉附近抗敌。

军委纵队到猴场。

一九三四年完

一九三五年
一月份
一日　阴

朱总司令命令：每人发元旦菜钱两角，以资慰劳。

一军团第二师进到江界河，实行架桥。第一师进至袁家渡架桥。十五师及军团部到龙溪。

三军团第四师进至平龙、场坝、又州，侦察清水口渡河点，主力进至瓮安城。

五军团进至老坟嘴，蔡家湾之线。

九军团到余庆。

军委纵队在猴场，庆祝新年。

党中央政治局决定：我野战军即将通过乌江，跨进我们预定的新苏区根据地的一部的遵义地区，以粉碎敌人新进攻，因此，政治局对于通过乌江以后的行动方针，有以下的决定：（一）立刻准备在川黔边广大地区内与蒋介石主力部队作战……建立川黔边新苏区根据地，首先以遵义为中心的黔北地区，然后向川南发展，是目前最中心的任务。（二）必须在创造川黔边新苏区根据地，消灭蒋介石主力部队的基本口号之下，在全体红色指战员中间，进行广大的深入的宣传鼓动，最大限度提高战斗情绪，坚强他们作战的意志与胜利的信心，并指出，新根据地的创造，只有在艰苦的、残酷的、胜利的战斗中才能创立起来。反对一切逃跑的倾向与偷安休息的情绪。（下略）

红军第一军团长征中经过地点及里程一览表*

行军月日	出发地点	经过地点	宿营地点	里程
10月16日	铜锣湾		山王坝	30
17日	山王坝	梓山	下油	70
18日	下油	唐村	新谢	70
20日	新谢		双芜	60
21日	双芜	掩相	新田	60
22日	新田	石背	大坪	90
23日	大坪	下山	石材圩	90
25日	石材圩		老界子圩	90
26日	老界子圩	乌径	三江口	90
27日	三江口	小溪	南村	60
28日	南村	平头坳	义安圩	90
31日	义安圩	牛皮坑	聂都	90
11月1日	聂都	九牛圹	犁壁岭	90
2日	犁壁岭	雷岭	陈奢	80
3日	陈奢	八丘田	三江口	50
4日	三江口	羊牯坳	城口	20
5日	城口		新田	60
6日	新田	三载歧	麻坑	80
7日	麻坑	猫山	上西坑	90
9日	上西坑	大王山	桃竹坑	70

* 此表据1942年版《红军长征记》。

续表

行军月日	出发地点	经过地点	宿营地点	里程
10日	桃竹坑	官家桥	彭古岭	70
11日	彭古岭	狮子八奇	三界圩	60
12日	三界圩	唐村	平田	70
13日	平田	花杵下	白石渡	50
15日	白石渡	宜章	梅田	60
16日	梅田	浆水	临武	90
18日	临武	电光铺	羊牯岭坳	60
19日	羊牯岭坳	太平圩	朱家坪	80
21日	朱家坪	祠堂圩	天堂圩	80
22日	天堂圩		白水塘	30
23日	白水塘	柑子园	道州	90
24日	道州	五里排	蒋家岭	60
25日	蒋家岭	永安关	巷口	40
26日	巷口		文市	20
28日	文市	安山坝	石塘圩	70
29日	石塘圩	太平圩	绍水	60
12月1日	绍水	梅子岭	大湾	40
2日	大湾	清明隘	油榨坪	70
3日	油榨坪		四十田	60
4日	四十田	白茅隘	站头	40
5日	站头	白茅隘	横路口	80
6日	横路口		茶元	40
8日	茶元	五塘	白竹坪	65
9日	白竹坪	广南城	平等	70
10日	平等	平溪	刘延	70
11日	刘延	双江	金点	80
12日	金点	长古	新都	70
13日	新都	新昌	平查所	60
14日	平查所	黎平	古顿	70
15日	古顿	鳌鱼咀	八嫖	75
18日	八嫖	婆洞	河口	65
19日	河口	南旁	柳寨	65
20日	柳寨		南哨	80
21日	南哨		剑河	50
22日	剑河	中斗	上格东	65
23日	上格东	乌鸦铺	偏寨	65

续表

行军月日	出发地点	经过地点	宿营地点	里程
25日	偏寨	平寨	翁古垅	65
26日	翁古垅	白溪	施秉	65
29日	施秉	孙家铺	老塘寨	75
30日	老塘寨		余庆	50
1月1日	余庆	土地坳	龙溪	70
2日	龙溪	凉风哨	青港元	50
4日	青港元	乌江河	余庆司	60
5日	余庆司		双香铺	60
6日	双香铺	新龙场	黄家坝	60
7日	黄家坝	湄潭	夹子场	70
8日	夹子场		鲤鱼坝	65
13日	鲤鱼坝	遵义	四朱站	75
14日	四朱站	娄山关	桐梓城	60
15日	桐梓城	石牛栏	石门庆	65
16日	石门庆	新站	二力子	60
17日	二力子	清水溪	松坎	30
21日	松坎	箭头垭	石壕	70
22日	石壕	马家坝	温水	60
23日	温水	良村	图书坝	75
24日	图书坝	丰村	土城	80
25日	土城		猿猴	30
26日	猿猴	林坳	沔滩	50
27日	沔滩	枫林坳	猿猴	50
29日	猿猴	老涯沟	马路坝	80
30日	马路坝	店子坝	龙爪坝	70
31日	龙爪坝	陈家岩	香等坝	70
2月1日	香等坝		大寨	35
2日	大寨		永宁	60
3日	永宁		金鹅池	70
4日	金鹅池		大坝	60
5日	大坝		吴村	25
6日	吴村	炭场	建武城	90
7日	建武城	洛阳河	罗海	50
8日	罗海	麻河塘	三口塘	60

红军第一军团长征中经过地点及里程一览表

续表

行军月日	出发地点	经过地点	宿营地点	里程
9日	三口塘		关雄	70
11日	关雄	西河崖	扎西	60
12日	扎西		大平上	60
13日	大平上	分水岭	半崖河	65
14日	半崖河	见杨沟	营盘山	70
15日	营盘山	麻线堡	双村	65
16日	双村	沙洪沟	木脚屯	60
17日	木脚屯	回龙场	镇龙山	70
18日	镇龙山	石峡口	走马坝	60
19日	走马坝	太平渡	马义沟	65
21日	马义沟	丰村坝	东皇殿	70
22日	东皇殿	图书坝	大水桥	60
23日	大水桥	丁谷桥	双龙场	70
24日	双龙场	九子坝	何村	70
25日	何村	九坝	栗子坝	60
26日	栗子坝	桐梓城	虾神庙	65
27日	虾神庙	四朱站	遵义	100
28日	遵义		凉水井	30
3月1日	凉水井	罗明城	金刀坑	65
3日	金刀坑	八流水	遵义	65
5日	遵义	八流水	才溪	70
6日	才溪		底坝	20
9日	底坝	子房	长干山	65
10日	长干山		平家寮	30
12日	平家寮	石坑	田坝	50
13日	田坝	井坝	永安寺	60
14日	永安寺		明广寺	50
15日	明广寺	观音堂	翁石坝	40
16日	翁石坝	观音堂	茅台	50
17日	茅台		草子坝	60
18日	草子坝	三元场	三木坝	70
19日	三木坝	大材	鱼岔	60
21日	鱼岔	石峡口	烟房沟	80
22日	烟房沟	林家庙	安青山	70

续表

行军月日	出发地点	经过地点	宿营地点	里程
23日	安青山	周家场	火石岗	90
24日	火石岗	新田	四方土	80
25日	四方土	观音寺	排田	70
26日	排田	干溪	河底	70
27日	河底	花马田	底坝	60
29日	底坝	湾子场	沙土	50
30日	沙土	原山	乌江河	60
31日	乌江河	牛场	王家坪	50
4月1日	王家坪		小龙窝	40
2日	小龙窝		老鸦河	40
3日	老鸦河	白马洞	底窝坝	80
4日	底窝坝	马场	羊场	70
5日	羊场	林坡岗	高寨	35
6日	高寨		岗寨	30
7日	岗寨		老坝香	70
8日	老坝香	观音山	哨官田	90
9日	哨官田	混子场	鸡昌铺	80
10日	鸡昌铺	上马司	定番城	80
11日	定番城	谷宋	羊毛场	60
12日	羊毛场	格进	苏背脚	60
13日	苏背脚		坝车	50
14日	坝车		猪场	70
15日	猪场	紫云县	腊崖	70
16日	腊崖	坝洞	杨家	80
17日	杨家	盘江	拉芷	80
18日	拉芷	高寨	大蓝	70
19日	大蓝		北乡	80
20日	北乡	屯脚	羊市屯	70
21日	羊市屯	下坝	观音山	90
22日	观音山		猪场	80
23日	猪场	黄泥河	白云青	80
24日	白云青	小羊场	宽塘	60
25日	宽塘	营上	溪流水	120
26日	溪流水		朱子街	80

红军第一军团长征中经过地点及里程一览表

续表

行军月日	出发地点	经过地点	宿营地点	里程
27日	朱子街	马洪冲	鸡头村	85
28日	鸡头村	马龙城	草鞋桥	85
29日	草鞋桥	易龙城	嵩明	80
30日	嵩明	七甲	冷水沟	70
5月1日	冷水沟		奇马	140
2日	奇马		花桥	100
3日	花桥	马鞍山	五渡河	90
4日	五渡河		下七里	80
5日	下七里		大拉坡	20
6日	大拉坡	龙街	马口	110
7日	马口	平地	沙滩	100
8日	沙滩	中屋山	金沙江边	100
9日	金沙江边		通安	50
10日	通安	望城坳	观音桥	80
11日	观音桥		大桥	40
14日	大桥	分水岭	雪麻湾	60
15日	雪麻湾		金川桥	100
16日	金川桥	安子河	德昌	100
17日	德昌	假口塘	王水塘	80
18日	王水塘		镇南寺	80
19日	镇南寺	礼州	土官冲	90
20日	土官冲	溪龙	泸沽	80
21日	泸沽	马房沟	冕宁	70
23日	冕宁	大桥	拖乌	85
24日	拖乌		小铺子	80
25日	小铺子	新场	安顺场	60
27日	安顺场	海尔瓦	田湾	80
28日	田湾	猛虎岗	磨西面	90
29日	磨西面	楚民坝	上田坝	100
30日	上田坝	下田坝	泸定桥	60
31日	泸定桥	龙八布	盐水井	80
6月1日	盐水井	大垭口	三道桥	50
2日	三道桥	坭头	胡庄街	60
3日	胡庄街	甘竹山	大桥	70

红军长征记：原始记录

续表

行军月日	出发地点	经过地点	宿营地点	里程
4日	大桥	新庙子	石坪	60
5日	石坪	小河子	陈家坝	60
6日	陈家坝	大深溪	刘家沟	40
7日	刘家沟		始阳	25
8日	始阳	十八道水	芦山县	120
9日	芦山县		混家坝	25
10日	混家坝	双河场	小关子	70
11日	小关子		宝兴县	60
12日	宝兴县	大池沟	丰东崖	80
13日	丰东崖		大硗碛	80
14日	大硗碛	夹金山	大维	120
15日	大维		官寨	45
16日	官寨		懋功	45
17日	懋功	凉水井	八角	60
23日	八角		抚边	50
24日	抚边		两河口	70
26日	两河口		黄草坪	30
27日	黄草坪	梦笔山	卓克基	100
29日	卓克基	麻木桥	梭磨	80
30日	梭磨		马塘	70
7月1日	马塘		康庙寺	30
2日	康庙寺	大板岭	寨头	80
3日	寨头		苍德	70
6日	苍德	打鼓岭	打鼓	70
7日	打鼓		拖罗岗	100
8日	拖罗岗		大杵林	100
9日	大杵林		黑马寺	90
10日	黑马寺		毛儿盖	10
29日	毛儿盖	帐房	腊子岭	45
30日	腊子岭	帐房	毛儿盖	45
8月1日	毛儿盖		卡英	70
2日	卡英	茶力格	小拉麻寺	70
3日	小拉麻寺		波罗子	40
7日	波罗子		黑水河	30
18日	黑水河	茶力格	小拉麻寺	70

红军第一军团长征中经过地点及里程一览表

续表

行军月日	出发地点	经过地点	宿营地点	里程
19 日	小拉麻寺		卡英	70
20 日	卡英		毛儿盖	70
23 日	毛儿盖	七星桥	腊子塘	70
24 日	腊子塘	草地	分水岭	70
25 日	分水岭	草地	后河	80
26 日	后河	草地	大草地	70
27 日	大草地	草地	小森林	80
28 日	小森林	班佑	巴西	50
29 日	巴西		阿西	20
9月2日	阿西		毛龙	60
5 日	毛龙	广利	俄界	90
12 日	俄界		硗碛寺	50
13 日	硗碛寺		蛮地	60
14 日	蛮地		瓦藏寺	70
15 日	瓦藏寺	石门	莫牙	40
16 日	莫牙		黑拉	70
17 日	黑拉		拉子口	90
18 日	拉子口	大剌山	悬窝	120
19 日	悬窝		鹿元里	35
20 日	鹿元里		哈达铺	35
23 日	哈达铺	荔川	闾井	80
24 日	闾井		新寺	100
25 日	新寺		鸳鸯咀	50
26 日	鸳鸯咀		榜罗镇	90
29 日	榜罗镇		通渭	90
10月2日	通渭	王家河	四子川	60
3 日	四子川	红四儿	红家大庄	70
4 日	红家大庄		高家铺	30
5 日	高家铺	先圣庙	常家集	100
6 日	常家集	黄父子甫	张义铺	70
7 日	张义铺	青石咀	乃家河	70
8 日	乃家河	白杨城	布置要岘	70
9 日	布置要岘		陈家湾	90
10 日	陈家湾		三岔	90

续表

行军月日	出发地点	经过地点	宿营地点	里程
11日	三岔	黑家元	苏家湾	50
12日	苏家湾		毛家川	100
13日	毛家川		真家湾	70
14日	真家湾	庙家河	洪德城	90
15日	洪德城	曹家湾	巩家湾	45
16日	巩家湾	庙家河	木瓜城	60
17日	木瓜城	周家小庄	左家要岘	60
18日	左家要岘	田背后	铁边城	60
19日	铁边城	马刑庄	吴起镇	60
21日	吴起镇	林家导	唐儿湾	40

说明：

一、此表以军团直属队为标准，各师另有行动，均未列入此表。

二、经过地点之空格，因材料早已毁去，难于记忆，故未填入。

三、统计长征行程，共为一万八千零八十八里。各个月的行程，表内合计注明。

四、除休息外，行军作战时间：1934年10月12天，11月24天，12月24天。1935年1月22天，2月26天，3月24天，4月30天，5月27天，6月23天，7月10天，8月14天，9月16天，10月19天。

五、七、八两月行军时间少，是在毛儿盖、波罗子休息的时间为多。

红军第一军团长征中经过名山著水关隘封锁线表[*]

月日	省份	名山	著水	封锁线及关口要隘草地	备考
十月十七日	江西		雩		赣江贡水源
十月二十一日	江西			突破敌人第一道封锁线	安远信丰间封锁线，构筑有坚固堡垒，粤军扼守。
十月二十四日	江西		信丰河		赣江贡水源
十月二十七日	江西		大庾河		赣江章水源
十一月二日	江西	雷岭			大庾山脉之支脉
十一月三日	湖南			突破敌人第二道封锁线	汝城与城口之线
十一月七日	广东	苗山			五岭山脉之支脉
十一月九日	广东	大小王山			五岭山脉之支脉
十一月十日	广东	大盈山			五岭山脉之支脉
十一月十三日	湖南			突破敌人第三道封锁线	粤汉路封锁线，有湘军扼守
十一月二十二日	湖南		渡潇水（道州）		湘江之上游
十一月二十四日	广西			永安关	湘桂间之要隘，西面高山，均构筑有工事，桂军扼守。

[*] 此表据1942年版《红军长征记》。

红军长征记：原始记录

续表

月日	省份	名山	著水	封锁线及关口要隘草地	备考
十一月二十六日	广西		渡潇水（文市）		湘江之上游
十一月二十九日	广西		渡湘水	占领湘桂马路突破敌人第四道封锁线	湘桂马路封锁线
十二月四日	广西			白茅隘	瑶区之要隘，有民团固守，被我第二师攻占
十二月十八日	贵州		渡清水江		沅江上游
十二月二十三日	贵州		巴拉河		沅江上游
十二月二十九日	贵州			紫金关	武陵山支脉，系施秉余庆间要隘。
十二月三十日	贵州		进到乌江南岸		第一团迅速控制乌江南岸渡口
一月四日	贵州		渡乌江		军团分两路北渡乌江
一月十四日	贵州			娄山关	遵义桐梓之间的重要关隘
一月二十六日	贵州		渡赤水河		西渡赤水河，翌日又渡赤水河（猿猴）。
二月十九日	贵州			渡赤水河	东渡赤水河
二月二十五日	贵州			娄山关	二次进攻遵义，占领黔军固守的要隘娄山关。
三月十七日	贵州		渡赤水河		再次西渡赤水河，二日后又东渡。
三月三十一日	贵州		南渡乌江		以第三团迅速占领乌江北岸渡口，并向敌强渡。
四月十七日	贵州		渡北盘江		二师先头占领北盘江渡口架桥
五月四日	云南		控制金沙江渡口（龙街）		我一师先进到龙街作架桥佯动

红军第一军团长征中经过名山著水关隘封锁线表

续表

月日	省份	名山	著水	封锁线及关口要隘草地	备考
五月八日	云南		渡金沙江		第二师一天走一百二十里，赶到金沙江渡口。
五月二十一日	四川	小相岭			形势险要，为入川之主要隘口，有刘文辉部扼守，被我五团占领。
五月二十三日	四川	冕山			冕山有彝人扼守要口，与我一团抗击后，被我一团通过（用政治工作克服的）。
五月二十四日	四川		渡大渡河		我一团占领安顺场，击溃守敌，十七个英雄乘胜强渡。
五月二十八日	西康	猛虎岗			入康之要隘，有川军一营固守，被我四团猛攻占领。
五月三十日	西康		渡大渡河泸定桥		四团一天追敌二百四十里，夺取川敌扼守的泸定桥。
六月一日	西康			花林隘（垭）口小垩口	川康要隘，我四团六九连猛攻所获。
六月二日	四川	大相岭			甘竹山很高（约五十里），荒山，步兵运动亦困难。
六月十二日	四川	夹金山（雪山）			即邛崃山，我四团为先头，在邛崃山下与四方面军会合。
六月十七日	四川				二师进到大金川东岸（抚边屯），其余在小金川沿岸。

续表

月日	省份	名山	著水	封锁线及关口要隘草地	备考
六月二十七日	四川	梦笔山（雪山）	大小金川		亦系邛崃山脉
六月二十九日	四川				水势凶猛，流速极大。
七月二日	四川	长板山（雪山）	梭磨河		主力经长板山，第六团进至壤口与藏兵大战，被迫退出战斗。
七月三日	四川				第二师两次渡黑水河
七月六日	四川	打鼓山（雪山）	渡黑水河		仓德与打鼓之间的大雪山
七月七日	四川	拖罗岗（雪山）			约百里，无人烟。
七月二十九日	四川	腊子山			山上无人烟
八月七日	四川		二次渡黑水河		
八月二十一日	四川			过草地	二师开始过草地
八月二十二日	四川			过草地	
八月二十三日	四川	分水岭		过草地	草地本系高原分水岭，地势很高，是南分水之处，北流入黄河，南流入长江
八月二十四日	四川			过草地	
八月二十五日	四川			过草地	
八月二十六日	四川			过草地	
八月二十七日	四川			过草地	
九月十三日	甘肃		白水江		一晚连过五次，每座桥梁险要有藏兵破坏，但一师动作快，均被我得

红军第一军团长征中经过名山著水关隘封锁线表

续表

月日	省份	名山	著水	封锁线及关口要隘草地	备考
九月十六日	甘肃	朵扎里			有甘敌扼守。该山系大山荒林,约四十里高,部队运动困难。
九月十七日	甘肃	岷山（大刺山）		突破腊子口封锁线	腊子口极为重要,并构筑有碉堡,为甘敌固守,被我击溃。
九月二十六日	甘肃		渭水	通过渭水封锁线	
十月三日	甘肃			通过陇海铁路封锁线	被我五团先行占领
十月七日	甘肃	六盘山			经过六盘山,消灭骑兵第七师之一部。
十月二十一日	陕西				最后粉碎敌人"进剿"计划,胜利到达陕甘边区。

说明:

一、此表所列均为著名之山水关隘封锁线,次要者未列入。

二、河流最险者为乌江、金沙江、大渡河、白水江;高山最险者为大小相岭、猛虎岗及五个大雪山。所列关口及封锁线均极为重要。

红军第一军团长征中所经之民族区域表*

民族区域	经过的时间	占长征时间的百分数	备考
汉族区域	二四六	六六·三	
藏族区域	九二	二四·八	川西北与康东地区，多为藏族。杨土司属地很大，民族信仰喇嘛教，每个大市镇都有喇嘛寺。民族团结心很坚，生活亦很简单。又因地理与气候关系，所有家庭均聚烤火念经。 牛羊很多，为其大宗食品。民性甚强，对汉官军阀非常痛恨。 文化落后，土产很多（氆氇、羊皮等），与汉人很少交易。藏民自有武器不少。
苗族区域	二一	五·六六	苗民比僮、瑶都进步。黔南桂北苗民很多，自能耕种玉蜀黍、马铃薯及稻子（糯米）。生活亦简单，与汉人关系亦不甚好。 跑山极快，善渔猎。 与汉人接洽，多经其边居之苗民（能言汉语者）。

* 此表据1942年版《红军长征记》。

续表

民族区域	经过的时间	占长征时间的百分数	备考
彝族区域	五	一·三五	川西西昌冕宁及其以西一带，有此民族。盘江沿岸亦有少数（比较进步的）。彝人亦自能耕种（与苗相似），房屋以茅草构成，生活简单，没有床铺及其他用品，均披羊毛毡，衣服少而脏。部队经过该地域时，须预派代表接头，否则自有武装扼守要口，阻止经过。
回族区域	四	一·○八	回民性慈善，西北有此民族。重清洁，信仰回教，每个市镇都有清真寺。文化、政治等都比其他民族进步，风俗习惯与汉人大有不同。过去经常受汉官军阀压迫，因此民族仇恨很深。西北军队将领多为回人。
瑶族区域	二	○·五四	瑶族很少，多居山地，房屋以茅草构成。一部较为进步的与汉人杂居，自能耕种。其生产不能自给，因此与汉人交易者较多。桂北黔边前有此民族，衣服褴褛，生活穷困，进步者能与汉人通话。
僮族区域	一	○·二七	僮民比瑶民进步，与汉人同居，能自耕种，与汉同化能讲汉话（普通的）。
时间的统计	三七一	一○○	

说明：

一、经过的时间以日代表。

二、关于各个民族的特性备考内说明。

三、部分的彝民久入藏区早为藏人所同化。

四、各民族均有文字与言语，与汉人完全不同。回、藏信仰宗教非常深刻。藏民与汉人交涉时，该土司衙门内有"通司"能说汉话。其他民族与汉人接洽很少，必要时利用其边居者交涉。